刑事诉讼原理

邓子滨 著

北京大学出版社
PEKING UNIVERSITY PRESS

图书在版编目(CIP)数据

刑事诉讼原理／邓子滨著. —北京：北京大学出版社，2019.8
ISBN 978-7-301-30597-3

Ⅰ. ①刑… Ⅱ. ①邓… Ⅲ. ①刑事诉讼法—研究—中国 Ⅳ. ①D925.204

中国版本图书馆 CIP 数据核字(2019)第 148118 号

书　　　名	刑事诉讼原理 XINGSHI SUSONG YUANLI
著作责任者	邓子滨　著
责 任 编 辑	王建君
标 准 书 号	ISBN 978-7-301-30597-3
出 版 发 行	北京大学出版社
地　　　址	北京市海淀区成府路 205 号　100871
网　　　址	http://www.pup.cn　http://www.yandayuanzhao.com
电 子 信 箱	yandayuanzhao@163.com
新 浪 微 博	@北京大学出版社　@北大出版社燕大元照法律图书
电　　　话	邮购部 010-62752015　发行部 010-62750672 编辑部 010-62117788
印 刷 者	三河市北燕印装有限公司
经 销 者	新华书店
	965 毫米×1300 毫米　16 开本　36.25 印张　557 千字 2019 年 8 月第 1 版　2019 年 11 月第 2 次印刷
定　　　价	88.00 元

未经许可，不得以任何方式复制或抄袭本书之部分或全部内容。
版权所有，侵权必究
举报电话：010-62752024　电子信箱：fd@pup.pku.edu.cn
图书如有印装质量问题，请与出版部联系，电话：010-62756370

凡 例

一、为酣畅阅读,只设章和节。

二、引用法律的条、款、项序号及刑期等,用阿拉伯数字。

三、《中华人民共和国刑法》,简称"我国刑法";《中华人民共和国刑事诉讼法》,简称"我国刑诉法",必要时称"原刑诉法"。

四、2013年1月1日施行的最高人民法院《关于适用〈中华人民共和国刑事诉讼法〉的解释》,简称"最高院2013解释";2013年1月1日施行的最高人民检察院《人民检察院刑事诉讼规则(试行)》,简称"最高检2013规则";2013年1月1日施行的公安部《公安机关办理刑事案件程序规定》,简称"公安部2013规定"。

五、2013年1月1日施行的最高人民法院、最高人民检察院、公安部、国家安全部、司法部、全国人大常委会法制工作委员会《关于实施刑事诉讼法若干问题的规定》,简称"两高三部一委2013规定"。

六、2007年12月18日发布的最高人民法院《关于审理民事纠纷案件中涉及刑事犯罪若干程序问题的处理意见》,简称"最高院2007意见"。

七、2001年8月6日发布的最高人民检察院、公安部《关于依法适用逮捕措施有关问题的规定》,简称"2001适用逮捕规定"。

八、1998年4月21日发布的最高人民法院《关于在审理经济纠纷案件中涉及经济犯罪嫌疑若干问题的规定》,简称"最高院1998规定"。

九、著作或译作中,往往使用讯问证人、强制处分、搜索等,除引文外,直接改为询问证人、强制措施、搜查。

十、引文中显见的校对、印刷错误,直接予以改正,不再标明。

十一、涉台司法解释及文书,只注明其学术著作出处。

十二、如果没有特别标注,德国指统一后的德国或统一前的联邦德国。

十三、我国刑事诉讼法许多条文内容并未修改,但条文序号有变化,故尽量删除条文序号,司法解释、人民警察法等亦然,讨论修法时的理由予以保留,以比较修法得失。

十四、最高人民法院,简称"最高院";最高人民检察院,简称"最高检";其他各级人民法院、人民检察院亦用简称。

目 录

陈兴良序 /001

自序 /007

前言

如果没有刑诉法——从《创世记》到《五帝本纪》/001

第一章 目的要旨 /011

第一节 发现犯罪真相并将罪犯绳之以法 /014

第二节 最大限度减少错案并维护个人尊严 /024

第二章 诉讼模式 /041

第一节 决疑模式 /042

第二节 纠问模式 /049

第三节 对抗模式 /055

第三章 正当程序 /070

第一节 正当程序的公式 /071

第二节 正当程序的要素 /078

第三节 正当程序的价值 /094

第四章　基本原则 /103

第一节　国家追诉 /105
第二节　不告不理 /110
第三节　直接言词 /116
第四节　自由心证 /122
第五节　罪疑唯轻 /127

第五章　居中裁判 /139

第一节　法院的组织与原则 /140
第二节　法院的管辖与审级 /146
第三节　陪审团 /155
第四节　判决书及庭审笔录 /162

第六章　平等对抗 /168

第一节　检察官 /168
第二节　被告人 /184
第三节　获得律师辩护的权利 /193
第四节　辩护律师的职业伦理 /209

第七章　诉讼构造 /226

第一节　诉讼要件与诉讼行为 /226
第二节　诉讼标的及其同一性 /232
第三节　一事不再理 /238

第八章　证据证明 /254

第一节　证据能力及证明力 /255
第二节　证据排除与禁止 /266
第三节　证明责任 /279
第四节　证明标准 /288
第五节　经审理查明 /293
第六节　证据的关联性与合法性 /308

第九章　强制措施 /319

第一节　性质定位与原则制约 /320
第二节　拘捕羁押及其替代 /328
第三节　路检盘查 /345
第四节　通讯监察 /359
第五节　搜查扣押 /369
第六节　人身检查 /381

第十章　侦查公诉 /387

第一节　开启侦查与米兰达规则 /388
第二节　讯问手册与侦查攻略 /400
第三节　侦查终结与公诉提起 /424
第四节　卷证不并送与证据开示 /440

第十一章　法庭审判 /453

第一节　庭审原则 /454
第二节　庭审顺序 /461
第三节　法庭调查 /474
第四节　"科学审判" /485

第十二章　法律救济 /492

第一节　上诉途径 /494
第二节　再审理由 /504
第三节　再审实践 /513

参考文献 /527

关键词索引 /549

后记

如果没有那阵风——《罗生门》"庭审笔录"评议 /551

陈兴良序

邓子滨一直想写一本刑事诉讼法方面的书,对此,我是十分支持的。虽然他以刑法研究为主业,但对刑事诉讼法也颇为关注,并有一定的知识积累。其实,在其他国家和地区,同时从事刑法和刑事诉讼法研究的学者,为数不少。例如,德国罗克辛教授不仅是刑法大家,在刑事诉讼法领域亦造诣颇深。当然,因为时间与精力所限,大多数学者在刑法与刑事诉讼法这两个领域,只能选择其一而为其志业。我在《刑事法治论》一书中,除了刑法内容以外,也涉及刑事司法体制、警察权、检察权、审判权和辩护权等内容。因此,我对刑事诉讼问题亦有一定的兴趣,但谈不上对刑事诉讼法的专门研究。

本书作者是一位观察型和思考型学者,对社会现实问题具有敏锐的捕捉能力。在《斑马线上的中国》第三版中,收入了作者发表在《读书》2015年第12期的《中西法律的初始差异与后续流变》,也即本书前言"如果没有刑诉法——从《创世记》到《五帝本纪》",该文集中反映了作者对刑事诉讼法的理解,从该文可以窥见他对刑事诉讼与刑事诉讼法的基本观念。作者指出:刑事诉讼旨在发现真相并将罪犯绳之以法,刑事诉讼法则旨在减少错案并维护个人尊严。简言之,如果刑事诉讼是奔马,刑事诉讼法则是道路。没有道路,马照样可以狂奔;有了道路,马奔跑起来更加安全。奔马和道路的比喻意在说明,法治文明国家,必然珍重刑事诉讼法。也因此,刑事诉讼法反映着大众安全利益与个人自由利益之间的重大冲突。[1] 在此,作者论述了刑事诉讼和刑事诉讼法之间的关系:刑事诉讼是一种发现真相的活动,而刑事诉讼法则是对刑事诉讼活动进行规范的法律。这两者显然是不同的,对刑事诉讼法进行研究,是一种法教义学的研究。这里涉及刑事诉讼法的教义学研究,它以刑事诉讼的法律规范为对象,采取规范分析和语义阐释的方法,揭示刑事诉讼法律规范的内容,从而为刑事诉讼法的适用提供理论指引。

作者将本书的研究限制在刑事诉讼而不是刑事诉讼法,这是别有深意的。因为刑事诉讼是刑事诉讼法规范的对象,避开刑事诉讼法的规范内容而直接面对刑事诉讼的基本规律,对于作者来说,正好可以扬其长而避其短。作者曾经有志于撰写一部《刑事自然法论纲》,也就是超越刑法规范的刑法原理,然而至今"壮志未酬"。而这部《刑事诉讼原理》,则可以说是刑事诉讼的自然法,即刑事诉讼的应然之法。正如作者在自序中所言:"这是一本关于刑事诉讼的书。我在本书中努力描绘的是自己心目中理想的刑事诉讼,这意味着本书不仅不以现行法条为依归,而且立法的某些体系结构将是本书批评的对象。"换言之,这是对刑事诉讼法的立法论思考,而不是司法论研究。这也正是本书不同于其他刑事诉讼法著作的鲜明特征。

作者虽然长期从事学术研究,但也是兼职律师,办理过不少刑事辩护案件,对于我国刑事诉讼的实际运作具有切身感受。正是在与司法实务的密切接触中,培养了作者对于程序问题和证据问题的敏感性。在自序中,作者提及十多年前亲历的纽扣案,可谓指控事实与定罪证据严重脱节的典型事例,可以作为反思素材。这里所说的纽扣案的基本案情是:"几个妇女,因为自己一方有人在前日的冲突中意外死亡,跑到对方的住宅兼纽扣厂哭闹。她们不仅打碎了一些门窗玻璃,还将装在袋中、摆在庭院周围的大量不同型号的纽扣倒在地上,掺杂在一起。这些纽扣有成品,也有半成品;有合格品,也有不合格品。"[2] 本案涉及的首先当然是刑法问题,即被告人将各种铜制纽扣"掺杂在一起"的行为,是否属于刑法意义上的

---

[1] 参见邓子滨:《斑马线上的中国》(第三版),法律出版社2016年版,第310—311页。
[2] 邓子滨:《就一起故意毁坏财物案向虚拟陪审团所作的辩护》,载陈泽宪主编:《刑事法前沿》(第4卷),中国人民公安大学出版社2008年版,第187—192页。

"毁坏"行为,进而是否构成"故意毁坏财物罪"?因为这篇论文而使纽扣案得以闻名,成为讨论故意毁坏财物罪中"毁坏行为"含义的绝佳案例,我亦多次引用。

在纽扣案中,不仅涉及对毁坏行为的定性问题,还涉及作者所说的指控事实与定罪证据严重脱节的问题。对于这个问题,我也多次见到。在一起合同诈骗案中,法官认定的犯罪事实与证据呈现的案件事实居然完全相悖,由此得出的判决结果当然是缺乏事实根据的。对于这样的案件,甚至不用翻阅案卷,只要将判决书引用的证言与认定的事实相对照,就可以发现问题。更有甚者,我还在一份行贿罪的判决书中发现法官为了认定被告人谋取不正当利益,而对已经查明的客观事实进行裁剪,这实际上已经是篡改或者歪曲事实,建立在这一基础之上的判决结果当然也是不能成立的。我国司法实践中出现如此严重的事实认定错误问题,当然是与刑事诉讼程序相关的,这就是没有严格遵守刑事诉讼中的直接言词原则。中国民间解决纠纷时,为获得真相往往采取"三头六面"的对质方法,而这一任务在现代法庭只有通过证人出庭作证才能实现。因此,证人出庭作证,通过控辩双方的交叉询问,尽可能地还原案件真实,这是法庭审理的基本要素。然而,目前在我国刑事审判中,证人基本上不出庭,辩护人也没有途径对证人进行询问质证。法官不是根据法庭审理情况下判,而是根据案卷材料下判。因此,我国目前的法庭审理,即使开庭也不具有实质意义,基本上都是书面审理。在这种情况下,案件真相如何查清?这可能是我国目前刑事诉讼中存在的最大问题。

在本书第十一章"法庭审判"中,作者指出:"在刑事诉讼中,庭审是指控辩双方在法庭上各自提出主张和证据,并且展开质证和辩论,法官进行主动程度不一的证据调查,并最终作出有罪或无罪判决的过程。"作者提出了庭审需要解决的控辩审三方在场以及如何在场的问题。可以说,控辩审三方在场,对于庭审当然是不可或缺的,然而,证人在场也是十分重要的,而且,证人在场在一定意义上可以从属于控辩双方的在场。即便如此,我仍然认为证人在场对于刑事审判具有独立存在的价值。关于证人出庭作证问题,在本书第四章"基本原则"第三节"直接言词"部分有所涉及,作者指出:"直接言词原则是与书面审理主义相反的一套理念和规则,它要求法官直接面对被告及证人,不得以侦查、起诉阶段形成的笔录文本或者以宣读笔录代替庭审中从被告、证据及质证中获得的印象,应以真实的感受来完成一项判决。"而我国目前的刑事诉讼显然没有实现直接言词原则,正如作者所言,我国刑事诉讼法事实上认可证人以书面证言为原则、出庭作证为例外。证人即使不出庭作证,其证言仍然可以作为定案根据。这使得我国刑事诉讼的庭审流于形式化,其后果是通过刑事诉讼获得真相的能力大为降低。当然,我并不是说所有证人一定都要出庭,至少重大案件或者重要证人,以及凡是辩方申请出庭的证人应当到场作证。证人作证制度是刑事诉讼原理的重要内容,在本书中,对证人没有单列一章进行论述,这是存在缺憾的。

如前所述,本书并不是刑事诉讼法的教科书,因此,本书没有按照通常的刑事诉讼法教科书的体系进行编排,而是根据作者对刑事诉讼原理的个人理解,对刑事诉讼中的重大专题进行论述。其中,前四章,即目的要旨、诉讼模式、正当程序和基本原则,具有导论的性质。这些章节的内容较为宏观,涉及刑事诉讼的性质和价值,对于全书具有引导意义,因而列之于前。第五章和第六章分别从法官居中裁判、平等对抗的角度对法院、检察官、被告人和辩护律师进行论述。当然,"居中裁判"一章侧重于对法院组织结构的介绍,与后面一章主要论述各刑事诉讼参与人的职能和权利,不是特别协调。另外,正如我在前面所言,此处应当增加"证人"一章,至于是否增加"被害人"一章还值得斟酌。第七章至第九章分别对诉讼构造、证据证明和强制措施进行了论述,这些程序法中的实体内容,大多与证据和证明相关,集中论述是合适的。最后三章,即侦查公诉、法庭审判和法律救济,相当于刑事程序的内容,也是本书的落脚点,作者对此作了较大篇幅的分析和论证,由此而突出了重点。在我看来,这些内容基本上涵盖了刑事诉讼中的重大问题,因而是极为全面的,这些完整论述呈现了作者对刑事诉讼的系统思考,因而是具有理论意义和现实价值的。

我在多年前曾经提出"专业槽"的概念,主张各个专业都应当建立严密的"专业槽",避免非专业人士随便伸进头来吃上一口。这一思想十分容易被误解为各专业之间应当扎紧篱笆,防止他人进入。其实,我之所以提出"专业槽",是鉴于当时法学的专业水平低,缺乏自身独立的话语体系的现实状态,并不是要紧闭专业的门户,不容他人进入。对于本书的写作,在作者有这个想法之初,我就非常支持和鼓励。这与我的"专业槽"的思想并不矛盾,不仅因为刑法和刑事诉讼法同属于刑事法这一学术领域,而且因为具有刑法学术背景的学者研究刑事诉讼法具有优越条件。正如具有刑事诉讼法背景的学者研究刑法问题,例如构成要件的程序机能、主观要素的司法证明等,同样具有独特的学术贡献。

是为序。

陈兴良

2019年6月16日于北京锦秋知春公寓

自　序

这是一本关于刑事诉讼的书。我在本书中努力描绘的是自己心目中理想的刑事诉讼,这意味着本书不仅不以现行法条为依归,而且立法的某些体系结构将是本书批评的对象,比如那些对人的基本权利干预极强的手段,不应归入侦查措施,而应纳入强制措施,并转由法院签发令状。这也是国际通行的做法,我们应当努力达到国际通行标准,然后再谈现实合理性,而不是相反。在刑事诉讼领域,不应承认现实就是合理的,更不要误以为我们有什么本土资源,而是应当不折不扣地向世界先进的诉讼文明看齐,不屈不挠地相信"自由的历史在很大程度上就是程序的历史"[1]。

程序是自由的最后堡垒,没有程序,法治什么都不是。这一判断可从反面加以印证:凡对自由与法治颇有微词者,并不在意实体刑法之繁简轻重,但对某些重要程序规则,比如沉默权、非法证据排除、禁止双重危险,莫不大加挞伐。成熟的诉讼文明需要多年的涵养,它有时极为敏锐,比如警方使用热敏成像仪探测他人在家中的活动情况,被认为构成违法搜查;再如警方在他人机动车里安放GPS定位装置跟踪嫌疑人,被认为构成对他人隐私的侵犯,进而构成违法搜查。[2] 但有时又似乎表现迟钝,比如对所谓大数据等就

---

[1] *Malinski v. New York*, 324 U. S. 401, 414 (1945) (separate opinion).

[2] *Kyllo v. United States*, 533 U. S. 27 (2001); *United States v. Jones*, 132 S. Ct. 945 (2012).

刻意保持距离,对于手机定位功能的普及,或者无处不在的摄像头始终没有意识到它们的风险。只有经过多年的法治历练,一个社会才会对权利v.权力的此消彼长高度敏感,也就经常特别注意为权利留出一条救济通道,更不允许权力随意绕过决策程序而为所欲为。权力的恣意任性是相当可怕的,比如随时变换拘捕理由。美国一家上诉法院曾否定被告以"非法拘捕"作为上诉理由,认为虽然企图卖淫还没有外显的行为,但已经构成了引诱性交罪,所以可以拘捕。[1] 这实在是随意变换拘捕理由的杰作。

生活在不同诉讼制度环境下的人民,对什么是好的刑事诉讼没有基本共识,而努力达成共识需要一点时间,不过,敢于承认自己的"刑事司法体制应当为社会的诸多失败负责"[2],至少是有自省力的国民。而有自省力的国民需要有自省力的制度支持,能够生活在这样的制度环境中,还需要一点好运气,运气不好的话,诉讼环境还会阶段性退步乃至恶化。就诉讼制度而言,好的制度只需要学习,不需要创新,创新了的制度未必是更好的制度。程序法治越是健全的地方,就越是能够听到更多的批评。这些批评是贯彻法治百年后的回顾反省,而如果不注意批评的语境,并借此拒绝程序法治,好比一群面有菜色的人艳羡几个饫甘餍肥的人搞节食运动,有一种角色错乱的荒诞。因此,维持健康肌体,需要缺啥补啥。只有引鉴世所公认的程序理念及其规则,并真诚践行,才是走向诉讼文明的必由之路。

诉讼文明是整个制度文明的标尺,而标尺的意义在于比较,没有比较就没有进步,没有极致比较就没有反思。也就是,程序正义即使推到极致,也比极端的实体正义更少铸成大错,具体到刑事程序,判决无辜者有罪相比开释有罪人,是一种代价更高的错误。对某一诉讼制度,无论是维护还是批评,都应允许和尊重,但也要承认批评更加困难,尤其对不完善的刑事诉讼的批评,势必牵连对制度背景的谈论。"如果一种社会制度只允许人们沉醉于自己的优点,而不让人们研究和公开谈论其缺点和问题,久而久之,这个制度就会僵化,就可能导致解体;反之,才能进步,才有生

---

[1] *Harris v. Commonwealth*, 533 S.E.2d 18 (Va. 2000).
[2] Cliff Roberson, *Introduction to Criminal Justice*, Copperhouse Publishing Company, 1994, p.500.

命力。"[1]

作为兼职律师,24年中我辩护过50多起案件,成功的无罪辩护仅有2.5次,一次是不起诉,另一次是二审改判被告人无罪,半次是一审判决被告人无罪后又被检察院抗诉,二审改判有罪。有人说这个战绩不错了,可我认为至少还有7起案件被告人应当是无罪的。我为自己的无能为力而沮丧,一直在假设如果我是公诉人会有怎样的斩获。作为刑事法学者,我发现法学教育对犯罪事实缺乏关注,课堂和教科书中充满"给我真相,我就告诉你什么是正义"的自信,但却忽视了谁来发现真相以及如何"经审理查明"。"法律系的学生若想钻研事实认定的逻辑研究,必须要到国外去,因为德国大学几乎都没有研究这个主题的师资……传统的法学教授只讨论与事实无关的法律,只是在履行解释法律的高贵任务。"[2]德国尚且如此,其他大陆法系国家和地区概莫能外。

因此,在钻研事实细节方面,我们要多向英美法学院学习,学会按照法律的逻辑来思考问题,并且对证据运用及判决结果的导向作出准确预见,比如,排除以避孕套作为嫖娼证据,排除补救措施作为过失或产品缺陷的证据,是不让人们因符合社会期待的行为而遭受惩罚。一方面,刑事诉讼法中讨论的犯罪事实,在刑法中对应着犯罪成立条件的设定与描述,认定有罪或无罪,实际就是将事实和法条相互拉近的过程。十多年前亲历的纽扣案,可谓指控事实与定罪证据严重脱节的典型事例,可以作为反思素材。另一方面,就刑法研究趋势而言,越来越从客观迅速转向主观,但这一趋势从刑事诉讼的角度看是极其危险的,因为刑法中所设定的主观构成要件要素,一定是那些可由其他证据加以佐证的,而不应单独附丽于口供,使定罪成为对人内心世界的拷问,进而刺激对口供的强取,最终损害人的尊严与自治。

近年来,法律人士关注甚至忧虑的是,人工智能等高科技将会改变刑事诉讼。许多人相信,高科技有助于破案,而且证据确凿,辩护律师无从置喙,不再需要抗辩式庭审,审判将交由人工智能。总之,机器可以搞定

---

[1] [美]柯特勒:《美国八大冤假错案》,刘末译、刘绪贻校,商务印书馆1997年版,"校者前言"第2页。
[2] [德]汤玛斯·达恩史戴特:《法官的被害人》,郑惠芬译,卫城出版2016年版,第78页。

一切。但是且慢,这要看人类是否情愿把一切罪与非罪的判断交予人工智能。所谓搞定一切,不仅要由人工智能判断人类行为是否违反了法律,而且必然最终由它来为人类制定行为规范和罪刑标准。要人工智能判断强奸罪是否成立,既遂还是未遂,有赖于人给它灌输怎样一套人类性行为规范理论以及认为女人怎样才算真的同意。然后,解散陪审团,辞掉法官和检察官,撤销法院和检察院,只保留警察和监狱。这一切都不是不可能的。少数人会先行掌握高科技,并利用高科技控制社会,尤其是社会中的敌人。表面看是人工智能在裁决,实际背后仍然是人的意旨。"即使怀抱着建立人间天堂的最美好的愿望,但它只是成功地制造了人间地狱——人以其自身的力量为自己的同胞们准备的地狱。"[1]

三载仰屋著书,既是向导师陈兴良先生呈正的致敬之作,也是为了完成个人的一次思想实验。写作过程中,我也经历了一次再教育,更加坚信,法律的正当程序是通向自由之路。我希望这是一本好看的书,不让思想淹没在晦涩的语言里,而是用清丽的语言整理出前辈的思想,全不在意它够不够学术。卡莱顿·坎普·亚伦曾这样评价梅因的《古代法》一书:"这本书充满了渊博的知识,却没有表示博学的一般附属物;究竟是由于政策,或是由于厌恶,还是由于无能,无论如何,梅因坚决拒绝采用似乎常常需要的旁注和详细证据,以为其明白直率的主文的累赘。虽然其结果有时使经过专门训练的读者感到不便,但免除学术上的累赘,无疑地大大增加了'古代法'和梅因的其他一切著作的声望。我们享受着文字的乳汁,而不被迫目击挤乳的这种繁重的、有时候很辛苦的劳动。"[2]

---

〔1〕〔英〕卡尔·波普尔:《开放社会及其敌人》(第1卷),陆衡等译,中国社会科学出版社1999年版,第326页。

〔2〕〔英〕梅因:《古代法》,沈景一译,商务印书馆1959年版,"导言"第12页。

前言：如果没有刑诉法
——从《创世记》到《五帝本纪》

> 对一个国家民族而言，专制和蛊惑无论如何都不是政府的必然选择，自由和秩序也决非不可融会，敬畏应当服从知识，自由讨论是真理和国家真正统一的生命。
>
> ——托马斯·赫胥黎

没有刑事诉讼，自然无所谓刑事诉讼法；而没有刑事诉讼法，却并不妨碍刑事诉讼，甚或使诉讼过程更加顺畅。从这个意义上，将刑事诉讼与刑事诉讼法加以区分，作为互有关联但又截然不同者，是有意义的。刑事诉讼的产生需要一些基本条件，比如已有善恶观念及尺度，出现恶人恶行需要惩治，不过首要条件是存在权威；而刑事诉讼法的产生也需要一些条件，比如社会共同体认识到需要履行一定手续或通过一定程序来惩治恶人恶行，不过首要条件是权威愿意遵从这些手续和程序。权威可以是人，也可以是神。人的权威如帝尧命舜殛鲧于羽山，神的权威如耶和华将亚当、夏娃逐出伊甸园。在追究惩处某种罪错过程中，无论权威来自人还是神，其作用和职能都无甚差别，差别只在于是否愿意遵守某些自然形成的或者他自己制定的典章程式。鲧之被杀是因为治洪无功，亚当、夏娃被逐是因为偷吃禁果，受罚原因在此也不重要，重要的是权威施罚于罪错之人，是否遵循了对施罚过程的约束。从《五帝本纪》与《创世记》

中我们看到,权威者自我约束意愿不同,导致施罚过程不同。由此,东西方刑事诉讼风格,自古即有重大而微妙差异,可谓其来有自,各有宗本。

《五帝本纪》中,鲧受命抗洪,其轰轰烈烈可想而知。可太史公却避而不谈,对何以治洪失败也言之不详,言说的重点只是帝尧用人失当,从而为鲧之被杀埋下伏笔。彼时"汤汤洪水滔天,浩浩怀山襄陵,下民其忧",尧问众官谁能治洪。众官"皆曰鲧可",尧认为"鲧负命毁族,不可",但众官强谏保举,说试一下无妨。于是尧勉强听从,用鲧治洪,"九岁,功用不成"。值得注意的是,原本具有史诗意义的九年抗洪不仅被淡化,而且鲧作为故事主角竟然始终不在场。历朝历代,高官被诛无论如何都是一件大事,可在殛鲧这一场景中,没听到鲧的申辩,也没人为他说话,包括那些强力举荐他的人。再者,鲧并非解回"京师"受审,而是在抗洪前线羽山被就地正法。正的什么法也不甚清楚,无功不受禄而已,何至被杀?鲧即便庸碌无为,也可及早换人,为何令其治水九年?不妨展开一些历史想象,或许因为自古治水需要汇聚大量人力物力,而鲧长年拥众在外,要人有人,要钱有钱。一旦治洪功成,民心归附,则功高盖主,成为舜继尧位的有力竞争者。因此,鲧不是死于治水无功,而是死于权力斗争。

《五帝本纪》只字未提鲧主事的浩大工程何以九年无功,却着力运笔记述舜如何从民间底层脱颖而出。舜父名瞽叟,盲人,舜母早亡,另娶一悍妇,给舜生异母弟象。瞽叟惧新妇而爱次子,爱到"常欲杀舜"的程度;舜不仅每次都能成功躲过,而且不计前嫌,"顺事父及后母与弟,日以笃谨"。所谓"父顽,母嚚,弟傲,能和以孝,烝烝治,不至奸",也就是,舜能够做到"父不慈而子孝,弟不恭而兄友",终以孝闻于"其仁如天,其知如神"的帝尧。或许尧自始便不喜欢鲧,又或许鲧疏于沟通亲近,反正尧最终对身边起于微末的舜青睐有加,以至于将两个女儿嫁给舜,"视其为德行于二女,以理家而观国也"。也就是,通过考察理家能力来评估治国本领。而远方的鲧,则渐渐被尧疏远。如此说来,尧于舜早有传国之意。太史公不乏批判精神,但于五帝却推崇备至,对尧禅位于舜亦持好评,所谓"尧知子丹朱之不肖,不足授天下,于是乃权授舜。授舜,则天下得其利而丹朱病;授丹朱,则天下病而丹朱得其利。尧曰'终不以天下之病而利一人',而卒授舜以天下"。

授天下意味着家天下,原本就是尧的,而尧之禅让,并非让给旁人,而是让给二女共事之婿,这与让给亲子丹朱差不太多。所幸舜没有辜负尧的期望,他的能力不仅表现在使两个媳妇和平共处,而且表现在持之以恒"事父弟以孝友"。甚至在舜成为尧婿之后,盲父及异母弟仍然执意谋害舜。一次是让舜到房顶干活,盲父纵火,想连人带房一起烧掉。舜凭借两把张开的竹伞安全降落地面。另一次是让舜挖井,盲父及异母弟合力向井中填土,要活埋舜。舜事先挖好逃生井,偷偷跑掉。而盲父和异母弟误以为谋杀成功,竟然共同瓜分了舜的"遗产"。牛羊粮仓归了父母,至于舜的"遗孀",当然是兄终弟及归象占有。当舜"亡者归来",象已入住舜的居室,弹着舜的琴。弹舜琴只是占舜妻的委婉说法。再看舜的反应,既不理会杀害之仇,也不在意夺妻之恨,"复事瞽叟爱弟弥谨",对他们还越来越好了。[1] 太史公这段神秘而神奇的文字,让人充满了历史想象。舜与其父其弟之间究竟是怎么回事?不足为外人道也的家事何以传扬出去并且为舜的政治成长背书?

也许古民居不甚高,房顶跳下逃生是可能的,何况还借助两把竹伞。不过,为杀人而烧掉房子似乎代价太大,且盲人纵火,古今少见。落井下石杀人简单些,但舜在井旁同时挖了逃生井,瞽叟和象竟未发现,或者发现了忘记一并堵塞?舜所作所为,常人看来匪夷所思。更令人不解的是尧的反应:整个过程,甚至两个女儿的遭际,尧既未察觉,也未干预,唯独对舜的孝谨感兴趣。于是尧委舜以国政,"使舜慎和五典,五典能从。乃遍入百官,百官时序。宾于四门,四门穆穆,诸侯远方宾客皆敬"。这时需要在百姓中为舜树立神明威望,于是"尧使舜入山林川泽,暴风雷雨,舜行不迷。尧以为圣"。"尧以为圣",最终成为钦定承袭的理由。禅位之初,舜便以摄政王身份巡狩四方,其间得知鲧"治水无功,百姓不便",特意归

---

[1]《五帝本纪》记叙:瞽叟尚复欲杀之,使舜上涂廪,瞽叟从下纵火焚廪。舜乃以两笠自扞而下,去,得不死。后瞽叟又使舜穿井,舜穿井为匿空旁出。舜既入深,瞽叟与象共下土实井,舜从匿空出,去。瞽叟、象喜,以舜为已死。象曰:"本谋者象。"象与其父母分,于是曰:"舜妻尧二女与琴,象取之。牛羊仓廪予父母。"象乃止舜宫居,鼓其琴。舜往见之。象鄂不怿,曰:"我思舜正郁陶。"舜曰:"然,尔其庶矣。"舜复事瞽叟爱弟弥谨。于是尧乃试舜五典百官,皆治。

来向帝尧汇报请示之后,"殛鲧于羽山"[1]。凭一纸手谕令鲧伏诛,恰恰说明鲧毫无异心。鲧之蒙冤令人唏嘘,可真正令人困惑的是,舜竟让鲧之子禹接替治水,并最终禅位于禹,禹又从未想过要报杀父之仇。难道舜不仅和家人下了一盘很大的棋,而且还趁鲧长年在外,而与鲧妻发生一段纠缠,致禹实为舜子?这段历史公案,令人联想到大卫王、拔示巴与乌利亚,一个出征将军的留守妻子与王之间经常发生的故事。[2]

一日,太阳平西,大卫从床上起来,在王宫平顶上看见一个妇人沐浴,容貌甚美。大卫就差人打听那妇人是谁。有人说她是乌利亚的妻子拔示巴。大卫差人去将妇人接来。大卫与她同房,之后她就回家去了。她后来打发人去告诉大卫说:"我怀了孕。"大卫差人到前线找指挥作战的约押,说:"你打发乌利亚到我这里来。"大卫见到乌利亚,再三让他回家去,但乌利亚始终与大卫的仆人同住。大卫写信与约押,交乌利亚随手带回前线。信内写着:"要派乌利亚前进,到阵势极险之处,你们便退后,使他被杀。"约押围城时,知道敌人那里有勇士,便将乌利亚派在那里。城里的人出来和约押打仗,乌利亚战死了。于是约押差人去将战事告诉大卫,又嘱咐使者说:"你把战事说完,王若发怒,问你说:'你们打仗为什么挨近城墙呢?岂不知敌人必从城上射箭吗?'你就说:'王的仆人乌利亚也死了。'"使者来见大卫,照约押吩咐他的话奏告大卫,又补充说:"敌人强过我们,出到郊野与我们打仗,我们追杀他们,直到城门口。射箭的从城上射死几个王的仆人,乌利亚也死了。"王向使者说:"你可以用这话勉励约押:'不要因这事愁闷,刀剑吞灭谁,没有一定的,你只管竭力攻城,将城倾

---

[1] 据《韩非子·外储说》记载,鲧死于谏言,而孔子竟然赞赏尧杀谏臣,理由是,知贤不难,难在克服一切障碍传天下于贤,甚至不惜杀死、流放提出反对意见的重臣。"尧欲传天下于舜,鲧谏曰:'不祥哉!孰以天下而传之于匹夫乎?'尧不听,举兵而诛杀鲧于羽山之郊。共工又谏曰:'孰以天下而传之于匹夫乎?'尧不听,又举兵而流共工于幽州之都。于是天下莫敢言无传天下于舜。仲尼闻之曰:'尧之知舜之贤,非其难者也。夫至乎诛谏者,必传之舜,乃其难也。'一曰:'不以其所疑败其所察则难也。'"韩非子对尧舜颇有微词:"尧为人君而君其臣,舜为人臣而臣其君";舜"妻帝二女而取天下,不可谓义"。

[2] 这类故事历史上真的不少,而且都以在外征战的丈夫被杀为悲剧高潮。许多人只知道,特洛伊王子帕里斯诱拐了墨涅拉奥斯之妻海伦,从而引发了持续10年的特洛伊战争,但却不太知道,率军围困特洛伊的迈锡尼国王阿伽门农,他的王后克吕泰涅斯特拉,正与他的堂弟埃癸斯托斯欢情交集,"我心则降,我心则说"后,竟共谋杀夫弑君,并僭居15年之久。

覆。'"拔示巴听见丈夫死了,就为他哀哭。哀哭的日子过了,大卫差人将她接到宫里,她就做了大卫的妻子,给大卫生了儿子。[1]

　　这段故事中经常被遗忘的是乌利亚,就像人们经常忘记鲧一样。而为了让人们遗忘得更彻底,各种正史会将艳史尤其是伟人的艳史一并抹去,决不授人以柄,或者讲述成符合礼仪程式的伟大爱情。乌利亚是幸运的,他战死沙场,被承认为王的勇士,又因"成全"拔示巴与大卫王的后续合法结合,生育一代贤王所罗门,而被载入圣经典籍;相比之下,鲧就没有那么幸运了,他被拖入无尽的历史黑暗之中。因看不到对鲧的治罪过程,就怪不得我们对舜及其超常行为生起莫大疑心。而刑事诉讼若要令人信服,就应公开其过程。没有公开审判,就不可能有真相。《史记》对这次诛杀重臣事件的叙述视角,只是帝尧听受另一重臣的汇报。至于重臣伏诛,罪名不重要,申辩不重要,甚至有无审判也不重要。《史记》一再强调,帝尧虽有错误任用之嫌,但那是由于"强请试之"。中国古籍,记述要案决断过程,多见君臣讨论定谳,从不闻被追究者申辩;而记述圣贤可疑甚至愚蠢的行径时,则大抵强作解人,避重就轻,或者干脆为贤者讳。

　　反观《创世记》,刑事制裁过程一清二楚,尤为重要者,几乎每次都能听到被处罚者申辩。最初,耶和华将亚当安置在伊甸园,吩咐他"不可吃园中那棵分别善恶树上的果子"。看到亚当工作勤快,又很听话,耶和华就造了个夏娃给他做老婆说话解闷。可这个女人被蛇诱惑,又经不住那果子"悦人的眼目",就摘下来吃了,又给丈夫亚当吃了。耶和华发现他们夫妻忽然有了羞耻心,便责问亚当:"莫非你吃了我吩咐你不可吃的那树上的果子吗?"于是我们听到人类的"第一次申辩"。亚当说:"你所赐给我的、与我同居的女人,她把那树上的果子给我,我就吃了。"耶和华又问夏娃:"你做的什么事呢?"女人说:"那蛇引诱我,我就吃了。"耶和华没再多问,就径直对蛇作出处罚:"你既做了这事,就必受诅咒,比一切的牲畜野兽更甚!"随后分别对夏娃和亚当作了判罚,打发他们出伊甸园去。

　　相比于尧舜商量了一下就"殛鲧于羽山",耶和华在"审判"时,"被告"们至少在场。在场才有真正的审判,真正的审判都遵循直接言词原

---

[1] 参见《撒母耳记下》。以今天的眼光看,大卫和约押是否构成故意杀人罪,可以成为刑法学一个有趣的话题。

则。我们从耶和华同亚当、夏娃的问答中,从耶和华对蛇的直接判罚中,或许能够得到一些启发。其一,"不可吃园中那棵分别善恶树上的果子"这个禁令是耶和华直接下达给亚当的,而当时夏娃还没造出来,所以耶和华向亚当和夏娃的发问是不同的:对亚当是一种责问,话中包含禁令本身;对夏娃只是问"你做的什么事呢",似乎惋惜多于责备。其二,耶和华没有对蛇发问就直接判罚,是在暗示"坏人没有辩解权"吗?许多人相信,坏人一旦开口,就只有诡辩,还不如不让他们开口;因而主张,在必须让坏人说点儿什么的时候,一定要确保让他们说真话。而历史经验在在处处证明,一定让坏人开口说话,说好人想让他说的话,一定需要运用某种获取"真相"的手段,其间蕴藏着人折磨同类的穷极想象的邪恶能量与潜在风险。

不妨追问耶和华是如何得出"蛇是坏人"这个结论的。有了《创世记》这一段文本,相当于今人看到一份庭审记录。借由这份记录可以有根有据地说,耶和华对蛇起初并无偏见,因为伊甸园里允许蛇存在。后来,蛇引诱女人吃了禁果,的确招耶和华不开心,因为它"钻了法律的空子"。分别善恶树上的果子,对亚当、夏娃是禁果,对蛇则不是。耶和华既未命令蛇不许吃,也未命令它不得让人去吃。但是,以蛇当时的智慧,一定能够预见到,夏娃一旦吃了果子,耶和华一定会不高兴,而且一定会知道是谁让夏娃吃的。蛇是摆明了让耶和华不高兴,又无话可说,说也说不赢,因为蛇将有力地辩称:您是上帝,我不过是您的造物,怎会料到她听我的而不听您的?"因此,上帝才不让蛇有机会跟自己辩论。"[1]

从申辩内容和方式看,亚当这个男人有很多弱点:在主的禁令和女人的示好之间,他不仅选择了后者,尤为可气的是他没有男人的担当,把自己择得一干二净。不仅把责任推给女人,而且直接推给耶和华,因为他说果子是女人给我的,女人是你给我的。这不只是辩解,不只是推诿,还蕴含着归咎指控。以今天的观点看,耶和华最可爱之处是肯于倾听别人的申辩,并没有呵斥打断。这是诉讼得以进行的基本条件。只要将亚当的申辩适当展开,就会推出许多合理结论,比如在吃禁果前,亚当尚处不辨

---

〔1〕〔美〕艾伦·德肖维茨:《法律创世记:从圣经故事寻找法律的起源》,林为正译,法律出版社2011年版,第36页。

善恶的蒙昧状态,而对蒙昧者下达禁令是无意义的,因为他不会理解违禁的后果。同理,夏娃先吃禁果,先有智慧,她让蒙昧的亚当做任何事,错都不在亚当。这样说来,让亚当受罚实属不教而诛,或者用程序性术语叫作没有公平告知。而这个错误能够被发现,前提是亚当必须在场且允其申辩。接下来的问题是,应否追究夏娃的责任?

从夏娃的申辩可知,这个女人显然很无私,而且了无心机。她把自己喜欢的果子给自己喜欢的人吃,而全不顾及这样做的后果:让亚当吃禁果而有智慧,将使自己失去先被启蒙的优势,以致使后世女人普遍受男人管辖。再者,当她听到丈夫全无担当,推诿塞责之后,并没有反戈一击。夏娃原本可以否认亚当向她转达过耶和华的任何禁令,或者至少可以指出亚当转达禁令时并不准确:禁令只说不可吃,没说不可摸。而从蛇与夏娃的对话可知,蛇的诱惑之所以成功,是由于它让夏娃看到,摘下果子比摸一下果子要严重,可并没有死,就此吃了当然也不一定死,而且"眼睛就明亮了","能知道善恶"。这显然没什么不好。如果不再深入询问,耶和华不会知道亚当是否转述过禁令,更不会知道转述是否正确,尤其对不在场时发生的事情可能并不知晓。而就此惩罚夏娃,也是一种不教而诛。正由于有庭审,有这一简短的"庭审记录",我们的"眼睛就明亮了",就知道仅惩罚夏娃是不公正的。

由此可见,庭审的好处还在于,在大庭广众面前,它让发问不当的一方承担失败风险,所以发问还是不发问有时会决定案件的走向及其结论。耶和华为何不对蛇发问?理由只在于,只要将故事演绎下去,就会看到耶和华在深入的"庭审"中陷入麻烦,因为发问势必引发蛇、亚当和夏娃三者之间的当面对质。庭审高潮将从蛇的否认开始:"这个女人撒谎,我没跟她说过那些话。"蛇的否认给了夏娃一个极好的辩解机会。如果她还请来个律师,那么律师一定会提醒她:"蛇的否认意味着你和蛇之间的对话不存在了。你们之间真的说过什么吗?已经不存在,不重要了。你们根本就没说过什么,对吧?接下来你可以否认给过亚当果子,并且你的否认将使亚当的推诿成为孤证,不能据以定案。而再接下来你可以说亚当根本没有转述过耶和华的禁令,因而你只是在无知状态下吃了果子,不应受到责罚。"

追述《史记》有关尧舜殛鲧的记载,由于没有申辩,没有庭审,我们无从判断鲧是否罪有应得,也无从判断尧舜是否公正。渐渐地,我们不仅丧失了说理的习惯,而且认为辩解是某种恶劣品质的表现。孔子诛杀少正卯,一个重要理由是"言伪而辩"。严格说来,杀鲧不太像刑事诉讼,更像一道密令之下的秘密处决。这也可以理解,最高权力之争往往间不容发,对鲧的处置不宜拖延,否则可能引发兵谏。不过,即便是秘密处决,仍然有别于民间帮派私斗,因为毕竟是向最高权威请示执行的"国家意志"。值得警醒的是,在权威者施罚意义上的刑事诉讼中,如果没有申辩,没有庭审,那么效率一定是极高的,但无辜蒙戮者也会剧增,并且被黑幕所遮蔽。因此,刑事诉讼的灵魂在于庭审,庭审的灵魂在于质证。庭审质证是刑事诉讼的核心与关键,侦查、起诉环节的问题在此可以一目了然并得以纠正。也因此,凡是弱化庭审、强化侦讯的刑事诉讼,都是法治不彰的表现。

无论是治洪无功还是偷吃禁果,判罚过程虽然简单,但都具备了刑事诉讼的基本要素,有权威,有被追究者及其违禁行为,总之有了罪与罚及其司法过程,这些司法过程又塑造了中西方不同的司法习惯。西方司法习惯的最大贡献是,判决需要理由,以及向人们展示这些理由何以形成。"司法习惯在很多方面变成了民族习惯。人们从法庭普遍接受了这一思想,即一切事务均可提交辩论,一切决定均可复议,利用公开性,讲究形式——这些都与奴役性格格格不入:这就是旧制度留给我们的自由人民教育的唯一部分。政府自己也从司法用语中借取了很多语言。国王认为在发敕令时必须说明缘由,在下结论时必须阐明原因;御前会议在下达的判决中冠以长篇前言……人们对各类事务进行公开讨论,经辩论之后才作决定。所有这些习惯,所有这些形式,都是君主专横跋扈的障碍。"[1]

刑事诉讼,向前拓展产生了专司侦查或者起诉的机构,向后延伸增加了给被告人上诉救济的机会。庭审本身的仪轨程式也渐趋固定,证据的收集和采信也因反复运用而形成规则。这些难以计数的机构、救济、程式和规则,最终汇成一套称为"刑事诉讼法"的制度体系。刑事诉讼旨在发现真相并将罪犯绳之以法,刑事诉讼法则旨在减少错案并维护个人尊严。简言之,如果刑事诉讼是奔马,刑事诉讼法则是道路。没有道路,马照样

---

[1] [法]托克维尔:《旧制度与大革命》,冯棠译,商务印书馆1994年版,第154页。

可以狂奔；有了道路，马奔跑起来更加安全。路人车马对"如何行走"皆有稳定期待，终会实现整体路面安全。因为有道路，前车后辙，平稳省力，不易迷路，形成一种路径安全。这就难怪，凡交通文明国家必是法治文明国家，而且两种文明在程度上成正比。奔马与道路的比喻意在说明，法治文明国家必然珍重刑事诉讼法，珍重刑事诉讼法，才能少出错案并维护个人尊严。也因此，刑事诉讼法反映着大众安全利益与个人自由利益之间的重大冲突，"成了国家基本法的测震器。该项政治现实同时亦表示着，每一项政治结构上的重大变动都将带动刑事诉讼法的修订"[1]。

这就是为什么无论朝哪个方向，刑事实体法比刑事程序法的修订阻力都要小得多——不涉及权力的重新配置。"刑事诉讼程序规则更近地触及一个国家的政治组织。制度上的改变，尤其是文明发生的重大变动，对刑事司法的形式的影响，要比对具体规定哪些行为是危害社会利益的行为以及如何惩罚这些行为的影响，更加迅速、更加深刻。"[2]因此，在刑事领域，程序比实体重要，取得真相的手段限制比获得真相本身重要。用程序加以限制，比给出实体标准，更能够有效约束权力。而我们都能理解，权力都需要约束，权力越大越需要约束。有个比喻不妨一听：某人拥有杀人特权，这一特权已无法收回，但还有两个办法可以设限。一是规定"只准杀坏人，不可杀好人"；二是规定每杀一个人之前，必须先在标准运动场跑一圈。我们选择哪种办法才能有效限制杀人数量呢？

第一种属实体标准，"看上去很美"，但难以落实，因为好坏的标准全由杀人者掌控。第二种属程序限制，乍听起来荒唐，但仔细想来，便于落实且容易监督。除非超人，跑几圈就累了，杀人数量也就少了。可以换位思考，如果你是那个拥有杀人特权的人，却不得不接受一种制约，那你一定知道怎样让自己运用权力时感觉舒服，一定是选择一个高大上的实体标准而不愿接受程序限制。程序是老实人的游戏规则，试想，一个老老实实按照规则要求，每次在运动场跑完400米再杀人的人，很难想象他会不按其他规则去行事，比如不许滥杀无辜。相反，那个不必守程序规则，只

---

[1]〔德〕罗克辛：《德国刑事诉讼法》，吴丽琪译，三民书局1998年版，第14页。
[2]〔法〕贝尔纳·布洛克：《法国刑事诉讼法》，罗结珍译，中国政法大学出版社2009年版，第33页。

服从自己内心好人坏人标准的杀人者，不太可能是个老实人，或者说不太可能通过检验被杀者是好是坏来检验他是否老实。说程序是老实人的规则，还意味着对程序规则的一贯遵守可以不断培养出老实人。老实人就是好人，好人的第一标准是守规则。一辈子随地吐痰、乱扔烟头、排队加塞、满口脏话、随处躺卧、闯红灯、强行并线的人，很难想象他是一个好人。

第一章 目的要旨

> 刑事诉讼法是国家基本法之测震器。该项政治现实同时亦表示着，每一项政治结构上的重大变动都将带动刑事诉讼法的修订。
>
> ——克劳斯·罗克辛

刑事诉讼，旨在发现犯罪真相并将犯罪人绳之以法；刑事诉讼法，旨在减少错案并维护个人尊严。毋庸讳言，这是少数人见解，多数人意见认为，刑事诉讼与刑事诉讼法没有目的上的差异。多数人一般不单独讨论刑事诉讼的目的，而是只给出一组刑事诉讼法的目的，且所列举的内容因人而异。不过，对目的之个人理解差异达到一定程度后，便透露出某个法律人到底对哪种刑事诉讼模式更加认可，或者更加抵触。卡多佐等人分别从社会学、经济学和哲学角度对法学提出批评，如果这些批评有闪光之处，那并不是他们为法学做了什么贡献，而是得益于其他学科固有的光源；而如果有破坏之虞，那是他们将其他学科思维掺入法学，搅乱了法学院学生们对法治的信心。[1] 这些对法学的冲击都

---

[1] 历史或习俗、社会效用或某种不可抗拒的正义感，必须出面拯救焦虑不安的法官，告诉他何去何从；社会学方法以规则对社会的价值作为最高检验标准；理查德·波斯纳法官在近期一些著作中称卡多佐为典型的实用主义法官。参见〔美〕安德鲁·考夫曼：《卡多佐》，张守东译，法律出版社2001年版，第215—216页、第225—226页。波斯纳直言："权利应依环境而调整，我们必须在个人自由与社区安全之间找到一种实用主义的平衡。这种平衡不可能轻易转换成一些固定的规则，甚至不可能成为制定法。"〔美〕理查德·波斯纳：《并非自杀契约》，苏力译，北京大学出版社2010年版，编者按语第2页。

是以学术的名义进行的,很难辨识。法学是独立的学科,有自己独特的逻辑,而诉讼法最能体现法学逻辑的纯正。这种纯正并非奠基于真相与真实、事实与实事之上,而是要为发现真相的手段设限。没有这种限制或者不承认这种限制,就没有自由与法治。反向言之,权力任性与法治不彰的突出表现,往往是祭出发现真相与反形式主义两面大旗,以此化解妨碍事实发现的所有形式规则。而所谓形式规则,通常都是程序规则。

而推崇内容决定形式,或许是对黑格尔的根本误解,"因为只有伴随着形式的塑造过程,各个差别才可以被确切地规定下来,并被安置到它们的稳定关系里面"〔1〕,所以内容必须借助形式才得以存在,没有形式就没有内容。而就法律领域而言,没有程序就没有实体。程序优于实体的思想是晚近形成的,早前多为体用之说,比如沈家本所言,"查诸律中以刑事诉讼律尤为切要,西人有言曰:刑律不善不足以害良民,刑事诉讼律不备即良民亦罹其害。盖刑律为体,而刑诉为用,两者相为维系,故不容偏废也";又如夏勤所言,"实体法犹车也,程序法犹轮也。轮无车则无依,车无轮则不行。故国家贵有实体法,尤其贵有程序法"〔2〕。体用之说,无论怎样强调程序法的重要,都是以实体法为前提的重要,最后沦为不得不服务于实体目的的工具和手段,不再有自身独立的目的。所谓"刑事诉讼法者……其目的在发挥刑罚权之效能,与刑事实体法规,相辅相成,以达国家用刑之旨,并无异致"〔3〕。时至今日,几乎所有法律人都熟悉罗斯科·庞德的说法,"法律程序是一种手段,不是目的,它必须从属于实体法,以作为该法有效实施的手段"。

作为社会法学派代表,庞德认为,不仅程序法是实现实体法的手段,而且法律本身即是实现社会控制的工具。从法律工具主义观念出发,庞德、卡多佐、波斯纳一脉相承地反对程序教条。庞德主张"法律必须稳定,但又不能静止不变","更为具体地讲,有关稳定必要性与变化必要性之间的协调问题,从某个方面来看,变成了一个在规则与自由裁量权之间进行调适的问题,变成了一个在根据确定的规则执行法律与根据多少受过训

---

〔1〕 〔德〕黑格尔:《精神现象学》,先刚译,人民出版社2013年版,第8页。
〔2〕 黄源盛:《民国初期近代刑事诉讼的生成与开展——大理院关于刑事诉讼程序判决笺释(1912—1914)》,载《政大法学评论》1999年第61期。
〔3〕 刁荣华:《刑事诉讼法释论》(上册),汉苑出版社1977年版,第1页。

练的、有经验的司法人员的直觉进行司法之间调适的问题"[1]。直觉、正义感以及规则对社会的价值,成为实用主义法学和机会主义法官贬斥规则本身的温良借口。具体到刑事程序,就是借此让政府可以更方便地对违法者实施无需令状的搜查扣押、超期限乃至无期限的羁押、没有律师帮助且证人多不出庭的起诉和审判。然而,实际情况可能更糟,没有程序规则也一样给人定罪量刑,而且效率肯定会更高,这样的司法在许多法域可谓常态。即使刑事程序过程旨在达成落实实体法这一普世目的,它也可以体现为各种不同的模式。而某种制度之所以有别于另一制度,基本取决于一个问题:什么是达成目的的最佳方法,或者说某种诉讼构造会不会主动倾斜资源配置以便更有效地达到目的?

在这种资源倾斜的制度配置中,需要考虑优先维护什么以及必要时牺牲什么?在这个问题上,各种团体、政体的确会作出不同的选择,选项无非是两个:其一,效率与公平;其二,效率或公平。显然,人们总是希望兼而有之。因此,"下述目的有助于兼顾效率与公平:(1)发现真相;(2)利用对抗制审判;(3)利用证据证明制度;(4)使错误定罪减至最少;(5)尽力减少起诉和审判;(6)让非专业人士参与;(7)尊重个人尊严;(8)让公平看得见;(9)实现平等;(10)认真对待被害人的关切"[2]。其中,只有(1)、(4)、(7)项是贯穿刑事诉讼全过程的,是核心目的之基石。作为核心的目的不宜过多,否则等于没有核心,且不宜将刑事诉讼与刑事诉讼法混为一谈,应有各自的目的。理由在于,与其让不同的价值目标相互竞争,不如让它们各有所本,各行其是。相互竞争中,"既怎样怎样又如何如何"的辩证、统一、兼顾,很容易让垄断权力者有机可乘,根据自己的需要轻易游走于不同目的之间。而将所谓辩证思维引入刑事诉讼法学,不仅阻碍理论研究,而且戕害司法运作,因为刑事诉讼的结果,更多的时候不会是辩证、统一、兼顾的,而是要么有罪,要么无罪,二者必择其一。即使是辩诉交易或者认罪认罚,也是以被告人认罪为前提的。有时候,在有罪还是无罪的选择背后,其实是要效率还是要公平的选择。

---

[1]〔美〕庞德:《法律史解释》,邓正来译,商务印书馆2017年版,第4—5页。
[2] LaFave & Israel, *Criminal Procedure*, Thomson Reuters, 2009, pp.40-41.

第一节 发现犯罪真相并将罪犯绳之以法

"犯罪"作名词使用时,为偏正结构,重点在"罪"。宗教意义之外犯罪主要有三种含义:一是存在于人们观念中或口头上的罪,比如"浪费是对人民的犯罪","你色迷迷看她的眼神简直是犯罪";二是为实体法所规定的罪,这种罪看似法定,但在与生活事实的比对过程中,罪与非罪的争议属家常便饭,比如公然谩骂或者高铁霸座,是否属于寻衅滋事罪中的辱骂他人情节恶劣,或者任意占用公私财物情节严重,意见分歧很大;三是经由刑事诉讼程序最终确定的罪,这种罪一旦确定便有执行力,但也经常引发批评,比如聊城市中院一审判处于欢故意伤害罪,但没有认定具备正当防卫前提。总之,第一种含义多属比喻,与刑事诉讼无关。第二种含义是将行为事实与刑法规定相互拉近,判断该行为事实是否符合构成要件、违法且有责。当然,不是所有犯罪都会被发现,有些犯罪因手段高超、被害人怠于报案而成为黑数,又因警方侦讯不力,未能破案而不得不悬置。第三种含义是在发现并侦破犯罪后由法院审理并宣判犯罪成立,这种犯罪由实体法与诉讼法共同决定,偶尔会有实体与程序双重缺失造成的恐怖,也就是不仅秘密逮捕,而且不告知指控罪名,不宣布所定何罪。

刑法公布后,人们通常会知道刑罚的轻重。但实际上,在刑事诉讼指向具体人之前,刑罚的一般威慑力是遥远的、不确定的,因而也是微弱的。相比之下,刑事追诉开始后,不确定的程序才真正具有威慑力。"在卡夫卡的《审判》中,约瑟夫·K莫名其妙地被捕了,困在法律规则的迷宫里。这些规则分布在实体和程序两大范畴之间。实体规则明确规定哪些行为是犯罪,意义在于让K知道自己犯了什么罪。如果规则是秘密的,过于复杂含糊,以致人们无法理解,那么这种实体规则就使K陷入无所措手足的境地,是不人道的。K是否被认定为某一特定罪行并承担责任,还取决于程序规则,也就是国家如何证明犯罪确已发生并应由K负责。实体法确立'原则上有罪',程序法决定'事实上有罪'。对K的巨大折磨不仅来自不可解的实体规则,而且来自不确定的程序规则。"[1]实体规则不可解与

---

[1] George P. Fletcher, *Basic Concepts of Criminal Law*, Oxford University Press, 1998, pp.7-8.

程序规则不确定,是卡夫卡浸透于《审判》中的两大恐惧,而实体规则与程序规则这两大范畴的界限并不清晰,可能是法律的又一重大弊害,这一弊害在时效问题上表现得尤为明显。

假定有企业往海里排放有害物质,贻害难以穷尽,社会舆论沸腾,但已然迫近公诉时效期限。这时能否制定新的法律以延长时效期间?这要看公诉时效是属于实体法还是属于诉讼法。如果属于诉讼法,就要实行新法主义,若时效尚未经过,国会可以决定公害罪的时效期间延长,让检察官从容侦查和起诉。相反,如果属于实体法,作为宪法问题,就不能抵触不得溯及既往的原则。[1] 罪刑法定原则的内涵之一是法律必须明确公布,从国家角度看,公布法律意味着公平告知,惩恶扬善有言在先;从个人角度说,每个人都有权知道,当他被指控违反某一法条时,这条法律是什么。但是,这条法律究竟是什么,是否包含实体和程序的所有方面?比如,排污者有权知道国家在何时规定了何种行为属于公害犯罪,但他们是否有权知道国家将在多长时间内加以追诉,或者在接近时效届满时,国家有无权力修改法律以延展追诉时效?有学者认为,纯粹程序性规则不属于个人有权知道的事项,理由是程序规则与行为的道德性无关,溯及既往的规则修改并不干扰行为人选择实施或不实施某一行为的自我道德审查。[2]

发现犯罪真相决不只是法官的责任。早在案件进入法院视野前,警方已经开始工作了。警方的责任在于揭发犯罪,检察官的责任在于监督或者指挥犯罪侦查,并且对侦查结果负有审查义务,在确定有必要起诉后,法官才踏上追寻真相的路程,并最终在犯罪是否成立的选项中作出一个确定判断。当然,对于犯罪真相的追寻应当有所节制,不能认为凡出现犯罪,尤其是引发公愤的犯罪,就必欲穷追完胜而后快。否则,人们将会承受两种恶果:一是侦查过于严酷,侵害被追诉者的权利;二是审判追随侦查结果,或者法官过于积极作为,反倒产生误判。[3] 在发现犯罪真相

---

〔1〕 参见〔日〕松尾浩也:《刑事诉讼の原理》,东京大学出版会1974年版,第284页。
〔2〕 George P. Fletcher, *Basic Concepts of Criminal Law*, Oxford University Press, 1998, p.13.
〔3〕 参见〔日〕松尾浩也:《日本刑事诉讼法》,丁相顺译,中国人民大学出版社2005年版,第14页。

的压力下,法院宣判无罪比宣判有罪难度更大。上古中国,《尚书·大禹谟》有"与其杀不辜,宁失不经",《吕刑》有"五刑之疑有赦",后世亦有"疑罪各从其实以赎论"[1],然凡此种种,都是处置两可疑难案件的方针,但又都不是从证据不足角度考虑,而只是从策略上权宜变通。疑罪的出现,说明真相并不容易被发现,或者不可能被发现,或者根本不知道真相是什么。刑事诉讼法对"发现真相"的态度,会反映在如何分配错误责任的制度安排上,是倾向于避免给无辜者定罪,还是致力于不放过可能有罪的人?是否给予被追究者可能有碍真相发现的权利?可否为了顺利发现犯罪真相而剥夺那些法律上已经写明的权利?以及在多大程度上排除那些使用恶劣手段获取的证明真相的证据?

"似乎应明了的是,解决争端者必须泯灭其回复历史真相的冲动:他们不可能在成为独立的、精力充沛的真相追求者的同时,还能不危害对解决争端而言最为基本的中立地位。倘若解决争端者已注意到当事人的主张、自认及约定限制他们的调查,那么他们对真相专心致志的探求只会使证据的发现变得愈加糟糕,这与其说是解决基础性的难题,毋宁说是制造更新的麻烦。"[2]因此,发现犯罪真相虽然是刑事诉讼的目的,但事实上,刑事法庭仅在考虑作出有罪判决时才去寻找真相。如果有罪前提未能证明,对真相的寻找即被中断。疑义有利被告,其含义就在于,到底无罪是不是真相,已经不再重要了,只要有罪不能确凿成立,就应论以无罪。刑事诉讼总是只对特定的、与涵摄于实体刑法之下的情况感兴趣,所涉及的不是全部真相,而是被严格过滤的、与法律有关的事实片断。即使是能够涵摄于实体法的事实,也不能任意进入程序,要具备尽可能充分的证据,但也不是每个可靠的信息源都可用作证据。现代刑事诉讼法有大量的规则,当这些规则发挥作用时,会产生走样的、失真的画面,而失真的原因主要在于,寻找真相与法律保护的其他价值发生冲突,当其他价值处于优势地位时,真相就必须让位,就此出现了大量的基于不同原因的证据禁止,用于排除不可靠的证据材料。而国家的司法资源总是有限的,警方不可

---

[1] (清)沈家本:《历代刑法考》,邓经元、骈宇骞点校,中华书局1985年版,第523页。
[2] [美]米尔建·R.达马斯卡:《漂移的证据法》,李学军等译,中国政法大学出版社2003年版,第170页。

能对每个案件平均用力,"所以要权衡:对于严重犯罪,比如杀人犯罪,要极力寻找真实;对于大量的轻微犯罪,只是泛泛地,比如以简单扼要的程序寻找真实,或者根本不去寻找真实,就如对偷窃自行车的行为"[1]。

刑事法不只是关于犯罪与刑罚的法律,它更直接关系到个人的权利和人的尊严,因此,刑事法要求以真实为根据解决案件。以这种真实为基准的原理,叫作实体真实主义。但刑事实体法与刑事诉讼法有所不同。"刑事诉讼法中的真实,首先是'诉讼上的真实'。它毕竟是一个法律学的概念,而不是自然科学所探求的'绝对的真实'。对于过去发生的事件,只有依据证据法所认定的'诉讼上'的事实,才是'真实'。……其次是'实体上的真实'。在以当事人的私人权益为对象的民事诉讼法中,可以采取'形式的真实'主义,只要有当事人的承诺,该事实就被认为是真实。但是,刑事诉讼法不能采用这一原理。……实体的真实主义可分为积极的实体真实主义和消极的实体真实主义。积极的真实主义力图追求凡是犯罪必然被发现、难逃法网;消极的真实主义力图做到无罪者不予处罚。如果采取'有罪必罚'的方针,贯彻积极的真实主义,就必须承认违法侦查获得的证据具有证据能力……如果重视'无罪者不予处罚'的观点,则要求适用尊重人权的程序,避免无罪者错误地受到惩罚。也就是说,积极的真实主义重视的是被发现的'真实',而消极的真实主义重视的是发现真实的'方法'。……如果考虑到作为人权保障的宪法规范的重要性,消极的真实主义的观念是妥当的。"[2]

将犯罪人绳之以法,也同样是刑事诉讼的目的。"在初民社会的大部分时期,惩罚的实施多半是出于受害者及其亲属本能而未加反思的情感的产物,或者,在足以引起全社会关注的案件中,是对暴行和危险的情感反应。当惩罚的过程被注入了平静的反思,人们开始用客观的政策理由来证成惩罚的正当性时,这意味着一个意义深远的行进。柏拉图是记录西方思想上的这一阶段的第一人,他认为惩罚有两方面:矫正的一面,即强迫做了错事的人修正他的行为;威慑的一面,即警示他人不要仿效行恶

---

[1] 〔德〕施图肯贝格:《在刑事诉讼中探寻实体真实》,宗玉琨译,载赵秉志、宋英辉主编:《当代德国刑事法研究》(总第2卷),法律出版社2017年版,第235页。
[2] 〔日〕田口守一:《刑事诉讼法》(第五版),张凌、于秀峰译,中国政法大学出版社2010年版,第14—15页。

之人。"[1]因此,刑罚的意义在于,不让犯罪人获益,杜绝其再犯可能,并且恢复和重建法秩序,向世人昭示,不能漠视和违背刑法规范,否则刑罚会随之而至。但是,刑罚威慑力可谓极其有限,每发生一起罪案,都说明刑罚威慑失败一次,都说明犯罪无论如何都会发生。对秩序与安全的需要是无止境的,或者说是无法满足的,它会形成某种嗜好,并且将刑罚作为其嗜好的安慰剂,并逐渐迷恋刑罚,不断渴望更严厉的刑罚,最终刑罚不断趋重,人们对刑罚威慑感触日渐麻木,如重度失眠者,需要不断加大安眠药剂量,终至失效。

  过分强调刑罚威慑,还会导致以命案必破为目标,力图建立罪与罚的绝对联想,以致杀人、强奸等大要案发生后,不惜棰楚刑讯,构陷无辜。冤情具体落在谁头上看似偶然,但冤案中有人横遭刑辟却势所必然,而冤案一旦形成,就极难纠错。警察职业被意识形态塑造为道义的化身,不容出错。即便真凶出现或者亡者归来,平反仍然举步维艰。某些人在谈到呼格案时,不是谴责制造冤案者,而是戏谑他们与办理真凶案件的警察没有沟通好。自我道德神化的逻辑演绎是对手的去道德化,即对律师及犯罪嫌疑人的道德矮化。道德矮人若不低头认罪,便罪加一等,死有余辜。[2]侦查机关没有战略对手,导致诉讼结构整体偏向侦查中心主义,不仅被追究者及其辩护人无法有效对抗侦查结论,而且起诉阶段也难以申说意见,直至走上法庭也无缘与不利被告的证人当庭对质,庭审不过是继续审讯被告以及对控方提供书证的有限核对而已。因此,侦查结论就是最后结论,通常还必须是有罪结论。如果主导权不在审判环节,那么法官对侦检机器便无法有效制动,甚至不得不助力迎合。

  人民及其中的许多智者早前就相信,惩罚对于威慑犯罪是有效的,甚至认可惩罚本身就是实现国家目的的手段。"惩罚是实现国家的最终目的——公共安全——的手段;这里的唯一意图在于,用惩罚的威慑作用防范犯法行为的发生。刑法的目的在于,根本不要出现应用刑法的情况。邪恶意志应当依靠威慑性的惩罚受到压抑,而原来缺少的善良意志则应

---

[1] 〔爱尔兰〕凯利:《西方法律思想简史》,王笑红译,法律出版社2002年版,第30—31页。

[2] 参见邓子滨:《冤案的偶然与必然》,载《中外法学》2015年第3期。

当依靠这种惩罚得到昭彰;这样,就决不需要惩罚了。为了达到这个目的,每个公民都必须极其肯定地认识到,一旦他犯法,法律的威慑作用就会不可避免地在他身上兑现。……因此,刑法的执行是一种公开的行动。每个听到一种犯法行为的人,也都必定会听到对这种行为作出的惩罚。对于一切在今后还试图干违法勾当的人来说,如果大家不让他知道对以前的犯罪行为所给予的真实惩罚,这可以说是一种明显的不公正的做法。他们会因而抱有不受惩罚的希望。"[1]这种类似中国古人"以刑去刑,以杀去杀"的威慑论,历来不乏反对者,更不乏信奉者,比如反对者说,"每有一次新的谋杀,就证明死刑威慑失败一次",但支持死刑的人会说,"死刑没能遏制的我们看到了,死刑成功遏制的你们却看不到"。

凡事只能证其有,不能证其无。不过近年的犯罪学、监狱学的实证研究的确基本否定了威慑论。一个专门小组的研究结论是:实际的和预期的惩罚概率与人的犯罪意图之间,虽然存在某种负相关,但突然增加惩罚,初期效果不大,长期效果更小。[2]既然如此,与其追求刑事诉讼惩罚犯罪的目的,不如将精力更多投放到以刑事诉讼法规范国家司法力量上去。如果政府尊重法治,社会福利优厚,犯罪自然就减少了。因此,发现犯罪真相并将犯罪人绳之以法,有时必须让位于其他目标,必须服从其他价值追求,而这些目标或价值追求多半与维护人的尊严和个人自治有关,也正是各文明国家刑事诉讼法与文明国家共同拟定的国际公约之价值所在。"宣称适用刑法时'目的可以使手段正当化',宣称政府为了确保给人定罪就可以违法,这样的宣称必将招致可怕的报应。"[3]为什么不能以目的的高尚来为手段邪恶开脱?因为在目的达成之前,手段已经作恶多端了。因此,发现真相并不是刑事诉讼法的目的,恰恰相反,它的目的是确保在遵循程序规则并保障人的尊严与自治的前提下寻求犯罪真相。

目的再怎么高尚,也不能不择手段。但某些冠冕堂皇的口号却极具迷惑性,比如"既打击犯罪,又保护人权"。这种双重目标看上去很美,但

---

[1]〔德〕费希特:《自然法权基础》,谢地坤、程志民译,商务印书馆2004年版,第262—263页。

[2] 参见〔挪威〕托马斯·马蒂森:《受审判的监狱》,胡菀如译,北京大学出版社2014年版,第170页。

[3] Justice Louis D. Brandeis, *Olmstead v. United States*, 277 U.S. 438 (1928).

在实践中却很难辩证统一,矛盾冲突才是一种常态。号称"全面、兼顾、一分为二,既怎样怎样,又如何如何",只会使实际的目的偏好被掩饰遮蔽,操盘者得以上下其手而又不露圭角。所以,应当真诚、勇敢、单纯地承认,刑事诉讼的目的就只是发现、追究并最终确认犯罪,而维护人的尊严与个人自治的目标和价值追求,应当由刑事诉讼法来设定和完成。然而,利弊权衡是无处不在的,天平两端可以放置各种真相与公平、公益与私利、秩序与自由之类的砝码。现今世界,如果坦率承认不可能没有犯罪,也不可能不追究犯罪,那么,与其以兼美自欺欺人,不如坦率承认不可能做到不枉不纵,必须在枉纵之间作出抉择。在这一抉择过程中,可能被冤杀与可能脱逃的人数比例,是否应在考虑之列?怎样确定这个比例,是倾向于错杀还是错放?抑或变换一种提问:是否存在一个度数,超过这个度数就会因过分保护被追究者而使定罪极其艰难,导致混乱无序,而不足这个度数就会因太过强势的刑罚权而使人民动辄得咎,使国家成为一潭死水?

如果以目前的人性治理能力,除了定罪,尚不足以想出更有效的对付恶人恶行的方法,而定罪又决不可能完全准确,那么我们到底能够容忍怎样的错误定罪比例,才不至于冤抑太多或者放纵太多,以至于让刑事追诉体系崩盘?不仅不能崩盘,还要让不得不进行的定罪活动以基本遵循先例的方式继续下去。美国学者归纳出历史上伟人们对纵与枉的不同权衡:马修·黑尔1678年曾说:"宁愿让五个有罪的人逃脱刑罚,也不能让一个清白的人去死。"威廉·布莱克斯通将这个比例提高到10∶1,约翰·福蒂斯丘是20∶1,本杰明·富兰克林是100∶1,而12世纪的摩西·迈蒙尼德是1000∶1。[1] "宁可错杀一千也不放过一个,还是宁可放纵一千也不冤枉一个?"这看似一个好的提问,但遗憾的是,始终没人质疑这一提问本身,没人认真想过,人类历史上,只发生过为了不放过一个而错杀一千,而从未发生过为了不冤枉一个而放纵一千。如此说来,危险只有一个:错杀

---

[1] 参见〔美〕拉里·劳丹:《错案的哲学:刑事诉讼认识论》,李昌盛译,北京大学出版社2015年版,第68—69页。

一千。[1]

必须重申,为了发现犯罪真相并镇压破坏分子,没有刑事诉讼法会更有效率,就地正法最为便捷痛快,根本无需审判,更无需辩护。这种做法曾多次出现于战乱、戡乱时代,不过和平年代也会有极端反常的历史时期,会出现从指控至有罪的直通车,甚至迫使律师当庭不为委托人辩护,而是反对自己的委托人。其间贯穿始终而阴魂不散的指导思想,就是国家的所有刑事诉讼参与人都应当攥成一个拳头,并且只服务于唯一目标:打击敌人,惩罚犯罪。这个目标不可谓不正确、不高尚,但是正确而高尚的目的也不能或者更不能不择手段,比如不能让律师攻击自己的当事人,否则律师制度就会消亡。在 1974 年列宁格勒的一次审判中,"律师的发言首先是向法庭致歉,因为他正在为'人民的敌人'辩护"[2],"案件的事实不仅有被告人的供词为依据,而且我们所掌握的证明材料之多已经成了我们的负担。被告人所犯罪行之严重简直无法予以量刑"[3]。根据古巴哈瓦那大学教授的描述,革命律师的首要任务不是主张他的当事人无辜,而是判定当事人是否有罪,以及如果有罪的话,寻求最有利于其改造的制裁方式。在保加利亚,一名律师在辩护时这样开场:法官、公诉人和辩护人不存在职责分工,辩护人必须协助公诉人发现案件的客观真相,并当庭嘲笑其当事人的自行辩护。索尔仁尼琴总结说:在无阶级社会的开端,我们就已经见识到没有矛盾冲突的审判——这是因为我们的社会结构中没有内部矛盾——不仅是法官和公诉人,甚至连同辩护律师和当事

---

[1] 《创世记》第 18 章讲道,耶和华要毁灭罪恶甚重的所多玛城,亚伯拉罕为所多玛城祈求。亚伯拉罕近前来说:"无论善恶,你都要剿灭吗?假若那城里有 50 个义人,你还剿灭那地方吗?不为城里这 50 个义人饶恕其中的人吗?将义人与恶人同杀,将义人与恶人一样看待,这断不是你所行的。审判全地的主岂不行公义吗?"耶和华说:"我若在所多玛城里见有 50 个义人,我就为他们的缘故饶恕那地方的众人。"亚伯拉罕说:"我虽然是灰尘,还敢对主说话。假若这 50 个义人短了 5 个,你就因为短了 5 个毁灭全城吗?"耶和华说:"我在那里若见有 45 个,也不毁灭那城。"于是,亚伯拉罕与耶和华讨价还价,将数字逐步从 40 递减到 10,"迫使"耶和华说:"为这 10 个的缘故,我也不毁灭那城。"讨价还价到 10 为止,这是否意味着,以《圣经》的观点,对毁灭一座罪恶之城来说,10 个以下的好人可以忽略不计呢?

[2] Cliff Roberson, *Introduction to Criminal Justice*, Copperhouse Publishing Company, 1994, p. 285.

[3] [苏]亚历山大·奥尔洛夫:《震惊世界的莫斯科三次大审判》,彭卓吾译,红旗出版社 1993 年版,第 54—55 页。

人自己,也在同心协力地达到他们的共同目标。[1]

纳粹时期,律师作为个人曾为法律而战,甚至出现过汉斯·利滕这样不朽的律师。利滕1903年6月19日出生于萨尔河畔,27岁时作为律师代理埃登舞蹈宫案,申请传唤纳粹党首希特勒出庭作证,并且通过交叉盘问使希特勒被动难堪,后被关进集中营,折磨至死。两德统一后,为纪念利滕在法庭上反抗纳粹暴政的职业精神,德国律师协会自称汉斯·利滕协会,在柏林高等法院内设利滕半身像,让后人缅怀凭吊。[2] 彼时,纳粹控制的德国律师协会曾一再强调,律师要执行国家职能,要与国家利益步调一致,宣誓效忠德国人民的领袖,"要从抗辩式审判的自由主义立场中解放出来",用一种新秩序取而代之,法官、检察官和辩护律师应当是法律战线上的战友,是步调一致的合作与同志关系,所有参加者都有一个共同目标。律师在法庭上只能表达对被告的憎恶,在辩护词中甚至要求判处被告死刑。律师的义务被解释为忠实于元首,那些没有与政府密切靠拢的律师被视为违反职业道德者,遭到各种恐吓与惩处,直至以"共产主义活动积极分子"的罪名取消某些人的律师资格。最后的政治高潮是,1943年3月将律师彻底等同于公务员,律师自己的惩戒机构被取缔,转由惩戒法庭来监控律师的各种行为。[3]

1949年至1952年的美国麦卡锡主义猖獗时期,在为共产党辩护的律师冤案中,"在使政府摧毁国内有组织的共产党活动的政策合法化方面,律师协会是一个自觉的、有时是热切的同谋。这个角色,是与律师界珍爱的准则相抵触的,这些准则包括代理权和律师热情为委托人利益辩护的职责。这样的政治共谋,违犯了律师协会自身的行为准则,并在某种程度上损害了它所服务和崇敬的法律体制完整与活力"[4]。在打压律师的同时,美国最高法院竟然修改对宪法第一修正案的实体保护标准。最初,法

---

[1] 参见〔美〕虞平、郭志媛编译:《争鸣与思辨:刑事诉讼模式经典论文选译》,北京大学出版社2013年版,第355—356页。
[2] 参见〔美〕本杰明·卡特·黑特:《质问希特勒》,何远译,北京大学出版社2014年版,"译者导言"第1—2页。
[3] 参见〔德〕英戈·穆勒:《恐怖的法官——纳粹时期的司法》,王勇译,中国政法大学出版社2000年版,第235—236页。
[4] 〔美〕柯特勒:《美国八大冤假错案》,刘末译、刘绪贻校,商务印书馆1997年版,"校者前言"第2页。

院以保护言论和表达自由为己任,只是例外地"不保护为制造恐慌而在剧院里大喊'着火了'"[1],不保护那些明确而即时可引发暴力的武斗言辞,以及煽动暴乱、叛乱、仇恨的言论。[2] 但在麦卡锡主义的蛊惑之下,在"明确而即时危险"标准之外,增加了"极其严重的威胁"或者"实质邪恶的充分危急"标准,给共产党人量身订制了组织、鼓动、教唆暴力推翻政府的罪名。[3] 而此前与之后,美国的许多政客和学者都不断声称,只要一个政府恶贯满盈、倒行逆施,人民就有推翻政府的权利。

因此,从刑事诉讼的历史发展观察,刑事诉讼法的指导精神应为保障人权,此一宣示性概念,真正反映在刑事诉讼上,即为正当程序以及合乎程序的诉讼进行。而在政治的干预下,这一切都丧失殆尽,一切都唯政治的马首是瞻。因此,在不同的刑事诉讼目的之间,程序正当性应当具有优先指导的作用,而发现真相这一古老的刑事诉讼目的不再是唯一或首要诉求,随着法治思想和人权思想的发展,渐次受到规范和约束。[4] 即使刑事诉讼法试图兼顾打击与保障,也不得不直言承认,"在查明事实真相和保障人权的平衡关系上,不可避免地从一开始就倾向于真实主义"[5]。而政治干预往往披着倾向真实主义的外衣。不只是倾向于,而是非常热切;也不只是热切,那些非得找出真相的人,为了将嫌疑人入罪,有时不惜隐匿有利被告的证据,同时对非常薄弱的不利被告的证据加以粉饰。[6] 粉饰甚至制造不利于被告的证据,在这方面警方和公诉方具有天然的地位优势,而法律对伪证类犯罪的惩处却往往落在律师和证人头上。还必须时刻注意到,最新科技往往被政府先行掌握,并迅即用于打击犯罪的目标,或者至少要用于对社会秩序的控制。"一旦政府当局认定了一个嫌疑人,那么各种猜想、怀疑和偏见就会相互助长,形成一种可怕的

---

[1] *Schenk v. United States*, 249 U.S. 47 (1919).

[2] *Chaplinsky v. New Hampshire*, 315 U.S. 568 (1942).

[3] *Dennis v. United States*, 341 U.S. 494 (1951).

[4] 参见柯耀程:《刑事诉讼目的与"无罪推定原则"》,载柯耀程:《刑事诉讼之运作》,五南图书出版公司1997年版,第430页。

[5] [日]田口守一:《刑事诉讼的目的》(增补版),张凌、于秀峰译,中国政法大学出版社2011年版,第28页。

[6] 参见[德]汤玛斯·达恩史戴特:《法官的被害人》,郑惠芬译,卫城出版2016年版,第63页。

动能。在这种不稳定的情况下,科学本来应该成为我们权利的一种保障,一座保护我们免受情绪化和偏执这两种危险的坚强堡垒,但是在很多情况下它却反而将仇恨的火焰越扇越旺。"[1]如此说来,刑事诉讼法的目的不是有效打击犯罪,也不是实现刑事实体法,而是约束握有司法权力的机构和个人,尤其要力避它们合力打压惩治不受欢迎的人。

第二节　最大限度减少错案并维护个人尊严

我们过去通常说的"冤假错案",其实很难界定,不过可以首先排除假案,即为了报复陷害或某种政治目的而陷无辜于有罪,虽有冤情在,但它不是司法造成的,而是肇始于司法之外的势力,也就不是学术能够解决的问题,所以只剩冤错案件。冤错案件的刑事追诉不外四种结局:(1)无罪者判无罪;(2)有罪者判有罪;(3)有罪者判无罪;(4)无罪者判有罪。必须说明,"者"字之前的"罪"指事实上是否实施过犯罪;"者"字之后的"罪"指经司法程序认定的无罪或有罪。其中,第(1)种情况如果发生在一审,是不幸中的大幸;一审被判有罪而上诉后得以平反,也属万幸。第(2)种情况也可能量刑畸轻畸重,但量刑不在讨论之列,除非罪不至死而被处死的,便可划入错案之列。第(3)种情况不能说冤,但纯属错案,不过如果是指控证据没有达到诉讼规则要求的证明标准,那也不能称为错案,或者再将错案进一步限定为"事实上有罪而被错判无罪"。这种说法在哲学和社会学意义上甚至在公众观念中都是成立的,唯独在刑事诉讼领域是一种循环论证的吊诡逻辑,因为"事实上有罪"之事实从何而来,恰恰是没有事实根据的。

陈兴良先生曾说,"司法的最高境界是无冤"。冤,在此就是指无辜者被定罪的情形;而无冤之所以是一种最高境界,是因为要避免无辜者定罪,有时必须放掉真正有罪的人,这个选择非常艰难,是难以到达的境界。根据这一判断,唯有上述第(4)种情况属于既冤且错,不过既然"错案"可以覆盖"冤案",所以刑事诉讼中只关注"错判有罪"和"错判无罪"两种错

---

[1] [美]科林·埃文斯:《证据:历史上最具争议的法医学案例》,毕小青译,生活·读书·新知三联书店2007年版,第267页。

案即可。减少错案是针对发现真相而言的,也就是,刑事诉讼法为了克制刑事诉讼的本能,需要一套规则来框定发现真相的手段甚至减缓其效率,而这一切努力首要防范的是错判有罪。不妨换位观察,反向思考,追究者感觉哪些规则最掣肘,这些规则就一定是保护被追究者最有效的。强化抑或淡化对被追究者的保护,是区分不同治国理念及法治阶段的重要标志。1946年,梅汝璈先生代表中国出任远东国际军事法庭法官,参与东京审判。梅先生作为受害国派出审判侵略者的法官,当然难免控方立场,因而他所一再提到的审判之艰难,恰恰说明彼时所遵循的庭审规则,是以牺牲效率甚至真相为代价的。

梅先生批评法庭规章中密布着复杂繁琐的程序要求:一是法庭严格采用证据主义,凡未被法庭正式接受的文件或未在审判记录中登载的证言,都不得援用于诉讼双方辩论、总结陈词及最后判决中,也就是许多有罪证据因不合规则而被事先排除;二是对辩护方过分宽大,辩护人过多,声势浩大,且日本刑事法师承德国,发育较早,从清末变法到"二战"前,中国刑事法又师承日本,所以就受害国的控诉而言,中方处于劣势;三是被告人具有沉默权,又作为证人出现,使控方讯问乏力,并且被辩方屡屡打断,交互询问后证人作证往往宣告失败;四是法官对证人出庭不加限制和筛选,证人作证不能书面替代,必须当庭接受双方交互询问,且法官从不打断辩护,控方经常处于守势;五是没有充分利用法官的庭外讯问权,而只是在庭上被动听审,且几乎不向被告主动发问。总之"一方面,宪章授权给法庭便宜行事,以达到迅速审判的目的;另一方面,法庭所采用的许多规章制度,以及英美法官们对程序问题的习惯偏见,又在达成这个目的的道路上设置了许多障碍物和绊脚石"[1]。

梅先生所谓"障碍物和绊脚石",都是英美刑事程序的要素,就是为了不让指控者一路冲刺直达定罪终点,不让审判成为走过场,避免出现非常状态的审判方式。按中国人的理解,这些"审判"似乎也属于"服从于某个团体、阶层或某个人的政治或宗教的强烈意愿。在这里,任何审判程序即形式要素都没有独立的意义和价值,它只是一个奴仆,服务于一个目

---

[1] 梅汝璈:《远东国际军事法庭》,法律出版社、人民法院出版社2005年版,第270页。

的:清除任何政治的异己和宗教的异端"[1]。审判是刑事诉讼的核心,但不是全部。审判前有侦查和起诉,尤其侦查权最易滥用,伤害无辜,或者成为政客对付不合作者的利器。因此可以这样说,刑事诉讼法赋予的被告人权利,只有构成发现真相的障碍,才称得上是真正的权利。那些为了真相可以牺牲一切的人,将嫌疑人、被告人真正的权利,即"那些为获得真实判决带来严重障碍甚至巨大障碍的权利,包括沉默权,律师、医师等委托关系特权,不得针对无罪判决进行上诉的权利,要求侵犯搜查、扣押权利所得证据予以排除的权利以及证人拒绝提供自我归罪证词的权利",贬斥为"棘手的权利"[2],可见,寻求真相与保护权利,在刑事领域经常是对立的、互不兼容的、顾此失彼的,经常必须作出取舍。

"刑事程序法是通过赋予嫌疑人、被告人辩护权来践行宪法理想、捍卫人的权利的。周遭环境可能使任何人成为嫌疑人或被告人,因而刑事程序法保护我们每个人的方式是规制执法者调查和指控犯罪的那些手段,规定由执法者确保被调查或被指控犯罪者得到公平对待且享有各项权利。法律为追诉犯罪所允许使用的方式方法和程序过程,决定了我们这个社会的性质和品位,决定了我们是生活在一个自由国度中还是处在一个压制政体下。"[3]因此,刑事诉讼法的目的,简言之,不是助推诉讼,而是限制诉讼,为发现犯罪真相的手段设置程序障碍。在特定的历史时点上,刑事法治的制度建设应当缺啥补啥;在制度弊端积重难返时还需要矫枉过正。打击犯罪与保障人权若能兼顾,当然是令每个人都满意的,但这只能是一种不切实际的幻想。在个案中,两者的对立才是常态,只能择一作出侧重选择,不应假辩证、全面之名,让权力游走于两个目的之间,而行偷梁换柱、解脱约束之实。刑事诉讼中哪些环节和做法最容易产生错案,刑事诉讼法的矛头就应该指向哪里。

各种制度产生冤案有其共性问题。法治即使再完善,也有如下原因可能造成冤案:(1)不当的辨认,比如嫌疑人是个秃头,但被辨认的9人中

---

[1] 龙宗智:《刑事庭审制度研究》,中国政法大学出版社2001年版,第84页。
[2] [美]拉里·劳丹:《错案的哲学:刑事诉讼认识论》,李昌盛译,北京大学出版社2015年版,第238页。
[3] Walter P. Signorelli, *Criminal Law, Procedure, and Evidence*, CRC Press, Taylor & Francis Group, 2011, p.4.

有8人是有头发的;(2)嫌疑人为了推诿或独揽责任而虚假供述;(3)目击证人因偏见、虚荣,抑或教唆、胁迫、利诱而盲目指认甚至嫁祸于人;(4)警察、检察官热切希望尽快将嫌疑人绳之以法,在最初的侦查、起诉方向上形成时间成本和荣誉利益,很难转向,以致漠视、隐藏无罪证据,甚至伪造有罪证据;(5)律师懈怠失职;(6)勘查、鉴定失误;(7)故意剔除于己方不利的陪审员候选人;(8)在辩诉交易中,事实上无罪的嫌疑人,因惧怕重罪指控被陪审团认定而选择承认轻罪。[1] 的确,任何诉讼制度之下都会有冤案,但如果制度好,案件审判质量能够得到基本保障,冤案虽也在所难免,但它只是偶然的;制度不好,也会形成某些个案的实体公正,但难以保障案件整体质量,冤案会由于非法证据的大量运用而势成必然,并且绝对数量可能超乎善意想象。如果冤案是一种疾病,采用坏制度就像跳大神,可能碰巧病也好了,但只能是机缘巧合,"反误了卿卿性命"才是常态;采取好制度则是现代医疗,可能也治不好某些病症,但基于丰富的临床实践,能够保证多数病患得到医治。偶遇沉疴宿疾、绝症非典,至少能让患者感觉医者尽力了。

历史告诉世人,在任何国家和地区,刑讯逼供和非法羁押都是制造冤案的两大黑手,两者之间互为表里。刑讯逼供被定义为不折不扣的酷刑。《联合国禁止酷刑公约》第1条第1款规定:"酷刑是指为了向某人或第三者取得情报或供状,为了他或第三者所作或涉嫌的行为对他加以处罚,或为了恐吓或威胁他或第三者,或为了基于任何一种歧视的任何理由,蓄意使某人在肉体或精神上遭受剧烈疼痛或痛苦的任何行为,而这种疼痛或痛苦是由公职人员或以官方身份行使职权的其他人所造成或在其唆使、同意或默许下造成的。"酷刑可以出于多种目的,但主要用于刑讯逼供。虽遭一致声讨,也被归入犯罪,但在实际操作上却屡禁不止。刑讯者以国家机关为权力背景,他们瞄准嫌疑人后,精心设计刑讯手段,精准把握伤愈时间,使被刑讯者很难固定刑讯证据。为了不留痕迹,刑讯者往往采用冻饿、强光照射、不让睡觉等手段,甚至将嫌疑人妻儿带至囚室隔壁加以折磨,从精神上摧垮对手。一旦从刑讯中获得有罪证据并成功定罪,不仅使刑讯者尝到甜头,鼓励其不断诉诸刑讯,而且会让刑讯者以结果正确来

---

[1] 参见邓子滨:《冤案的偶然与必然》,载《中外法学》2015年第3期。

论证手段合理,从而为刑讯找到真正的慰藉,以至于消除了折磨他人时最后的一点心理不安。

给人施加痛苦,究竟是为了口供还是为了取乐,几乎是不可能区分的,或者二者总是混杂在一起。"严刑拷打,折磨致死,是一种野蛮行为。如果这样,国家就变为一个野蛮无理、幸灾乐祸和愤怒复仇的敌人;它为了使它的敌人感受死亡,在他们死亡以前还要凶狠地折磨他们。"[1] 折磨他人,肯定不是一件痛苦的事情,否则就不会有那么多人乐此不疲。刑讯也不是私人恩怨,刑讯者与被刑讯者之间甚至可能是同事关系,1998年的杜培武案就是这样一个实例。杜培武夫妻都是警察,其妻与副局长私情约会时遭枪杀。杜培武成为嫌疑人,被屈打成招,后来由于真凶出现才洗脱冤抑。办案人员给杜培武戴上脚镣,用两只手铐将他双手呈"大"字悬吊在铁门上,吊一段时间后在脚下塞一个板凳,以换取他老实交代。杜培武不断哀求喊冤,却被斥责为负隅顽抗,之后抽掉板凳,令他突然悬空,如此反复数次,其间还用高压电棍逐一电击脚趾和手指。审讯人员有的跟杜培武相熟,用刑前先说一声对不起,随后下手狠毒。在整整20天里,杜培武被折磨得面目全非,腕、踝均被吊烂化脓,可以想见,他当时只求速死,认罪的后果已经不重要了。[2] 从刑讯杜培武的过程中不难发现,刑讯不是突发的、措手不及的、手段稚嫩的,而是惯常的、有备而来的、手段娴熟的。

那么,面对酷刑,人到底能忍受多久?不妨阅读林钰雄教授2002年讲的一段故事:"1589年4月22日,德意志特里尔大学校长迪特里希·弗莱德因巫师罪名而被捕,他被控施用巫术、与魔鬼缔约、制造雷雨、驱使蜗牛消灭农作等犯行。这类案件在中古时期的欧洲,本来不足为奇,因为短短三个世纪内,数以十万计的人(绝大多数是女性)历经巫师审判的煎熬。被告典型的诉讼历程是被控巫师罪名、否认犯行、刑求自白、招认共犯,最后被公开行刑、活活烧死。然而,弗莱德可不是一般的被告,他在被捕时身兼特里尔参审法院的审判长,更讽刺的是,他曾经审判过八位女巫——

---

[1] [德]费希特:《自然法权基础》,谢地坤、程志民译,商务印书馆2004年版,第280页。

[2] 参见张建伟:《刑事诉讼法通义》(第二版),北京大学出版社2016年版,第437页注1及第438页。

当然,所有的被告都历经以上的典型煎熬。没有人比弗莱德更了解被控巫师罪名的被告将会受到什么待遇,弗莱德因而一度脱逃,后来,脱逃成为犯巫师罪的证据;应该也没有人比他更了解当时没有自白不能定罪的证据法则以及一旦自白后必将宣判的死刑,尽管如此,弗莱德最后还是不堪当时取得自白合法手段——刑求——的凌虐,巨细靡遗自白施巫经过并招出其他共犯。最后,虽然历经对质与诘问,但在被捕后不到半年的时间,弗莱德仍然被判死刑,只能留待历史学家来翻案了。"[1]

再来看刑讯者,他们有心理准备,无论是过程还是结果,似乎都没有给他们强烈的冲击。而且,刑讯向来不是私人恩怨,不是几个刑警立功心切的私设刑堂,而是得到默许以及各方通力配合。杜培武受刑后,曾经请求驻看守所的检察官将其伤情拍照,固定刑讯证据,还写了控告书交给检察院起诉处和批捕处。但到了庭审的时候,杜培武当庭展示身上各处伤痕并申请公诉人出具照片作证,公诉人竟然撒谎说"没有照过"。二次开庭时,杜培武偷偷将刑讯留下的血衣缠于腰间,试图带入法庭,却被法警强行取走。杜培武再次要求公诉人出示伤情照片,公诉人这次声称"找不着了"。审判长责令杜培武"不要再纠缠这些问题"并要求其"出示没有杀人的证据"。而在庭审之前,法院即已提前介入侦查阶段。庭审法院接受警方委托对杜培武进行测谎。当他据实回答几个问题后,参与测谎的法院的一个小姑娘对他的回答不满意,上来就扇了他两个耳光。直到所有回答都被测谎仪判为撒谎,才算帮助警方顺利完成任务。而法院的这次测谎,却成为侦查阶段的一个重要转折点。正是在测谎结束当天,杜培武第一次被带铐讯问,由此拉开了 20 天残酷刑讯的序幕。[2]

关于刑讯,还没见哪个团体和个人公然赞扬的,即使在刑讯合法的时代,也是只做不说,讳莫如深。但历史上竟然有一次,不仅说者在朝廷上直言狱吏刑求之弊,而且没有受到抹黑朝廷的指责。公元前 67 年,廷尉史路温舒《尚德缓刑书》载:"臣闻秦有十失,其一尚存,治狱之吏是也。夫狱者,天下之大命也,死者不可复生,绝者不可复属。《书》曰'与其杀

---

[1] 〔美〕亚瑟·拜斯特:《证据法入门:美国证据法评释及实例解说》,蔡秋明、蔡兆诚、郭乃嘉译,元照出版公司 2002 年版,林钰雄序"如何以他山之石攻错?"。
[2] 参见中国刑事诉讼法修订及人权保护项目课题组编:《刑事诉讼中若干权利问题立法建议与论证》,中国民主法制出版社 2007 年版,第 212 页。

不辜,宁失不经',今治狱吏则不然,上下相驱,以刻为明,深者获公名,平者多后患。故治狱之吏皆欲人死,非憎人也,自安之道在人之死。是以死人之血流离于市,被刑之徒比肩而立,大辟之计岁以万数。此仁圣之所以伤也。太平之未洽,凡以此也。夫人情,安则乐生,痛则思死,棰楚之下,何求而不得?故囚人不胜痛,则饰辞以视之;吏治者利其然,则指道以明之;上奏畏却,则锻练而周内之。盖奏当之成,虽皋陶听之,犹以为死有余辜。何则?成练者众,文致之罪明也。是以狱吏专为深刻,残贼而亡极,媮为一切,不顾国患,此世之大贼也。故俗语曰'画地为狱,议不入;刻木为吏,期不对',此皆疾吏之风,悲痛之辞也。"[1]

司法官员一定为善,这种单向宣传妨碍了制度的改良。制度设计其实是要防止制度自我异化为恶,或者至少降低其可能性。"法官成了犯人的敌人,成了那个陷于囹圄、桎梏加身、忍受折磨、前途莫测的人的敌人。法官不去寻求事实的真相,而是在囚徒中寻找罪犯,并为此而设置圈套。他认为:如果不能以此而取得成就的话,那就是失败,就有损于他那称霸一切的一贯正确。"[2]于是,完胜对手成为一种起支配作用的司法心态,即便有对法官的追责,但比率极低,无法抵消当下的判决利益。"至于罪犯受到的痛苦是否与罪行所造成的痛苦或与罪犯的罪过相当,国家却既毫无所知也无从获知。它无法估计痛苦或道德罪过有多大。惩罚的轻重程度几乎完全依据对它的威慑作用的经验而定。"[3]这基本符合"米尔格拉姆实验"的结论:在没有亲身体验的前提下,权威意志的执行者会心安理得地对他人施加痛苦。对于给别人施加痛苦的人而言,痛苦和恐惧是

---

[1]《资治通鉴》卷二十五,汉纪十七,宣帝地节三年(前六七年)。秦朝有酷吏严刑之弊政盛行本朝。刑事案件,事关生死。《尚书》教诲,罪状不实,就不可妄杀,宁可放掉。而当朝官吏,却竞相以严苛为清明。用刑重者获得公正名声,用刑轻者有碍仕途进步。因此,执掌刑罚权柄者皆倾向重刑,甚至不惜置人于死地。这样做并非与被告有深仇大恨,而是只有把人往死里整,才能确保官运亨通。被告在严刑逼供下,痛苦无法承受,只得屈打成招。既然对前程有益,官吏便不惜指供、诱供;为防止案件被上级驳回,还千方百计使口供严丝合缝,不出纰漏,即使贤明圣人听了案情,也会觉得被告死有余辜。民间俗语甚至说,在地上画个圈就可做监狱,削个木人就可做官吏,反正辩解是没用的,何必劳动真人听审!

[2]〔意〕贝卡里亚:《论犯罪与刑罚》,黄风译,中国大百科全书出版社1993年版,第103页。

[3]〔英〕鲍桑葵:《关于国家的哲学理论》,汪淑钧译,商务印书馆1995年版,第225页。

遥远的、非现实的、未经体验的,并且是与己无关的,因而他们就毫无顾忌地施用酷刑,不断提高酷刑的力度。[1]

几乎所有人在表态时都反对刑讯逼供,至少任何一名刑讯者都不会主动声言破案靠的是折磨嫌疑人,甚至在公开场合断然否认现在还有刑讯之事。但在实务中,刑讯逼供很难根绝,经常是一种人所共知的"秘密"。从各法域的经验看,只有律师在场和赋予嫌疑人沉默权,才能真正有效克制刑讯。反对沉默权和反对讯问时律师在场的人,目前在人力、物力等各方面都很强势,他们也反对刑讯,也提出了一些替代沉默权与律师在场权的手段,比如讯问时全程录像。应当承认,讯问时全程录像,有比没有好,因为这毕竟是一种限制。但可疑之处在于,录像者就是审讯者,不会提供于己不利的内容,摄像头的磁盘损坏了,或者执法记录仪失灵了,都是多次听说过的理由。而且,对录像可做技术处理,是否覆盖全程,也是负责录像者说了算。因此,真正能够有效遏制刑讯逼供的制度,就只有讯问时律师有权在场。而有些人担心,律师在场会干扰审讯,这个担心或借口是不成立的。放眼世界,那些采用律师在场讯问制度的国家,警察一样可以破案。律师"干扰"的是不法讯问,而非讯问本身。

就舆论氛围而言,对于刑讯逼供,媒体总是讳莫如深,而民众的观点则大多抽象否定,具体肯定。笼统问刑讯逼供好不好,多半人一定说不好;而如果说坏蛋绑架了孩子,或者某人是恐怖分子,相信多数人就会认为应该打。其中不乏法律人士的推波助澜,幸灾乐祸而又语带嘲讽地宣称"当刑讯会防止一个巨大邪恶,且没有其他手段足以快速生效乃至有效之际,许多良知都不会因用了刑讯而震撼"[2]。人们痛骂某个冤案中的刑讯,仅仅因为在那个案件中打错了,如果打对了就不会有异议。社会公众的这种心态往往为野心家所利用,也因此,"国民自由权之危险,总存在于刑事司法之中,盖有心于竞逐权力者,将滥用刑事追诉,以谋取其政治

---

[1] 参见〔德〕汉斯·约阿希姆·施奈德:《犯罪学》,吴鑫涛、马君玉译,中国人民公安大学出版社1990年版,第597—600页。

[2] 〔美〕理查德·波斯纳:《并非自杀契约》,苏力译,北京大学出版社2010年版,第86—87页。

上之蹿升"[1]。刑讯逼供总有高尚的理由,不彻底否定那些"最高尚"的理由,其他"次高尚"的理由就会借尸还魂。1945年日本侵华时期,一份标有"极秘"的参谋本部军事调查部秘密战勤务工作指南附录《俘虏讯问要领》,或许能够说明刑讯从来不乏高尚理由。

"本大纲上所定审讯系以收集情报为目的,但审讯罪犯一事不包含在内。对敌方受俘军人、投诚兵、被获敌方间谍、非法越境者、被迫着陆敌机或被迫停泊我方海岸敌舰人员、先前系我方军人而在被敌方俘虏后逃出者、新被我军占领区中居民以及从敌人势力范围内逃来的居民等,除特殊问题外,均用预审及审讯俘虏方法实行审讯。有时因情况需要利于采取拷打办法,但拷打常常能引起有害的后果,所以在拷打之前,必须周详考虑是否宜于这样去做。同时,拷打办法必须使用得不致造成对我们不利的后果。拷打办法必须用得持续经久,务使该犯痛得难忍时,只好照实招供。从速率方面来看,拷打办法是有利的,因为此种办法能比较容易地迫使那些意志薄弱的人供出实情,但同时拷打办法又含有一种危险,即受审者也许会为了免除痛苦,或力求迎合审讯人意旨而歪曲真情。对于意志坚强的人,拷打办法可能增强其反抗意志,并使其在受讯后痛恨我帝国……

"必须使拷打办法容易实施,务使受刑人所受痛苦不致引起怜悯心,使在拷打后不会留下任何伤害痕迹。但在必须使受审者焦虑到丧失生命危险的场合,也可不去顾及被审讯者可能受到伤害,不过要做得不致失去继续审讯的可能性。可以举出下列各种拷打办法:(1)强使受审者挺直坐着,不能丝毫转动;(2)在各手指间离手指根不远处,各放上一支铅笔,然后用细索把各手指头尖合缠起来,摇动这些手指;(3)把受审者放得脸面朝天(双脚稍为垫高一些),然后把水同时灌到他的鼻子和口里去;(4)把受审者侧倒在地板上,然后用脚去踩他的踝骨;(5)把受审者放在一个很低的顶板下,使他站着时不能伸直腰杆。当受审者偶然受伤时,务必估计到一般情况和邦国利益,亲自负起责任来断然处置之。在使用拷打办法之后,务必说服受拷打的人,说对他施行拷刑是一种完全合理的手段,或

---

[1] 米特迈尔语,转引自林朝荣编著:《检察制度民主化之研究》,文笙书局2007年版,第23页。

者设法使他因受自尊心和名誉心等等所驱策,事后不致说出这件事来。对于那些不可希望能做到这点的人,就要用上述那种对偶然受伤者采取的断然手段去处理。实行拷打办法一事,除当事者外,其他任何人都不应当知道。"[1]

刑讯逼供一旦开始,就不可能止步。但波斯纳们总是这样提问:总会有某种特殊案件要求某种特殊处理,如果对恐怖分子施行酷刑就可以拯救多人性命,你会怎么做?如果有人绑架了儿童,你又会怎么做?2002年9月17日,盖夫根在德国法兰克福绑架了一名银行家11岁的儿子,勒索100万欧元。警方立即行动,于9月30日成功诱捕了盖夫根,但审讯很不顺利,盖夫根拒绝供出藏匿孩子的地点。10月1日,警察局副局长达史纳认为孩子有极度的生命危险,于是下令先以口头威胁盖夫根,必要时就动手施加肉刑。最终,迫于肉刑威慑,盖夫根交代出藏匿地点,同时承认27日晚已将孩子杀害。虽然德国学界的通说和法兰克福地方法院的判决都基于对酷刑的绝对禁止而认定实施营救酷刑的警察同样应该承担即便是应当减轻的刑事责任,但一些学者却主张应当认定为正当防卫从而被合法化,也有个别见解主张成立阻却违法的紧急避险,阻却违法的义务冲突,超法规的责任阻却事由,免除责任的防卫过当等。[2] 应不应该从法律上承认所谓"营救酷刑"?对于反对营救酷刑并否定其出罪辩护理由的国家,应当嘲笑还是敬畏?尤其是,它的定罪理由竟然是损害人类尊严,对这个世界上的许多人来说,"尊严"只是一个抽象的概念,而且尊严与营救并不能构成一种简明的相互反对的关系,需要一番以人类进化史为根基的推理。

2011年7月22日,一个叫布雷维克的右翼极端分子,在挪威首都奥斯陆制造了汽车爆炸案,造成8人死亡。随后,布雷维克化装成警察,以爆炸案为掩护,在于特岛上追逐射杀夏令营中的学生们,造成69人死亡。警察赶到后,布雷维克狡猾地向警方缴械投降,并声称他采取的是有政治目的的战争行为,后续行动即将开始。面对如此穷凶极恶的邪恶之人,挪

---

[1] 孙家红编校:《伯力城审判——沉默半个世纪的证言》,九州出版社2015年版,第167页、第173—175页。

[2] 参见王钢:《出于营救目的的酷刑与正当防卫——战后德国最具争议之刑法问题评析》,载《清华法学》2010年第2期。

威警方没有采取刑讯逼供,也没有以任何不人道方式对待他,容许他像普通刑事犯一样,有获得律师辩护的权利,并且不给律师会见设置任何障碍。必须承认,在举国陷入悲愤之际,挪威政府和警方想要对布雷维克采取任何法外惩罚、给他吃些苦头,让他也尝尝别人正在遭受的身心苦痛,都是轻而易举的。但挪威政府没有那样做,而是表现出一个成熟法治国家应有的冷静、克制、守法。事后多年,世界对布雷维克的所谓政治主张已经淡忘,但人们对挪威政府的应对举措,有更多的理性赞许。特别是以被害人及其家属为核心的民众,显示出高度的文明素养以及对法治生活方式的热爱与坚守。

面对恢复死刑甚至酷刑处死布雷维克的呼声,挪威多数民众能够意识到,抛弃过去若干年的程序法治,陷入激愤复仇的狂热,甚至动用酷刑对付国家和国民的敌人,正是布雷维克们希望的。对于绑架、爆炸等极端犯罪,一定情况下动用酷刑是许多人主张的,甚至有部分法学家也表示赞成,还造出所谓"营救酷刑"等概念。在他们所假设的一定场景中,很难坚持禁止酷刑取供,需要冷静的思考和应对。首先,需要考虑提倡所谓营救酷刑者,其用意无非是找出一些极端的犯罪事例,将禁止酷刑的绝对命令打开一个缺口、撕开一条裂缝,然后将缺口和裂缝逐渐扩大,最终迫使反刑讯者承认自己的虚伪和不彻底。其次,世界上没有任何一次极端犯罪,包括布雷维克袭击在内,是因为"愚昧地坚持"禁止刑讯而未能成功阻止的,恰恰相反,我们所见所闻的是,在不禁止刑讯或不真诚禁止刑讯的国度,各种酷刑和变相酷刑在泛滥,人类尊严在那些国度里一败涂地。最后,对主张所谓营救酷刑者的有力回击是,你要刑讯吗?好吧,给你一个超乎想象的。你说必要时可以把极端犯罪者的妻女抓来,用枪抵住她们的脑袋,然后逼问犯罪者炸弹在哪里。如果还是无效怎么办?强奸她们?当众轮奸她们?希望赞同营救酷刑的人明白,一旦例外地允许刑讯,无法遏制的就不仅是实施范围的逐步扩大化,而且是实施手段的不断恶劣化。

非法羁押是侦查阶段产生冤错案的另一温床。羁押分合法与非法,原本说来,对没有现实暴力危险的犯罪嫌疑人,良性法治之下莫不以取保为原则,以羁押为例外;而法治疲弱之时则一概以羁押为原则,以取保为例外。只有在正规场所、有合规手续的才算合法羁押,一般而言合法羁押场所不太容易发生刑讯等问题。对嫌疑人的侵害主要发生在非法羁押过程中。所谓非法羁押主要有三种表现：一是私设监管场所秘密羁押，私设是指不在法定监管场所，秘密是说不及时告知家属；二是漠视侦查期限，超期羁押，不断变换和增加罪名，以便多次重新计算侦查期限，而超期羁押则出现在任何诉讼阶段，反复申请延期，多次发回重审；三是不履行拘捕手续就长时间剥夺他人自由，不按规定交由看守所羁押，或者不履行提讯手续便将嫌疑人带离看守所，也不按规定的时间带回。比如前述杜培武案，先是在没有任何手续的情况下将杜培武羁押在刑侦支队10天10夜，之后才补开一张传唤证。而当杜培武提出质问时，得到的回答是："我们想扣你就扣你，要什么法律手续！"此后，警方创造性地使用"侦查控制"这一名目，又将杜培武非法羁押了两个多月。两个月中做了什么？只有一件事：刑讯，不断地刑讯。

  刑讯的秘密性决定了揭示它是困难重重且相当危险的，必须向参与有关刑讯的社会调查的学者表示敬意。调查者发现并指出，看守所、劳教所的工作人员无力阻止违法提讯，提讯后也无力对刑讯证据进行保全。"实际上，在我们调查的所有案件中，均存在提讯和收押过程中不符合法律规定程序的现象，而被告人自述的刑讯逼供也多发生在看守所外的羁押场所。而一些当事人被打后，看守所在收押时，或者对其视而不见，或者听从公安机关领导的统一安排，使每起刑讯逼供的最有力证据——嫌疑人的伤情记录归于消失和隐匿。"[1]即便在和平建设时期，如果对公权约束不力，法律的硬性规定也可能形同虚设。比如非法使用监视居住，不是依法在其固定住所监视居住，而是定点羁押甚至在办案场所羁押；有时先于刑事拘留适用监视居住，从而巧妙规避提请批捕的期限。在热衷于羁押的情况下，赋予检察机关羁押审查权，当然是一种进步，但当侦查权比较强势，尤其当警察权过大以致主导了司法全程，羁押审查权之于非法羁押，类似录像之于刑讯逼供，作用微乎其微。"任何一个可以对其公民随意羁押的权力必然是一个暴虐的权力，因为任意羁押权是这种暴虐性

---

  [1] 中国刑事诉讼法修订及人权保护项目课题组编：《刑事诉讼中若干权利问题立法建议与论证》，中国民主法制出版社2007年版，第204页、第214页。

最显著的特征。"[1]

对错判无罪如何防范,完全有赖于观察者身处的国家政治生态和法治环境。如果以寻求真相为最高价值,不惜一切代价惩罚每一个罪犯,那么反而不会出现有罪错判无罪,因为无罪者一旦作为嫌疑人进入刑事司法程序,就再也无法摆脱定罪的命运,尤其是那些被羁押甚久的人,更是难以无罪释放。与之形成鲜明对照的是,在多年严格奉行罪疑唯轻、控辩平等、非法证据排除等原则、规则的国度,人们"需要担心的是阻碍、推延和挫败打击犯罪的陈旧的形式主义和多愁善感"[2]。关键是对非法证据的不同态度:加以排除,有罪者逍遥法外的可能性增大;加以采纳,无辜者横遭刑辟的可能性增大,一切端赖立法机关与司法官员如何判断和抉择。如果认为危险来自国家的强横,就会克制国家刑罚权;如果认为犯罪才是国民的敌人,就会强化国家追诉力。强化国家追诉权者,无不以所谓实事求是来反对无罪推定原则,进而反对"真相是审判中的证据所证明的事实"这一判断,他们立论于"事实上有罪还是清白这个基础之上",声称"除非被证明有罪,否则被告就是清白的"是一种谬论,嘲笑"好像判决结果一公布,犯罪的真相似乎就产生了"。

不仅如此,这些批评家渐渐将自己提升为全知全能的地位,将"真相只限于证据证明"视为具有迷惑性的障碍,认为只有他们才是不醉的饮者,声称"审判中所认定的案件事实,决不可能改变任何有关犯罪的事实真相",仿佛时时在说,真相就在那里,就看你们要不要,而你们竟然视而不见。所以"纵使依靠证据得出的结论,确实塑造了陪审团的判决,但是那些证据不能框定我们对有关犯罪事实真实性的认识"[3]。然而,人们很容易忽视或者忘记,那些不以证据为前提的寻求真相的做法,正在或者曾经导致怎样的大规模的灾难性后果。不必动用太多想象力就可以认识到,否定罪疑唯轻和以证定罪,不会是任何意义的历史进步,而只能是向纠问制的历史倒退。"真正危险的不是真相,而是发现真相的过程。纠问这个词不禁让人联想到中世纪的末世预言,那种在愤怒下追求神圣真相,

---

[1] 龙宗智:《刑事庭审制度研究》,中国政法大学出版社2001年版,第90页。
[2] United. States. v. Garsson, 291 F. 646, 649 (S. D. N. Y. 1923).
[3] 〔美〕拉里·劳丹:《错案的哲学:刑事诉讼认识论》,李昌盛译,北京大学出版社2015年版,第12页。

用火、用严刑拷打的方式将人毁灭的年代。纠问,这种对真相无所不用其极的猎求,即使在今天,在时代的尖端,也仍然能够毁灭人的一生。如果有一个人待在家里,突然被一群持有武器、准备完全的真相探询者强行搜索,那他可千万要好好回答所有的问题,要很有说服力,要让人信服。如果做不到,那他就大祸临头了。"[1]

遏制非法羁押,必须从限制所有羁押开始,不能让羁押成为习惯进而成为常态,必须以取保为常态,以羁押为例外。在限制羁押的艰难历程中,人身保护令是一块里程碑。人身保护令源自一个拉丁词组 *Habeas Corpus*,任何人通过这一救助方式,都可向法庭报告非法羁押或非法监禁,并要求法庭命令将被羁押人带到法官面前,让法官确定羁押是否合法,如果法官认为羁押者的行为超越了合法的权威范围,被羁押者必须被释放。诉诸人身保护令的理由并非无罪推定,相反,请求者需要以优势证据证明羁押是单独监禁、与世隔绝的。人身保护令被认为是史上伟大的自由令状,也是最灵验的遏制非法羁押的程序救济,只有在战争或紧急状态时,国家才可以暂停人身保护令。[2] 1963 年,布伦南大法官曾说:"我们必须铭记伟大的人身保护令在英美司法史上享有的特殊尊崇。殖民时期引入,经联邦宪法第9条第2款明确确认,纳入联邦法院管辖,被马歇尔大法官称为伟大的宪法性特权。虽然这一伟大令状只以一种程序面目出现,但它的历史同个人自由的基本权利增长,一直形影不离,水乳交融。它为社会无法容忍的剥夺人身自由的行为提供了即时而有效的救济。它的根本原则是,在文明社会,政府必须一直为人的监禁的公正性负责,一旦监禁不符合法律的基本要求,就应当立即将被监禁者释放。这其间并无任何新鲜新颖,联邦法院使用人身保护令,只是对违背正当程序的一种补救。确证正当程序,正是人身保护令的历史使命。"[3]

1987 年 6 月 26 日生效的《禁止酷刑和其他残忍、不人道或有辱人格的待遇或处罚公约》序言中讲道,作为世界自由、公正与和平基础的、人类

---

[1] [德]汤玛斯·达恩史戴特:《法官的被害人》,郑惠芬译,卫城出版 2016 年版,第 33 页。

[2] Ronald Bacigal, *Criminal Law and Procedure: An Overview*, Delmar, Cengage Learning, 2009, pp.314-415.

[3] *Fay v. Noia*, 372 U.S. 391 (1963).

大家庭一切成员所具有的平等与不可剥夺的权利，皆起源于人的固有尊严与自治。"尊严"一词在中国传统文化中从不用于个人，冠以"个人"二字是很晚近的事情。长者、长官应当有排场与威仪，草民、下属只能有顺服与谦卑。而所谓"自治"，多见于行政区划的制度安排，也很少冠以"个人"二字。个人自治最多是一种"纳完粮自在王"式的小农生活。尤其在刑案中，尊严和自治都是陌生的，所以人权公约相对于许多人来说，属于尚需启蒙的领域。总体说来，被告在法庭上的穿着及是否戴手铐脚镣，是保护个人尊严程度的测试剂。一些诉讼模式或者审判某些特殊案件的庭审中，被告人出庭受审时发型规整、穿西装、系领带；而另一些诉讼模式的庭审中，被告剃光头、着囚衣、戴手铐，站在特制的可以锁闭固定、限制人身活动的被告席上。

我国台湾地区20世纪80年代初，尚不允许从维护个人尊严的立场谈论被告出庭时的体面问题，律师固然不敢在这个问题上过分纠缠，以免给当事人带来不利，学者也都是迂回地寻找提高被告庭上待遇的理由。比如，"审判期日，必须被告到庭之目的，乃在使其行使防御权。如在庭时，施以枷锁等刑具，或缚其手足，拘束其身体，则其思想必受系累，心神难免不宁，而不能自由陈述辩论，以行使其防御权，故在法庭时，严谨拘束被告之身体"[1]。侵犯个人尊严的措施和做法可能发生在任何诉讼阶段，比如在派出所让人蹲下；以站不直坐不下的姿势把人铐在暖气管上；以卫生管理名义给在押人剃光头；以安全防范名义让被告人穿监所囚衣、戴手铐脚镣受审；将已决犯甚至未决犯五花大绑游街示众、开公审公判大会。因此，嫌疑人的尊严被剥夺、贬损，是欺压、侵犯和归罪的热身活动。当然，尊重个人尊严的法庭，会给调皮捣蛋的被告可乘之机，比如，在美国有被告人甚至要求穿着像一只公鸡一样的奇装异服出庭受审。当法官命令其更换衣服后再继续开庭时，竟遭被告断然拒绝。法官裁定其藐视法庭，被告竟以宪法第一修正案确立的表达自由权利为由提出上诉，并获得成功。上诉法院援引大法官杰克逊的醒世恒言："信仰自由、言论自由或者出版自由是有代价的，我们必须忍受某些垃圾，甚至为这堆垃圾付费。"[2]

---

[1] 褚剑鸿：《刑事诉讼法论》（下册），台北商务印书馆1987年版，第401页。
[2] *State v. Hodges*, 695 S. W. 2d 171 (Tenn. 1985).

"确保刑事司法运作能够尊重个人尊严,可以说是压倒一切的基础目标。人类尊严这一概念很可能不够精确,但它大致涵盖了隐私、自治及免于被侮辱与损害的自由等人格上的基本需要。要求刑事司法实践尊重人类尊严是有正当理由的:首先,包括罪犯在内的所有人,其尊严都有资格受到政府尊重,这是为民主社会提供基础的社会契约的内在要素;其次,鉴于刑罚的严厉性、刑事诉讼减损身份地位的可能性,以及诱使官员不惜一切代价对付犯罪的社会公愤,在刑法实施过程中维护人类尊严,被认为是维持一个尊重个人自由的社会所不可或缺的条件;最后,维护个人尊严的程序,更容易获得公众认可,也有助于提升对法律的尊重。刑事司法过程中的许多要素都能反映出尊重个人尊严的不懈努力。许多法律标准虽有自己的目的,但它们同样服务于维护个人尊严的目标。比如对抗制审判,给予被告方辩护权,使其个人尊严得到体认;反对自我归罪的特权,被美国最高法院描述为是以人性不可侵犯为基础的;禁止残酷而非常的刑罚,使犯罪人免受那些贬低荣誉和尊严的惩罚;禁止双重危险,除了保护可能的无辜者外,还旨在给予被定罪者最终的安宁感。"[1]

有时,我们的确说不清何谓尊严,但却都知道什么是没有尊严。保护个人尊严的手段有限,但践踏个人尊严的行为却层出不穷,且只会酷烈升级。2012年8月11日,凤凰卫视中文台播出《我的中国心》,讲述了张志新的故事。张志新在辽宁省委机关工作,36岁时"文革"爆发,她被送进盘锦"五七干校"。1969年初因反对革命路线等罪名被捕,严禁家人探视,没有律师。1970年5月被判处死刑立即执行,改判无期徒刑后关押在本溪监狱。她先是被单独关在一米见方、不能躺、不能站的阴暗囚室长达一年七个月,其间多次惨遭毒打和虐待。1973年11月因"顽固坚持反动立场"而被提请加刑。1975年2月辽宁省委常委召开扩大会议,随后辽宁高院给沈阳中院发文:"你院报省审批的张志新现行反革命一案,于1975年2月经省委批准处张犯死刑,立即执行。"临刑前,为了不让她呼喊口号,4个大汉将她按在地上,割开喉管。1978年10月辽宁营口中院宣布张志新案撤销原判,平反无罪。1979年6月5日,《光明日报》刊出《一份血写的报告》。

---

〔1〕 LaFave & Israel, *Criminal Procedure*, Thomson Reuters, 2009, pp. 48-49.

"南非宪法法院,一座建于2004年的崭新建筑物,不见衙门之威严,也无高耸华丽的气势,外观并无任何独特之处。然而,了解了宪法法院院址选设之缘由以及法庭设计的理念,不得不敬佩其人民对司法的高度期许与宏伟愿景。南非宪法法院的建筑基地,前身为恶名昭彰的黑狱,过去该监狱实施种族隔离,差别待遇。白人囚犯二人共居一宽敞明亮的房间,日日沐浴,餐餐丰饱。黑人或有色人种数十人囚居斗室,食不果腹,一个月只能淋水数十秒钟,弱者甚至遭受囚友、狱卒之凌虐。许多黑人政治领袖,包括曼德拉先生,都曾因为反抗种族隔离措施而被拘禁在此。南非在1994年成立新政府后,即为新宪法法院应设何处而苦恼,在激烈争辩、百般思量后,此一污秽的黑狱成为众人的首选。不但如此,他们也决定以拆除的监狱砖瓦,作为新宪法法院的建筑材料。对于人权的残暴记录,人民可能因为时间而淡忘,执政者也可能故意忽视,但宪法法院不可一日或忘。在此出入的宪法法院法官、政府官员、律师,俯仰所见皆是无法抹灭的历史,呼吸之气息皆是先烈先贤的人权理念,念兹在兹,不再重蹈覆辙。伟哉!"[1]

---

[1] 王兆鹏:《辩护权与诘问权》,元照出版公司2007年版,序第1—2页。

第二章　诉讼模式

> 在政治宽和的国度，最卑微的性命也受到珍重。只有经过长期审理，才能剥夺荣誉和财产；只有提起国家控诉，才能剥夺性命。即使是国家控诉，也要给被告一切可能自我辩护。而当个人握有绝对权力时，他想干的第一件事便是简化法律，他首先注意的是个别的不便，而不是公民的自由，公民的自由是不受关怀的。对公民的荣誉、财富、生命与自由越重视，诉讼程序也就越多。
>
> ——孟德斯鸠

据后汉许慎撰《说文解字》，"诉，告也；讼，争也"，诉讼，即告而争之。关于诉讼模式，可以有多种划分，但主要是两分法：(1)一造审理与两造审理；(2)公开审理与秘密审理；(3)干涉与不干涉；(4)言词审理与书状审理；(5)自由心证与法定证据；(6)纠问与弹劾；(7)数级审理与单级审理。[1] 上述七种划分与对立，实则分别贯穿为两条线索，近似纠问制与对抗制的模式分类。详言之，一造审理通常秘密进行，以书状审理为主，法定证据优先，主动纠问，单级审理即判决生效；而两造审理通常公开进行，以言词为主，自由心证优先，中立听审，判决允许上诉。法国学者认为，人类次第经历了弹劾制、纠问制与对抗制三种刑事诉讼

---

[1] 参见徐朝阳著、王云五主编：《中国诉讼法溯源》，商务印书馆1933年版，第4—12页。

模式。其中,弹劾制诉讼模式的特征是,控方发动,公开进行,言词辩论,控辩平等。从政治层面看,它与民主制比较协调,并以个人权利为主导,能够有效保障被追诉人利益。从法律层面看,它比较依赖民众情感,酝酿出后来的大陪审团;同时将技术降到最低限度,限制了领主及其代表的专业霸权。对于历史上存在过的决疑式审判,法国学者认为并不构成一种独立的诉讼模式,只不过是弹劾制中为弥补证人证言不足而采取的便宜举措,功能与司法决斗差不多。[1]

然而,有至少三个理由将决疑审判作为独立的诉讼模式而与纠问制、对抗制并列:其一,人类最初的政治形式都是神权政治,无论雅利安人、巴比伦人还是犹太人,他们的律法最初都是由祭司掌握的,神意裁判必然经常运用;其二,几乎没有史料证明中国古代存在长期而稳定的弹劾制诉讼,相反,证明纠问制自古即在中国占统治地位的资料却比比皆是,而证明神意裁判的可见文字也很多见,比如甲骨文中有关祭司占卜的内容就颇占比重;其三,弹劾制在相当长的历史时期被纠问制所取代,但是最终,弹劾制又完成了自己的历史回归,成为对抗制诉讼,或者说对抗制就是重新披挂上阵的弹劾制,没必要重复叙述,不如将弹劾制的篇幅让给决疑模式。决疑模式现已基本绝迹,现存的主要是纠问模式与对抗模式。典型的纠问模式已被唾弃,但在大陆法系某些国家残喘不息,有时还沉渣泛起;而对抗制在英美法系表现充分并得以认真坚持,只是美国法庭的火药味最为浓烈。

第一节 决疑模式

决疑式刑事诉讼,顾名思义,一般用于解决"事实不明"的问题。在指控事实无望澄清,又希望裁判具备公信力时,便乞灵于某种超验力量,主要诉诸神明裁判、心理威慑和抽签抓阄三种手段。神明裁判是以对神的信任为基础的,以神的指引来确定被指控者有罪还是无辜,从而解脱法官和他人作出决定的责任。更为重要的是,神裁表达了一种信念:生活中发

---

[1] 参见[法]贝尔纳·布洛克:《法国刑事诉讼法》,罗结珍译,中国政法大学出版社2009年版,第34—35页、第38页。

生的或者世界上存在的每一件事,都是神意的直接表达。比如,火与热的审判,被指控者将手探入一锅沸水,从中取出几块小石子后,立即用干净的布将手包扎起来,并由法官加以封印。这个仪式须由神职人员主持,三天后去掉包扎,当场宣布这只手是化脓了,还是痊愈了。化脓了就是有罪,是上帝的判决,而在场的神职人员和国王的法官,肯定又增加了这一结论的合法性。[1] 今人已经很难还原化脓还是痊愈的真相,可以构思丰富的小说情节,满足各种想象。

想象丰富、知识渊博、行文优美而见解深刻的《法律的故事》中讲道,早在公元前 2500 年的巴比伦,遭遇闲言碎语的妻子有权通过神裁法证明自己的清白,方法是被扔进河里时能够浮起来。这样说来,打算醉浴爱河的巴比伦女人只要学会游泳就可以了,以至公元 11 世纪诺曼王朝威廉二世取笑说,如果浮起来表明有罪就好了,那样的话,这些女人不是有罪,就是淹死,看她们谁还敢![2] 威廉二世的调侃竟然成为现实,过了 300 年,"对于女巫的检验乃是将嫌疑人绑住并置放于水面上,如果嫌疑人没沉下去,即可作为她具有法术之证据"。[3] 可想而知,让女巫沉下去比帮她浮起来更容易。《民数记》第 5 章有"疑妻不贞的试验条例"。妻若遭夫疑恨,又无证人,可将妻送到祭司那里。祭司要使妇人近前来,站在耶和华面前,把圣水盛在瓦器里,又从地上取点尘土放在水中。祭司手里拿着致咒诅的苦水,要叫妇人起誓,对她说:若没有人与你行淫,也未曾背着丈夫作污秽的事,你就免受这致咒诅苦水的灾。你若背着丈夫行了污秽的事,耶和华会叫你大腿消瘦,肚腹发胀,使你在民众中被人咒诅。这一试验条例能够写入《圣经》,说明它的结论是令人信服的。一个女人被丈夫怀疑并被置于祭司面前,已经是一种羞辱和惩罚。又因为是神的判断,所以即便妻子不幸被证明不贞而遭逐戮,女方家人也无话可说。而一旦被证明没有淫行,妻子从此得以解脱,丈夫不得疑忌不休,否则就是对神的不敬。

---

[1] 参见〔美〕彼得·德恩里科、邓子滨编著:《法的门前》,北京大学出版社 2012 年版,第 307—308 页。

[2] John Maxcy Zane, *The Story of Law*, Indianapolis: Liberty Fund, 1998, p.75.

[3] 〔德〕弗里乔夫·哈弗特:《正义女神的天平:2000 年来的法历史教科书》,蔡震荣等译,元照出版公司 2009 年版,第 39 页。

对神裁不宜贸然否定,它植根于人们的共同信仰,让判决结果为人接受,就何谓真相达成共识,使纷争尘埃落定。其实,神裁并不愚昧、愚蠢,在古人对精神存在的明确赞赏中,触及了某种重要的、为理性和科学年代所忽视的东西。至少,正是共同信仰导致共同体接受神裁,正如另一种共同信仰导致另一个共同体拒绝神裁一样。[1] 神明证据制度,在12世纪招致欧洲许多国家和地区的批评和毁灭性打击,潜在原因可能是对其实效性和正当性的广泛质疑。神学家们也公然揭批神明裁判是一种极端邪恶的做法,而这一制度已被基督教会庇护并执行了数世纪之久。批评者说,要求神明不断显灵,实际上是在试探上帝,这是不允许的,即使是为了拯救无辜者。[2] 至于古代中国,虽称"天秩有礼,天讨有罪",但却找不到神裁的痕迹。"古者决讼,令触不直"的独角兽獬豸,不过是神话渲染而已。[3] 甲古文中的占卜,毕竟不同于神裁。对一个供奉祖宗而不信仰上帝的民族而言,不容易形成具有公信力的神裁,因为祖宗是自家的,不管别家的事。而世俗政权强大的中国历代王朝,不愿看到神权的分庭抗礼,所以佛庙道观皆不设法庭,不裁断红尘是非。

心理威慑是营造神秘氛围和震慑场面,使人心神悚动,然后设置询问、威吓或诅咒,通过察言观色,验证某些事实是否真的发生。《周礼·秋官·小司寇》记载:"以五声听狱讼,求民情,一曰辞听;二曰色听;三曰气听;四曰耳听;五曰目听。"根据郑玄注释,辞听为"观其出言,不直则烦";色听为"察其颜色,不直则赧然";气听为"观其气息,不直则喘";耳听为"观其聆听,不直则惑";目听为"观其眸子视,不直则眊然"。心理威慑有其合理成分,经常奏效。医生的白大褂就引导了人们的心理信赖,想象一下,如果医生穿件T恤衫,诊断权威就会大打折扣。"五声听讼"极其类似中医的望闻问切,是对审判实践的精彩总结。但中医功效过分依赖医生个人能力,碰上"胡庸医乱用虎狼药"就非常不妙。西医当然也需良医,庸医照样自误误人,但西医从临床实验中归纳出比较可靠的用药规范,即便

---

[1] 参见〔美〕博西格诺等:《法律之门》(第八版),邓子滨译,华夏出版社2017年版,第575页。

[2] 参见〔比〕范·卡内冈:《英国普通法的诞生》,李红海译,商务印书馆2017年版,第112—113页。

[3] 参见瞿同祖:《中国法律与中国社会》,商务印书馆2010年版,第288—289页。

出了庸医,也不容易给出虎狼药。

《列王纪上》第3章记载,两个妓女来到所罗门王面前。一个说:"我主啊,我和这妇人同住一房,她在房中的时候,我生了一个男孩。我生孩子后第三日,这妇人也生了孩子。我们是同住的,除了我们二人之外,房中再没有别人。夜间,这妇人睡着的时候,压死了她的孩子。她半夜起来,趁我睡着,从我旁边把我的孩子抱去,放在她怀里,将她的死孩子放在我怀里。天要亮的时候,我起来要给我的孩子吃奶,不料,孩子死了。及至天亮,我细细地察看,不是我所生的孩子。"那妇人说:"不然,活孩子是我的,死孩子是你的。"这妇人说:"不然,死孩子是你的,活孩子是我的。"她们在王面前如此争论。王就吩咐说"拿刀来",人就拿刀来。王说:"将活孩子劈成两半,一半给那妇人,一半给这妇人。"活孩子的母亲为自己的孩子心里急痛,就说:"求我主将活孩子给那妇人吧!万不可杀他。"那妇人说:"这孩子也不归我,也不归你,把他劈了吧!"王说:"将活孩子给这妇人,万不可杀他,这妇人实在是他的母亲。"[1]所罗门王此番断案可谓高明,但不能说无懈可击,因为这种方式无法复制,更无法成为判例。

中国明清公案小说还流行鬼断、梦断。如《卖皂靴》一段:包公正决事间,忽阶前起阵旋风,尘埃荡起,日色苍黄,堂下侍立公吏,一时间开不得眼。怪风过后,了无动静,惟包公案上吹落一树叶,大如手掌。包公拾起,视之良久,乃遍示左右,问此叶亦有名否。内有公人柳辛认得,近前道,城中各处无此树,离城二十五里有白鹤寺,山门里有此树二株,此叶乃白鹤寺吹来。循此线索,包公来到白鹤寺,又由一阵怪风引导至其树下,掘地而得女尸。包公转归府中,夜近二更,困倦而卧。忽梦一青年妇人哭诉,如何被二僧诱拐欲行污辱,如何自杀全节。包公醒来,残烛犹明,起行徘

---

[1] 中国古人不乏类似智慧。《风俗通》记载,汉代临淮太守薛宣任内,一人携匹缣往市场出售,途中遇雨,一路人求其披戴避雨。雨霁当分别,两人各持匹缣一端不舍,皆曰缣为我有,共诣府求判决。薛宣道:"缣值不过数百钱,何足纷纷?"令吏断缣各给一半遣出,使使追听二人作何语,归报一喜一怒,因捕喜者,责偿其缣。《宋史》本传载"割牛舌"一事:包拯"知天长县,有盗割人牛舌者,主来诉。拯曰:'第归,杀而鬻之。'寻复有来告私杀牛者,拯曰:'何为割牛舌而又告之?'盗惊服"。这里可能需要解释一下:包拯让原告"只管回家,把牛杀了卖钱吧",并非不顾小民利益,而是因为牛一旦失去舌头,虽暂不至死,但也很难再加以前出力干活。而《包公案》卷五有《割牛舌》一篇,对《宋史》有所演绎,写包公推测乃牛主仇家所为。于是让原告回去杀牛,随即具榜张挂"倘有私宰耕牛,有人捕捉者,官给赏钱三百贯",果然引出伤牛者。

徊，见窗前遗下新皂靴一只。包公差人假扮皮匠往白鹤寺各僧房叫卖，引出靴主即是元凶。[1]

现代版的心理威慑是测谎仪的考验。测谎仪的基本原理是，欺骗的人会紧张，以致呼吸、脉搏加快和血压升高，它的所谓"进步"在于，从拷问肉体到拷问精神。[2] 测谎专家声称，只要操作、解析得当，这种仪器能够有效地发现说谎者，结果是精确的。反对者则认为，一个有备而来且擅长控制情绪的人是可以对付测谎仪的，说白了，不是人与机器的较量，而是测谎者与被测者的较量。某些所谓测谎专家试图制造技术崇拜，使人相信测谎仪能够有效破案，而且可以用于检验人的忠诚。的确，随着科技进步，测谎仪会越来越精准，以至于超过人的判断。因此，反对测谎仪的理由，不应当是它容易出错，其实任何索取真相的手段都可能出错，而恰恰是测谎仪的所谓准确性才最值得警惕。这是因为，既然测谎技术是准确的，就没有理由不加以运用。对嫌疑人来说，不同意测试，就是心里有鬼，就会加重嫌疑；同意测试，就意味着将命运交与所谓科学判断。对法官而言，等于将司法权交由机器及其操纵者掌控，法官再无发言权，最终使庭审程序成为多余的东西。

技术总是和权力捆绑在一起，两者都有专断的危险和趋势，而且，最先掌握高新技术的人也往往最有权力。技术可以轻易获得真相，但也可以轻易控制人的精神世界。对精神世界的窥探，只能是一种恐怖。别忘了，测谎仪背后有个操纵解说者。心理学家戴维·莱肯在一篇论文中提到，测谎仪是一种"伪科学的技术"。1978年，巴兹·费伊在托莱多被捕，罪名是抢劫杀人，被害人认识费伊，临终前指称歹徒蒙面看起来像是巴兹，"费伊"二字都没来得及说出来。在费伊受到拘押的两个月期间，警方找不到任何证据。最后，检察官同意不起诉，但条件是费伊必须先通过测谎，如果测试结果是说谎，这一结果将作为呈堂证据。费伊接受了两次测谎，但都失败了，于是他受到起诉，以谋杀罪被判处终身监禁。两年后真

---

[1] 参见（明）无名氏编撰、顾宏义校注：《包公案》，三民书局2008年版，第125—126页。

[2] 参见邓子滨：《斑马线上的中国》（第三版），法律出版社2016年版，第3页。

凶落网,费伊被无罪释放。[1] 在美国,联邦及各州法院都不情愿承认测谎证据,因为它的测试结果的可靠性尚未得到科学的确定证明。1998年,最高法院甚至禁止了军事法庭使用测谎仪,即使这一次取得的测谎结果有利于被告人。[2]

抽签抓阄属于一种特殊的神裁。1784年,大清乾隆盛世,英国帆船"赫弗斯小姐号"停靠在黄埔港内,向首次来华的美国帆船"中国皇后号"鸣放礼炮,不幸造成岸上一位大清子民死亡。由于几门礼炮齐鸣,实难辨清哪位炮手才是真凶。广州官府威胁说,若三天内交不出凶手,就要绞死大班,还要逮捕英国商务督办。几度交涉无望后,炮手们掣签决定谁是倒霉蛋,而北京紫禁城也不出所料地核准了这个倒霉蛋的死刑。[3] 以抽签抓阄进行决疑式诉讼,虽不多用,但其变种异形却贻害深远,迄今不绝。曾经流行的"命案必破",导致侦查机关无论如何都要找出罪犯。1996年,内蒙古自治区18岁青年呼格吉勒图作为强奸杀人案嫌疑人,横遭棰楚,屈打成招,无辜蒙戮。2005年真凶落网,直到2014年才艰难平反。真凶落网并及时招认,或者被害人亡者归来,无疑都是小概率事件,极其偶然,并非制度性纠错。但呼格等案遂成冤结,却是必然的,因为依当时当地的制度情势,"命案必破"就是一种抽签抓阄,必有人被抓出来作为替罪羊。因此,法治的努力方向,就是使司法从抓阄决疑向规则逻辑靠近。

决斗也是一种决疑。根据孟德斯鸠考证,在历史上的某些民族中,决斗的出现首先与消极证言有关,而所谓消极证言,是指单凭誓言就可以否认指控。原本说来,提出诉讼或控告的人有积极立证的责任,而被告单单起誓否认是不够的,这几乎是世界通例,但莱茵河畔的法兰克部族法则完全不同,它满足于消极证言。在大多数场合,被告只要同一些证人立誓,

---

[1] 参见〔美〕保罗·埃克曼:《说谎:揭穿商业、政治与婚姻中的骗局》,邓伯宸译,生活·读书·新知三联书店2008年版,第158页。
[2] *United States v. Scheffer*, 523 U.S. 303 (1998).
[3] 参见余定宇:《寻找法律的印迹——从独角神兽到"六法全书"》,北京大学出版社2010年版,第178页。

说他没有做过被控罪行就够了。[1] 一个人的遗产证书被认为是伪造的而受到非难时，他只要指着《福音书》立誓说是真的，就可不经任何审判而成为遗产所有人。这样，法律被破坏了，流弊产生了，应该用什么办法加以纠正呢？人们就采用了决斗，莱茵河畔法兰克人的法律和几乎所有蛮族法律都接受决斗证据。如果原告是一个尚武之人，当他提出诉讼后，看到被告用不公正的誓言逃脱，眼看自己就要受到羞辱，他除了以决斗伸张正气外，还有什么其他办法呢？"必须把誓言从有意滥用它的人的手中拯救出来"[2]，于是，决斗开始了。"决斗开始于日出时分，可能持续至夜幕降临。死亡、投降或平局都可终结决斗。平局则导致被告胜诉，因为证明责任由主张被侵犯的原告所承担。"[3]

塔西佗说，两个日耳曼国家要进行战争时，就想法子俘虏一个对方的人来和本国的一个人决斗，认为从决斗结果可以预断战争胜负。这些民族既然认为个人决斗能够决定公共命运，那么当然更相信个人决斗能够解决个人纠纷。勃艮第国王贡德鲍赞成决斗："决斗法律的目的是要使我们的臣民不再为暧昧的事情立誓，不再为明确的事情立伪誓。"一个专事武艺的民族，懦怯就必然意味着邪恶。懦怯证明一个人背离所受的教育，没有荣誉感，不按原则行事，还说明一个人对别人的轻蔑满不在乎，对别人的尊重也不当回事。一个人的出身只要过得去，通常就不缺少应当和武力相结合的机敏，也不缺少应当和勇敢相结合的武力。在一个尚武国家，人们尊重武力、勇敢和刚毅，所以真正丑恶可恶的犯罪，就是那些从欺诈、狡猾、奸计、懦怯产生出来的犯罪。从这个历史角度观察，一个人的品格与他是贵族还是平民没有绝对关系。

消极证言的制度产生了决斗的法学。决斗的法律是自然产生的，它

---

[1] 孟德斯鸠所述莱茵河畔的消极誓言，在泰晤士河畔被称为"宣誓无辜"，也就是根据被告本人和他人的保证而宣告无罪。他人的宣誓保证，不是针对案件事实本身，而是宣誓确信被告所言属实。如果被告能够得到足够多的助誓人的支持，他就会被无罪开释。如果得不到足够的支持，法官还有另一选择，让被告经受水与火的神裁。这一制度流行于征服者威廉到来之前的英格兰。Cliff Roberson, *Introduction to Criminal Justice*, Copperhouse Publishing Company, 1994, p.56.

[2] [法]孟德斯鸠：《论法的精神》（下册），张雁深译，商务印书馆1963年版，第229—230页。

[3] [美]杰弗瑞·西格尔等：《美国司法体系中的最高法院》，刘哲玮、杨微波译，北京大学出版社2011年版，第75页。

对采用消极证言的法律是一种补救手段。当一个民族选择了决斗立证时,它就遵守了自己的尚武精神,因为人们把决斗作为上帝的判决加以采用,就废除了十字架立证、冷水立证、开水立证等制度。这些立证方法,也曾被看作上帝的裁判。决斗立证甚至成为萨利克法、罗马法和敕令的权威消失的主要原因。人们殚精竭虑的只是如何制定决斗裁判的法律,并建立一种优良的决斗裁判的法学。一切民事、刑事的诉讼,都被缩减成为单纯的事实,人们就是为着这些事实而决斗。不但诉讼的主要内容,就连附带事件和预审事件也都取决于决斗。如果主监官召唤一个人,这个人不来,主监官就要求这个人决斗,作为其轻蔑行为的赔礼。

决斗还和荣誉有关,特别是当人们关于荣誉观念的特别准则已经产生和形成以后。起先由原告在法官面前宣称某人曾犯某种罪行,被告答说原告撒谎,这时法官就命令原被告进行决斗。这便产生另一条准则:当人们说你撒谎时,就应该决斗。一个人一旦宣布说他要决斗,就不能反悔;如果他反悔,就要判处刑罚,因为荣誉,约言一经说出,就不许收回。在决斗前,裁判官要发布三条命令:第一,双方亲戚同时退场;第二,在场大众保持安静;第三,禁止援助决斗的任何一方。许多人没有能力提出或接受决斗,在查明原因后准许找人代行决斗。为使代人决斗者尽其所能,规定如果打输了就要砍掉代行决斗者的手。如果事实是众所周知的,例如在集市的众目睽睽之下杀人,就不需要证人立证或决斗立证。妇女和不满 15 岁的人不得决斗。决斗裁判的性质是一劳永逸地解决争讼,不容许重新审理或重新追诉。以当时人们的荣誉观,上诉是既不忠又不义的。[1]

第二节　纠问模式

纠问(inquisitio)意味着法官主动调查犯罪、搜集证据并发现真相,被告基本丧失防御辩护能力。其特色是,被诉罪名不确定,程序秘密进行且

---

〔1〕　参见〔法〕孟德斯鸠:《论法的精神》(下册),张雁深译,商务印书馆 1963 年版,第 233 页、第 236 页、第 238—239 页、第 241 页、第 245—246 页、第 248 页、第 250—251 页。

容许刑求。[1] 中世纪以降,审判者已不再寄希望于神明裁判,而是让法官发挥人的能动性,为了查明事实真相,可以采用一切手段。纠问式刑事诉讼的前提是国家收回并垄断刑事追诉权,不再放任私力救济,而只将极少罪名留给被害人自行告诉,私下了断则被严格禁止。纠问制有两种具体形态:一是控审不分,原告与法官合一;二是控审分离,但侦查主导审判。控审不分的"纠问制度,深受诟病,因为一来纠问法官独揽追诉审判大权,权力无所节制;二来纠问法官自行侦查追诉,心理上早已先入为主,因而,根本不可能无偏颇之虞,更遑论公正客观的裁判了;三来被告只是纠问法官追诉活动的客体,毫无防御权可言"[2]。即便是控审分离的纠问制,也有三大弊病:一则使审判者负担过重并使之审前即有不利于被告的偏见;二则对审判者的行为没有限制,可以随心所欲,有滥用司法之虞;三则辩护虚置,被告陷于危险境地而毫无自救可能[3]。看来,被告方没有辩护防御权是纠问制最为显著的特征。

《古今小说》第二卷《陈御史巧勘金钗钿》的故事发生在江西赣州府石城县,讲鲁顾两家累世交游,鲁家一子,双名学曾,顾家一女,小名阿秀,两下面约为婚。后学曾父母双亡,一贫如洗。阿秀不愿悔婚,其母遂私召学曾,意图暗助银两,从速行聘。不料为学曾表兄梁尚宾乘隙冒充,不仅骗得银两、钗钿,而且骗奸阿秀得手。三日后学曾应约来见,阿秀母女方知受骗。阿秀羞愤自缢,学曾则被知县屈打成招,依威逼律问绞。幸得御史陈廉巡按江西,审录学曾一案,发现冤情。陈御史次日称病,暂停审案,然后乔装贩布商人,假称货物急于出手,以低价诱使梁尚宾拿出当日所骗顾家银子、首饰,从而人赃俱获。次日,御史继续复审,昭雪冤案,问斩真凶。陈御史的方法是典型的"控审不分、原告与法官合一"。而其庭审方式,首先是"讯",听取供述;然后是"诘",提问直至被告理屈词穷;再后是"鞫",列举事实,对照罪名,加以判决;最后是奏谳上报。当然,为了强迫犯人认罪,往往要掠治,也就是笞打逼供[4]。陈御史审案的特别之处还

---

[1] 参见王兆鹏:《美国刑事诉讼法》,北京大学出版社2014年版,第587页。
[2] 林钰雄:《刑事诉讼法》(上册),元照出版公司2015年版,第50页。
[3] 参见[日]丰岛直通:《刑事诉讼法新论》,东京日本大学出版会1910年版,第49—54页。
[4] 参见张建国:《中国法系的形成与发达》,北京大学出版社1997年版,第94页。

在于,不仅控审不分,而且法官直接充当侦查人员,使用"警察圈套"起获的赃物作为犯罪证据。

纠问式诉讼追求的仅仅是结果,而所得结果始终可以证明手段之正确与正当。为了效率,采取秘密封闭的程序,受控诉者完全听凭摆布,而且从根本上说是一种书面诉讼,过程细节要作成文书,直至作出书面判决。"从政治层面上看,中央集权国家的领导者很热衷于纠问式诉讼,尤其是在政治制度具有专制倾向时,以及把社会利益放在个人利益之上的情况下,更是如此。因为,纠问式诉讼所要竭力做到的,正是阻止'由于过分尊重个人权利而不能确保对做坏事的人进行追究',况且坏人也不值得受到'一个公民的全部保障'。"[1]史上各王朝、国家或地区似乎都经历过纠问制阶段,以法国大革命时期最为典型,雨果的小说《九三年》描写了许多腥风血雨的审判场面,极具群众运动色彩。"直到法国大革命之前,在法国主要是施行书面的、秘密的纠问程序,其并定有证据原则及刑求。在1791年,法国乃将其刑事诉讼法大举以英国法之模式修正之;其接收了英国的法院组织方式,采行大的及小的陪审团制,其在诉讼程序上则亦改采言词辩论、公开审判、有两造当事人之审判程序及自由心证等原则。"[2]

"在警察时代,大陆法系之国家,采极端之弹压政策,以严酷之刑罚科诸犯人,具有报应作用。乃当时之刑事裁判,采纠问方式,并无所谓诉讼,裁判官仅凭其片面调查之证据而为判断;其审判程序并不公开,且许以拷问方法取供。虽其裁判,采证据裁判主义,应凭证人之证言、被告之供述或其他物证,较诸中世纪以前所行之神明裁判、决斗裁判进步;但仍未能防止裁判官之擅断,又不重视被告自由之保障。"[3]被告人被用作主要证据来源,侦查阶段尽量禁止律师介入,以确保极高定罪率,被告人命运基本已由第一次认罪笔录决定了。自我辩解只说明认罪态度不好,当庭翻供成功比登天还难。即使被刑讯逼供,也因为难以证明而不了了之。法庭所见讯问笔录基本都是供认有罪的,认罪之前的无罪辩解,或者不记录,或者不入卷。律师辩护也是走过场,基本不被判决书引用,能够在法

---

〔1〕〔法〕贝尔纳·布洛克:《法国刑事诉讼法》,罗结珍译,中国政法大学出版社2009年版,第39页。
〔2〕〔德〕罗克辛:《德国刑事诉讼法》,吴丽琪译,三民书局1998年版,第742页。
〔3〕 陈朴生:《刑事证据法》,三民书局1979年版,第7页。

庭上宣读完毕,已经算是法官恩典了。这倒不是法官对律师有什么个人成见,而是因为纠问模式注定了辩护的虚无。可一旦形式上轻忽辩护,久而久之便从实质上否定了整个辩护人格。

就控审分离但侦查主导审判的纠问形态而言,审判只是对侦查结论的确认而已,因为判决结果早已由侦查结论决定了,也因此,审判成了侦查的继续。"大部分事实真相是由警察在大街上或者警察局里查清,而不是由律师和法官在法庭上查清",其背后的动机是"奖励及时性和终局性"[1]。公诉人的角色由此变得尴尬而模糊。一方面,负责审查起诉的检察机关原本应当对侦查过程及其结论加以制约,却由于侦查机关的强势而沦为二传手,移送审查起诉变成移送起诉,不批捕和不起诉的比率极低。另一方面,公诉人在庭审时一旦遭遇辩护人抵抗,便不能保持平等对峙心态,必欲挟侦查余威,全胜辩护人而后快,以起诉成功鸣锣收兵。再者,对于某些证据不足,实在不宜起诉,又无法退回侦查机关的案件,检察机关往往以不起诉加以了结。这是侦查主导起诉及审判的又一例证,表面看似乎检察机关独力了结了案件,且不起诉是一种无罪认定。但问题是,侦查机关的侦查结论无法在法庭上接受辩方及社会检验,相当于盖子没有揭开就不了了之。可以认为,侦查主导起诉和审判的现象是不难观察的,其力度与起诉成功率,进而与定罪率成正比,其特征在于全体司法官员都有义务积极作为,以确保实体刑法的高效实行。

到了审判阶段,法官几乎不排除任何控方证据,不要求证人出庭,律师的质证权有名无实。庭辩中控方没有太多说服责任,无需跟律师太过认真;律师一般也只被允许有限发言,否则立遭法官压制。比较常见的打断方式是:"律师,你要说的我都清楚了。"而对被告人的审前羁押、身着囚衣甚至戴着手铐站在被告席上,这一切都意味着有罪预判,庭审只是对侦查案卷的公开重述。法官不居中裁判,而是积极引导并促成公诉词转换为有罪判决书,也就是,不仅在庭审中按照控诉事实的方向主导对被告的讯问,而且法官会主动调取不利于被告的证据,阻击辩护人对证据的质疑。"纠问程序中之本案审理,几完全以预审程序所建立之卷宗为基础,

---

[1] [美]虞平、郭志媛编译:《争鸣与思辨:刑事诉讼模式经典论文选译》,北京大学出版社2013年版,第222页。

采秘密、书面、间接之审理方式,既不须职司诉追之国王代理人出庭,而无有原告、被告辩论之程序,且根本忽视预断排除之原则。盖当预审法官将卷证移送于负责本案审理之合议庭后,合议庭之第一项工作即指定受命法官进行阅卷,并报告案情之要领于合议庭,然后始提讯被告,畀予最后陈述之机会,迨被告陈述完毕,审判程序即告完成。"[1]

"在职权主义下,法官同时扮演裁判者、检察官、辩护人三个角色,而法官又须写裁判书,对其决定作交代。当法官认为被告、证人或告诉人狡辩、说谎、不合作时,难免失去耐心,认为他人阻挠其工作的进行。而法官又为法庭上至高无上之权威者,无人敢逆其锋,亦无人监督,因此常会对被告、证人或告诉人有轻侮、谩骂、威胁、利诱或粗暴之言词或态度之情形,以及不让当事人充分陈述,不专心倾听当事人陈述之情形。"[2]不专心听审的法官,却对庭审之外的许多事项倍加关注,尤其在意庭审气氛的高度可控。略为重要案件的庭审,什么人可以旁听也会受到限制,并且一般不会当庭宣判,另行择日宣判很多时候就是为了避开参加此次庭审的人。被筛选旁听宣判的人们,通常会以掌声表达对侦查结论的敬意[3],因为所有参加者都知道,"他们都不是按照自己的意志行事的,而是严格按照事先准备好的出场次序表被迫扮演给自己规定的角色。他们每一个人都面临决定自己命运非此即彼的选择"[4]。

日本学者对他们经历过的纠问式诉讼有深刻反思,从而基本取得共识,采用当事人主义的对抗制审判是一种正确的选择。1947年以前的日本旧宪法也曾采用我们非常熟悉的职权主义审判,裁判官预先阅读检察官送来的卷宗材料,并在对被告人持有偏见的基础上开庭。无罪辩护相当困难,据年长的律师介绍,审判开始时裁判所的心证是一团漆黑,辩护工作就是要一点一点地加以冲洗,先冲洗成灰色,再洗成浅灰色,以至于

---

[1] 林朝荣编著:《检察制度民主化之研究》,文笙书局2007年版,第46页。
[2] 王兆鹏:《刑事诉讼讲义》,元照出版公司2009年版,第752页。
[3] 在斯皮尔伯格执导的影片《间谍之桥》中,美国法官对苏联间谍宣判后,不满的旁听者们立刻鼓噪耸动甚至大声抗议;而苏联法庭对美国飞行员宣判后,旁听席爆发出一致而热烈的掌声。
[4] [苏]亚历山大·奥尔洛夫:《震惊世界的莫斯科三次大审判》,彭卓吾译,红旗出版社1993年版,第55页。

最后获得无罪。[1]"在大陆法系国家中,过分强调采用纠问式的审判方法,是由于罗马法的复兴和受教会审判程序法的影响所引起的。而最重要的,则是集权制国家的兴起。"也正是基于这最重要的一项理由,才需要"禁止事后法的原则,法律面前人人平等的原则以及我们现在常常普遍提倡的人道和正义的主张等"[2],试图对集权者加以约束。罗克辛先生总结说:在往昔专制国家中,所有的刑罚权均掌握于专制者手中,全凭其喜好,利用权势干涉司法。在今日之独裁国家中,虽则司法之审判全由法官就其主观、客观来加以决定,但其却又受政党及军方独裁者之命令控制。在专制主义下,原告及法官是同一人,在这种专政体制下,往往警察就实际上掌握了影响弗远的政治裁判,而这个小小的缩影正是这类独裁国家基本构造上权力集中的写照。被告不论在专制或独裁国家中,于诉讼程序中都只扮演诉讼客体的角色,而在其与国家、当权者之利益违反时,即使是原属被告应有之权利,也可能无法在实务上加以实现。此时,最具刑事诉讼机构之性格者首推严酷的措施。而这些严酷的措施在专制主义下,本来就为法律所许可。

"更严重的是,第三帝国的特别审判权是一种刑事诉讼法的反常情形。人民法院专审政治性的刑事案件,此种案件昔由帝国最高法院为第一审之管辖法院,而在此时期,该管辖法院之审判法官则直接由希特勒指派之;人民法院为完全不受法律约束的机构,其乃为清除政权之反对者的工具,光是1944年间,其即判决了2000件死刑。其诉讼程序同样地也只是一种不具任何保障的虚伪的刑事诉讼程序,其审判结果早在审判之前已被定案。为此,还设置了前锋法院及警察法院以及纳粹党、希特勒青年团、冲锋队的名誉法院审判权,藉此广泛地强化其贯彻国家社会主义之意识形态。在改造刑事司法的同时,还施行一种对警察权力之松绑,藉此将不受政权者欢迎的反对人士施以保护羁押并将之送入集中营,以剥夺其

---

[1] 参见[日]松尾浩也:《刑事诉讼の原理》,东京大学出版会1974年版,第296—297页。

[2] [美]约翰·亨利·梅利曼:《大陆法系》,顾培东、禄正平译,法律出版社2004年版,第134—135页。

法律保护。"[1]当年盛行纠问的国家还有意大利。"回顾墨索里尼于取得政权之后,为达其独裁目的,其首要工作,即法西斯刑事诉讼法之制定,盖若不透过法西斯刑事诉讼法以掌握刑事诉追,虽欲独裁,亦必心有余而力不足。"[2]

第三节 对抗模式

"夫一造审理,当事者一方之陈述,各执偏见,掩饰其非,人情之常,无足为怪。若两造具备,狱有两辞,则弃虚从实,中鹄不难","适于保裁判之公平"。[3]国人自清末民初以来,早已认同两造平权、法官居中式审判。"事实上,远在光绪三十二年(1906年),当事人进行主义与职权主义之战即已开启。沈家本及伍廷芳等当时所拟之《刑事民事诉讼法草案》为中国第一个单行诉讼法,所采用的审判方式即为英美之当事人进行主义和交互询问。但因为以张之洞为首的礼教派人士反对,未予公布即宣告作废。四年后之《大清刑事诉讼律草案》为中国第一部刑事诉讼法草案,转而改采大陆法系之职权主义,法官就有罪与否,应调查一切必要事证,奠定了之后法律与大陆法系密不可分的关系,影响后世百年。"[4]我国后来受苏联模式影响甚深,波及至今,虽经近40年努力,由纠问制向对抗制的转变并不一帆风顺,经常会出现某些阶段性停滞甚至历史性倒退。这也与我国根深蒂固的纠问式的大陆法传统有关,因为只有在普通法系,才善于通过对抗性的、制衡的制度设置来限制权力。[5]

应当说,大陆法系倾向纠问制,英美法系青睐对抗制,但实际上两者有不断交融的趋势,尤其是承继国的诉讼制度往往兼收并蓄。"自法兰西革命以后,大陆法系国家改采英吉利法之诉讼主义,建立国家(或地区)诉追主义之诉讼形式,亦认法院不得就未经起诉之犯罪加以审判,但因受纠

---

[1] [德]罗克辛:《德国刑事诉讼法》,吴丽琪译,三民书局1998年版,第14页、第718—719页。
[2] 林朝荣编著:《检察制度民主化之研究》,文笙书局2007年版,第121页。
[3] 徐朝阳著、王云五主编:《中国诉讼法溯源》,商务印书馆1933年版,第4页。
[4] 王兆鹏:《当事人进行主义之刑事诉讼》,元照出版公司2004年版,第5页。
[5] 参见劳东燕:《罪刑法定本土化的法治叙事》,北京大学出版社2010年版,第97页。

问程序传统观念之影响,仍本职权主义之理论,对于程序之进行与证据之调查,均属法院之职权,与英美法所采彻底的当事人主义,对于诉讼之主张与举证,系属当事人之责任,而法院则居于公平第三者之立场,听取当事人之辩论而为裁判,并不积极地参与诉讼之进行不同。因之,大陆法系之刑事程序,虽由纠问程序,改采诉讼程序,但其裁判程序,仍本职权主义之理论,当事人之诉讼行为,在程序上并不足以左右裁判之结果。论者因认大陆法系之诉讼程序,与纠问程序所不同者,仅审判之范围有无限制而已,对于诉讼之进行与处理仍无大异。"〔1〕如果把惩治犯罪比喻成一种斗争乃至战争,那么纠问制是一套属于战胜者的规则,很大程度上,战胜者既是规则制定者,又是规则执行人,审判可能只是一次声罪致讨的展示;而对抗制却是一套为战败者考虑较多的规则,至少在形式上,战胜者不再以审判者身份出现,或者说审判者不再以战胜者自居,而是比较真实而充分地给予战败者申辩机会。

1947年至1948年,倪徵 㠗 先生在远东国际军事法庭对土肥原贤二、板垣征四郎等侵华主要战犯进行指控,基于被害国角色,倪先生对东京审判颇有微词:"英美法采取告诉制或称对质制,审讯提问主要由双方律师担任……证据的提出是否合法,以及证据本身有无凭信力,由双方进行辩论,法官如认为提出不合法或证据本身无可凭信,可以当庭拒收。凡经接受的证据,一般应被认为是可供考虑的。……美国方面从政治和军事需要考虑,已不拟对日本军国主义严加惩处,遂以日本律师不谙法庭所运用的审判程序为理由,给每一被告'配备'一名甚至两名美国辩护律师。他们置日本辩护律师于一旁,喧宾夺主,态度嚣张,使审判进程受到重大影响。……中国方面本来就没有估计到战犯审判会如此复杂,而满以为是战胜者惩罚战败者,审判不过是个形式而已,哪里还需要什么犯罪证据,更没有料到证据法的运用如此严格。因此,在东京审判的最初几个月里,正当中国提出主要的控诉事实时,美国辩护律师利用英美法诉讼程序的前述特点,多方面进行阻挠留难,使中国检察方面的工作处于很不利地位。例如,当时国民政府军政部次长秦德纯到庭作证时说日军'到处杀人

---

〔1〕 陈朴生:《刑事证据法》,三民书局1979年版,第18页。

放火,无所不为',被斥为空言无据,几乎被轰下证人台。"[1]

有不良感受的不只倪先生,尤其对律师辩护的质疑与诟病可谓自始至终。"美国籍辩护律师和日本籍各辩护律师群起诘问。凡是一切与中国有关的问题,不管天南地北,也不论古今中外,问个没完没了,企图找一些岔子或者使审判时间延长。直至最后庭长韦伯不得不宣布休庭,议定出一条规则,即诘问证人不得超出作证范围,不得提出空泛的问题,才稍微制止了辩护人的嚣张气焰。……由于法庭拘泥于英美法的程序,又不愿给人以偏袒原告、压制被告的印象,极大地容忍了辩护方胡搅蛮缠,最终使审判像马拉松一般,长达两年半之久。"[2]众所周知,英美法系国家在审判中确认案件事实的方法颇具特色。其特色之一即对立的诉讼律师对抗式地举出证据,而这已通过小说、电影、电视剧的方式成功地推介到世界的各个角落。它与英语国家司法制度的联系现在已然成为全球流行文化的组成部分。人们通常认为,至少在法律界,这种天生为戏剧提供潜在素材并且富有戏剧性变化的证明程序,在普通法系之外的法律程序中是绝难找到完全相同之物的。英美法系事实认定的其他几个特征也被普遍地归类为普通法系花园中的天然花朵。这些特征——尤其是传闻规则——被视为如此异乎寻常,以至于占据了整个英美法律体系中禁忌最严的角落之一。毫不奇怪,当外国律师被要求参与其英美同行的事实认定时,他们会发现很难接受那些与普通法规则和惯例结合在一起的事实调查方式。面对广泛适用普通法证据规则的前景,外国律师们抱怨那些规则和惯例是不可思议的,而且与事实调查的普通方法相去甚远。然而,即使心存遗憾,人们对普通法的奇特魅力还是表现出略带不安的尊敬。[3]可资比较的是苏联于1949年年底在哈巴罗夫斯克进行的伯力城审判,自1949年12月25日开庭至12月30日宣判,历时6天,被告12人;东京审判自1946年5月3日开庭至1948年11月4日宣判,至11月12日宣判完

---

[1] 倪徵燠:《淡泊从容莅海牙》(增订版),北京大学出版社2015年版,第131—132页。

[2] 余先予、何勤华、蔡东丽:《东京审判:正义与邪恶之法律较量》,商务印书馆2015年版,第108—109页,第110页。

[3] 参见[美]米尔建·R.达马斯卡:《漂移的证据法》,李学军等译,中国政法大学出版社2003年版,第1—2页。

毕,历时两年半,被告28人。当然,伯力城审判不仅被告人数少,而且针对的只是日军开发及使用细菌武器并进行活体实验,而不是全面战争罪行。[1]

苏联刑事审判的庭审过程是,先由审判长宣布开庭,书记员报告所有审前拘禁被告均已押解到庭候审。审判长宣布纪律,逐一检点被告,确认他们均已收到起诉书;宣布法庭组成人员,问各方当事人是否反对或要求回避;随后检点到庭证人并向其告知伪证责任。审判长最后告知各方当事人现在可以申请法庭传唤新的证人、调取新的证据,并告知被告及其辩护人庭审时有权向证人、检验人发问和发表意见。随后休庭15分钟。恢复庭审后,审判长宣读起诉书和军事法庭预备会议决定,同时又把起诉书经过播音器用日语宣读一遍,并逐一讯问各被告是否明白,分别征求公诉人、辩护人意见,以便确定对被告的讯问顺序。庭审中由公诉人逐一讯问被告,审判长偶尔插话讯问一两个问题;公诉人讯问后会出示物证,书证会口头宣读,让被告加以确认,所有被告对讯问表示承认。辩护人都是最后才讯问被告一两个问题,基本围绕参军时间、是否知晓所在部队性质、学历专业等问题。对证人的询问主要由审判长进行,公诉人很少发问,即使发问,也是辅助性发问。

所有辩护人对所有证人、检验人都没有任何发问,对公诉人当庭出示的物证、书证也未提出任何质证要求。在法庭听取检验委员会的结论后,公诉人宣读公诉词,各辩护人宣读书面辩护词。由于可以理解的原因,各辩护人无一例外地作了罪轻辩护,理由大同小异,都是说被告受日本军国主义的毒害,在愚蠢地执行命令,虽也令人痛恨,不能免罪,但为表苏联政府和人民的宽大,不妨适当减轻处罚。从审判文献中可以看到,苏联三级国家法律顾问公诉人斯米尔诺夫公诉词慷慨激昂的结语,柏洛夫律师辩护词做小伏低的开头,共同标志了一段特定的历史。公诉人说:"今天捍卫和平安全的有千千万普通人们,有以伟大苏联为首的雄强民主势力阵营。这乃是雄强的能于战胜一切的力量,这一力量能遏制新战争的任何挑拨者,并能予以严厉的惩罚。审判员同志们,请诸位所下的判词成为关

---

[1] 参见[日]户谷由麻:《东京审判:第二次世界大战后对法与正义的追求》,赵玉蕙译,上海交通大学出版社2016年版,第283—284页。

于这点的森严警告吧!"辩护人说:"审判员同志们! 在本审判案中,所有我们这些作辩护的人,以及替前关东军总司令山田大将作辩护的我,都曾很少向各被告发出问题。这本来是很自然的现象,因为他们的罪状已经由各被告和各证人的供词以及本案所有各种文件所完全证实了。"[1]

美国学者赫伯特·帕克认为,大陆法与英美法存在差异,基本可以概括出犯罪控制和正当程序两种刑事诉讼模式。[2] 犯罪控制模式接近纠问模式,以效率为至高无上的目标,警察和检察官可以运用有罪推定,甄别无辜或者有罪。经初步调查,一旦未发现无辜的可能,或者说一旦发现有罪的可能,就允许采取进一步行动,为获得有罪的结论而努力,无罪的可能被置于次要位置。所有司法力量尽最大努力第一时间抓获犯罪人,并以最快速度搞定口供,以取得有罪供述为主要目标。一旦取得有罪供述,定罪的大方向已经不可扭转。各司法机关以配合为主,制约为辅,使整个程序如同一条流水线,罪犯就是这条流水线的终极产品,且不容对产品质量有太多质疑,尤其不能容忍辩护人的有效阻击,甚至不容许法官以非法证据排除规则为由拒绝认定有罪。[3] 主张这一模式的人深信,国家有超验的目标,能够准确地扬善抑恶,因而鼓励尽可能广大的公权力,并使之尽可能有效运作。手段的正当性可以由结果的正确性加以证明。

正当程序模式,实际是对抗模式,以公平正义为主要目标,强调发现真相非常困难,需要采取各种措施防止误判。刑事诉讼中每一后续流程,都是对前一流程的检验和挑剔,合格才能放行。好比一场障碍赛,要想将一个人投入监狱,必须跨越一道又一道障碍,而非法证据排除规则是所有障碍中的最高壁垒。这一模式对权力疑心重重,不仅防止权力滥用,而且防止权力高效运作。最低效率不一定意味着最小暴政,但正当程序模式

---

[1] 孙家红编校:《伯力城审判——沉默半个世纪的证言》,九州出版社2015年版,第5—28页、第177页、第179—181页、第183页、第380—382页。

[2] Herbert Packer, Two models of the Criminal Process, 113 U. PA. L. REV. 1 (1964).

[3] 流水线的比喻早已流行。"侦查、起诉和审判这三个完全独立而互不隶属的诉讼阶段,如工厂生产车间的三道工序。公安、检察和裁判机构在这三个环节上分别进行流水作业式的操作,它们可以被看作刑事诉讼这一流水线上的三个主要的操作员,通过前后接力、互相配合和互相补充的活动,共同致力于实现刑事诉讼法的任务。"陈瑞华:《从"流水作业"走向"以裁判为中心"——对中国刑事司法改革的一种思考》,载《法学》2000年第3期。

的支持者会相当平静地接受对刑事诉讼程序运作效率的实质性削弱。[1]"总之,正当程序模式决不容忍给无辜者定罪;而犯罪控制模式坚决拒绝让犯罪人漏网。"[2]比较而言犯罪控制模式的缺点在于,审判前法官已受卷宗影响,以致难以保持中立性,进而连当事人自己都认为判决结果并不取决于庭审;正当程序模式的优点在于,法官地位超然,使当事人有充分的申辩机会,因而也较能接受诉讼结果。

有人问一位律师怎样打赢一场官司,回答是如果法律在你这边,你就敲法律;如果事实在你这边,你就敲事实;如果都不在你这边,你就敲桌子。[3] 显然,说这话的人,生活在采用对抗制诉讼模式的国家,纠问式审判中只有法官可以敲桌子。"对抗性程序的中心含义是:双方当事者在一种高度制度化的辩论过程中通过证据和主张的正面对决,能够最大限度地提供关于纠纷事实的信息,从而使处于中立和超然性地位的审判者有可能据此作出为社会和当事者都接受的决定来解决该纠纷。对抗式辩论原则包含三个要素。首先是中立和尽量不介入辩论内容的审判者,其次是当事者的主张和举证,最后则是高度制度化的对决性辩论程序。"[4]英美法系中原告和被告是对立对等的,各方都有自己的利益。公诉方是政府,要尽量重刑处罚;被告方是嫌疑犯,要尽量开脱罪责。双方都有权调查事实,采访证人,搜集物证,请教专家,并决定在审判中出示哪些证据,传唤哪些证人,以及如何解释法律,使之于己有利。对被追究者及其辩护人比较宽容,只要不是主动制造伪证,隐瞒于己不利的证据,就是符合辩护伦理的。

令对抗制名副其实的,并不是对被告方的赋权,而是对追究者的压制。这种压制从警方得知或发现犯罪及犯罪人时即已开始,警察必须尽最大可能不触犯任何取证规则,"必须意识到,稍不谨慎,一个最普通的警

---

[1] 参见[美]赫伯特·帕克:《刑事制裁的界限》,梁根林等译,法律出版社2008年版,第164页。
[2] Daniel E. Hall, *Criminal Law and Procedure*, Delmar Cengage Learning, 2011, p.316.
[3] Cliff Roberson, *Introduction to Criminal Justice*, Copperhouse Publishing Company, 1994, p.255.
[4] [日]谷口安平:《程序的正义与诉讼》,王亚新、刘荣军译,中国政法大学出版社2002年版,第26页。

务问题便会升级为严重的程序瑕疵和证据排除问题。而站在辩护律师的角度看,在对抗制审判中,除了要争辩罪与非罪,对警察行为的适当性与合法性的质疑,才是经常有效的辩护手段。针对拘捕前,主要质疑拘捕、搜查扣押以及辨认的理由和过程;针对拘捕后,主要质疑强迫自证有罪、没有律师帮助以及侵犯公平审判的权利。法官则会对这些质疑是否成立作出评判,一旦肯定了辩护律师的质疑,将对是否排除警方取得的证据进行评判……有时还会就此举行听证,案件的最终结果基本取决于法官听证后所做的决定。法官之所以被称为'守门人',可能正是因为他们决定了何种证据可以进入法的大门。更由于陪审团并不介入这个环节,法官便不仅决定法律问题,而且决定事实问题;既是事实发现者,又是法律仲裁人"[1]。

德国学者认为他们的刑事诉讼程序混合了纠问主义和对抗制诉讼。与对抗制诉讼一致者在于,追诉权及审判权分属检察官和法官,由此法官才能在准备诉讼程序时避开每一项调查行为,避免主动追究,调查以起诉内容为限。当然,德国刑事诉讼也保留了部分纠问诉讼的特性,例如在提起公诉后由法官负责指挥,法官不仅可以讯问被告,而且有责任提出对被告全部有利或不利的证据,在庭审时奉行主动调查原则且边界不清。德国检察官不是当事人,他们并不单纯扮演负举证责任的原告角色,基于法律规定,他们更有义务保持中立性,也需对有利被告的情况加以调查[2]。不过,德国刑事诉讼程序中的纠问成分,与东方式的纠问差异巨大。最大差异在于判决书有比较认真的说理,从事实陈述、双方争点、证据相关性及合法性,以及法律何以适用,都一清二楚,从而有利于上诉审法官作出判断。而判决书是否说理,可以判别一国所处的法治状态。德国法院动辄万言的刑事判决书,曾给我国司法界极大震撼,有力地促进了我国刑事判决书的说理写作。"还有一项成就,那就是法官必须要对他的判决作出合理的解释。论述的重点不仅在于法条中每一个字的适用,更关键的重

---

[1] Walter P. Signorelli, *Criminal Law, Procedure, and Evidence*, CRC Press, Taylor & Francis Group, 2011, pp.6, 9.

[2] 参见[德]罗克辛:《德国刑事诉讼法》,吴丽琪译,三民书局1998年版,第154—155页。

点在于逻辑。法官唯有在判决中提出一个完整且令人能够理解的证据链,明确指出通往真实的道路,这个判决才能够成立。"[1]

而在英美学者看来,欧陆刑事诉讼本质上仍然是纠问式的,其根本特征在于法官积极主动地调查证据,这样做名义上是为了确定案情真相,但实际上是与检察官合力追诉被指控者。英美的对抗式程序则大不相同,它让参与庭审的各方都承担更加有限的作用,不让任何一方成为主角。法官只是一个没有切身利益的案件管理人和仲裁者,只关心和负责那些分配正义的程序规则;检察官扮演追诉者的角色,他同时关心发现真相与落实正义,后者类似大陆法系所谓检察官的客观义务[2];被告方没有义务提供任何证据,却可以从无罪推定中获益,辩护人的主要职责是在不违法的前提下赢得案件;陪审团负责听取证据,然后决定被告人是否成立被控之罪。对抗制基于这样一种确信:控辩双方对撞所产生的信息,能够最有效地帮助中立的裁判者解决案件。对撞发生在法庭上,让在场者看到一场公平竞赛,规则中立,平等执法,机会均等。虽然有人批评体育比赛式的对抗制不利于达成公正的结果,但拥护者说,对抗制庭审同时维护了作为执法者的国家与作为国家敌人的被告人的尊严。而且,对抗制的一个客观效果是,极其尊重程序规则。[3] 不难理解,更注重案件实际的审判结果,必然更重视实体法的落实,而刑事实体法的落实往往意味着有罪的认定。

"二战"后,由于受美国影响,日本于1947年开始施行"和平宪法"。既已引入英美宪法制度理念,与之配套的当事人主义刑事诉讼就是自然而然的事情了。在实施当事人主义诉讼过程中,也慢慢形成了日本刑诉界独有的切身体会:"当初有人认为,刑事程序中有关当事人诉讼的构造,仅是技术性的有关当事人的内容,即保护被告人,后来人们逐渐普遍认识

---

〔1〕 〔德〕汤玛斯·达恩史戴特:《法官的被害人》,郑惠芬译,卫城出版2016年版,第50页。

〔2〕 英美法检察官的客观义务主要体现在两方面:一是在知道或者显而易见没有相当理由支持的情况下,不得提出犯罪指控;二是要及时向被告方开示有利被告的证据。对检察官的这些要求都是规定在美国律师协会职业责任法中。Cliff Roberson, *Introduction to Criminal Justice*, Copperhouse Publishing Company, 1994, p.279.

〔3〕 Ronald Bacigal, *Criminal Law and Procedure: An Overview*, Delmar, Cengage Learning, 2009, p.279.

到,当事人主义给刑事诉讼法带来了构造性变革。即:(1)现行法采用了起诉书一本主义,因此,法院不再自动接收检察官手中的证据,即切断了侦查与审判的连续性,法院开庭前没有预先接收任何资料。因此由检察官、被告人或者辩护人请求调取证据。尽管存在刑事诉讼法的规定,由法官询问证人,但原则上询问证人时当事人交互询问。(2)现行刑事诉讼法中,采用了起诉裁量主义,检察官决定起诉或不起诉,起诉时由检察官设定或变更起诉诉因。一般认为,由于在证据与诉因这两个审判最重要的部分承认了当事人主导权,现行刑事诉讼法的基础是当事人主义。(3)因此,现行法规定的法院依照职权调查证据或者诉因变更命令是例外的制度。"[1]"判例也认为,法院原则上没有义务依照职权调查证据或催促检察官提出证据,原则上法院也没有义务亲自主动督促或命令检察官履行诉因变更程序,诉讼推进的主动权原则上赋予了当事人。因此,一般认为,现行刑事诉讼法的诉讼构造是以当事人主义为基础的。"[2]

在当事人主义被推崇和模仿的同时,基于情势变化及法官个性差异,法官的中立角色偶尔也会调整甚至转变。因此,所谓"随之而来的是司法的作用转型",虽然可能只是一家之言,但却值得关注和警觉:"许多法官已经背离了他们先前的态度,放下了相对中立的姿态,采取了更积极、更具管理性的立场。法官不仅裁判当事人提出的事实要点,而且在会见室与当事人面谈,鼓励和解,监督案件准备,在庭审前后对塑造诉讼和影响结果都起着关键作用。作为管理者,法官比以前更多地了解案件,管理的责任给法官更大的权力。先前制约司法权威的诸多限制不存在了,管理型法官经常在公众视野之外工作,不做记录,没有提供论证意见的义务,也不在上诉审的范围之内。"[3]这种混合模式无疑是退回到先贤们力避的歧途,引起广泛的警觉和批评。英国上诉法院前院长格林勋爵曾经警告说:"假如一名法官亲自检验证人的证词,那就是说,他自甘介入争论,

---

[1] [日]田口守一:《刑事诉讼法》,刘迪等译,法律出版社2000年版,第17—18页。
[2] [日]田口守一:《刑事诉讼法》(第五版),张凌、于秀峰译,中国政法大学出版社2010年版,第23页。
[3] Judith Resnick, 23 *Judges' Journal* 8-11 (Winter 1984).

从而有可能被甚嚣尘上的争吵遮住明断的视线。"[1]不过,法官的管理倾向总体来讲并不明显,而且很快被限制在狭窄的范围内,基本没有让英美法系的先贤们失望。

"通过一个对抗制过程,可以最好地解决冲突。对抗制过程假定:(1)在讼争中陈明双方各自立场的主要责任最好留给那些最受该讼争影响者;(2)讼争者的对话必然产生自利偏见,而通过将对话置于不偏不倚的中立法庭面前,能够最大限度地抵消这一自利偏见;(3)冲突和对话能够受普适的程序和实体规则体系的制约,这一规则体系阐明了讼争结果中的国家利益。对抗制过程的终极目的不是胜诉,而是克制国家加入一方、反对另一方的冲动。"[2]即使从观念上已经认同对抗制优于纠问制,也有一个重新选择并逐步转型的过程。日本是成功转型的实例,但许多人会立刻指出,这是美国占领的结果。这个看法不对,不是每个被美国战胜占领的国家都选择美国模式,对抗制在日本扎根主要还是学者和司法工作者的自觉选择,不过当初仍然有学者以国民性为由,担心引入美国的当事人主义诉讼会水土不服。青柳文雄教授就认为,一切历史传统以及地理的、社会的生活环境形成的一个国家的精神文明,成为刑事程序的基础,这一点是不容置疑的。在进行刑事诉讼法学教学时,不要忽视国民性。不过自明治维新以来,日本已经习惯了积极吸纳先进制度,似乎不存在国民性的障碍。松尾浩也教授说:"我深深地爱恋着日本的风土人情,但这与古老过时的国粹主义没有任何关系。"[3]即便有所谓国民性,也不宜过分强调。其一,日本已经长时间处在外国法的强烈影响下;其二,精神文明与刑事程序的关系,很有只可意会不可言传的地方,使用"国民性"这种不确切的用词,逻辑上容易产生各种各样的弱点和矛盾。[4]结论相当明确,国民性是可以培养改变的,根本不是什么趋同先进文明的障碍,更不应成为拒绝先进制度的托辞。

---

[1] [英]丹宁勋爵:《法律的正当程序》,李克强等译,龚祥瑞校,群众出版社1984年版,第52页。

[2] [美]彼得·德恩里科、邓子滨编著:《法的门前》,北京大学出版社2012年版,第261—262页。

[3] [日]松尾浩也:《刑事诉讼法讲演集》,有斐阁2004年版,第379页。

[4] 参见[日]松尾浩也:《刑事诉讼の原理》,东京大学出版会1974年版,第264页。

对抗制审判固然由来已久,其古老的初始形成也可能只是基于人们最朴素的公平观念,而如今的对抗制却可能已经肩负起一种新的历史使命:充分展示自己的优势,让人们从纠问制与对抗制的比较中作出制度选择。不过,许多因素干扰着人们作出正确选择。比如"几乎所有人都认为,判决无辜的人有罪,比判决有罪的人无罪,是一个代价更高的错误"本来是一种正确认识,于是"普通法产生了一系列如何进行审判的原则、惯例,以确保错误不可避免的时候,与其冤枉无辜的人,倒不如错放有罪的人"也是一种正确的选择,但却招致反直觉的批评。[1] 之所以反直觉,是因为我们对司法制度的直观感受是定罪容易且无政治风险,判无罪则要经过更多的门槛,并且承受更多的质疑眼光。不要说无罪开释,就是批准一个取保申请,也要冲破重重难关。对普通法原则、惯例的批评,不仅是反直觉的,而且是因果颠倒的。不是因为意识到"冤枉一个人比放纵一个人更容易"才生成了一系列普通法原则、惯例,可能恰恰相反,由于普通法幸运地酝酿出一套独特的程序规则,才使得它的司法制度渐渐形成了一种独特的机能。这一机能在为疑难两可的案件分配错误风险时,勇于作出一种制度抉择:以放纵有罪人为代价而决不冤枉无辜者,并且让程序本身使结果合法化,或者说让结果在程序中合法产生。

如果人类能够承认,真相需要时间检验,而时间的检验结果出来之前,真相仍然有被反转的可能,那么,就应当将力量用于一种制度建设,让这一制度最大限度地有助于公平公正地发现真相,尽量减少错误,或者说,在获得真相之前更为重要的是避免错误。"能有什么测试来判断一个决定是正确的呢?只有通过作出这种决定的程序,此外别无他法。让我们回忆一下两个孩子之间分蛋糕的例子。如果蛋糕形状和内容都能适用简单规则,就可以通过重量来分。但若要求只切一刀、不多不少,那么正好将其一分为二是极其困难的。所以,一个天平要用几次,必须从一块上切下一小块,加到另一块上来调整。即使两块的重量变得一模一样,人们仍然会说这不是一个平等的划分。如果蛋糕上撒了巧克力屑或水果块或由不规则的果馅和奶油层组成,那么只要还坚持精确分割,就几乎不可能

---

[1] 参见〔美〕拉里·劳丹:《错案的哲学:刑事诉讼认识论》,李昌盛译,北京大学出版社2015年版,第2页。

分毫不差。……我们依赖程序来获得可接受的结果。一个孩子将蛋糕一分为二,另一个孩子拿一块,两个孩子都接受这个结果,因为他们同意划分的方法是程序或方法赋予了结果以合理性。……程序的公平性和稳定性是自由的不可或缺的要素。只要程序适用公平、不偏不倚,严厉的实体法也可以接受。事实上,如果要选择的话,人们宁愿生活在忠实适用我们英美法程序的苏联实体法制度下,而不是由苏联程序所实施的我们的实体法制度下。"[1]

具体到刑事诉讼,案件正确性的风险分配的背后,其实是证明责任的分配,这种分配直接影响着定罪率。而控辩双方举证责任的分配背后又蕴含着权力的分配。权力的分配首先体现于起诉权与审判权的分割,其次体现于罪证调查权与羁押、取证令状审批权的分离,再次体现于根据公诉的攻击力赋予辩方同等力度的防御权,等等。这三种主要的权力分配方式在各法域的法典中几乎都有所反映,但真正的差别却在于司法实践中的落实。能够得到真诚落实的制度才能算是良好的制度,从这个意义上,不能不说对抗制是目前为止最不坏的诉讼制度。而一个真心落实又真正有能力落实对抗制审判的国家制度,其权力一定是"被分割的,权势的基础是分散的,因此,权力在某种程度上既是独立的,又是互相抵消的。这个制度虽然无疑可以滥用权力,但没有斯大林式体制的恐怖,在那种体制下,限制权力的唯一方式是独裁者的自我约束。简言之,美国有'法治',无论它怎么间发性地失效。无疑,美国制度中权力分散的方式不是完全不出问题的。这个制度要求某种持续不断的冲突和紧张关系,以保证正常运转,阻止和制衡无法无天的权力"[2]。

如此说来,充满冲突和紧张关系的对抗制不是没有问题,但问题不会是灾难性的、塌方式的。一种庭审模式如果有权力制衡、有权势分散,就有助于克制国家加入的冲动,就有可能使审判走出了司法乌托邦。司法乌托邦的典型是,绘制一幅完美的没有违法犯罪的理想社会的蓝图,并且相信有权审判别人的人完全具备消灭违法犯罪的能力。在实现这一目标

---

[1] 宋冰编:《程序、正义与现代化——外国法学家在华演讲录》,中国政法大学出版社 1998 年版,第 374 页;*Shaughnessy v. United States*, 345 U. S. 206 (1953)。

[2] [美]柯特勒:《美国八大冤假错案》,刘末译、刘绪贻校,商务印书馆 1997 年版,序言第 3—4 页。

的过程中,将会尽量省略对手段的限制和审查,不能容忍任何阻力、批评和抱怨,不断出台更为激进的治罪法案。而对抗制审判将生成何种结果的责任推卸给控辩双方,法官也就从实现完美蓝图的重压下彻底解脱出来。通俗说来,庭审模式其实并不必然决定庭审结果,被告人有罪还是无罪,不同的庭审模式多数情况下会得出大致相同的结论。但在一小部分案件审判中,不同庭审模式的确会得到罪与非罪的不同结论。而正是这一小部分案件的不同审判结果,才反映了面对"冤与纵"必择其一时的不同理念支撑。庭审模式的调整和改变,无疑是一个艰巨的历程。

作为大陆法系之表率,德国汲取英美法模式营养的过程长达数十年,而庭审中的焦点是审判长的角色问题。传统上,审判长单独指挥审判程序的进行、讯问被告及举证,而讯问大纲主要依据侦查卷宗,极易以公诉机关的眼光看待案件,从而丧失应与检察官保持的必要距离。法官一旦有义务证明被告罪责,便会积极向被告发问,以便发现被告辩解的矛盾之处,也因此在精神上、心理上成为被告的对手;而从被告角度看,既然审判长是他的敌人,对他的审判就不会是公正的。这是最需要改变的。只要转变庭审模式,法官就不再有义务澄清案件事实,也就没有必要庭前了解案情卷宗。法官需要做的,只是通过听取、察看控辩双方庭上言词交锋,于庭审结束后作出判决。当然,反对庭审模式改革的理由也很强大,如果法官不先知悉全部的卷宗资料,便无法看清案件中必要的详细情形,因此一位对卷宗不熟,并且在审判程序中并不主动参与的法官所造成的司法错误恐将大于迄今已发生者。因此,一旦提到法官的中立性,一定要注意法制背景,欧陆国家和英美国家在何谓法官中立问题上的标准,差异还是很大的。

但是,不能只考虑法官代行追诉者角色的情形。实际上,积极作为的法官,还会帮助被告方抵御检察机关的地位优势,就有利被告的方向发问或提起辩方注意。尤其是,当检察机关认真搜集全部对被告不利的证据资料后,辩护人却不尽职责,德国法官了解侦查资料并且主动调查案件的优势就显现出来。"由迄今已论述过的案例来看,法院实有一范围宽广的照顾义务,此义务尤其对不谙法律的被告在进行公平的职权调查时,是一项最重要的判断标准。此照顾义务乃为所有其他许多的指示、告知、发问、保护等义务的来源。""因此,未来修法时,最好采用混合式的诉讼程序……此就德国诉讼法之发展背景而言,意味着,一方面,法官要知悉卷宗内容,并负有澄清案件事实之义务,检察机关要保持绝对客观立场,此三项必需保留,但另一方面,首先就有关案件事实所为之讯问及审判程序中的证据调查必需交由检察机关及辩护人之间的交叉讯问来负责;而法院只得提出额外的问题,在必要时并做补充性的讯问。"[1]

回顾我国40年刑事法制历程,1979年刑诉法确立的审判模式属大陆法系的职权主义,特征表现如法官主动调查证据,主导和控制法庭调查辩论过程,检察官、辩护人及被告人处于消极辅助地位。而影响这一审判模式的形成因素包括古代纠问程序、马锡五审判方式与苏联审判模式。陈瑞华教授总结说,我国刑事审判程序实际不止一个模式,除1979年刑诉法确立的书本模式外,尚有一种司法实务中形成的实效模式。实效模式的第一特征是法官在庭审前对证据调查和案件裁判拥有完全的控制权,特别强调法官进行深入细致的庭外调查,公诉人、辩护人、被告人等均不得参与,实际相当于在没有开庭审判及控辩攻防的情况下,法院即已自行对案件作出终局性裁判。实效模式的第二个特征是被告方的辩护职能出现严重萎缩,法官在庭审中的审问才是法庭调查的中心环节,被告人无法与检察官抗衡,辩护防御能力极低。法官对控方证据很少进行直接言词调查,而是大量采取书面和间接式审查,很少传唤证人出庭作证,而往往是摘录式宣读侦查中作成的证言笔录,被告没有机会对不利于己的证人进行质证、诘问与反诘问。实效模式的第三个特征是控辩对抗完全让位于法官对被告的追究。总体而言,实效模式中法院庭前已对案件作出实体裁判,庭审很大程度上已流于形式。[2]

我国1996年刑诉法颁行后,改革创制了新的庭审方式的基本架构,表现在重新配置控辩审职能,改变过去由法官直接调查证据的方式,确立了控辩双方向法庭举证,同时不排除法官调查权的庭审方式。新的庭审模式的特殊性在于:其一,庭前程序未贯彻排除预断原则,既非原来的庭前实体审查,又不是作为对抗制必要组成部分的程序审查,而是以程序审

---

〔1〕 〔德〕罗克辛:《德国刑事诉讼法》,吴丽琪译,三民书局1998年版,第455页、第469页。

〔2〕 参见陈瑞华:《刑事审判原理论》,北京大学出版社1997年版,第338—345页。

为主实体审为辅的审查方式。其二,庭审阶段的设置,既不同于大陆法系的法庭调查与法庭辩论的两阶段式,也不同于英美法系的控方举证、控辩交互询问与控辩各自总结的三阶段式,而是由公诉人宣读起诉书开始,直接进行证据调查,调查过程中可以对证据和案件情况发表意见并可以相互辩论。随后还有一个独立的辩论阶段,待审判长宣布辩论结束后,被告有最后陈述权。其三,引入类似对抗制的证据调查方式,以控辩举证为主代替法官包办证据调查,但又保留了主动讯问被告、询问证人等调查证据的权力。从实践效果看,法官仍能一定程度上包揽举证,尤其是代替控辩双方对证人进行询问,同时还有庭外补充性调查核实证据的权力,不受控辩双方制约,也无控辩双方在场。其四,审决机制上,审判长及合议庭的裁决权仍然受到未参与庭审的审委会及法院行政首长的制约。[1]

---

[1] 参见龙宗智:《刑事庭审制度研究》,中国政法大学出版社 2001 年版,第 113—119 页。

第三章　正当程序

> 《权利法案》的大多数条款都是程序性的，这一事实决非毫无意义，相反，只有程序才能决定法治与人治的根本区别。
>
> ——威廉·道格拉斯

正当程序，是一种约定俗成的译法，Due Process 直译应为"应有的、必经的、适当的过程"。过程（process）主要指自然的历时与演进；程序（procedure）主要指人为的顺序和步骤。两者的区别从"程序性的正当过程"（procedural due process）和"正当过程的形式性程序"（formalistic procedures of due process）等词组中可见一斑。正当程序要求政府公平对待人民，若某一法律或政府行为有失公允，便可视为正当程序事件。可以将正当程序比作一张安全网，在其他宪法条款失效后仍然起到保护个人的作用。正当程序有程序性与实体性两个方面，程序性的一面表现为法制原则的宪法渊源，要求罪刑法定，即某一行为遭到处罚前，必须有公布的刑事成文法律作为依据。如果某一行为在该法律颁布之前实施，那么宣布该行为非法或者加重其处罚，就是不公平的。这就是公平告知的概念。

只要公平问题浮出水面，就应从正当程序角度加以解决。实体性正当程序很难归纳为简单规则，但它首先意味着裁判必须合乎理性。对于某种我们不赞成的政府政策，我们不能随意主张其无效，但对某种政策选择的监督是我们的责任。正如大法官哈伦所说,正当程序无法浓缩为任何简单的公式,它的内容无法依照任何法典加以确定,只能通过法院的各种决定,维持个人自由与社会秩序的平衡。[1] 什么是正当程序,三言两语很难说清楚,而没有正当程序,人们很快会有切肤之痛。正如人们很难说清什么是幸福,但每个人都知道什么是不幸。在古希腊,若一个人未经审判而被处死,就被认为是一种暴行。塞内加陈述的原则是:在任何情况下,像野蛮人或无所忌惮的暴君那样不经审理而处罚某人,都不应在和平时期成为可怕的先例。无论是谁作出的判决,如果他没有让其中一方当事人陈述自己的意见,哪怕判决事实上是正确的,他的行为也并非正当。[2] 因此,哈伦大法官只说对了一半,正当程序的确无法依照法典加以确定,不过抽象、概括出一个表达式还是可能的。

第一节　正当程序的公式

简单说来,正当程序的表达公式是"未经……不得剥夺……",这一公式符合古老的自然正义的显著特征,即判决前必须听取当事人双方的意见,必须给予被告辩护的机会,且不得对一项指控进行两次审判。正当程序也符合现代的公平竞赛的基本精神,它体现为一系列适当而公正的准则,表达了讲英语的人民关于正义的观念。[3] 将产生某些重要概念的功劳归于英语,进而归功于莎士比亚的戏剧,并不是一种罕见的主张,而是具有很深广的学术舆论基础。"英语不仅为政治事务提供特别的指引,也为政治生活最终为之服务的人之目的提供特别的指引。不管在哪里,如果一个民族的政治和人性意识不曾为某位莎士比亚的语言(也就是思想)所塑造,那么现代世界大规模宪政可能持久吗?或者,换句话说,暴政要用英语讲话而又想使人信服,真是困难。另一方面,有些人可能会认

---

[1] Daniel E. Hall, *Criminal Law and Procedure*, Delmar Cengage Learning, 2011, pp.283-284.
[2] 参见〔爱尔兰〕凯利:《西方法律思想简史》,王笑红译,法律出版社2002年版,第29—30页、第72—73页。
[3] 参见〔美〕霍华德·鲍:《宪政与自由:铁面大法官胡果·L.布莱克》,王保军译,法律出版社2004年版,第281—282页。

为,要把严肃的哲学论述翻译成英语,也很困难。弥尔顿在其《论出版自由》一书中反复指出,热爱自由的英国人的语言,与压制手段不相合宜。"北美西部拓荒时期,"英国人总是把莎士比亚带在身边,这是体面的事情。……当某人在大声朗读的时候,就会有一群牛仔坐在自己的马鞍上非常安静而专心地听着"〔1〕。

莎翁的《威尼斯商人》是史上著名的庭审戏剧,涉及许多正当程序问题。既让人看到此番庭审的不公,也让人感谢暴露这一不公的庭审模式本身。这是一次差点出了人命的民事审判,审判的后半程才出现了刑事指控,可以看到比较多的当事人主义的审判模式,比较容易展现双方的攻防进退的争斗技巧;再者,莎翁乃英国作家,创作的戏剧故事却发生在欧洲大陆,而剧中的审判亦庄亦谐,摇摆于公正与偏袒之间,反映出法律框架与人为因素的杂糅博弈;而案情最终的法律性质一直无有定论,以至于耶林将其升华为一篇为权利而斗争的演讲。"权利必须仍然是权利,长久有效,信不可破;这是一个男人意识到的活力和激情:在他掌管的事情方面,它不仅关涉到人格,还关涉到一个理念。对于一磅肉,莎士比亚让夏洛克说:'是我的,我想得到它。如果你们拒绝,我要诉诸法律!威尼斯的法律没有效力吗?我要求法律。我有证据在握。'……事情突然从夏洛克的权利请求变成了威尼斯的法律问题。当他说出这个字眼之时,一个弱不禁风的男子的形象膨胀得多么高大,多么伟岸,这不再是要求属于自己的一磅肉的犹太人,而是叩开法院大门的威尼斯的法律本身。"〔2〕

《威尼斯商人》不仅在权利与法律间转换,而且在法律与正义中纠缠。剧中难能可贵的是,为英语世界标识了法律与正义的界限。不能以正义的名义肢解法律,必须循法律的途径达至正义。仔细品味剧中"正义"与"法律"的运用,才豁然开朗,如果没有庭审,就无法暴露真正的问题:预设的立场左右了心中的正义,心中的正义扭曲了法律。莎翁让夏洛克在整个诉讼期间6次使用"法律"一词,7次使用"严格执行契约"一语,但却一次都没谈到"正义"。这暗示莎翁让剧中人物分别演绎了法律与正义的交

---

〔1〕 〔美〕阿纳斯塔普罗:《美国1787年〈宪法〉讲疏》,赵雪纲译,华夏出版社2012年版,第2页正文及注1、第86页。

〔2〕 〔德〕耶林:《为权利而斗争》,郑永流译,法律出版社2007年版,第32页。

错与离散。因为在戏剧的几个环节,法官竟然不谈法律,却不断引用"正义",全剧总计出现了15次。这在英式法庭审理中是不常见的场面,"即使是最小的诉讼,如果没有引证一整套法学思想就无法进行,为了从法庭判决那里赢得一小块土地,不惜讨论法律的基本原则"[1],必须注意的是,讨论的是"法律"的基本原则。而在美国法院,律师们通常呈交一份书面的法律意见摘要,而不是手捧一本案例集当庭向法官念诵。[2]《威尼斯商人》中的庭审,从语言到程序都符合莎翁所知的1590年代的英格兰法律实践。总体而言,不还钱就割肉的合同,在当时理应因违背公序良俗而被宣布为非法和无效,但整个戏剧中从未讨论合同的合法性,安东尼奥作为合同的一方也没有质疑过合同的有效性,而是直接将割肉合同与威尼斯法律联系起来,甚至主张,即使作为审判者的公爵,也不能变更法律的规定,因为剥夺任何人享有的权利,不仅对威尼斯的法治精神产生重大怀疑,而且损害契约精神。

但无论如何,公爵内心中的正义被他自己的预设立场导致的偏私给毁了。从"安东尼奥来了吗"的问话显示出,这个被告是他偏爱的基督教同胞。相反,公爵给犹太人原告贴上一个标签:心如铁石,不懂怜悯,没有一丝慈悲心的不近人情的恶汉。安东尼奥甚至从别处已经听说,公爵在审判前用尽一切力量来减轻夏洛克凶恶的威胁。而当夏洛克进入法庭,公爵不是听取他的陈述,而是直接责备他的恶意和缺乏慈悲,明确表达自己的期待,希望原告改变态度,免除对安东尼奥的惩罚。当公爵听到是夏洛克当庭主张合同的有效性,并发誓说必须获得合同规定的赔偿时,公爵没有驳回原告诉求,而是求助于法庭之友。公爵早有准备,之前已派人去帕多瓦征求法学博士培拉里奥的意见。不过这一次,法庭之友派来的却是安东尼奥的"律师"鲍西娅。由于婚姻的缘故,鲍西娅不可能是中立的,而是有很明确的动机来捍卫新婚丈夫的密友的利益。她当庭发假誓、作伪证,比如称她直接来自贝尔蒙特,从未去过帕多瓦,也没有见过培拉里奥,却在法庭上宣读一封谎称自己是罗马法博士的信。

---

[1] [美]彼得·德恩里科、邓子滨编著:《法的门前》,北京大学出版社2012年版,第226页。

[2] 参见[美]保罗·伯格曼、迈克尔·艾斯默:《影像中的正义:从电影故事看美国法律文化》,朱靖江译,海南出版社2003年版,第278页。

事实上,鲍西娅化装出现并不是为了隐瞒性别而是为了隐瞒身份,她是一位女性并不重要,重要的是她没有法律职业资格。因为如此之多的伪证,严格来说整个程序是无效的。鲍西娅如果真为安东尼奥着想,就应为他聘请一位优秀的律师,而不是轻率地相信自己,铤而走险亲自上阵。鲍西娅已经了解夏洛克放高利贷者的性格,还知道他对公爵说"如果不给他主持公道,威尼斯就根本不配成为一个自由邦"。在看到夏洛克之前,鲍西娅就确定了庭审策略。她首先阻止了用刀割肉,依据的是一条不知出处的威尼斯法律:"如果留下一滴基督徒的血,土地与财产将全部充公。"接下来依据另一条莫名其妙的威尼斯法律,提出所谓反诉,使安东尼奥作为威尼斯公民成为原告,起诉没有公民权的犹太人夏洛克。以外邦人企图危害威尼斯公民生命为由,将民事官司变成刑事诉讼。鲍西娅很肯定夏洛克不会放弃自己的合同权利,利用他的自信请君入瓮。

公平不能靠智力安排操纵,它是各方的妥协与相互说服。夏洛克相信法律,但他不傻,一个年轻人的把戏他看得出来,他知道自己正在被玩弄,只是他还信任法律,以至于因笃信法律而受害。这不是夏洛克的耻辱,而是法律的悲哀。法律是严格而且成文的,不容易操纵;但正义或公平却对法律进行解释或矫正。审判伊始,鲍西娅满嘴"正义",因为这个阶段只涉及合同纠纷,她可以使用"正义"来对抗作为民事原告的夏洛克所引用的法律;而到了夏洛克成为刑事被告的反诉阶段,"正义"就从鲍西娅的词汇中消失了。她告诉夏洛克,关于外邦人的法律使安东尼奥可以获得他的一半财产,而城邦没收另一半,而她现在希望严格执行法律。夏洛克来到法庭只是为了民事诉讼,获得合同权利,但当他在半小时后离开时,不仅成了刑事被告,而且失去了财产。所有的非正义都落到了一个没有违反任何法律的人头上。看过莎翁这样一幕戏剧之后,人们直观地看到什么是不符合法律秩序的诉讼程序。一个假冒的法庭之友通过诡计和伪证获得权力,在一个有着高度偏见的法庭上进行论辩,先是借正义之名使完全合法的合同无效,接下来又玩弄彻头彻尾的讼棍手段,对最初的原告施加一系列不合法、不正义的惩罚。[1]

---

[1] 参见〔美〕西奥多·齐奥科斯基:《正义之镜:法律危机的文学省思》,李晟译,北京大学出版社2011年版,第261—273页。

Due process 本义是应有的、必经的、适当的过程,也与索福克勒斯的古老戏剧《安提戈涅》中表达的观念高度契合。一场内战使两兄弟遭遇了不同命运,一个在攻城中战死沙场,另一个在守城时以身殉职。新王禁止埋葬叛国者,希望野兽撕烂他的尸体。但在希腊人的观念中,只有埋葬,哪怕只是一抔泥土,就能保证亡灵找到安息之所。死者的妹妹安提戈涅违抗王命,将泥土撒在被曝于野的兄长尸体上。王审问她是否明知而故犯?安提戈涅回答,你的这些法律不是出自宙斯,享有尘世荣光的正义也没有颁布这种人类的法律。我并不认为你的命令是如此强大有力,以至于你,一个凡人,竟敢僭越诸神不成文的且永恒不衰的法。它们的诞生不在今天,也非昨天。它们是不死的,没人知道它们的起源。[1] 死者入土为安是人的基本权利,这种权利乃诸神赋予,不可剥夺,且埋葬乃人死之后的一个适当的过程,不能被一纸命令取消或更改。

在真相确定之前,"未经……不得剥夺……"还有一种很强的说服功能,是阻止作恶的有效理由。《约翰福音》第 7 章写道,犹太人的官尼哥底母在犹太公会有表决权,他为了保护耶稣,劝阻祭司长和法利赛人不要再次派出差役去为难耶稣,理由便是:"不先听本人的口供,不知道他所做的事,难道我们的律法还定他的罪吗?"马太·亨利因而评论道:"不先听本人的口供不能定人的罪,这是他们自己律法的原则和无可争辩的公义准则,尼哥底母机智地运用这一原则来阻止他们。假如他用基督之教义的卓越性来劝说他们,用基督所行的神迹作为证据替基督辩护,或者重复基督与他之间的神圣谈话,那只不过是把珍珠丢给猪,猪会把珍珠踩在脚下,然后转过来咬他,所以他没有提及那些。人必须先经过公正的审判,在详细审查之后才能被定罪,这才是合宜的做法。法官接到对被告的控诉之后,头脑里必须保留一些空间来听被告的申诉,因为他们有两只耳朵,提醒他们要听来自双方的声音。我们可以认为尼哥底母在这里提出的请求是:'耶稣应当被请来为他本人和他的教义作出说明,他们应当公正、无偏见地听他说话。'"[2] 作出这番评论的解经家马太·亨利,生活在

---

[1] 参见〔爱尔兰〕凯利:《西方法律思想简史》,王笑红译,法律出版社 2002 年版,第 19—20 页。

[2] 〔英〕马太·亨利:《四福音注释》(下册),陈凤译,华夏出版社 2012 年版,第 379—380 页。

1662年至1714年间的英国。

在我国,以违背正当程序为判决理由的先例不多,2017年的于艳茹诉北京大学撤销博士学位决定案便显得难能可贵。北京市的两级法院先后作出行政判决,将正当程序理论运用到审判实践中。一审法院经审理查明,2013年1月于艳茹向《国际新闻界》投稿一篇,5月31日将该文作为科研成果列入博士学位论文答辩申请书、研究生科研统计表,皆注明"《国际新闻界》接收待发"。于艳茹2013年7月5日取得北京大学历史学博士学位,7月23日该文刊登。2014年8月17日杂志社发布公告,认为于文构成严重抄袭,随后北京大学成立专家调查小组,9月9日邀于艳茹参加专家组第二次会议,就论文是否存在抄袭进行陈述。10月8日专家组作出调查报告,认为该文严重抄袭,应予严肃处理。2015年1月9日,北京大学学位评定委员会全票作出《关于撤销于艳茹博士学位的决定》并在1月14日送达于艳茹。于艳茹在向北京大学、北京市教委申诉失利后,2015年7月17日向法院提起行政诉讼,请求撤销北京大学作出的决定,并判令恢复其博士学位证书的法律效力。2017年1月17日一审法院判决认为,于艳茹所提诉讼属行政诉讼受案范围,且撤销学位涉及相对人重大切身利益,在作出撤销决定前应遵循正当程序,在查清事实的基础上应充分听取相对人陈述和申辩。北京大学虽在调查初期有过约谈,让于艳茹就论文是否抄袭陈述意见,但并未告知可能取消其博士学位,在作出决定前并未充分听取其陈述和申辩,有违正当程序原则,法院判决撤销该决定。

二审法院维持原判,判决书特别指出,正当程序原则的要义在于,作出任何使他人遭受不利影响的行政决定前,应当听取当事人意见。正当程序原则是裁决争端的基本原则及最低公正标准,作为最基本的公正程序规则,只要成文法没有排除或另有特殊情形,行政机关都要遵守。一、二审法院都认为,未经正当程序,即在未予告知,未听取当事人意见,未给予陈述和申辩权利的情况下,不得剥夺当事人重大利益,因为"程序的正当过程的最低标准是:公民的权利义务将因为决定而受到影响时,在决定之前他必须有行使陈述权和知情权的公正的机会"[1]。如果没有给予这

---

[1] 季卫东:《法治秩序的建构》,商务印书馆2014年版,第23页。

些公正的机会,即便利益剥夺是正确的,也必须否定。于艳茹案一、二审法院根本没有触及是否抄袭,而是径直关注北京大学在作出学位撤销决定前没有给予于艳茹陈述和申辩机会。其实,虽然论文发表在取得学位后,但抄袭行为却形成于取得学位前,且论文答辩申请书和科研统计表列入了待发论文,不能说对取得学位没有帮助。即便当时有过陈述与申辩,仍然不可能扭转局面。可正当程序并不考虑这些,它只关注一点:于艳茹被剥夺博士学位前,没有被告知,没有进行充分陈述和申辩。

"国家行为应按照一定的游戏规则进行,这也是法治国的原则之一。这一思想有时候被极端化成这样一个观点,即国家之决定的正当性并非在于实质性的正义标准,而完全取决于其作出的程序和方式。也就是,所有有利害关系的人都应有参与程序并陈述事实及表达法律观点的平等机会,并且程序必须以公开的方式进行。这些是所谓'程序正义'的经典要求。很显然,一个决定只有是通过符合这些原则的程序作出的,才是可接受的。此外,没有争议的是,决定之结果是由作出决定的程序决定的。一个古老的分配规则,即'一方分配,另一方选择',即是程序规则能够导致内容上公正的解决方案的一个典型例子。通过这一程序,负责分配的一方即便是为自己的利益也有动机进行尽可能平均和公正的分配。"[1]因此,"应有的、必经的、正当的过程"要求的不是实体结果正确,而是通过正当途径达至正确结果。未经这一途径,或者途径不正当,正确结果必须被舍弃,否则,不正当手段将随之泛滥,不正确结果将蜂拥而至。

丹宁勋爵认为,正当程序出现在 1354 年爱德华三世第 28 号法令中:"未经法律的正当程序进行答辩,对任何财产和身份的拥有者一律不得剥夺其土地或住所,不得逮捕或监禁,不得剥夺其继承权和生命。"通俗的说法是:"国王不能就这么监禁你,你有权获得听审。"但正当程序决不是枯燥的诉讼规则和条例,它成长于诉讼实践中。所谓"经法律的正当程序",系指法律为了保持日常司法工作的纯洁性而认可的各种方法:促使审判和调查公正地进行,逮捕和搜查适当地采用,法律救济顺利地获得,以及消除不必要的延误。托马斯·杰斐逊在《独立宣言》中所表达的"造物者

---

[1] 〔德〕齐佩利乌斯:《法哲学》(第六版),金振豹译,北京大学出版社 2013 年版,第 275 页。

赋予的生命、自由与追求幸福等不可转让的权利",由詹姆斯·麦迪逊在《权利法案》中转译为"未经法律的正当程序,任何人的生命、自由或财产,皆不可被剥夺"[1]。美国1791年宪法第五修正案是最早的关于正当程序的法律条款,即"未经法律的正当程序,不得剥夺任何人的生命、自由和财产"。而丹宁勋爵承认,他所说的"经正当程序"和麦迪逊提出美国宪法修正案时所说的"未经正当程序",实际是正反表达的同一个意思。[2] 这同一个意思在联合国《公民权利和政治权利国际公约》第9条第(1)项中得到发挥:"……除非依照法律所确定的根据和程序,任何人不得被剥夺自由。"故此,可以将"未经……不得剥夺……"这一公式所表达的内容称为正当程序。

第二节 正当程序的要素

从初始意义上讲,"未经审判,不得剥夺生命、自由和财产",就是正当程序的核心要义,因此,狭义的正当程序仅指法庭的公开性、申辩权和法官的公正性。这就是正当程序的基本框架,它由法官中立、平等参与和程序公开三大要素组成,如果缺少三大要素中的任何一个,就不再是正当程序。就公开性而言,获得公开庭审是被告的基本权利,是正当程序的基本要素,虽名之曰"公开",但它属于被告而不是公众。[3] 公开庭审涵盖一个完整过程,从遴选陪审员、宣读起诉书、证人出庭、结辩陈词、法官给予陪审团指导、达成有罪认定,以及量刑,甚至扩及庭前听证。这项权利之重要性在于,"防范利用法庭作为迫害工具的任何企图。当人们知道每一刑事案件皆同步接受公众意见审查时,就能有效制约司法权力滥用"[4]。公开庭审还可能激励潜在证人走上法庭,同时因被置于众目睽睽之下而令伪证者心虚胆寒,也能够督促法官、检察官公正地恪尽职守,促其压制、

---

[1] Walter P. Signorelli, *Criminal Law, Procedure, and Evidence*, CRC Press, Taylor & Francis Group, 2011, pp.3-4.

[2] 参见〔英〕丹宁勋爵:《法律的正当程序》,李克强等译,龚祥瑞校,群众出版社1984年版,第1页。

[3] LaFave & Israel, *Criminal Procedure*, Thomson Reuters, 2009, p.1133.

[4] *In re Oliver*, 333 U.S. 257 (1948).

排除非法证据。当然,获得公开审判的权利并不是绝对的,法庭会权衡各种利益的重要性,比如,在庭前听证时保守便衣警察的身份秘密,在庭审作证中保护性犯罪被害人的尊严。[1]

就申辩权而言,不仅要落实被告自我辩护权,巩固辩护律师的地位,而且要强化与控方证人当面对质权。与控方证人的对质权利,被认为是刑事司法制度至关重要的进步。这项权利撑起了对抗式庭审,改变了至今仍在欧陆实行的纠问式审判。在殖民时期,美洲开拓者们不断遭受宗主国基于事后法等违背正当程序的刑事追诉,从不给受审者与指控者交互诘问证人的机会。著名的沃尔特·雷利案使美洲新大陆人民决心获得并捍卫这一权利。雷利是16世纪末17世纪初英国著名诗人、军人和政客,最为特别的身份是美洲探险者。1603年,他因叛国罪受审,全部指控只来自一封告密信,写信者叫科巴姆,声称是雷利的同谋。科巴姆的供述显然是纠问式审讯的结果,他从未露面,所谓告密信最多只能算作传闻证据,却被法庭采信为定罪证据。雷利强烈要求:"让科巴姆来,让他开口说话,让指控我的人面对我!"然而,法庭拒绝让科巴姆出庭作证,而雷利却被定罪,判处并执行绞刑。有太多的美洲拓荒者遭受同样的命运。[2] 申辩权意味着任一庭审阶段的被告在场权,只有在场,被告才能行使其与不利于己的证人当面对质的权利。不只是为了对质,只要是有充分的防御指控的机会,就应当让被告于相关程序中在场。[3]

当然,法官有权判断,在某些庭前程序中不让被告在场是否剥夺了被告辩护的机会。某次庭审中,被告边受审边创作了一幅素描画,画的是整个陪审团。一位陪审员表示很在意,法官便指示让被告停止作画,并且宣布要进行一次简短的查询,以确定素描画没有丑化陪审团成员。查询过程中,律师在场,他没有请求让被告也在场。在评议室里,法官告知那位表达关切的陪审员,被告是个画家,这幅素描画没有不利于陪审团的地方。这位陪审员向法官表示,他愿意继续参与陪审并保持公正。美国最高法院表示,正当程序并不要求当事人在这种偶发事件中在场,该案中,

---

[1] *Latimore v. Sielaff*, 561 F. 2d 691 (7th Cir. 1977).
[2] Walter P. Signorelli, *Criminal Law, Procedure, and Evidence*, CRC Press, Taylor & Francis Group, 2011, pp. 37-38.
[3] *Snyder v. Massachusetts*, 291 U. S. 97 (1934).

即使被告在场,他也做不了什么。[1] 在另一判例中,法官主持了一次闭门的庭前听审,以确定两名儿童是不是被控性犯罪的被害人以及他们是否有足够的理解力,明白自己有义务说实话,并且有足够的智力胜任出庭作证。最高法院指出,即便某一程序被冠以"庭前程序"之名,就被告与不利证人的对质条款的目的而言,它仍然属于庭审的一个阶段,是一种资格能力听审,因为它要确定的是关键的目击证人能否出庭作证。在此情形中,被告不参与庭前听审,并不妨碍他在庭审时对证人进行交互询问。庭前听审中过问的不是罪行本身,而是两个孩子能否忆起过去的事实并且能够分辨真假。因此,被告的正当程序权利没有受到侵犯。[2]

至于法官的公正和不偏不倚,则是司法程序中最实质的内容,执行这条原则就要求法官不能涉入当事人或者证人的任何利益,否则将不能负责该案的审理工作。[3] 不过,除非当庭明显打压一方,法官是否中立,是否暗自助推一方,其实很难判断。还是运用反向的思考,如果很难说清什么是公正和不偏不倚,那么就去发现不公与偏私。《威尼斯商人》中,公爵对夏洛克所做的,就带有不公与偏私。某些法官不满足于控方证据,干脆自己主动调查搜集不利被告的证据,对被告要求控方证人出庭对质却充耳不闻。尤其隐蔽的是,采用某些偏颇的证据,比如,对被告过去不良言行的过分重视,可能导致对证据的忽视或者对其证明力的误判。一位药剂师被控用士的宁毒杀了妻子,但没有直接证据。妻子中毒后的症状非常奇特,死前大喊"别碰我的脚"。控方提供了间接证据,英美称情况证据,以证明药剂师有杀妻的动机和机会,也具备获取和使用毒药的专业知识。这显然不够,于是控方找来被害人的姐姐出庭作证,说她的母亲曾与妹妹、妹夫同住,也以同样的方式死去,死前也是大喊"别碰我的脚"。姐姐曾要求对妹妹的尸体解剖,遭药剂师坚决拒绝。这一拒绝被理解为对罪行的掩饰,药剂师被定罪。好在上诉审法院推翻了定罪。[4]

随着诉讼理念不断更新,更由于司法实践不断迎接全新的疑难问题,

---

[1] *United States v. Gagnon*, 470 U.S. 522 (1985).

[2] *Kentucky v. Stincer*, 482 U.S. 730 (1987).

[3] 参见[英]阿蒂亚:《法律与现代社会》,范悦等译,辽宁教育出版社、牛津大学出版社1998年版,第59页、第61—64页。

[4] *People v. Feldman*, 296 N.Y. 127 (1947).

"作为一项活的原则,正当程序不会被限制在一个恒固的框架内"[1]。尽管如此,现有的正当程序权利还是以美国《权利法案》为蓝本的,结合美国宪法修正案,这些权利包括但不限于:不受无理搜查和扣押权、非法证据排除规则,以及搜查、扣押或逮捕必须具备相当理由[2];不得要求自证有罪与不得因同一罪行而两次遭受危险;获得公正陪审团迅速而公开审判;得知被控告罪名的性质和理由;同原告证人对质和强制对其有利的证人出庭作证,法官对陪审团的指导内容是否偏向控辩某一方,甚至到了量刑阶段也有正当程序问题。其中,不得强迫自证有罪与禁止双重危险,被学者视为正当程序的两块基石[3]。但是,被告强制有利证人出庭的权利,需要法官的准许甚至帮助才能真正落实。被告方必须令人信服地表明,某一证人的出庭既有实质重要性又对被告有利,法官有权审查并限制传召只有重复作证意义的证人出庭,因而法官是否中立很难立即识别出来。[4]

从刑事诉讼的过程顺序看,正当程序首先要求公平告知,也称合理谕知,让被告人得知其被指控的罪名,其次理解为控方的告知义务,但也可以向前推展,从法律公布时即已开始。即使不太在意程序的中国古代,也比较重视法律的预先公布,并且能够合理推断出法律的指引功能。"殷之法,刑弃灰于街者。子贡以为重,问之仲尼。仲尼曰:'知治之道也。夫弃灰于街必掩人,掩人,人必怒,怒则斗,斗必三族相残也。此残三族之道也,虽刑之可也。且夫重罚者,人之所恶也;而无弃灰,人之所易也。使人行之所易而无罹所恶,此治之道。'"[5]虽然古人强调法律公布的初衷可

---

[1] *Wolf v. Colorado*, 338 U.S. 25 (1949).
[2] 相当理由(probable cause)有法律上的和实践中的两种定义。"法律上的定义是,存在相当理由,意味着警察根据事实和情境,了解并掌握值得合理信任的信息,足令有合理谨慎者相信,犯罪已经发生或正在发生。实践中的定义是,存在相当理由,意味着嫌疑人犯罪或者在某处搜出某物,可能性超过了没有犯罪或者搜不出的可能性,即超过50%。一旦缺乏相当理由,搜查和拘捕就都是违法的,所得的证据必被法庭排除,且不能依搜查所得事后证明存在相当理由。"Rolando V. Del. Carmen, *Criminal Procedure Law and Practice*, Wadsworth, Cengage Learning, 2010, p.88.
[3] Walter P. Signorelli, *Criminal Law, Procedure, and Evidence*, CRC Press, Taylor & Francis Group, 2011, p.35.
[4] *United States v. Valenzuela-Bernal*, 458 U.S. 858 (1982).
[5] (清)王先慎集解:《韩非子》,姜俊俊校点,上海古籍出版社2015年版,第270页。

能只是为了达到威慑效果,但不可否认的是,法律必须公布,其良好效果是意味着"不知者不罪"。据此,在某一行为已经实行后,再由法律宣布其违法,或者加重其处罚,就是不公正的,不过,对于某些疑难案件而言,争议的恰恰是法条文义到底能否覆盖、涵摄案件事实,换言之,案件能否适用某一法条,实际是解决法律有无事先规定、告知的难题。

即使依不成文法审判,人们受审时也要问个为什么。历史上著名的一段庭审对话发生在威廉·佩恩与英国刑事法院法官之间:

佩恩:我急于知道,根据什么法律指控、起诉我?

法官:根据普通法。

佩恩:普通法在哪里?

法官:不要指望我为了满足你的好奇心,能够在这么短的时间讲清楚经过这么多年、这么多案件才形成的普通法。

佩恩:你的回答不着边际。既然是普通法,就应该不难讲清楚。

法官:问题只在于,你是否构成指控之罪?

佩恩:问题不在于我是否构成指控之罪,而在于指控是否合法。说这是普通法,太笼统,太不准确,除非我们知道它在哪里,长什么样。没有法,就没有违法。法既然不在那里,就不是普通不普通,而是根本没有法。

法官:你是个无礼之人。你想教训本庭什么是法吗?告诉你,这是一种不成文法。许多人用三四十年学习它。你想让我片刻时间就教会你吗?

佩恩:当然,但如果普通如此难于理解,就一点都不普通。[1]

正当程序条款生成两条原理:其一,法律不明确即无效;其二,法律含义不得过分宽泛。一条法律,如果具备普通智力的人要猜测其含义,对其运用场合众说纷纭,那么这条法律就是无效的。就一条法律的含义,各庭审法院理解不一,认识各异,本身即是该法条模糊不清的证据。不确定的法律无法提供何种行为已被禁止的告知,因而违背正当程序。据此,允许专断与歧视性执法的法律,也就是,能够赋予警察、法庭毫无约束的权力去决定谁将被追诉的法律,是无效的。如果没有法律模糊即无效原理,几乎每个人都有可能莫名其妙地走入犯罪境地,警察和检察官将有无限的

---

[1] Trial of William Penn, 6 *How. St. Trials* 951 (1670).

自由裁量权决定逮捕谁、起诉谁。含义过宽的法条也必须无效,因为它的含义横跨了宪法保护与不保护的行为。正当程序禁止适用事后法,事后法的特征是不以事先公布的法律为依据,在行为之后宣布其违法或者加重其处罚。事后法的另一种表现是改变程序规则,以便增加定罪机会。但是,制定新的法律,回溯性地将过去的犯罪合法化,或者事后减轻处罚,或者增加控方证明责任,都不违背正当程序。[1]

申言之,含义过宽或含糊不清的法条是违背正当程序的。如果条文语义含混,就相当于没有告知人们不能做什么,也就等于为武断和滥权留下空间,应当宣布无效。至于含义过宽的法律,主要是指那种既包括了应予禁止的行为,同时覆盖了应受保护的行为。比如"辛辛那提市曾经制定一条法令,禁止一人或多人在人行道上聚集并且实施令人厌恶的行为。这显然是一条过于宽泛模糊的规定,美国最高法院宣布这一法律违宪,因为它既禁止了寻衅滋事,也干涉了集会自由"[2]。无独有偶,1992年芝加哥市议会颁布禁止帮派人员集会法令。市议会认为,街头帮派成员在公共场所游荡,对该区域的人员和财产构成某种实在的威胁,因此,有必要主动干预,确保公众的街区安全感。成立该罪的条件有:首先,需要警官合理相信出现在公共场所的人属街头帮派成员;其次,需要"游荡",法令将其界定为"无明确目的地滞留在某个地方";最后,需要警察先下驱逐令,但这些人无视警察的命令,拒不离开。

美国最高法院认为这一法令因模糊而违宪,应当认定无效。理由在于,模糊的法律有两大弊端:一是无法告知普通人法律禁止什么;二是授权甚至鼓励专断而带有歧视性的执法。众所周知,模糊和无标准的法律违背正当程序条款,因为它使民众手足无措。"游荡"一词原本具备普通的、可接受的含义,但被法令界定为"无明确目的地滞留在某个地方",就不再有普通的可接受的含义。很难想象,芝加哥市民会知道站在街头还需要明确的目的,与人交谈,低头看手表,或者向路的尽头殷切张望,算不算明确目的呢?既然市议会并不想给每个出现在街头的人治罪,问题也

---

[1] Daniel E. Hall, *Criminal Law and Procedure*, Delmar Cengage Learning, 2011, pp.284-285.

[2] *Coates v. Cincinnati*, 402 U.S. 611 (1971).

就不在于"游荡"一词是否模糊,而在于该词的涵盖范围过于宽泛,违背了立法所要求的"最少限制"准则。这一法令相当于授权警察对"游荡"有绝对的裁量权,且无需对目的先行调查,便可径行驱赶。这种裁量权完全可能是主观的,因为是否"明确"实在只有警察才知道。尽管我们理解芝加哥市议会的良苦用心,也知晓确保自由需要维护秩序,不过,该法令确实给予警方太大的自由裁量权,又给予公众太少的告知指引,因欠缺宪法所要求的确定清晰的标准而只能被宣布违宪。[1]

再看大陆法系,"对于立法者的错误描述,只有立法者自己才有权校正;如果德国联邦最高法院对其所宣称的历史立法者之意志不是那样的热心服从,立法者可能很快就会被迫地自己改正他的法条文字,如此一来我们就会有更好的实定法了";而实务中"把实定法直接适用到那些无法被涵摄到其构成要件下的案件,一般都被看作是抵触了法条的文义"[2]。2000年的黑哨事件,足球裁判收黑钱、吹黑哨,社会影响恶劣,但裁判员是不是刑法规定的国家工作人员,是否符合《刑法》第93条第2款规定的委派从事公务的人员以国家工作人员论,却有争论。再要看裁判行为是否属于从事公务,如果答案是否定的,就不能构成受贿罪。而足协并不属于《刑法修正案(六)》颁布之前刑法规定的公司、企业,不应构成公司、企业人员受贿罪。但因受舆情压力,最高检以"答复"的方式,认可企业人员受贿罪的起诉,法院却以受贿罪审判。《刑法修正案(六)》将该罪的犯罪主体扩大到"其他单位的工作人员",从而将足协囊括其中。可这恰好说明,法律修改前给黑哨定罪,便是对罪刑法定与正当程序的双重违背。"首先,它败坏了罪刑法定在民众中的信誉,让民众确信那是一条袒护坏人的原则;其次,它给了某些不懂罪刑法定为何物的所谓学者滥竽充数的舞台,让民众相信,所谓罪刑法定是可以玩弄于学者股掌之间的,想怎么解释就怎么解释,没有标准,实不可信;最后,它迫使司法机关无原则地贴近民意,作出有悖法理的诸多举动,其中最重要的是最高检的答复。"[3]

法律公布是一种公平告知,还衍生或者提升了"不能依不为人知的法

---

[1] *City of Chicago v. Morales*, 527 U.S. 41 (1999).
[2] 〔德〕普珀:《法学思维小学堂》,蔡圣伟译,北京大学出版社2011年版,第82页。
[3] 邓子滨:《中国实质刑法观批判》,法律出版社2017年版,第152页。

律给人定罪"的法制观念。生活在秘密法统治下的国民将手足无措,不知道自己什么时候会因某个不得而知的罪名失去自由、财产乃至生命。因此,正当程序不允许法律由政府部门内部掌握。2007年11月14日《京华时报》曾报道,有人在京看过影片《色·戒》后,在西城区法院起诉,请求判令被告影院和广电总局,退票或者更换完整版,因审查电影标准过严及未确定电影分级制度,造成原告精神损害,赔偿精神损害抚慰金1000元。法院拒绝受理本案,虽然没有庭审,但不妨模拟一下受理此案将会遇到哪些问题。首先,原告称观看的电影是删节版,但问题是原告怎么知道自己看的是删节版?原告从何得知有一个完整版?如果没有一个完整版,如何比对完整还是删节?而一旦原告承认自己得到并看过未删节版,他是否涉嫌违法并且自证有罪?其次,法官需要向广电总局调取证据,而广电总局可否以不适合观看为由拒绝提供?再次,原告是否先要向法庭证明自己不同于常人,有能力不因庭审过程中看过不洁画面而被精神污染?最后,原告状告电影审查标准过于严格,可是连标准是啥都不知道,又怎么知道严格不严格?标准如果号称由内部掌握,那么究竟存在不存在,外界也无从知晓。比如,海关依据未经公布的规定没收某类图书,又不对被没收的财产加以赎买,可能有违正当程序。

事先公平告知与推定国民知法之间,存在一个政府与国民的责任分配问题,这个分配责任的天平向何处倾斜,国民获罪可能性的差别会非常之大。对于传统的自然犯罪,比如杀人、抢劫、强奸等,国民不得以不知法为由而主张无罪或免罚,但对于临时因地制宜的法律,尤其是某些突然宣布的管控措施,应当以提示、指挥、疏导为主要执法方式,不应对违法者动用处罚,而一旦启动法律责任追究,即应给予国民充分的抗辩权,允许国民用适当而足够的证据反驳国民知法的推定。1957年,洛杉矶一个叫兰伯特的人,因没有按照居住地一项法规到警察局登记而被定罪,不知法的辩护理由遭庭审法院驳回。案件上诉至美国最高法院,大法官们认为,正当程序限制了普通法古已有之的"法律错误不免责"的规则,对登记义务的现实了解和了解的可能性,是适用普通法规则与制定法规范的宪法性前提。但是,这样的前提将会引发未来庭审中的欺骗性辩护,同时必将涣散国民了解身边法律的积极性。为此,美国最高法院对因不知某项制定法而免责又作出限定:必须是完全消极的不作为,既不是某种作为,也不是某种已被警告的不作为。[1]

推定都是可以反驳的,比如检察官的指控被法庭认可的过程,便可视为反驳无罪推定的过程,只是这种反驳要求达到超越合理怀疑的证明程度。在英美法中,还有一种不可反驳的推定,实际上是一种法律拟制或者法律规定,只是这种法律规定的证明程度和证明责任比较特殊而已。在普通法中,7岁以下的儿童被推定为不能犯罪,这种推定是结论性的、不可反驳的。换言之,不能将任何证据引入法庭来推翻这一"推定"。实际上,刑事责任年龄就是一种法律规定,刑事责任年龄以下者不能犯罪就是一种法律拟制。在此,有罪的结论无需通过超越合理怀疑的证明来达成,这多多少少与我们对刑事证明的直觉相冲突。在英美法中,推定被视为一种证据装置,是为有证明责任的一方提供额外帮助,它在基础事实与推定事实之间建立合理关联,并以法律形式规定这种关联。

也就是说,一旦某一证据支持一个事实,陪审团可以直接推断说另外一个事实是真实的。比如在私家机动车上发现的东西属于车主,既然违禁品是从车上发现的,就可以推论车主就是这些违禁品的持有者,除非有相反的证据。这相当于减轻了控方的举证责任,加重了被告方的积极辩护的责任。[2] 美国最高法院对此很不放心,曾经否定蒙大拿州一位法官给陪审团的指示,该法官认为控方无需再对被告意图加以证明,因为"法律推定一个人想要一个通常结果都是出于自愿行为"。纵观审判史,法官给陪审团的类似指导可谓不胜枚举,不过这一次,最高法院注意到陪审团未被告知该推定是可反驳的,将可反驳的推定直接作为结论,是倒置了对意图要素的说服责任,解除了政府方面超越合理怀疑的证明责任,侵犯了被告的正当程序权利。[3] 10年后,最高法院重述了这一原则,认为加利福尼亚州的一条法律同样侵犯了被告的正当程序权利。加利福尼亚州的这条法律规定:"任何人租车后,租期届满5天内有意不归还的,推定构成侵占罪。"[4]

---

[1] *Lambert v. California*, 335 U.S. 225 (1957).

[2] John M. Scheb & John M. Scheb II, *Criminal Law and Procedure*, Wadsworth Cengage Learning, 2011, p.567.

[3] *Sandstrom v. Montana*, 442 U.S. 510 (1979).

[4] *Carella v. California*, 491 U.S. 263 (1989).

在侦查阶段,正当程序体现为侦查机关不得无令状搜查人身和处所,不得无令状查封、扣押财产,不得无令状拘留、逮捕。紧急的搜查、扣押或逮捕必须具备一定条件,这个条件被称为相当理由,这种理由甚至可以延伸到庭前的证据审查时使用。虽然很难精确定义,但相当理由始终被视为平衡各种利益的最佳工具。"作为长期奉行的标准,相当理由是为了保护公民不受任性无理的隐私干扰和无端指控,同时也为保护共同体的公正执法提供方便。警察日常面对的警情错综复杂,必须预留失误的空间,不过这些失误应当是理性人在同一情境中都可能作出的判断。相当理由是一种实务性而非技术性规则,它是相互竞逐利益之间的妥协。要求更多会不当妨害执法,允许更少会助长警察恣意。"[1] 可见,正当程序不是虚妄的屠龙之技,而是一套完整的法庭规则。对法治至关重要的具体规则,几乎全部体现在正当程序的具体规范之中,这是因为,理念上升为规范并不困难,规范的落实才是难点。许多所谓疑难案件,其实不是事实的疑难,而是如何解释规范的疑难,有时真的会众说纷纭莫衷一是,所以,人们宁愿让法律规范"最紧密地关联于形式要件、仪式和庄严的正当程序"[2],而形式化甚至仪式化的执法动作,往往是可见的,也因此容易成为捍卫实质正义的正当程序。

"正当程序是对尊重个人隐私的宪法保证,这些隐私深植于我们人民的传统与良知之中,被视为最基本的权利,是有序自由这一概念的内核,因此禁止警方使用极端的震撼良知的取证手段。"[3] 传统与良知、最基本的权利,不仅要求禁止震撼良知的手段,同时也要禁止不动声色的智取。因此,禁止警方毁坏或有意不去保存应予排除的证据,禁止警方制造困难不让被告找到有利于己的证人,甚至对于有可能造成无法区别的相似性列队辨认、指认以及其他身份识别手段,都作为违背正当程序的警察违法而加以抵制。[4] 比如,在指认嫌疑人的环节,基于证人、被害人病危等紧急情况,警方没有做列队指认,而是到医院急诊室进行单人指认,一直争议到最高法院才终于被肯定为属于正当程序问题,因为警方对是否病危

---

[1] *Brinegar v. United States*, 338 U.S. 160 (1949).
[2] 〔美〕富勒:《法律的道德性》,郑戈译,商务印书馆 2005 年版,第 128 页。
[3] *Rochin v. California*, 342 U.S. 165 (1952).
[4] LaFave & Israel, *Criminal Procedure*, Thomson Reuters, 2009, p.78.

有太多的裁量空间。[1] 而如果嫌疑人的供述产生于类似下列事实之后,就属于非自愿的供述,就侵犯了嫌疑人的正当程序权利:(1)被警察暴力殴打;(2)连续36个小时被警方讯问;(3)曾遭多人轮番的长时间讯问,而在场律师不断建议嫌疑人拒绝回答问题;(4)警察局长说,你就把这事认了吧,我保证不会让三四十个烂仔故意犯事进到监所来找你的麻烦;(5)警方的内线假扮狱友进行暴力威胁。[2]

  正当程序意味着公平,但的确没有固定含义。什么样的程序过程是正当的,取决于程序类型,比如在庭审中就有不同于保释或监禁的正当程序。而哪些权利是正当的、应得的、必须的,则完全由法院、检察院甚至警察机关决定。任何时候,如果在基本公平问题上发生争议,正当程序就会提出这些问题。正当程序在刑事过程中得到特别的遵守,检察官首先有义务向被告方展示证据,隐瞒证据是侵犯被告宪法权利的行为。早在1935年美国最高法院就指出,检察官代表各州进行刑事追诉时,正当程序要求的不止是公平告知和听审,还要求各州不得以深思熟虑的伪证作为欺骗法官和陪审团的手段,以达到剥夺被告人自由的目的。[3] 近30年后,最高法院经重审,认定检察官隐瞒了同案犯承认自己杀人,因而有利被告的证据,导致有罪判决,侵犯了被告人的正当程序权利,由此确立了布莱迪规则。[4] 再后来,美国最高法院对布莱迪规则作了限缩解释,如果被告被定罪与检察官隐瞒有利被告证据的行为没有关联,换言之,如果检察官不隐瞒有利被告的证据,这些证据足以还被告清白,才算是侵犯宪法权利,才可以推翻定罪。[5]

  关于虚假证据违背正当程序,是英美法的一种概念提炼,在大陆法系,一般只在形成错案的原因意义上探讨虚假证据。比如发生在法国的一宗造成4人死亡的可怕罪案中,在地下室发现的尸体旁,留有可疑的脚印,勘验现场的警察将脚印拍摄下来,根据这个脚印,嫌疑人被捕了。案

---

[1] *Stovall v. Denno*, 388 U.S. 293 (1967).

[2] Carlton Bailey, *Criminal Procedure: Model Problems and Outstanding Answers*, Oxford University Press, 2015, p.111.

[3] *Mooney v. Holohan*, 294 U.S. 103 (1935).

[4] *Brady v. Maryland*, 373 U.S. 83 (1963).

[5] *United States v. Agurs*, 427 U.S. 97 (1976); *United States v. Bagley*, 473 U.S. 667 (1985); *Kyles v. Whitley*, 514 U.S. 419 (1995); *Strickler v. Greene*, 527 U.S. 263 (1999).

发前嫌疑人在鞋店买了一双新鞋,旧鞋丢给了女店员,女店员作证说新旧鞋底纹不同。警察拿到旧鞋后,法官指定一位专家弄清这双鞋中是否有一只与勘验照片中的鞋印相同。第一位鉴定人给出肯定回答,遭质疑后得以二次鉴定,结果是照片实在可疑,因为底纹痕迹太过清晰,不可能是鞋子踩在地面上通常的效果。负责拍照的警察随后不得不承认,为留下底样,他用那只旧鞋紧压一张明胶纸,再将痕迹拍摄下来,但只是"错误地"将这个照片放入卷宗,代替了在地下室拍摄的照片。这位警察为自己的错误道歉,随即声称找到了在地下室拍摄的"真实"照片,再次交给第二位鉴定人。鉴定人要求警察把在地下室拍摄的其他照片一并交出。经过放大,鉴定人指出,所谓"其他照片"都有一个不易发现的斑点,但所谓"真实"照片上却没有任何斑点。显然,现场勘验时,相机镜头上有一处灰尘,而最新的鞋印是在擦掉灰尘后的另一场合拍摄的。[1]

一旦进入审判阶段,控方不得将证明责任倒置给被告方[2],得知被控告的犯罪的性质和理由,非法证据排除规则,获得公正、迅速及公开审判,同原告证人对质和强制对其有利的证人出庭作证,便成为正当程序的主要内容。在这些内容当中,既有容易辨别的,比如迅速而公开的审判,也有不易识别的,比如让被告得到有利的证据。被告传召有利证据的权利自然延伸至为准备庭审的权利,包括会见证人的权利。虽说每一位证人都有拒绝谈话的特权,但检察官或辩护律师都不得阻碍证人为对方提供相关信息。特别是,如果政府方面实质地干预了辩方证人自由而顺畅地出庭作证,那么就侵犯了被告方传召有利证人的正当程序权利。[3] 控方让被告方无法接触潜在证人,是违法的,尽管还不是犯罪,但如果政府有合法的理由就不属于违法,比如为执行立法机关制定的政策而即时遣返了偷渡者,而其中之一是被告方的证人。[4]

人类诉讼文明的进步标志之一,是将注意力和兴奋点从指控罪名转向指控证据,罪名是否成立不再重要,重要的是以证据为基础。"问题的

---

[1] 参见[法]勒内·弗洛里奥:《错案》,赵淑美、张洪竹译,法律出版社2013年版,第82—83页。

[2] Patterson v. New York, 432 U.S. 197 (1977).

[3] United States v. Saunder, 943 4th Cir. F.2d 388 (1991).

[4] United States v. Valenzuela-Bernal, 458 U.S. 858 (1982).

核心并不在于控诉的开始,而在于其证据,在于能否有证人证明案件的事实。……如羊不知为何而失踪,可汤姆却无端暴富。……乡邻当然无人知晓确切的事实真相。只有汤姆才知道他自己有罪还是没罪,所以他否认自己有罪的誓言必须得到检验。"[1]进入审判阶段后,法官给陪审团的指导词也涉及正当程序问题,大法官鲍威尔说,无罪推定是刑事诉讼中公平审判的基本要素,如果法官的指导词只说控方超越合理怀疑的证明责任,不谈无罪推定,就会遇到正当程序的质疑,从陪审团的角度说,它有权得到全面的、公正的法官意见。[2] 违背正当程序的指导词可以导致一审的有罪判决被上诉审撤销,比如,"合理怀疑并不是一种基于同情、任性、偏见、贪婪、情绪化、没骨气、意志薄弱导致的不情愿,进而寻求不履行认定某人实行了某一重罪的陪审义务"。而纽约州上诉法院认为这个指导词有失公平、公正,推翻了定罪判决。上诉法院强调,我们的社会信守超越合理怀疑的证明标准,是为了减少错误地惩罚无辜的风险。简言之,我们的价值观体系不允许我们在具备合理怀疑时认定某人有罪。[3] 当然,大部分刑事指控因认罪而没有进入审判阶段,但正当程序条款依然是宪法性规则的主要来源。

大陆法系一般没有正当程序的直接表述,但不是没有正当程序的理念和相关规则。比如在德国刑事诉讼中,是将正当程序理解为公平原则,而公平是"整个刑事诉讼法的最终要求",内容极其广泛。主要包括:(1)强调平等武装,保障给予被告尽可能最多的权利,以使其能与提起公诉之机关分庭抗礼,不得将被告只视为诉讼客体而加以蹂躏,此即对人性尊严维护的最佳实践;(2)辩护人迟到出庭,法庭必须等候或延期开庭;(3)强调对被告的信任保护,即履行一定的通知或告知义务,避免司法权滥用;(4)明知违法而取得的证据,无证据效力;(5)将侦查、检察机关违法获取的犯罪线索及证据,区分为构成或不构成诉讼程序障碍两种情况;(6)若审判长对辩护人保证说,不处以高于起诉书所要求的刑度,而辩护人基于信任不再提出其他证据调查申请,此后审判长若改意判处更高刑

---

[1] 〔英〕密尔松:《普通法的历史基础》,李显冬等译,中国大百科全书出版社1999年版,第465—466页。

[2] *Taylor v. Kentucky*, 436 U.S. 478 (1978).

[3] *People v. Feldman*, 296 N.Y. 127 (1947).

度,须在判决前告知辩护人,并使其仍有时间提出证据调查申请,未为告知者,视为违反诉讼公平原则,可成立撤销该项判决之理由。[1] 可见,德国的这些做法和要求,旨在确保庭审程序本身的完美,而不是为了获得某种确定的实体结果,基本等同于英美法系的正当程序,因为两大法系都认同,庭审乃诉讼的关键,而质证乃庭审的关键。庭审中的质证过程,真正确定的不只是证据有效性,还要确保证据合法性,必须合法而有效。

"在法庭前,法所获得的规定就是它必须是某种可以证明的东西。法律程序保障当事人有机会提供他们的有效证据和法律依据,并使法官有机会熟悉案情。这些程序本身就是法,因此其进程必须由法律来规定,同时它们也就构成理论法学的一个本质的部分。"[2] 将程序法理解为理论法学的一个重要组成部分,是因为它是确保公平的关键。英国法官对公平审判的归纳是:"获得公平的刑事审判的权利,一向被描述为大不列颠每一位公民与生俱来的权利。'一个被指控犯罪的人应当接受公平审判,而如果不能给他公平审判,就根本不要进行审判',这已经是一项不言自明的公理。并且,获得公平审判的权利被认为是基本的和绝对的。为了保障审判公正,几世纪以来发展出一系列规则:其一,法官独立;其二,审判中立;其三,公开而非秘密审判;其四,在证明被告有罪之前应当推定他是无辜的。欧洲人权公约附加的一些权利,在大英帝国久已公认:被告必须清晰、明白、准确地被告知所控诉的犯罪是什么;他必须有充分的时间和所需的资源准备辩护;他必须被允许自我辩护或者聘请律师为其辩护,而如果他负担不起律师费,必须为他免费提供公正审判所要求的律师代理;他必须有机会同不利于他的证人对质,并有机会让有利于他的证人出庭;如果庭审是以他不懂的语言进行的,他必须得到译员的帮助;他有权了解有利于他的文件资料的内容,以便弱化指控,强化辩护。"[3]

定罪后的量刑阶段也涉及正当程序,但刑诉著述往往着墨不多。1949 年,美国出现了一宗事关量刑正当程序的具有里程碑意义的威廉姆

---

[1] 参见〔德〕罗克辛:《德国刑事诉讼法》,吴丽琪译,三民书局 1998 年版,第 102 页、第 131 页。
[2] 〔德〕黑格尔:《法哲学原理》,邓安庆译,人民出版社 2016 年版,第 361—362 页。
[3] Tom Bingham, *The Rule of Law*, Penguin Books, 2011, pp.96-97.

斯案。[1] 学者曾经预言，法官的量刑裁量权正在减少，威廉姆斯案的推理即将过时，但实际情况表明这一预言并未实现。威廉姆斯被庭审法官判处死刑，而陪审团建议的刑罚是终身监禁。定罪后，缓刑部门写出了量刑前调查报告，该报告呈交法官后却没有向被告方披露。法官组织了一次简短的量刑听证会，对于法官应否采纳陪审团的量刑意见，被告及其律师先后发表了看法。法官解释了为什么要适用死刑。法官既提到了庭审证据所呈现的令人发指的犯罪细节，也提到了量刑前调查报告中的信息。法官说，调查报告揭示了许多反映被告背景经历的重要事实，而陪审团不知道这些事实。调查报告特别指出被告还有另外30多起夜盗行为没有被定罪，被告曾经自认，还指认过同案犯。报告还揭露被告有病态的性生活，对社会构成威胁。上诉理由称，量刑过程中法官提到的报告所描述的一切，未予合理告知，未经庭审调查，未经交互诘问、对质，也未给予被告方任何申辩、反驳的机会，因此被告有宪法上的权利质疑纽约州的量刑政策，这一政策竟然允许在定罪后考虑被告过去的身世、体质、习性、行为、生理与心理偏好，违反正当程序。但是，大法官布莱克否定了上诉理由，认为量刑毕竟不同于定罪，法官可以考虑未经庭审的与被告生活和品行相关的内容，这样做并不违反正当程序。[2]

定罪量刑后还涉及一项重要的正当程序权利，即一事不再理或称禁止双重危险，这是一项跨越正当程序、基本原则、诉讼标的一致性、上诉与再审等内容的课题。20世纪30年代，美国有些州并不认可禁止双重危险原则。在帕尔科案中，地区检察官试图将被告供述的邪恶而血腥的谋杀细节提供给陪审团，但却被法官阻止了，陪审团在不了解这份供述的情况下，以二级谋杀罪判处帕尔科终身监禁。依康涅狄格州当时的法律，控辩双方在庭审过程中都有权就证据问题单独上诉。地区检察官据此上诉后，请求上级法院撤销庭审法官对被告供述的压制。上诉法院接受了控方请求，裁定被告供述应当被采纳为定罪证据，命令重新审理。在第二次审判过程中，陪审团听到了这一供述，认定帕尔科构成一级谋杀罪，判处死刑。而依据当时美国联邦的法律，再次开启审判是不可想象的。联邦

---

[1] *Williams v. New York*, 337 U.S. 241 (1949).
[2] LaFave & Israel, *Criminal Procedure*, Thomson Reuters, 2009, pp. 1253–1254.

最高法院没有介入该案,因为它认为该案尚未达到触及自由与正义的基本原则的程度。如果第一次判决不是二级谋杀罪,而是无罪开释,那就不太可能重启追究,因为从无罪返回到死刑,可能被视为触及了自由和正义的基本原则,震撼了传统与良知,绝对不可接受。至 20 世纪 60 年代以后,美国各州才遵从联邦宪法,将禁止双重危险视为正当程序问题。[1]

违背正当程序作出的实体裁判必须被否定,同时要一并否定实体裁判再现的可能性。就前述于艳茹案而言,北京大学在一、二审败诉后,可否重新启动学位撤销程序,以一个"正当了"的程序重新作出撤销学位的决定? 可以假设,如果任由权力机关在败诉后重启剥夺程序,那么,判决书将形同具文,给予被剥夺者司法救济将成为一句空话,只要权力机构愿意,它就随时可以另辟蹊径,不达目的誓不罢休。一个总是让原告无利可图的诉讼制度,将使人失去寻求法律救济的动力,最终使该制度本身失去意义。简言之,一旦第一审法院有不利被告的重大程序违法,原则上在第二审中必须判决无罪,并且不得重启追究。坚持这样一种程序观念,其核心关切是,不应使被告再次受到诉讼程序的折磨。[2] "不受二次处罚之原则在罗马法上已经存在……不受一次以上之危险乃举世普遍之法则。"[3] 这一法则被列入法律及公约,比如美国宪法第五修正案的"禁止双重危险条款";《德国基本法》第 103 条第 3 项"任何人不得因同一行为而依一般刑法多次处罚";日本《宪法》第 39 条"若其实施时行为合法或者已被宣告无罪,则任何行为人不得受二次追究";《公民权利和政治权利国际公约》第 14 条第 7 项"任何人已依一国的法律及刑事程序被最后定罪或宣告无罪者,不得就同一罪名再予审判或科刑"。

综上所述,正当程序贯穿整个刑事诉讼过程,尤其集中于庭审阶段,它们基本体现为宪法权利。在对抗制模式中,宪法权利是否得到有效保护,在庭审阶段才看得最为清楚。政府方面由检察官代表,被告由律师辅助,法官则居中主持庭审,为控辩双方设定规则。在这种争斗模式中,人们假定真相会自然导出,正义会公平实现。当然,并不是每一起案件的结

---

[1] *Palko v. Connecticut*, 302 U.S. 319 (1937).
[2] 参见[德]罗克辛:《德国刑事诉讼法》,吴丽琪译,三民书局1998年版,第741页。
[3] 王兆鹏:《一事不再理》,元照出版公司2008年版,第2页注3。

果都尽如人意,但至少值得期待,是经得起考验的理想模式。美国宪法所保障的被告在庭审过程中的基本权利,各州的宪法和法律不能克减,但可以增加,比如12人陪审团,被告可以上诉,少年犯要求陪审团审判,这些都是各州法律补充的。不同时代对正当程序权利的内容会有不同的理解和概括,有学者认为应当包含受陪审团公平的不偏不倚的审判、获得律师帮助与不得自证有罪等基本权利,另有一些基本权利同法庭的关联强于同警局的关联,比如禁止双重危险、与证人对质、强制有利于己的证人出庭、及时和公开的审判,以及定罪须超越合理怀疑的证明,甚至举证责任的转移和倒置都被视为正当程序问题。[1]

第三节　正当程序的价值

正当程序的具体内容可以有争议,但它的价值诉求是稳定一致的。只有对人权保障予以优越价值认定的诉讼程序,尤其是刑事程序,才可称其为法律的正当程序。[2]保护国民免受国家刑罚权恣意行使的两大原则是:其一,何种行为构成犯罪以及对该行为科以何种刑罚,必须预先以法律加以规定;其二,非依法律规定的程序不得科处刑罚,在刑事诉讼中,强化个人基本人权之重要,并予以最大的尊重。权力不加限制,它的运用就不仅体现为侦查、调查违法犯罪时的滥用,有时竟至公然用于肆无忌惮的骚扰与恐吓。这也是为什么正当程序要求搜查必须有相当理由,不得无理、无证搜查。2018年11月21日《人民日报》公众号关注女记者采访福建泉州碳九泄漏事故时被"精准查房"的遭遇,可为镜鉴。周辰以环科记者身份11月4日赶到泉州事故现场,但在11日采访时,先是被腰挂执法记录仪的人员跟踪,当晚又有泉港区宣传部的官员邀其见面,被婉拒后,令她恐怖的事情发生了。当晚11时许,周辰已上床就寝,突然听到房门被人用房卡打开,四名穿着警察制服的男子进入房内,自称是派出所的,勒令她拿出身份证查验,随后一名光头警察又让身旁两个协警搜查卫生

---

〔1〕　Rolando V. Del. Carmen, *Criminal Procedure Law and Practice*, Wadsworth, Cengage Learning, 2010, pp. 382-383.

〔2〕　参见黄朝义:《刑事诉讼法——制度篇》,元照出版公司2002年版,第3—4页。

间和窗台。检查期间,未出示任何证件或证明文件。警察离开后,酒店打来致歉电话,说那些警察直接命令前台把她房间的房卡给他们,并没有例行检查其他房间。

泉州市公安局党委高度重视,立即派出调查组进行核查。"经核查,周辰同志反映的情况基本属实。泉港区公安执法相关人员存在工作方法简单、执法不当的行为,造成了不良社会影响。对此,我们诚挚表示歉意!"市局党委责成泉港公安分局副局长、山腰派出所所长向市局党委作深刻检讨;责令派出所民警停职检查。当程序是同"个人权利与法律秩序的对峙"联系在一起时,它的意义就在于限缩政府权力,尤其要制约警察、法庭和监所的权力。反向言之,权力不加约束,势必膨胀滥用。[1] 过去半个世纪,如果说刑事领域有什么历史性的认识转变,那就是从对真相的执着转向对探究真相手段的关注,而承载这一历史转折的公器就是正当程序。正当程序反映了一种根深蒂固的理念:不仅要有正义,而且必须让人看得见。看得见的正义意味着判决理由必须公开展示,这一展示的直接结果就是让人看到司法解决的法律依据。也许人们对法庭是否准确选择了法条或者是否对法条作出正确的解释还持有异议,但人们却已经知道必须在法律之内解决问题,这也在很大程度上排除了政治的上下其手,使国民共同认可"法庭不能根据政治考量作出判决,政治理由不足以成为司法及其规则的解释依据,因为政治理由因人而异,因时而异"[2]。

"在一个自由社会的刑法中,对正当程序作适当的关注是至关重要的。没有正当程序,个人自由在专断的政府权力面前尤其不堪一击。政府掌握着巨大的权力,它不仅占有控制人们行为的资源,而且它还独享对个人告、起诉和惩罚的合法权力。因此,任何发生在政府与公民个人之间的刑事审判本来就是不平等的。我们的公正观念要求纠正这种不平等。"[3]1966 年,美国哥伦比亚影片公司出品了著名影片《公正的人》,描写托马斯·莫尔因与国王亨利八世的冲突而被判死刑。托马斯·莫尔是

---

[1] Cliff Roberson, *Introduction to Criminal Justice*, Copperhouse Publishing Company, 1994, pp. 13-14.

[2] *Dred Scott v. Sandford*, 60 U.S. 393 (1857). Benjamin R. Curtis (dissenting).

[3] [美]戴维·J. 博登海默:《公正的审判:美国历史上刑事被告的权利》,杨明成、赖静译,商务印书馆 2009 年版,第 4 页。

《乌托邦》的作者,这本书被认为是第一部关于社会主义的著作。托马斯·莫尔,这位社会主义理念启蒙者坚信法律的正当程序。影片一开场,托马斯·莫尔就驳斥了其女婿所宣称的"对待魔鬼没必要采用正当程序"的主张:"在这个国家的每一条海岸线以内,人类创造的法律构成这块土地最坚实的基础。如果你企图将人类的法律像除草一样清理干净,你就会被呼啸的狂风连根拔起。是的,即使出于个人安危的考虑,我也一定要赋予魔鬼法律上的正当程序权利。"而笃信正当程序的托马斯·莫尔,由一个被国王操纵的法庭审判,这个法庭竟然不允许被告传唤有利于自己的证人。[1]

历史犹如一个钟摆,在公众对犯罪的恐惧与个人权利之间摆来摆去。具体到特定时空的个案,"兼顾"只是慰人的谎言,刑事实务通常必须在法律秩序与个人权利之间作出倾向性选择。如果个人权利优位,那么退居次席的,自然是掌握强制力的政府部门。政府部门并不甘心如此,为了证明自己权力的必要性,它们会经常需要寻找真实或想象的敌人。只有在大敌当前的紧张气氛中,国民才会顾此失彼,不得不让政府权力久居上位,最终的结局只有一个:以法律秩序的名义,个人被彻底压制在政府权力之下。谁敢于最先提出抗议,谁就是公敌。国民有时比政府更加痛恨公敌,严惩公敌的呼声为政府实施严厉的社会控制提供了借口。无怪乎波斯纳会说"这个国家的敌人现在是更多或更危险了,限制公民自由、赞成行政裁量和统一指挥,以便政府更有效哪怕是更少负责任地运用巨大权力的迫切性也更大了。传统的内部敌人是罪犯,尽管在南北内战时,还有叛军。传统的外部敌人则是外国。但眼下,由于美国的犯罪率远低于历史高点,也没有主要大国对美国构成重要军事威胁,美国人主要担心的外敌就是伊斯兰恐怖主义者。……他们数量众多、狂热、深仇大恨、捉摸不定、资源充沛、抗打击力强、残酷无情、看起来无所畏惧、目的是同归于尽,渴望获得并针对我们使用大规模杀伤性武器。……在反恐斗争中,甚至有时刑讯也有正当理由,尽管不应视为法律上的正当理由"[2]。

---

[1] 参见[美]保罗·伯格曼、迈克尔·艾斯默:《影像中的正义:从电影故事看美国法律文化》,朱靖江译,海南出版社2003年版,第55页、第58页。

[2] [美]理查德·波斯纳:《并非自杀契约》,苏力译,北京大学出版社2010年版,第7页、第13页。

正当程序对被告人的切实保护,是从非法证据排除规则入手的。不折不扣地落实非法证据排除规则,不能不说是美国为世界作出的榜样。明明知道就是这家伙干的,就因为证据违法取得而让他逍遥法外。美国人何尝不知道这样做会有很大代价,但美国法院坚持这样做,民众也能够理解和认可,根本理由在于吓阻后续违法取证行为,使警察因非法证据没有使用价值而失去违法取证的动力和兴趣。"正当程序不再局限于在审判中为被告保障一个'公平'程序,而且如果被告被带至法庭受审本身是由政府精心设计的、毫无必要的卑劣违法造成的,那么为了遏制警方的不法,就不能让政府从违法中直接摘取果实。"[1] 证据排除规则是宪法固有的还是法官制造的?虽然对这个问题有不同的理论倾向,法院的判例观点也曾有变化,但并不妨碍这一规则在审判实践中的具体落实。[2] 因为非法获取的证据将被排除,所以警方不再刑讯逼供。即使面对大案要案,警方也不会因不刑讯逼供而被民众指责谩骂,这是法治成熟的一个重要标志。

2017年6月9日,美国伊利诺伊大学厄巴纳-香槟分校的中国女孩章莹颖,从校园前往租房签约地点,途中坐上一个白人男子的汽车,随后失踪。警方通过街区摄像锁定了嫌疑车辆及车主克里斯滕森。6月15日,嫌疑人向FBI承认事发当日曾邀一名亚裔女性上车,在一处住宅区让她下车了;同日,FBI发现章莹颖坐过的副驾驶位置被格外清理过,同时发现嫌疑人曾于4月29日上网搜索过绑架教程;从6月16日起,FBI开始对嫌疑人实施监视;6月29日,嫌疑人在一段音频记录上提到自己将章莹颖带回公寓并囚禁了她。6月30日,FBI逮捕嫌疑人。嫌疑人克里斯滕森拒绝认罪,坚称不知道章莹颖下车后去向何方,而FBI始终没有找到被害人。如果最终找不到尸体,根据现有证据,很难确定克里斯滕森构成绑架、谋杀等重罪。[3] 这牵动了无数国人的心。从媒体舆情看,国人普遍抱怨美国警察无能。不少警方人士甚至直言,"这事儿搁我们那儿,分分钟搞定"。在许多国人看来,美国警察在如此紧急情况下仍然不去强索口

---

[1] *United States v. Toscanino*, 500 F. 2d 267 (2d Cir. 1974).

[2] Rolando V. Del. Carmen, *Criminal Procedure Law and Practice*, Wadsworth, Cengage Learning, 2010, p.94.

[3] 2019年7月18日,克里斯滕森被判处终身监禁,不得假释。

供,实在是草菅人命。恐袭与绑架、绑架与抢劫、抢劫与强奸,都不过是形式有异,没有本质不同。

然而,许多国人似乎忘记了,类似情况下放任甚至鼓励强索口供,曾经造成怎样的覆盆之冤。1999年,河南商丘农民赵作海被疑杀害同村赵振响,刑讯之下作了有罪供述,但证据疑点颇多。商丘市检察院两次将案卷退回警方,甚至拒绝再次接卷,但最后还是屈从警方压力,于2002年11月提起公诉。商丘市中院不认可赵作海的当庭翻供及律师辩护,侦查阶段的9次认罪笔录被全部采信,但法官们心里也不踏实,于是留有余地判处死缓。河南省高院2003年2月裁定维持原判。7年之后,2010年4月赵振响"亡者归来",此时赵作海已服刑11年。冤案追责启动后,对刑讯逼供者进行了审判。经审理查明,审讯人员不让赵作海睡觉,不给饭吃,用木棍敲头、手枪砸头。从1999年5月8日至6月10日,将赵作海非法羁押在派出所和刑警队,铐在椅子、桌腿或摩托车后轮上,轮流审讯33天。刑讯不止针对赵作海,判决书载有其妻赵某某的证言:"公安局的拿个单子让我认,我说不是俺家的,他们就打我,轮班打我,打的我受不了了,他们让我说啥我就说啥了,不按照他们教的说就挨打。"赵某某后来带着两个孩子改嫁到外村。杜某某曾被怀疑与赵作海、赵振响同时保持男女关系,判决书也引述了她的证言:"公安局刑警队干警把我叫到老王集办案点,赵作海关西头,我关东头,公安干警一遍一遍问我,我说就知道这么多,他们说人不老实,就开始打我,让我跪劈柴棒子,熬了三天三夜,让我承认杀人的事,我被控制了29天。"

在所有的正当程序权利中,获得听证的权利最为引人注目。在行使这一权利过程中,利益相关人可以对不利于己的指控及其证据,表达自己意见,提出自己的方案。听证的过程为人所见,是一种程序权利,更是一种看得见的正义,不是用来摆谱炫富的奢侈品,而是有求必应的必需品。一旦利益相关人提出要求,国家必须为国民提供这一机会。提供这一机会不仅是为了澄清真相,而且是为了让寻求真相的手段变得洁净。反之,暗箱操作的长期恶果是,即便给出的结论是正确的,也因无法公开验证而处于不断被质疑的状态。如果一到关键时候就不敢拿出执法录像,正当的执法也会被疑为不正当,其代价比干脆否定一次错误执法要大得多。"程序权利保证每个法权人对于公平程序的主张,而这种公平程序进一步保证的不是结果的确定性,而是对有关事实问题和法律问题的商谈式澄清。因此,有关各方可以确信,在产生司法判决的程序中,举足轻重的不是任意的理由,而只是相关的理由。如果我们把现行法律看作一个理想地融贯的规范体系的话,那么这种依赖于程序的法律确定性可以满足一个着意于自己的完整性、以原则作为取向的法律共同体的期待,从而确保每个人都拥有他理应拥有的那些权利。"[1]

美国影片《萨利机长》是根据2009年1月15日发生的真人真事拍摄的,讲述一架民航客机双引擎被鸟群撞毁后迫降哈德逊河,机上人员全部获救的紧张而感人的故事。在人们为萨利机长的英雄壮举亢奋不已时,一批头脑冷静的人没有忘记追问萨利机长能否飞至最近机场着陆？美国国家运输安全委员会为此成立专门调查委员会,先是进行计算机模拟,后又组织真人模拟飞行。一次以国家名义进行的、想象中原本应是中立的调查,却转化为调查者极力验证自己正确的过程,异化为一次热切的追诉。模拟试飞从不成功到成功,共进行了17次,就是为了证明萨利机长不必冒险迫降。如果没有"庭审"式听证会,如果证人不出庭接受询问、质证,而只是进行"书面审",那么,给萨利机长的"定罪"将是铁案如山的。如果萨利机长没有亲临听证会,没有当场观看模拟飞行过程,就不可能发现并指出,虽然模拟飞行员是一流的,模拟飞行仪也是精准的,但模拟飞行过程完全服从于一种假设,即鸟群撞毁发动机后,飞机有足够时间飞至附近机场降落。

正是基于这一假设,实验者心中已有强烈意愿,极力证明萨利机长是故意逞英雄,最次也是判断失误。在这种心理作用下,势必不再考虑,或者甚至有意回避、掩饰一个事实:面对突如其来的撞击,真实事件中的飞行员不会立刻作出飞回机场的动作,因为在作出任何决定之前,他们需要一些时间对飞机受损情况作出评估判断,然后再根据飞机所处位置掂量飞向最近机场的可能性。萨利和副机长的经历正是如此。听证会主持人认可了萨利机长的异议,当场决定重新进行模拟飞行,不过这一次要求模拟飞行员延时35秒再开始"飞回"的动作。其他人似乎没有理由不同意

---

[1] [德]哈贝马斯:《在事实与规范之间》,童世骏译,生活·读书·新知三联书店2014年版,第271页。

萨利机长的请求,这是公开、当场才能争取到的"一致同意"。结果,两次新的模拟飞行均以坠毁告终。无论调查委员会多么强势,但它必须臣服于程序:召开听证会,被调查者不仅有权参加,有权观看模拟过程,并且有权提出异议。听证会的主持人之所以接受萨利机长的异议,同意当场重新模拟,也与公开与当场有关。面对那么多参与者或旁听者,无法拒绝一个合理的异议,暗箱操作更是不可能的。

公正必须看得见,如果没有公开听证或者庭审,即使给出的最终结论是公正的,也不能令人信服。2002年5月7日,中国民航北方航空一架客机在大连海域失事,机上103名乘客和9名机组人员全部罹难。"五·七空难处理小组"通过调查核实,认定空难是由乘客张丕林纵火造成的。对这一结论是否正确,空难处理小组以外的人几乎无从置辩,但对这一结论的形成过程及后续影响,却值得认真总结和反思。这不再是简单的空难原因认定,而是直接判定了一个人有罪,并决定了犯罪人家属、后代的不良声誉。对这样一个严重罪行,却只有宣判,没有庭审,没有质证,没有辩护。空难处理小组不仅集指控、审判职能于一身,而且对它的定罪结论,不能上诉,无法申诉。不得不承认,无论是启动行政复议、行政诉讼,还是进行刑事上诉,当时的法律资源储备都略显不足。而且,没有公开调查过程,据说还有防止他人模仿作案的安全考虑。不过这个说法不能成立。不向全社会公开,也可以在有限范围内,请人大代表、律师等人士对空难处理小组的结论进行听证,这也是各法域的通例。这是因为,任何决定人的自由、生命、财产的裁断,都不应当由单个人或单一机构作出,尤其不应当由一个行政机构单独作出而又不经审查。其实,处理小组作出结论后出现过极好的制度完善契机,却令人遗憾地错失了。

锁定张丕林为嫌疑人的一个重要依据是,他登机前买了7份航空人身意外伤害险,起火点在张丕林的座位附近。如果正常理赔,家属可得到140万元保险金,但因张丕林被认定为导致空难的纵火者,保险公司向张母送达了拒赔通知书。或许不是为了钱,而是为了儿子的清白,张母将保险公司诉至法院,要求支付保险金。这原本是法院顺势介入,依法开庭审理,向社会展示真相和诚信的极好机会。是以购买7份保险为证据线索来确定调查方向,还是通过研判起火点和引火物而锁定嫌疑人?起火点在张丕林座位附近,加上7份保险,虽在侦查学上有很强的指向力,但不足以给张丕林"定罪"。引火物是什么,技术上不难确定,但引火物如何上了飞机,却必须证据确实充分。安检了没有?如果安检时就发现了,为什么没有拦下?如果没有经过安检或者安检时没有发现,又如何确定是张丕林带上飞机的?如果没有庭审和质证,就无从知道证据是否确实充分,是否排除了合理怀疑。而空难处理小组的结论要进入法院,接受法庭审查,这在当时有无法克服的障碍。法院没有机会审查空难处理小组的结论,而是直接采信了它的结论。之后,名誉扫地的张丕林的妻子,带着幼子,改名换姓,远走他乡。

法院的介入,并不意味着一定要去变更空难处理小组的结论,它的结论很可能是对的,至少不一定是错的,或者说根本不可能有什么真相。但正当程序真正关心的不是结论,而是结论形成的过程。五·七空难处理小组的结论可以继续存在,并将这一结论用于检省航空安全隐患,强化航空公司未来的责任感。但对张丕林纵火,应当依据刑事诉讼法的规定,作出"证据不足,不能认定有罪"的结论,进而判决保险公司不得拒赔,以增强契约精神与合同诚信。五·七空难的处置方式,似乎预示了此后某些案件结论再也无需获得正当程序所要求的公开性。没有庭审,没有质证,甚至没有判决或裁定,只有结论,没有得出结论的过程。因此,将机长萨利与乘客张丕林同样放在程序正义的框架内,他们的区别不在于好人坏人、有罪无罪,而是通过何种方式得出结论。"理想司法状态是程序正义与实体正义同时获得实现,在大多数情况下,确实如此。一般地说,程序正义是实体正义的保障,但程序正义并不是实现实体正义的充分条件,即通过它不能必然实现实体正义的结果。不过,如果离开程序正义,往往使程序正义和实体正义两败俱伤。因此,在两者存在冲突时需要司法人员根据法律的强制性规范进行取舍,或者根据法律授予的自由裁量权并综合两方面因素进行权衡然后决定取舍。在刑事诉讼领域,为达目的不择手段的马基雅维利式的信条已遭摈弃,正当程序的理念产生了前所未有的影响力,手段的正当性得到极大尊重。"[1]

早在1970年,耶鲁大学法学院的约翰·格里菲斯就曾评论说,正当程序是围绕"个人权利处于首要地位与官方权力必须受到限制"的观念构

---

[1] 张建伟:《刑事诉讼法通义》(第二版),北京大学出版社2016年版,第16页。

建起来的价值体系。刑事诉讼程序具有使个人服从国家的强制效力,因而必须受到控制,以阻止其以最大的效率运转。开足马力的治罪机器的高效运转,往往意味着无辜者被轻易吞噬的可能性急剧上升。这在过去若干年中,是极为深刻又难于汲取的教训。通过对国家压倒性刑事诉讼权力的限制,正当程序贯穿了反权力滥用与反权力独断的价值观。在这一重心之外,正当程序还对不受控制的行政性的事实调查持怀疑态度,并且对重大的错误持普遍的零容忍态度。这种零容忍的态度以最直白的方式表现出来。不仅如此,正当程序否认效率在犯罪控制的相关考虑因素中占支配地位。限制权力并防止其滥用的核心议题是:坚守罪刑法定和无罪推定;采用程序制裁的方式纠正权力的自我滥用;确保被告人有效请求程序保护的权利,不会因缺乏这种请求能力而被剥夺任何权利。[1]"正当程序要求施加于个人的法律或规章不能是非理性、专横跋扈、恣意任性或事后溯及的,它还要求官方所选择的执法手段必须与法律的目的具有真切而实质的关联。"[2] 未经审判不得剥夺,是正当程序之要义。让有权力者做不到绕开审判径行剥夺,是正当程序的核心价值。

---

〔1〕 参见〔美〕虞平、郭志媛编译:《争鸣与思辨:刑事诉讼模式经典论文选译》,北京大学出版社2013年版,第54—55页。

〔2〕 Walter P. Signorelli, *Criminal Law, Procedure, and Evidence*, CRC Press, Taylor & Francis Group, 2011, p.4.

第四章 基本原则

> 法治程序,可谓国家独占刑事司法的配套措施,因为独占地位意味着国家的权力随之扩张与膨胀,因而,在追诉的过程中,国家大权时时刻刻威胁着无辜的涉嫌者,乃至于政治上不讨好的人物。除非崇尚专制擅权的绝对主义,否则,在赋予国家追诉与刑罚权的同时,设定界限以防任何滥用与擅断的危险,殆属必要。
>
> ——林钰雄

"一个原则是一种用来进行法律论证的权威性出发点。"[1]这个定义来自英美法系,但在教科书中将基本原则置于首要地位加以讨论,却是大陆法系法学的传统特征之一,刑事诉讼法学亦不例外。不过,原则与实践之间难免脱节,严重的情况下,司法实务会直接抛弃原则,或者对原则的内涵加以修正,逐步形成和确立新的原则,也就是"经由周详的现实分析也可发现部分诉讼原则的瑕疵以及刑事判决中可能的错误根源。因此刑事诉讼学极度影响着犯罪学及诉讼法本质的理性化发展,并且也使得对法规范的批评及刑事诉讼政策有了稳固的基础"[2]。原则和规则的区别可能在于,一个是从实践中总结出来的,一个是通过成文法制定出来的。从现行成文法角度看,一般是依刑事诉讼过

---

[1] [美]庞德:《通过法律的社会控制》,沈宗灵译,商务印书馆2010年版,第27页。
[2] [德]罗克辛:《德国刑事诉讼法》,吴丽琪译,三民书局1998年版,第12页。

程给出各阶段应遵循的基本原则。首先,国家追诉原则既在广义上涵盖整个刑诉过程,也从狭义上特指侦查活动;其次,在审查起诉阶段采取不告不理原则;最后,在进入审判阶段后,应遵守直接言词原则、自由心证原则和罪疑唯轻原则。这些原则如何划分虽无定论,但仍可提取最大公约数,也就是,从应然的角度出发,只论述那些对于现代刑事诉讼具有普遍意义的原则,而不考虑它们是否为实定法规定或承认。

德国学者强调刑事诉讼原则的层次性,一是贯穿全局的法治国家程序原则、法定法官原则、手段对等原则、关照义务原则、听取陈述原则、禁止过度原则、无罪推定原则、快速审判原则以及不必自我归罪原则;二是涉及检察院、警察机关的原则,比如公诉原则、客观原则;三是涉及庭审的原则,比如法官的启蒙义务原则、直接言词原则、公开审判原则、自由心证原则与疑义有利被告原则。[1] 有些原则虽然重要,但适用范围比较狭窄,没有在此列为基本原则。比如审理单元原则,乃谓审理程序应当独立完整并持续进行,法官必须持续在场,不单是身体在场,精神也要在场,不能当庭瞌睡,若有其他意外应更换法官,质证环节必须重新开始,同时,单元原则还意味着攻击、防御和证据提出与答辩等在审理中的任何时间均可。再如密集与迅速原则,乃谓审理程序应尽可能一气呵成,务必摒弃一切不必要或不正当的延搁,但也决非草率从事,更不应违反程序规则。[2] 一事不再理也完全可以放在本章中,但本书将一事不再理放在"诉讼构造"一章,意在强调这一原则的难点和细节在于何谓"一事"。国内较有影响的学术著作遴选了程序法定、审判独立、国家追诉、无罪推定、不受强迫自证其罪、程序参与、有效辩护、强制性措施限制适用与适度、程序公开、社会参与、诉讼及时、一事不再理、修复性正义共13项原则。[3]

---

〔1〕 参见〔德〕赫尔曼:《德国刑事诉讼法典中译本引言》,载《德国刑事诉讼法典》,李昌珂译,中国政法大学出版社1998年版,第11页以下。

〔2〕 参见张建伟:《刑事诉讼法通义》(第二版),北京大学出版社2016年版,第487页。

〔3〕 参见宋英辉等:《刑事诉讼原理》,北京大学出版社2014年版,第42—122页。

第一节 国家追诉

"现有的证据足以充分地证明,同一发展水平的社会,即使处于不同的历史时期,都会发展出相似的法制。在所有那些以采集和狩猎作为主要生产方式的初民社会,都将乱伦、巫术、对于圣礼的侵犯规定为侵害社会福利的犯罪行为。在这一时期,并不是像今天这样的法律,而是社会习俗在发挥着对于这些行为的制裁作用。相反,杀人、伤害、通奸与盗窃却并不被认为属于具有公共影响的侵害行为,而仅仅侵害了被害人,因而留给被害人个人或者他的家族实施私人的报复作为制裁。盗窃相对来说并不算严重的事情,因为个人财富基本上还没有积累到值得偷盗的程度。杀人则通常通过对于谋杀者或是其家族的血亲复仇来处理。被抓到现行通奸者,会遭到受到侵害的丈夫当场的报复。"[1]可见,在古老的法律中,国家一般不愿多管闲事,国家追诉原则并不彰显,许多纠纷与仇怨都归于民间自行了断。

《出埃及记》第21章讲道:"人若彼此相争,这个用石头或是拳头打那个,尚且不至于死,不过躺卧在床,若再能起来扶杖而出,那打他的可算无罪;但要将他耽误的工夫用钱赔补,并要将他全然医好。"有史料记载:"我们在习惯上认为专属于犯罪的罪行被完全认为是不法行为,并且不仅是窃盗,甚至凌辱和强盗,也被法学家把它们和扰害、文字诽谤及口头诽谤联系在一起。所有这一切都产生了'债'或是法锁,并都可以用金钱支付以为补偿。"[2]11世纪的俄罗斯法律规定:如果一人杀死另一人,被杀者的兄弟应为其复仇;儿子应为父亲复仇,或者父亲应为儿子复仇;亲侄应为叔伯复仇,亲甥应为舅父复仇。如果没有复仇者,杀人者应赔偿40格里夫纳的赎杀金。更早期的,大约公元7世纪的西哥特法规定:"任何杀人者,无论其是否故意而为,皆交予死者父母或仅次于父母之亲族

---

[1] 〔美〕齐奥科斯基:《正义之镜:法律危机的文学省思》,李晟译,北京大学出版社2011年版,第20页。
[2] 〔英〕梅因:《古代法》,沈景一译,商务印书馆1959年版,第208页。

处置。"[1]

　　古希腊实行全民告诉原则,但这种全民告诉并不等同于国家追诉,因为彼时的"国家"尚处萌芽状态,没有完整而强势的犯罪追诉机构,甚至何谓犯罪的定义也不由国家垄断,因而于公民控告之际,便自然处于相对被动受理状态。无论刑事还是民事,告诉均需公民亲力亲为,"没有公共检察官。每个公民都有权利——和责任——在他认为法律遭到违反的时候提出诉讼。这有点像我们的'公民逮捕'的法律理论,允许任何公民在看到有人犯罪时逮捕他。在雅典,公民不仅能够逮捕,而且能够起诉。这是符合雅典的参与性民主政府的概念的"[2]。古罗马法虽然有私罪与公罪之分,但私罪比公罪庞大而复杂,诉权基本上还是由公民提起,只有直接蒙受损害者才能获得赔偿。控诉既可以向执政官、裁判官提出,也可以向人民大会提出[3]。以此推论,追究犯罪的责任也应当是全民的。而当国家逐渐垄断刑罚权后,会逐渐包打天下,不过仍会留有全民告诉的踪迹。比如英国迄今仍然承认这一理论,而我国刑诉法更是直接加以规定[4],但实际上,见义勇为的公民毕竟是少数,最后还是主要由警察代表全民实施侦查、拘捕等行为,因此,见义勇为者是道义上的英雄,但法律并不强人所难。

　　日耳曼法则热衷于自诉方式,即由被害人或其近亲属提起控告,它的通行是以允许金钱赔偿抵罪的民间私了为制度前提的。而在当代社会,国家公诉成为主要形式,国家几乎包办了所有犯罪的处置,自诉只限于刑法规定中比例极小、轻微且不涉公益的犯罪,而且一旦展开公诉,则不承认被害人事后撤回报案的要求。自诉是只涉个人的犯罪,国家不主动介入,体现对被害人意思自治或家庭隐私的尊重,比如侵入住宅、侵犯通信

---

[1] 〔美〕博西格诺等:《法律之门》(第八版),邓子滨译,华夏出版社2017年版,第328页。

[2] 〔美〕斯东:《苏格拉底的审判》,董乐山译,生活·读书·新知三联书店1998年版,第173页。

[3] 参见〔苏〕科瓦略夫:《古代罗马史》,王以铸译,生活·读书·新知三联书店1957年版,第105页。

[4] 根据我国《刑事诉讼法》的规定,任何单位和个人发现有犯罪事实或者犯罪嫌疑人,有权利也有义务向公安机关、人民检察院或者人民法院报案或者举报。公民可以扭送正在实行犯罪、通缉在案的、越狱逃跑的、正在被追捕的人,但扭送并非公民义务。

自由和知识产权,民若不举,官亦无从究问。学者认为,同一案件,既经自诉,应用自诉程序。如已经自诉而又向检察官或司法警察官告诉,倘如收受之官署为之侦查提起公诉,则同一案件而并行自诉公诉之程序,法律又奚必于公诉外更设自诉之规定? 此所谓自诉不得并行公诉原则。[1] 当然,自诉案件的某些情形,未经自诉者国家亦可主动追诉,比如发生了影响极坏而情节恶劣程度不清的虐待行为,公众希望追诉而被害人不愿或无力自行告诉;又如侮辱罪、诽谤罪,在德国若涉及纳粹主义或其他暴力、独裁的受害者,国家就有义务出面追诉。在我国,若属"严重危害社会秩序和国家利益",可转为公诉。但何谓社会秩序和国家利益,何谓严重危害,有时不得不听凭权力摆布。于是我们一再听到或看到,某些处级、科级的地方官员将公众批评视为"诽谤",为了打压公众批评,先把自己抬高到"社会"甚至"国家"代表的地位,进而动用公诉诽谤罪。

自诉不同于告诉,告诉也是一个非常重要的概念,"系指犯罪被害人或其他告诉权人,向侦查机关申告犯罪事实并为请求追诉之意思表示。若非告诉权人,仅能告发犯罪,而不能提出告诉;若告诉权人非向侦查机关提出者,或仅申告犯罪事实(如报案)而未表示希望追诉者,皆非合法之告诉。若以告诉是否为其诉讼要件为准,得将犯罪分为非告诉乃论之罪与告诉乃论之罪两大类……通常之犯罪,属于非告诉乃论之罪……此类犯罪之追诉,并不以告诉为其诉讼要件,纵使未经告诉,亦不妨碍犯罪之追诉、处罚。……反之,告诉乃论之罪,其告诉不仅是发动侦查之原因,且为诉讼要件,若有欠缺即无法追诉、处罚。……依其性质,又可大别为绝对告诉乃论之罪与相对告诉乃论之罪"[2]。简言之,告诉有亲告罪与非亲告罪两种。前者称为告诉乃论之罪,告诉为追诉的前提条件。告诉乃论罪又分为绝对告诉乃论与相对告诉乃论。绝对告诉乃论,不问何人所犯,比如普通伤害罪、诽谤罪等,告诉人只须指明所告诉之犯罪事实及表明希望追诉意思,即为已足,其所诉之罪名是否正确或有无遗漏,在所不问。相对告诉乃论,须特定身份关系人所犯,才须告诉乃论,如家庭内部或亲属之间的盗窃、侵占、诈欺,除申告犯罪事实并表示追诉意思,尚须指

---

[1] 参见林俊益:《程序正义与诉讼经济》,元照出版公司2000年版,第51页。
[2] 林钰雄:《刑事诉讼法》(下册),元照出版公司2015年版,第33页。

明犯人。后者称为非告诉乃论之罪,也就是所谓非亲告罪,告诉仅是侦查开端,纵使未经告诉,亦可径行侦查起诉。[1]

"国家追诉"一语,应包含古代王朝对刑罚权的垄断行使。"在早期的刑法典中,即卡尔斯五世国王在1532年制定的《卡洛琳娜刑法典》,就已有国家主动追诉犯罪的规定,其同时也规定了私人的告诉,不过此种自诉规定事实上几近枯萎。"[2]每个朝廷对刑罚的热衷程度大致相同,多是热衷于追诉,收敛克制的为数极少。明朝的东厂比汉文帝时期的廷尉更为人所知,是因为它抓了更多的人。国家对刑罚权的独占意味着,对犯罪行为进行的追诉程序仅国家始能为之,不以私人请求为必要,也不受私人拘束。被害人或其他人只是可以控告、揭发犯罪,但已然不是刑事追诉的发动者。甚至,像性犯罪这样以被害人感受为前提的追诉,也不再承认被害人撤回指控的权利。只要是成文法国家,无一不在基本法律中规定国家追诉原则。这种为国家所独享的犯罪追诉权,以明文规定的方式赋予极其特定的追诉机关,并责成这些机关不得怠于行使侦查、起诉、审判犯罪的职权,与此同时,明文排斥其他机关和个人僭越这种犯罪追诉权,不应留有例外。

不过,即便是国家垄断追诉权后,被害人仍然以其独有方式影响着司法。第一,被害人有权参与对嫌疑人的首次聆讯,听取保释条件,有权拒绝同嫌疑人或其律师见面;第二,被害人有权向警官、检察官表达案件处理意见,如果被害人对追究加害人不感兴趣,警察就会倾向于不再拘捕或调查嫌疑人,即使已经拘捕嫌疑人,如果被害人愿意,检察官也可以不起诉或者撤回起诉;第三,进入审判阶段,可能要求被害人在庭前听审或者在庭审中出庭作证,或者被害人自己主动要求出庭作证;第四,量刑阶段,法官和陪审团可以专门考量被害人声明,声明中主要涉及被害人及其家庭因犯罪所受的影响;第五,被害人有权获得损害赔偿及其他补偿;第六,被害人有权得知罪犯假释的信息;第七,性犯罪被害人有权不出庭作证;

---

[1] 有关告诉的主体、对象、期间、程序、效力与撤回,参见翁玉荣:《实用刑事诉讼法》(下),元照出版公司2002年版,第14—47页。

[2] [德]罗克辛:《德国刑事诉讼法》,吴丽琪译,三民书局1998年版,第105页。

第八,配合调查起诉后,被害人有权要求改名换姓,并得到重新安置。[1]一般而言,理性的司法制度都承认性犯罪被害人撤回指控的权利,因为被害人一旦在法庭上不支持控诉,检察官将陷入被动。

"完全由国家独占追诉权,往往会造成在运用追诉权时出现官僚化倾向,导致行使追诉权时背离被害人和市民的法律感情。"[2]一意孤行的国家追诉,侦查、起诉、审判的流水线越是完备高效,就越是意味着监狱人满为患。动用国家资源追诉犯罪,其范围和力度自然高于民间私自解决,但久而久之,国家会习惯于甚至仰仗于刑罚作为社会治理手段。民众也会迷信刑罚,而且越重越好。这似乎反映出立法设置告诉乃论之罪的良苦用心,与其说是尊重被害人隐私、名誉意愿,不如说立法者旨在限缩检察官起诉裁量权。[3] 国家追诉的动力和热情都必须有所节制。数字对比或许可以说明一些问题:汉文帝时期,"化行天下,告讦之俗易。吏安其官,民乐其业,畜积岁增,户口寖息。风流笃厚,禁网疏阔,罪疑者予民,是以刑罚大省,至于断狱四百,有刑错之风焉"[4]。也就是民不犯法,安居乐业,宽松自由,一派清平,疑罪从无兼从轻,以致刑罚多年无用武之地。"断狱四百"相当于一年审判了400件刑案,以汉初大约1500万人来说,人均定罪率约为万分之零点二七。而根据2018年最高人民法院工作报告,2013年至2017年,5年间全国一审审结刑案548.9万件,判处罪犯607万人,按14亿人口计算,年人均定罪率近万分之九,即使不考虑共同犯罪,人均定罪率也是汉文帝时期的30多倍。

或许有人会反驳说,汉文帝时期是农业社会,王朝管控臣民的方式相对松弛,人民之间的关系也相对简单,不好拿来与今天复杂的治理模式相比。但问题是,30多倍仍然需要解释,需要刑罚权过度膨胀之外的合理解释。刑罚权不只有通胀的趋势,而且用力不均,比如欧陆各国皆已逐步修正的一个"百年大错",即保护财产法益的刑罚投入量竟然大于保护人身

---

[1] Daniel E. Hall, *Criminal Law and Procedure*, Delmar Cengage Learning, 2011, pp. 330-331.
[2] [日]田口守一:《刑事诉讼法》(第五版),张凌、于秀峰译,中国政法大学出版社2010年版,第122页。
[3] 参见王兆鹏:《刑事诉讼讲义》,元照出版公司2009年版,第477页。
[4] 《资治通鉴》卷十五,汉纪七,文帝前十三年(前一六七年)。

法益。因此，故意毁坏私人财物、破坏生产经营等犯罪，应当划入自诉范围。而刑法介入经济犯罪过多，势必导致追诉逐利化。在针对人身的犯罪方面，追诉开始后，欠缺被害人提请撤销案件的权利，比如强奸被害人事后同意，甚至与被告人最终结为伴侣，此时实无继续追诉之必要。然而司法实务中，破案的指标，审讯的快感，都可能使公诉案件一旦开启就无法叫停，完全忽略给被害人造成的再度伤害。[1] 再度伤害，既来自不得已的回忆，也在于不得已的作证。"在控诉原则之下，由于法院局限在被动的角色，未经起诉即不得审判，也称为不告不理原则；不告不理的反面内涵，即是所谓的告即应理，换言之，已经起诉则须审判。以上所称的'告'，是指具体的刑事案件，经起诉而系属于法院之状态，也就是诉讼系属；因为诉讼系属之故，法院受其拘束并应加以审判。"[2]

第二节 不告不理

不告不理意味着，无控方起诉即无法官审判。"告"包括自诉和公诉，有时兼而有之，但在刑事诉讼领域，主要指检察官起诉，因而也被称为控诉原则。其理念基础是法官被动中立，制度背景是诉审分立，检察院和法院、检察官和法官，各司其职。有指控才有审判，这一点是绝对的。即使在法官面前发生了杀人、伪证等犯罪，也需要先由检方提出指控，法官才能进行审理并作出判决。不仅如此，法官审理和判决的内容，应以检方起诉的内容为限。起诉后，如果发现有新的事实或者有新的嫌疑人，应由检方追加起诉，方得扩大审理和判决内容。"起诉之追加，限于第一审辩论终结前为之，其于第一审辩论终结后，无适用余地，然其范围以得就本案

---

[1] 不同法治环境和立法传统导致不同的法感觉。比如林钰雄教授就认为，告诉乃论之立法例，本意在于寻求公共利益与私人利益的平衡，但实际结果却弊多利少，尤其将重大犯罪列入后更是如此。台湾地区1999年以前曾将强奸、轮奸乃至强奸杀人等罪规定为告诉乃论。如此一来，行为人遂经常无所不用其极地阻挠被害人提出告诉或强迫其撤回告诉，犹如丛林法则。追诉犯罪与否，不但不取决于公共利益，甚而不取决于被害人利益或自由意思，而是取决于行为人影响被害人的实力大小，等于是对被害人的二次伤害，并且彻底颠覆追诉之平等性。参见林钰雄：《刑事诉讼法》(上册)，元照出版公司2015年版，第48页。

[2] 林钰雄：《刑事诉讼法》(上册)，元照出版公司2015年版，第244页。

相牵连之犯罪,或本罪之诬告罪而为追加,其追加次数并无限制。……然诉之追加,以旧诉存在为前提,若追加新诉,而撤回旧诉者,则为诉之变更,自为法院所不许。"[1]而如果发现新证据显示被告人无罪,由公诉人当庭主张被告人无罪是不适当的,既然认为无罪,就应当撤回起诉。对检方撤回起诉的请求,法官应当准许,否则就回到包公时代的纠问模式,法官不仅负责裁判,还负责指控甚至侦查。起诉书不同于告状信,不能递交一纸文书了事。控方必须到庭口头宣读起诉书,并就起诉事实同被告及其辩护人当面质证和辩论。因此,不告不理原则旨在遏制两种倾向:一是法官兼作公诉人和侦查员;二是检察官凌驾于被告之上,甚至凌驾于法官之上,成为法官之上的法官。

某些违背不告不理原则的情形,看似于法有据,其实与法律的基本理念、原则背道而驰。这方面的立法缺陷,以上级法院可以提审下级法院判决生效案件最为典型。根据我国《刑事诉讼法》的规定,最高人民法院有权依审判监督程序提审各级法院判决生效的案件,如果提审后判决重于原生效判决,甚至是将死缓径直改为死刑立即执行,也是"合法的",但这相当于最高人民法院主动出击,没有控诉却启动了审判,既违背不告不理原则,又违背上诉不加刑原则,甚至剥夺了上诉权。比如刘涌案,辽宁省铁岭市检察院于2001年8月10日向铁岭市中院提起公诉,指控刘涌犯组织、领导黑社会性质组织罪、故意伤害罪等罪名。铁岭市中院于2002年4月17日判决认定被告人刘涌犯故意伤害罪,判处死刑。判决宣告后,刘涌提出上诉。辽宁省高院于2003年8月11日判决撤销原一审判决中对刘涌故意伤害罪的量刑部分,判处死刑缓期2年执行。该判决发生法律效力后,最高院于2003年10月8日作出再审决定,以原二审判决对刘涌的判决不当为由,依照审判监督程序提审本案,最终判处刘涌死刑立即执行。[2]这是一次并非控方发起的刑事追诉,因为在最高院作出提审决定后,同级检察院只是配合公诉,不符合控审分离原理。

"司法权之本质在于其具有正当性、独立性、被动性及拘束性,其中尤以营造其独立的审判环境及遵守程序上的被动性最为重要。从权力分立

---

[1] 刁荣华:《刑事诉讼法释论》(下册),汉苑出版社1977年版,第396—397页。
[2] 参见最高人民法院(2003)刑提字第5号再审刘涌案刑事判决书。

制衡的机制来看,司法机关唯严守不告不理之被动性,始能使司法权限缩于宪法所规范的界限之中,而不致有逾越之虞,否则分权制衡之机制,势必荡然无存。"[1]"正因如此,我们才经常强调:'法官的使命是裁断,而不是发现。'裁判者的被动性首先体现在司法程序的启动方面。其基本要求是,法院的所有司法活动只能在有人提出申请以后才能进行。没有当事者的起诉、上诉或者申诉,法院不应主动受理任何一起案件。换言之,法院不能主动对任何一项争端进行裁判活动,它不能主动干预社会生活,而只能在有人向其提出诉讼请求以后,才能实施司法裁判行为。同时,法院一旦受理当事者的控告或者起诉,其裁判范围就必须局限于起诉书所载明的被告人和被控告的事实,而决不能超出起诉的范围去主动审理未经指控的人或者事实。换句话说,法院或法庭的裁判所要解决的问题只能是控诉方起诉的事实和法律评价即被告人被指控的罪名是否成立。如果认为成立,就应按照控方主张的罪名作出有罪裁判;如果不成立,则应作出无罪判决。法院如果超出这一限制,而主动按照控方未曾指控的罪名给被告人定罪,就与司法程序的被动特征和'不告不理'原则直接发生冲突。"[2]

大陆法系还畅行一种做法,即法官不受控辩双方举证、质证范围限制,可以主动调查核实证据,并有权在庭审时直接讯问被告人。这种做法显然与英美法系法官中立、被动听审的理念有所冲突。显然,这种调查是专门针对控辩双方举证范围之外的新证据、新证人的,不同于法庭调查过程中法官听取双方质证或者就庭审事实向有关人员发问。但是,庭审时法官的发问,却可能随时突破控辩双方举证、质证范围。[3] 比如涉及作案动机,虽然起诉书没有提到,但在量刑时却很重要。而且,公诉人在庭审时就被告人品行的讯问也应当受到严格限制,比如在李庄案庭审时,公诉人突然指斥被告人曾有嫖娼行为,后来解释说,那是针对被告人当庭一

---

[1] 王兆鹏:《一事不再理》,元照出版公司2008年版,第169页。
[2] 陈瑞华:《看得见的正义》(第三版),法律出版社2019年版,第182页。
[3] 根据我国《刑事诉讼法》的规定,法院、检察院和公安机关有权向有关单位和个人收集、调取证据。有关单位和个人应当如实提供证据。法庭审理过程中,合议庭对证据有疑问的,可以宣布休庭,对证据进行调查核实。人民法院调查核实证据,可以进行勘验、检查、查封、扣押、鉴定和查询、冻结。

再说自己品行端正。这个解释进一步暴露了问题所在：无论公诉人的动机及语境如何，当庭提出起诉书中没有的不利于被告的事实，都接近某种额外的指控。而且，被告为了求得轻判，可以当庭为自己大吹法螺，但公诉人却不可以在起诉内容之外大放厥词。

"法官不取证原则，系立足于法官中立听审之公平法院观点，用以区别法官在案件审理过程中，与应负举证责任之检察官有本质上之不同，其原因，主要在于避免使法官在事实之认知上，藉由依职权取证之方式，造成对被告有不利之证据加以使用。反面言之，如法官在审判程序进行中，得依职权取得或举出对被告不利之证据，例如，依职权传讯对被告不利之证人接受法院之询问，甚至依职权举证证明被告有犯罪行为存在，不仅抵触无罪推定原则，亦无疑使法官成为接续侦查之搜证者，将使被告实质上丧失对于证据取得合法性与关联性之抗辩。"[1]简单说，如果法官加入取证，便再无中立可言，对弱势的被告尤为不利。"惟被告自侦查开始以迄终结之期间，均无如检察官拥有强大之公权力得以搜证，因此，当案件起诉后，为平衡两造悬殊之诉讼地位的差别，应使法官对被告主张有利于己之事实，有协助其取证之义务，使被告在诉讼上之攻击防御所得依循之证据或资讯，尽可能与检察官平等。简言之，法官不取证者，乃起诉后，法官应维持其中立之色彩，不应搜集对被告不利之证据以证明被告犯罪之谓。"[2]反之，若法官肩负取证责任，当检察官"被攻击在法庭不尽职时，可将法官一并拉入，借口法官应共同发现真实。换言之，在诉讼程序中，检察官形式上虽有起诉及举证之义务，但却不负无法完成追诉（败诉）之责任或未尽举证时之责任，所有之责任最后全数沦为法院之负担，倒霉者却为被告"[3]。

由此看来，如何看待法官主动调查核实证据与不告不理原则的关系，是理顺整个控审制度安排的关键。这是因为，不告不理原则是控审关系的基石和框架，法官调查、核实证据的义务只是为了矫正某些具体偏差而进行的校对，不应成为惯例，更不应理解为法官必为之事。而且，即使取

---

[1] 黄翰义：《程序正义之理念》（三），元照出版公司2010年版，第11页。
[2] 黄翰义：《程序正义之理念》（一），元照出版公司2010年版，第385—386页。
[3] 黄朝义：《无罪推定：论刑事诉讼程序之运作》，五南图书出版公司2001年版，第21页。

消法官主动调查权,也能保障刑事诉讼基本格局;而如果没有不告不理原则,则刑事诉讼极易径直退化为侦控审合一的纠问制。两相权衡,显然不告不理原则更为根本,这也是防止司法机车开足马力冲向定罪目标的制动器。法官调查核实证据,是确认证据能力及其证明力的必经之路,有应请求和主动出击两种启动模式。从诉讼原理及司法实践看,只要是法官主动出击,都可能因发现控方提出之外的证据而危及不告不理原则。因此,为发现真相和澄清证据的庭审发问,应当与本案事实有关,而与本案事实有关,无论如何都应以起诉书为基础,至于是否有关,应尽可能作限缩解释,比如窝藏、包庇与本犯确有关联,但却不应是本案事实。退一步说,即使法官以发现真相为己任,但其澄清实体真实的冲动,应当受不告不理原则的程序限制。也就是,不能以扩大或加重被告人刑事责任为目的而进行庭前搜证和庭上发问,更不能休庭去自行搜证,否则无异于法官自己充当了指控者。

  法官不仅不能兼做检察官,而且还有诉讼照料义务,在被告措手不及失于防御时,应当调查核实对被告有利的证据。[1] 不过真正棘手的问题是,对那些原本以为有利被告,调查中却发现不利被告的主动调查,是继续还是终止?是将不利被告的证据隐而不宣,还是借由自然发现等原理加以认定并用以定罪?抑或至少将不利被告的证据移送检察院重新起诉?移送显然不妥,法院又不是警察局;用以定罪也是不妥,这相当于这部分证据没有举证者,而刑事指控,不单是起诉罪名,还包括对指控罪名的全面举证。因此,应当毫无保留地坚持"法官不取证原则",或者更精准地表达为"法官不主动获取不利被告之证据原则",具体而言,"当案件进入法院由特定法官审理后,法官不得依职权传唤对被告不利之证人到庭接受询问,亦不得依职权取得对被告不利之证据"[2]。不同于主动出击的调查,法官时常要回应各方请求,不得不进行一些被动调查。也就是,在法庭审理过程中,依当事人、辩护人、公诉人等的申请而启动的对证据的调查、核实。

---

  [1] 对"无罪推定原则可否导出禁止法官主动调查",林钰雄教授持否定观点,而我认为,禁止法官主动调查的依据,应是不告不理原则。参见林钰雄:《刑事诉讼法》(上册),元照出版公司2015年版,第71—72页。

  [2] 黄翰义:《程序正义之理念》(三),元照出版公司2010年版,第10页。

必须注意申请的两种情况：排除某些既有证据的申请与采纳某些新证据申请。第一种申请不言而喻都是由辩方提出的，比如我国刑诉法及司法解释即规定，当事人及其辩护人、诉讼代理人有权申请法院对以非法方法收集的证据依法予以排除。申请排除以非法方法收集的证据，应当提供相关线索或材料。对于上述申请，法庭应当进行审查。经审查，对证据收集的合法性有疑问的，应当进行调查；没有疑问的，应当当庭说明情况和理由，继续审理。如果是公诉方申请排除自己已经提出的证据，相当于要求撤回部分起诉，所衍生的问题是法院应否准许？如果准许公诉方撤回部分起诉，那么应否准许其撤回全部起诉？对这个衍生问题的不同回答，是基于不同的控审权力分配方案。第二种申请同时允许控辩双方提出，但意义有所不同：辩方提出调取新证据、传唤新证人，进而允许控方申请专门人员对鉴定意见进行再评价，因为都是围绕起诉事实展开的，所以不会影响案件审理进程[1]；而如果控方提出新证据，涉及新罪名或牵涉新的犯罪嫌疑人，应当另行起诉，否则会因质证进度不一而打乱本案的诉讼进程。

至于法庭是否同意申请，多采必要说。必要说有两种表达方式：一是"法庭认为有必要的，应当同意"；二是"法院认为不必要者，得以裁定驳回之"。[2]而被动调查应当基于关联性、必要性和可能性三个标准。典型的关联性是目击证人和不在现场的证据，而"有此证据存在时，较诸无此证据存在时，更有助于待证事实存否之认定者；或者说，有该资讯存在比无该资讯存在，更能证明某一重要待证事实之真伪者，该证据资讯即具关联性"[3]。必要性实际是对关联性的限制，无关联性自无需讨论必要性。某些证据或证人与本案确有关联性，然而，出于诉讼经济的考虑，在法庭认为案情已然得到查清的情况下，无需调取新证据，不必传唤新证人。但是，若有人声称有可以证明被告不在现场的证据或证人，因为有利于被告，法庭也就不得以案件事实已查清为由拒绝调取或者传唤。如果

---

[1] 根据我国《刑事诉讼法》的规定，法庭审理过程中，当事人和辩护人、诉讼代理人有权申请通知新的证人到庭，调取新的物证，申请重新鉴定或者勘验。公诉人、当事人和辩护人、诉讼代理人可以申请法庭通知有专门知识的人出庭，就鉴定人作出的鉴定意见提出意见。

[2] 参见我国台湾地区旧"刑事诉讼法"第172条。

[3] 林钰雄：《刑事诉讼法》（上册），元照出版公司2015年版，第66页。

法官认为不必回应请求调取新证，那么，事后才证明未调取的新证有利于被告的，可以成为上诉或再审的理由。

如果事后证明未调取的新证不利于被告的，可否成为抗诉或重审加刑的理由？必须给出否定的答案，因为显然不利于被告的证据没有在庭审之前呈于法庭，本身是公诉方的责任，且公诉方有权申请法庭延期审理，然后去补充证据。不过，无论哪种情况，都不构成追责法官的理由。至于从调查可能性角度，主要为了对付"幽灵抗辩"。我国台湾地区还出现过一次成功的"海盗抗辩"，当然成功只此一次："我不是走私啦，是我在海上捕鱼的时候哦，有匪船靠过来，就拿着枪强迫我们哦，他就把我们的渔获全部都抢走，但是抢走之后啊，就丢了一百盒或是一千盒的那个走私的香烟给我们。"[1]对于"幽灵抗辩"，仍然应当采用法官自由心证，比如对鱼被抢走的说辞，法官本诸有利被告的考虑，最初是采信了的，但对后续的模仿之作，法官就不再采信。

第三节　直接言词

诉讼行为效力取决于法律规定，比如自诉案件，文盲可以口头起诉，但在公诉案件中，提起公诉须以起诉书为之，言词提起不生效力，而审判期日的诉讼行为则应以直接言词为之。当然，为求确实起见，要旨仍应记载于审判笔录。[2]　直接言词原则，顾名思义由"直接"与"言词"两个要素构成。其中，"直接"是指在场和直接采证；"言词"则指庭审过程须以口头陈述方式进行，审理、攻击、防御、提出证据以及证据调查，都不可以用文书往来的方式进行。直接言词原则具体包括下述内容：（1）公诉方提交的案卷笔录，对法院认定事实不具有预定效力；（2）所有提供言词证据的证人、被害人都应当出庭作证；（3）证人、被害人所作的庭外证言、陈述，不具有证据能力。[3]　直接言词原则在审判环节体现为言词辩论主义，只有经口语提及、陈述的事实和证据才能作为裁判依据，换言之，法官必须

---

〔1〕　林钰雄：《刑事诉讼法》（上册），元照出版公司2015年版，第6页注6。
〔2〕　参见林钰雄：《刑事诉讼法》（上册），元照出版公司2015年版，第257页。
〔3〕　参见陈瑞华：《刑事证据法学》，北京大学出版社2012年版，第46页、第48—49页。

亲历庭审,当庭听取控辩双方的言词指控和辩护,以言词形式完成举证、质证、辩论。这包括两层意思:法官原则上不得将证据调查工作委由他人完成;法官必须对原始事实进行调查,不得假借证据替代品。

直接言词原则是与书面审理主义相反的一套理念和规则,它要求法官直接面对被告及证人,不得以侦查、起诉阶段形成的笔录文本或者以宣读笔录代替庭审中从被告、证据及质证中获得的印象,应以真实的感受来完成一项判决。不仅卷宗内容原则上不得用作裁判依据,而且其他所有在审判程序外获得的资料均不得用为裁判基础,比如法官私下获知的信息,评议时要求鉴定人所作的进一步说明,或者法官在勘验现场时独自获得的感受,再或者证人若无理拒绝当庭陈述,其庭前所作笔录将不允许宣读。[1] 直接言词原则暗含着一条证据采信的排序规则:出庭作证优于宣读书证,直接证人优于传闻证据。[2] 因此,"凡未经言词说出者,均不得考虑之,其应被视为未发生过或是不存在——此异于书面审理主义:即未在文书中被记载者,即视为不存在。言词辩论原则有现场的、最新的及快速的优点,但也有漏听或遗忘的危险存在"[3]。

衡诸书面审理,直接言词原则的优势在于:"(1)使法官在审理案件时能够对陈述者的真实意思表示及其感情获得丰富而明晰的印象,以便形成判决所需要的心证,而书面陈述则是一种经过加工制作的单一言词性材料,其本身难以提供法官判断其陈述真伪的依据。(2)避免经加工制作而造成事实的扭曲。在陈述人不直接出庭的情况下,用作证据的书面证言通常是诉讼一方提取的,这种提取虽然有法定程序和法定手段的限制,但由于各种主、客观原因,可能造成陈述人真实意思的扭曲。……直接到庭作言词陈述,则可以避免这种'中介扭曲'。(3)防止不同主体对同一证据来源提取的证据在内容上的相互矛盾。例如,对证人的询问,刑事侦查人员的询问记录往往不同于辩护律师的询问记录……(4)为在刑事诉讼中贯穿质证原则创造了前提。作为判决依据的证据需经质证,但就人证质证,如果无直接到庭言词陈述,则这种质证是难以进行的,至少

---

〔1〕 参见〔德〕罗克辛:《德国刑事诉讼法》,吴丽琪译,三民书局1998年版,第490—491页、第497页。

〔2〕 参见张明伟:《传闻例外》,元照出版公司2016年版,第91页。

〔3〕 〔德〕罗克辛:《德国刑事诉讼法》,吴丽琪译,三民书局1998年版,第148页。

是很不彻底的。"[1]

然而,书面审理主义并未远去,并且一直是我国的司法现实。首先,在一审庭审环节中,我国刑诉法便事实上认可证人以书面证言为原则、出庭作证为例外,从条文语境看,"证人证言"也主要指庭审前形成的证言笔录。不仅如此,除鉴定人不出庭其意见不得作为定案根据外,证人即使不出庭其证言仍可作为定案根据。根据我国《刑事诉讼法》的规定,证人证言必须在法庭上经过公诉人、被害人和被告人、辩护人双方质证并且查实以后,才能作为定案的根据。公诉人、当事人或者辩护人、诉讼代理人对证人证言有异议,且该证人证言对定罪量刑有重大影响,法院认为证人有必要出庭作证的,证人应当出庭作证。可见,异议也主要是针对书面证人证言的异议。经法院通知,鉴定人拒不出庭作证的,鉴定意见不得作为定案的根据。公诉人、辩护人应当向法庭出示物证,让当事人辨认,对未到庭的证人的证言笔录、鉴定人的鉴定意见、勘验笔录和其他作为证据的文书,应当当庭宣读。审判人员应当听取公诉人、当事人和辩护人、诉讼代理人的意见。

其间微妙差别的原因之一,可能是检方对证人证言和鉴定意见的最终处置能力有所不同。在我国庭审实践中,由于证人不出庭是常态,证人证言笔录可被采信,而且笔录只是宣读一下即可过关。但鉴定人被传唤出庭的可能性要大很多,于是明显感觉到检方希望最大限度地把控鉴定意见的形成、运用和再造。[2] 事实上,如果死因鉴定决定着罪与非罪或者轻重悬殊,医生应当出庭接受询问。再者,在出庭作证与庭前笔录不一致时,司法解释和庭审实践虽然对庭前证人证言笔录和被告人讯问笔录作出某种区别对待,但总体上倾向于认可庭前笔录,尤其侦查阶段被告人的讯问笔录,基本都会优先得到法庭采信。这是因为,满足"证人作出合理解释并有相关证据印证的"要求,并不容易;而被告人首先被要求"合理

---

[1] 龙宗智:《刑事庭审制度研究》,中国政法大学出版社2001年版,第54—55页。
[2] 最高检2013规则规定:"对于经人民法院通知而未到庭的证人或者出庭后拒绝作证的证人的证言笔录,公诉人应当当庭宣读。"言下之意,宣读之后,仍然可以使用。但对于鉴定意见,该规则规定:"经人民法院通知,鉴定人拒不出庭作证的,公诉人可以建议法庭不得采纳该鉴定意见作为定案的根据,也可以申请法庭重新通知鉴定人出庭作证或者申请重新鉴定。"注意,申请没有次数限制。

说明翻供原因",可首要的提问应当是,法庭上翻供是不是被告的一种权利?如果是一种权利,就不需要说明原因,或者说翻供本身就意味着新的供述,判明当庭供述是否真实才是法庭的责任。而从实际可能性的角度说,如果原因是刑讯逼供,被告人如何能够证明?

最高院 2013 解释规定:"证人当庭作出的证言与其庭前证言矛盾,证人能够作出合理解释,并有相关证据印证的,应当采信其庭审证言;不能作出合理解释,而其庭前证言有相关证据印证的,可以采信其庭前证言。""被告人庭审中翻供,但不能合理说明翻供原因或者其辩解与全案证据矛盾,而其庭前供述与其他证据相互印证的,可以采信其庭前供述。"司法解释还对当庭供述与辩解做了区别对待,因为供认往往就是指认罪,可以优先采信庭审供述;不供认往往就是拒绝认罪,必须没有"其他证据与庭前供述印证的",才能排除庭前供述,即"被告人庭前供述和辩解存在反复,但庭审中供认,且与其他证据相互印证的,可以采信其庭审供述;被告人庭前供述和辩解存在反复,庭审中不供认,且无其他证据与庭前供述印证的,不得采信其庭前供述"。可是,以庭前供述为孤证的情况实在太少了,所以当庭翻供几乎是不可能的,没有亲身经历过,也没有见过成功的案例。

问题还在于,我国刑诉法关于警察出庭作证的规定还不完善,只是规定"警察就其执行职务时目击的犯罪情况"作证,不包括其讯问的时间、地点和方法。可即便如此,警察出庭的仍然极少。按说,案件越是重大,越应当强化各种程序机制,出错的机会就越少,但实际情况可能正好相反。凶杀案后,警察面临极大的破案压力,通常看来并不充分的证据也会导致羁押,强有力的审讯更容易产生虚假供述,法官更容易受公众或被害方情绪影响。加之证词中难免存在谎言、夸张或错误,以及糟糕的司法鉴定,都会直接导致错误的侦查和审判方向。而被害人的指认也难免舛误,因为被害人与犯罪人的相遇一般是激动而带有创伤的。只就被告方而言,程序对他的限制比给他提供的机会要多,比如,法律确认死刑复核程序除要求讯问被告人外基本采取书面审,律师如果不积极提出要求,就失去了参与权。而且有时竟是被告人家属转告辩护律师"上面已经核准了",目瞪口呆的律师面对家属情绪复杂的表情和注视,不知该怎样解释自己做过的大量工作,更无法解释现有法律规定上的缺漏。

所见所闻的情况是,律师很努力地在与承办法官进行各种可能的沟通,做了大量工作,但法律和司法解释并没有规定必须将进度与结果告知律师,没有硬性规定,法官就多一事不如少一事,律师信息不灵,导致在被告家属面前的尴尬被动。根据我国《刑事诉讼法》的规定:"最高人民法院复核死刑案件,应当讯问被告人,辩护律师提出要求的,应当听取辩护律师的意见。"可是,法条却对如何听取辩护律师的意见没有规定,而且,辩护律师也不可能每时每刻都向最高院提出要求。程序上最有意义的,不是从"提出要求"到"听取意见"的一次规定动作,而是要保障辩护律师对即将到来的不确定的实体结果及时得到公平告知。再者,司法解释在上诉审开庭问题上对刑事诉讼法条文作出不利被告的限缩解释,比如,将"死刑"限缩为"死刑立即执行"。我国刑法条文文意非常明确,死刑包括死缓在内,这种明显违背共识的司法解释固然有其无奈,但若一味迁就现实,只能是上面放一尺,下面松一丈,最后是全方位的倒退。[1] 在事关生死的程序中直接言词原则尚且贯彻不力,其他环节直接言词原则大打折扣的情形就不难想见了。

总而言之,不能只凭侦查卷宗就形成判决,检控方也不能将案卷向法院一推了事。凡卷宗内容所涉人员,皆应接受当面发问。检察官有义务传召所有在案证人,除非被告方同意当庭宣读证言笔录,或者检察官自己也认为证人不再可靠,或者证人证言与指控相矛盾,检察官认为更适宜由被告方传召。[2] 换言之,被告人必须到庭,公诉人必须到庭,委托或指定的辩护人必须到庭,证人原则上也都必须到庭,以接受法官和陪审团的"亲眼审查"。"亲眼审查,是指法官通过自己的理解对某一对象的特征亲自进行的研究。作为直接的认识,亲眼审查在地位上要优于其他所有证据,后者仅能提供间接的认识。如果对某一对象的特征进行的研究和认识是以运用科学和特殊技能为前提,而法官又不具备这种条件的,则亲

---

[1] 根据我国《刑事诉讼法》的规定:"第二审人民法院对于下列案件,应当组成合议庭,开庭审理:……被告人被判处死刑的上诉案件……"最高院2013解释却规定,"被告人被判处死刑立即执行的上诉案件"应当开庭审理。

[2] Peter Hungerford-Welch, *Criminal Litigation and Sentencing*, Cavendish Publishing Limited, 2004, p.406.

眼审查必须要有经过宣誓的专家的参与。"[1]只有在确实无法到场的极其例外情况下,才准予只当庭宣读证人证言,但需当场证明如下事项:证人不能到场非因胁迫;证人具备证据能力;已被告知作为证人的权利和义务;身处遥远他国的证人,其证言业经使领馆认证。没有出庭作证的证人证词,应当格外审慎地采信。法官依职权主动出击或者应申请被动调查新证据形成的笔录,可当庭宣读而无需证人出庭。这一方面是基于对法官的信赖,另一方面也因为是否同意传唤证人到庭,权力掌握在法官手中。对法官当庭表示不信任,是不明智的举动。

"法官询问证人、鉴定人或共同被告时所做之笔录,如果检察官、辩护人及被告均同意时,得被朗读之。……总之,只要是法律规定需就发现真实的目的做一本人亲自的询问时,法院的澄清事实之义务即需禁止以朗读代替询问。"[2]这决不是诉讼成本问题,说到底还是观念问题,是愿不愿意给定罪流程某些制动装置的问题。何止是庭审过程,法官们对是否受理上诉、接受申诉或决定提审,其评议过程也有言词辩论的传统。1981年12月,美国第一位最高法院女性大法官奥康纳曾给8位同事写信建议,鉴于案件积压严重,为提高受案效率,对于他们调阅书面的诉讼事实摘要后即可解决的争议,不再进行言词辩论。布伦南大法官言辞激烈地反对说,过去在新泽西州最高法院,我们纯粹依靠诉讼事实摘要,不进行言词辩论,就处理几乎全部案件的司法实践,这种做法让我印象深刻。该州那些质量低劣的终审判决,可以直接归因于这种司法实践。该州最高法院现已对所有被审查的案件进行言词辩论。言词辩论的价值之一是"它向公众展示的象征意义"。这是一种非常值得珍视的价值,因为它巩固了我们的司法公正、公平的公众形象。[3]

直接言词原则还要求,那些未曾进入程序的资讯,不能成为判决依据,比如法官在庭审中入睡或在被告人陈述和辩解时外出打电话,都构成上诉或提出再审的理由;再如法官以私人身份从酒吧闲谈中获知的犯罪

---

[1] [德]费尔巴哈:《德国刑法教科书》(第十四版),徐久生译,中国方正出版社2010年版,第456页。
[2] [德]罗克辛:《德国刑事诉讼法》,吴丽琪译,三民书局1998年版,第494页。
[3] 参见[美]琼·比斯丘皮克:《大法官奥康纳传》,方鹏、吕亚萍译,上海三联书店2011年版,第118—119页。

事实,即使是被告人亲口所言,也不能作为定罪根据。但是,法官私下获知的有利被告的证据,尤其是证明被告无罪的证据,应当允许进入庭审,进而成为判决依据。再者,坚持当庭陈词优先,可以有力而醒目地促使当庭的所有人都关注为什么被告人、证人先前形成的笔录与现在的陈述很不一致甚至完全矛盾,尤其是侦查阶段认罪而在此当庭翻供,必须有详尽的澄清,以有效避免侦检人员对证据的人为操纵。直接言词原则可以让控辩双方在法官面前充分展开辩论,充分陈明各自立场。讼争者在对话中必然产生自利的偏见,正是通过这一偏见,居中的裁判者才能发现哪怕是最细微的事实,从而更加接近真相。尤其是热忱的、偏袒一方的辩护律师,能够提请法庭注意某个证据,而这个证据在一次不带偏见的询问中反倒可能被忽视。在交互询问中,辩护律师可以咬住证人的失言不放,直至追问出有利本方的真相细节并且锁定证据。直接言词原则还要求法官让被告人做最后陈述,"但在司法实践中,不重视被告人最后陈述的现象还比较严重。如限制被告人的陈述时间及内容,以提问打断陈述,以问答代替陈述……审判长经常以'与本案无关'为借口剥夺或终止被告人的最后陈述权"[1]。始终令人费解的是,审判长没有听完,怎么就知道与本案无关?怎么会有那么多弱智的被告人,在利用法庭上的最后机会时竟然讲一些与自己无关的话?

第四节 自由心证

自由心证原则是相对于法定证据制度而言的,而且是相对晚近的。《申命记》第17章讲道:"要凭两三个人的口作见证,将那当死的人治死;不可凭一个人的口作见证将他治死。"第19章讲道:"人无论犯什么罪,做什么恶,不可凭一个人的口作见证,总要凭两三个人的口作见证才可定案。"这是法定证据制度即形式证据制度的古老遗迹,如果这一制度严格执行,一人作证时,就不能给任何人定罪,只能放掉。想象一下,这对审判者是多么大的约束!但形式证据制度在运用时会有一个技术弊端:如果

---

[1] 樊崇义主编、肖胜喜副主编:《刑事诉讼法学研究综述与评价》,中国政法大学出版社1991年版,第53页。

一方是两三个人，另一方有三四个人，审判者如何裁决？总不能哪边人多哪边有理吧？可回答偏偏是肯定的，而且上演了许多今人视为喜剧的一幕幕："两个证人的证言推翻一个证人之指控，农夫证言的价值是一般人的一半，女人证言的价值是男人的一半。在最极端的案例，假设有位男商人指控甲犯罪，那么，纵使有七个农妇出来证明被告甲不在场，法官也'应'判决被告'有罪'，因为，这种情形，要有八个以上（含本数）农妇的证言，才能推翻一个男商人的证言。"[1]

中世纪，形式证据曾被法定化甚至被机械地运用，比如"经被告自白或经两位无异议的证人所得之证据，即应视为有完全的证据力"[2]。这意味着，根据法定证据导出的结论是强制性的，而且，因为口供成为定罪必备之物，甚至誉为证据之王，所以法定证据制度下刑求之风盛行。历史上的各个王朝毫无例外地钟爱刑讯逼供，而且花样迭出，穷极了人类的各种想象力。伴随启蒙运动的兴起，刑讯逼供渐被唾弃，自由心证原则得以取代法定证据制度。也就是说，法官可以自由衡量证据价值，自由判断其证据力，尤其是证人证言。"证据的证明力由法官自由判断，这项原则叫自由心证主义。判断证据的价值不需要外部的制约，而是依靠法官的理性。为了防止法官的肆意判断，法律规定了评价证据的原则，这就是法定证据主义。纠问主义的刑事程序中的法定证据主义要求，作出有罪判决需要两名以上的目击证言或者被告人的自白。但是，多数犯罪没有目击者，所以认定有一定犯罪嫌疑的人有罪，就只好依靠自白了。而且由于允许拷问，产生了残酷的刑事司法。因此，弹劾主义的刑事程序采用了陪审制度，废止了自白必要主义，陪审员只根据'陪审员的理性所产生的印象'进行审判。这就是自由心证主义。"[3]

自由心证原则不再允许法律统一规定千差万别的证据的价值高低，而是让法律力所能及地限制证据本身的能力，尤其是强行排除刑讯逼供等非法证据，并且用法律明确规定法官获得证据的途径，必须保持基本的中立和被动，而在采信证据之前，必须经过直接言词审理。1808年《拿破

---

[1] 林钰雄：《刑事诉讼法》（上册），元照出版公司2015年版，第489页。
[2] 〔德〕罗克辛：《德国刑事诉讼法》，吴丽琪译，三民书局1998年版，第133页。
[3] 〔日〕田口守一：《刑事诉讼法》，刘迪等译，法律出版社2000年版，第221—222页。

仑刑事审理法典》对自由心证原则进行了近乎文学化的描绘:"法律对于陪审员通过何种方式而认定事实,并不计较,法律亦不为陪审员规定任何规则,使他们据以判断证据是否齐备及是否充分;法律仅要求陪审员深思细察,并本诸良心,诚实推求已经提出的对于被告不利和有利的证据,在他们的理智上产生了何种印象。法律未曾对陪审员说'经若干名证人证明的事实即为真实的事实',法律亦未曾说'未经某种记录、某种证件、若干证人、若干凭证证明的事实,即不得为已有充分证明';法律仅对陪审员提出这个问题:'你们已经形成内心的确信否'?"[1]这段文字采取了与"法定"相反的表达,不是说"因为有规定,所以不能、不可",而是强调"因为没有规定,所以能够、可以"。因此,自由心证有这样一种意涵:从相信文字神秘力量的立法,向信任法官心智能力的司法过渡。这一过渡期同时是两种证据制度的融合期。

相对于法定证据,自由心证之"自由"二字,仍应有其边界,不得恣意擅断,与之对应,法官必须具备很高的法律水准和道德素养。"法官必须运用所学以适用相关法律,然而,其首要职责仍在于发现真实究竟为何。因此,这些法学专业人士不能仅依靠刑事侦查人员及其侦查的卷证资料来办案。在发现真实的道路上,审判期日中所获取的印象是他们唯一能够依靠的部分。这些印象得自于证人在法庭前所作的证词、被大声朗读的文件资料,以及鉴定人协助其了解现场迹证的种种说明。然而,最关键的仍在于被告的答辩。被告是否认罪,态度是否配合?"[2]必须强调,法官发现真实的职责必须借由证据证明来达成,"且证据之证明力,虽许法院本其自由心证而为判断,但证明力之判断,以有证据之存在为前提。苟本无证据,自无依其心证自由判断其证明力,而为认定犯罪事实之依据"[3]。"自由"二字经常引起误解,有超越证据之嫌,而实际上,"自由心证原则乃谓刑事诉讼法对于证据证明力之评断,不作条文列举式之规定,而仅作原则性之提示规定,委由法院基于其实质真实之调查,经由直接与公开审理以及言词辩论程序,而获得之确信,自由判断而加认

---

〔1〕 王以真主编:《外国刑事诉讼法学》,北京大学出版社1994年版,第33页。
〔2〕 〔德〕汤玛斯·达恩史戴特:《法官的被害人》,郑惠芬译,卫城出版2016年版,第49页。
〔3〕 陈朴生:《刑事证据法》,三民书局1979年版,第14页。

定。……所谓自由判断,并非任意判断,或凭空臆想,而是就实质真实原则之调查结果以及公开与直接及言词方式之审理所得印象与结果,依据一般之经验法则及逻辑思维推论,并本其职责意识及良知,而作公正判断"[1]。

如果认为法官自由心证原则过分强调了法官内心确信,有些难以捉摸,不可量化把握,那么,不得不说情况确实如此,但舍此又别无更好选择,只能在何种证据应当进入法庭视野方面多下功夫。这种功夫不仅要下在刑诉法上,还要下在刑法上。多年来,刑法、刑诉法学科割据严重,不甚顾及彼此看法。比如刑法理论上研讨的特殊认知者问题,可能没有考虑到,果真有这样的案件,证明起来恐怕只能仰赖口供,而自我归罪的口供又怎样得来?刑法中设定的犯罪成立条件,如果落实到证据上过分指向对主观心态的自我描述,就等于鼓励刑讯逼供。再如车辆剐蹭,明明是从紧急停车带或自行车道违法超车强行并线,却指责正常行使的被撞者注意力不集中,或者在被撞者同意收钱私了后转而指控其"碰瓷"敲诈勒索。司法实践中,这类案件及其有罪认定已不在少数。问题是,凭什么究问守法的有路权的驾驶者心里怎么想呢?凭什么过问一个守规则的人的精神世界呢?尽管是"自由"心证,也非毫无限制。证据能力是自由心证的前提,已被排除的证据不得进入心证视野,未经严格证明者亦不得作为心证基础。自由心证与自由证明有别,前者指证据证明力由法官自由判断;后者指法官依一般惯例不拘形式地认定证据的可信性,不以具备证据能力或经合法调查为必要。

既采自由心证主义,关于供述,法官自可斟酌一切情形以为取舍,不必以供述有先后不同为判定证据力强弱的标准,也不必因共同被告陈述互有出入即全部舍弃,而仍应本于法院职权详为调查。证据证明力虽由法官依自由心证判断,但不得避免经验法则及论理法则。经验法则,"因其性质之不同,得分为一般经验法则与特别经验法则两种。前者,既系依吾人日常生活或法律生活所得知之事实,其形成之法则,自无证明之必要。故一般经验法则,并非证明之对象。后者,系具有特别知识或经验者

---

[1] 林山田:《刑事诉讼程序之基本原则》,载陈朴生主编:《刑事诉讼法论文选辑》,五南图书出版公司1984年版,第37页。

所得知之事实,其形成之法则,仍有待证明,如付与鉴定"[1]。不过,将特别知识经验理解为法则,是大可商榷的。经验法则,应当仅指基于日常生活经验所得之定则,当然,按通常经验,并非事理所无,亦非个人主观推测,更非毫无凭据。[2] 对自由心证的限制还包括如下一些内容:首先是审判笔录必须完整。1937 年上海有判例曰:"受讯问人所为之陈述,纵经第一审判决书予以引用,而其陈述未经记入笔录者,则其陈述,仍非合法存在,第二审法院即不得资为裁判之根据。"[3]其次是庭审笔录的证明力,比如上级法院审查下级法院是否公开审理,专以审判笔录为证,不再取决于自由心证,当然,如果庭审笔录本身真伪存在疑问,其判断可能还须借助自由心证。再次,自白须有补强证据,孤证不能定案,而当被告拒绝供述又无其他证据时,不得单以其沉默而为有罪推断。最后,法官行使自由心证权力时,不得恣意,以致极其离谱地在判决理由中声称"被告獐头鼠目,显非善类,故其所辩显不足采"[4]。

自由心证的优势都是在与法定证据制度的比较中得以彰显的:(1)法治国家都不再奉口供为证据之王,尽管实践中还有所折扣,但至少由法律作出宣示[5],自白不再当然可靠,更不可单凭自白定罪,在制度安排上减少了刑讯逼供的动力;(2)在口供禅位后,证人当庭证言的地位上升,其证明力取决于法庭印象,而非宣誓、身份地位、人数或行政层级;(3)承认间接证据的合理周密链接可以形成有罪心证,但也由此引入若干限制间接证据定罪的规则,比如证明无罪一个证据就已足够,无需形成证据链;(4)法官仍应遵从自然科学知识与经验法则,比如酒精测试或者 DNA 分析,其统计上的可靠程度足以作为裁判基础,而与此同理,自然科学无法认定的因果关系,不可用法官自由心证加以弥补,当然,科学证据的运用超出普通人甚至法官的判断能力,是否意味着将定罪权交予专家,是需要特别讨论的问题;(5)当今世界普遍赋予被告人沉默权,尽管论证结论必

---

[1] 陈朴生:《刑事证据法》,三民书局 1979 年版,第 176 页。
[2] 参见林俊益:《刑事诉讼法概论》(上),新学林出版公司 2011 年版,第 376—377 页。
[3] 参见陈朴生:《刑事证据法》,三民书局 1979 年版,第 14 页。
[4] 林钰雄:《刑事诉讼法》(上册),元照出版公司 2015 年版,第 491—493 页。
[5] 我国《刑事诉讼法》规定:对一切案件的判处都要重证据,重调查研究,不轻信口供。只有被告人供述,没有其他证据的,不能认定被告人有罪和处以刑罚;没有被告人供述,证据确实、充分的,可以认定被告人有罪和处以刑罚。

然倾向于沉默属不利被告的间接证据[1],但为了捍卫沉默权的有效落实,这种"沉默不利被告论"应当被彻底摒弃,不容讨论,反倒是不沉默可能带来风险,想想"米兰达警告"是怎么说的:"你有权保持沉默,如果你开口,你所说的一切可能用作不利于你的证据";(6)有拒绝作证权的证人拒绝作证,不得解释为不利于被告人,而当其沉默有利被告时,则应视为有证明力,例如,在杀害亲生婴儿罪轻于谋杀罪的国度,如果母亲主张自己出于无奈杀了私生子,而其配偶或孩子的生父皆拒绝作父子关系鉴定时,法庭应当相信母亲的自白。

第五节　罪疑唯轻

罪疑唯轻之"疑"与犯罪嫌疑之"疑"是截然不同的。后者指可能甚或极可能有罪,只是有待司法的澄清与认定;前者指对"有罪"本身产生很大疑问,*in dubio pro reo*。但这两者又都与"真实"这一重要概念有关,区别只在于,罪疑唯轻之疑越多,就越趋于无罪,而犯罪嫌疑越多,就越可能有罪。"嫌疑"一词,各法域刑事诉讼法几乎都没有精确定义。以嫌疑为名动用刑事追诉权,是警察国惯用的对付、骚扰甚至栽赃它不喜欢的或者不与它合作公民的利器。而在法治国,"在司法与人民的关系当中,不是只有对与错——也有介于对错之间者。有的主张可能有点真实,我们便称这种状态为嫌疑。对一个法治国家来说,这听起来实在教人感到惊异。可以这样吗?单凭这样的半真实,这所谓的第三权就能据以行使吗?在不确定的情况下作出决定,在怀疑的状态下采取行动:即使在法治国家,这样的事也无法避免。在大多数情形下,警方无法等到真相确证之后才行动。他们最主要的责任就是危险防卫——所根据的是对于可能发生情况的预测。……这种情况正可以说明,当一个人被认为有犯罪嫌疑时,他面临的将会是怎样危险的处境。嫌疑就此如影随形……再也挥之不去。……在法治国家,这种半真实暂时被容许用来辅助建构真实,其效力

---

[1] 英国1994年《刑事司法与公共秩序法》曾有例外规定,允许法庭从被告人毫无理由的沉默中推出不利于他的结论。Peter Hungerford-Welch, *Criminal Litigation and Sentencing*, Cavendish Publishing Limited, 2004, p.414.

仅维持到后续的认知有了改变为止"[1]。

因此,在半真实无法转化为真实的情况下,"检察官与法官从事采证时,对于此等迟疑难决之事,当应本其职权详为调查,并以自由心证原则而为其证明力之评价。但若仍旧事实不明,而有存疑之处时,则应就有利于被告之方向,从事证据之认定,此即是刑事诉讼法上之罪疑唯轻原则"[2]。刑事裁断不能辩证、统一、两可,最后必须作出某种处置,罪疑唯轻就是一种处置方式,这种方式被认为是现代诉讼文明的标志之一,但也是向刑事法治迈进过程中最难跨出的一步。正是基于这一原则,刑事案件的错误率少于民事案件,因为刑事法官在认为指控有疑点时,"哪怕是小小的疑问,都应该让被告受益于那些疑问,以致宣告他无罪。在这种情况下就很少酿成错案,因为对于嫌疑犯是否无辜,并没有轻易肯定;而是认真严肃地思考和争论过这个问题。因此,在每个环节上一丝不苟地执行这个因疑虑而使被告受益的原则,法官们才能绝对避免刑事审判中的错误。不幸的是,我们所说的这个重要原则往往被破坏。法官和陪审团成员在内心中存有这样的信念:不能容许罪犯逃脱法网!于是,当他们认为嫌疑犯可能背负重罪时,那些本来因存在疑问而有利于嫌疑人的材料,就被忽视不见了。刑事审判中发生的每一宗错案,都证明了:作出判决的人没有执行好这个神圣的原则——疑罪从无。根据这个原则,疑问,即使是小小的疑点,都应该使被告受益"[3]。

关于无罪推定,我国学界于20世纪70年代末80年代初进行了两次激烈争论,其中还关联着是否赋予被告沉默权的问题,都因未能理顺与"实事求是"的关系而无果而终,但至少可以在一定程度上畅所欲言了。[4] 关于有利被告,20世纪50年代中后期不仅已经开始争论,而且是以对有利被告论的彻底否定而告终的。当时批判的有利被告论,比疑利被告宽泛得多,那些认为被告为了说明自己无罪而作虚伪陈述无需负责,

---

〔1〕 〔德〕汤玛斯·达恩史戴特:《法官的被害人》,郑惠芬译,卫城出版2016年版,第72页、第73页。

〔2〕 林山田:《刑事诉讼程序之基本原则》,载陈朴生主编:《刑事诉讼法论文选辑》,五南图书出版公司1984年版,第39页。

〔3〕 〔法〕勒内·弗洛里奥:《错案》,赵淑美、张洪竹译,法律出版社2013年版,第3页。

〔4〕 参见樊崇义主编、肖胜喜副主编:《刑事诉讼法学研究综述与评价》,中国政法大学出版社1991年版,第229—230页及第251—252页所载"主要参考文献"。

认为为了防止被告的地位恶化而不得超出指控判处更重的罪名,或者认为上诉不应加刑等观点,都会作为有利被告论而加以批判。批判者所理解的有利被告论,"简单地说,就是从被告利益出发,为被告想办法开脱罪责。从立场上看,有利被告论就是被告的立场。……政法工作是向敌人专政的武器,他把这个武器用来为被告开脱罪责,就等于调转矛头向人民来专政。问题的严重性就在这里。从方法论上来讲,刑事被告仅仅是刑事诉讼的一方,刑事诉讼的另一方,即公诉人或者自诉人,那就是国家机关和人民,有利被告仅是从被告一方出发,必然先入为主,主观片面,根本谈不上全面地实事求是地对待问题,更谈不上从国家和人民方面来考虑问题,这也显然是形而上学的反动的思想方法。……要说有利,那就只有利于社会主义,有利于无产阶级专政,有利于打击敌人;要说不利,那只是不利于反动阶级反动派,不利于反革命分子,不利于刑事罪犯"[1]。

在20世纪50年代末,有学者为自己曾经主张的有利被告论作出深刻检查。"由于我的阶级觉悟不高,敌我界限不清,对阶级性和党性最强烈的法律科学尚认识不足,因而在我担任的刑事诉讼课程教学中,不但积极地主张和宣扬过有利被告的谬论,而且在1957年第2期《法学》上还写了一篇题为《试论刑事诉讼中的被告人》的文章。这篇文章的基本思想是错误的。它给社会上、实践工作和学生都造成了极坏的影响。在党的教育和同志们的帮助下,通过学习党的方针政策,现在我已初步认识到这种'理论'的反动性。……有利被告论是资产阶级由欺骗劳动人民而变成镇压劳动人民的一个政治手段。……有利被告论已不是思想范畴问题,而是政治问题,它成了右派分子向党、向社会主义猖狂进攻的一支毒箭。"[2]形成对照的是,苏联在观念上不同于我国,它的刑事诉讼理论并不否定有利被告论,还不止一次地支持宣告无罪推定的国际条约,例如1973年批准了《公民权利和政治权利国际公约》。苏联将无罪推定理解为一项宪法原则,认为它所反映的不是某个诉讼主体的个人意见,而是不容辩驳的和无一例外的客观法律原则,是绝对的,必须无条件地遵守。由

---

[1] 张汝东:《批判在审判实践中的旧法观点与有利被告论》,载《政法研究》1958年第4期。
[2] 罗荣:《彻底批判"有利被告"的谬论——对"试论刑事诉讼中的被告人"一文的检查》,载《法学》1958年第3期。

此得出结论,刑事被告人的罪过只有通过全面的法庭调查,得到明确的证明,才能认定有罪。用苏联学者的话说,由于事物的逻辑而认为刑事被告有罪的国家机关,也必须做到这一点。[1]

无罪推定现今已是无需争议的思想、理念、主义,由《世界人权宣言》《公民权利和政治权利国际公约》宣示为普遍公认的刑事诉讼的核心价值,其基本含义是"任何受指控犯罪的人,在没有依法确定其有罪之前,均推定其无罪"。既然是推定,就允许反驳,不容反驳的,就不是推定。"如果能够提出相反证据并且确保了辩护权利",无罪推定并不妨碍已有的法律上的规定,比如,违反停车规定的违警罪,"推定持有车辆登记证的人应负金钱责任"。[2]由于无罪推定最早出自1789年《人权宣言》,因此法国学者比较钟爱这一概念。而德国学者认为:"无罪推定原则的实质内涵除了以罪疑唯轻原则为中心外,迄今尚未明了。不管是纯粹出自对罪嫌的猜测而实施刑事诉讼上之强制措施,或在对犯罪嫌疑程度等级的区分以作为要否实施国家侵犯人民权利的决定标准时,均需考量此原则。不过,无罪推定原则只有在把宪法上逾越禁止的规定具体化时,方有其称道的价值:即只要事实上无法证明其为有罪,则犯罪嫌疑人在确定判决之前均不得为此受累。"[3]可见,德国学者更愿意围绕罪疑唯轻讨论问题,因为只有罪疑唯轻才是无罪推定的实质内容。"刑事诉讼程序中的有疑唯利被告原则,可以保障被告免于被纠问,即法官在相反佐证出现之前都应相信被告。这个原则在法律史中是最重要的文化表现之一。而如果这个原则真的受到严格遵守,那么当刑事司法这个巨大的磨坊为了发现真实而转动,它的危险性就只剩下一半。"[4]

有疑问时应作有利被告的决定,当代各法域对此似乎未见异议,但其中所谓"疑问",是仅包括事实,还是包括事实与法律两方面,向来争议不

---

[1] 参见〔苏〕蒂里切夫等编著:《苏维埃刑事诉讼》,张仲麟等译,法律出版社1984年版,第77—78页。

[2] 〔法〕贝尔纳·布洛克:《法国刑事诉讼法》,罗结珍译,中国政法大学出版社2009年版,第67页注1。

[3] 〔德〕罗克辛:《德国刑事诉讼法》,吴丽琪译,三民书局1998年版,第100—101页。

[4] 〔德〕汤玛斯·达恩史戴特:《法官的被害人》,郑惠芬译,卫城出版2016年版,第49页。

断,因为争议双方都明白,不同的观点将导致"疑问有利被告原则"是否以及如何适用。占上风的观点是,"罪疑唯轻原则仅适用于事实真相之调查,而不适用于法律问题。由于法律见解之不同,故对被告之罪责及其应科之刑度迟疑不决时,法院并不一定要就被告有利而采证,或从轻处断,法院可就被告之不利益而采证或处断。至于诉讼要件,如时效之问题,模糊不清时,可否适用罪疑唯轻原则,在学术讨论上尚无一致之见解,部分学者采肯定说,认为……应可适用罪疑唯轻原则。联邦德国之判例采此说"[1]。不过,疑难案件有两种,一种属事实不清,像黑泽明执导的影片《罗生门》所表现的那样;另一种是事实非常清楚,但法律性质存在争议,比如昆山的所谓反杀案,有视频为证,但究竟是否成立正当防卫以及是否存在防卫过当,都有争议。如果只承认事实有疑有利被告,不承认法律有疑有利被告,那么疑利被告原则将会大打折扣。同时,考虑到事实问题与法律问题并无公认的清晰界限,疑利被告原则可能被严重架空。

其实,林山田先生上述解说就不乏可疑之处,一则所谓"被告之罪责及其应科之刑度"并非法律问题,而是自由心证与自由裁量问题,当然可以不受罪疑唯轻原则限制;二则时效问题及多数诉讼要件问题实属法律问题,承认其受制于罪疑唯轻原则,就不能再排除法律问题,因为仅在这个领域,法律问题已经着实不少,甚至不能以例外称之。在罪疑唯轻适用范围上,区别对待事实问题与法律问题,实际是立场先行的结果,比如有学者认为,"任何法律条文都可能有疑问;即便原本没有疑问,在遇到具体案件时,也会有人为了某一方的利益而制造疑问;如果一有疑问就必须作出有利于被告人的解释,刑法理论就不需要展开争论,只要善于提出疑问并知道何种解释有利于被告即可。此外,如果要求刑法解释有利于被告,必然导致定罪混乱,亦即,可以根据案件的具体情况分别适用完全不同甚至相反的学说。事实表明,在法律有疑问时,要一概作出有利于被告人的解释是不可能的。例如,刑法中的'贩卖'是否仅限于购买后再出卖,这是有疑问的。在面对行为人出卖了其所拾得的 500 克海洛因的案件时,恐

---

[1] 林山田:《刑事诉讼程序之基本原则》,载陈朴生主编:《刑事诉讼法论文选辑》,五南图书出版公司 1984 年版,第 40 页。

怕不能得出有利于被告人的无罪结论"〔1〕。

罪疑唯轻之"疑",与刑法理论发展也有密切关系。以刑法客观归责中的风险升高理论为例,卡车司机 L 于车道中超越骑脚踏车的 R 时,未保持法律要求的安全距离,R 倒向卡车,被后轮辗轧死亡。但据事后勘验、鉴定,因 R 醉酒,即使 L 保持了安全距离,死亡结果也有可能发生。当然,死亡结果不是一定会发生,而是不确定到底会否发生。所涉及的问题是,"结果不可避免性的事实判定不明时应该如何裁判"。假设行为人合法遵守义务规范而结果仍然几近确定发生,则因结果不具可避免性而无法归责于行为人;反之,假设鉴定结果不是几近确定发生,而只是可能发生,就无法直接论断结果的可避免还是不可避免。依德国传统通说见解,由于结论无法确定,即若 L 保持法定安全距离,仍不确定 R 会否命丧轮下,诉讼法上的罪疑唯轻原则便有了适用余地。罪疑唯轻在此取代了相当因果关系说,得出死亡结果无法归责的结论。但风险升高理论在一种假设情况下对卡车超车案有不同看法,那就是,假如 L 遵守超车规则,则即使不是几近确定,R 也是有可能保住性命。这时,风险升高论者认为,正因为 L 没有遵守法定的安全距离,所以才明显地提高了 R 意外死亡的风险,而 R 也的确死于轮下,就此判定,L 不但制造了法所不允许的风险,而且实现了这一风险,归责于 L 是理所当然的。但应澄清的是,风险升高理论并非一概否定罪疑唯轻原则,而是主张只适用于实际发生的事件,不适用于未发生的假设事件。〔2〕 这里讨论的既不是事实问题,也不是法律问题,而是理论观点是否为罪疑唯轻预留了喘息空间的问题。

"在刑事方面,在条文的解释上会遇到同样的困难。但这些困难并不算很大。……因为我们的刑法是由两大原则决定的。1. 法律上不存在无明文规定的刑罚;2. 刑事审判中应当执行怀疑对被告有利的原则。没有不加明文规定的刑罚,这就是说,在刑事方面,一切没有被禁止的事是许可的。我这里强调了'在刑事方面',实际上,一件坏事虽然可能没有受到刑法的制约,但受害人由于遭受到损害,他仍然可以在民事法

---

〔1〕 张明楷:《刑法格言的展开》,北京大学出版社 2013 年版,第 546—547 页;批评意见,参见邓子滨:《中国实质刑法观批判》,法律出版社 2017 年版,第 209 页以下。

〔2〕 参见林钰雄:《新刑法总则》,元照出版公司 2016 年版,第 174—175 页。

庭得到损害赔偿。如果某一段刑法条文十分难懂,或者模棱两可,不能明确对于已起诉的案件是否适用,这种情况下,法官应宣告被告无罪。这样做才是不折不扣地履行了我们那条金科玉律般的原则:'怀疑应对被告有利。'有时也会发生这样的事,法官们对他要审理的不道德行为非常气愤,凭着法律上大胆的构思,他倾向于将这一行为纳入刑法的某一条款而给予刑罚。这样,他们就很可能犯裁判错误。……刑法典是每一个法国人的人身保护。如果公众舆论容许审判官可以随意扩大刑法条款的有效范围,那么就谁也不能保证他不会受到惩罚了。在刑事审判中是禁止类比推理的,所有公民的人身保证就在于严格执行刑法典。由于对一种行为是否属于不道德或者不诚实的评价是主观的,并且往往取决于那种行为引起的后果,判断这种行为是否该负法律责任,就需要有严格的规定。举例说,假设一处桥的隧道工程塌陷,堤堰被冲而决坝,一座炸药制造厂被毁坏并且有许多人受害伤亡,那么,如果硬要有关的条文体现出比它本身所预见的更多一些的含义,那样做的结果将会造成裁判错误。……如果法律上有空白,那么,填补这种空白是立法者的责任,而不是法官的责任。"[1]

在英美,presumption of innocence 作为一种公理,其历史和现实意义已经无需讨论。在诉讼实践中也没有非常复杂的理论阐释,而只是一套法律人娴熟运用的举证责任分配规则。比如,被告人无需证明自己不在现场或者在现场没有犯罪,指控犯罪的人需要对此加以证明,即必须证明嫌疑人在特定的时间、特定地点以某种方式实施了犯罪,或者以某种方式支配或者帮助了犯罪,指控者不能完成这些证明责任,或者证明的不清不楚,结论必然是指控不成立。事实有疑可能由于证据不足,也可能由于证据相互矛盾且无法排除,无论哪种情况,做有利被告的结论是不存在争议的。当然,被告有权利证明自己无罪,比如不在现场的证据事实上多由被告提供,但无论如何判决书不能写"被告主张自己不在现场,但却无法证明到确实、充分、排除合理怀疑的程度,因此合议庭认为应当认定被告人在犯罪现场",而应当写"本院就被告人不在现场的主张进行了审理,因无

---

[1] [法]勒内·弗洛里奥:《错案》,赵淑美、张洪竹译,法律出版社2013年版,第46—47页。

法排除其不在现场的可能,应当判决被告人无罪"。不过,"使用不在现场的证明应该非常谨慎……人们很难证明这一天、这个时间他不在这个地方。应该去证明的,只能是同一天、同一时刻他在别的地方。……千万不要力图给自己制造一个这样的证明。如果有人证明了您的不在现场的证明是假的,您就倒霉了"[1]。

举证责任在控方,但正当防卫之主张则无疑加重了证明责任,至少要证明自己正在遭受不法侵害。就辩护策略而言,也应考虑到辩方对正当防卫的主张有一定的证明难度。尤其在罪疑唯轻观念尚不稳固的时代,很容易形成"被告方无法证明正当防卫,因而是故意伤害"的判决逻辑,而实际判决结果往往如此。比如夏俊峰案就是犯了这种辩护方向的错误。辽宁省沈阳市中级人民法院(2009)沈刑一初字第278号刑事附带民事判决书"经审理查明"部分指明,2009年5月16日10时许,被告人夏俊峰因违章设摊经营而与前来执法的城管人员申某、张某东、张某等人发生冲突,执法人员当场扣下夏俊峰的液化气罐,夏俊峰随同上述人员至滨河行政执法勤务室处理此事。当日11时许,在该勤务室内,被告人夏俊峰与申某、张某东再次发生冲突,夏俊峰持随身携带的尖刀先后连刺申某、张某东及张某数刀,致申某、张某东死亡,张某重伤。在众寡悬殊的场景中其实不难推出弱者绝地反击的假定,但从判决书一再强调的"冲突"二字不难看出,正当防卫这一假定得到证立的可能性多么微乎其微。

判决书将控辩双方争议焦点概括为被告人的行为是否具有防卫性质、防卫情节,被害人是否有过错。判决书是这样否定防卫性质、防卫情节及被害人具有过错的:"经查,证人陶某始终距案发地点仅数米,其证言未能证实存在殴打一节,此节只有被告人供述,无其他证据证明,认定此节证据不足。故本案不具有防卫情节,被害人在案件起因上不存在重大过错。"现在需要对一审判决书进行约分,找出控方证据的最大公约数。删繁就简后自会发现,法院确认的证据虽有14项之多,但真正关乎案件事实的,其实就一两项,而且都不足以支持判决。有6项证据是关于现场勘验、死伤鉴定、抓捕过程、附带民事以及被告人、被害人基本情况的。有

---

[1] [法]勒内·弗洛里奥:《错案》,赵淑美、张洪竹译,法律出版社2013年版,第120页。

4 项证据是在场的执法人员和司机的证言,可归纳为三个要点:(1)都没有看到勤务室内打人;(2)都是从夏俊峰开始动刀后才目睹现场的;(3)执法过程中"发生冲突","办公室有过争吵声"。有两项证据分别是夏俊峰妻子以及辩方 5 名证人的证言,证实街头执法过程中双方发生过冲突。另有一项证据是夏俊峰的供述和辩解,他强调自己不仅在街头被打,而且在勤务室内也被打骂。这些证据不足以证明被告人具备正当防卫的前提条件,但证明执法人员有严重过错却足够了。

归纳控辩双方各自的诉求,非常清楚,控方要的是死刑并且立即执行,没有立即执行已被视为一种失败,必欲反败为胜;辩方要的是刀下留人,不应有更高的企图,如果当初降低一些调门,或许能有更好的结果。归纳可知,一审判决书所列证据其实只能认定三个事实:街头有冲突;勤务室有争吵;夏俊峰有持刀杀伤行为。这些事实足以支持死刑立即执行的判决吗?显然不能。本案二审上诉阶段,我曾提出调整辩护思路的建议,希望辩护更务实一些,降低辩护难度,切勿图虚名而招实祸。[1] 正当防卫的前提条件是必须存在并且正在面临不法侵害,而这方面的举证是控方不愿完成、辩方无法完成的。正当防卫不仅意味着一种辩护,也意味着一种指控,即对方正在进行不法侵害,而且需要达到一定的侵害强度。如果此时辩方不能举证,就可能陷入被动。因此,真正有利于夏俊峰的提问是:被害人作为城管人员是否有过错并且这些过错可以减轻被告人的罪责,以至于减轻到可以不对其判处死刑,至少不应当立即执行?显而易见,"办公室有争吵",足以构成被害人的重大过错。判决书没有理由忽略或者低估这一细节。如果认为被害人是在从事行政执法,那就不只是过错,而是违法。因为在勤务室里,执法者是不能与相对人争吵的,争吵了就是违法。也因此,城管一方有责任证明自己的执法是合法的、适当的,并且执法过程中没有过错。

被告人夏俊峰在预审阶段的供述,解释他之所以动刀,是因为在勤务室内遭张某东和申某二人殴打。因此,需要证明的核心事实是,夏俊峰是否在勤务室内被殴打?而所有的证据都无法指向这一点。首先,张某东和申某已去世,曹某在取证阶段称自己不在室内,只有重伤者张某作为被

---

[1] 参见邓子滨:《公正必须看得见》,载《南方周末》2011 年 5 月 19 日。

害人的陈述。而根据张某的说法,"当我刚走进办公室,看见这个男子背对着我,正在用刀扎张某东",这说明他并没有看到动刀之前是否发生了殴打。其次,"证人陶某系街道办事处司机,其证言证实夏俊峰等人到勤务区办公室不久,其在里屋听见外面一声喊声,其随即至外屋见张某东、申某已被刺伤的事实",也没有看到张某东、申某二人被刺伤以前的情况。最后,证人曹某、祖某辉的证言笔录也都明确说没有看到张某东、申某二人受伤倒地以前的情况。因此,即便不去计较一审判决书对证人证言的取舍问题,也可以肯定判决书对这些证据的运用确实值得商榷:假设夏俊峰与张某作为对立双方的证词一对一相互抵消了,那么,需要有其他证据才能使事实样态倾向于某一方的描述。既然所有其他证人都不是勤务室内情况的目击者,他们自然不能证明发生殴打,也自然不能证明没有发生殴打。而这个或许永远无法消除的疑团,应当作有利被告的解释,这是罪疑唯轻原则的起码要求。

而一审判决书竟然从没有目击者的证人证言里"听出了"没有殴打的结论。判决书称,"证人陶某始终距案发地点仅数米,其证言未能证实存在殴打一节",将不在室内替换为"距案发地点仅数米",似乎为了增强证人陶某证言的可信度,但不可否认,距离仅数米仍然不是目击者。而不在室内的非目击者未能证实存在殴打一节,并不意味着殴打不存在,也就是,不足以否定有过殴打行为。只有被告人关于曾被殴打的供述,无其他证据证明,确实证据不足,但这个证据不足,不应当用来否定殴打,而恰恰应当说,不能排除有殴打可能,控方没有确实、充分并排除合理怀疑地证明没有殴打行为,因此,不能认定不存在防卫前提。夏俊峰被一审法院认定为故意杀人,致二死一重伤,手段残忍,罪行极其严重,判处死刑,立即执行。案件上诉至辽宁省高院,2011年5月10日辽宁省高院终审维持原判,自动进入最高院进行死刑复核。案件在死刑复核阶段停留时间较长,许多业内人士乐观地认为,鉴于一、二审判决粗糙,最高院可能以"拖字诀"来平息舆情,最终饶夏不死。但在2013年9月25日,最高院核准了夏俊峰死刑,维持了2年又4个月的一线生机突然破灭了。

偏离罪疑唯轻原则的判决并非罕见,即使是罕见的,但对被告及其家庭来说也意味着一切都终结了。最高人民法院(2003)刑提字第5号再审刘涌案刑事判决书载明,再审被告人刘涌被铁岭市中院判处死刑立即执行,判决宣告后刘涌提出上诉。辽宁省高院改判死刑缓期二年执行,理由是"不能从根本上排除公安机关在侦查过程中存在刑讯逼供"。该判决发生法律效力后,最高院作出再审决定,以原二审判决不当为由,依照审判监督程序提审本案。再审判决书认为,"刘涌的辩护人在庭审中出示的证明公安人员存在刑讯逼供的证人证言,取证形式不符合有关法规,且证言之间相互矛盾,同一证人的证言前后矛盾,不予采信。据此,不能认定公安机关在侦查阶段存在刑讯逼供,刘涌及其辩护人的辩解和辩护意见,本院不予采纳",从而撤销了原二审判决的死缓量刑,重又判处刘涌死刑立即执行。最高院判决理由的错误显而易见,用"不能认定"否定"不能排除",是违反罪疑唯轻原则的,因为不能认定不意味着能够排除,法律恰恰规定,不能排除合理怀疑的,应当作有利被告的判决。[1]

2003年最高院关于刘涌案的判决,不仅违背罪疑唯轻、不告不理、被告上诉权等一系列原则和原理,而且,若以我国2012年《刑事诉讼法》的规定加以回顾审视,还会发现该判决颠倒了举证责任。根据我国《刑事诉讼法》的规定,当事人及其辩护人、诉讼代理人有权申请法院对以非法方法收集的证据依法予以排除,但应当提供相关线索或材料;在对证据收集的合法性进行法庭调查的过程中,检察院应当对证据收集的合法性加以证明;而如果检察院未能尽其证明责任的,则不能排除以非法方法收集证据情形的,对有关证据应当予以排除,而不是像最高院对刘涌案的判决一样,由法院的认定代替检察院的证明,并且以不能认定替代不能排除,此大谬不然也。倒置举证责任,让被告人证明自己无罪,如果被告方没有尽到证明自己无罪的责任,不构成犯罪的辩解就不能成立。这样的判词在21世纪初还为数不少,比如杜培武案的判决书载明,"本院认为:本案控辩双方争执的焦点是指控证据取得是否有违反刑事诉讼法的有关规定。在诉讼中辩护人未能向法庭提供充分证据证明其观点的成立,仅就指控证据材料的部分内容加以分析评述,而否定相关证据的整体证明效力,并推出本案事实不清,证据不足,被告人杜培武无罪的结论,纯系主观……

---

[1] 对于再审刘涌案的全面批评,参见冯军:《评〈最高人民法院再审刘涌案刑事判决书〉——兼评从刘涌案中表现出的种种法治乱象》,载陈兴良主编:《刑事法评论》(第14卷),中国政法大学出版社2004年版,第134—135页。

的推论,无充分证据加以支持,该辩护意见不予采纳"[1]。我国学者就此评论道:"这份判决书的逻辑究竟存在什么问题?按照通常的说法,这种责令被告人承担证明责任的观点,违背了无罪推定原则。具体说来,按照无罪推定原则,任何人在被证明为有罪之前,都应被推定为无罪的人。与其他推定一样,这种无罪的推定替代了无罪的证明,免除了被告人证明自己无罪的责任。而检察官要推翻无罪推定,则需要承担证明被告人有罪的责任,并要将这一点证明到'事实清楚、证据充分'的最高程度。根据这一原理,在法院作出判决之前,杜培武应被推定为无罪的人,他无须承担证明自己无罪的责任,也不能因为不能证明自己无罪而被裁判有罪。"[2]

---

[1] 云南省昆明市中级人民法院(1998)昆刑初字第394号刑事判决书。
[2] 陈瑞华:《看得见的正义》(第三版),法律出版社2019年版,第281—282页。

第五章　居中裁判

> 法官是法律世界的国王，除了法律就没有别的上司。
>
> ——马克思

法官与公诉人、被告人为法院庭审三大主角，构成一个等腰三角形，法官居中置顶，公诉人、被告人分别为底边两点。这一形象有利于理解控辩平等对抗、法官居中裁判的现代刑事诉讼。庭审是刑事诉讼的核心，而确保刑事诉讼公平、有效、不偏不倚的最重要的人物是主审法官。法官是通过遴选或指派而主持审判的，理想状态下，法官是因其学力、正直、忍耐和同情而被遴选出来的，他们的法袍象征着正义。[1] 判断法官是否居中裁判有多项指标，但其基本尺度不外乎围绕庭审过程的独立、中立与照顾弱势一方。被告人极有可能因检察官的不正行为而丧失获得公正审判的权利，而法官要时刻注意纠正检察官的不正行为，尤其警惕检察官对警察违法行为的掩饰、包庇乃至纵容，并且要立刻采取行动加以纠正，不让控方的不正行为进入下一诉讼环节，成为既成事实，日后纠正起来代价极高。法官要关注的另一种不公是检察官利用羁押事实来贬低被告人形象，进而顺利赢得有罪判决，比如让被告人身着看守所的囚服出庭受审，以安全为名对不具有即时危险的被告加以械具约

---

[1] John M. Scheb & John M. Scheb II, *Criminal Law and Procedure*, Wadsworth Cengage Learning, 2011, p.580.

束,等等。公正审判要求案件结果只受证据左右,不受外界环境影响,尤其不受媒体舆情干扰。法官可以采用一些措施保障被告人获得公正审判的权利,比如将陪审员们隔离起来,提醒他们不要收听、收看媒体对在审案件的相关报道,向媒体发布不准报道本案的禁止令,适当延期审理等待公众怒气消散,或者干脆改变地域管辖。[1]

第一节　法院的组织与原则

现代社会,法官隶属于法院。"法院"一词引入中国,借用了传统的院部制,并非庭院之"院"。回顾百年,清末即已完成法院布局,但机构运作至北洋政府时期才有效进行。此前断案,由县官民刑兼理,重案逐级上报,或由刺史巡回"录囚"复审,甚至由皇帝亲审,如魏晋时期,皇帝曾亲断大狱。[2] 而英文 Court 一词,"法庭"才是真正精当迻译,乃庭院之"庭"也。"一方面,它是指统治者的居所或庭院;另一方面,它也指分配正义的地方。"[3]一方水土的头面人物在庭院里摆摊设点,讼争者各出一定费用前来寻求解决。"在原来的司法行政中,它所采用的程序,主要是模仿私人生活中可能要做的一系列的行为,即人们在生活中发生了争执,但在后来不得不把他们的争执提交和解。高级官吏谨慎地模效着临时被召唤来的一个私人公断者的态度。"[4]法国被蛮族入侵后,高卢—罗马行政区设置了法兰克指挥官,享有司法权力。自加洛林王朝开始设置法院,形成了封建领主司法,此外还有教会法庭和国王法庭。[5] 无论侦查、起诉过程多么曲折复杂,也无论判决后有多少悲欢离合,刑事诉讼的真正重心在于庭审,而主持庭审的是法官。

---

[1] Ronald Bacigal, *Criminal Law and Procedure: An Overview*, Delmar, Cengage Learning, 2009, p.280.

[2] 参见(清)沈家本撰:《历代刑法考》,邓经元、骈宇骞点校,中华书局1985年版,第791—793页。

[3] 〔美〕博西格诺等:《法律之门》(第八版),邓子滨译,华夏出版社2017年版,第331页。

[4] 〔英〕梅因:《古代法》,沈景一译,商务印书馆1959年版,第211页。

[5] 参见〔法〕贝尔纳·布洛克:《法国刑事诉讼法》,罗结珍译,中国政法大学出版社2009年版,第36—37页。

法官审理案件有独任制与合议制两种形式。独任制中法官即是审判长;合议制中主审法官为审判长,其他陪审法官为审判员。可见,独任制与合议制只是法院内部对案件审理方式的安排,并非对法官与法院关系的描述。独任法官一般负责轻罪初审或者庭前裁决,重大案件应合议裁断,既可集思广益,也有利相互监督。1929年在布加勒斯特召开的第二届国际刑法大会上,将独任法官或合议庭作为专题,要求对有罪判决和对该判决的上诉,应当绝对地以合议方式进行。特别强调的是,独任法官应在力所能及的范围内审理过失的、非自愿的或者不重要的故意犯罪,而最为严重的故意犯罪应当交由合议庭审理。法院还要遴选一些陪审员参与合议制审判,与法官有同等表决权,但不能主持独任制审判。各法域刑事诉讼法一般都规定,案件事实清楚、证据充分,被告认罪,对指控事实及适用简易程序没有异议,判处3年有期徒刑以下刑罚的,可以适用简易程序并由法官独任审判。陪审团制则比较完整地保留在英美法系,是与这样一种民主思想有关的:"要在刑事法院中代表全部国民行使国家的权力,其最好是经由一般的国民来实现,因其同时也将提供对抗来自官方的压力影响时的最佳保证。"[1]在法国,重罪法庭中除3名职业法官外还有9名陪审团成员,在重罪上诉审中,陪审团为12人。[2]

法院组织受法官保留、法官独立和法官居中三项原则支配。三项原则属于递进关系,逆向观察,法官得以安稳中立而不被左推右搡,是因为制度认可且保障其独立。而法官之所以能够不受外部势力干预,前提又必然是制度允许其垄断包办某些事项,其他人染指这些事项,须冒天下之大不韪,比如有人竟敢私设公堂,便会因罪行昭彰而无所遁形,因而这类事情确实很少发生。具体而言,法官保留原则,是指将特定的事项仅仅留给法官行使。在刑事诉讼中,所谓特定事项,既包括审判,也涵盖批准羁押、搜查、检查与扣押令状的权力,通讯监察亦应遵循法官颁发令状原则。法官保留原则之必要性在于,"经由中立之审查,避免使侦查机关为取证之目的而丧失制衡之力量,进而避免使人民受到国家机关毫无节制之干

---

〔1〕 〔德〕罗克辛:《德国刑事诉讼法》,吴丽琪译,三民书局1998年版,第45页。
〔2〕 参见〔法〕贝尔纳·布洛克:《法国刑事诉讼法》,罗结珍译,中国政法大学出版社2009年版,第272—273页。

预行为的侵害"〔1〕。根据联合国核心国际人权条约的有关规定,"任何人不得加以任意逮捕、拘禁或放逐";"任何因逮捕或拘禁被剥夺自由的人,有资格向法庭提起诉讼,以便法庭能不拖延地决定拘禁他是否合法以及如果拘禁不合法时命令予以释放"〔2〕。其中对剥夺他人自由的政府行为,尤其提出必须经由法院审查的要求。批准拘捕、羁押的权力,各法域都是赋予法官独享,极少授予检察官,我国由检察院审查批捕的做法并非通例。虽说公然违反法官保留原则的事件极少,但偷梁换柱、暗度陈仓者却也不在少数。

《申命记》中说:"你要在耶和华你神所赐的各城里,按着各支派设立审判官和官长。他们必按公义的审判判断百姓。不可屈枉正直,不可看人的外貌,也不可受贿赂,因为贿赂能叫智慧人的眼变瞎了,又能颠倒义人的话。你要追求至公、至义,好叫你存活,承受耶和华你神的地。"法官独立原则,是现代法治国宪法一致的要求与保障,防范司法职务受行政指令或其他外力干预。1985年联合国大会批准的《关于司法机关独立的基本原则》第2条规定:"司法机关应不偏不倚、以事实为根据并依法律规定来裁决其所受理的案件,而不应有任何约束,也不应为任何直接或间接不当的影响、怂恿、压力、威胁或干涉所左右,不论其来自何方或出于何种理由。"法官独立包括业务自主与职业终身两部分,前者易于感知和识别,行政外力干预司法在不良法治环节下并不少见,偶尔还肆行恣意,但毕竟风险较大,成本较高;而后者却施力于无形,并且机会频仍,借口繁多,因而成为干扰法官独立的主要方式。而所谓通过电脑派案的方式,也不是解决了问题,只不过是将问题进行了转化:谁来操纵电脑?"人事权干预司法的实质威力,不下于指令权,操纵法官人事,才是遥控司法案件走向的上游技术,是以,人事政策向来成为司法行政入侵刑事审判的险要关口。德国联邦检察总长居德曾经以讽刺的语气引述以往普鲁士司法部长李翁纳德的名言:只要余能保有任命及提拔法官的权力,余非常乐意维护法官其他的独立性保障。所以现代各法治国家的宪法为捍卫独立司法,除明

---

〔1〕 黄翰义:《程序正义之理念》(一),元照出版公司2010年版,第237页。

〔2〕 联合国大会1948年12月10日决议通过并宣布之《世界人权宣言》第9条;联合国大会1966年12月16日决议通过并开放给各国签字、批准和加入,于1976年3月23日生效之《公民权利和政治权利国际公约》第9条第4款。

文保障法官的事物独立性外,率皆明文揭示法官人身之独立性,罗列其身份保障事项,杜绝以人事政策操纵独立司法的管道。"[1]

法官居中原则,是公正审判的核心,它要求审理者不偏袒一方。而如果法官在案件中嵌入个人利益或对当事人怀有偏见,就很难做到公正审判。即使个人利益或偏见实际上没有影响判决的正确性,也要防止表面上给人带来的不信任。1990年苏联最高法院首席在一篇文章中极为克制地提到:"法官独立性的缺失体现在,在法院实践中,几乎完全看不到无罪判决:在判决前,法官不是推定无罪,而偏好在发现规则恰好不适用于案件时,将案件返回控方要求补充调查……法官的独立性正在恢复,人员的素质已得到提高,尽管这一进程还很缓慢……我们的法院改革,旨在保障司法权的独立性,并强化以法律为基础的国家的根基。"[2]与苏联相比,英美法官的中立性显然好得多,好到在宪法权利的高度确保被告能遇到一个不偏不倚的法官。美国最高法院指出:"将被告的自由或财产置于法庭的裁判之下,而主审的法官却在达成的、针对被告的裁判结论中有着直接的、个人的、实际的金钱利益,这显然是违宪的,剥夺了被告的正当程序权利。利益对普通人是一种诱惑,而这个普通人一旦成为法官,将会忘记给被告定罪所需要的证明责任。利益还会驱使法官在国家和被告之间不能一碗水端平。"[3]

在对抗制中,证人都是由控辩双方分别询问的,不过法官也有向证人直接发问的权利,有时甚至是义务。但上诉法院一再强调,庭审法官的提问不应显示出偏颇或者带有感情色彩,更不应问个没完没了。[4] 法官是人民权利的最后一道防线,是人民对抗政府机关的最后仲裁者。当检察官对被告人穷追猛打时,制度设计使法官处于中立角色,裁判被告人与检察官的争执,以使公众信服。如果审判中,法官接续检察官的角色,再与被告针锋相对,那还要法官干什么?法官存在的理论基础,并不是法官比检察官、辩护人更能发现真实,而是更为中立。因此,法官中立必然体现

---

[1] 林钰雄:《刑事诉讼法》(上册),元照出版公司2015年版,第100页。
[2] 〔爱尔兰〕凯利:《西方法律思想简史》,王笑红译,法律出版社2002年版,第381页。
[3] *Tumey v. Ohio*, 273 U.S. 510 (1927).
[4] *Commonwealth v. Hammer*, 494 A.2d 1054, 1060 (Pa. 1985).

在与检察官的起诉划清界限,不能成为接续侦查和起诉的接力者。许多法官挥之不去的梦魇是发现真实,有时"比检察官还检察官",他们比检察官更加确信被告人有罪,只是欠缺对虚伪矫饰的最后一击。许多法官说,检察官证据不足,我不帮他调查证据,案子如何了结?[1]其实,正确的提问应当是,这样的案子何以诉至法官面前?法官不应主动调查、搜集不利于被告的证据,检察官举证不足以推翻无罪推定,就应当还自由予被告人,而且,其判决理由不应是指控理由的简单复制。

如果法官在审判过程中涉入了个人喜怒好恶,宪法意义上的不偏不倚也就不存在了。以藐视法庭罪为例,被告不停地侮辱谩骂庭审法官,庭审结束时法官宣布被告成立藐视法庭罪,判处11年至22年监禁。美国最高法院推翻了这一定罪,理由是被告的辱骂行为独立于指控罪名,庭审法官应当立即认定其行为性质并将被告暂时逐出法庭。正当程序要求另一位法官,没有被骂的法官,来主审藐视法庭罪。[2] 当然,法官对被告方的偏袒也偶有发生,必须坦言,对控辩任何一方的偏袒都是有害的,但两害相权,在公诉案件中偏袒被告为害较轻,因为公诉方是背靠国家的检察机关,扭转法官偏袒的能力较强。法官中立还应体现为对辩护律师的尊重。庭审法官可以适当提醒、纠正、建议、劝告甚至批评辩护律师,但前提是不要以轻蔑的口吻,不要让其显得愚蠢,更不要在陪审团心中促成对被告人的偏见。[3] 陪审团通常非常重视主审法官的态度,如果主审法官对辩护律师颇有微词,那么在陪审团眼中,辩护律师就会显得荒谬,进而影响审判的公正性。在某些庭审中,主审法官在陪审团面前诋毁辩护律师的能力,加重了陪审团对被告人的偏见,导致上诉法院直接撤销定罪,命令重审。[4] 在另一庭审中,主审法官竟然背对着正在作证的被告人。上诉法院认为,陪审团势必将主审法官的这一举动理解为不相信被告的证词是真实的。[5]

对当事人尤其被告人而言,"当其可能因为法官的成见而有损诉讼参

---

〔1〕 参见王兆鹏:《辩护权与诘问权》,元照出版公司2007年版,序第3—4页。
〔2〕 *Mayberry v. Pennsylvania*, 400 U.S. 455 (1971).
〔3〕 *M. T. v. State*, 677 So.2d 1223, 1229 (Ala. Crim. App.1995).
〔4〕 *Earl v. State*, 904 P.2d 1029 (1995).
〔5〕 *State v. Jenkins*, 445 S.E.2d 622 (N.C. App.1994).

与人之利益或无法信赖司法保持中立性之虞时的防止措施"[1],即应尽早采取,力避程序带病进行导致"程序不可逆",而一旦程序重启,毕竟代价过高。为确保法官居中原则得以落实,法律赋予当事人申请法官回避的权利。申请法官回避不只出现在一审庭审实际开始之前,有时还出现在上诉审中。比如,法官在一审案件审结后,调至上级法院工作,恰逢该案上诉;再如,前审法官不应再主审被发回重审的案件,这一点是毫无争议的,但可否参与审理,就有赖于如何理解"另组合议庭"[2]。总体而言,基于"裁判自缚性",法官应受自己前审时意思表示的拘束,不应作出与自己前审时意见相左的认定。因此,上述情况下,法官都应当主动回避,应回避而不回避的,当事人有权申请他们回避。申请回避的时间,原则上是法官开始权利告知后、核实被告身份前。被申请回避的法官在是否回避的决定作出前,仅可也仅应实施不容拖延的处置紧急情况的行为,比如询问病危证人。关于回避的理由略有不同,但大致基于以下考虑:(1)与被告人、被害人等当事人的关系;(2)与本案结果的利害关系;(3)与证人、鉴定人、辩护人、诉讼代理人、翻译人的关系;(4)是否曾以某种身份参与本案调查、侦查、起诉或二审法官参与过一审审判。

《唐六典·刑部》规定:凡鞫狱官与被鞫之人有亲属、仇嫌者,皆听更之。"听诉回避"制度规定:凡官吏于诉讼人内有关服亲及婚姻之家,若授业师,及素有仇嫌之人,并听移文回避,违者笞四十,若罪有增减者,以故出入人罪论。自唐及清,回避理由大体未变。申请的理由除法律规定者外,还有一些其他可资判断的事由,即"客观的具体事证,足以令一般人怀疑承审法官不能居于中立第三人之位置而公平审判"[3],比如在主持庭审时明显偏袒公诉人,压制辩护或者直接斥责被告。当然,肇始于被告及其辩护人的法庭冲突,不应成为申请回避的由头,以免被告方先行挑衅,意在陷法官于不义。但无论怎样,申请必须说明理由。认为有理,径行回

---

[1] [德]罗克辛:《德国刑事诉讼法》,吴丽琪译,三民书局1998年版,第60页。
[2] 根据我国《刑事诉讼法》的规定,原审法院对于发回重新审判的案件,应当另行组成合议庭。根据最高院2013解释的规定:"在一个审判程序中参与过本案审判工作的合议庭组成人员或者独任审判员,不得再参与本案其他程序的审判。但是,发回重新审判的案件,在第一审人民法院作出裁判后又进入第二审程序或者死刑复核程序的,原第二审程序或者死刑复核程序中的合议庭组成人员不受本款规定的限制。"
[3] 林钰雄:《刑事诉讼法》(上册),元照出版公司2015年版,第106页。

避;认为无理,由其他法官合议裁定,或由院长决定,或由上级法院裁定。决定与裁定的不同制度安排,是着眼于可否就此上诉,一般而言,不宜就驳回裁定单独上诉,以免过分拖累诉讼进程,所以包括我国在内基本使用决定,但可向原决定人申请复议一次,或者成为判决后上诉的理由,如果二审法院发现一审法院违反回避制度的,应当裁定撤销原判发回重审。据此,回避决定作出后,必须回避者的审理活动应归于无效,之前所作的裁定、决定应当重新作出。

第二节 法院的管辖与审级

法院管辖的规定,旨在达到现代法治国法定法官原则的基本要求。在决定某一审判事项是否属于法院管辖范围问题时,法院本身即有绝对权威。在法定法官原则之下讨论法院管辖,需要先行区分审判权与管辖权。"刑事审判权之行使,其权限应分配于各法院,称之为法院之管辖。其规定划分法院间所得处理之诉讼案件之范围,曰管辖权,亦即划定各法院可得行使审判权之界限,与审判权之系指划归法院审判之范围者有别。故各法院对于案件必先有审判权,而后始生管辖权有无之问题。乃有称各法院对具体案件之审判权,为管辖权。"[1]英美法院也对 Jurisdiction 与 Venue 作了区分,前者是抽象的审判权与管辖权,后者指具体的地域管辖,即法院的管辖权是以构成受理法院所在地为前提条件的。不过,警方以不法的手段将被告诱骗到法院,法院的审判权不受损害,重要的是,被告就在法院而不是如何来到法院。比如巴拿马独裁者诺列加被美国军队抓到佛罗里达州接受贩毒指控,这位前总统抗议说,美国政府违反国际法入侵他国才使他失去自由,因此美国的法院对他没有审判权。美国法院认为,审判权与拘捕的合法性无关,最终判处诺列加40年监禁。当然,对诺列加的审判,一直遭到学者的批评。[2]

"在一个犯罪行为发生后,普通受理法院所在地由三个条件构成:违

---

[1] 陈朴生:《刑事诉讼法实务》,海天印刷有限公司1999年版,第29页。
[2] Rolando V. Del. Carmen, *Criminal Procedure Law and Practice*, Wadsworth, Cengage Learning, 2010, pp. 11, 13.

反刑法的行为、犯罪人的居住地和犯罪人的逗留地。"[1]基于审判权的法定管辖,只由法律规定,带有强制性,不依被告约定而生成或改变,也不因警方违法而动摇或无效。法定管辖是相对于裁定管辖而言的,前者由法律规定案件管辖的事先分配;后者依法院裁定案件管辖的事后分配,管辖不明时指定管辖,管辖不便时移转管辖。法定管辖还可分为固有管辖和牵连管辖,前者旨在避免任意处理,后者基于诉讼经济考虑[2]。"之所以要设置一繁简适中,而且详尽的法定的管辖权规定,是为了要使得每一犯罪行为有一特定的法定的裁判机关,而不致有恣意滥选为该案裁判之法官之可能性。"[3]在各种刑事诉讼法教科书中,裁定管辖不像法定管辖那样受到理论重视,但实际上它的问题更多,而且更隐蔽。这是因为,案件进入法院后需要分配到承办法官之手,此时法院系统内部的司法行政力量可以通过操纵审判者来操纵审判结果。同理,哪一案件由哪个法院承办,也应尽量由法律事先明文规定,不能具体情况具体分析,也就是尽可能减少裁定管辖,减少行政力量上下其手[4]。某些法域,法定管辖不受待见,裁定管辖受到青睐,司法行政要员也擅长调整地域管辖与级别管辖,进而将敏感案件纳入自己可控范围。即便具体个案已确定由某一法院管辖,但在行政色彩浓厚的法院内部,主事者仍然可能从案件分配开始操控。

"案件应由何级法院管辖,本有法定管辖之标准,惟遇有必要,亦得以裁定指示管辖之谁属。所谓必要,乃认有管辖不明或争议时,由该管共同上级法院指定之,此即所谓指定管辖也。(1)数法院于管辖权有争议者:包含二以上同级法院皆认为无管辖权,或皆认为有管辖权两者而言。一经指定,即可确定其管辖法院。(2)有管辖权之法院经确定裁判为无管辖权而无他法院管辖该案件者:此指法院对于其独有管辖权之案件,误认为无管辖权而裁判管辖错误确定之情形言。指定有创设之效力,可指定原法院,亦可指定另一无管辖权之法院,并不生一事不再理及无权管辖之问

---

[1] [德]费尔巴哈:《德国刑法教科书》(第十四版),徐久生译,中国方正出版社2010年版,第432—433页。

[2] 参见林俊益:《刑事诉讼法概论》(上),新学林出版公司2011年版,第65页。

[3] [德]罗克辛:《德国刑事诉讼法》,吴丽琪译,三民书局1998年版,第42页。

[4] 参见林钰雄:《刑事诉讼法》(上册),元照出版公司2015年版,第111—112页。

题。(3)因管辖区域境界不明致不能辨别有管辖权之法院者:此指因刑事案件发生在两管辖区域边界处所,因疆界不明难以辨别为何法院管辖言,自宜由指定解决之。以上情形,均由其直接上级法院以裁定指定该案件之管辖法院。"[1]裁定管辖本属正常,但也的确容易为有权力者所滥用,指定给可控、易控的法院管辖,目的在于让该案"消化"在本地势力范围,不会因上诉而失控。

有个别案件堪称指定管辖的恶例,除了恣意任性,以图掌控审判结果以外,已经看不出任何理由。最高院经再审纠错的孙宝国案,即属利用职权肆意指定管辖,以致"严重违反法律规定,影响本案公正审判",触目惊心,教训深刻。1997年8月27日辽宁省鞍山市铁东区法院以故意伤害罪判处孙宝国有期徒刑3年,缓刑3年;2005年3月24日吉林省长春市宽城区法院以非法拘禁罪判处孙宝国有期徒刑2年;2008年2月23日被刑事拘留,3月31日被监视居住,4月30日被逮捕。在被羁押5年半后,2013年9月4日由吉林省高院判处孙宝国死刑,缓期2年执行。而完成这些审判的程序过程可谓乱象丛生,几乎无法辨认梳理。针对铁东区法院1997年8月27日的判决,2009年12月21日即判决生效并执行完毕12年后,辽宁省高院依照最高人民法院(2009)刑监字第97号函,要求鞍山市中院对该案进行复查。鞍山市中院经复查,于2010年5月14日作出(2010)鞍立二刑监字第5号再审决定,对该案进行提审,并于2010年6月17日作出(2010)鞍审刑终再字第5号刑事裁定,撤销(1997)东刑初字第94号刑事判决,发回铁东区法院重审。期间,2010年5月11日,最高人民法院作出(2010)刑立他字第18号指定管辖决定、移送管辖通知,指定吉林省吉林市昌邑区法院对该案重新审判。

在1997年至2013年孙宝国等故意伤害案改判期间,2005年至2009年还插入了分别由长春市宽城区、绿园区法院审判,由长春市中院提审的孙宝国、孙宝民非法拘禁案,皆已作撤回起诉处理。而肇始于1997年的故意伤害案于2008年启动再审后,开始演化为涉黑案件,各种裁定管辖纷至沓来。2008年4月29日,吉林省公安厅刑侦局函告吉林市公安局刑警支队,侦办孙宝国涉黑团伙犯罪案。2009年3月19日,吉林省高院指

---

[1] 刁荣华:《刑事诉讼法释论》(上册),汉苑出版社1977年版,第48—49页。

定昌邑区法院审理该涉黑案件。2009年11月30日,吉林市公安局将前述已被撤回起诉的宽城、绿园非法拘禁案并入涉黑案件一并侦查、移送吉林市检察院,吉林市检察院又将案件移交昌邑区检察院,2010年5月4日诉至昌邑区法院。2010年7月26日,鞍山市铁东区法院将故意伤害案移送吉林市昌邑区法院审理。同日,昌邑区法院以移送函形式将此案移送昌邑区检察院。这种移送不是法院、检察院本身对案件事实权衡之后的必要选择,而是显然可以看出其背后有一只手在强有力地干预运作。

昌邑区检察院收案后经审查认为,该院2010年5月4日提起公诉的孙宝国等人涉黑团伙犯罪案事实证据发生重大变化,申请撤回起诉,昌邑区法院当日裁定准许撤诉。撤诉后,昌邑区检察院将鞍山故意伤害案并入涉黑案。2010年10月22日,昌邑区检察院建议吉林市检察院提级管辖,吉林市检察院就此请示吉林省检察院。2010年11月7日,吉林省人民检察院作出吉检诉辖通字(2010)46号《关于对犯罪嫌疑人孙宝国等十八人涉嫌组织、领导、参加黑社会性质组织一案指定管辖的通知》,指定吉林市检察院审查起诉,另商吉林省高院指定吉林市中院审理。同日,吉林省高级人民法院作出(2010)吉刑指管字第46号函,指定吉林市中院审理。吉林市检察院审查期间,将并案后的案件两次退回吉林市公安局补充侦查。2011年5月16日,吉林市公安局侦查终结,移送吉林市检察院审查起诉。2011年6月30日,吉林市检察院提起公诉后,吉林市中院于2011年11月11日作出判决,被告人等向吉林省高院上诉,吉林省高级人民法院于2013年9月4日作出(2012)吉刑三终字第48号刑事判决。被告不服,向吉林省高院提出申诉。2014年3月4日吉林省高院驳回申诉。1997年的一个普通刑事案件,后来变得如此非同寻常,历经2005年、2010年两个转折点,似已成死结。被告人遂向最高院提出申诉,2015年12月16日最高院作出再审决定,提审了本案。[1]

法定管辖概念之下是事物管辖、土地管辖及事物与土地的竞合管辖。事物管辖是德国刑事诉讼法中的概念,也可写作"事务管辖",是指依照刑事案件的性质或轻重决定第一审的管辖法院。其一,若依案件性质,则不考虑处罚轻重,比如用陪审法院、普通法院合议庭等比较隆重的形式专审

―――――――
[1] 参见最高人民法院(2016)最高法刑再2号刑事判决书。

故意杀人、故意伤害致死、绑架等案件;而地方法院、基层法院等负责审理财产犯罪案件;派出法庭或基层法院独任法官审理一般盗窃及自诉案件;成立少年法院或者在普通法院成立少年法庭,专门审理少年犯罪。其二,可依法条规定的各罪最高刑度,也就是可预见的个案最高处罚来分配管辖,而不考虑案件性质,比如刑期在3年以下的案件皆由基层法院以简易程序审理。这种管辖分配方式有赖于对预期刑罚的判断,如果全部交由法官判断,无异于未审先决。为此而有检控方公诉人求刑制度,但如果法院方面不认可此种预测,能否拒绝审判或者移送管辖?其三,案件性质或刑罚轻重兼顾考虑,比如作为基层法院的上级法院,原本只负责上诉案件审理,但也可以规定一定刑期以上的严重刑案,或者危害国家安全的案件,由上级法院作为一审法院,再由更上一级法院负责上诉审。其四,事物管辖概念之下,难免因案件相互牵连而产生诉讼系属案件的合并或分离,即一人被控数罪,或在一罪中数人被控为正犯、共犯或窝赃、包庇、妨害司法等罪,法院裁定合并审理或分别审理。

　　土地管辖是解决同级法院之间案件分配问题,一般取决于犯罪地、被告人住所、居所地的行政区划。被告所在地,无需过问其所在原因,且一般以起诉时为准,这样有利于证据的调取或证人作证。"犯罪地即犯罪事实发生地、行为地或结果地均属之,犯罪地横跨数法院土地管辖区域之隔地犯,各该法院皆有土地管辖权,因此,继续犯、结合犯、常业犯、连续犯及牵连犯,各个行为地或结果地皆为犯罪地;不作为犯,应履行作为义务之地及因不作为而生结果之地皆属之;教唆犯或帮助犯,教唆或帮助行为地、正犯实行犯罪之行为地及结果地皆属之;间接正犯,利用人开始利用被利用人之行为地,及被利用人实施犯罪之行为地与结果地皆属之。"[1]之所以主要管辖权授予行为地的法院,是因为勘验工作需要在此进行,证人也多住在附近。即使是未遂,也不外乎如此。理论上说,法院在开启审判前应依职权审查自身有无地域管辖权,对于被告方提出无审判权及管辖权异议时,法院有义务于审判前作出裁定,谕知公诉人、被告人是驳回异议还是拟将案件移送管辖。

　　即便是有管辖权的法院,在个案中,也有可能因法律或事实方面的阻

---

〔1〕 林钰雄:《刑事诉讼法》(上册),元照出版公司2015年版,第116页。

碍而不能行使法官职务,或由该法院审判将有危及公共安全之虞,比如种族歧视、当地居民怨气怒火、被告人原隶属该法院、法院本身牵涉某一在审纠纷等,此时应由直接上级法院将案件移转其他辖区的同级法院。但偶尔也有错得离谱的时候,比如陕西省榆林市中院2016年11月竟然违背地域管辖对一起行为地在内蒙古自治区阿拉善盟右旗、被告居住地在内蒙古自治区乌海市的合同诈骗案作出了一审判决,陕西省高院裁定撤销原判发回重审。现在的问题是,裁定发回重审是否正确?原审法院接下来该怎么做?是向有管辖权的法院移送审判权,还是退回检察院向管辖地检察院移送公诉权?不过,根据德国的立法经验,对于无管辖权法院的判决应予撤销,但移送管辖后,有管辖权法院新的裁判活动,可以采用无管辖权法院调查所获取的证据。为此,《德国刑事诉讼法》第20条、第21条专门规定:"无管辖权法院之个别调查行为,不因其无管辖权而无效。""无管辖权之法院在延迟即有危险时,应实施须在其辖区内进行之调查行为。"[1]

同级法院之间还会发生竞合管辖,也就是两个以上法院都有管辖权。原则上,应认可最先实际管辖法院的审判活动,只是当管辖在后的法院却先形成判决的时候,应以尊重既判力为原则,撤销后形成的判决。不过真要到了这种地步,这一撤销决定恐怕只能由共同上级法院来作出了。土地管辖概念之下,也难免因案件相互牵连而产生诉讼系属案件的合并或分离,即一人犯数罪,数人共犯一罪或数罪,数人同时在一处各自犯罪,犯与本罪相关之窝藏、包庇、伪证、销赃等犯罪,出于诉讼经济的考虑,可能发生不同法院同时管辖相互牵连的案件。而法院一旦管辖某类案件,有时会形成所谓审判利益。何谓审判利益,不好从正面定义,但可以从反面考量,即如果中途放弃已管辖案件,会在本地区造成被动。比如当地民众希望将某罪犯在当地绳之以法,或者担心其他法院判决畸轻畸重;再或者侦查、起诉机关不愿将自己辛苦的成果拱手交接给其他地区的同仁;又或者正好相反,由于案件背景复杂、人情棘手或者一旦开审可能危害公共安全,各法院都不愿管辖,相互推诿。

可是,在出现竞合管辖与牵连管辖时,在侦查阶段并无障碍,尤其像

---

[1] 连孟琦译:《德国刑事诉讼法》,元照出版公司2016年版,第9页。

我国的侦查体制，警察为独立的侦查主体，且有较强的跨区域侦查能力。只有到起诉阶段矛盾才暴露出来，其间尤其隐含着检察院同法院的分歧。一种情况是，原本应由 A 地法院管辖的案件，由上级法院指定给 B 地法院管辖，此一指定如果对 B 地检察院没有拘束力，可能出现没有公诉人的情况。解决的途径，要么允许 A 地检察院向 B 地法院提起公诉[1]；要么由法律明确规定，凡上级法院作出异地管辖指令前必须征得同级检察院的同意，由同级检察院指令 B 地检察院必须承担公诉任务。比较而言，允许 A 地检察院向 B 地法院起诉可以既尊重检察院独立的审查起诉权，也能够让起诉、审判继续进行。另一种情况是，检察院和法院可能在案件拆分还是合并问题上意见不一，检察官可以自行在许多不同管辖法院中选出一个。[2] 再者，由于合并审理之前各案件审理进度可能不同，比如有的刚刚开始质证，有的已作最后陈述，因此，在法律救济途径及其必要辩护问题上，均应以较重犯罪行为作为判断依据。附带的牵连的犯罪，比如窝藏罪、包庇罪、伪证罪，应当与主罪同审并且应当不早于主罪的裁判而被确定有罪。以伪证罪为例，如果早于主罪认定伪证成立，相当于对证据能否采信提前作出判断，主罪的庭审质证便无法进行或者丧失意义。

就审级而言，各法域差异较大，可以将欧陆与英美分开考察。由于意大利、瑞士法语区、荷兰、比利时、罗马尼亚、苏俄、葡萄牙及西班牙基本继受了法国刑事诉讼法，加上德国的影响力，欧陆国家多实行三审终审制。当然，能够进入三审的案件都有相当的限制，具体情况各欧陆国家也不尽相同。而"英国的法院组织法实在特别不明确。对轻微犯罪案件之第一审乃属最低审级之地方法院管辖，此类法院大多由数位名誉法官（非念过法律科系之人，或称治安法官）组成，只有在一些大城市中为职业法官所组成。所有较高审级的第一审法院均为真正的陪审法院，其乃由 12 位陪审人员组成之陪审团就罪责问题（责任问题）加以裁判，并加上一位学过

---

[1] 我国首家互联网法院在杭州建立并运行，最初只管辖网上发生的几种民事案件。但未来不妨尝试管辖类似醉驾案件，允许全国各地检察院都向互联网法院提起公诉，以提高效率。其可行性在于，醉驾的控方证据相对有限且固定，比较适合网上表格化处理。当然，案件重大复杂的仍然应当由普通法院管辖。再者，互联网法院审理刑事案件，前提必须是被告人认罪。如果被告人不认罪，就必须开庭，不再由互联网法院管辖。

[2] 参见[德]罗克辛：《德国刑事诉讼法》，吴丽琪译，三民书局1998年版，第53页。

法律的法官就刑罚问题及所有法律问题加以裁判;在特别重大的案件中,则由一位王室法院之法官在巡回法院担任审判法官。大约所有案件的98%均为最低审级之地方法院以所谓的概括简要的诉讼程序裁判终结之,亦即并无陪审团"[1]。当然,实行三审终审制的国家对某些轻罪只适用二审终审制,而实行二审终审制的国家对某些重罪可能例外地适用三审终审制。

美国的情况复杂在于联邦和州之间的刑事司法权力分配,各州之间刑事程序的多样和差异,以及主要按照罪之轻重设置了不同的法院管辖和审级。根据美国联邦制,各州保留他们固有的警察权,以落实法律,提升和促进公众健康、安全与道德。这种执法权扩及各州刑事司法领域,包括审判活动在内的刑事程序法。与此相反,联邦政府没有所谓固有的警察权,联邦执法权来自美国宪法赋予议会的立法权,而且对联邦执法权还加以"必要而适当"的实体限制。在52个司法区域内,各州的法律趋近同一模式,以利于货物、服务和人员的州际交往。唯独刑事领域,各州差异明显。原本说来,各州与联邦皆承继英国普通法,应当具备同一性,但普通法的概念一直在根据行政机关的最新发展进行调适,重新塑造的程序要素又反过来引导各州采取不同措施应对犯罪,而刑事程序的差异并不影响州际交往。每一司法区域都基于实体刑法上重罪与轻罪的区分而规定了不同的刑事程序。联邦和大约半数的州将刑期一年以上的犯罪列为重罪,刑期一年及少于一年的犯罪即为轻罪;另有近半数的州将死刑与在监狱服刑视为重罪,罚金或在看守所服刑视为轻罪。

美国的法院基本分为治安法院、庭审法院与上诉法院三级,但又互有交错。治安法院只管辖轻罪案件,有些州也将较为严重的轻罪交由庭审法院。不过,某些不归庭审法院管辖的犯罪,包括个别重罪,却可能由治安法院管辖。大多数州的治安法院有独立的审案地点,少数州的治安法院并不独立设点,只在庭审法院中作为治安法庭存在。在一些司法区域,某些法官的专职工作不是审案,而是挑选案件交治安法官办理。这个分案过程,在我国可能交由电脑"自动排序",或者由行政主管手动干预。比

---

[1] 〔德〕罗克辛:《德国刑事诉讼法》,吴丽琪译,三民书局1998年版,第48—50页、第738页、第742—743页。

较独特的是,某些州存在一种无记录法庭,不作庭审记录可以节省大量的人力、物力和时间,但它的弊端是一旦定罪,复审被告上诉的法官会遇到困难。这种法庭依然存在,因为它满足了方便、快捷、节约的微罪处置需求。庭审法院在各州都是基本的司法配置,不同之处在于,只有一部分州的庭审法院管辖刑期在6个月以上的轻罪案件,而庭审法院的规模从两三个法官到十五六个法官不等,主要看管辖的行政区域大小以及人口多少。上诉法院也是各州都有,由于功能趋近而有更多的相似性。美国最高法院可以调卷令形式,选择受理来自各州的具有判例指导意义的案件,所作判决为终审判决。[1]

案件在不同审级法院之间依性质不同而进行的第一审管辖分配,可以看作事物管辖中的例外情形。比如我国台湾地区实行地方法院、高等法院及"最高法院"三级三审。其中,一、二审分别为事实初审、事实复审;三审为法律审。"掌理法律审的法院固然原则上不得径行认定事实,但是,职司事实审的法院则当然要适用法律。"[2]最重本刑为3年以下各罪,经高等法院二审判决者,不得上诉第三审。简易程序得上诉于地方法院合议庭,准用第二审程序。再比如我国大陆实行两审终审制,但级别管辖不时会有所变通。例外情况是,当最高人民法院作为一审法院时,判决不能上诉,实为一审终审。勉强说来,死刑复核程序算作一种重罪三审制,但死刑复核没有庭审,过于简陋,立法表述也不是"上诉",只称"报请核准"。而且,它只要求"应当讯问被告人",其他案件实行"书面审";听取辩护律师的意见,以辩护律师提出要求为前提,这便意味着,辩护人需要自己找上门去,而不是被通知到场,与英美法系国家或地区相比,律师的权利要弱得多。上诉与申请再审虽都属于对刑事裁判的法律救济,但它们的区别是明显的,重要的差别在于它们分别受上诉不加刑与一事不再理两种不同原则的指导,不过,如果允许检察院在一审判决生效前抗诉,一般会规定"不加刑"的例外;如果对生效判决申请再审,如果有利被告,便不受一事不再理约束。

[1] LaFave & Israel, *Criminal Procedure*, Thomson Reuters, 2009, pp.31–32.
[2] 林钰雄:《刑事诉讼法》(上册),元照出版公司2015年版,第96页。

第三节　陪审团

帕特里克·德夫林曾有名言:"将某一臣民之自由与否,交由其十二位同胞决定,没有哪个暴君能够容忍。因此,陪审团不仅是一项司法制度,也不仅是一副宪法轮毂,它像一盏明灯,向人们昭示自由长存。"[1] 陪审团总体上是一种政治机构,它将人民本身提升到法官的地位并确保了民主,因为有权惩罚罪犯的人才是社会的真正主人。陪审团教导所有的阶级都尊重判决,养成权利的观念,做事公道,每个人审判邻人的时候,要像他自己有朝一日受邻人审判一样。略有不同于中国人说的"己所不欲勿施于人",而是更加强调"己所欲亦勿施于人"。那些书写了美国宪法的人,从历史和经验中得知,有必要防止为铲除异己而无端提出的刑事指控,有必要提防对上级言听计从的法官。宪法缔造者奋力创设一个独立的司法制度,以便更有效地对抗独断专行。赋予被指控者受同阶陪审团审判的权利,给予他一种无价的安全保障,以对抗腐败、过分热忱的检察官,以及顺从、偏袒、古怪的法官。如果被告人愿意诉诸陪审团的普通人的情感判断,而不愿交予更专业但也可能更少同情心的法官,他便有这个权利。不仅如此,陪审团审判反映了关于如何运用官方权力的一个基本决定,即不将事关公民生命和自由的刑罚权只授予一个或一群法官。对无审查节制的政府权力的恐惧,使我们坚持让共同体参与对有罪抑或无辜的确定。[2]

陪审团是庭审陪审团的简称,在正式庭审前,作为一个庭前程序,还有一种大陪审团。大陪审团负责审查控方证据是否充分,应否开启正式庭审。大陪审团是一种古老的普通法制度,由当地居民负责监督对犯罪的追诉,被认为是斩断犯罪根蒂的利剑。至美国革命时期,大陪审团被赋予一种盾牌功能,让它保护公民不受恶意和无根据的刑事追诉。[3] 美国

---

[1] [美]威廉·德威尔:《美国的陪审团》,王凯译,华夏出版社 2009 年版,导言第 7 页。

[2] *Duncan v. Louisiana*, 391 U. S. 145 (1968).

[3] Ronald Bacigal, *Criminal Law and Procedure: An Overview*, Delmar, Cengage Learning, 2009, p.244.

最高法院指出:"历史上,大陪审团一向是防范无辜者被草率、恶意和压迫性追诉的主要屏障,其无价的社会作用在于,矗立于指控者与被控者之间,有权决定指控是否有理有据,是否被一种胁迫力量所主导,是否被恶意的个人所支配。"[1] 不过,最高法院并不要求各州的法院必须采用大陪审团制,因为只有联邦法院才受制于宪法第五修正案有关大陪审团的规定。大陪审团审查是秘密进行的,不予公开的理由在于,防止未羁押、未起诉的被告人逃跑,确保大陪审团成员能够自由思考,防止未来可能在正式庭审中出庭的证人在出庭前被干扰,鼓励知情者勇于指控,保护那些因证据不足而被否决继续追诉的无辜者的声誉。[2]

与大陪审团对应的是负责庭审的小陪审团,简称陪审团。大陪审团一般由16人至23人组成,决定提起指控需要9张至12张赞成票;小陪审团通常由12人组成,有罪判决需要一致同意。大陪审团遴选依各种法律而定,不像小陪审团那样适用同阶陪审原则(Jury of Peers),即由种族、阶层、地位、经济实力甚至性别与被告相同的人,或者邻居、同事组成陪审团,简言之,被告人应由地位同等的人来裁判。小陪审团通常依选民登记证和驾驶执照,同时考虑同阶原则遴选陪审员。大陪审团不作有罪还是无罪的裁决,只决定是否提起指控或者进行某种犯罪调查;小陪审团裁决有罪或无罪,在某些州还负责量刑。大陪审团成员任期有1个月、6个月或1年不等,任期中可多次参与提起诉讼决定;小陪审团成员则根据个案需要决定任期。大陪审团根据有无相当理由作出决定,小陪审团根据超越合理怀疑的证据定罪。大陪审团可以发动对不法行为的调查,小陪审团不能决定启动调查程序。[3]

陪审团被视为一个政治机构,它首先有说"不"的权力或权利,而无论是权力还是权利,必须以独立的身份、资格与人格为前提,这便取决于陪审团制度的一种基础理念:保障当事双方之外第三方本身的独立性及其裁决的真实性,而且,没有独立性就没有真实性。从定义上说,陪审团是不偏不倚、公正无私的,因此对它的裁决尤其是无罪裁决不能上诉。陪审

---

[1] *Wood v. Georgia*, 370 U.S. 82 (1962).

[2] *United States v. Procter & Gamble Co.*, 356 U.S. 677 (1958).

[3] Rolando V. Del. Carmen, *Criminal Procedure Law and Practice*, Wadsworth, Cengage Learning, 2010, p.52.

团是真正的第三方,因为它的担当者是其中任何一个人。当然,这种保障非常不确定,只有在完美情况下,才能够做到普通意义上的公正无私。这种制度虽然防止了腐败,也排除了统治者的影响,让审判按照正义的利益而非统治者的利益进行,但陪审员也难免偏袒,也不可能没有利害关系,比如男陪审员可能偏袒年轻貌美的女当事人,有产阶级陪审员在罪犯冲击经济社会时就难免有利害关系。由此看来,德国的办法是最好的,即一个介于专业法官和陪审团之间的第三方,可以为真实性提供最大保障。陪审因素使之不被腐蚀,公正无私;专业因素使之保持客观,不偏不倚。

为了保障陪审团的权威性,除非审判过程中有重大错误,比如接受了不可采信的证据,或者法官给予了错误法律指示,否则陪审团的裁决应当受到尊重,不应当在上诉时被否决。不用说,如果可以对个体陪审员的能力提出质疑,或对其在案件中作出的集体裁决提出反对,公众对陪审团制度的信心将会受损。因此,上诉法院早已确立了一个原则,那就是不会调查在陪审团评议室发生了什么,不论对陪审团有不规范行为的怀疑多么强烈。如果辩方在审判后得知,一名陪审员对被指控者有极大偏见,并不足以作为上诉的良好基础,除非辩方尽其举证责任,证明该陪审员在审判前已下定决心,不管证据如何都要给被告人定罪。一个有争议的案件是,一名陪审员耳聋,而且只听了一半的证据,根本没有听到总结陈词。这名陪审员当时未被质疑,这相当于上诉人是被 11 人而不是 12 人定罪。尽管如此,上诉法院还是维持了定罪。[1]

陪审团与神裁很难说有什么不同,两种审判为不同社会制造的真相的确定性和决定的可接受性,都达到了该社会定分止争所必须的程度。就总体而论,陪审团的运用并不很多,超过 85% 的刑事案件是以辩诉交易结案的。我们已经不再是一个审判的世界,而是一个认罪的世界。尽管如此,陪审团依然具有象征意义,并被认真用于最为著名和最具公共意义的案件审判,借此将权威的核心从一人之治转到多人之治,并最终转为法治。这是一种独特的权力转化方式,是民主法治不可分割的组成部分。人民相信法治与相信陪审团,经常是相辅相成的。陪审团所要裁决的是

---

〔1〕 参见〔英〕约翰·斯普莱克:《英国刑事诉讼程序》(第九版),徐美君、杨立涛译,中国人民大学出版社 2006 年版,第 383—384 页。

事实,既包括定罪事实,也包括量刑事实,尤其是增加量刑的事实,必须由控方排除合理怀疑地加以证明。所谓"陪审团负责定罪,法官负责量刑",并非单一模式。不同模式还会有不同的陪审团指导词。

美国马里兰《陪审团指导词》带有浓重古风:"陪审员们,这是一起刑事案件,依宪法和马里兰州的法律,在刑事案件中,陪审团既判断事实,也判断法律。因此,关于法律,无论我怎样告诉你们,其目的只在于帮助你们达成公正而适当之裁决,但这不应束缚你们——陪审员,你们尽可以按照你们的理解,接受法律并适用于本案。"加利福尼亚州《陪审团指导词》则充满现代感:"陪审团的女士们、先生们,作为法官,本人有义务就本案适用的法律指导诸位;作为陪审员,诸位有义务依循我所陈明的法律。陪审团的职能是审判事实问题,这些事实通过向本庭提交的起诉书和被告的无罪答辩状呈于诸位面前。诸位在履行义务时,既不应受怜悯被告的情绪影响,也不应被反对被告的激情或偏见左右。你们仅应受制于向本庭的举证和我向诸位陈明的法律。法律禁止你们受制于情感、臆想、同情、激情、民意或公众情感。人民和被告都有权要求你们,他们也的确在要求和期盼你们,本诸诚实而平和之心,考量权衡本案证据并适用法律,以此达成公正裁决,而无论其结果如何。"[1]

至于如何适用法律,是交由法官决定,还是与法官共同决定? 这首先是法官和陪审团之间的权力分配问题。陪审团曾被授权同时裁决法律问题和事实问题,但在19世纪最初的10年里,制定法的比重逐渐增多,法律问题与事实问题有了一定区别,法官和陪审团的职能有了相对清楚的分离,陪审团不再拥有决定法律问题的权力,便无从行使陪审团否决权或称使法律无效权。所谓否决权和使法律无效权,就是陪审员可以不顾法官的指导,依其良心,径自达成无罪裁决。时至今日,事实问题与法律问题的界限似乎越来越模糊,尤其在实体刑法的解释方面,涉及是否遵循有利被告的解释原则问题。不过,在英美法庭,也许只是事实问题与证据问题的区别,被我们误解为事实与法律的区别。在美国史上,陪审团否决制运用极少。在反对越战时,那些拒绝服兵役的人被宣告无罪,而在堕胎与

---

[1] [美]彼得·德恩里科、邓子滨编著:《法的门前》,北京大学出版社2012年版,第331页。

反堕胎的斗争中,陪审团否决制也让帮助他人实施堕胎的医生躲过了牢狱之灾。这一制度极少落实但却由来已久,据说是源自1735年的曾格案。

曾格因出版一份披露政府腐败的报纸而受到指控,辩护人汉密尔顿坚决主张陪审团有权同时确定法律问题和事实问题,他在结案陈词中勉励陪审团:"摆在法庭和你们各位陪审团的先生们面前的,不是微不足道的私人利益,你们正在审理的,不是一个可怜的印刷商的案件,也不只是纽约的案件,不是!它的后果影响着大英帝国政府统治下美洲大陆每个自由人的生活。这是一个最有价值的案件,一个事关自由的案件。我毫不怀疑,你们今天的正直行为,不仅使你们有资格受到同胞的热爱和尊敬,而且每个要自由而不要终身奴役的人都会祝福你们,给予你们尊荣,就像对待挫败暴政企图的那些英雄一样。通过一个不偏不倚的、未被玷污的裁决,你们奠定了保护我们自身、我们后代和我们邻人的高贵基础。自然法和我们的法律已经赋予我们一项权利——人身自由——至少通过说出真相,写出真相,暴露并反对这块土地上的专横力量。"[1]

根据经验和统计,陪审团无视法官引导宣告被告无罪,是极有可能的,但反过来就不太容易,因为从制度设计上说,如果法官试图引导陪审团作无罪判决,陪审团根本不能无视这种指导。[2] 作为一种说"不"的权利,陪审团否决制的支持者将其视为民主遗产不能让予的部分,而反对者认为它等同于混乱和无政府。绝大多数法院现在拒绝告诉陪审员对是否适用法律有最终决定权。但是现在,生出了反方向的欺骗:陪审员向法官们说谎,即在陪审团遴选中,不让法官和检察官知道自己知道陪审团否决权。这在法官中激起了反对陪审团否决权的情绪,认为陪审团要求自立是一种幼稚的冲动。"鼓励个人自行决定遵从何种法律,同时又允许他们凭良心不遵从法律,这将招致混乱。如果给予每个人选择权,让他可以不受惩罚地不遵守那些依个人标准被判断为道德上不可接受的法律,那么,任何这样的法律体系都不会长久存活。容忍这样的行为,不是上诉人所

---

〔1〕 Alan Scheflin, "Jury Nullification: The Right to Say No," *Southern California Law Review*, Vol. 45, No. 167 (1972).

〔2〕 参见〔英〕阿蒂亚:《法律与现代社会》,范悦等译,辽宁教育出版社、牛津大学出版社1998年版,第33—34页。

声称的民主,而是无可避免的无政府。"[1]不过,难免有一种倾向,将令人不满的裁决贴上"陪审团否决"的标签,但这个裁决事实上是控方未能排除合理怀疑而导致的。

在为消除法律专业垄断而设立的法律机构中,陪审团是最有功效的。冲突总是由人民自己制造的,因而冲突的处置权被广泛分配给人民,旨在表达赞同或抗拒当前社会信念和行为准则。不过理想状态只在普世均质的国家才能最大限度地实现,而这种国家似乎尚未出现[2],因此,选择同阶陪审团,在一个多种族、贫富不均、文化多元的社会中确定谁跟谁是"一路人",并不是一件容易的事。实际上,遴选过程中的真正标准是,判断某人一旦成为陪审员对被告人有利还是不利,也就是对评议过程的预先模拟,甚至鉴于"须一致裁决才能定罪"的原则,或者刻意选择,或者努力剔除某个极有可能特立独行的人。一般说来,年龄在18岁至70岁的登记选民,皆有资格成为陪审员。虽然理想状态的陪审团,成员应当是代表社会各个阶层行业的,但由于剔除和免除,实际上很难让陪审团真正代表全社会。在英国,2003年以前,除心智不健全者外,法官、律师、警官、狱警、假释官和书记员等法律职业者也不得为陪审员;65岁以上或者两年内曾为陪审员的,可免除陪审义务;议员、军人和医护人员也不被征召。2003年以后的重大改变是,只有心智不健全者才被排除出陪审团遴选。正在服刑、假释、10年内曾被判监禁刑或者正被强制戒毒者,没有资格做陪审员。[3]

庭审结束后的陪审团评议,有罪决定是否需要一致裁决? 这是陪审团制度中又一重大问题,它牵涉证明标准问题。美国最高法院曾指出,"12人陪审团是一个历史偶然,对于陪审团制的目的而言,12人是不必要的"[4],"但低于6人将极大地损害陪审团的目的和功能"[5]。如果采用12人陪审团,一致裁决就不是法律正当程序的必需品,理性人中的不一

---

[1] *United States v. Moylan*, 417 F.2d 1002, 1009 (4th Cir. 1969).

[2] 参见[法]科耶夫:《法权现象学纲要》,邱立波译,华东师范大学出版社2011年版,第450—451页。

[3] Peter Hungerford-Welch, *Criminal Litigation and Sentencing*, Cavendish Publishing Limited, 2004, p.381.

[4] *Williams v. Florida*, 399 U.S. 78 (1970).

[5] *Ballew v. Georgia*, v. 435 U.S. 223 (1978).

致,本身并不表示对排除合理怀疑标准的不忠。是否超过合理怀疑,与陪审团的表决有关,但不一定是一致同意。达不到一致同意就解散陪审团,是承受不起的代价,由此使刑法及其运作陷于瘫痪,这种僵局,与其说深化了,不如说出卖了"民主是可行的"主张。[1] 但是,如果采用 6 人陪审团,就必须一致同意。[2] 英国的情况是,普通法传统上要求一致裁决才能定罪,一定条件下准许多数裁决。在皇家法院和高等法院,不少于 11 人的陪审团,需要 10 人同意才能定罪;10 人陪审团需要 9 人同意才能定罪。县法院的 8 人陪审团需要 7 人同意才能定罪。为了鼓励一致裁决,法官应当这样说:"你们知道,法律允许我在一定情况下接受不一致裁决,但这种情况尚未出现,出现的时候我会告诉大家。现在,还是请各位继续评议,达成一致的定罪意见。"而且,多数裁决要求必须有两个小时以上的评议时间。[3]

无论英国还是美国,如果认定无罪,法官不再过问表决情况,如果裁决有罪,才需要统计多数比例。陪审团一致裁决,提供了简单而有效的方法,以对抗社会共同体的激情和偏见给正义的公正落实带来的损害。也只有陪审团的一致裁决,才能使潜在的偏执与顽固降到最低程度。陪审团评议可以采纳多数意见的论点,会使裁决的可靠性降低,因为不一致的陪审团不必像一致的陪审团那样充分地讨论和评议。一旦达到必要的多数,就不再要求进一步的考量。在大约 1/10 的情况下,少数最终成功说服转变了最初的多数,而这些案件可能具有特殊的重要性。人类的经验告诉我们,礼貌和学术交谈不能取代真诚而激烈的、为达成一致所必需的争论。一致裁决,到 18 世纪变成陪审团合法性与准确性的柱石,它表达了一种不同形式的民主理想:关键在于评议而不是表决,在于一致而不是分歧。投票者拉上帷幕私下表决,而陪审员则面对面地讨论。在选举中,数字决定一切,使弱小或边缘群体出局;在陪审团中,一致裁决代表一种理想,即个人见解不能被忽视或者被投票胜出。

有时,经过艰苦而睿智的说服,一个人改变了 11 个人。1957 年上映,

---

[1] *Johnson v. Louisiana*, 406 U.S. 356 (1972).
[2] *Burch v. Louisiana*, 441 U.S. 130 (1979).
[3] Peter Hungerford-Welch, *Criminal Litigation and Sentencing*, Cavendish Publishing Limited, 2004, pp.436-437.

由西德尼·鲁迈特执导、亨利·方达主演的美国经典影片《十二怒汉》,讲述的就是这样一个故事。影片获得极高的礼赞,除了它雅俗共赏的艺术价值外,它所表现的人民的理性与尊严,也让它60多年来声誉日隆。一致裁决是以集体智慧为模式的陪审团的关键要素,亚里士多德将这种集体智慧独树为代表民主的最佳论点:"一些人理解这一部分,一些人理解另一部分,这样,他们便理解了全部。"一致性的要求使陪审员每个人都必须依次说服别人或者被说服,而一旦多数有了足够裁决的票数,评议中多数与少数的摩擦就变得微弱而平淡。[1] 陪审团如同妇女,一方面受到言辞至极的赞颂,另一方面却在法律体系中被贬得难有作为。法官们描述陪审团时所用的语言,与通常贬低妇女判断力的语言是明显一致的:易受情绪左右并且不善逻辑思考。弗兰克将法官视为典型的父亲,他认为公众之所以垂青陪审团审判,原因就在于陪审团反知识、反逻辑的品质,"使正义的有序运作实无可能"。在这里,弗兰克完全颠覆了托克维尔对于陪审团审判的高度评价。托克维尔曾经提出警告:"凡是选择以自己的权威进行统治,指挥社会而不是遵从社会的指导的人,都摧毁和削弱过陪审团。"

第四节　判决书及庭审笔录

法院的权威集中体现于裁判文书,裁判形式主要有判决、裁定及各种口头或书面的决定。判决是结束某一审级审判程序的裁判,而该裁判须由审判法院依据审判程序加以公告。因此,判决书必须是书面形式的,目的及意义在于将法院裁判及其形成理由陈述清楚。而作成公文格式,本身即是一种严肃的仪式,且备以上诉、申诉及遵照执行之用。刑事判决书的结构如下:(1)开头事项,记载被告、犯罪行为、审判法院及审判日期;(2)判决主文;(3)适用法条;(4)判决理由;(5)参加庭审法官的清晰签名。在判决理由中,应向被告指出该案件已经法律途径加以审判;经由对犯罪行为的清楚叙述,保障一事不再罚原则;指出具体的刑罚执行机关,

---

[1] 参见〔美〕博西格诺等:《法律之门》(第八版),邓子滨译,华夏出版社2017年版,第685—686页。

对被判决人的刑罚处遇作出清晰描述;被判决人应于判决书中得知有效合法的法律救济途径,以及上诉期。单就理论而言,法律只要求判决书对已证明事实加以记载,而法官形成确信的过程无需举出。实务中,每一个判决均含证据评价即心证过程,否则上诉审法院无从判断初审法官心证形成,也不易把握法律运用上有无瑕疵。[1] 要求陈述支持判决的理由,可以防止专断和恣意,保证判决是基于证据和庭审笔录作出的,利于受判决人上诉,便于上级法院复审,同时锻炼写作判决的法官的思考能力,激励其不断学习新的法律知识。[2]

美国的最高法院或者上诉审法院更是允许判决书中出现详尽的分歧与反对意见,以供人民比较,留于后世评说,不知不觉中提升了美利坚民族的法治素养。"判决书的说理制度之所以重要,乃是基于:(1)如果法官对于判决结果给出理由,易于使当事人接受判决结果,并能加强判决书的权威性;(2)对判决结果提供论证符合司法的运作规律,体现司法理性;(3)相应理由与论证过程的说明,有助于防止法官滥用自由裁量权;(4)这一过程中必然要利用法官的推理能力与法律知识,因而更是对法官所应具备的司法技艺能力的培训,使法官在实务中经受历练;(5)有利于对一般公民进行法制教育。"[3]需要补充说明的是,无罪判决主文只需写"判决无罪",无需"因证据不足"等措辞。我国自1999年才由最高人民法院在《人民法院五年改革纲要》中提出判决书应当说理,要求加快"裁判文书的改革步伐,提高裁判文书的质量。改革的重点是加强对质证中有争议证据的分析、认证,增强判决的说理性"。这一改革过程实际相当漫长,而且,分析说理本身无法量化规范,也就是说,裁判文书长短与说理是否透彻没有固定关联。时至今日,裁判文书总体质量仍然有待提高,特别是对为何不采纳辩护意见,说理不够。

审判笔录内容是法院要式文件之一。需要记明庭审地点与审判期日,记明被起诉行为、所有诉讼参与人,及审判程序是否公开。笔录需包含所有与诉讼程序有重要关系的审判经过和结果,也应包含所有已提出

---

[1] 参见[德]罗克辛:《德国刑事诉讼法》,吴丽琪译,三民书局1998年版,第529—530页。
[2] 参见宋英辉等:《刑事诉讼原理》,北京大学出版社2014年版,第29—30页。
[3] 劳东燕:《罪刑法定本土化的法治叙事》,北京大学出版社2010年版,第281页。

的申请、被朗读或依刑事诉讼法必须通知的内容,已公布的裁定及判决主文,不能只写"内容见判决书"之类,而应将整个判决宣示的理由记载于审判笔录中。如判决书与审判笔录记载相反,以判决书内容为准。如果某一事件过程或陈述的某一字句对裁判有决定性影响,则应强制记入审判笔录。审判程序所规定的形式是否被遵行,只能以审判笔录加以证明。所有笔录中记载的,均视为已发生,凡未记载于笔录中的,视为未发生。如果审判笔录记载不明,不得类推适用侦查法官的笔录。[1] 判决评议期间长短不得为上诉理由,但却特别强调,如果法官已经从法庭退下,已进入评议阶段,又因某种重要理由而重新回到审判程序,则不能立即宣示判决,必须再次作出评议。

关于判决书的写作推理,也是一个热门话题。许多人认为,法官都是先在内心形成了有罪还是无罪的结论,尔后在判决书中"假装"这个结论是逐步推理出来的。杰罗姆·弗兰克认为,判断的过程很少是从前提出发,随后得出结论的;与此相反,判断始于一个粗略形成的结论。一个人通常是从结论开始,然后努力找到能够导出该结论的前提。如果他不能如愿以偿地找到适当的论点,以衔接他的结论与他认为可接受的前提,那么,除非是一个武断而疯狂的人,他将摒弃这一结论而去寻求另一结论。律师将案件提交法庭,在他的思想中,结论优于前提而占统治地位,这是比较明显的。他为委托人工作,因而有所偏袒。如果他想要取得成功的话,就必须从确保委托人胜诉的结论出发,从所渴求的结论倒推出他认为法庭乐于接受的某个大前提。他提请法庭注意的先例、规则、原则和标准构成了这一前提。[2]

"结论占统治地位,数据、推理为结论服务",这是以弗兰克为代表的一种见解。对司法判断过程的传统描述,不仅不承认这种倒推的解释,而是认为法官会以某种规则或法律原则作为前提,将这一前提运用于事实并由此达成判决。不过,倒推的解释越来越获得实务界的承认。既然法官是人,既然任何人的正常思维过程大都不是通过三段论式的推理达成

---

[1] 参见〔德〕罗克辛:《德国刑事诉讼法》,吴丽琪译,三民书局1998年版,第535—537页。

[2] 参见〔美〕彼得·德恩里科、邓子滨编著:《法的门前》,北京大学出版社2012年版,第25页。

判断的,就有理由假定,法官不会仅因身披法袍就采用这样一种人工的推理方法。司法判断,像其他判断一样,无疑在多数情况下是从暂时形成的结论倒推出来的。教学实践证明,尽管书中的答案碰巧是错误的,但课堂上相当一部分学生却"成功"地得出这一答案。学生们会努力并最终获得书上所要求的答案。法庭的推理过程通常与此异常相似。但是,法官从结论倒推出原则的想法是如此的异端,以至于很少发现这样的表达。判决书都是按照由来已久的理论写成的,也就是,将某个规则或原则作为大前提,将案件事实作为小前提,然后通过纯粹的推理过程得出他的结论。

  法官的确是通过预感而不是逻辑推理来判决的,这种逻辑推理只出现在法庭意见中。判决者的关键冲动是个案中对于什么是正确、什么是错误的直觉;精明的法官,在已有定论后,劳其筋骨,苦其心智,不仅为了向自己证明直觉是合理的,而且还要使之经得起批评。因而,他检视所有有用的规则、原则、法律范畴和概念,从中直接或类比地选出可用于法庭意见者,以证明他所期望的结果是正当合理的。可以认为,上述关于法官如何思维的描述是基本正确的。但要考虑一下后果:如果法律是由法官的判决构成的,并且如果这些判决是基于法官预感的,那么,法官获得其预感的方式,就成为司法过程的关键。产生法官预感的东西缔造了法律。什么产生预感呢?什么刺激使法官觉得应该努力证明某个结论正当合理呢?法律的规则和原则就是这样一组刺激。但是,还有另外一些刺激未被揭示,在讨论法律的特征或本质时也很少被考虑,它们通常被称为法官政治的、经济的和道德的偏见。稍加思索就会承认,这些因素必定在法官心目中起着作用。

  法官的经济和社会背景影响着判决,同样,各种习惯也影响着判决。无论什么力量的影响,最终都只能通过法官进行。但是,一般人的推论和意见背后隐藏的因素是什么?答案肯定是取决于人的个性。这些独特的个人因素,通常是超过外界影响的更为重要的判决因素。一个人的政治或经济偏见,经常被他对某个人或组织的好恶所左右。法官的同情和冷漠往往取决于证人、律师和诉讼当事人的形貌举止。法官过去的经历也能增减对各色人等的反应——金发碧眼的女人、有胡须的男人、南方人、管道工、大学毕业生,或者某种特定的口音、咳嗽或手势就能勾起其痛苦或愉快的记忆,这些记忆可以影响法官对证词及其分量或可信度的最初听取或随后回忆。证人作证也受其经验和性格的影响,人们倾向于看那些他们想看的东西。即使证人是率直而诚实的,他们的内心确信也因其对当事人的偏爱或偏见而多少受些歪曲。我们很容易通过推理说服自己相信,我们所希望的事情确实存在。通常的情形是,一个长时间沉浸在某个问题上的人,认为一件事可能已经发生过,并且最终形成确信那件事的确发生了。

法庭提请注意下列至关重要的事实:证人陈述时的语调,回答提问时是踌躇犹疑还是迫不及待,证人的神色、仪态,他的惊讶迹象,他的手势、表情、呵欠,他的眼神运用,他的诡秘或意味深长的一瞥,他耸耸肩,他的音高,他的沉着或窘迫,他的坦诚或轻浮。由于这些情形只能呈现给确实听到证言和看到证人的人,因而上级法院一再提醒,推翻主审法官建立在言词证据之上的判决,必须极为慎重。上级法院认识到,摆在面前的仅仅是一份速记的或者打印的作证报告,这样一份书面记录并不足以重现任何事实,而只能记载证人的冰冷词句。证人是一位法官,而法官也是一名证人,是法庭上所发生的一切的证人。法官对事实的确定也不是机械的。如果证人不免记忆失误或者想象重构,那么法官同样不免对证词的理解缺陷。他对证人所言及其真实程度的确信,将决定什么是他所认为的案件事实。自然而然,作为一个看到了庭上所发生的一切的证人,法官所确信的那些事实通常处于支配地位。因而,法官不计其数的独特品格、禀性和习惯,经常在形成判决的整个过程中起着作用。[1]

卢埃林认为,杰罗姆·弗兰克夸大了心理因素和法律的不确定性,贬低了法律的可预测性:法律,事实上比他所指出的更可预测,从而也更加确定。弗兰克对绝妙幻象的极度热忱,使其对幻象的描绘比幻象本身更加虚幻。我们必须认识到,判断的方式、思想的方式以及用法律术语权衡事实的方式,在我们的法院是如此别具一格,以至于从一个人的判断反应,就可以将法律人与外行人区别开来。[2] 罗伯特·博克也指出:"不是所有法官都倒置推理与结论。如果推论说所有司法结论背后都不过是个

---

〔1〕 参见〔美〕彼得·德恩里科、邓子滨编著:《法的门前》,北京大学出版社2012年版,第25—29页。

〔2〕 Karl N. Llewellyn, *The Common Law Tradition* (Boston: Little, Brown, 1960).

人倾向与个人权力,没有例外,这样的推论总体上都是不现实的。任何诚实的律师或法官都知道,确实经常会有直觉上的结论,随后再去努力检验这一结论是否得到法律推理的支持。然而,这一初始直觉通常来自他对法律过程与结构的长期谙熟。一位法官对案件结果即使毫无个人倾向也会有这类直觉,类似过程在所有知识领域都会发生。但就诚实的律师或法官而言,在看到与最初结论相悖的资料后,也是会改变主意的。法官在看了证据目录后形成某种看法,但在言辞辩论后改变了看法,或者在法官会议上赞成某种观点,但在阅卷、讨论和书写判决意见过程中转变了立场。我甚至有过更不愉快的体验,我的判决意见已经发表,但在读到上诉状或再审申请后发现自己错了,不得不改变判决结果。许多法官都有相同经历,如果这是真的,那么所有法官都倒置推理与结论就不是真的。"[1]

---

[1] Robert H. Bork, *The Tempting of America*, A Touchstone Book Published by Simon & Schuster, 1990, p. 71.

第六章　平等对抗

> 能参与诉讼的当事人更易于接受判决,他们有可能不赞成判决,但却更有可能服从判决。
>
> ——迈克尔·贝勒斯

第一节　检察官

1961 年,法国和意大利合拍了一部电影,改编自大仲马的小说《基督山伯爵》,由上海电影译制厂孙道临、毕克、邱岳峰、李梓等艺术家配音。1980 年在国内上映时,许多人第一次听说"检察官"这个词。人们喜欢这部影片,但不喜欢检察官,因为片中的检察官维尔弗,在陷害主人公爱德蒙的整个阴谋中起了邪恶而关键的作用。维尔弗以莫须有的罪名签署一份逮捕令,将爱德蒙投入伊夫堡,一座四面环海的岛礁监狱,未经审判,监禁了 17 年。爱德蒙的恋人美塞黛丝被参与这一阴谋的情敌夺去。把一个人长年关进伊夫堡,看来比雇凶杀人风险更小,这说明当时法国检察官有不可思议的权力,以至于逮捕令等同于判决书。无论是监狱长、法官还是其他检察官,都不再过问或者无权过问。这个权力相当于国王本人,或者是国王的直接代理人。这不奇怪,影片里也是这么说的,维尔弗是"国王的检察官"。这一检察官的电影形象似乎影响了欧洲,意大利的警匪片、犯罪片都很有名,比如《教授》和《警察局长的自白》,其中的一个情节模式是,一位勇于同恶势力作斗争的警官,同时要面对一个被黑社会收买的检察官。

大仲马原著最初像金庸小说一样在报上连载,法国读者能够接受从水手爱德蒙到无名囚犯再到伯爵基督山这类情节,说明这种事发生在法国、发生在法国检察官身上,发生在资本拓荒的时代,决非不可思议,而是符合人们体验与想象的社会生活。总体印象是,欧洲的文学艺术作品中检察官的形象不如警官正面。关于设置检察官的初始用意,一种颇具影响力的观点认为,检察官乃法国法为破除纠问制度而创立,是法国革命风潮与启蒙运动的产物[1]。但这种观点遭到质疑,因为"历史地看,西方检察官制在法国的历史起源始于14世纪初菲利普四世的统治期间,这项制度在初生时期就是王国维护中央与地方王权利益的重要人事安排。所以,假如从法国检察官制的历史缘起着眼,检察官并非如人们一般认为的那样是为了矫正纠问制法官的权力过大而进行的理性设计……它是法国王权中央集权化政治制度的产物"[2]。14世纪法国国王代理人,原指代理国王在法庭诉讼之人。法国古谚语云:"在法国,除国王外,无人得以代理人进行诉讼。"基于维护社会秩序及镇压犯罪需要,国王代理人职责更扩及于犯罪追诉。

法国大革命后,国民议会1791年彻底推翻路易十四敕令所规定的秘密、书面及间接审理的纠问程序,全盘引进英国公开、言词及直接审理的诉讼制度,同时创设公诉人一职,其任务则重在监督法律确实得到遵守与适用。这一制度变革迅疾改变了庭审格局,使公诉人成为法庭上实行追诉活动的主角。然而彼时法院正处于一个历史动荡中,不可能维持稳健的制度构建。由于治安恶化,犯罪追诉疲软无力,1801年恢复了旧有的公诉官及预审法官设置。1808年《犯罪审理法》(亦称《刑事审理法》)颁布迄今,法国刑事司法制度"乃成为侦查阶段采纠问主义,审判阶段采弹劾主义之混合制度"[3],确立了系统化和专门化的检察官僚机构。建制上,检察厅附设于各审判厅,检察官的权限进一步宽展,除代表国家之外,更

---

[1] 参见林钰雄:《检察官论》,学林文化事业有限公司1999年版,第15页。
[2] 黎敏:《西方检察制度史研究》,清华大学出版社2010年版,第101页。
[3] 林朝荣编著:《检察制度民主化之研究》,文笙书局2007年版,第72页。

代表一般人民公益,有提起公诉的责任,对各种刑事犯罪提出控告,并在庭审时以控方资格发表口头公诉意见,进行质证和辩论。[1] 不过,检察官的追诉权是一种请求权,属于行政权而非司法裁判权,更不是法律监督权,表现在上司不得替代检察官发动具体的诉讼,也不得停止检察官已经发动的公诉,遵循上级命令只是一种例外。[2] 检察官对犯罪行为进行一切必要的追查活动,领导辖区内的司法警察。检察官到达犯罪现场后,司法警察的侦查权即转由检察官行使。

孟德斯鸠在谈到"各种政体下的控诉方式"时说了法国检察官制的不少好话:在罗马,与共和国精神相符的"公民控告公民"的权利,到了皇帝时代,便鼓励了一大群阴险的告密者,他们全都凶顽狡黠,人格卑鄙,野心勃勃,通过陷人于罪以取悦君王。而在采用了检察官制度的法国则不存在告密的事情,因为公诉都是以国家检察官的名义提起的。国家检察官密切注意公民的安全;检察官执行职务,公民则获得安宁。[3] 检察官以国家或社会的名义行使公诉权,一旦发动公诉,就不能撤回,也不能改变法院管辖,不因法院宣告被告人无罪而承担败诉责任。在法庭上,检察官应与被告人地位平等,不能凌驾于被告人之上,更不能是法官之上的法官。法国人认为,如果赋予法律监督权,法官中立势必削弱,控辩平等无从说起。庭审座位安排体现控辩是否平等,检察官与被告人在法官两边相对而坐,辩护人靠近被告人。当然,法国检察官还是拥有很大的权力,不仅有权指挥和监督司法警察,决定不予立案,而且有权审查司法警察的先行羁押,指令释放被羁押人。在审前认罪程序中,检察官可以讯问嫌疑人,前往现场勘验、检查、搜查。

---

[1] 参见[日]冈田朝太郎等:《检察制度》,蒋士宜编纂,中国政法大学出版社2002年版,第195—196页。陈颐先生前言曰:"本书乃京师法律学堂教习冈田朝太郎、松冈义正、小河滋次郎及志田钾太郎各以其所长费一月之光阴为法律学堂检察研究会诸京师地方以下各级推检官所作的讲演记录,'为研究检察制度者惟一无二之本',亦可视之为中国设立检察制度之'立法理由书'。"

[2] 参见[法]贝尔纳·布洛克:《法国刑事诉讼法》,罗结珍译,中国政法大学出版社2009年版,第324页。

[3] 参见[法]孟德斯鸠:《论法的精神》(上册),张雁深译,商务印书馆1961年版,第82页。

检察官制度于 1877 年写入《德国刑事诉讼法》。德国学说上将检察机关定位为司法机构而非行政机关,但又有别于法院,因为检察官需受上级指示约束。不过对于上级指示的提起公诉,若检察官认为无罪,不须服从上级指示。理由在于,虽然每个德国检察官都被认为是高级长官的代理人,但检察官对真实性与公正性的判断是不可替代的,必须以良知作出具体的决定,不得对检察官施以强制,命其违反信念行事。当然,上级首长对下级的不服从并非束手无策,他可决定自行办理或将案件交由另一检察官。法国和德国检察官在隶属行政还是司法的问题上不甚一致,但具体职责却大体相同,即接受告发,执行或主持侦查程序,命令暂时逮捕、搜查、扣押、确认人别身份,决定应否提起公诉,庭审中朗读起诉书,并与辩方质证、辩论。在面向审判时,检察官是公诉人;在面向侦查时,检察官是指挥者。法国和德国采用检警一体模式,检察官有权领导和指挥警察对案件进行侦查,是侦查程序的主宰,警察只是检察官的助手,没有权力对案件作出实体性处理。

无论检察官制度缘何诞生,继受国都可以对其寄予厚望,萨维尼曾言,历史经验告诉我们,警察的行动自始蕴藏着侵害民权的危险。检察官的根本任务,应为杜绝此等流弊并在警察一行动时就赋予其法的基础,如此一来,检察官才能在人民眼中获得最好的支持。[1] "被害人因恐惧而不敢起诉,需要检察官提起公诉;被害人因贪图丰厚的损害赔偿而自愿私人和解,检察制度可以消除这一弊端;被害人因事过境迁,懈怠起诉,使国家刑罚权无法落实,检察制度可以弥补这一缺陷;检察官的存在,符合现代职业分工原理,避免法官身兼侦查、审判二职。"[2] 德国特别强调检察官异于辩护人,应当对诉讼过程中违反刑事诉讼法的情形立即提出纠正意见,以恪尽检察官之客观义务。"德国刑事诉讼法上的检察机关并非当事人。其并非只单方面地对被告之不利部分汇集资料,其尚需对被告之有利之情况加以调查;如非如此,则有违其对真实性及公正性之义务。同样地,其亦得为被告之利益而提起法律救济途径,并且亦得对受有罪判决

---

[1] 参见林钰雄:《检察官论》,学林文化事业有限公司 1999 年版,第 17 页。
[2] 朱采真:《刑事诉讼法新论》,世界书局 1929 年版,第 60 页。

者为使其无罪获释,而提起再审声请。"[1]

可见,德国对检察官寄予了过高的期望,也就是"应担当法律守护人之光荣使命,追诉犯法者,保护受压迫者,并援助一切受国家照料之人民"。林钰雄教授进而认为:"检察官不是、也不该是片面追求打击罪犯的追诉狂,而是依法言法,客观公正的守护人,有利不利一律注意……作为法律之守护人,检察官既要保护被告免于法官之擅断,亦要保护其免于警察之恣意。"[2]这种被称道的"客观性义务"甚至要求检察官在审判过程中不受起诉书拘束,可以主张被告人无罪,可以为被告利益提出抗诉。但在实务中,这一客观公正却难于真正贯彻落实。既然已经起诉,若认为被告无罪,撤诉即可。必须承认,主张公诉后可以撤诉的是主流声音,因为"在起诉前既许检察官斟酌情节为不起诉处分,在起诉后自无不许其撤回之理"[3]。不过,公诉人撤回起诉与当庭主张被告无罪是有区别的,其中涉及的重要问题是,公诉人以被告人无罪为由撤回起诉,是否需要法官批准?法官如果不批准似乎说不过去,因为在失去指控方时相当于没有被告人,不可能形成有罪判决。需要考虑的问题是,如果形成无罪判决,与容许检察官撤诉的效果是否一样?

可以想见,效果肯定是不一样的,因为如果容许撤诉,在没有"一事不再理"的硬性规定时,就难保检察官不杀一个回马枪,就同一被告的同一事实再行起诉。而如果法庭作出无罪判决,就可以比较有效地防止再次起诉。同样道理,公诉人若发现生效判决不利于被告人,可以提起审判监督意义上的抗诉,要求法院再审,但理由不应是向法院"抗议";而若预判即将作出的判决会不利于被告人,可以提出撤回指控,从而使法院彻底失去裁判依据。不指望检察官履行客观义务,恰恰是尊重客观现实。现实的情况是,检察官受其司法角色限制,一般都会急功近利地追求定罪。为被告人着想的检察官,不能说没有,但的确少之又少。"检察官有时以法律不允许之方法取得犯罪嫌疑人有关之自白……以押取供乃至声色俱厉地训示犯罪嫌疑人或被告之情事,仍所在多有。"[4]既然避免低劣行为已

---

[1] [德]罗克辛:《德国刑事诉讼法》,吴丽琪译,三民书局1998年版,第76—77页。
[2] 林钰雄:《检察官论》,学林文化事业有限公司1999年版,第17—18页、第33页。
[3] 陈朴生:《刑事诉讼法论》,正中书局1970年版,第177页。
[4] 王兆鹏:《一事不再理》,元照出版公司2008年版,序第5页。

属不易,就不宜再拔高要求,因为树立榜样的最大弊端是,一旦有几个榜样出来,就被起劲宣传,掩饰了黑暗的角落。再者,林钰雄教授所主张的"检察官不能自我认知为打击犯罪的急先锋",以及反对"起诉不要理由,不起诉才要理由"的做法[1],实乃至当之论。但是,对林教授所主张的"既打击犯罪,也保护人民"的双重使命说,却实难苟同。

"既怎样怎样,又如何如何"的观点,不仅是司法乌托邦,而且可能使权力游走于各种目的之间,不仅最终架空刑事诉讼法保障被追诉者权利的宗旨,而且沦为强权者的诡辩工具,从容应对社会质疑和目的审查[2]。检察官的基本角色应当只是指控犯罪,对这一角色的调和,经常会以善意的期待掩护实际的不法。检察官为完成控诉职能所进行的种种努力,也能从反面印证,成功地给被告定罪,其诱惑力大于履行客观义务。"然而,就在司法权力在启蒙思想与人权保障的启迪下缓和的同时,可以注意到的是司法权力更加地深入到庶民的日常生活中,因为间接证据之故,犯罪侦查不能只是局限在特定的时点针对特定的被告展开肉体的拷问,而必须贯穿到相关的日常生活中,虽然这种力道相对于拷问来说非常缓和,但是实际上无论在时间的延续:'特定时点的拷问/长时间的监视',或空间的范畴:'被告的身体/被告、加害人、邻人、友人的一切生活关系',检察官具有极大的力量以无附加身体痛苦的方式扩大其影响力,虽然有法律的限制,但只要能通过法律的管控,则实际介入的合理性与广泛性,是拷问制度所完全不能相提并论的,透过检察官与侦查程序的建立,实体真实发现主义在此产生了强大的附加功能,基于对实体真实发现的要求,检察官得以在不造成任何肉体痛苦的状态下,将侦查程序所需要的管控延伸到任何有关的人际网络与社会领域中。"[3]

我国近代法制,自清末即以日为师,检察官制度亦不例外,先由京师法律学堂的日本教习传授过来。国家本于维持公益目的干涉社会事务,而设检察官作为代表公益之机关。1949年以前的立法史上,前清末年通过日本辗转仿效欧陆法制。日本原先模仿法国法制,德国大败法国完成

---

[1] 参见林钰雄:《检察官论》,学林文化事业有限公司1999年版,第34页。
[2] 参见邓子滨:《中国实质刑法观批判》,法律出版社2017年版,第142—143页。
[3] 许恒达:《"实体真实发现主义"之知识形构与概念考古——以中世纪至现代初期之德国刑事程序发展史为中心》,载《政大法学评论》2008年总第101期。

统一后(1871年),日本转向德国法制,间接影响20世纪30年代的中国。前清师法德意志立法例,制定法院编制法,乃引入检察官制的先声,但现行制度则因清末民初之政局延宕,迟至1935年才随新制法院组织法与刑事诉讼法一并正式实施。〔1〕"检察官过去所拥有的权力,在文明国家(或地区)可说是无与伦比的。除受检察体系的内部监控外,检察官得逕为传唤、拘提、逮捕、搜索、扣押、监听、羁押、起诉、不起诉、上诉等。权力如此之大,内控机制是否能发挥功能,令人忧虑。虽然学者谆谆建言应予限制,但在打击犯罪的旗帜下,政府藐藐不为所动。"〔2〕清末以后的刑事诉讼观念中,检察官为司法官,强制处分权由法官与检察官分享。至20世纪90年代,我国台湾地区掀起了一场检察官削权与重新定位运动。1995年宣告检察官不再享有羁押权,2001年不再享有搜索票签发权,随后又对起诉、不起诉、缓起诉权力加以限制。当然,作为权力补偿,赋予检察官向司法警察的退案权,增加了与被告人的谈判权。因此,法德一脉的检察官被定义为:"本积极主动立场,以实施强制性侦查、提起公诉、实行公诉为主要职权,隶属于行政权,但兼具司法官地位之国家公务员。"〔3〕

追本溯源,英美法向以不干涉为法之精神。民事固不待言,即便有侵害权利违反义务之刑事案件,亦由被害者自诉于法庭以求救济。故考诸英国古法,总检察官之职专为国王利益而设。降及后世,完全依赖被害人自诉颇显乏力,立法者于1827年创设以提起刑事公诉为职务之检察官,又于1879年制定提起公诉法。〔4〕英格兰的刑事检控始终是一种开放的、由私人主导的权力分配体制。到19世纪,基本格局仍然是由私人控诉者、大陪审团和地方司法行政官员等多元主体分享,其核心特征是国家因素始终只占次要地位。布莱克斯通曾经评论到,虽然所有的刑事起诉书在修辞上都要以国王的名义提起,但真正掌握着刑事指控权力的,却是

---

〔1〕 参见林钰雄:《刑事诉讼法》(上册),元照出版公司2015年版,第130页。
〔2〕 王兆鹏:《当事人进行主义之刑事诉讼》,元照出版公司2004年版,第14页。
〔3〕 林朝荣编著:《检察制度民主化之研究》,文笙书局2007年版,第18页。
〔4〕 参见〔日〕冈田朝太郎等:《检察制度》,蒋士宜编纂,中国政法大学出版社2002年版,第193—194页。

受害人及其亲属。[1] 国王设立的总检察长,更像一位只为国王提供法律服务的特殊当事人,只负责叛国案件的审前调查,之后向大陪审团提起刑事起诉,开庭时有权对证人进行交互诘问。英国刑事程序中并无公诉的概念,国民人人有权提起刑事追诉,但案件进入审判程序后,必须委任律师出庭,而无论所提起的追诉是基于个人利害还是基于公共利益。

在英国政府的组织编制上,检察官并不是现代意义上的公职人员,他们的出现没有撼动私人检控者的法律地位,他们在身份上与私人检控者聘用的控方律师没有质的区别。"英国律师既独占法庭活动,遂使担负绝大部分犯罪诉追责任之警察机关,在打击犯罪之任务上,仅能挺进至于诉追之提起,至于嗣后在法庭上之实行追诉,则须假手律师。因此,大部分警察机关为适应实行诉追之需要,平时即约聘律师……由于负责实行诉追之律师系属自由业,相对于委任其实行诉追之政府机关而言,具有不羁性格。因此,在律师独占法庭活动之下,律师本于职业伦理就案件所提供之咨询意见,常对于其委任者过度热切之诉追欲望,产生冷却之效果。此对于无辜之被告而言,不失为一种利益。"[2] 这一切都仰赖英国的宪法体系传统,避免了大陆模式中央集权的司法管理模式。侦查犯罪、提起公诉和在法院审理案件的职责被数量众多的不同机构分担了。不过自1986年起,通过引入皇家检控署(CPS),犯罪追诉体系发生了重大变化,皇家检控署在对犯罪起诉中扮演了支配性角色。[3]

美国独立后,曾受法国影响,建立公诉制度,各州均效法之。检察官亦可称公诉官,职权虽已涵盖实施侦查、提起公诉、实行公诉,但并不拥有采取强制措施的权力,必须向治安法官申请强制措施令状。总体而言,美国终究继承了英国的司法制度,各州设立检察长一职,主要是州长和州政府法律顾问,刑事检控权却很虚弱,刑事检控职能几乎全由地区检察官执

---

[1] 英格兰刑事私诉体制的一项配套设施是大陪审团控诉制度。从当地选出的守法居民组成的大陪审团,被普通法赋予直接的刑事检控权,在开庭审判前展开调查、收集证据,在法庭上向法官陈述调查情况。大陪审团制度依赖于居民,在价值取向上与私人控诉传统保持了高度的一致与和谐。这些传统确保了英式刑事诉讼最不具有国家色彩。参见黎敏:《西方检察制度史研究》,清华大学出版社2010年版,第177页、第181—182页。

[2] 林朝荣编著:《检察制度民主化之研究》,文笙书局2007年版,第92—93页。

[3] 参见〔英〕约翰·斯普莱克:《英国刑事诉讼程序》(第九版),徐美君、杨立涛译,中国人民大学出版社2006年版,第76页。

行;19世纪20年代起,多数州的检察长和地区检察官采用选举制而非任命制,检察官不由上级任免,不必唯上是从,自然表现出高度的自治与自主,享有不受行政干预的广泛的自由裁量权。普通法在长期的历史发展中,形成了某种韧性,它的烦琐的和形式主义的技术,使它能够顽强地抵制住来自上级的进攻。[1] 而高度自主自治与自由裁量之间,无疑存在一种正相关的联系,自主自治程度高意味着自由裁量权大。"虽说警察是刑事司法机构的守门人,但检察官才是刑事司法运行的枢纽。检察官有巨大的自由裁量权,不仅决定是否起诉嫌疑人,而且决定进行何种起诉。此外,检察官通常为辩诉交易定下基调,在量刑轻重问题上也有极大的话语权,尤其是他们手中的不起诉权。可见检察官在刑事司法中起着关键作用。"[2]

美国各州的检察官制度,从基本设计上就强调与警察权的高度分离,检警之间更多的是一种制约甚至掣肘关系。因此,在州、县任何一级,虽然检察官对警察机关没有直接的法律上的控制权,但却有权拒绝将警方提交的案件进行到底,这一权力可以令警方相信,如果检察官认为继续侦查有违公共利益,就不要穷追猛打一意孤行了。"刑事司法整个过程的有效性与公正性,有赖于地区检察官选择一条最佳出路的智慧。"[3] 对检察官热衷起诉的案件,警方也不总是感兴趣,因为警方知道一旦他们取得了充分的定罪证据,开启了庭审,就只好与检察官旅进旅退。[4] 这是有意造成一种态势,让检警难以成为一家,避免它们合谋对付嫌疑人。不过,不同于英国由律师独占法庭,美国是检察官作为公诉人独占公诉,而且负责将公诉进行到庭审完毕。这便造成另外一种态势:由于权限集中,利害一贯,"兼以在当事人主义之审判构造下,公诉官为竭尽其举证责任,须以交互询问之证据调查方式,而与被告之辩护人展开唇枪舌剑。从而,美国公诉官为维护自己所提起之公诉,所展现之旺盛企图心,遂将权限集中之

---

〔1〕 参见〔德〕茨威格特、〔德〕克茨:《比较法总论》,潘汉典等译,法律出版社2003年版,第291页。

〔2〕 John M. Scheb & John M. Scheb II, *Criminal Law and Procedure*, Wadsworth Cengage Learning, 2011, p.29.

〔3〕 Orvill C. Snyder, "The District Attorney's Hardest Task," *Journal of Criminal Law and Criminology* (1931–1951), Vol. 30, No. 2 (Jul.–Agu., 1939), p.171.

〔4〕 LaFave & Israel, *Criminal Procedure*, Thomson Reuters, 2009, p.29.

弊病彰显无遗"[1]。

　　有人说,美国的检察官有绝对不受限制的自由裁量权,想起诉谁就起诉谁,想不起诉谁就不起诉谁。[2] 这话恐怕不是空穴来风。有实质裁量权者,说话反而低调。一位地区检察官曾在演讲中说,起诉哪些人、哪些罪,责任重大,对正直的人来说是非常艰难的。言外之意,责任重大的前提是有责任、有权力。演讲中提到一个有意思的案例:一个女人因行为不检而离婚,与一个年轻稚嫩的小伙子成为情人。她又以女人特有的方式激起了情人的嫉妒,暴怒之下,小伙子向她开枪,杀人的意图几乎是毋庸置疑的。如果这个女人死了,小伙子将被控一级谋杀罪。这女人竟然活了,康复了,两人还结婚了。地区检察官等待着,心想倘若是缓兵之计,婚姻很快就会破裂,他再起诉不迟。但这桩婚姻一直持续着,各方面都显得非常成功。妻子作为被害人,一再请求地区检察官终止起诉。当地区检察官确信这一婚姻是成功的,他就提出了终止起诉的动议,而这个动议竟然被允许了。假如我们是这个地区检察官,又该如何抉择? 真的能够通过起诉丈夫来平复利益相关人及其家庭的悲愤,消化公众对此番起诉的不满吗? 我们通常认为大陆法系检察官的权力更大,但对于像本案一样已经与构成要件合致的行为,即使被害人谅解,在大陆法系不起诉也是不太可能的。[3]

　　如果说检察官的权力主要体现在裁量起诉上,那要有一个前提,即由检察官指导、领导侦查,否则检察官的实际权力必然受制于侦查机关,实务运作中便难以终结警方已然发动的战役。但在美国,检察官之所以拥有广泛的裁量权,首先是为了不使社会泛刑法化,也就是不能期待将所有人们反对的事情都认定为犯罪,将刑法典作为社会的垃圾箱,而不考虑其执行可能性;其次因为"任何检察官都不可能随时随地得到足够的资源去起诉所有进入视野的犯罪。否定裁量权,就如同命令一位将军立即全线

---

〔1〕　林朝荣编著:《检察制度民主化之研究》,文笙书局 2007 年版,第 109 页。
〔2〕　Cliff Roberson, *Introduction to Criminal Justice*, Copperhouse Publishing Company, 1994, p. 275.
〔3〕　不过,自 2006 年起,法国的法定起诉有所松动,针对配偶或者同居伙伴实施的犯罪,检察官可以采取替代追诉的措施,要求加害人到其他地方居住并接受卫生、社会或心理检查,附条件的不予立案开始合法化。参见〔法〕贝尔纳·布洛克:《法国刑事诉讼法》,罗结珍译,中国政法大学出版社 2009 年版,第 330 页。

攻击敌人"[1]。正如林钰雄教授所言:"追诉机关仅能运用有限的手段来追诉犯罪,并且,国家(或地区)对于轻微的犯罪不应过度反应;以从头到尾一折不扣的刑事诉讼程序来追求有罪判决的手段,固然可以达到追诉之目的,但是,当存在比上述手段更为轻微的反应方式,且能达到相当的惩罚效果时,乃至于刑罚的预防功能时,国家(或地区)并无必要强行贯彻整套刑事审判程序,以免追诉强度超过追诉目的。"[2]而就追诉目的而言,除发现犯罪真相以外,进入到定罪量刑环节,还会附加惩罚既往与预防未来的刑罚目的。因此,裁量起诉可以有效照顾刑罚效果及预防目的。

当罪犯本人绝对不可能再犯时,就没有特殊预防的必要;而当其他人都没有机会或能力犯同一种罪时,也没有一般预防的必要。曾有一个教学案例:女护士悉心照顾孤独的老富翁,感动之余,富翁手书遗嘱,将巨额财产留给女护士。这个报恩举动反而使女护士萌生恶念,希望早得遗产,于是用药时增加到足以致死的剂量。可老富翁并没有死,事后查明,当日其身体状况突变,恰好需要大幅增加药量。这一独特的没有任何预防必要性的案件,考虑不起诉是有道理的。真相在此已经明确,不明确的是如何处置这一真相。美国是一个不怕批评的国家,几乎每个事项的每个环节都会有来自国内外的批评,检察官制度亦不例外。美国检察官制度中最成问题的是检察官的不当行为:(1)在审判中玩弄不当的法庭技巧;(2)故意让证人向法庭作出虚伪证言,或者明知证人在作伪证而不予制止;(3)默认以不可靠的证据弹劾不利于己的对方证人;(4)故意隐匿或不申请传唤所掌控的不利于己的证人;(5)已隐匿可以证明被告无罪或罪轻的证据,而经被告及辩护人指出后仍然极力否认;(6)故意伪造证据陷人于罪。[3]

那么,英美与欧陆,谁的检察官制度更优越一些? 日本是世界上唯一经历了法国、德国、美国三种检察官制度的国家。"在明治时期导入了法国的检察制度,但1890年的法院组织法由于受德国法的影响,采取了原则上将检事局附设在法院之内,同时在司法行政方面,将法院和检事局双

---

〔1〕 LaFave & Israel, *Criminal Procedure*, Thomson Reuters, 2009, p.710.
〔2〕 林钰雄:《刑事诉讼法》(上册),元照出版公司2015年版,第57页。
〔3〕 参见黄东熊:《刑事诉讼法研究》,三民书局1981年版,第490页。

方均置于法务大臣的监督之下,其结果便是使检察官也成了广义上的司法官。第二次世界大战之后,受美国法的影响,明确规定检察脱离所谓司法部,归属行政部。在调查犯罪方面,司法警察是第一位的调查机关,检察官是第二位的或补充调查的机关,其主要任务是提起公诉"。[1]可见,在检察官身份及权限的法律设定过程中,日本曾经在法德模式与英美模式之间徘徊犹豫,我们不妨回顾一下60年前日本朝野学界是如何思考这个问题的。日本现行《宪法》于1947年5月施行,又称"和平宪法",此前的宪法是1890年施行的"帝国宪法"。在旧宪法时期,检察官当然是被当作司法官的。确实,在任用方式、身份保障等方面,检察官是得到了类似法官的待遇。但是,当时司法独立并不充分,检察官只是行政机构的一部分。

"战后,在制定日本国宪法的过程中,政府当局曾一度主张检察官就是司法官,相当于宪法草案所指的'司法官宪',但其错误立即受到了指摘,于是,检察官无论名义还是事实上都属行政官的见解就居于统治地位了。这种见解本身当然是正确的。但是,在讨论现行刑事司法的时候,重要的是要强调,检察官的作用是执法者,而不是纯粹的当事人。在这个问题上作为当事人诉讼的发源地的英国乃至美国,情况就不同了。英国没有检察官制度,美国各州的检察官是选举产生的非官僚职员。在那里,贯彻当事人性质也许没有什么特殊的问题。但是,像我国这样,一方面宣称检察一体化原则,肯定检察官是强有力的官方机构,而另一方面又强调当事人诉讼,使检察官有破坏正常程序的可能,这一点是危险的。期望于检察官的,应该是警察侦查的批判者,以及正当程序的拥护者。然后,这一点要和裁判所的作用从原来的发现实体真实,保证对犯罪的处罚,向维护正当程序的转变相适应,使检察官恢复真正司法官的性质。"[2]日本在新宪法的强烈冲击下,最后并没有完成"恢复真正的司法官"的转变,而是转向了当事人主义。其间,关于检察官性质、地位的争论,必然牵涉办公地点、法庭座次等一系列变动,极具历史标本意义。

"战后的学说主要是强调检察官的特性已变,甚至也有用检察官如今

---

[1] [日]大谷实:《刑事政策学》,黎宏译,中国人民大学出版社2009年版,第181页。
[2] [日]松尾浩也:《刑事诉讼の原理》,东京大学出版会1974年版,第262页。

已成为'一方当事人'来表达的。这是由于如下的情况:首先是眼睛所能见到的,就拿办公楼来说,战前在裁判所里也有称为检事局的,也就是这一边挂着裁判所的牌子,另一边挂着检事局的牌子。可是在今天,无论在何处,大体上裁判所和检察厅的办公楼是分开的。再从法庭的布置来看,在战前,裁判官和检察官坐得一样高,而被告与辩护人坐在低一层的地方,这种法庭布置已经改变,如今的布置是辩护人、被告人、检察官坐得一样高,只有裁判官坐在稍高一点的地方。这好像没有什么,可是在联邦德国,却是战后引起一大论战的问题,认为检察官坐在高处岂不是奇怪,同'检察官是一种司法官,并非单纯的当事人,宣称当事人主义这种美国式的想法,是不符合刑事诉讼的、本质上是错误的理论',进行了正面的交锋。最后在联邦德国竟然是反对当事人主义这一方获胜了。由于德国是分权制的,所以国内并不完全一样,但大体上总的趋势是按战前的做法行事。但在日本并没有什么大不了的纠纷,检察官的位置就降下来了。也就是说在这个限度内,顺利地接受了当事人主义。"[1]

如果将法国和德国的检察官制看作分水岭,那么英美和俄国分别走向两个极端。差异就在于,英美检察官制基本不受国家干涉,而俄国检察官制直接听命于首脑。检察官曾在法国和德国被誉为"革命之子",然而,但凡留有大革命烙印的东西,它的最坏部分都能找到一个宿主,并且让恶之花彻底绽放。1722年,沙皇彼得一世命令设立俄罗斯帝国检察机关和总检察长。总检察长是"国家的眼睛",对整个国家和社会实施监督,各级检察长隶属于总检察长,总检察长则隶属于沙皇。1864年俄罗斯进行司法改革,检察机关变成刑事追诉机关,其职责是支持公诉并且领导预审机关,对法院适用法律的情况实施监督。十月革命后曾短暂撤销检察机关,但又随即恢复。苏俄领导人在《论"双重领导"和法制》一文中指出,"检察机关以法律监督为专职专责,不执行任何行政职能,受中央垂直领导,行使中央检察权"。诉讼监督权与一般监督权,共同构成苏俄检察机关的权力内容,而一般监督权又是国家检察权力的核心和标志,它不同于诉讼监督,没有特定阶段及对象的限制。

苏俄检察机关是一元化领导下统一的中央集权组织,官职等级分明,

---

[1] [日]松尾浩也:《刑事诉讼の原理》,东京大学出版会1974年版,第295页。

各级检察官只服从于总检察长,执行公务时都必须身穿佩戴职衔的制服,以象征权力。苏俄检察院所体现的"普遍监督"可以说是"沙皇之眼"的再现,它有权对所有行政机关、企业、事业单位、合作社的行为,以及对所有公职人员和公民遵守法律的情况进行监督,甚至对法院的判决和裁定也行使监督权。这不仅显示了检察权力的强大,也证明了它在苏俄政治生活中的崇高地位。1922年年底苏联成立后,组建了苏联最高法院检察院,随后又撤销了设在法院中的检察院,建立了独立的苏联检察院,负责领导各加盟共和国检察机关,对各加盟共和国司法机关适用法律实施监督,提起刑事追诉并支持公诉,对警察局、劳改机构实施监督。1936年以后,各级检察机关直接隶属于苏联检察长,进一步强化了集中统一。总检察长由最高苏维埃任命,各加盟共和国检察长由总检察长任免,无须与加盟共和国最高苏维埃协商。

1953年以后,苏共开始提倡社会主义民主,健全社会主义法制。在民主与法制的道路上苏联可谓历尽坎坷,尤其在检察机构性质与职能上,由于执政理念和历史惯性,苏式改革进展相当缓慢。"在任何一个资本主义国家中,都没有类似我们这样的检察机关,它在苏维埃国家机构中处于独立自主的地位,维护着统一的、为全国制定的各种法令……犹如特别的国家全权的代表。"[1]时至1977年10月通过苏联宪法,仍然没有改变检察机关依然是集中化的全苏性机关系统,并由苏联总检察长负责,总检察长由苏联最高苏维埃任命或批准,在集中统一原则下又制定并通过了《苏联检察机关法》。日本学者在当时就精准地评论说,1979年11月通过的《苏联检察院组织法》"在统一了有关检察制度方面的法律同时,又对于旧条例不明确的检察长职权、活动方式等,都作了明确规定。并且,从进一步加强社会主义法制的观点出发,扩大了检察长的职权……检察长实行的一般'监督制度',其渊源虽然可以追溯到18世纪初期的俄罗斯,但是,像今天这种制度却是社会主义各国所特有的。现在,除德意志民主共和国、波兰、匈牙利、捷克斯洛伐克外……也都采取了这种制度"[2]。

---

[1] 〔苏〕帕弗里谢夫、〔苏〕拉金斯基:《论苏联检察机关法》,陈森译,载《苏维埃国家与法》1980年第4期。

[2] 〔日〕上田宽、〔日〕小田博:《新开展的苏维埃司法制度——苏联检察院组织法》,沈重译,载《法律时报》1980年第7期。

今天看来,俄式的垂直领导的检察体制有两大弊端:其一,直接听命于上级的结果是,所有的决定都只有结论,而缺乏一个具体的论证过程,也就看不到作出某项决定的真实理由。由于层级制的筛选任命,可以说上级人员的业务素质和思想觉悟还是比较高的,不过上级毕竟不是办案人员,没有亲历案情,难免更多考虑事实和法律以外的因素。而长期听命上级,一方面会使下级懈怠,缺乏责任心,另一方面也会滋生下级虚构、瞒报等情形,从而误导上级作出错误决定。其二,在刑事诉讼过程中,不仅检察官在法律地位上高于被告人及其律师,导致检察院的强势定罪要求压倒法院的独立判断,即"国家公诉人——检察长——并不与被告人进行权利的争论。在法庭审理中,他帮助法院根据在他领导下进行的侦查中所搜集的主要材料确定被告人的罪过问题"[1],而且检察官的政治地位也高于被告人及其律师,导致政治审判代替法律审判。

由于控辩地位悬殊,力量严重失衡,甚至出现这样的审判场景:"虽然公诉人、苏联总检察长维辛斯基本人已经指出,侦查机关未能发现证据确凿的证明材料,因而对被告人的控告只能以他们自己的供认为依据,但是辩护律师布劳德仍然在法庭上声称:'审判官同志们,在本案中对事实是不可能有争论的。公诉人声明,从各方面来看,即无论从本案所收集的证据来看,或是从证人在法庭上所作的证言来看,所有事实都得到了证实——当公诉人同志作这种声明时,他是完全正确的。所以,在这方面,辩护一方不打算向公诉一方提出任何异议。'"[2]其中,切里佐夫有这样一段话:"国家公诉人——检察长——并不与被告人进行权利的争论。"公诉人无需跟被告及其辩护人进行真正的对抗,就可以完成给被告定罪的目标,这是由大陆法系诉讼模式被推向极致后造成的。抛开所谓"一般监督权",苏联检察官的职责和作用,与整个大陆法系检察官的职责和作用没有太大区别,在提起公诉后对案件基本上不再过问。

真正到开庭审判时,"绝大多数的检察官最多也仅将起诉书朗读一次或讲几句无甚意义的话而已。……难怪有检察官讽刺,其实只要放一个

---

[1] [苏]切里佐夫:《苏维埃刑事诉讼》,中国人民大学刑法教研室译,法律出版社1956年版,第421页。

[2] 龙宗智:《刑事庭审制度研究》,中国政法大学出版社2001年版,第92页。

检察官塑像及录音机在法院即可,何需劳动检察官到庭"[1]。这种情况在英美法系的审判中不可能发生,因为英美法系在起诉书之外采卷证并送制度,法官不负责证据搜集和调查,如果检察官不出庭向法官和陪审团陈述案件、出示物证、传唤人证,并与辩方进行对峙式的交互诘问,庭审将无法进行。可大陆法系却普遍有这样的观点:"检察官为代表国家追诉犯罪者,与被告站于对立之地位,实施其攻击,使有罪之被告受一合理之刑罚制裁为目的。故于审判期日,应予出庭,行使其攻击权。就事实与法律点,而为言词辩论,但参与审判之检察官,并不以同一人始终出庭为限,因检察一体,甲检察官出庭,与乙检察官出庭,均无二致也。"[2]因此,检察官的诉讼职能样态,是由诉讼模式如何在法官和检察官之间分配证据调查权决定的。

自20世纪70年代末80年代初,苏联对检察机关的角色逐步进行反省,承认检察长只对法庭的行为是否符合法律实行监督,但并不处于法庭之上的地位,不能管制操纵法院的活动,不能向法院发号施令,不能撤销法院的裁判。[3] 1991年苏联解体时,组建了由俄罗斯联邦总检察长领导的统一的检察机关体系,仍然坚持集中统一原则,规定其工作人员不得在政治性社会组织兼职,不得领取其他工作报酬,但教学、科研和创作活动除外。而且,俄罗斯联邦总统叶利钦全盘否定苏维埃体制,借鉴西方国家检察体制,司法权仅由法院行使,将检察机关列入司法部内,使之成为纯粹的刑事追诉机关,最终取消了对法院的监督职能,但目前仍然存在着整个大陆法系检察官出庭形式化的问题。对苏联检察制度全盘借鉴,尤其是检察机关作为宪法上的法律监督机关对法院实施法律监督,使以审判为中心的目标经常出现一些意想不到的障碍和阻力,需要不断研讨并调整立场。

---

〔1〕 王兆鹏:《对症下药或旧酒新瓶——评检察官专责全程到庭计划》,载《月旦法学杂志》2000年第11期(总第66期)。
〔2〕 褚剑鸿:《刑事诉讼法论》(下册),台北商务印书馆1987年版,第397页。
〔3〕 参见〔苏〕蒂里切夫等编著:《苏维埃刑事诉讼》,张仲麟等译,法律出版社1984年版,第89—90页。

第二节 被告人

"在任何刑罚制度下,无论是采取最严厉的,还是最宽容的方法,总要有一定种类的罪犯,由于其生理和道德的退化,改恶从善几乎是不可能的,或者说是暂时的。我们也不能忘记,由于犯罪的自然根源不仅存在于个人有机体中,而且在很大程度上存在于自然和社会环境之中,如果我们不尽最大努力改良社会环境,仅凭对罪犯的矫正不足以防止其再犯。"[1]完整的刑事诉讼过程包括侦查、起诉、审判及执行,其中最后的执行阶段的被告人可以称"罪犯",而将提起公诉以前的被告人称为"犯罪嫌疑人",但总体上仍可统称"被告人"[2]。可以说,整个刑事诉讼都是围绕被告人展开的,而被告人的地位取决于刑事诉讼法如何对待他。由"追诉客体"转为"诉讼主体"被视为一种历史进步,而追诉客体与诉讼主体的区别就在于,被告人在面对国家刑事侦查、公诉和审判时是否任凭摆布而"毫无防御能力"[3]。被告人的防御能力如何,则有赖于刑事诉讼法赋予他什么样的权利,这些权利的多少也对应着一国人权水平的高低。换言之,人权的绝大部分体现于刑事被告人的权利中,只有面临政府这一庞然大物时,个人才真正渺小,才需要人权保障,才需要来自国家之外的国际人权公约的保障。

说人权只包括生存权和发展权,是对人权内涵的稀释。活命、生养后代的权利,奴隶也是有的,奴隶主残害奴隶也是法律禁止的。人权的基本含义是"人之所以为人的权利——生命、财产不被非法剥夺,即便生命、财产被依法剥夺,也要维护被剥夺者的人性尊严"。而刑事被告人的权利是

---

[1] 〔意〕恩里科·菲利:《犯罪社会学》,郭建安译,商务印书馆2017年版,第6页。

[2] 提起公诉之前称犯罪嫌疑人,之后称被告人。1996年《刑事诉讼法》颁布实施前,武汉有人因将珍贵蝴蝶标本输出境外而被立案侦查。其间《人民日报》曾作报道,称其为"犯罪分子"。1996年以后有文章引用该报道原文,后检察机关对该案不予起诉,被不起诉人遂以"犯罪分子"称谓侵犯其名誉权为由,将文章引用者及转载网站一并告上法庭。被告所在地北京市的一、二审法院皆判原告败诉,但原告所在地武汉市某区法院却受理了对网站的起诉并判原告胜诉。问题是,基于同一事实和理由的不同法院的判决相互冲突,是否违背法制统一原则?

[3] 参见〔德〕罗克辛:《德国刑事诉讼法》,吴丽琪译,三民书局1998年版,第158页。

人权状况最好的试金石。正面列举被告人权利清单并不容易,因为法系、国别及学术偏好不同,不可能有一致的权利版本。不过可以考虑拟就被告人权利的负面清单,或许能够看出,没有哪些权利是不行的,以及哪些权利决定了被告人的处境可能有天壤之别。用英美法系的话语思考,什么是正当程序可以人云亦云,但缺乏正当程序却人所共知。缺乏正当程序,主要表现在没有赋予或者剥夺被告人的某些权利。这些权利主要包括:(1)及时获得中立法官公开公正的审判,逮捕应受司法审查,逮捕后应被迅速带见法官;(2)得到警方的权利告知,得知被指控的罪名、事实及法律根据;(3)同不利于己的控方证人进行对质;(4)强迫有利于己的证人出庭作证,并接触、了解其他证据;(5)作出裁判前必须得到充分辩护的机会;(6)与律师接触并获得律师帮助,被讯问时律师在场;(7)不得对一项指控进行两次审判;(8)不受无理或无令状搜查、检查、扣押和逮捕;(9)不得强迫自证有罪,非法获得的证据不得作为定罪的根据;(10)重大的程序违法将导致无罪判决。其中,不得强迫自证有罪与获得律师帮助被视为被告特权、权利的两个重要支点。

就美国而言,不得强迫自证有罪,最初只适用于联邦,直至1964年才通过最高法院的判例推行于各州[1];不仅如此,这一特权最初还被理解为只在起诉期间才由被指控者享有,不包括审前取供阶段,从1892年开始,美国最高法院一直努力改变这种狭隘的理解,将"被指控者"换为"被保护人",将"起诉期间"扩展至整个刑事追诉过程,并且强调,强制作证与该证据的使用不一定是同步进行的。[2] 不过,直到1966年的米兰达案,不得强迫自证有罪才被确定下来,即在所有自由行动受限的场合保护任何人。不得强迫自证有罪特权的重要性还在于,它同自白规则即非法证据排除规则紧密相关,这一特权保护范围还可延伸至包括具备作证信息的书证,但却不包括下列事项:(1)指纹和照相;(2)列队辨认和身份确认;(3)抽血确定醉驾;(4)笔迹样本。这些证据的取得,即使动用了强制力,也没有侵犯不得自证有罪的特权。[3]

---

[1] *Malloy v. Hogan*, 378 U.S. 1, (1964).

[2] *Counselman v. Hitchcock*, 142 U.S. 547 (1892).

[3] Klotter & Kanovitz, *Constitutional Law for Police*, The W. H. Anderson Company, 1968, pp. 204–207.

被告获得律师帮助的权利,紧随1776年《独立宣言》在美国宪法中生根发芽,经历了由联邦向各州推行的过程,并且时至1942年的判例也只是适用于重罪,直至1963年才由"吉迪恩案"确认适用于所有刑事案件,这一年被称为美国司法史上的"吉迪恩年"[1]。接下来,"你有权聘请律师""我要见我的律师""等我的律师来了再跟我说话",成了不言自明、不言而喻的事情。警方在什么情况下可以没有律师在场而对嫌疑人采取行动,反倒成了争议的焦点。比如列队指认时可以没有律师在场,就是经"柯比规则"确认的。柯比是抢劫嫌疑人,他在警察局的列队指认中被当场认出,而当时没有律师在场,也没有人提醒他可以要求律师在场,柯比被定罪后以此为上诉理由。最高法院认定,柯比当时没有资格在列队指认或其他对质过程中获得律师的帮助,因为那时他还没有被正式指控,辨认过程只是警方例行的证据调查,因此尚不属于指控的关键阶段。[2]

罗克辛教授认为,既然被告本身也是一种证据,很容易沦为国家刑事侦查的单纯客体,毫无防御能力地任人摆布,因此必须赋予被告诉讼主体的地位,而这一地位的核心支点,被认为是被告的在场权。这是自费尔巴哈以来的基本共识,即"司法权的行使以被告人到庭为前提"[3]。被告在场权,首先体现在要求法庭审判的权利,法院裁判前必须给予被告就事实和证据陈述自己意见的机会,而且是一经逮捕或羁押即有权要求法官聆讯;其次意味着被告人的知情权,即有权知悉被指控的事由及其变更,要求法庭调取有利于己的证据,在庭审中与不利于己的证人对质,向鉴定人发问;再次可以扩及至委托律师辩护并且要求被讯问时律师在场;最后在法律救济途径即上诉审中,被告有权获得法定的审判讯问。总之,只要是整个诉讼程序中攸关被告辩护防御的场合,被告都应当在场。

罗克辛特别提到,被告的人格尊严必须受到维护,被告有忍受强制措施的义务,但没有主动配合证据调查的义务。被告的人格权在与审判相关的新闻、广播及电视活动中亦均受到保护。媒体对案件的报道权并非漫无限制,原则上对指名道姓的报道、描绘,或者对人别身份有辨识性的

---

〔1〕 Betts v. Brady, 316 U. S. 455(1942); Gideon v. Wainwright, 372 U. S. 335 (1963).

〔2〕 Kirby v. Illinois, 406 U. S. 682 (1972).

〔3〕 〔德〕费尔巴哈:《德国刑法教科书》(第十四版),徐久生译,中国方正出版社2010年版,第438页。

提示,均不被允许。倾向性明显的报道,容易起到煽惑舆情的作用,通过各种渠道有形无形地作用于法官和陪审员;而有些时候,媒体又被舆情裹挟,故意给审判施压。虽然只有极具影响的案件才允许匿名原则的例外,以满足社会大众的知情权,但知情权是相对于公众而言的,尚属间接,言论和新闻自由权才是媒体的真正权利,牵涉新闻自由、表达自由等多项宪法权利,令法院挠头掣肘。无论如何,言论和新闻自由需要保障,但就个案而言,这一权利也应当谨慎运用。比如,对许久前发生的犯罪案件的报道,如果会对行为人造成重新的或额外的伤害,以致妨碍其再社会化,则应禁止。禁止将起诉书在庭审前公之于众,广播媒体不得为左右审判而为舆论造势。但试图对舆论审判增订"扰乱刑事司法"的可罚性构成要件,也不宜赞成。[1]

林钰雄教授对审判环节的被告在场权作出归纳:作为一种听审权,在场权包括请求资讯权、请求表达权及请求注意权。其中,请求资讯权指有权了解被控罪名及据以论罪科刑的法律依据,对应告知义务、律师阅卷权与核实证据权;请求表达权则是知悉权的实质落实,对应言词原则;请求注意权对应法官全程在场,判决书陈述判决理由,以及与证人及共同被告对质权及诘问权。[2] 不同于罗克辛,林钰雄教授与英美学者意见一致,将"赋予被告不自证己罪的权利"视为被告最重要的权利,为公平审判的核心内涵,其前提是举证责任分配原则要求控方尽到证明有罪的责任。"据此,任何人皆无义务以积极作为来协助对己的刑事追诉;反面言之,国家机关亦不得强制任何人积极自证己罪。据此导出,被告对于被控的嫌疑,并无陈述之义务,而是享有陈述之自由,被告可以从对己最为有利的防御角度自行决定是否保持缄默",进而认为,(1)不自证己罪的权利并未免除被告作为身体检查对象时的忍受义务;(2)单纯的沉默不可导出不利被告的结论,但被告若选择性陈述,则开启法院自由评价其证明力的路径;(3)必须节制财产来源不明之类举证责任转换与倒置的立法手段。[3] 三个论点,皆为至当之论。

---

[1] 参见〔德〕罗克辛:《德国刑事诉讼法》,吴丽琪译,三民书局1998年版,第67页、第158—159页、第162—163页。
[2] 参见林钰雄:《刑事诉讼法》(上册),元照出版公司2015年版,第168—170页。
[3] 参见林钰雄:《刑事诉讼法》(上册),元照出版公司2015年版,第162—163页。

自英王查理一世时期承认不得自证其罪的权利伊始[1],300 多年来,是否承认沉默权,可以识别某一刑事诉讼制度是否认可国际上普遍承认的刑事诉讼原则。沉默权是不自证己罪的基本前提,没有沉默权就只能意味着被告人有供述的义务。在实事求是名义下否定沉默权,必然为侦查机关强索口供提供道义基础。承认沉默权,否定供述义务,短期看可能增加破案难度,甚至导致无法破案而不得不放过"真正的"罪犯;长远看则会降低口供在证据体系中的分量,最终降低警方对口供的期待,促成其他破案手段和能力的提升。因此,在承认与不承认沉默权之间,没有第三种选择。所谓第三种选择实际还是推定有罪。换言之,决不能制造一种两难:要么沉默,要么开口辩护,否则就意味着被告心中有鬼。沉默权是不自证有罪特权的必然推论,如果被告决定沉默,竟被用作有罪的表征,或者用以反对无罪推定,那么这一特权就没有什么意义了。然而,常识告诉人们,无辜者在面对指控时不一定会大声反对。

法庭通常会向陪审员们强调,不要因被告保持沉默就作出不利被告的推断,但是,如果被告本可以通过对自己的行为或去处作出解释来抵消控方证据,可他偏偏不这么做,那还怎么指望陪审团不理会他的沉默?"既然不是你做的,开口告诉我们实情,这对你有什么不好呢?"[2]反对自我归罪的特权,相当于授权被告人在刑事诉讼过程中不回答某些特定问题。如果回答这些问题意味着自认有罪,有权拒答自不必说,即使回答这些问题意味着填补有罪证据链的某个环节,也应当有权保持沉默。法律不仅授权被告不被强迫回答某些导致入罪的问题,而且有权拒绝站到证人席上受必须讲真话的誓言约束。[3] 这是因为,不是每个无辜者都能扛得住证人席上的压力,即便再怎么诚实,面对他人并试图解释自己的可疑行止,也会产生过度的恐慌和紧张,语无伦次或者躲躲闪闪,使法庭加深对他的怀疑。[4] 而且,被告人要么选择沉默,要么选择讲出自己的故事,

---

〔1〕 Otis H. Stephenes, *The Supreme Court and Confessions of Guilty*, The University of Tennessee Press Knoxville, Tennessee, 1973, p.19.

〔2〕 Walter P. Signorelli, *Criminal Law, Procedure, and Evidence*, CRC Press, Taylor & Francis Group, 2011, pp.57-58.

〔3〕 *Hoffman v. United States*, 341 U.S. 479 (1951).

〔4〕 *Wilson v. United States*, 149 U.S. 60 (1893).

如果他选择为自己作证,就不能豁免于交互诘问。[1]

而就司法现状而言,在被剥夺人身自由之后,毫不延迟地被迅速带见法官的权利,才是对被告人最紧关急要的。只要想象一下,家门深夜被敲开,几个人闯进来对房主说"你被捕了",随后开始翻遍每个房间的每个角落,有价值的东西未经登记即被没收,然后下落不明。人被带走之后不知所踪,与世隔绝,除轮番而来的审讯者,见不到其他任何人,也不要指望见到任何人,直到审讯者得到他想要的口供。不,这不是想象,这都是真实的事件。"奇异的古拉格之邦的凶残极地",许多未经审判的囚犯为作家提供了口述、回忆和书信,成就了不朽的纪念碑式的巨著《古拉格群岛》。无需卒读,只内容提要已足够震撼。第一部第一章"逮捕":如何进入群岛——被捕的感觉——"为什么?"——传统的逮捕——如何进行搜查——夜间逮捕的优越性——"搞清楚了会放出去的"——被捕后的轻松感。喊吗?"宇宙中有多少生物,就有多少中心。我们每个人都是宇宙的中心,因此当一个沙哑的声音向你说'你被捕了',这个时候,天地就崩坏了。我们中间最聪颖和最愚拙的都一概不知所措。"[2]

"过去之时代里,专制者为图谋个人之私益,进行恐怖性镇压活动。其中,法律之执行,犯罪侦查活动以及刑事裁判等,皆很容易成为被利用之对象。因此,专制者为对付异己,刑事诉讼程序中所要求之严格的法律规范,非但未被遵守,反而惨遭破坏,所谓无罪推定原则以及经由该原则所衍生出之原理原则,全数受到否认。纳粹德国以及军国主义时代的日本皆属之。惟虽为如此,不论时代如何的变迁,亦不论社会复杂化至何种程度,制度之建立,自有其必要。……其中'拒绝自我负罪特权之原理'与'缄默权法理'等规范侦查之原理原则最受重视。"[3]现在欧洲国家对被告之讯问以德国为代表,我国秉承大陆法系,更应注意借鉴学习。首先,必须告知嫌疑人所涉罪名,然后讯问其个人信息;其次,应告知嫌疑人有权拒绝陈述案情事实,有权选任律师并与之讨论;最后,讯问中应给予嫌

---

[1] *Brown v. United States*, 356 U.S. 148 (1958).

[2] [俄]亚历山大·索尔仁尼琴:《古拉格群岛》,田大畏、陈汉章译,群众出版社2010年版,第3—4页。

[3] 黄朝义:《无罪推定:论刑事诉讼程序之运作》,五南图书出版公司2001年版,第14页。

疑人辩解机会,侦查机构有义务收集对嫌疑人有利的证据,不得加以隐瞒。

讯问嫌疑人时,禁止所有对生理、心理造成损害的方式,只要是对自由陈述权有碍的讯问方法,都视为法所不许,比如疲劳审讯与施加麻醉品,亦不得恐吓、欺罔、胁迫、指供诱供、施以警察圈套或者乔装潜入监所探听真相。[1] 而拒绝供述不得作对被告人不利的解释。历史的教训是,一定要避免形成某种制度,诱惑国家不断诉诸一个方便法门,从嫌疑人口中强取有罪证据。因此,关于警察讯问的激烈争议相对集中于两个基本问题:其一,口供在破案和定罪过程中究竟有多重要;其二,在从嫌疑人那里获取口供的过程中警察滥权的程度和性质。口供不可或缺的观点得到大法官法兰克福特的支持,他的经典阐述经常被引用:"犯罪通常发生在不为人知的环境中,虽然侦查科技日新月异,许多犯罪还是找不到无辜的目击者,警官们所能做的就只有找出可能有罪的目击者,并且讯问他们,也就是,那些被怀疑知道案情的目击者恰恰被怀疑参与其中。"有三个理由支持"讯问是重要的侦查技术"这一立场:"其一,许多刑事案件,即使由最优秀的警察进行调查,也只有通过有罪者的供认,或者通过讯问嫌疑人而获得的信息才得以破案的;其二,犯罪者通常不会承认其罪行,除非是在私密空间里加以持续几小时的讯问,当然,当场抓获的现行犯不在此列;其三,在与犯罪人打交道,或者与最后被证明无辜的嫌疑人的接触中,讯问者采用的办法,有必要不像与守法公民交谈时那样优雅。"[2]

口供亦称自白,"关于被告自白最为困难的问题之一,在于共同被告之证人适格问题及其陈述的评价。主要症结在于共同被告本身为何种证据方法",一言以蔽之,共同被告可否作为证人?德国实务见解采纳形式的共同被告概念,即可否为证人取决于程序是否同一,只要利用同一程序合并审理,即不得作为证人,反之则可。不过,如果涉及其他共同被告人的是与本案无关的事项,可以为证人,只就其共同犯罪事项,则不得作为证人,否则即属自证其罪。[3] 我国台湾地区徐自强案判例亦采此说:共同被告系为诉讼经济等原因,由检察官合并或追加起诉,或由法院合并审

---

〔1〕 参见〔德〕罗克辛:《德国刑事诉讼法》,吴丽琪译,三民书局1998年版,第260—269页。

〔2〕 LaFave & Israel, *Criminal Procedure*, Thomson Reuters, 2009, p.341.

〔3〕 参见林钰雄:《刑事诉讼法》(上册),元照出版公司2015年版,第531—532页。

判所形成,其间各被告及犯罪事实仍独立存在。故共同被告对其他共同被告之案件而言,为被告以外之第三人,本质上属于证人,不因案件合并关系而影响其他共同被告享有的权利。学者评价此判例要旨"以严格证明法则及质问权之保障为杠杆支点,进而确立了共同被告之证人原则,诚属正确"[1]。

在英美,如果一罪有两个以上被告人,法官有权裁量是否分别审理,但他必须陈明,不分开审理将无法保障公正审判。法官一般不愿将同一指控的多个被告分别审理,因为庭审成本会成倍增长。不但如此,证人要两次出庭作证,因而无法确保裁决的一致。在英国1995年的一起案件中,一被告人主张自己是在另一被告的胁迫之下才参与犯罪的,但法官仍然不同意分案处置。在1976年的一起案件中,被告甲向警方自愿供述罪行,但该有罪供述隐含了被告乙同时有罪。因为是庭外陈述,证据只对被告甲而言可采信,对被告乙而言不可采信。即便如此,上诉法院仍然支持庭审法官不拆分审理。在1946年的一起案件中,共同被告人当庭相互指责埋怨,这被称为割喉式辩护,因为通常所有的被告人都会获罪。批评者认为应当有更多的分案审理,不能指望陪审团经法官的简单指导,就能应付某一证据对不同被告的不同意义,那简直是一种"心理体操"。总体而言,分案审理对被告人有好处,被告方应当不失时机地提出分案审理申请,不过通常不会得到法官许可,上诉法院一般也不会干预,除非并案审判显而易见是极不合理的。[2]

既然被告有权要求有利于己的证人出庭作证,就理应辅之以接触、了解其他证据的权利,因为某项证据是否有利于己,并不是马上可以判断的。被告的这一权利甚至可以被理解为强制取证权,既然国家负责追诉犯罪,且国家可以动用强大的诉讼资源,就应将取证责任赋予国家,以免被告因无力提交某些证据而陷于不利。因此,"被告无强制取证权,必须请求法院或检察官调查证据。对于有利之证人或证物,被告得请求检察官或法官调查,当法官或检察官调查时,有强制处分的效果。惟

---

[1] 林钰雄:《刑事诉讼法》(上册),元照出版公司2015年版,第538页。
[2] Peter Hungerford-Welch, *Criminal Litigation and Sentencing*, Cavendish Publishing Limited, 2004, pp.350–351.

若法官或检察官不予调查时,被告无强制处分权,有可能产生证据流失的后果。例如,被告在侦查中请求检察官为 DNA 检测,但检察官以现场目击证人指证历历,非但未予检测,亦未妥善保存血液或精液,被告亦无从取得血液或精液。在被告起诉后,法官却认为 DNA 鉴定可能可以证明被告非强奸行为人,但因为侦查中未妥善保存血液或精液,致无法鉴定。相同的情形亦可能发生在审判中,一审法官疏未调查,致二审欲为调查时,证据已灭失"[1]。这种始料未及的弊端在现有制度下难于纠正,刑事被告对于这种不利于己的后果并无救济途径,又不可能因证据欠缺而被无罪开释,需要作出有利被告的制度变革。

在美国,被告接触、了解证据的权利有其宪法根据,而且最高法院给出了一些综合性标准:(1)检察官有义务开示其占有或控制的、对被告有辩解意义的重要证据;(2)禁止政府方面恶意地湮灭毁损有利被告的证据;(3)各州应当赋予被告权利,可以通过传票要求证人到庭,要求掌握物证的人向法庭出示物证;(4)各州有义务向被告提供证据线索或其他帮助,让被告运用传票取得这些证据;(5)禁止政府干预被告运用传票的权利。上述列举的被告的权利,如何获得及运用,还要仰赖法官的判断。美国最高法院所理解的正当程序标准是,政府方面必须交出其掌握的、有利于被告且对定罪量刑有重大意义的证据。[2] 与之匹配的是,检察官有正当程序上的义务纠正或阻止虚假证据,否则视同有意欺骗法官和陪审团,违反基本的正义要求。检察官不仅要阻止其传唤的证人作伪证,而且要纠正那些主动作伪证的人。[3] 比如,在一宗情杀案中,被告声称杀妻是因为看到她与情人热吻。这位情人当然成了目击证人,检察官告诉他,不一定要详述他与被告之妻不同场合的性关系,但如果被问到,就应如实回答。而这个家伙在作证时却否认在死者被杀前正在拥吻她,他们只是一般的朋友。检察官从与证人之前的谈话中得知他与死者保持了相当长时间的性关系,但却没有纠正这一证词,违反了正当程序。最高法院强调,这一证词对陪审团有重大影响,会让陪审员们拒绝被告因受刺激而激情

---

[1] 王兆鹏:《当事人进行主义之刑事诉讼》,元照出版公司 2004 年版,第 226 页。

[2] LaFave & Israel, *Criminal Procedure*, Thomson Reuters, 2009, pp. 1141–1142.

[3] *Mooney v. Holohan*, 294 U.S. 103 (1935).

杀人的辩护,而检察官充分认识到了这一点。[1]

第三节　获得律师辩护的权利

在世界范围内,也许没有哪种职业像律师一样毁誉参半。对律师的嬉笑怒骂可谓不少,最恶毒的莫过于把律师看成只要肯付钱想去哪儿就去哪儿的出租车。再者,人们关注到律师智力资源在社会上不是均匀分布的,富人似乎总能找到优秀律师,而为穷人提供法律援助者多半是刚出道的新手,那些被指定过来的老手可能因案子太多而只在此应付差事而已。律师像警察一样,不可或缺,但又确实不讨人喜欢。有个笑话是这么说的:某人看到一块墓碑上面写着:"一个律师,一个好人,长眠于此。"这人大惑不解地自言自语:"这么小的地方,怎么能埋两个人?"曾为辛普森做过成功辩护的美国著名律师李·贝利说,给被指控犯罪的人辩护,是律师所做的最令人反胃的事儿。[2]当然,对律师的盛赞也由来已久,卢弗斯·乔特早就说过:"律师比其他职业更直接而显著地恪尽伟大、艰巨而责无旁贷的为国家服务的义务。这使得律师们不只是为了面包、名誉和社会地位,而且有了为共和奉献的崇高职责;不再是机敏的工巧、细致灵活的科学,不再是狡猾的逻辑、堂皇的雄辩和野心勃勃的学识,不再是身披紫袍、待价而沽的诡辩家,而是拥有了几乎所有政府部门的尊严,成为维护国家繁荣稳定、长治久安的工具。"[3]

托克维尔认为,律师热衷于公共秩序甚于其他任何事物,也不应忘记,即使他们褒扬自由,一般而言,他们更加珍重法制。言下之意,如果君王不能使律师成为权力的有力工具,那只能说君王治下有一批因不讲法制而仇视律师的人在掌权。托克维尔并不认为律师属于人民,相反,他认为人民与行政权更加契合,理由可能是行政权离民众利益更近,且行政措施的方式和根据也更容易为民众所理解。因此,赋予律师一定权威,让他

---

[1]　 *Alcota v. Texas*, 355 U. S. 28 (1957).

[2]　 Cliff Roberson, *Introduction to Criminal Justice*, Copperhouse Publishing Company, 1994, p.285.

[3]　 Rufus Choate, "The Position and Functions of the American Bar, as an Element of Conservation in the State," Address delivered before the Harvard Law School (1845).

们在政府中发挥影响,并不是为了帮民众多打官司、打赢官司,而是为了防止任何组织和个人滥用民主。民主有时被滥用,有时被利用,但无论是哪一种运用偏颇,律师都是一种纠偏力量。律师因循旧制,偏爱秩序,尊重规范,仇视叛逆,反感激情,用拘谨的观点对抗民主的好大喜功,以习惯性的沉稳对抗民主的热切狂躁。[1] 值得记住的是,美国《独立宣言》的52位签署者中,有25人是律师。律师很自然地形成一个职业共同体,不是基于相互了解或者共同奋斗的协议,而是基于相同的专业和一致的方法。

托克维尔确信,君王面对日益迫近的民主,如果不想损害王国的司法权,就不应削弱律师的政治影响,而应明智地让律师加入政府,使权力拥有正义和法律的外貌。律师可能出身于人民,但并不归属于人民,让律师充当政府和人民的中间地带,是缓冲并最终解决社会矛盾的稳妥方式。律师将委托人的诉愿转译为维持普众价值观的法律诠释,国家和委托人的利益便吻合了。由于利益多元化,诉诸民意表决可能无法达成一致,但诉诸司法解决可以吸收败诉方的不满。而所有的公共讨论和决策论战,应当习惯于借用司法程序特有的思想以至于语言,这便有必要大幅扩充公职人员中律师的比例,将法律职业习惯和技巧引入公务管理活动,最终让司法语言成为大众话语,让法律精神融入社会。被告即便获得了听审的权利,如果不能及时得到律师帮助,也很容易屈枉获罪。不要说愚鲁之人,即使聪明睿智并受过良好教育者,在讯问及各种法律规则面前,也不知如何是好。当然,有人或许会说,坏人知道的越少越好,免得他狡诈抵赖,徒增破案成本。可问题是好人怎么办?在破案之前,我们恰恰不知道谁是好人。

一些无辜者一旦被控犯罪,如果得不到律师帮助,单凭口供就可能将其推上法庭,在证据没有证明力、不具相关性且不可采信的情况下被定罪量刑。只有律师及时介入,才有可能发现被指控者的无辜,避免冤抑的车轮辗轧。在法国,一位警长的15岁女儿被奸杀,警察找到一个身份可疑的小伙子,只是一句简单的盘问"警长的女儿不是你杀的吗",就让小伙子

---

[1] 本章关于托克维尔的文字,直接摘译整理自 Henry Reeve 1945 年英译本 *Democracy in America*。

立即承认,并顺利先后作成三份讯问笔录。在充满大量犯罪细节的笔录面前,嫌疑人很难再翻供。的确小伙子的供认一直维持到重罪法庭判其死刑。这时,一位有经验的律师出现了,他发现 3 份笔录的内容完全不同。在第一份笔录中,小伙子讲了一系列很不确切的情节,与搜集到的物证完全不同。他说用锤子多次击打被害人,但尸检报告显示只有一处伤痕并且是致命的。他说把锤子扔到河里,以便湮灭罪证,但警察在离作案现场不远处发现了凶器。类似的错误在笔录中共有 10 处。一个人不可能这样屡次出错,尤其是主动招认罪行的嫌疑人没有必要提供这些无助于减轻罪责的细节。

耐人寻味的是,在第二份笔录中,负责调查的警察纠正了绝大多数错误,只有两处错误再次出现。而在预审法官所作的第三份笔录中,剩余的两处错误得以纠正,供述与调查所得已经完全一致。小伙子向律师解释说,第一批审问他的警察虽然没有给他明显施压,但也的确审问他很长时间,面对"打了几下、凶器去向"这样的讯问,只好随便说个答案。这几个警察对案情知道的也很有限,于是就原原本本记录他的口供。而负责调查案件的警察却对案件细节有所了解,就在讯问中不断提醒小伙子说,"你肯定错了,你只打了一锤"。小伙子说是的,是这样,于是纠正了第一次笔录中的八处错误。另外两处错误是预审法官委托警察再行调查才发现的,并且不费什么力气就让小伙子按照新的调查细节调整了自己的口供。律师又去自行取证,了解到小伙子在案发前 50 分钟还身处作案现场 50 公里外,他唯一可以利用的交通工具是一辆普通自行车。律师找来当时法国最佳自行车运动员做一场侦查实验,这位运动员竭尽全力也未能在这段碎石路上完成实验。[1]

"刑事诉讼法必须保障被告有排除国家机关对其不利的指控并进而影响程序进行方向的机会,辩护制度便是这种法治思想底下的产物,也是现今各国际人权公约之公平审判条款特别列举的基本要求。"[2] 被告有权获得律师的帮助,首先意味着辅助被告进行辩护是非常必要的,这种必

---

〔1〕 参见〔法〕勒内·弗洛里奥:《错案》,赵淑美、张洪竹译,法律出版社 2013 年版,第 53—54 页。

〔2〕 林钰雄:《刑事诉讼法》(上册),元照出版公司 2015 年版,第 209 页。

要性毫无例外地为文明诉讼制度所承认。"因被告或不懂法律,或因案件系身,不能为详尽有利于己之考虑,或因智识过低,心情恐惧,不能答辩,或因拙于辞令,不能为完善之陈述,自非有他人辅助其为辩护,无法保护其利益。辩护人乃为具有法律常识者,其目的乃在保护被告之利益,故辩护人应就事实及法律上,有利被告之诸点,为被告辩护,以辅助被告之不足。"[1]只要合乎辅助被告辩护的目的,有权委托辩护人者,以及有权成为辩护人者,范围都应尽量放宽。被告本人或其监护人、近亲属可以委托辩护人,除律师外,监护人和亲友也可以成为辩护人。亲友作为辩护人应当予以鼓励,不应以"可能不懂法律"为由简单拒绝。对多年从事法律职业教研工作但又没有律师资格者,只要被告愿意,也应准其担任辩护人。司法人员应当相信,没有人会给自己找一个水平低下又缺乏责任心的辩护人。

　　某些涉罪较轻,且已作取保候审或无罪处理的人,可否以亲友身份为涉罪较重者辩护?这个问题30年前即有争论。1989年5月21日晚8时许,被告人杨超在电影院与人口角并殴斗,用匕首将人刺伤,造成被害人失血性休克死亡。杨超作案后逃至工友王某处。王某知情不举,还资助杨超逃跑。杨超被抓后,王某因窝藏罪依当时法律规定被免予起诉。杨超故意伤害案开庭前,被告人及其家属向法庭提出,希望王某作辩护人。法院经审查认为,杨超委托王某并不适宜,王某不仅涉案,而且构成犯罪,只是免予起诉。王某了解案情,应当是证人,不可身兼二任,因而决定不准王某担任辩护人[2]。可我们知道,在英美法庭上,被告本人也是证人,甚至不排除律师以证人身份出现在法庭上。再者,如果是监护人,即使有犯罪嫌疑在身,甚至正在服刑,但为其直系亲属进行辩护的要求,也应尽量予以满足。这其中除有辅助被告辩护的考虑外,还有家庭伦理及人道主义的考虑。监护人作为辩护人的意义在于,凡监护人出庭,必是未成年人犯罪,而以庭审方式了结的未成年人罪案,又必是比较严重的犯罪。监护人与被告一般是父母与子女的关系,许多情况下未成年的孩子只信任父母,父母比较容易跟自己的孩子沟通,而这一点却是律师难以做到的。

---

[1] 褚剑鸿:《刑事诉讼法论》(下册),台北商务印书馆1987年版,第407页。
[2] 参见林准主编:《诉讼法案例选编》,法律出版社1994年版,第83—84页。

监护人如果作为辩护人,可以更积极主动会见并有更多权利了解案卷。然而,监护人往往不是法律人士,他们的辩护可能只停留在情感上的呼吁,事实、法律以及证据上如何得出有利被告的结论,却是律师擅长的。因此,未成年人犯罪案件中,监护人和律师同时作为辩护人是更加有利被告的。而如果法律规定了辩护人人数上限,那么监护人占去一个名额以后,就必然少一个辩护律师,最好的方式,是将可以委托辩护人的法律规定,解释为不包括监护人。相关的问题是,一个被告人可以同时有几位辩护人?我国法律规定辩护人不超过二人,可能是过分考虑了诉讼效率问题。欧陆法系一般将出庭的人数限制在2至3人,英美法系则普遍允许更多的辩护律师出庭。在纪录片《辛普森:美国制造》中,有多达5人的辩护律师出庭,这支"辩护梦之队"最后多达11人。但在事实无争议、证据已经程式化的轻罪案件中,比如醉驾案件,如果被告认罪,不请律师也可以进行审判。这被称为任意辩护,当然,这也是一种流水线司法的表现,也就是相似案件无休止的审判。案件数量如此之大,每一案件可用时间如此之少,以至于完全缺乏对个人情况的关注。[1]

为被告人提供律师帮助,其力度和范围都有一个发展过程。在这一过程中,美国作出了杰出贡献。20世纪30年代初,美国阿拉巴马州杰克逊县一座小城斯科茨伯勒发生了著名的民权案件,最高法院就此将获得律师帮助权推向各州。在斯科茨伯勒案中,一些黑人青少年被控强奸了两名白人女孩,从拘捕到判处死刑,只用了一周的时间,而且没有律师为黑人青少年提供有意义的帮助。最高法院推翻定罪的理由是,基于被告人的无知和文盲状态,加之公众的敌意环境,以及被告人是在军方的羁押和严密监视之下,而他们的朋友和家人都身处其他州,几乎没有对外联络的可能,所有这一切导致被告的生命处于危险之中。我们因此认为,庭审法院没有为被告提供有效的律师帮助,没有遵循正当程序。[2]几年之后,最高法院要求联邦法院为所有贫困的重罪被告人指定辩护律师。[3]随后,许多州开始制定法律,为穷困被告人免费提供律师帮助。这一系列

---

〔1〕 参见〔美〕赫伯特·帕克:《刑事制裁的界限》,梁根林等译,法律出版社2008年版,第289页。

〔2〕 *Powell v. Alabama*, 287 U.S. 45 (1932).

〔3〕 *Johnson v. Zerbst*, 304 U.S. 458 (1938).

的变化,还要感谢另一起里程碑式的案件——吉迪恩案。没有辩护就没有公平审判,而辩护决不能沦为被告人的孤军奋战。[1] 吉迪恩案的影响力被它所具有的溯及力放大为一种震撼力,仅佛罗里达一州,就释放或者重审了几百个已被定罪的人。获得律师帮助的权利,从无到有,从联邦延伸至各州。时至今日,全美已然达成共识,对抗制审判的公平和有效,离不开律师为被告人提供的帮助。[2]

而如果是重罪,尤其无期徒刑、死刑,必须有辩护人;再如果被告是聋哑人,没有一两个懂哑语、懂法律又能开口说话的人为其辩护,就不能保障被告的辩护权。这被称为强制辩护,要求强制辩护的,基本上有重罪、低收入、身心缺陷几个原因。强制辩护案件有时必须指定辩护,比如在我国台湾地区,有下列情形之一,于审判中未经选任辩护人者,审判长应指定公设辩护人或律师为被告辩护:(1)最轻本刑为 3 年以上有期徒刑案件;(2)高等法院管辖的第一审案件;(3)被告因精神障碍或其他心智缺陷无法为完全之陈述者;(4)被告具有少数民族身份,经依通常程序起诉或审判者;(5)被告为低收入户或中低收入户而申请指定者;(6)其他审判案件,审判长认为有必要者。如果被告自己选任的辩护人于审判期日无正当理由拒不到庭,审判长得指定公设辩护人或律师。在我国大陆,可能判处无期徒刑、死刑的案件才有指定辩护,显然范围过窄。当然,无论何种刑事案件,皆应以被告自行委托辩护律师为优先,不得单纯以指定辩护为由而强令被告解除其委托。只有当被告放弃或无力自请律师的时候,才可以为其指定辩护律师。

既然强制辩护是指必须有辩护人才能审判,那么指定辩护人又成为国家的义务,必须履行,不能自我解除。即使被告人拒绝指定辩护,也要查明拒绝的理由。如果是因为被指定者确实与被告观点相左,那么国家必须再次为被告指定辩护人。如果是因为被告意在拖延时间干预庭审,那么可以不再更换指定辩护人而径行开庭审判。而查明被告拒绝某一指定辩护人的理由,其过程必须符合正当程序,不能私下口头决定,甚至让

---

[1] *Gideon v. Wainwright*, 372 U.S. 335 (1963).

[2] John M. Scheb & John M. Scheb II, *Criminal Law and Procedure*, Wadsworth Cengage Learning, 2011, p.516.

外界无从判断到底是否真有一个查明过程。因此,应当与被拒绝的律师进行充分的沟通,有至少一次专门听证,并将拒绝的意义及其后果告知被告,因为凡实体权利,无论大小,其落实必有赖于程序保障。不过,被告人拒绝律师辩护,坚持自力辩护,如果不顺利、不充分甚至不成功,不能反过来成为没有获得律师帮助的借口,不构成上诉理由,上诉法院不能据此将案件发回重审或径行改判。

被告更换辩护律师还有个时间节点问题,在庭审已实质展开甚至质证结束后,虽也可以更换辩护人,但并不导致重新开庭,法庭可以拒绝重新开庭,防止被告方以更换律师为由,要求甚至不断要求重新开庭。尤其在共同犯罪案件中,部分被告更换律师,不构成重新开庭审理的理由。在强制辩护中,指定辩护人必须像委托辩护人一样,只为被告利益而行使辩护权,不应服务服从于其他目的,更不应惟指定者马首是瞻。即便被告认罪,辩护人也可以作无罪辩护,决不能以任何理由反其道而行之,比如在被告不认罪时作所谓罪轻辩护。在强制辩护的庭审过程中,被告拒绝辩护而又不委托辩护人,则指定辩护人应当继续留在法庭上,并为被告利益而独立行使辩护权。为被告利益还意味着,即使在强制辩护和指定辩护情况下,法院也应当接受辩护人违背被告意愿的代为上诉,以便为被告多寻一条救济途径。但是,因上诉而终致不利被告严重后果的情形也偶尔发生。不过这种情况下应该责备的是破坏上诉不加刑原则的人,而不应责怪律师鼓励上诉。

一位辩护律师不得同时为同一犯罪行为中其他被告辩护,即使前一委托已经解除,也不准许再接受被羁押的同案其他被告的委托,以免串供之嫌,也是为了避免被告之间利益冲突,比如谁应负主要责任之类。这样的考虑有其合理性,因而应当在"承认利害相反时得禁止"共同辩护外,"就立法政策言,宜采禁止共同辩护之原则"[1]。不过,共同辩护也有其策略上的好处,可以化解共同被告人之间的敌对和利益冲突,美国最高法院认为,"共同辩护是确保同案犯不去相互归罪的一种策略,共同的防御经常能够有力地对付共同的进攻"[2]。二审委托则不存在禁止共同辩护

---

[1] 林钰雄:《刑事诉讼法》(上册),元照出版公司2015年版,第225页。
[2] LaFave & Israel, *Criminal Procedure*, Thomson Reuters, 2009, p.648.

的理由,一审既已经开庭,控方证据已经展示并质证,不再需要防止串供。而且,共同犯罪案件一审庭审后,各被告人会对辩护律师的庭审表现有重新的认识和评价,应当尽量尊重当事人的个人意愿。至于在一审庭审后可否再次形成当事人之间的利益冲突,那是当事人自己的事情,应当交由当事人自愿决定,国家不必干涉。应否允许共同犯罪案件不同被告人的辩护律师之间交换案情,是一个极其细微的问题。辩护律师间交换案情,可以在辩护策略方面集思广益,从而谋求共同犯罪各被告人利益最大化,应当鼓励,至少不应禁止。如果试图从制度上加以禁止,如何落实这一制度将会成为一个死结。是派人跟踪每一位律师,还是鼓励律师或知情的当事人告密揭发?进而,一旦发现律师间的接触交流,是作为被告人的共犯,还是禁止他们再次会见被告?如果某项禁止型制度注定无法落实或者落实代价过大,就不应当制定这项制度,因为这项制度本身的恶大于它要禁止的恶。

公然违法地大范围限制和禁止律师介入,在一些国家的一定历史时期竟是一种常态,不仅限制和禁止,对于不与官方合作的律师有时还要严厉打压和整饬。从法系背景看,欧陆国家自始就对律师职业没有英美国家那么友好和信任,至今以德国为代表的欧陆法,仍有不少针对律师的禁止规定和判例。德国曾有判例认为,若辩护人滥用其司法角色,则该辩护人应被禁止进行辩护,这一判例直至 1973 年才被判定缺少法律依据,违反德国基本法。但在德国 1978 年反恐怖暴力主义法中,限制律师介入、监听监视会见以及通信等做法不仅卷土重来,而且限制的理由和场合一再增多并被"合法化",比如在为危害国家安全犯罪辩护时,律师便有被认为参与犯罪的风险,或者在绑架案中,也会以紧急避险为理由,拒绝律师会见被告的要求。[1] 可见,以某类案件性质特殊的名义排除律师介入相当于某种特别立法,但实践中屡屡出现扩大的趋势,许多都不是因为法律的特别规定,而是因为权力干预下的公然违法。

我国原刑诉法曾规定,危害国家安全犯罪、恐怖活动犯罪、特别重大贿赂犯罪案件,在侦查期间辩护律师会见在押的犯罪嫌疑人,应当经侦查

---

[1] 参见〔德〕罗克辛:《德国刑事诉讼法》,吴丽琪译,三民书局 1998 年版,第 188 页、第 199—200 页。

机关许可。多年前,我曾受委托在浙江省某县担任一起受贿案被告的辩护人,被告人因当地建筑物质量事故被追究,属大要案,承办单位在侦查阶段不允许律师会见。在审查起诉阶段,我到当地看守所要求会见犯罪嫌疑人。一位年轻的警官看过我的会见手续后,告知我不能会见,要先得到办案单位的批准。我先是向他解释说明,现在案件已经过了侦查阶段,现阶段可以会见。得到的回应是摇头与沉默。我见警官转头不再理睬我,便拿出刑事诉讼法及司法解释汇编,翻到相关条文递给他,告诉他本案已到起诉阶段,无需办案机关批准。他把汇编扔回给我,说"别跟我说这个,这个没用,上面要求的"。在一位年轻英俊的警官眼里,一部国家基本法律竟然没用!我努力保持镇静,要求他,不,请求他给"上面"打电话请示一下。他同意了,"上面"也同意了,让我得以顺利会见。任何一部刑事诉讼法都会有专章规定辩护律师的权利,其间的差异主要在于,"下面"是认真执行法律,还是唯"上面"的口头命令是从。

就嫌疑人及其家属的心情而言,既然花钱聘请了辩护律师,就希望辩护律师能与在押嫌疑人更有效率地接触,毋庸讳言,最快捷的接触就是会见。书信往来,由于周期过长、审查过严,已失去及时与安全的沟通价值,现已基本少用。[1] 其他权利,诸如阅卷权、会见权、出庭辩护权、申请调取证据权和代为上诉权等,文字表述皆大体一致,但权利兑现的程度各法域可能有天壤之别。在辩护律师的诸项权利中,会见的自由度是衡量辩护律师地位的主要标准之一。英美对律师会见程序限制最少,无需任何手续,基本随时人到即见;欧陆对律师会见一般有程序要求,但也并不烦琐;对于限制较严的法域而言,如果能够严格按照法律规定的程序和范围执行也是好的,最令人担心的是实务中根据办案机关的需要,看守所极力配合,人为增加程序负担,以致律师为了会见被告,居然要凌晨赶往看守所排队。另外,辩护人会见被告时,侦查机关的人员可否在场?虽然公安部 2013 规定中已明确"辩护律师会见犯罪嫌疑人时,公安机关不得监听,

---

[1] 在我国台湾地区,会见权与通信权并称交通权。"交通权是法治程序必须保障的辩护权利,鉴于辩护人与被告特殊的信赖关系,辩护人若与被告无法自由沟通,也就难以完成实质有效辩护目的。"另外,为维护看守秩序及羁押保全,防止危险品流入或者共犯串供,又不能没有信件审查。但实务上将限制当成常态,与欧洲法的发展方向正好背道而驰。参见林钰雄:《刑事诉讼法》(上册),元照出版公司 2015 年版,第 232 页。

不得派员在场",但在看守所归属侦查机构统一管理指挥的前提下,这一规定很容易被突破。在被监听、监视和现场干预的会见过程中,辩护律师与被告可以交谈哪些内容,也成为争论的焦点。如果法律将侦查案卷视为国家秘密,就不仅大大限制了会见交流的内容,而且无异于对被告进行了一种秘密指控。

《公民权利和政治权利国际公约》第9条第2款规定:"任何被逮捕的人,在被逮捕时应被告知逮捕他的理由,并应被迅速告知对他提出的任何指控。"而如果法律规定辩护律师不得向被告提及案情,那么我国《刑事诉讼法》规定的"辩护律师在侦查期间可以为犯罪嫌疑人提供法律帮助"就会落空,维护被告权利就成为一句空话。与争论"侦查人员是否应在律师会见嫌疑人时在场"不同,许多国家争论的是"搜查、扣押、勘验、鉴定尤其讯问被告时辩护律师是否有在场权"。世界多数国家率皆立法承认辩护律师于被告接受讯问时有权在场,就连20世纪70年代末80年代初的苏联,都规定辩护人"经侦查员允许后,在讯问刑事被告人和根据刑事被告人和辩护人申请而进行其他侦查行为时在场"[1]。被告获得律师帮助的权利,应当解读为获得对被告来说有实质好处的帮助。"对当事人而言,如果律师不能提供有效帮助,还不如干脆没有律师。"[2]而说到有效辩护,不可能有普适的标准,争议是在所难免且时常出现的。导致分歧的根本因素是诉讼模式,不同的诉讼模式会有迥异的有效辩护的标准。

在极端纠问制模式下,刑事辩护的目的只在于验证并巩固国家公诉的正确性,不提反对意见,乃至表态支持控方立场,都是律师在刑事法庭上的应有表现,因此也就不存在所谓有效、无效的概念,服从乃唯一正确的表现。被告也不会因律师不为自己说话而有丝毫抱怨,因为被告自己也不敢为自己辩护,自然不会追究律师的工作是否有效。在纯粹对抗制模式下情况则有所不同,刑事辩护的目的只在于通过对抗制实现公平审判,并"预见到让律师发挥作用是对抗制产生公正结果的关键。对抗制的根本前提是,控辩双方各自的偏袒争讼将会极大地促进一个终极目标的

---

[1] [苏]蒂里切夫等编著:《苏维埃刑事诉讼》,张仲麟等译,法律出版社1984年版,第104页。
[2] *Evitts v. Lucey*, 469 U.S. 387 (1985).

实现:有罪者受刑,无辜者开释。因此,辩护是否有效必须以个案对抗中是否发挥作用为衡量尺度,也因此,获得有效辩护的权利就是被告要求被控犯罪事实能够经得起货真价实的对抗制标准检验的权利。在真正的对抗制刑事审判过程中,一旦辩护律师出现了显见的错误,这种检验就开始了。以要言之,辩护律师的表现是否如此之差,以至于审判过程失去了对抗的特征,并且使对抗制彻底崩溃,从而使人们无法信赖这样的审判会产生公正的结果"[1]。

有效辩护的话题近来在国内讨论渐多。在汲取英美经验,结合我国诉讼实情的基础上,目前比较有力的观点认为,"有效辩护是指律师接受委托或者指定担任辩护人以后,忠实于委托人的合法权益,尽职尽责地行使各项诉讼权利,及时精确地提出各种有利于委托人的辩护意见,与有权作出裁决结论的专门机关进行富有意义的协商、抗辩、说服等活动"[2]。尽管不少被告人提出他们被无能的律师坑惨了,不过这种抱怨很难获得法院支持,因为何谓有效辩护缺乏清晰标准。1984年美国最高法院的两个判例,给出了一些特定的准则。这些准则都着眼于宪法保障律师权的初衷在于实现公平审判,而公平审判的关键要素又是对抗制诉讼,因此,律师必须在产生公正结果的对抗制诉讼中发挥关键作用,才算是有效辩护。这一标准被称为"对抗制试金石"。有效辩护的反面是无效辩护,从两个判例同样可以推出:其一,主张律师辩护无效,必须指出律师特定的失误,不能只是从律师没有经验、准备时间不充分、指控罪行严重、辩护难度高或者证人引导等因素加以推测。[3] 其二,美国最高法院主张,除非律师的行为严重损害了对抗制审判,以致庭审不可能产生公正的结果。被告人若要主张律师的无效辩护,就不仅必须证明律师的表现乏力而无能,低于通常合理的水平,而且必须证明如果不是这种乏力而无能的表现,原本可以合理期待一个完全不同的诉讼结果。[4]

大法官奥康纳指出:"要特别注意到,被告人在被定罪量刑后,特别容易归咎于律师;而法庭也特别容易根据不成功的结局反推律师的某些作

---

[1] LaFave & Israel, *Criminal Procedure*, Thomson Reuters, 2009, pp.636-637.
[2] 陈瑞华:《刑事辩护的艺术》,北京大学出版社2018年版,第332—333页。
[3] *United States v. Cronic*, 466 U.S. 648 (1984).
[4] *Strickland v. Washington*, 466 U.S. 668 (1984).

为或不作为是不合理的。因此,必须从事前的、律师的角度重建场景,再对其行为作出评价。还要注意,法庭太容易给出事后的高见。"9 年后最高法院提高了证明标准,不只要求诉讼结果不同,而且律师的错误必须严重到使审判失去可靠性与基本的公正性[1]。被告人通常要有一位在行律师的帮助,才有可能证明前一位律师的无能。抱怨政府指定的律师是个刚毕业的新手是不够的,必须指出他的具体失误,比如没有遵循程序规则,致使上诉被驳回,而避免这样的失误是大多数律师力所能及的。建议被告认罪,或者在结辩陈词中指出被告人的一些缺点,都不属于无效辩护,但对被告个人经历中有助减轻刑罚的情节失于调查,却被认为是无效辩护[2]。说到底,辩护是否有效最终取决于被告人是否满意,因而不应任由法院或律师协会等机构主动介入评价,以防对律师借故打压。律师的有效辩护,应由法庭凭良知与慎断,根据每一案件的具体事实与情节确定。无效辩护一般是指辩护律师的表现如此之差,以至于剥夺了被告通过庭审可以稳获的裁判结果。因此,如果辩护律师疏于告知被告其所享有的基本权利,比如获得陪审团审判的权利,那么法庭就最容易作出无效辩护的判断。而如果要求法官判断应如何举证及抗辩等技巧,法官就很不情愿[3]。

介于极端纠问制与纯粹对抗制之间,或者说混杂了纠问制与对抗制的诉讼模式,评价何谓有效辩护就变得非常复杂。首先,不能以判决结果是否有利被告作为判断辩护有效还是无效的标准,这违背了寻求真相的终极目标,因为真相本身可能不利于被告,而且判决结果并非辩护人完全预知,正如再好的医生也会对治疗前景作出几分保留,也有治不了的病一样。其次,控方利用国家强势资源干预打压辩方,导致辩护人无法正常履行职责,有时反倒证明律师起了作用,进行了非常有效的辩护,以至于让控方感觉极不舒服,无法有效推进国家公诉,要先搬开辩护律师这块绊脚石,所以公诉之无效可能源于辩护之有效,但也不能就此得出结论说,不

---

[1] *Lockhart v. Fretwell*, 506 U.S. 364 (1993).

[2] Rolando V. Del. Carmen, *Criminal Procedure Law and Practice*, Wadsworth, Cengage Learning, 2010, p.396.

[3] Ronald Bacigal, *Criminal Law and Procedure: An Overview*, Delmar, Cengage Learning, 2009, pp.140–141.

被控方仇视的律师就不是好律师。最后,无效辩护一旦被确认,如果是在审判过程中,应当考虑更换辩护人;而如果是在判决后,就涉及是否构成上诉乃至再审理由的问题。因此,启动审查辩护是否有效的程序,需要特别慎重,以免被告人借此拖延诉讼或者赖掉律师费。

频繁启动辩护有效性审查,会打击律师尤其是公设律师接受委托或指定辩护的积极性,破坏委托人与被委托人之间的信任。必须承认一个事实,被指定辩护的律师比接受委托的律师更有可能敷衍了事,而且指定辩护的决定者会受到牵连指责,漠视甚至掩盖这种无效辩护的可能性由此遽增。某些问题是没有答案的,比如辩护策略的选择如果事后证明无效,是否等同于无效辩护?如果是对严重迟延审判、追诉时效已过没有提出异议,不知道涉及被告命运的某个重要法条已经修改,或者竟然忘记了上诉期限,当然是显而易见的失职,但如果是对传唤某个证人、排除某项证据或者接受辩诉交易等事项作出某种建议,就不那么容易判定辩护人的策略价值了。也因此,为了防止当事人见利忘义,律师应该特别注意保存法律服务记录,在现时中国信任缺失的环境中,委托人与被委托人的关系有时危如累卵,加之某些地区某些时段对刑事辩护律师收费的限制,迫使当事人危急时不惜与律师签订"阴阳合同",危机过后又极力诋毁律师的工作,以图不付、少付或者收回已付的律师费用。"阴阳合同"在各领域现已广泛存在,避税并不是它的主因,行政对契约自由的干预才是它生成的真正原因。

律师的辩护是否有效,通常还与辩护律师在某一法域内的地位有关,如果律师地位整体低下,其辩护力度自然不尽如人意。在欧陆法系比之于英美法系,律师地位要低很多,权利也小很多,比如有的欧陆国家允许律师不在场的警察讯问。即便在现今保障被告权利已很用心的法国、德国,律师的重要性也是不如英美。其中有许多被忽视的原因:一是强调检察官的客观义务,也就是对不利和有利被告的证据一并注意,实际上有削弱辩护人地位的效果。果真能有客观公正的公诉人,何必还要辩护人?二是刑事诉讼法对辩护权利的规定起初只占极少的篇幅,甚至现在仍然是残缺不全的。三是欧陆法系国家都有将辩护律师整合入司法机构的倾向,不愿让律师成为彻底的自由执业者并全心全意服务于委托人。四是欧陆国家有为律师单独设立的诈欺、伪证、伪造、诽谤和侮辱等罪名,甚至当辩护人为不实主张时,可能构成单独犯罪或者间接正犯,而针对检察官则不专设类似罪名。五是欧陆国家辩护律师介入时间普遍晚于英美国家,区别在于第一次讯问之前还是之后。六是不断试图要求辩护律师像检察官、法官一样有追求真实、公平之义务,从而限制了为被告人服务的职业伦理空间,也难以顶住"为坏人说话"的指责压力。[1]

除有效辩护与无效辩护的区分外,英美还有消极辩护和积极辩护的区分。通俗说来,消极辩护只是攻击、挑战或否定指控本身,不提出新的辩护主张,从而回避举证责任。积极辩护则要为被告提出行为可宥或者正当的理由,并对这些理由加以证明,比如有人被控侵入一座海边的木屋,构成夜盗罪,但被告及其律师主张,这一行为是出于紧急避险,因为被告和他的伙伴游艇失事,海岸边人迹罕至,他们饥渴交加不得不进入木屋寻找饮食。被告及其辩护人要提出一定的证据,证明他们所声称的紧急避险的前提条件确实存在。"为分析和研究之目的,可将积极辩护分为五种主张:(1)无能力,比如未达责任年龄、非自愿的醉态、精神疾患、无意识的或不受控制的动作;(2)可宥或正当,比如被胁迫、紧急状态、被害人同意、法律错误或者事实错误;(3)存在使用武力的正当性,比如自卫,保卫他人、财产或住所,抗拒非法拘捕;(4)基于宪法和法律上的权利,比如豁免权或者禁止双重危险;(5)政府行为违法在先,比如警察圈套、选择性追诉或者超过追诉时效。"[2]正当与可宥的证明责任及证明程度均有差别。以正当防卫为辩护理由,是对指控罪名本身的否定,因而要求控方证明不存在正当防卫;以被胁迫为辩护理由,并不否认犯罪行为本身,只是强调被告行为可宥,因而要求辩方尽到举证责任,只是证明程度低于排除合理怀疑,只要达到优势证据即可。[3]

在传统的辩护类型之外,总有一些新颖的辩护理由,比如受虐被殴妻子综合征曾经非常惹人注意,不过现已司空见惯。近年来又陆续出现一些颇有创意的辩护,虽然很少为法庭所认可,但还都算是轰动一时的法律

---

〔1〕 以上六点皆与英美法系有天壤之别,比如英美法系律师的职业伦理要求律师不得向警方提供基于职业特权而获知的被告人的罪行秘密。

〔2〕 John M. Scheb & John M. Scheb II, *Criminal Law and Procedure*, Wadsworth Cengage Learning, 2011, p.383.

〔3〕 *State v. New*, 640 S.E. 2d 871 (S.C. 2007).

事件。其中,最惹人注意的是基于宗教信仰与活动而引发的刑事案件。法院从来不承认被告以"上帝的召唤与命令"作为辩护理由,而且各法域几乎都禁止危害生命、健康和安全的宗教仪式。20世纪40年代,美国肯塔基州有一项法律,禁止在宗教仪式上携带蛇、蜥蜴等爬行动物,教徒们声称这一法律侵犯了他们自由表达的宪法权利,该州最高法院顶住压力,认定该法符合宪法。不过,美国半数以上的州,法律都放任父母基于宗教原因而拒绝为孩子提供现代医疗,20世纪60年代末至90年代初,法院通常尊重父母依自己的宗教意愿抚养孩子的权利,因而只要孩子没有即时的生命危险,就应当放任父母不给孩子提供现代医疗的做法,除非孩子有紧迫的生命危险,父母才有积极作为的义务将孩子送医救治。各界人士不断呼吁改变这种现状,现在法院介入并发出送医命令的情况逐渐增多。[1] 其他诸如被害人的忽视与原谅、女性月经综合征、产后综合征、赌瘾发作、创伤抑郁、染色体异常、性欲过旺等辩护理由,基本都被法院否定。

获得律师帮助是被告人最重要的权利,因而律师本应是受到尊敬与呵护的职业群体,但某些时候,律师却可能背负着唯利是图的恶名,被视为打击犯罪的阻力,甚至被视为司法的异己。他们被指责不仅不揭发犯罪,还总是帮坏人说话。职业豁免无从谈起,有效辩护经常落空,打压律师的现象屡见不鲜。很多人担心,允许律师首先服务于他的委托人,而不是服从于打击犯罪的目标,这样做一定会使许多坏人漏网。毋庸讳言,的确有律师帮了坏人,但正如不能要求医生不给坏人看病一样。如果好人和坏人成为治与不治的标准,那么对医生而言,好人的病治不好不要紧,坏人的病治好了麻烦可就大了,最后倒霉的还是广大的好人。如果要求律师只帮好人不帮坏人,那么坏人好人的判断必然代替为有罪无罪的判断,而这个判断不是形成于审判后,而是被迫形成于律师接受委托前。"更为重要的是,倘若以为唯有国家司法力量才是实现司法正义的唯一主体,律师们只是被告的附庸,那么,控辩双方的对抗,就成了正义与邪恶的较量,犹如一场官兵捉强盗的游戏,结局早已设定:律师们不战自败,被告

---

[1] John M. Scheb & John M. Scheb II, *Criminal Law and Procedure*, Wadsworth Cengage Learning, 2011, pp.416–417.

将被押上刑台。毕竟,正义战胜邪恶乃是逃不脱的历史铁律。"[1]

如果说刑事法律的目的只是打击犯罪,那么,有警察、法庭和监狱就够了,根本不需要律师;从打击的角度说,参与的机关越少,程序越简单,效率就越高。而之所以需要公诉人与辩护人的平等对抗,意义在于如果没有律师作为对手,公诉行为就是多余的。百分之百的公诉成功率,意味着这个程序可以省略,侦查和公诉可以一并完成,不仅检察院可以没有,再进一步,法院也可以不要。基于历史教训,检察机关的确被取消过。因此,着眼长远,检控机关应该理解、容忍甚至努力培养一个强大的律师对手,以利于确立和增加自身的存在价值。对手的削弱决不意味着自身的强大。我国《刑法》第306条规定了辩护人、诉讼代理人毁灭证据、伪造证据、妨害作证罪,这一罪名的规定"本身就具有歧视性和引导性"。歧视性体现在,"将律师作为特殊的犯罪主体加以规定,而且在司法实践中,侦查人员和公诉机关具有更多的机会和便利对证人进行威胁利诱";引导性体现在,在《刑法》第306条罪名出现之前,"尚没有发生过大规模抓捕律师的现象",而这一规定"刚一实施,就出现大量律师被抓的现象"[2]。

每次发生这种情况,都蕴含了某种令人欣慰的成分,至少说明律师是有用的,而不是一股空气,控方是真的觉得遇到了阻力。同时也说明,法院并不是摆设,而是有自己的主见和判断;在证据不足或者证据矛盾尚未消除的情况下,法院显然不同意给被告人定罪。而如果检控机关每次都可以在法院顺利通关,那就不会舍近求远找律师的麻烦。不过,这一点点欣慰很快被一个重大遗憾所取代。那就是,法院并没有真正发挥主导审判的作用,而是屡屡配合检控机关发动对律师伪证罪的追究。法院应当先对本案作出判断,先对本案证据作出评价,只有那些没有被法院判决书采信的本案证据,才能允许另案进行伪证罪的追究,这才符合司法逻辑。如果像现在这样,先启动律师伪证罪,并且伪证被先行确定,那么,法院就只能采信控方证据,审判就只能服从于一个单方设定的

---

[1] 杨忠民:《什么是最好的辩护》,法律出版社2009年版,第12—13页。
[2] 田文昌、陈瑞华:《刑事辩护的中国经验》(增订本),北京大学出版社2013年版,第320—321页。

结果,法院则沦为花瓶的角色。因此,应当删除刑法中针对律师的特别规定。

第四节　辩护律师的职业伦理

律师的职业伦理决定于三条定律:第一,只要不违反具体明确的法律,律师会以同等的努力同时去捍卫神圣的事业与世俗的利益;第二,律师也像其他人一样,受个人利益尤其是眼前利益的驱使,只要不是主动为犯罪出谋划策或者助纣为虐,就可以谋求个人利益;第三,服务于委托人的利益是律师职业的最高准则,但所谓委托人利益显然不是指帮助委托人实现不法利益。第一定律决定了,律师接受委托不应受先入为主的价值判断的影响,也就是说,不对委托人作道德评判,不受帮好人还是帮坏人这一道德质问的影响。第二定律决定了,律师不是慈善家,勤奋缘于利益。即使是最小的诉讼,只要有利益驱动,律师也会奋战到底。当然,律师要广义解释为"法律人",利益也要扩大解释为包括金钱利益、声名荣誉、官阶晋升,检察官、警官甚至法官因而都包括在内。第三定律决定了,辩护律师不能揭露犯罪,运用证据为被告人成功脱罪就是最好的辩护律师。即使被告人已经向辩护律师承认有罪,辩护律师仍然应当要求控方尽到举证责任并达到法定证明标准。

如果辩护律师能够合法地防止控方非法地证实被告人有罪,他就必须这么做,而且,在有罪已成定局时,要为被告人谋求尽可能最轻的量刑以及其他利益,比如尽可能少的罚金和尽可能轻的惩罚性劳务。辩护律师没有义务确定何种量刑最适合被告人,他的义务只是争取最轻的刑罚,所以,律师既作无罪辩护,又作罪轻辩护,是允许的,也是应当的,并不存在逻辑上的矛盾。这一点,绝对不同于民事上"不能同时主张合同无效与违约金"的判定。德肖维茨曾说:"只要我决定受理这个案子,摆在面前的就只有一个日程——打赢这场官司。我将全力以赴,用一切合理合法的手段把委托人解救出来,不管这样做会产生什么后果。即使我了解到有一天我为之辩护的委托人可能会再次出去杀人,我也不打算对帮助这些谋杀犯开脱罪责表示歉意,或感到内疚。因为这类事从来没有发生过,我不敢说真发生了那样的事我会作何感想。我知道我会为受害者感到难过,但我希望我不会为自己的所作所为后悔,就像一个医生治好一个病人,这个人后来杀了一个无辜的人是一个道理。"[1] 当然,德肖维茨所说的"开脱罪责",只是对无罪辩护的强调,决不是帮助被告人湮灭有罪证据或者伪造无罪证据。

英美国家及其国民在律师应有的职业伦理上达成了共识,一言以蔽之,律师,尤其是辩护律师,首先服务于当事人的利益而不是国家的利益。国家的利益自有其代表,那就是警官和检察官。律师辩护制度的设计,不是为了多快好省地追究犯罪,而恰恰是为了不让代表国家利益的人畅行无阻。律师必须忠诚地为其委托人服务,必须通过实际行动证明自己值得信赖,如果与警官、检察官一样为政府服务,就不会有真正的基于信任的委托,最终导致国家设置律师制度的目的落空。早在1931年,查尔斯·柯蒂斯就已经为律师尤其是刑事辩护律师的职业道德观作出申辩,对今天的律师伦理困境仍有点拨作用。[2] 律师将生活和事业奉献于为他人而行动,牧师和银行家也是如此。银行家处置他人的金钱,牧师处置他人的精神,律师处置他人的困境。区别在于,牧师的忠诚不是献给教民的,而是献给教堂的;银行家的忠诚不是献给客户的,而是献给银行的。因此,为教民或客户服务的,是牧师或银行家所代表的机构,而不是牧师和银行家本人。其间的微妙区别只在于,牧师还跟教民交往,银行家极少亲自与单纯的银行客户打交道。但无论如何,他们的忠诚都与律师的忠诚殊途异路。

当一名律师为政府工作时,情形也与牧师不同。不能说政府是他的委托人,政府太庞大了,将他吸收了,他只是其中一部分,说他是某种国家规范的执行人可能更加贴切。而律师担任一家公司的法律总顾问时,也几乎是完全与他的委托人混同为一的。事实上,该律师通常就会兼任公司的董事、监事或者副总裁。私人执业律师则不是这样,他不依附于任何机构,他只服从法律与业界行规,他的忠诚只针对他的委托人。但不时会有律师不顾委托人的利益,而以所谓"独立辩护"的名义,在被告人主张无

---

[1] [美]艾伦·德肖维茨:《最好的辩护》,唐交东译,法律出版社1994年版,导言第4页。

[2] 本节涉及的柯蒂斯的文字,直接摘译整理自"The Ethics of Advocacy," by Charles P. Curtis from 4 *Stanford Law Review* 3 (1931)。

罪时竟然宣称被告人"罪轻"甚至"有罪"。"北京市发生过这样一个案子,检察院指控被告人玩忽职守,被告人在审判前一直不认罪,在法庭上开始也坚决不认罪,而且发表了长篇无罪辩护的意见。该案是由法庭指定的法律援助律师辩护的,当庭为被告作了有罪辩护,结果法庭上,被告人和旁听席上的家属一致抗议,说律师出卖了他们。"[1]当然,这样的辩护人也会为自己申辩说,此时只有罪轻辩护才符合委托人利益。因此,应当有一种明确的硬性规定,辩护人不得违背被告人利益进行重于被告人自我辩护的所谓"辩护",道理很简单,辩护人应与被告人保持一致,否则就有帮倒忙的嫌疑,说得严厉些,重于被告人自我辩护的部分实际就是指控,指控不符合辩护人角色。

公诉人、辩护人及被告人在法庭上的位置如何安排,曾经是争议频仍的话题,先是争议公诉人同时作为法律监督者是否应当与法官座位一样高,随后争议被告席应否置于法官对面。司法改革中,曾经尝试庭审时让被告人坐在辩护人旁边,既表示控辩平等,也不再暗示法官是被告人的对立面。但是,反对者竟然是许多律师,他们声称害怕被告人会伤害他们。看来某些律师并没有认清自己的角色,尚未理解自己的角色就是委托人利益的捍卫者,而是在发现真相的正义化身与维护被告人权利的卫士之间摇摆不定。律师协会很多时候也没有做好律师的"娘家",在维护律师利益与屈从外在压力之间不止一次选择后者。实事求是,在哲学、政治学和社会学意义上是颠扑不破的,但适用于刑事审判时则不能取其字面含义,因为定罪不取决于实事发生了什么,而只取决于合法取得的证据是否证明了实事的存在,因此,求是只能以证据证明为前提。同理,不必要求公诉人客观地对待被追诉人,所谓"该无罪就无罪,该有罪就有罪"只是一种理想状态,也是一句没有实际意义的废话。

律师应当谋求委托人无罪,但前提是先要保护他不被警察指供、诱供或逼供。不过,越是无法保障嫌疑人自白自愿性的法域,就越是欠缺对律师透明的讯问程序,也就越是难于实现律师对其委托人的程序保护。因此,在律师无法争辩自白自愿性的时候,只能尽量争辩自白的信用性,比

---

[1] 田文昌、陈瑞华:《刑事辩护的中国经验》(增订本),北京大学出版社2013年版,第245页。

如是否有检察官未提交有利被告的供认笔录,从无罪辩解到有罪供述的转折是否具有明显的指供、诱供痕迹,共同被告人之间的供述是否过于一致和逼真,等等。[1] 问题还在于,一名律师能够伴其委托人走多远,能够背离法庭到何种程度。委托人有理由期望律师对他比对别人好,为他做的事应当比为其他人做的有更高水准。正义在于对友人善好,对敌人凶恶。律师越是对委托人忠心耿耿,对其他人的忠诚就越少。一个人只有定量的美德,给某个人的越多,给其他人的就可能越少。律师不顾危险而献身于委托人的利益,代理行为使一个人远离自己,甘愿为委托人做不愿为自己做的事。给予律师与委托人的交流以排他的特权,非常必要并且应当得到警方的尊重。比如在搜查扣押中,即使持有令状,也不应触碰律师与客户就法律问题的咨询与答复函件,以维护一种法律上的特权。如果律师直接为犯罪行动出谋划策,本身涉嫌犯罪,当然不能再援引特权保护条款。[2]

一名律师接到委托人电话,说自己不幸成了逃犯,警察在抓他,他需要律师的建议。律师到委托人所在之处了解全部情况后,劝他自首并成功说服他相信这是最好的选择,还约定了一起去警察局的时间。委托人说希望用两天时间了结一些事情,做一些告别。当律师回到办公室,一名警察正候着他,问他的委托人躲在哪里。这个律师稍有迟疑的回答,都足以出卖委托人。当然,他撒了谎,没有告诉警察他们刚见过面。在德国,刑事诉讼法学巧妙运用"辩护人的代求义务"来解决辩护律师可否撒谎的困惑。代求义务要求,即使被告人私下对辩护人作了有罪自白,如果法院没有足够证据判决被告人有罪,辩护人仍然必须以证据不足而为被告人申请无罪判决,而不能主动向法院揭发被告人。[3] 当然,任何人都不得以积极作为的形式伪造证据。辩护律师可以用缄默方式隐瞒基于委托关系获得的不利被告的证据;侦查人员、公诉人则不得隐瞒、隐藏有利被告的证据。只要某个需要为之撒谎的行为不是律师引起的,那么律师就有

---

[1] 参见[日]大出良知等编著:《刑事辩护》,日本刑事法学研究会译,元照出版公司2008年版,第243页。

[2] Peter Hungerford-Welch, *Criminal Litigation and Sentencing*, Cavendish Publishing Limited, 2004, p.53.

[3] 参见[德]罗克辛:《德国刑事诉讼法》,吴丽琪译,三民书局1998年版,第174页。

义务为当事人保守秘密。

　　除为数不多的法律例外规定,知情的律师以沉默应对警方询问,应被准许,但是,以撒谎的方式为嫌疑人掩饰,可能有潜在的风险,应当杜绝。无论是各法域的律师法,还是律师的职业伦理,都要求律师不应当在侦查、检察人员或者法官面前为委托人编造新的故事。"美国弗吉尼亚州有个案子,嫌疑人通过电话告诉律师他从银行抢的钱藏在公交车站的储物柜里,而律师建议他把钱藏在别的地方。这名律师事后被认定构成同谋罪。律师对于藏钱地点的最初信息有保密的特权,但这位律师越界了,竟然建议换个地方。电话交谈被一名多管闲事的接线员偷听到了,她向警方报了案。保守秘密的特权可以延伸到律师助理等业务合作者,但不适用于像接线员这样的第三人。"[1]律师不可以对法庭说谎,民众认定律师都在欺骗法官,媒体对此应负大部分责任,尤其是美国的电影和电视剧,有太多的律师撒谎而不被惩罚的情节。其实,以作为的方式欺骗法官在任何地方都是违反律师职业伦理的。[2]"辩护人不得协助被告逃亡或自行掩匿证据来源,赞促或帮助其当事人从事使司法追诉陷于困难之行为。"[3]

　　"为了仁慈,我必须冷酷。"哈姆雷特在去见母亲的路上这样说。同样,律师在走向法庭的路上也可以这么说,因为真相与正义需要区分。真相仅是正义的一个因素,法律有其他考虑。正义意味着能为败诉方作最大限度的申辩,整件事情都摊开在光天化日之下,给人一种安全感。正义无需辩护,而真相需要辩护。真相要求律师从某种待证事实开始,这既是实际情况,也是法律主张。律师会见证人和去图书馆寻求法律知识,如果抱着开放的、有罪无罪无所谓的心态,那将浪费大量的时间。律师首先要在心中形成定见,无罪的定见,只有这样才更易于发现有利于委托人的事

---

[1] Cliff Roberson, *Introduction to Criminal Justice*, Copperhouse Publishing Company, 1994, p.294.

[2] 参见张建伟:《刑事诉讼法通义》(第二版),北京大学出版社2016年版,第234页。根据我国《刑事诉讼法》的规定,辩护律师对在执业活动中知悉的委托人的有关情况和信息,有权予以保密。但是,辩护律师在执业活动中知悉委托人或者其他人准备或者正在实施危害国家安全、公共安全以及严重危害他人人身安全的犯罪的,应当及时告知司法机关。其中,公共安全应作限制解释,应当是与严重危害人身安全相当的犯罪。

[3] [德]罗克辛:《德国刑事诉讼法》,吴丽琪译,三民书局1998年版,第173页。

实或证据。律师死盯住最能满足委托人利益的结论,然后开始努力说服他人同意这个结论。当律师为一个他明知有罪的人辩护时,摆在律师面前的问题只对业外人士才构成困扰。例外的情况可能是,被告人在开庭前告诉律师他要当庭作伪证,那么,既然不应以违法的方式为被告人辩护,就应该力劝被告人不要这么做。如果被告人不听劝阻,律师应当退出辩护。如果是公设律师或指定辩护律师,应当请求法官准许其退出辩护。尴尬在于,律师不能告诉法官他为何退出,否则就可能间接泄露与被告人的交谈内容,违背保密义务。

德肖维茨曾冒险"在辩护制度容许的边缘上行走",他在询问证人时有意让所有在场的人都产生误解,以为他手中有某个实际上没有的谈话录音,以此引导证人自证撒谎。他还援引了林肯总统做律师时的一次经典辩护,来佐证自己做法的正当性。当年,林肯为一个被控谋杀的年轻人辩护,庭审时盘问自称是目击者的证人,"你是怎么看见犯罪的",证人回答说"在月光下"。于是林肯从口袋里拿出一本历书,指出事件发生当晚月亮刚过 1/4 弦,而不是满月,月光下不足以看清犯罪现场。证人以为历书戳穿了他的谎言,最后承认自己就是凶手,而被告人得以脱罪。德肖维茨成功了,却惹恼了法官。在几番据理力争后,法官虽然认可了他的做法,但又以长者身份劝告说,你不是普通小地方的律师,而是哈佛法学院教授,是要给学生们上课的,应有更高的道德标准。德肖维茨回应说:"如果我照您所说的什么'更高的道德标准'去做的话,那么我就会要求我的委托人接受一个更低的辩护水准,那可不会是好的法律、好的道德。我建议解决道德上的疑难问题时应继续为我的委托人着想,而且要继续教学生这样做,如果他们以后要当被告辩护律师的话。"[1]

有人质疑,承接明知不在理案子的律师是否损害了诚实这一良好情感?律师可以这样回答:"先生,在法官决断以前,你并不知道它是不是在理。你要公正地陈述事实,一个并不使你信服的论点却可能使法官信服;如果这论点确实使法官相信,那么为什么你是对的,而他是错的呢?"律师对委托人是否有罪知道得非常清楚。不清楚案件是否在理的,不是律师,

---

[1] 〔美〕艾伦·德肖维茨:《最好的辩护》,唐交东译,法律出版社 1994 年版,第 76 页。

而是法律。法律不知道这一点,是因为它正努力地去发现。因此,法律要让每个人都得到辩护,每个有争议的案件都得到审理,要尽可能让律师轻易承接不在理的案件。为此,律师界应当形成并积极认可一条伦理准则:"在论点中声称自己深信委托人的无辜,或者深信自己事业的正义性,这对律师来说是不适当的。"是的,承接一个不在理的案件,或者为有罪的人辩护,或者提出你不相信的主张,或者不主动出示不利被告的证据,这都没什么不道德。"至于辩护人在辩护的性质上对于原告人正当或不正当的攻击,一概加以防御,他是力图有利益于被告人方面的真实的发现,凡是不利益于被告人之处,辩护人就没有发表的义务。并且辩护人对于被告人还负着一种代他保全秘密的道义。如果法院要辩护人证明不利益于被告人的事实,他还可以拒绝证言。"[1]这是 90 年前中国学者已有的观点。

律师的职业伦理要求律师们平等对待正确和谬误、邪恶与美德,并且严禁出卖当事人利益、破坏信任。1970 年在纽约州水牛城有一起案件,一名女孩失踪后,她的父母悬赏寻人。律师被指定为另一谋杀案的辩护人,该案被告人告诉辩护律师,他还杀了个女孩,尸体埋在一处废弃矿井中。不仅如此,被害人家属曾向律师询问过有关他们失踪女儿的情况,这位律师否认掌握任何信息。[2] 门罗·弗里德曼,一位法学院院长,杰出的法律伦理学者,曾这样评论该案:预见到律师会频繁接触委托人的有关信息,这些信息非常可能被用于归罪,甚至可能得知委托人真的犯有严重罪行。在这种情形下,如果要求律师泄露该信息,那么,保守秘密的义务就会毁灭,与之一起毁灭的还有对抗制本身。[3] 最好的律师,的确会使那些罪犯比他们有权希望的要早几个月或几年回到大街上。越是优秀的律师,他的委托人就越可能是黑老大或者银行贪污犯,而不是普通市民。辩护律师,不意味着衡平、公正、适当的刑罚或报复,它意味着为委托人争得一切可以争得的东西。

----

〔1〕 朱采真:《刑事诉讼法新论》,世界书局1929年版,第82页。
〔2〕 Cliff Roberson, *Introduction to Criminal Justice*, Copperhouse Publishing Company, 1994, p.293.
〔3〕 Monroe H. Freedman, *Lawyer's Ethics in an Adversary System*, Indianapolis, Ind: Bobbs-Merrill, 1975.

也许在98%的案件里,委托人都是有罪的,这说明只要侦查、起诉工作扎实,证据相关而合法,就会有这样的结果,同时说明律师的存在并没有阻碍正常定罪。而2%的无罪案件,说明起诉被否决,各种各样的原因决定了警官、检察官再怎么努力都难免出错,而纠正这2%的错误,显然有律师的功劳。如果这2%案件的委托人被错误定罪,对案件总数来说比例并不算高,但对被错误定罪的被告人及其家属来说,就是100%的灾难。如果说98%就是正义,那么正义是检察官的奢华享受,只有他们才誓言实现正义。辩护律师并没有沐浴在这高尚誓言里,他们发现自己绝大部分时间都在为有罪者工作,为一种司法制度工作。为了保护无辜者,有时不得不放掉有罪人。辩护律师的正义,恰恰在这2%的案件里。不过,不要以为美国律师只尊奉实用主义辩护伦理。不要忘记,韩国影片《辩护人》中的许多感人场景,实际是以美国式刑事司法作为保护屏障的。一个简单的细节:上百名律师在法庭上勇敢地站起来,在纠问式庭审制度下是不可能的,因为旁听者是哪些人以及如何表现,都是事先布置安排的。

美国影片《间谍之桥》是根据真实事件改编的,也是在律师为坏人辩护的背景下展开的。汤姆·汉克斯饰演的律师多诺万,推脱不掉律师公会的投票决定,不得不接受为苏联间谍阿贝尔辩护的烫手任务。在美国普通人眼中,多诺万为阴险的敌人辩护,几乎就是邪恶敌人的共谋犯。多诺万回到家,在吃饭前假装讨论是否要接这个案子,探探妻子的口风。妻子警告说:"阿贝尔对所有美国人都是严重威胁,我们盖防空洞保护自己不被这种人伤害,你却想替他辩护,美国人会怎么看我们?一个试图释放国家敌人的人的家庭,他是这个国家最不受欢迎的人,而你想成为第二。"年幼的儿子从学校上完核弹安全知识课,回家演习防核战,他质问爸爸:"你知道你辩护的那个苏联人吗?他是来替投核弹的人指路的。我真不懂你在做什么,你又不是共产党员,为什么要替他辩护?"多诺万对儿子说:"这是我的工作。"当晚,多诺万家遭不明枪击,闻讯前来的警察看完现场,气愤的不是枪击者,而是多诺万。"你在替那家伙辩护,到底为什么?我当过兵,跟这些敌人拼命,你却替他们辩护。"多诺万镇静地对警官说:"做好你自己的事。"

《间谍之桥》中有许多令人难忘的情节,比如柏林墙边射杀翻越者的画面,但作为一个法律人,可能会感动于这样的情节:美国律师公会直截了当地对多诺万说,之所以让间谍获得审判,只是因为"不能让我们美国的司法系统看起来像在动私刑"。走完法律程序,看起来像那么回事儿就行了,不必太认真;而之所以聘请他作为辩护人,就是为了看起来像那么回事儿。本案法官也不喜欢多诺万较真死磕的架势,他向前来说理的多诺万不耐烦地说:"拜托,律师,这人是苏联间谍,在这个案子上,别耍什么法律花招,别太较真什么正当程序、宪法权利,他会获得好的辩护,但老天有眼,他会被判有罪。"从法官办公室出来,打着伞在暴雨中孤单步行。一个黑影不远不近地跟着多诺万,怎么也甩不掉。联邦调查局的人来找他去喝咖啡,劝他与政府合作,套出苏联间谍的口供与情报。"拜托,律师,我懂律师对客户的保密特权,懂这些法律花招,也懂这是你的生财之道。但我要你知道,国家安全,国家安全,国家安全,这件事没有规则。"多诺万是这样回答的:"我今天听了好几遍'拜托,律师'。你是德裔,我是爱尔兰裔,但我们都是美国人。让我们成为美国人的是什么?就一个东西,一个,一个,一个,规则,我们称之为宪法。不要对我说'这件事没有规则',你个王八蛋。"

  律师为高尚的理念而战,最直白的体现是他们为敌人辩护。这种敌人不是政治意义上的,而是军事意义上真正的敌人。比如海军上尉查尔斯·斯威夫特,作为一名军方辩护律师,竟然在联邦法院状告政府,称特别军事法庭是"史无前例、违反宪法、危险而不受限制的行政权威的扩张",因为小布什政府 2001 年 11 月下令,在未经指控且未被带见法官的情况下,允许无限期拘禁被怀疑是恐怖分子的人。在为古巴关塔那摩基地 600 名被拘禁者的权利进行战斗过程中,辩护律师的"友军炮火"是政府和军方最意想不到的。斯威夫特的诉讼是对整个军事羁押制度的正面进攻。这个军事羁押制度的特征是:没有独立的法官;秘密审判;未经指控的无限期拘禁;不可上诉的有罪判决;将被拘禁者作为敌方作战人员剥夺其战俘权利;拒绝为被拘禁者提供及时的法律援助;剥夺被拘禁者知晓被控罪名和拘禁期限的权利。斯威夫特于 2003 年接受《大赦》(*Amnesty Now*)采访时,谈到他为什么要挑战特别军事法庭制度。[1]

---

  [1]　本节涉及的斯威夫特的文字,直接摘译整理自"Friendly Fire: A Military Lawyer Battles the Commission," by David Goodman, *Amnesty Now*, Summer 2004, Vol. 30, No 2.

《大赦》：从正当程序的角度看，这些特别军事法庭制度缺什么？

斯威夫特：一切。司法制度的基础是对抗，初始假定是双方平等较量，被告人获得律师支持。这里的控方资源是辩方资源的3到4倍，掌控者是国防部长直接任命的，既是检察官，又是法官，决定指控谁，指控什么，谁进入陪审团，甚至知道辩方有何资源，审判时限制律师参与质证。特别军事法庭制度装点门面，冒充合法，从一开始就是基本原理上的错误。话说到这儿，我有一个两难。也门有句俗话："你被夹在双方炮火之间。"如果我与这个制度斗争，我的当事人可能吃亏；如果我接受这个制度，也不能保证他会获释。他可能被判无罪，但国防部长签发一个继续监禁的命令，他就出不去了。

《大赦》：被拘禁者的供认可靠吗？是不是我们珍爱的某些制度处于危急中？

斯威夫特：关塔那摩湾到处张贴着这样的标语："合作通向自由。"如果你合作，你会得到更好的待遇、更好的食物和更多的隐私。因此，撒谎有着天然的益处，而不会有什么害处，供认可以获利，甚至感觉不到禁止撒谎害人的道德禁忌。我们能相信用这种办法获取的证词吗？我认为不能。美国汇聚了世界上的多个民族，被共同的理想联结在一起，那是美国的基础。我们有一套原则，如果失去了这套原则，那么我们就失去了美国。这个基本原则就是由独立的司法分支作公正而中立的裁决，没有任何非常时刻可以让我们放弃这项原则。我们应对危机的方式，能够定义我们是什么样的人。作为一个国家，我们就是在类似这样的时刻被定义的。你知道在"波士顿大屠杀"后谁为英国人辩护的？约翰·亚当斯，他后来成为美国总统。向波士顿的群众开枪，杀了5个人，这是一个非常重大的事件。有8名英国士兵及其长官被交付审判，但却找不到辩护人。最后，亚当斯同意做这件事，他后来称自己为英国人辩护是为美国做的最伟大的工作。他说，在当时情况下定那些人有罪，是我们国家声誉的极大污点。我怎么也想不明白，在一般法院审判恐怖分子，并不属于过去25年法院处理不了的难题。

《大赦》：作为一名忠诚的战士，您如何看待自己的挑战？

斯威夫特：质疑制度是最高的忠诚。美国之所以有别于其他国家，正是因为美国公民的忠诚首先体现为捍卫宪法，而不是盲从命令。我们忠诚的对象是公正。行政分支既发出所有的号令,又制定所有的规则,我们的宪法是不信这一套的,它将权力分给立法、行政和司法三个机构。特别军事法庭的程序违背了这些原则。我完全同意总统的观点:永远不能允许恐怖分子摧毁我们所热爱的自由。我认为恐怖分子没有这个能力,但是,如果我们不尊重宪法,如果我们不小心,也许我们自己会做到。

斯威夫特对忠诚的理解,显然受益于对麦卡锡主义"忠诚调查计划"的反思。那一时期,美国法院破天荒地以藐视法庭罪惩戒为共产党辩护的律师,认定他们"用交谈、反对、争辩以及毫无根据的对法庭的控诉,持续不断地阻挠庭审",而在东京审判中,都不曾有过类似的对律师的责难。美国最高法院竟然维持了这种定罪,大法官杰克逊不接受"律师只是尽力履行其辩护义务"的观点,曲折婉转地说,"请不要误解,最高法院非常清楚,如果真的需要帮助,我们会毫不迟疑地保护律师,让他们无畏、活跃、有效地完成其辩护义务,而不论被告是些什么人。但是,既不能将藐视看作勇气,也不应将谩骂视为特立独行。法院必须保护庭审的有序进行,而有秩序的庭审也是为了保障律师实现其职业生涯的每一个崇高目标"[1]。麦卡锡"造成了恐惧、疑虑和胆怯的气氛,无疑削弱了人民的士气、创造性和勇气……还为永远存在的官僚政治的魔窟增加了一种武器,窒息了独立性,并且助长了麻木不仁的正统观念。对这种计划提出任何挑战需要惊人的财政开支和感情消耗,还不说非凡的勇气和毅力……感情创伤、生活穷困和长期受排斥,似乎是起而反抗的最可能结果,所以几乎没有人敢于冒险斗争是可以理解的"[2]。

美国已经实实在在地走出了麦卡锡主义,一个重要标志是,挑战政府甚至挑战军方的律师,他们的主张虽不一定被法院采纳,但他们的人身安全与职业安全却是有绝对保障的。这种安全保障表现在,无论是政府还是军方,尽可以不理会律师,但不可能整治律师,甚至不能对律师与其委托人之间的会见、通信等制造任何障碍。人们应当高度认同一个观点:消灭同一法律制度体系内的制约力量,是自身削弱和没落的开始。随着时

---

[1] *United States v. Sacher*, 182 F. 2d 416, 423 (2d Cir. 1950); *Sacher v. United States*, 343 U. S. 717 (1952).

[2] 〔美〕柯特勒:《美国八大冤假错案》,刘末译、刘绪贻校,商务印书馆1997年版,第50—51页。

间的推移,斯威夫特们终于有机会走上法庭。2004年6月底,美国最高法院就小布什政府针对恐怖袭击的反应作出一系列判决,为恐怖主义时代的权利保障提供了基础。"9·11"之后,政府方面并未尝试限制全体美国人的权利,没有限制言论、异议或旅行自由,没有全面宵禁,没有借机实行全国身份证及其随机查验,没有到处架设摄像头,甚至没有限制带枪的权利。政府方面抓了一些涉嫌恐怖组织及其活动的人,关押在关塔那摩,被起诉、定罪。在这些案件中,政府方面主张其拘留敌方作战人员的权力一直到交战状态结束,同时否认他们像普通美国人一样享有正当程序保障的权利。

对此,美国最高法院运用了司法回避的技巧,避免在紧急状态期间全面挑战总统的权威,没有实际下令释放任何人,但却认为,在海外被捕的美国公民,必须获得实质的机会,在中立的法官面前针对拘留事实作出答辩。但又对实质的机会作了有利军方的解释,允许任意使用传闻证据;"中立的法官"也可以直接由军官担任。尽管如此,法院一再申明,拘禁时间不得超过进行中的作战状态,并一再表示会对整个战局密切关注,一旦发现政府和军方为了延长拘禁期限而延长作战时间,将会干预这种本末倒置的行为。同时认定,法院有权向羁押在关塔那摩基地的外国作战人员发出人身保护令,因为美国与古巴租地协定明确表示,美国对该基地拥有完整的管辖权和控制权,并且能够持续而永久行使这些权力。这些判决聚焦于程序保障,作为一种最低限度的司法,法官必须在国家安全和人民自由之间作出妥协,也应该以长期的经验观点为基础来保障权利,而不应以对当前恶行的立即回应为基础来限制权利。[1]

律师为坏人甚至为敌人辩护的勇气,是以制度为安全保障的。这种宝贵的勇气需要多年的涵养,而涵养来自法学院的教育。"法学院不只是一种教育经历,它教会某种人类经验哲学,并导向某种生活方式。"[2]而如果一种教育反其道而行之,从开始就灌输渲染强烈的敌人意识,甚至宣称"敌人本质上不是公民,而是公敌。敌人不应该在现实社会中享有人类

---

[1] 参见〔美〕艾伦·德肖维茨:《你的权利从哪里来?》,黄煜文译,北京大学出版社2014年版,第185—187页。

[2] Howard Abadinsky and L. Thomas Winfree, Jr. *Crime and Justice*, 2nd ed., New York: Nelson-Hall, 1992, p.374.

尊严,也不拥有现实社会所保障的基本人权,不值得拥有生命权。不仅在实体法上,敌人不是公民,而且,在程序法上,也不应当对敌人适用那些法律规定适用于公民的程序。例如,对于犯罪人的每一项犯罪都必须用充分的证据加以证明,但是,对于敌人,只要有充分的证据证明他是敌人就够了,无须再对敌人其他的罪行进行充分的证明。如果已经证明敌人屠杀了大量的民众,为什么还要去证明敌人破坏了通信设施?对于敌人,也存在进行刑讯逼供的合法性。如果一个敌人在北京的国际饭店安装了定时炸弹,其他任何措施都不足以保证国际饭店中的人员安全,唯有对这个敌人适用酷刑,才能获知定时炸弹的安装位置和拆除方法,并因此而拯救国际饭店中人员的生命,那么,就应该立即对这个敌人动用酷刑"[1]。

这样的学说是反人类的,因为依照该学者的观点,一旦有人被判定为敌人,就既不会发生人道问题,也不会发生误判问题,完全可能导致仇恨情绪支配下的以法律语言伪装的疯狂复仇。这种情绪之所以危险,是因为人的基本权利不以敌友为界分,而以属人为条件。以生命权为例,其存在并不需要国家的事先证明,更无需生命体事后证明自己值得拥有生命权。恰恰相反,人的生命是先于国家的一种存在,而国家的存在倒是需要组成它的人的认可。"对敌人适用死刑是一种久远的文明",这种说法简直彻底颠覆了文明观,不杀敌人而使之成为奴隶,并最终解放奴隶,才是从野蛮走向文明。不仅如此,主张"敌人刑法中完全不存在敌人的权利",甚至在极度危急时可直接动用酷刑,还直接违反了《联合国反酷刑公约》的规定,"任何意外情况,如战争状态、战争威胁、国内政局不稳定或任何其他社会紧急状态,均不得作为施行酷刑之理由"。

茨威格曾经描述过纳粹对其视为敌人的犹太人所实施的暴虐:"那种折磨别人的无耻私欲、对心灵的摧残,以及花样翻新的侮辱都是过去不曾有过的。所有的罪行已不是由个别人,而是由千千万万遭到折磨的人记录下来的。在一个平静的环境里——不是我们这个道德沦丧的时代——阅读这些记录报告使人心惊肉跳,一个空前绝后的仇恨狂人在 20 世纪这座文化名城里犯下了滔天大罪。因为那是希特勒在他的军事和政治的胜利中最最可怕的一次胜利,这样一个人居然成功地运用不断升级的策略,

---

[1] 冯军:《刑法问题的规范理解》,北京大学出版社 2009 年版,第 382 页以下。

砸碎每一条法律。在那种'新秩序'面前,杀一个人不需要法庭审判,其冠冕堂皇的理由则会使世人咋舌;拷刑在 20 世纪是不堪想象的。"[1]最要害的问题是,认定谁是敌人的权柄不在持有这种荒谬主张的学者手里,而掌握这一权柄的人,根本无需学者自作多情地支招,已经具备娴熟运用权柄的能力。

至于某些学者刻意设想的为搜寻"炸弹"而酷刑逼供或者进行大搜捕[2],反映出他们偏枯的价值取向与惑众的论证方式,即,不是从正面肯定反酷刑的正当性,而是要撕开一个口子,让人们得出"酷刑其实是可以用的,只是需要具备某些条件"的结论,再通过对条件的扩展,最终神不知鬼不觉地否定人的基本权利和尊严。事实上,禁止酷刑是无条件且无例外的,没有哪个国家和地区的法律,或者国际公约会在法律规定上留有余地。联合国以及欧洲的人权公约几乎用相同的文字规定:"任何人不得加以酷刑或使受非人道的或侮辱的待遇或惩罚。"德国学者认为,即使处于紧急状态,也不允许酷刑、非人道或侮辱处遇,没有使之正当化的余地。禁止任何违反《联合国反酷刑公约》之处遇行为,其范围可谓既全面又绝对。纵然在对抗恐怖主义的时代,公约也是重要且令人赞同的![3]我们的法学院毕业生通常比较苦恼。无论他们成为法官、检察官、警官还是律师,只要干了几年,就会说现实中遇到的与法学院所教的有很大差异。这种感受多半是真实的,但这是现实错了,而不是法学院错了。法学院应当教授的,本来就不是社会上那点儿事。

哈佛法学院摸索出主导美国司法实践的一些规则:(1)几乎所有的刑事被告人实际上都是有罪的;(2)所有的刑事辩护律师、检察官和法官都知道和相信第(1)项规则;(3)用违反宪法的手段去认定被告人有罪,比在宪法允许范围内这样做要容易,甚至在某些情况下不违反宪法就根本无法认定被告人有罪;(4)几乎所有警察在被问到"为了认定有罪是否会

---

[1] [奥]茨威格:《昨日的世界——一个欧洲人的回忆》,徐友敬等译,上海译文出版社 2018 年版,第 413 页。

[2] 参见[美]理查德·波斯纳:《并非自杀契约》,苏力译,北京大学出版社 2010 年版,第 83 页。

[3] 参见[德]赫尔穆特·查兹格:《国际刑法与欧洲刑法》,王士帆译,元照出版公司 2014 年版,第 302 页。

违反宪法"时,都不说真话;(5)所有的检察官、法官和刑事辩护律师都知道第(4)项;(6)很多检察官在警察被问到"是否用违反宪法的手段去认定有罪"时,都暗示默许他们去撒谎;(7)所有的法官都知道第(6)项;(8)大部分一审法官都明知警察在撒谎,还相信他们的证词;(9)所有的上诉法院法官都知道第(8)项,但许多人却硬要维持这些一审法官的结论;(10)即使被告申诉其宪法权利受到侵犯且完全属实,大部分法官也会置若罔闻;(11)如果连自己都不相信,那么大部分法官和检察官不会有意认定被告有罪;(12)第(11)项对涉黑犯罪成员、贩毒者、职业杀手或告密者不适用;(13)没有人当真需要正义。[1]

许多律师坚持认为,法庭发现案件事实的最佳方式就是让每一方尽可能努力奋战,以一种强烈的派系观念让法庭注意那些有利于本方的证据。当两个立场对立的人尽可能偏颇地争辩时,中立者更容易作出最公平的判决,因为这种情况下不会有任何重要的因素被忽视。但是,立场对立的律师之间的偏袒,也经常妨碍关键证据的发现,比如隐藏手中可以改变诉讼走向的证据。正如我们在讨论检察官的客观义务时说到的,检察官应将不利和有利被告的证据统统呈上法庭,但实际情况肯定不是这样,只要检察官主要职责是指控犯罪而不是开脱犯罪,那么只有其指控得到法庭认可,才算是完成了一件精彩作品。与之相对,律师虽然可以隐藏对被告人不利的证据,但决不可以隐藏对被告人有利的证据,尤其是当辩护律师内心非常痛恨这个被告人时。罗伯特·德尼罗主演的美国影片《恐怖角》,讲的就是一个被辩护律师隐藏有利证据的罪犯复仇的故事。

如何在法庭上诘问证人,是英美法学院竭尽全力传授的内容。一位诚实的证人在接受直接询问时,他的回答快捷、诚恳,并给人以良好印象;而在交互询问中,他态度大变,怀疑为他设置了陷阱,因而犹豫不定,对简单的问题也斟酌良久;在被要求重复某些问题时,也似乎在争论、在抗议律师的不公正,甚至要求法庭的保护。在向法庭举证的过程中,有经验的律师会使尽浑身解数,尽可能减少对其委托人不利的证词的影响。一位法官写道:证人身处陌生的环境及其伴随的焦虑和匆忙,受到哄骗或威

---

[1] 参见〔美〕艾伦·德肖维茨:《最好的辩护》,唐交东译,法律出版社1994年版,导言第11—12页。

吓，被交互询问搞得晕头转向，这一切都可能引发重要的错误和疏忽。亨利·塔夫脱告诉我们，讲实话的证人经常被误解，这不足为奇，因为证人紧张的反应会让人产生一种印象：他们或者是回避问题，或者是有意作伪证。如果证人胆小怕事，被陌生的庭审方式搞得惊恐万状，律师在交互询问中利用这些弱点，就会使证人混淆不清，看上去像是掩盖了重要的事实。对于容易激动但却是诚实的对方证人，要让他以最令人不快的方式展示他最令人讨厌的性格，让他无法取信于人。有时，只要让对方的证人看上去比实际上更有敌意，就可以毁掉其证据的影响力。可以使他夸张或者隐瞒某事，然后再让他自己说出来，使他的作证丧失价值。

  律师不仅寻求使对方证人信誉扫地，而且要掩饰本方证人的缺陷。在庭审前会见证人的时候，如果注意到该证人矫揉造作，举止矜持，就要教他如何在作证时掩饰这些缺点。律师要教会易怒的证人隐藏火暴性情，教导趾高气扬的证人抑制骄矜傲慢，使法庭无从观察证人的真相和正常的举止，因而也就无从准确评估证人。任何事实，如果有害于委托人，而律师又认为对方无法证明，就不必承认这些事实。如果律师知道一位证人不准确的作证有利于自己的委托人，就不可主动撒谎说作证是准确的，但他却可以不主动指出其不准确。他会提出一些令对方措手不及的事项，使对方没有时间找到、会见并传唤可以反击这一事项的证人。一位律师在律师协会的一次讲座中说："能够出奇制胜的因素应当隐藏起来。你一定不要触及你的对手还蒙在鼓里的事情，陷阱不应被揭开，可以在掩盖物上再撒几片叶子，使你的对手更大胆地迈上他误以为是坚实的土地。"一句话，律师的目标是胜诉。他不希望法庭得出违背本方利益的推测。律师在绝大部分时间里不是分配、运用或者服务于正义，而是服务于那些知道和想要知道如何渡过难关的人。

  在刑事案件中，国家是事实和法律争端的一方，这便能够解释为什么政府在这类案件中更卖力地寻求真相，而刑事辩护律师的使命就是击败指控，否则他就相当于政府的一员，也因此，他和政府及其代理人的冲突就在所难免。法官有义务定罪，同时有义务确定并未罪及无辜。辩护律师没有确定或提供真相的义务，他只应顽强而有法律水准地进行辩护，防止无辜者被定罪。我们所支持或者要求的辩护律师的义务，在许多情况下，与寻找真相即使有关，也是微乎其微的。法庭上，辩护律师应有旺盛的斗志与专工的技巧。其中,追问与证人有关的事实和原则,让他们去说明事实的细节,细节越多,抵牾越多;要善于运用"绝境法",通过反驳而将不利己方的证人逼入绝境,也就是无论这个证人采取何种立场,都将被置于两难的境地;越想自圆其说,就越是漏洞百出,以致他所说的每句话都被归于谬误。辩护律师还应有种超脱感,以免陷入感情用事,更不能和委托人堕入情网。人们付钱给律师,是让他们在表达观点时永远清晰与冷静,有时还要动人和精明。[1] 因此我们必须记住德肖维茨的话:"刑事审判决不只是为了发现真相,律师为有罪的当事人辩护,他们的责任就是努力用尽所有公平且符合伦理的方式,防止当事人的犯罪真相浮出水面。"[2]

---

[1] 本节以上文字,直接摘译整理自"Law as a Hard Science," by John Bonsignore, *ALSA Forum* (December, 1977), Vol. 2, No. 3.

[2] Alan M. Dershowitz, *Reasonable Doubts*, Simon & Schuster, 1996, p.166.

第七章　诉讼构造

> 所谓司法独立,并不能免除一个法官必须善尽其职责的义务。唯一能够合理证明法官的工作品质者,就是他的判决。而能够对判决作出令人信服的论理者,只有法官本人,唯有这种经历论理的判决,才是一个法治国家的判决。而唯有真正能够支持判决结果的论理,才是一个法治国家的论理。
>
> ——汤玛斯·达恩史戴特

第一节　诉讼要件与诉讼行为

"刑诉法上所规定之诉,是在请求法院对特定之被告之特定犯罪事实,以裁判确定具体刑罚权之有无及其范围所进行之程序。"[1]刑事诉讼要件,是使诉讼得以合法进行,并为实体判决所必须具备的前提条件。比如,必须有管辖权,必须有人告诉,必须有被告人,被告人必须活着,能够在场应诉,且有诉讼能力,等等。换言之,这些构成诉讼的要件如果有所欠缺,便无法作出实体判决,只能以不起诉、不受理或管辖错误等程序性裁决来阻止或终结诉讼。形式的要件尤需具备,它们是"为确保法和平所设定之类型化要

---

[1] 林俊益:《刑事诉讼法概论》(上),新学林出版公司2011年版,第121页。

件,缺乏此类要件时,就法律言之,即无依据、理由来落实(实现)刑法之规定"[1]。而且,在每一诉讼阶段,侦查机关、检察院或法院都应依职权审查诉讼要件是否齐备,不齐备者,就难以向下一阶段推进。当然,对诉讼要件的审查仅须自由证明程序即可,不必额外启动针对要件本身的调查程序,也无需进行言词辩论。案件事实有疑唯利被告,是一致的意见,但在法律解释上,有疑唯利被告遇到强力的反对,不过,反对法律有疑利归被告,前提必须是事实与法律之间确有明确界限。这种界限实际上是不清晰的,比如,在上诉审过程中,事实审与法律审的界限,从来都是众说纷纭的;再如,在讨论某案性质到底是相互斗殴还是正当防卫的界限时,往往说不清楚讨论的是事实问题还是法律问题。

而在诉讼要件是否齐备的审查上,学者多主张适用疑利被告原则,尤其在追诉时效不明时,也应当有疑唯利被告,在官方错误导致时效问题时更应如此。[2] 我曾在河南省某地亲历一案:被告人十多年前一审被判无罪,当庭释放,检察院抗诉后二审改判 5 年有期徒刑。但直到几年前,二审判决生效 10 年后才想起来收监执行。据了解,被告人始终在当地正常生活,从未躲避刑罚处罚。刑事判决生效后长期未予执行,在我国虽非绝无仅有,也绝对是少之又少。而一旦发生像本案的情形,收监处置实体上于法无据,程序上也与法理不合。

先说程序问题。根据我国《刑事诉讼法》的规定,上诉不加刑,但检察院抗诉除外,因此二审改判似无不妥,也因此可以看到,只要法院判决没有达到公诉人期待的刑罚分量,检察院就一定会抗诉,抗诉也多半会成功。可在两审终审情况下,一审判决无罪,二审判决有罪,随之生效,有罪判决就失去了上诉机会,相当于用一次判决便终局性地给人定罪,剥夺了被告人的上诉权,欠缺正当程序。将案件发回一审法院重审似乎好一些,不过,单纯为了加重处罚的发回重审,已在世界范围内饱受诟病,实不可取。

再说实体问题。根据我国《刑法》的规定,法定刑为 5 年以上不满 10 年有期徒刑的,经过 10 年就不再追诉,但在公安、检察机关立案侦查或法院受理案件后,逃避侦查或审判的,则不受此限制。这是有关追诉时效的

---

[1] [德]罗克辛:《德国刑事诉讼法》,吴丽琪译,三民书局 1998 年版,第 212 页。
[2] 参见林钰雄:《刑事诉讼法》(上册),元照出版公司 2015 年版,第 246 页。

规定,能否适用于本案值得讨论。本案判决已经形成,只是未予执行,本应属于行刑时效问题。既然刑法没有规定行刑时效,为什么一上来就宣称未予执行的一定要执行,而不参照追诉时效考虑不予执行?刑法有关时效的规定,无论是追诉时效还是行刑时效,意义是相通的。历史从宽、现行从严,可督促司法机关及时准确办案,同时有利于社会稳定与人际和合,清算刑罚旧账显然弊多利少。最重要的是,有利被告的观念极其淡薄,导致实践中常常出现反方向的努力。罪刑法定原则之下,反对举轻以明重的定罪,但不拒绝举重以明轻的出罪。在刑罚执行上道理依然相通。追诉时效问题的形成,有司法机关未发现、被害人不举报、犯罪人掩饰逃避等一系列原因,司法机关可以说只有部分责任。而行刑时效的形成,除战争、地震等不可抗力外,司法机关的玩忽懈怠无疑是主要原因。具体说来,司法机关承担部分责任时尚且适用追诉时效,经过足够年限则不再追诉;而司法机关承担主要或全部责任时为何还要执行旧罚?[1]在此,应当允许有利被告的类推,参照追诉时效执行。

诉讼行为不同于诉讼要件,几乎包括所有诉讼上的活动,不止于逮捕、羁押、讯问、判决,凡在诉讼程序中能按意愿达到的法律效果,并促进程序运行的意思表示,比如告诉、公诉、羁押命令、审判程序之命令、判决、提起法律救济,都属诉讼行为。诉讼行为分取效行为和与效行为:前者指诉讼行为的目标仅在于引发另一个诉讼行为,例如检察官具体求刑或被告无罪主张;后者则是指直接形成特定诉讼结果的诉讼行为,例如上诉舍弃或撤回。另有一些诉讼行为具备实体与程序双重功能,以逮捕为例,一方面是保全被告并形成程序的相关活动,另一方面又该当实体刑法上私行拘禁或强制罪构成要件,合法逮捕阻却违法,违法逮捕则侵害基本权利。[2] 换言之,诉讼行为一旦成立,对行为人有拘束力,比如提起公诉后不得就同一事实再行起诉,而且只要外表上具备构成要件,即应推定其有效。诉讼行为"有效乃其行为符合于法定构成要件,且足以发生诉讼法上

---

〔1〕 据当年参与刑法起草的高铭暄先生说,草案第 22 稿曾有行刑时效规定,后来考虑这种情况"在我国司法实践中还没有遇到过,规定这一条没有实际意义",因此删除了这一规定。参见高铭暄:《中华人民共和国刑法的孕育诞生和发展完善》,北京大学出版社 2012 年版,第 77 页。

〔2〕 参见林钰雄:《刑事诉讼法》(上册),元照出版公司 2015 年版,第 251—252 页。

之原来效果者也。反之,无效者即其行为不足以发生构成要件之原来效果者也。诉讼行为不问其有无明文规定,依法皆应赋予一定之功能,此即诉讼法上构成要件之效果也。无效,即其行为未能具体发生此等效果"[1]。诉讼行为不得附条件,比如辩护人结辩时不得声称"若不宣判无罪,则申请休庭以便传唤新证人、调查新证据"。官方的诉讼行为,也不应附条件,比如,附条件逮捕就是不合法旨的。

在美国,庭审前有一个由法官向被告人正式告知指控罪名的程序,在告知罪名后,法官会询问被告人对指控的态度,是认罪,还是不认罪,有些州还允许被告人虽不认罪但也不争议,甚至允许所谓奥尔福德式认罪,即在坚持主张自己清白的情况下认罪[2]。由于被告人多处于保释状态,因未被羁押,不出席庭审的情况时有发生,为此,法官会特别警示被告人,如果他不出庭受审,将丧失相应的宪法权利。而一旦被告人因某种原因果真不出庭,法官将决定是否将程序继续下去。此时法官会考量以下因素:(1)开庭后被告人又决定出庭的可能性;(2)重新确定庭审日期的难度;(3)控方证人在重新确定的庭审日出庭的可能性;(4)影响被告人出庭的理由是什么[3]。必须强调,可以缺席审判的只能是轻罪。与美国类似,在英国,被告人出庭的权利也可以放弃,但这也只针对轻罪,换言之,对重罪被告人而言,出庭受审是他的义务。若预知轻罪被告人将不会出庭,法官对是否开启程序或将程序继续下去也有裁量权。但略为不同的是,要求法官谨慎考虑的因素可能更多一些,比如,不出庭是否出于自愿,是否为了给程序制造障碍,是否同时放弃了委托律师的权利,如果有律师出庭,就一定要询问律师对被告人的相关告知与指导。当然,重罪被告人在保释状态下也可能潜逃,此时法官需要考虑现有证据是否极易导致陪审团不适当的有罪认定,拖延审判对证人记忆力的影响,对公众与被害人利益的损害,以及对同案被告人获得及时审判权利的干扰。[4]

---

[1] 曹鸿兰:《刑事诉讼行为之基础理论》,载陈朴生主编:《刑事诉讼法论文选辑》,五南图书出版公司1984年版,第79页。

[2] *North Carolina v. Alford*, 400 U.S. 25 (1970).

[3] Ronald Bacigal, *Criminal Law and Procedure: An Overview*, Delmar, Cengage Learning, 2009, p.281.

[4] Peter Hungerford-Welch, *Criminal Litigation and Sentencing*, Cavendish Publishing Limited, 2004, pp.377-378.

审判是诉讼行为,被告人须具备就审能力是诉讼要件。而被告人的辨认和表意能力最终落实于具备自我辩护及委托辩护的能力,若不具备这种就审能力,审判就不能进行,比如不能对昏迷在担架上的被告人进行审判,也不能在律师不在场时审判有权获得强制辩护的被告人。而被告人即便具备就审能力,也不意味着审判行为一定合法有效,还需要其他诉讼要件的齐备以及受其他诸多因素的影响。必须指出,就审能力的核心是被告人在场。如果被告人不在场,就不仅不具备就审能力,而且欠缺实质公平与正当程序;被告人不在场,公诉人根本没见过被告人,何以肯定有罪证据的真实可靠,又如何奉行无罪推定?因此,基于法安定性考虑,刑事诉讼开始、阶段转换、中止或终结,必须清晰告知被告人及其律师,要求他们在场。"刑事诉讼采取直接审理与言词辩论主义,故审判期日,原则均须被告出庭,方能判决,否则即属违背法令,但亦有例外,不须被告到庭,而得为判决者,此项判决谓之缺席判决。刑事诉讼之缺席判决,与民事诉讼之缺席判决,性质迥异,民事缺席判决,含有制裁之意,刑事缺席判决,则均限于轻微案件,及有利被告之判决,因刑事诉讼应注意被告利益之保护,自不能轻于剥夺其防御权,而予以缺席判决。"[1]

"确定裁判,具有确定力及执行力。因其具有既判力及一事不再理之效力,经裁判所确定之事实,纵其认定错误,亦视为真实,不得再予审理裁判。其所以保障裁判之法的安定性,亦即认其使之确定,为国家、国民之利益。判决一经确定,本于法的安定性之要求,原不应再有所争执。惟其判决所认之事实或适用之法律有错误,如绝对不许纠正,则又与正义有悖,且发现实体的真实,本属刑事诉讼之最终目的,如发现其确定有错误,法的安定性与真实发现不无抵触。再审及非常上诉制度,即求其如何调和之途径。……是否误判,难有一定之基准,且后判决是否较前判决更具确实性,亦非无疑,况因时间之经过,有罪认定可能性随而减弱,收集有利之证据亦增困难,加之,程序重复时,证据伪造之危险性较高。因之,虽有再审之设,而其要件,则应适用严格之基准,不过为确定力之例外。"[2]诉讼行为若要有效进行,须有法官审判,审判中必须使用被告人听得懂的语

---

[1] 褚剑鸿:《刑事诉讼法论》(下册),台北商务印书馆1987年版,第438页。
[2] 陈朴生:《刑事诉讼法实务》,海天印刷有限公司1999年版,第551—552页。

言,或者免费提供翻译。翻译错误不利于被告时证言应予排除。判决及可上诉的裁定必须叙明理由,判决必须宣布和送达并告知被告法律救济途径及期限。须有检察官起诉,起诉书必须有正式文本,并在开庭时宣读;判决书、起诉书须有法院、检察院公章,有参与审判、公诉人员信息及日期,误用法律术语或者误写法院名称,并不必然影响诉讼行为的效力。

反向言之,诉讼行为无效的原因可能是行为主体不具备诉讼能力或权限,意思表示不健全,内容不合法或者没有依照法定方式,也就是奉行法定无效原则。比如我国澳门特别行政区刑事诉讼法规定,只有在法律规定情况下,未遵守有关诉讼行为的规定才构成无效的原因。在法无明文规定的情况下,刑事实体法反对类推解释定罪,刑事程序法不反对类推,但也拒绝不利被告的程序变更。判决书中难免发生各种错误,有些错误不免令人尴尬,比如将落款处的"人民法院"错写成"人民币法院",但这种错误即便不做更正,也丝毫不影响判决书的效力。而如果已经影响对判决书内容的理解,就应"由审判法院为一裁定而对该判决加以更正……然必须排除一可能性,即不得因该项更正而隐藏了对判决的事实更正"[1]。就无效诉讼行为而言,有的可以补救、补正或作出合理解释,有的则绝对无效,比如刑讯逼供。补正后有效,还是无效后重启,端赖程序正义与诉讼经济之间的度长絜大。

诉讼经济原则主张已进行之诉讼程序尽量有效,如有诉讼行为瑕疵,以"得补正"为原则,以程序重启为例外。其一,起诉程式的补正,比如仅有函片送审而无起诉书,或者虽有起诉书但应记载事项有欠缺,或者虽有起诉书但未送达正本予被告人。其二,上诉程序的补正,比如自然人上诉状无签名,原审辩护人以自己名义提起上诉。其三,被告人未上诉,仅由法定代理人或配偶提起上诉,如被告人已到庭而上诉人经合法传唤无正当理由不到庭,可不待上诉人陈述而径行判决。其四,裁判文书的更止,只要不影响全案情节与判决本旨,且不致损害被告人利益,对文字误写之类错误,以裁定更正之即可,基于程序维持原则,应维持原判决正本合法送达的程序效力,不必重新缮印、送达判决正本,上诉期间仍自原判决正本送达翌日起算。其五,在起诉事实同一性范围内,变更检察官所引用

---

[1] 〔德〕罗克辛:《德国刑事诉讼法》,吴丽琪译,三民书局1998年版,第556页。

的、应适用的法条,以不告不理原则与无妨被告防御权为前提。[1] 换言之,变更适用的法条必须与指控事实有对应性,不能只有微弱关联,且变更之后应给予被告方充分的准备辩护的时间。

第二节　诉讼标的及其同一性

刑事诉讼标的,是指控告原则所要求的、确定的诉讼内容。之所以要求这一内容是确定的,就是为了限制法院的审判范围,拘束法官主动调查的证据,尤其是不利被告的证据,并且限制二次起诉或审判。诉讼标的作为纯粹的学术用语,在司法文书中几乎见不到,但它在刑事诉讼法学中却很有意义,"因为公诉原则及一事不再理原则极具重要性,是以有关诉讼标的是否同一,此问题也就变得很重要",所以德国刑事诉讼法学用一个重要概念来描述诉讼标的,即起诉书向法院所陈述案件的"历史性的经过"[2]。用中文表达就是"诉讼法上的犯罪事实",即一个具体事件,被告人于此过程中已经或应该实现了某个构成要件。而一个时间、地点完全不特定,并且以其他方法也不足以特定的行为,并不足以构成有罪判决的基础。起诉书必须尽其所能地将犯罪事实特定化,以便法院将审判标的特定化。一个故事,时间、地点、人物、行为以及侵害目的,在时空上构成一个事理上紧密关联的生活历程。[3] 因此,所有实际上无法分割且交错复杂的事件经过,均可视为一个行为、一个犯罪事实。"案件的同一性,要由被告人的同一性和公诉事实的同一性来决定和维持。在侦查阶段,嫌疑犯有时会不确定,但一到提起公诉时,被告人必须是特定的。诉讼关系将特定的被告人作为主体的一方,公诉的效力不及于检察官所指定的被告人以外的人。同时,特定的犯罪事实作为'公诉事实'而变成诉讼实体形成的对象,不管到哪儿,审判都必须在公诉事实的范围内进行。"[4]

---

〔1〕 参见林俊益:《程序正义与诉讼经济》,元照出版公司2000年版,第121—122页、第124页、第131页、第141页、第143—144页、第159页。

〔2〕 参见〔德〕罗克辛:《德国刑事诉讼法》,吴丽琪译,三民书局1998年版,第205页。

〔3〕 参见林钰雄:《刑事诉讼法》(上册),元照出版公司2015年版,第291—292页。

〔4〕 〔日〕小野清一郎:《犯罪构成要件理论》,王泰译,中国人民公安大学出版社1991年版,第122页。

在起诉事实与审判事实是否一致问题上,民间往往做些模糊处理,只在意接受告状,而不介意状告的内容和理由。这样一种"民情"向司法的渗透,今天仍有痕迹,比如,再审申诉很难,法院不愿接受再审并开庭审理,因为在法官的意念中,接受再审就意味着改判;再如,不管死者罪错有多大,也不顾致死行为实属合法而适当,只要死人了就要"多多少少赔一点"。类似做法由来已久。清初沈之奇所著《大清律辑注》载,"有冤抑之事陈告为诉,有争论之事陈告为讼",这是对元、明以来刑民案件划分的总结。官府基于"禁讼则民有抑郁之情,任讼则民有拘系之苦"的理念,积极受理重罪冤抑,怠于理会细事争论,以致奏告之初,便声东击西,虚张声势,比如将户婚田地之争伪装成土豪横暴强抢事件,促成案件尽快得到受理。比如歹毒之人觊觎小人妻子貌美,屡起坏心,图谋通奸未果,光天化日率爪牙强抢以为妾,导致良民丧失配偶,情况紧迫;再如"伤一牝彘,辄以活杀母子为词",明明伤了一头怀孕母猪,诉状里竟然写成"活杀母子",极端夸张的诉状在审理时再转化为实情。虽然初告投文与当庭口述相差悬殊,但却很少有因告状不实而被重罚者。这在某种程度上鼓励了刁民缠讼,久而久之也使得诉讼不是按规则进行,而是被不诚实的权宜之计向不确定的方向引导。而一旦伪告缠讼得利,便使服判息讼者被嘲为愚民,程序规则反而成为闻所未闻、不受待见的东西。[1]

在控诉原则下,审判范围必须与起诉范围一致。起诉后追加或改变罪名只能是同一被告的同一行为,比如夜盗罪与盗窃罪之间的转换。其他情况的罪名转换多半会遭禁止,理由往往是程序性的,比如需要传唤、诘问完全不同的一批证人。[2] 当然,这是英美的做法,如果在欧陆,犯罪事实并不因起诉而固化,可在一定范围内调整,尤其法院依职权开展调查,并不受检察官认定内容拘束,案件上诉后,二审法院仍为事实审时也不受检察官或一审法院拘束,比如后来证实侵犯住宅盗窃罪不是在 7 月 12 日,而是在此前 5 天,或者被告人并非将窗户撬开,而是用一把备用钥匙将门打开。但如果在被告人身上找到的钱并非此次盗窃所得,而是早

---

〔1〕 参见〔日〕谷井阳子:《为何要诉"冤"——明代告状的类型》,何东译,载周东平、朱腾主编:《法律史译评》,北京大学出版社 2013 年版,第 147 页、第 160 页。
〔2〕 Peter Hungerford-Welch, *Criminal Litigation and Sentencing*, Cavendish Publishing Limited, 2004, pp. 355-356, 358-359.

前恐吓所得,则无行为一致性,只能依法追加起诉。诉讼上的行为单复,需要同实体法上的行为单复及结合犯相区别,同一时间违法进口武器和麻醉药品,属一行为,无需分别起诉和审判,但若因武器而被判罪后,可就用该武器杀人再行起诉。一诉必以一案件为单位内容,故谓一诉必为一案件;数案件以一份起诉书同时起诉或先后起诉,必发生数个诉讼关系,故谓数案件必为数诉;一案件有数个管辖法院,可能在数个法院分别起诉,故谓一案件未必为一诉讼,因而案件个数与诉讼个数未必一致。对裁判上可分之罪漏未审判,其漏判部分之诉讼关系并未消灭,自可补行审判。[1]

复数的独立犯罪行为不能经由一轻微的持续犯罪而成为法律上的单一行为。因此,在向被害人诈欺3万马克未遂后,径行以暴力恐吓取财;在购买麻醉药品及服用后,因无驾驶能力而造成交通事故;先因收赃被判有罪,事后发现物品是行为人抢来的。以上情形,若第二项行为在审判程序中才被发现,则须另行起诉;若第二项行为在第一项行为判决确定后始被发现,仍可提起新诉。犯罪行为包含准备行为、附属行为及事后行为,诉讼程序需对犯罪行为就每一法律观点均加调查。法院对有同一性的行为或称犯罪事实,比如在同一村镇对不同制酒厂牌的假酒伪造,或者比如斗殴,均可同时审理,只要有一个松散的共同关系即可。好处在于,对全部事件过程只需一次举证,保证最大的诉讼经济。[2] 诉讼经济的考虑有时还包括"看似矛盾但二者必居其一"的罪名指控。比如1989年英国的一起走私毒品案,被告人同时被控诈欺取财。不是走私,就是诈骗,上议院裁定应该合并审理。[3] 循此思路,若有人声称收钱替人办事,将面临要么行贿、要么诈骗的必居其一的犯罪指控。

虽有判决要旨认为,"依实质上或裁判上一罪关系起诉之案件……如审判有所遗漏,因诉讼关系已经消灭,对遗漏部分即无从补行审判",但法条所谓"检察官就犯罪事实一部起诉者,其效力及于全部",不应扩张解释

---

[1] 参见林俊益:《刑事诉讼法概论》(上),新学林出版公司2011年版,第123页。
[2] 参见[德]罗克辛:《德国刑事诉讼法》,吴丽琪译,三民书局1998年版,第206—209页。
[3] Peter Hungerford-Welch, *Criminal Litigation and Sentencing*, Cavendish Publishing Limited, 2004, p.345.

至所有实质上、裁判上一罪,比如以杀人为目的而非法持有枪支,并无必然不可分割起诉、审判之理。假设检察官只知道也只起诉非法持有枪支的犯罪事实,法院因审判中获得证据而将审判范围扩及杀人的犯罪事实,就相当于审判未经起诉的犯罪事实,被告防御方向亦需全部调整。此时,如何防范措手不及的证据突袭?若法院也仅知道且仅判决非法持有枪支,杀人的犯罪事实未经起诉审判,何以禁止再诉?牵连犯如此,连续犯亦如此。[1] 犯罪行为同一性的机能还在于,确定可否变更起诉法条,即法官可否在起诉事实范围内变更检察官适用的法条,或者二审判决罪名可否不同于一审判决罪名?比如以盗窃罪起诉,可否判以侵占罪,而二审不经发回重审就直接改判诈骗罪?

事实上罪名变更必须有其边界,否则会形成变相的不告而理。基于法院的被动消极角色,无论如何不得主动审判未经起诉的犯罪事实。尤其是,"检察官起诉之事项,能否自行变更,学者见解虽有不同,但依理论观察,诉之提起,即发生诉讼拘束力,检察官对于被告及犯罪事实,既已起诉,不得变更,例如起诉甲犯伤害罪,而甲实系被害人,此种错误,检察官不能更正,如未依法撤回,法院只能为无罪之判决。又如起诉甲犯诈欺罪,而甲实为伤害,检察官亦无能变更,如未撤回,法院亦应为无罪之谕知。至检察官对于所引法条之错误,能否加以变更,例如甲乙为夫妻关系,偶因细故口角,伊一时性发,持刀杀乙,致受轻伤,经乙提出告诉,旋又撤回告诉,检察官声请改为伤害罪,自属无效,故检察官无权变更……因认此问题之解决,应由法院为之",以免被告人及辩护人在不同罪名指控变动中疲于奔命。[2]

据学者统计,我国择重变更的占21.14%,如由寻衅滋事罪变更为以危险方法危害公共安全罪;择轻变更的占69.14%,如由贪污罪变更为职务侵占罪;等量变更的占9.71%,如由组织卖淫罪变更为强迫卖淫罪;另有8.3%属于未指控而增罪名的情况,其中不乏死罪,如走私、运输毒品罪或强奸罪等。对指控多个罪名的,全部变更的占89.6%,部分变更的只占10.4%。只要危害行为的事实清楚、证据充分,法官就可以主动找到另一

---

〔1〕 参见林钰雄:《刑事诉讼法》(上册),元照出版公司2015年版,第282页。
〔2〕 参见刁荣华:《刑事诉讼法释论》(下册),汉苑出版社1977年版,第395—396页。

罪名来作刑法评价。[1] 几乎是同样的问题,"所谓法院不得就未经起诉之犯罪审判,只系一项原则性的规定。如检察官起诉 A 罪,只要符合要件,法院得就未经起诉或甚至经检察官不起诉之 B 罪为审判,并判决被告 A、B 二罪皆为有罪;只要符合要件,法院亦得将检察官起诉之 A 罪事实,改论处为 C 罪之有罪判决"[2]。再如"起诉书认定之事实,为被告见被害人右手戴有金手链,意图抢夺,拉其右手,同时取出剪刀,欲将金手链剪断夺取等情,显与原判决认定被告强制猥亵之犯罪事实两歧,其另行认定事实,而变更起诉书所引应适用之法条,自属于法有违"。其他如侵占变行贿、买受变盗卖、走私变盗窃以及欺诈变行贿等实务判例,可谓不一而足。[3]

与此相关,在日本刑事诉讼法学中,诉讼标的、审判对象被称为诉因。它是与起诉书所载犯罪事实相同的概念,即符合犯罪构成要件的法律上的具体事实,是审判的对象。诉因概念的发明,在日本刑事诉讼法学界及实务界都产生了巨大的影响,既起到观念的引入和解释作用,也为控辩审三方提供了发现、看待和解决问题的共同话语。比如,不经变更诉因程序,法院不能对诉因中没有记载的犯罪事实进行审判。作为诉因进行记载的事实,应当主要包括以下方面:谁,何时,何地,对谁,以何方法,以及行为和结果。"关于诉因制度的意义,其一,可以把诉因与诉因以外的事实区分开来(诉因的区别功能),用诉因来限定审判对象。……其二,可以把被告人的防御活动限定在诉因的范围以内(诉因的防御功能),对于诉因没有记载的事实没有必要进行防御,也就是说被告人的防御对象仅限于诉因的范围。……其三,确定诉因,便可以以诉因为标准,判定是否存在诉讼条件。例如可以以诉因为标准判断有无职能管辖权、有无告诉等。"[4]

诉因必须具备明确性和简洁性。所谓诉因明确性,要求公诉事实必须明示,将时间、地点和方法特定下来,但又应当承认时间、地点、方法有

---

[1] 参见白建军:《公正底线——刑事司法公正性实证研究》,北京大学出版社 2008 年版,第 199 页。

[2] 王兆鹏:《一事不再理》,元照出版公司 2008 年版,第 151—152 页。

[3] 参见林俊益:《刑事诉讼法概论》(上),新学林出版公司 2011 年版,第 152—153 页。

[4] [日]田口守一:《刑事诉讼法》(第五版),张凌、于秀峰译,中国政法大学出版社 2010 年版,第 160 页。

一定幅度,比如"在某期间、在某街道周边地区、反复注射一定剂量兴奋剂",这样的表述是难于避免的,因而也是应当允许的。确定审判对象不能使被告人防御权遭到损害,因此一般不允许追加预备诉因,而应当变更诉因。日本刑事诉讼多年坚持"起诉书一本主义",不能不说是受了美国的影响。美国"早期曾有案例,起诉书指被告偷'一双鞋',但审判中的证据证明被告所偷者,事实上为'两只右脚'的鞋,上级审法院即以起诉书之记载有瑕疵为理由,而撤销一审法院偷窃罪有罪之判决"[1]。而所谓诉因简洁性,旨在强调过于详细记述事实的弊端是导致侦查活动过于精密,同时与排除预断原则产生矛盾。松尾浩也指出:"作为审判对象的诉因,是在一定程度上简洁的事实,但也要满足特定的要求。起诉书的记载内容需要达到特定'应当被认定为犯罪的事实'所必要而充分的程度。从整体上看期待在起诉书提出以后的程序过程(事前准备、对起诉书的阐述、审理开始时的陈述等)对保障被告人的防御利益没有遗憾。而把被告人的防御利益都集约在诉因事实的记载方面是不合适的。"[2]

"简洁明确记述事实"的重要性还在于,让辩护律师可以在公认合理的时间内做好防御准备。为此,日本刑事诉讼法在"诉因"之外还引入"争点"概念,可谓是见解独到的学说。为了充分保障被告具体防御权,只有先明确具体"争点",在该争点发生变更时再采取相应保障程序。日本刑事诉讼法规定,法院认为有必要连续地、有计划地、迅速地审理案件时,听取检察官和被告人、辩护人的意见后,在第一次开庭以前为审判做准备时,可以用裁定的方式对案件的争点和证据进行整理,并对案件附带适用审判前的整理程序[3]。日本判例则认为,"显露争点"不仅是程序的要求,而且具有诉讼经济的考虑。如果轻视争点,当事人就必须对可能涉及的所有问题都展开攻防活动,导致诉讼延宕,使诉讼失去意义。再者,如果认定了争点以外的事实,对于当事人是突袭式的,侵害了被告人的防御权,而争点论的核心恰恰是保障这种防御权。在日本最高法院 1983 年对

---

[1] 王兆鹏:《一事不再理》,元照出版公司 2008 年版,第 73 页。
[2] [日]田口守一:《刑事诉讼的目的》(增补版),张凌、于秀峰译,中国政法大学出版社 2011 年版,第 205 页。
[3] 参见[日]田口守一:《刑事诉讼的目的》(增补版),张凌、于秀峰译,中国政法大学出版社 2011 年版,第 161 页。

日本航空公司劫持案"共谋时间"的判决中,争点之一是共谋共同正犯的认定,诉因中只记载了"在共谋的基础上",检察官在陈述中指出"3月12日至14日"进行了密谋,而在审判中却认定密谋是在"3月13日夜间进行的";被告人则主张自己不在现场。二审法院采纳了被告人不在现场的主张,却认定了没有成为争点的被告人在"3月12日深夜"进行密谋,并判决被告人有罪。日本最高法院指出,如果要认定被告人在3月12日深夜密谋,至少应先将这一事实列为争点,再进行充分审理,而原审的诉讼程序没有这样做,从本案性质和审理经过看,属于对被告人进行突袭认定,侵害了被告人的防御权,是违法的。

禁止突袭认定是现行刑事诉讼的基本规则之一。突袭认定也称诉讼埋伏,战法不同,意图一致,都是为了让对方防不胜防,当然,进行证据突袭的往往是指控方。因此,禁止突袭、埋伏,实际是要落实并加强防御。为了保障被告防御权,必须将争点明确化。1994年东京高等法院判例中,在建筑物和围墙之间的狭窄空间,被告人对追捕的两名警察开了一枪,导致甲警察死亡,贯穿甲警察身体的子弹又造成乙警察重伤。起诉书记载的诉因是"被告人以杀人的意图向两名警察开枪"。检察官认为被告人除对甲警察构成杀人罪外,对乙警察构成杀人罪的未遂,不仅没有使用错误论,而且认为被告人对子弹击中乙警察也有认识。东京高等法院认为,被告人对杀乙警察的事实是否有认识,需要检察官在审理过程中进行说明,必须对是否认识形成争点。原审法院没有这么做,在程序上是违法的,因此撤销原判。可见,争点明确化实际是诉因的下一阶段的明细事实问题,而杀人意图的样态如何,就是这种诉因的明细事实。一般而言,诉因事实越详细,对于被告人的防御越有利。2001年日本最高法院判例中,被告人因杀人的共同正犯被起诉,但不能确定4人中谁是实行行为人,实行行为人是谁,对防御权十分重要,检察官最好予以明确。

第三节 一事不再理

一事不再理,是大陆法系的惯用法,其实际内容因各法域的法律规定不同而有所差异,比如先已经过行政处罚的,是否不再允许启动刑事追诉,追诉中是否允许直接使用行政调查所得证据,各法域有不同的处置方式。在英美法系,一般称禁止双重危险,而且重在强调禁止无罪判决重启追诉。"一般认为在希腊或罗马时代即有此法律概念,公元前355年希腊法即规定'禁止就同一争议对同一人审判两次'。[1] 英国在12世纪的普通法即承认'禁止双重危险'。美国联邦宪法增修条文第5条规定:'就同一犯罪不得置任何人之生命或身体受双重危险。'美国各州皆有类似的法律规定,有与联邦宪法条文相同者,有规定为宪法之正当程序,亦有以普通法的方式规范之。"[2] 缘此,第二次世界大战后,德日及其他大陆法系国家和地区皆将"一事不再理"规定于刑事诉讼法中。[3]《公民权利和政治权利国际公约》第14条第7项规定:"任何人已依一国的法律及刑事程序被最后定罪或宣告无罪者,不得就同一罪名再予审判或科刑。"美国大法官雨果·布莱克也作过一个经典总结:"禁止双重危险的基本理念根植于盎格鲁-撒克逊的司法制度中,它不允许掌握全部资源和权利的国家不断试图给被告定罪,使被告无休止地处于窘迫困顿与惶恐不安的煎熬中,结局是无辜者多半以被宣布有罪才善罢甘休。"[4]

早在1939年"沪上字第43号"判例即有案件同一性之陈述:"自诉人之夫某甲,前以上诉人封锁伊所住房门,将伊拘禁在内,提起自诉,业经地方法院认为犯罪不能证明,谕知无罪之判决确定在案。兹自诉人复以当时上诉人之封锁房门,氏夫虽未被拘禁,氏实被锁闭房中等情提起自诉,按自诉人所指上诉人之犯罪事实,系一个锁闭房门以拘禁人之行为,其行为既属一个,虽两案自诉人所主张被拘禁之人不同,亦不过被害法益前后互异,并不因此一端而失其案件之同一性。"案件同一性的效果仅在于,原则上不得对同一案件再行起诉。"经过程序认定的事实关系和法律关系,都被一一贴上封条,成为无可动摇的真正的过去。而起初的预期不确定性也逐渐被吸收消化。一切程序参加者都受自己的陈述与判断的约束。事后的抗辩和反悔一般都无济于事。申诉与上诉的程序可以创造新的不

---

〔1〕 "反对对一项指控进行两次审判,以及公开法官所处理事件的情感在雅典有据可查,并确实体现在法律规定中。"〔爱尔兰〕凯利:《西方法律思想简史》,王笑红译,法律出版社2002年版,第30页。
〔2〕 王兆鹏:《美国刑事诉讼法》,北京大学出版社2014年版,第322页。
〔3〕 参见王兆鹏:《一事不再理》,元照出版公司2008年版,第8页。
〔4〕 *Green v. United States*, 355 U.S. 199, 204 (1957).

确定状态,但选择的余地已经大大缩减了。"[1]

一事不再理原则的保护还有一个"附着时间"问题,即被告在刑事诉讼中应自何时受该原则的保护,是起诉后,准备程序开始后,审判期日开始后,还是言词辩论终结后? 可以认为,审判期日之调查证据开始,案件即进入实体审理,被告人即陷入定罪危险,检察官即开始对被告人进行明确、公开、详尽的攻击,被告人因审判带来的痛苦和焦虑急剧提升,检察官也开始洞悉被告人防御方式,此时已涉及一事不再理原则保护的核心价值,应视为附着时间。[2] 换言之,在庭前程序中,比如在庭前听审或者大陪审团审查证据是否充足的过程中,因无关乎禁止双重危险原则的目的,因而该原则尚未附着。如果在陪审团宣誓前或者听取控方举证前法庭宣布驳回起诉,那么也不适用禁止双重危险原则。在上诉法院推翻原定罪后,初审法院可以二次审理,但在两种情况下受禁止双重危险原则限制:一是上诉法院明确指出,撤销原定罪是因为证据不足以认定有罪,只能无罪开释;二是不得以更重的罪名重新指控,比如推翻二级谋杀罪后,自然不能以一级谋杀罪再行指控,而且,起诉一个较轻罪名后,不得判处比原审更重之刑,否则被视为违背正当程序。有关自愿认罪是否适用禁止双重危险原则,美国的法院似乎作了相反的判决。法官会告知被告人,自愿认罪将丧失许多重要的宪法权利,比如不自证有罪、陪审团审判、与证人对质、要求控方超越合理怀疑地证明被告人有罪,以及反对非法取得的证据或者毒树之果的证据,等等。因此,稳妥的做法是,在定罪前就提出禁止双重危险的辩护理由。[3]

审判范围必须与起诉范围一致,不得超过或不及。因此,必须确定本案先诉的审判范围,才有可能在后诉过程中判断是否为同一案件,后诉会因为同一案件重复起诉或曾经判决确定而不合法。犯罪事实单一与否,以实体刑法罪数为准。虽不免理论争议,但刑法学者基本认可所谓单纯一罪、实质上一罪(接续犯、继续犯、加重结果犯、结合犯)及裁判上一罪(想象竞合犯、牵连犯、连续犯)都具有不可分性。其中,实质上一罪、裁判

---

[1] 季卫东:《法治秩序的建构》,商务印书馆2014年版,第18页。
[2] 参见王兆鹏:《刑事诉讼讲义》,元照出版公司2009年版,第523—524页。
[3] Ronald Bacigal, *Criminal Law and Procedure: An Overview*, Delmar, Cengage Learning, 2009, pp. 268-269, 281-282.

上一罪的基本事实虽有不同,但因在实体法上作为一罪,刑罚权便仅有一个,属同一犯罪事实。而犯罪事实是否同一,还应从诉讼目的及侵害行为内容加以判断,比如盗窃罪与抢夺罪,因基本社会事实同为意图为自己或第三人不法之所有,而以趁他人不觉或不及防备,取得他人财物,侵害他人财产法益,两罪罪质具有同一性。据此,抢夺与强制猥亵、侵占与行贿、走私与盗窃等,皆非同一犯罪事实。对同一被告的同一犯罪事实,国家仅有一个刑罚权,不容重复起诉、裁判。判决确定前,一般称为禁止重复起诉,若先诉合法,后诉应谕知不受理;判决确定后,一般称为一罪不两罚或禁止双重危险,后诉应谕知免诉判决。[1] 但一般而言,不予受理只限于自诉案件,公诉案件不存在不予受理的可能。

如果法律上规定了免诉判决,判决形成之后,其"法律效力确定影响及于每一法律观点之下之犯罪行为",但生活中总有一些案件让人觉得一事不再理原则并不符合正义观感。例如某人在森林中开枪捕杀野兽未中,因成立盗猎罪而被判罚金,但实际击中了情人的配偶,致其死亡。盗猎判决如果阻断谋杀追诉,显然难以服人。依德国多数见解,不应就涉嫌谋杀重新启动一轮刑事追诉,因为法律规定"因新事实或新证据而开启的再审程序,基本上不得不利于被告"。但不能否认,再行追诉谋杀罪,"更能迎合大众的法律正义感"。少数说因而认为,当判决后才发生更严重的犯罪结果时,比如判决宣示时伤者死去,可提起补充起诉。[2] 我国台湾地区有判决认为,基于一事先后提起二诉,后诉之合法性取决于先诉是有罪还是无罪判决:如先诉为有罪判决,则后诉不合法;如先诉为无罪判决,且先诉为连续犯或牵连犯,则后诉合法。理由是判决无罪部分并无结合、吸收、连续或牵连等关系,即非审判不可分,自非其既判力之所及,仍得就其他部分另行起诉。学者对此进行了激烈抨击,认为"此一结果,完全违背一事不再理之宪法原则。有罪之人得主张宪法权利,无罪之人反而不得主张,荒谬至极,莫此为甚"。[3]

我国台湾地区传统实务见解为"同一案件之起诉事实是否同一,固决

---

[1] 参见林钰雄:《刑事诉讼法》(上册),元照出版公司2015年版,第291页。
[2] 参见〔德〕罗克辛:《德国刑事诉讼法》,吴丽琪译,三民书局1998年版,第546—547页。
[3] 王兆鹏:《一事不再理》,元照出版公司2008年版,第51—52页。

定审判之范围,同时亦决定既判力之范围",似乎都认为一事不再理之"一事",与审判范围之"同一犯罪事实"一致,但学者认为无须一致,"盖前者所涉及之价值与后者完全不同。前者之价值在防止冤狱、防止审判所带来的痛苦、防止骚扰被告,而后者则在于法院之职权、被告之公平防御、不告不理之原则。二者之根本基础既然不同,不应将二者强行画上等号"[1]。因此,一事不再理的目的和价值在于,其一,防止冤狱,避免政府方面得利用充沛及优势资源,使无辜者终被判有罪,比如被判无罪后仍然容许检察官就同一案件持续重复起诉,直至获得所要的有罪判决为止。这种做法等于宣告被告人永远无法摆脱有罪宿命,不如在第一次审判时就干脆投降认罪,也等于容许控方只将第一次审判作为试验,以便在下次审判时完美定罪。如果允许反复启动追诉,被告再怎么富裕,也抵不过以国家为资源后盾的行动。其二,防止审判给被告人及其亲友甚至被害人带来的痛苦、焦虑、不安、羞辱、难堪。其三,防止检察官因政治、宗教或其他不良目的而将一事件拆分起诉,以耗损被告人财力和精力,达到骚扰被告人的目的,同时也迫使证人厌倦反复出庭。如检察官认为一审判刑较轻,可能心生不满而提起抗诉或二次起诉。其四,确保判决的终局性,维护人民对司法程序的信心,其初始目的还在于保障人民对抗政府的权利。其五,禁止重复处罚。[2] 其中,最具争议的可能是重复处罚,尤其是行政与刑事可否两罚、两罚的顺序等问题,实践中并无一定之规。

"假设一个人被指控杀了人,但一直声称自己无罪,他后来被重罪法庭释放了。几天以后,他可以承认自己的罪行而不受制裁。这种情况会激起反感,但促使立法机构决定这样做的理由却是值得尊重的。他们希望避免无限制地改变判决,因为这种情况令人难以接受。譬如,在宣告无罪几年之后,又将问题重新提出来讨论,人们将怎样去辩护呢?某些证人会找不到了,一些人的记忆会变得不可靠,使许多查证工作变成不可能的事情。"[3] 总之,对真相的追寻,经过一段合理、审慎的努力之后,应当让位于法的安定性。"基此理论,是否侵犯人民一事不再理之宪法权利,不

---

[1] 王兆鹏:《一事不再理》,元照出版公司2008年版,第16页注28。
[2] 参见王兆鹏:《刑事诉讼法》(上册),元照出版公司2015年版,第323—324页。
[3] [法]勒内·弗洛里奥:《错案》,赵淑美、张洪竹译,法律出版社2013年版,第4页。

应以是否已经产生判决或确定判决为断,而应以重复诉讼是否会造成冤狱,是否会造成骚扰被告之效果,是否会带来重复审判的痛苦为断。"[1]将一事不再理作为刑事诉讼的基本原则,显然是制度建构的结果,或者换言之,会看到它是人类最早发现的正当程序的要素之一。但它所隐含的风险也是容易逆料和识别的,那就是容易造成错案不得纠正,尤其是当英美法将不利被告的再审视为双重危险而加以禁止后,放纵事实上的罪犯让许多人无法容忍。想要说服这些反对者是徒劳的,但必须清楚知道,一旦失去一事不再理原则的呵护,将会发生什么样的情况。

在最高院 2016 年提审孙宝国案时,最高检出庭检察员提出:"原审诉讼程序中存在重复追诉、再审程序中加重原审被告人刑罚等均严重违反法律规定,影响本案公正审判。"孙宝国故意伤害一案,"早在 1997 年便历经侦查、起诉、审判等法定程序后,铁东区人民法院作出了生效判决。针对同一事实,公安机关不能再重新移送审查起诉。尽管该案的原审判决已被撤销,但这个案件只是在再审过程中恢复到了一审程序重新审判阶段,即使公安机关在侦查过程中取得的新证据,与原案证据相比发生了重大变化,公安机关也仅能向检察院或法院单独移交相关证据,而不能作为一个新的案件事实重新移送审查起诉。同理,当一个刑事案件已经由法院受理,进入审判程序的情况下,不论该案是处于一审、二审还是再审程序之中,检察机关均不能针对同一事实再行提起公诉,法院更不能对这个已经受理的再审案件进行再次受案,重复审判。但在本案中,吉林市公安局却在 2010 年 7 月 27 日,以吉市公诉字(2009)97-1 号补充起诉意见书,以孙宝国、孙宝东涉嫌故意杀人,将该起事实并入孙宝国等人涉黑案向检察机关重新移送审查起诉。而吉林市人民检察院也完全忽视了该案尚处于法院依法重新审判的再审过程中,错误地受理了该案,并在铁东区人民检察院鞍东检刑诉字(1997)第 91 号起诉书未予撤销的情况下,针对相同事实,进行了重复起诉,并将这一事实与孙宝国涉黑案的其他事实一同,按照新提起公诉的一审案件,进行了重复审判"[2]。

---

[1] 王兆鹏:《一事不再理》,元照出版公司 2008 年版,第 126—127 页。
[2] 最高人民法院(2016)最高法刑再 2 号刑事判决书,第 36—37 页。参见本书第五章第二节引用的本判决书相关内容,细数并分析了本案滥用指定管辖问题。

最高院提审孙宝国案并依法勇于纠错,足堪称道,尤其在我国刑诉法没有明文规定一事不再理和再审不加刑的情况下,在判决书中明确否定这两种做法,着实难能可贵。不过,只将本案原审错误归纳为一事再理和再审加刑是不够全面的,还应明确否定滥用指定管辖操纵审判结果。最高院明确将一事不再理原则运用于审判实践,也提醒我们更多地将这一原则作为分析工具,重新审视现有立法与司法。比如我国《刑事诉讼法》规定"经特赦令免除刑罚的",不追究刑事责任,个中理由其实是一事不再理,而不是特赦令。特赦的是既往之罪,而不是未来之罪,这与通过外交途径解决享有外交特权和豁免权的外国人犯罪是不同的。再者,于司法实践中严格区分一事不两罚与一事不再理,也是落实一事不再理原则的一个角度。之所以引发争议,是因为曾有判例明确表示:"一事不再理为刑事诉讼法上一大原则,盖对同一被告之一个犯罪事实,只有一个刑罚权,不容重复裁判。"依此推演,是否违反一事不再理原则,系于先后二诉之事实是否构成一个刑罚权,而这种见解被认为是奠基于错误的法理。因为一事不再理为宪法原则,不容立者以法律加以变动,而刑罚权多寡,只要内容实质正常,且与"目的正当性、手段必要性、限制妥当性符合,即无乖于比例原则"并不"违宪"。[1]

举例而言,犯强盗罪而故意杀被害人,确定一个还是两个刑罚是立法自由裁量问题。立法者可将强抢和杀人规定为结合犯,形成一个刑罚权;也可径行规定故意杀人与强盗二罪并罚。此种理论不乏立法例证,比如我国刑法规定的抢劫罪中,暴力行为方法可以解释为包含以杀人为暴力抢劫手段之一,所以,除非抢劫已经完成,只是为了灭口等原因而杀人的,可以只定抢劫罪,不另定故意杀人罪而实施并罚,"为劫取财物而预谋杀人或者在劫取财物过程中为制服被害人反抗而故意杀人的,应以抢劫罪一罪论处"[2]。不过从证明难度上说,显然定抢劫一罪要容易很多。这一点不同于我国刑法中的强奸罪,因为不可能有以杀人为手段实施强奸的,与死人"性交"只能构成侮辱尸体罪。另一立法佐证是我国刑法规定

---

[1] 参见王兆鹏:《一事不再理》,元照出版公司2008年版,第46—47页。
[2] 陈兴良编:《人民法院刑事指导案例裁判要旨集成》,北京大学出版社2013年版,第214页。

的逃税罪中有关"二次行政处罚"的规定,有"因逃避缴纳税款……被税务机关给予二次以上行政处罚的"构成要件,据此,构成犯罪以受过两次处罚为前提,必须是二次以外再犯的,但前两次偷税的事实不包含在内,因而起诉的是第三次及以后的偷税事实,相应的,庭审质证的内容不包括前两次偷税的事实,而只要有行政处罚决定书作为"形式证据"即可,甚至无需对行政处罚作实质审查。因此,不仅无乖一事不两罚,甚至符合一事不再理。

如果一意要一事两罚,毕竟属于立法权力范围,只好依法办事。可一旦进入诉讼阶段,检控方不得不权衡,是径直将之前的两次行政处罚根据作为刑事证据,还是应当对两次行政处罚的行为事实重新进行侦查?这不只是诉讼效益问题,更是一个权力分配问题。而如果适逢行政处罚相对人正在针对行政处罚进行复议乃至行政诉讼,是否应当等待全部诉讼程序终结?另外还要考虑到当前体制的特点,"中国的刑事制裁和行政制裁的状况不同于日本,在我国,与强大的行政权相对应,存在着一个强大的行政制裁制度体系,我国的行政制裁措施不仅包括财产罚,甚至还包括人身罚。在这种背景下,对于中国来说,当前的课题不是要强化行政制裁,而是要对行政制裁进行合理的限制;不是要实施非犯罪化,而是要推动犯罪化"[1]。就我国情况而言,行政制裁体系强大还不是最亟待解决的问题,总体上严重缺乏一事不再理的观念,导致全面缺失一事不再理的制度保障,才是最紧关急要的问题。同一事实分别进行刑事处罚和行政处罚的情况屡见不鲜,但却没有引起理论界和实务界的足够重视。

至于美国版的一事不再理,也就是所谓禁止双重危险,是由联邦宪法第五修正案加以规定的:"就同一犯罪不得置任何人的生命或肢体于双重危险中。"其中,用"Same Offense"表述"同一犯罪"。而所谓"犯罪"不得不诉诸成立犯罪的要件,也就是说,包含相同要件的犯罪即为同一犯罪,因为最合乎宪法文义,在历史上有其正当性。再者,彼时犯罪多源自普通法,极少由立法机关规定,而普通法犯罪的种类、项目极为有限,起诉犯罪时,该犯罪所涵盖的事实范围相当广泛,比如"被告以枪敲打被害人头部

---

[1] [日]佐伯仁志:《制裁论》,丁胜明译,北京大学出版社2018年版,陈兴良先生序第2页。

而取其钱财,在普通法犯罪只能被起诉强盗罪,不能起诉被告持有武器或盗窃罪,起诉强盗罪所涵盖的事实即包括用枪打被害人头部而取其钱财",这并不会造成检察官切割同一基础社会事实而分别起诉的情形。但在过去一个世纪,立法频仍、规定细腻、解释繁复,犯罪要件不同已为常态,比如普通法时代盗窃罪只有一种"Larceny",如今偷车、偷马、偷信用卡等多至数十种,都可理解为不同要件的盗窃罪。以持枪抢劫银行为例,普通法只构成强盗罪,起诉后即包括持枪抢劫银行的全部事实要素,不可能重复起诉。而现如今,分别该当抢、持枪抢、抢银行三个构成要件,无法保障禁止双重危险的宪法利益。[1]

从诉讼证明角度看,以相同要件界定同一犯罪,其检验标准是看对两个犯罪行为的证明是否采用同一证据,这是英美法特别擅长的思考模式。也就是说,如果同一证据可以证明两个犯罪行为,那么就属于要件相同的同一犯罪;而如果一个行为需要此证据,另一个行为需要彼证据,就不是同一犯罪。但是,在具体案件判断上,这种检验却也并非易事。[2] 美国最高法院借助民法中的"禁反言原则"来佐证说明什么是"同一证据的检验标准"。1960年1月的一个早上,密苏里州,六个男人在约翰·格莱森家的地下室里玩牌。突然有三个或者四个蒙面人持枪闯入,洗劫了六人的随身财物。抢劫者乘其中一名被害人的轿车离去。随后不久,他们在高速路上弃车逃离,有三人被该州巡警逮个正着,另有一人在略远处被警察拘捕。正是这第四个被捕者,后来作为请求人走入美国最高法院。四名嫌疑人被控七项独立罪名,即抢劫六个人加上偷窃一辆车。1960年5月,请求人第一次经受庭审,罪名是抢劫唐纳德·奈特,六个玩牌者之一。奈特和另外三个玩牌者被传为控方证人,他们描述了抢劫现场,历数了个人损失。发生了持枪抢劫,奈特等人有财物损失,对这方面的证据辩方不持异议。

然而,请求人是不是抢劫者之一,这方面的证据却很薄弱。两名证人认为一共只有三个抢劫者,不能确认请求人就是三人之一。另有一名被

---

[1] 参见王兆鹏:《一事不再理》,元照出版公司2008年版,第54—55页。
[2] Daniel E. Hall, *Criminal Law and Procedure*, Delmar Cengage Learning, 2011, p.279.

害人是请求人的姨父,他说在巡警站不是很肯定地指认过其他三个抢劫者,但唯一很肯定的是请求人的声音很像其中一个抢劫者。第四位证人的确指认了请求人,但也只是根据身材、身高和动作作出的指认。对证人的交互询问是简短的,主要为了暴露指认瑕疵,而奈特的被抢财物是警方从其他三个抢劫者之一的随身物品中找到的。庭审后,法官给陪审团的指示是,如果他们认为请求人是持枪抢劫的参与者之一,那么奈特被抢的财物便支持定罪;如果他们认为请求人是抢劫者之一,那么即使他不是亲手抢劫了奈特,也是构成犯罪的。尽管陪审团没有被提醒"定罪要慎重",但还是很快得出"证据不足,被告无罪"的结论。可六个星期后,请求人被再次带入法庭接受审判,罪名是抢劫罗伯茨,另一个参与玩牌者。请求人提出一项动议,希望基于之前的无罪判决而撤销此次起诉,但动议被驳回。

控方证人还是那几位,不过几位证人此番对请求人的当庭指认却比上次肯定许多,比如两名证人在上次庭审时完全不能指认请求人,这次却当庭作证说他的特征、身材和举止与抢劫者中的一个非常吻合。另外一名证人上次只是从身材和动作上对请求人加以确认,这次却想起来他的声音属于非同寻常的一种。控方没有传唤上次作证极其不力的那一位证人。陪审团得到的法官指导与上次没有不同,但这次的陪审团却认定被告人有罪,判处 35 年监禁。于是被告人再次成为请求人。最高法院认为,"禁反言"是一个略显笨拙的词汇,但它代表了对抗制审判中一项极其重要的原则。这项原则简单直白地意味着,某一终极事实的要点一旦被有效而最后的判决所确定,这一要点就不得在相同当事人的未来诉讼中再次争讼。虽然禁反言原则滥觞于民法,但它成为联邦刑事法律规则至 1970 年已经半个多世纪了。这一民法原则,同时也是联邦规则,一旦运用于本案,结论只有一个:既然上次庭审的陪审团已经认定了抢劫已经发生,且奈特已经成为被害人之一,则现在陪审团要裁决的要点是,请求人是不是抢劫者之一? 禁反言的联邦规则不允许对抢劫罗伯茨这一犯罪再次启动追诉。最高法院毫不迟疑地认为,禁反言的联邦规则蕴含在宪法不得让人遭受双重危险的规定当中。[1]

---

[1] *Ashe v. Swenson*, 397 U. S. 436 (1970).

美国联邦最高法院曾经改采相同事件说,该案为一起交通事故,最初起诉醉酒驾车和超双黄线,被告人认罪。嗣后被害人死亡,检察官才又起诉过失致死罪。从犯罪要件上说,先诉与后诉的确是有区别的,并非重复起诉,不违背禁止双重危险原则。但当案件上诉至联邦最高法院后,大法官以5:4的比例判决认为,检察官不得再诉,否定了下级法院的结论。理由在于,证明被告人过失致死罪的基础行为,必然是醉酒驾车与超双黄线行为,而这一行为已经在前诉之中使用,不应再于庭审中二次质证。而四位持反对意见的大法官则指出,这违背了宪法文义,因为行为与犯罪实难苟同。[1] 仅仅3年之后,美国最高法院又回归了相同要件的立场,因为只有接近宪法本义的用语解释,才是九位大法官最容易达成共识的基点。不过,美国许多州却一直采用相同事件理论,既要判断先后两诉的犯罪时间、目的、意图、地点、行为及其连续性是否有交集重叠,也要判断支持后诉的证据是否已经作为充要条件支持过前诉,还要判断某一犯罪是否处于一个更大犯罪计划的核心。由于有三个层次的判断递进,相同事件的判断标准显然比相同要件逻辑清晰得多,因而有推广的趋势。

相同要件说与相同事件说各有其优缺点,不过,一说之优点,常为另一说之缺点,但优劣比较之下,仍然可以判断出哪一学说优势更多劣势更少。以甲涉嫌强盗而故意杀人为例,相同要件说容许检察官分割事实,分别起诉强盗罪和杀人罪,但相同事件说则不容许,就此观察似乎相同事件说较优。但有时事实不见得非常明确,上例甲涉嫌强盗罪部分可能极易证明,但杀人罪要件可能不易证明。这不仅因为杀人故意通常都难以证明,而且因为甲可能提出抗辩说自己是过失,或者只具有伤害故意,没有杀人故意。如果采取相同事件说,检察官为起诉全部犯罪,必须就甲是否有杀人故意仔细调查搜证,造成对于事证明确的强盗罪无法先行起诉,而人们并不了解检察官为何对事证明确的犯罪不能快速起诉,另外也可能影响被告人受快速审判的权利。反之,如果采取相同要件说,检察官得就明确的强盗罪立即起诉,再仔细调查被告人主观意图,以决定以何罪名起诉致人于死的部分,人民较能接受检察官的行为,而且因为快速审

---

[1] *Grady v. Corbin*, 495 U.S. 508 (1990).

判、快速执行,亦较能达到刑法的吓阻效果。[1]

　　禁止双重危险原则适用于美国各州,各州只能设立更高标准,不得设立更低标准。"当被告人好不容易让定罪搁置而成功上诉后,为了明确的惩罚目的而对被告重新定罪并加重处罚,毫无疑问侵犯了被告人的正当程序权利。大法官斯图尔特说:'法院无权为上诉加价。'"[2]美国的检察官根本不能就无罪判决进行大陆法意义上的抗诉,而只能就法官庭前排除非法证据的决定或者定罪后认可搁置定罪的决定单独上诉。[3] 不过,单就保障被告人利益而言,相同要件为最低标准,相同事件为最高标准。因此,对相同事件的批评是过度保护被告人。这种严厉的限制必然招致反弹,例外情形开始增多,比如发现新事实、新证据,或者犯罪未完成。尤其是,检察官未在先诉中追诉较严重的犯罪,系因为较严重的犯罪事实尚未发生,或政府机关已谨慎调查而仍不能发现较严重的犯罪事实,应当允许二次起诉,否则显失刑事诉讼发现真相、惩罚犯罪的要旨。[4] 总之,禁止双重危险原则在实务运用中应遵循阶层审查的顺序。先以相同要件判断:如先后二诉的起诉法条符合相同要件法则,除有少数例外情形,后诉不得再为起诉。再以相同事件判断:如先后二诉的起诉法条不符合相同要件法则,但二诉之犯罪系源自同一事件,除有少数例外情形,后诉不得再为起诉。[5]

　　美国人早就意识到,禁止双重危险原则会产生有利被告的错误,但他们大多支持联邦最高法院为禁止双重危险铸造铜墙铁壁。20世纪70年代末80年代初,争论达到白热化:"宪法所保障的免于双重危险的原则,明确禁止针对无罪判决的二次审判,因为刑事判决终局性所带来的公共利益如此之大,以至于不能允许对宣告无罪者再次审判,即使无罪判决是基于一个极端的错误。如果被告人的无辜已经得到终局判决确认,宪法便推定再次审判是不公正的。"[6]无论钟爱禁止双重危险原则的人怎样

---

〔1〕 参见王兆鹏:《一事不再理》,元照出版公司2008年版,第25页。
〔2〕 *North Carolina v. Pearce*, 395 U.S. 711 (1969).
〔3〕 *United States v. Scott*, 437 U.S. 82 (1978).
〔4〕 参见王兆鹏:《一事不再理》,元照出版公司2008年版,第30页。
〔5〕 参见王兆鹏:《一事不再理》,元照出版公司2008年版,第56页、第61页。
〔6〕 *Rodrigues v. Hawaii*, 469 U.S. 1079 (1984).

言辞至极地将其赞为权利屏障,那些反对它的人都将其视作抽薪止沸、引足救经式的正义腰斩。批评者将禁止双重危险尤其禁止将无罪重又改判有罪的制度,称为美妙图画中"一个夺目的瑕疵",并对上诉审查机制一边倒的运作感到吃惊,他们无法理解为什么不管证据多么强大地指向被告人有罪,法官也不能改变一个无罪判决。这也许说明,对禁止双重危险进行批评的人,可能更加善良。他们从"寻求真相是刑事诉讼的至上目的"这一假设出发,希望纠正那些错误的无罪判决,因为这些判决"是由诸如不适当的排除或采纳证据和证言、不合法的审判程序、不正确的法官指示、腐败的陪审团和证人、站不住脚的陪审团推理以及类似错误因素所引起的"。

批评者的矛头首先指向人们对普通法传统以及美国宪法第五修正案的"误解",普通法传统上同时不允许对有罪判决提出上诉,禁止双重危险是针对所有刑事判决都绝对拒绝重审。在批评者看来,这个原则的目的不是特意禁止对无罪的上诉,而只是为了确保法院判决的终局性与确定性。批评者对此的不满还在于司法界和学术界大多都不支持全面上诉,认为立法者和法官拒绝"罪犯逃避司法比他们接受专制危险更大"的忠告,固执地认为危险只是来自于错误定罪,完全看不到让重罪犯逍遥法外同样危险,进而"顽固地拒绝应当允许对无罪判决提出上诉的观念,哪怕是发生了重大的错误"。"相同的不对称性沿着科层体制向上攀升",如果被定罪,被告有权向上级法院上诉;如果被告被判无罪,不管陪审团多么愚蠢,也不论法官的错误多么令人发指,都不允许控方向上级法院寻求救济。这让批评者极其愤怒,因为上诉机制的兴趣只在于审查和纠正错误的有罪判决,而对错误的无罪判决视而不见。

而比较具体的批评与质疑在于:(1)既然庭审前有一次证据可采性听证,也不适用非法证据排除规则,对法官的裁定控辩双方都可以上诉,为什么陪审团基于法官的错误指示而作出无罪判决,控方反而失去上诉权?(2)被告人的确有不接受第二次审判的宪法权利,但问题是,既然一审庭审后被告人有上诉权利,就意味着有罪判决不被看作终局性判决,不存在不接受第二次审判的权利;(3)既然陪审团无法达成一致意见时法官可以宣布审判无效,解散陪审团,重新组织一次新的审判,为何法官犯了严重错误反而不能对错误的无罪判决进行二次审判?(4)如果一个政策能够极大地减少错判无罪的数量,同时只会微弱地增加错误定罪的数量,那么采纳这一政策就是明智的;(5)既然庭审法官多半不愿让上级法院过多撤销判决,以免显得自己无能,他们也就希望审判过的案件尽可能少地接受上级法院审查,而最佳的方式之一便是遇到两可案件就作出无罪判决;(6)上级法院应当关注现有规则和程序导致错误判决的路径,进而不断修正规则或者调整程序,以便将来减少错误判决,但若上级法院审查的都是有罪判决,发现的都是导致有罪判决发生错误的规则,并且只修正这类规则,久而久之,在减少错误定罪的同时,会累积新规则导致错判无罪的可能,最终使现有的规则和程序成为地地道道的阻碍发现真相的制度,背离了最初的良好愿望。[1]

必须指出,第(5)种情况只在英美法背景下出现,而在大陆法国家,情况可能正相反,在遇到两可疑难案件时就尽量作出有罪判决。在犯罪控制模式下,不存在控方对无罪判决重启追诉的障碍,严格意义的禁止双重危险,只存在于正当程序模式下。1904年美国最高法院最终确立了不得针对无罪判决提出抗诉、抗告的宪法权利。[2] 而从霍姆斯大法官的反对意见可以看出,他之所以提出"罪犯逃避司法比他们接受专制危险更大"的命题,反映出有利被告还是有利追诉的制度设计之争,自始即未离开对"逃脱定罪"与"接受专制"的利弊权衡。权衡之后的利弊诠释完全可能陷入"各国有权选择适宜的制度"的价值相对论,不再承认诉讼制度的优劣之分。我们必须注意到,霍姆斯大法官并没有经历过纳粹德国,更没有见识过柏林墙两边的差异,他心目中的"专制"实际上只停留在英王对美洲殖民地任意征税时期,根本不知道什么是残暴与狡猾。不过,即使在正当程序模式中,控方针对无罪判决的上诉、抗诉问题也被不断地提交给学界讨论。其实,在美国,由于有联邦与州的双重管辖体制,禁止双重危险原则通常不适用于一行为同时侵害联邦和州的情况。

1992年的罗德尼·金案对禁止双重危险提出了新的挑战。4名洛杉矶警察在高速路上拦截并殴打了违法驾驶的黑人罗德尼·金,而且被全

---

〔1〕 本节有关对禁止双重危险原则的批评,参见〔美〕拉里·劳丹:《错案的哲学:刑事诉讼认识论》,李昌盛译,北京大学出版社2015年版,第214—227页。

〔2〕 *Kepner v. United States*, 195 U. S. 100 (1904).

程录影。在舆论的一片哗然之中,加利福尼亚州法院由白人组成的陪审团宣布4名警察无罪,引起洛城骚乱。虽然州法院对指控宣告无罪,但联邦政府却发起了新的指控。联邦的地区法院驳回了被告方援引双重危险原则的辩护,于1993年4月由陪审团判决其中两名警察有罪。在上诉审中,第九巡回法院认定"没有证据显示联邦的指控是在为加利福尼亚州的指控遮羞"[1]。1995年,美国俄克拉何马州发生史无前例的爆炸案,死160多人,伤680多人。联邦法院判决被告人麦克维死刑并以注射方式执行死刑,判处另一被告人尼古拉斯不得假释的终身监禁。随后,俄克拉何马州法院认定尼古拉斯161项谋杀罪成立,判处161次终身监禁。如果某一犯罪在不同州实施,被告人也可能在不同州接受不止一次的审判。2002年,穆罕默德与马尔沃两名狙击手分别在马里兰州、华盛顿特区和弗吉尼亚州实施恐怖袭击,枪击19人,造成13人死亡。犯罪实行地的州法院都对两名被告人进行了审判。[2]

英国的情况不同于美国的双轨制。2003年以前,英国法律只允许被告方针对有罪判决向上诉法院提出上诉,而公诉方没有针对无罪判决上诉的相应权利。指控方只有对治安法院因法律错误而形成的无罪判决向高等法院上诉的权利,批评者认为这是不协调、不恰当的。负责修法的专门委员会努力确认的议题是,扩展指控方的上诉权是否有碍主要原则和目标的实现,而在英国的法治语境中,实体目标是保障结果的准确性,有罪者定罪,无罪者开释;程序性目标是独立的,也就是确保对个人基本权利和自由的尊重。委员会认为,实体目标有利于控辩双方,程序目标只有利于被告方。而扩展控方上诉权固然会有利实体结果之准确,但却无疑会贬损程序目标之实现,需要认真权衡。主张修法者进而提出,不能只考虑控辩双方,被害人的独立利益也在其中,以期加重控方的砝码。立法的选择是,允许控方就关键证据被排除而单独上诉;允许控方针对被告方未答辩而直接由法官作出无罪裁决上诉,因为这种裁决不是陪审团作出的,公众无法确定法官是否因反感上级审查而作出无罪裁决。

---

[1] *United States v. Koon*, 34 F.3d 1416 (9th Cir. 1994).
[2] Rolando V. Del. Carmen, *Criminal Procedure Law and Practice*, Wadsworth, Cengage Learning, 2010, p.12.

英国2003年《刑事司法法案》颁行后,允许在引入新的令人信服的证据基础上对已获无罪判决的最高刑为终身监禁的重罪进行二次审判。至此,禁止双重危险依旧是原则,还是已成例外,似乎已经是个不小的疑问。除新的令人信服的证据外,启动二次审判还需要考虑正义是否会在新的审判中实现,具体包括公众的厌恶情绪、与第一次审判的间隔、警官和检察官是否已经恪尽职守,等等。真正的重点还在于何谓新证据。原本说来,不应允许警方在无罪判决后重新启动侦查,重新搜集不利被告的证据,新证据应当解释为是原审时已经有的,只是由于某种原因没有出现在原审庭审中。但是,既然已经可以启动二次审判,新证据的重新调查核实就在所难免,因为重新搜集与调查核实没有绝对的界限。因此,英国2003年《刑事司法法案》特别规定,警方重新调查证据必须经检察长批准。[1]

---

[1] Peter Hungerford-Welch, *Criminal Litigation and Sentencing*, Cavendish Publishing Limited, 2004, pp. 462-463, 524-525, 527.

第八章　证据证明

　　有罪还是无罪,事关客观真实,即被告实际上是否实施了指控的罪行。从最初怀疑有罪,到最终判决有罪或无罪,我们设计了一套刑事司法制度,使裁判事实者依循法律发现真相。

　　　　　　　　　　　　　　——大法官刘易斯·鲍威尔

　　纯粹的真实,绝对的真相,都是不需要证据的。作出惩罚决定之前,需要有证据,是人类匪夷所思的进步。具备证据意识,必须先已具备无罪推定的理念。纯粹的有罪推定,其实根本无需所谓证据。因此,无罪推定原则生成后,便可作为证据的逻辑起点,而其"终点经常是一个罪责的法律上的证据,或者法庭的,有时具有法律效力的判决"[1]。无罪的推定是可反驳的,这一反驳过程也是对待证事实的证明过程,但在成功驳倒这一推定或彻底澄清待证事实之前,只有无罪才是刑事诉讼程序所认可的事实。这是一种法律上的真实,有别于生活事实中的真实。而用以驳倒无罪推定的只能是证据,这种证据必须符合几个条件:由控方提出;合法取得;与待证事实相关且重要;经过庭审调查及控辩双方质证。英美法庭认为,只有那些相关的、重要的、有能力的证据,才能被采信。就待证事实而言,凡能证其有或证其无,或者证其有无的可能性大小者,皆具相关性;在具备相

---

[1] 〔德〕施图肯贝格:《无罪推定的规范内容》,刘家汝译,载赵秉志等主编:《当代德国刑事法研究》(第1卷),法律出版社2017年版,第216页。

关性的基础上,对决定案件结果有重大意义者,视为有重要性;证人适格、物证真实、合法取得,才可认为有证据能力。当然,即使具备相关性、重要性且有证据能力,也应注重维护不予作证的特权,比如基于婚姻关系、医患关系以及律师委托关系,等等。[1]

第一节　证据能力及证明力

"刑事裁判,应凭证据,即采所谓证据裁判主义,已成近代刑事诉讼之一定则。故无证据之裁判,或仅凭裁判官理想推测之词,为其裁判之基础者,均与证据裁判主义有违。……'证据'一语,本指从其物体调查所得之资料,因而使法院得以确信其事实为真实之义。是其含义有五:(1)证据方法,指得供调查之物体,因其方法之不同,得分为人的证据方法与物的证据方法二种。前者如被告、证人、鉴定人等;后者如证物是。(2)证据调查,从其证据方法而为调查,求其可利用之资料及其心证。(3)证据资料,指可得利用之已知事实,而为推理未知事实之资料。如证人证言、书面记载之内容、证物之存在或其状态等等。(4)证据价值,此项证据资料有无资为认定事实之价值,应本其调查所得之心证而为判断。(5)证据原因,指依证据使事实臻于明了,资以认定。"[2]由证据方法至证据原因,大致有搜集、采证和断证三个过程。而就证据与证明的关系而言,使事实达到明了之凭借,是为证据;使事实明了之过程,称为证明。[3]

犯罪事实就是为反驳、推翻无罪推定所提出的待证事实,应依证据认定,无证据不得认定待证事实。这种证据裁判原则被视为证据法则中的帝王条款,其核心内涵不是证据本身,而是对证据的严格证明法则。所谓严格,首先体现在对证据资格的限制,不是任何涉案资料皆可用作认定待证事实的基础,必须是有"证据能力"者方可用以反驳、推翻无罪推定。如果任由相关资料不加限制地直接作为认定有罪的依据,"无形中系在于容许不给被告充分提出反证机会之有罪推定原则。因此,保障被告得对证

---

[1] Walter P. Signorelli, *Criminal Law, Procedure, and Evidence*, CRC Press, Taylor & Francis Group, 2011, pp. 330–331.
[2] 陈朴生:《刑事证据法》,三民书局1979年版,第13页、第71—72页。
[3] 参见林俊益:《刑事诉讼法概论》(上),新学林出版公司2011年版,第361页。

人行使对质权与交互诘问权之法律规定,亦属与无罪推定原则具有无法分割之保障"。"相对地,证据之证明力,乃指证据之实质的证据价值,亦即使其作为认定事实之证据价值。"[1]这牵涉一个证据理论的老问题:是具备证据能力方得进入证据调查,还是经证据调查方能认可证据能力?较早观点认为:"刑事诉讼,采实质的真实发现主义,故认定犯罪事实所凭之证据,不特在法律上须具有证据能力,且经合法之调查程序,由当事人之辩论,而得其真确之心证者,方得采用。"[2]

而新近观点则从证据能力的消极与积极两种限制条件加以区分。其中,无证据能力,未经合法调查之证据,当然不得作为判断之依据。证据能力的消极条件是指证据使用禁止,也可说是证据排除,例如以暴力、胁迫等不正讯问方法所得有罪供述,不得作为证据。证据能力的积极条件是指未经禁止使用的证据,必须经过严格证明的调查程序后,才能作为认定事实的基础,并最终取得证据能力。[3]应当认为,证据能力的消极条件更符合无罪推定之本义,因为有证据未必推翻无罪推定,而没有证据或证据不足时必须认定被告人无罪。因此,某一法域刑事诉讼法的基本品质如何,不在于平素对一般案件如何处置,而只在于是否排除非法证据,即使这种证据能够证明所谓案件真相。排除者方为法治社会,且排除力度与法治程度成正比。换言之,法治程度有多种指标,就刑事程序而言,排除非法证据的观念、决心以及公众认可度,是检验法治成熟度的首要标准。已被排除的证据,即自始无证据能力,即使它对发现真相和认定犯罪极有价值乃至为唯一线索,也不能再令其恢复证据能力。

法官依何种规则来判断证据材料可否采信,便成为证据价值评判问题,也就是证据证明力问题。证据证明力由法院本于确信自由判断。"英美法采彻底的当事人主义,重在证据能力,即证之许容性,凡未经赋予当事人反对发问机会之资料,不得采为认定犯罪事实之证据,与大陆法采

---

〔1〕 黄朝义:《无罪推定:论刑事诉讼程序之运作》,五南图书出版公司2001年版,第31页、第171页。

〔2〕 陈朴生:《刑事诉讼法论》,正中书局1970年版,第204页。证据须先经合法调查才有可能取得证据能力,而须先有证据能力才能经历合法调查,已被指为旧说。参见林钰雄:《刑事诉讼法》(上册),元照出版公司2015年版,第478—479页正文及注5。

〔3〕 参见林钰雄:《刑事诉讼法》(上册),元照出版公司2015年版,第474—475页。

职权主义,重在调查证据程序,非经判决法院调查之证据,不得采用。虽异其重点,而其本于诉讼主义之理论,证据,非经直接调查,赋予当事人辩论之机会,不得据以认定犯罪事实之结果则无二致。"[1]这也契合"未经……不得剥夺……"的正当程序公式。两大法系都非常重视严格证明法则,都希望解决"法院使用的证明方法有无限制"与"待证事实应经何种调查证据程序才属合法"两个基本问题。"人对人的审判,本来潜藏着法官恣意与误判危机,犹如藏在潘多拉盒子里的邪灵,不易降服。严格证明法则就像潘多拉盒的盖子,是启蒙后现代证据法的镇箱法宝,从证据能力层次即先拦截未经合法调查的证据资料,避免其成为新证据基础。"[2]

我国刑诉法也强调"证据必须经过查证属实,才能作为定案的根据",也就是证据必须符合法定的采信方法,最高院 2013 解释也规定,"审判人员应当依照法定程序收集、审查、核实、认定证据";"证据未经当庭出示、辨认、质证等法庭调查程序查证属实,不得作为定案的根据",亦颇合刑诉法本意。但我国《刑事诉讼法》却又规定,"行政机关在行政执法和查办案件过程中收集的物证、书证、视听资料、电子数据等证据材料,在刑事诉讼中可以作为证据使用",这相当于从基本法律的高度承认行政机关收集的证据可不经刑事庭审的证据调查便用以定罪量刑。这一规定显然违背了证据获得证明力的基本程序原理。为此,最高司法机关分别做了"越权但正确的限制",即行政机关在行政执法和查办案件过程中收集的物证、书证、视听资料、电子数据等证据材料,"应当以该机关的名义移送,经人民检察院审查符合法定要求的,可以作为证据使用",或者"经法庭查证属实,且收集程序符合有关法律、行政法规规定的,可以作为定案的根据"。

我国台湾地区判决要旨则指出,法院所应调查之待证事项,依其内容,有实体争点及程序争点之分;而其证明方法,亦有严格证明及自由证明之别。实体之争点,因常涉及犯罪事实要件之该当性、有责性及违法性等实体法上事项,均与发现犯罪之真实有关,自应采取严格证明,故其证据调查之方式及证据能力,均受法律所规范,适用直接审理原则;至于程序争点,既非认定有无犯罪之实体审判,而仅涉及诉讼要件之程序法上事

---

[1] 陈朴生:《刑事证据法》,三民书局 1979 年版,第 16 页。
[2] 林钰雄:《干预处分与刑事证据》,北京大学出版社 2010 年版,封面题词。

项,自得采取自由证明,其证据能力由法院审酌,并无直接审理原则之适用。由判决要旨可知,争点有实体与程序之分,不过在刑事证据调查程序中,因多为实体争点,故多受严格证明法则的限制。这种限制首先在于证据方法上必须是法律明文准许的,也就是法定的调查证据资料并证明待证事实的手段。在我国台湾地区,法律明文准许的证据方法包括人证(含被告人、共同被告人与证人)、物证、书证、勘验及鉴定五种。我国《刑事诉讼法》规定"可以用于证明案件事实的材料,都是证据",然后再以专条专款规定证据有物证,书证,证人证言,被害人陈述,犯罪嫌疑人、被告人供述和辩解,鉴定意见,勘验、检查、辨认、侦查实验等笔录,以及视听资料、电子数据八类,除笔录外,采用了封闭式列举。[1]

法定证据种类之外,尚有理论上的证据分类。依照证据物理性质及其存在状态,可分为人证与物证。这一基本分类的优势在于观念上的清晰,人以外的证据,皆为物证。但观念清晰不等于实际操作明确,难点也恰恰在于,何为人证并不那么一清二楚。"以人为证据者,为人证;以物为证据者,为物证。惟以人为对象之证据方法,究为人证,抑为物证,应以利用之内容为其分别标准。故以人之身体状态为证据者,仍为物的证据方法。如人之身高、体形、容貌、指纹、足迹、伤痕、疤痕、痣点或其他身体上特征或缺陷等是。至以人之态度为证据方法者,如人之表情、举止、手势、眼色、语调、羞忿、惊惶、踌躇、动静及其他精神异常等,学者间有认为属于人的证据方法者,有认为属于物的证据方法者,有认为系间接资料,藉以判断人证之凭信性者。此项以人之态度为其证明对象,为内心事实,固非证据方法,但以人之表情等为其陈述方法,仍为人的证据方法;以人之惊惶及其他精神异常等为其检证之对象者,则又为物的证据方法,如惊死之类。"[2]

英美法的证人范围大于大陆法,鉴定人、被害人皆可为证人,连被告

---

[1] 各法域对证据种类的规定有所不同,比如《法国刑事诉讼法》先是强调"除法律另有规定,犯罪得以任何证据形式认定",再从验证、书证与声明三方面对证据类型加以规范,而且强调不允许采用决讼宣誓与传闻证据。参见〔法〕贝尔纳·布洛克:《法国刑事诉讼法》,罗结珍译,中国政法大学出版社2009年版,第73—74页。

[2] 陈朴生:《刑事证据法》,三民书局1979年版,第77页。

人都可以是证人,而且是辩方最合格的证人。不过,不可强迫被告人作证,尤其不能让被告人作证有罪,且应先于其他辩方证人被传唤,因为整个审判过程中被告人应始终在场,在听到其他证人作证后,被告人会选择对自己有利的"真相"。被告人作为证人应与其他证人受到同等对待,并且应在证人席上作证,但他却享有不自证有罪的特权,而且不允许在交互诘问中对与案件无关的被告人品行进行指责或者暗示被告人低人一等。[1] 作证者在哪一诉讼阶段才算证人?英美法的狭义证人,仅指在法官直接听审中陈述自己观察到的事实的第三人,不包括侦查阶段,这样体现了英美法当事人主义的实质,即反对发问权、对审权或称交互询问权。这些权利都很强调口头、言词证据的重要性,证人当庭所作的有关案情的陈述,他的所见、所闻、所嗅、所触,其证明力强于书面证词或者询问笔录。

现如今,通过可视设备的现场链接,证人已被允许在法庭之外作证,条件是必须与庭审同步,且必须被法官、陪审团、被告人、律师和翻译等人当庭看到和听到。[2] 因此,在侦查阶段"贡献"了证人询问笔录者,不是英美法诉讼理念上的证人,所作成的笔录,只有书证效力;在日本,这样的第三人被称为参考人。而在大陆法的诉讼观念中,在侦查人员、检察官面前作证者,不失为证人,且不以保障当事人发问权、对审权为证人的要件,只要能够证明事实真相即可。证人的陈述必须是自己所观察体验的过去的事实,而不是对事情发表某种见解,且不可被他人替代。这些特征,使证人与鉴定人区别开来。而强调证人的第三人属性,也不过是大陆法的要求,在英美法中,当事人都可以作为证人,不以第三人为必要。不过这种情况正在改变,尤其是警察作为证人出庭,已为世所公认,因为侦查人员既非当事人,也非裁判者,可以也应该有出庭接受交互询问的义务。

除人证与物证外,理论上还有许多分类,如实物证据与言词证据、原始证据与传来证据、直接证据与间接证据、控方证据与辩方证据,等等。依照证据与待证事实的关联度,可分为直接证据与间接证据。其中,能够直接证立或排除被控犯罪事实者,比如目击杀人过程的证人证言,即为直

---

[1] 参见〔英〕约翰·斯普莱克:《英国刑事诉讼程序》(第九版),徐美君、杨立涛译,中国人民大学出版社2006年版,第417—418页。

[2] Richard Card and Jack English, *Police Law*, Oxford University Press, 2015, p.218.

接证据;能够据以推论被控犯罪事实者,比如听到凶犯动手前咆哮要杀死其妻,即为间接证据。间接证据可以是人证,也可以是物证,比如血衣、凶器。不在现场的证据一般被归为间接证据,这一点颇具争议,因为不在现场的证明一旦为真,则可直接否定待证事实。无论人证还是物证,间接证据"须具备下列要件:(1)须有证据资格;(2)须经合法证据调查程序;(3)须得证明间接事实之存在"[1]。根据间接证据所作的推论,特别是有罪推论,学者用所谓"整体考察"来论证其高度可能性,比如庭审时检察官结辩说:"虽然所有间接证据或可有不同解读,然间接证明程序之本质即取决于整体考察。"对整体考察学说的批评认为,这种间接证明程序的本质可以让人胡作非为,太容易掩盖个别证据的问题,导致概率命题之论证根本是粗制滥造。[2]

英美刑事法中有 corpus delicti 的概念,直译为罪体,意译为犯罪事实。它既是证明对象,又是直接证据。历史上罪体曾被理解为被害人尸体,以至于在没有找到尸体的情况下能否定罪成为一个难题。借由埃普利案,美国弗吉尼亚州最高法院基本化解了这个难题,并支持庭审法院的定罪。陪审团裁决埃普利一级谋杀罪成立,判处终身监禁,但被害人吉娜的尸体始终未能找到。证明事实和预谋两个要素的,全部都是间接证据。被告人上诉认为,现有证据并不足以证明客观事实和主观预谋。庭审法官给陪审团的指导是,州政府有责任证明吉娜已死,且为埃普利的暴力所致,即必须通过直接证据或者通过强有力的达到充分道德确信的间接证据,来证明谋杀罪的这些要素。被告方认为,现有证据不足以证明 corpus delicti。杰出的英格兰前辈马修·黑尔爵士曾经写道:"除非事实被充分证明,或者至少找到尸体,否则我决不会认定谋杀罪或者非预谋杀人罪。"后来的许多论述者误解了黑尔爵士的名言,认为如果控方无法提供尸体就不能定罪。英格兰的法律,过去和今天,都不是这个意思。

埃普利案中,被告方虽然承认间接证据可以证明 corpus delicti,但却强烈主张,这种证明必须有杀人行为的目击证人,有可辨识的被害人身体遗

---

[1] 黄翰义:《程序正义之理念》(三),元照出版公司2010年版,第61页。
[2] 参见[德]汤玛斯·达恩史戴特:《法官的被害人》,郑惠芬译,卫城出版2016年版,第86页。

留物,还要有被告人认罪,或其供述能与间接证据相互佐证。这些高标准的主张未能说服弗吉尼亚州最高法院,该院认为,只要间接证据的证明标准足够严格,就足以保护被告人不因猜测或推测而被定罪,无需附加其他证据。间接证据作为客观证据,不受人的感觉、记忆和回溯差误的影响,比目击证人的描述更为可靠,而间接证据来源更可能与案件没有利害关系,因而间接证据在定罪时应与直接证据具有同等分量。被告方的主张如果得到认可或支持,相当于奖励暗杀并成功隐匿尸体。在引导效果上,被害人死不见尸如果用来推论不存在谋杀,岂不荒谬?正常死亡者如果能在死后将自己的遗体处理掉,实属违背生活常理的想象。谋杀者成功隐匿尸体,不能成为无罪的条件,而社会恰恰不能奖赏这种成功。[1] 被害人尸体,孤立地看确实是死亡的直接证据,但死亡本身并不意味着就有犯罪发生。死亡可以由病老、事故或自卫等多种原因导致,即使控方只提供尸体但无法证明死亡由犯罪所致,也无法证明杀人罪的 *corpus delicti*。因此,罪体并不等于尸体,它在盗窃罪中可能是指取得财物,在夜盗罪中可能是指破窗而入。[2]

原始证据与传闻证据也是英美法的重要证据分类。"传闻系指非于审判或庭审中作证之陈述人所为,而被提出作为证明一方主张之事项为真实之陈述。"[3] 原始证据又称第一手证据,传闻证据自然属于第二手证据,某种程度上说,传闻证据处于直接证据与间接证据之间。传闻证据可能是转述,但其证明对象却直指待证事实,比如直接转述了目击杀人者的话语或肢体动作;也可能不是转述,而是目击证人于庭审之前、之外的询问笔录。当传闻证据以笔录形式出现时,一般会被排除。[4] 传闻证据受到限制甚至排斥,理由在于,其证据价值受证人"认知、记忆、诚信与模糊用语等因素"影响,"欠缺程序担保,尤其是反诘问及对质权",更由于并

---

[1] *Epperly v. Commonwealth*, Supreme Court of Virginia, 224 Va. 214, 294 S. E. 2d 882 (1982).

[2] Ronald Bacigal, *Criminal Law and Procedure: An Overview*, Delmar, Cengage Learning, 2009, p.12.

[3] 〔美〕亚瑟·拜斯特:《证据法入门:美国证据法评释及实例解说》,蔡秋明、蔡兆诚、郭乃嘉译,元照出版公司2002年版,第84页。

[4] John H. Langbein, *Historical Foundations of the Law of Evidence*, 96 Colum. L. Rev. 1169–70 (1996).

非在庭审法官面前陈述,也就没有对证人的察言观色,使裁判偏差的风险增大。一言以蔽之,无法澄清相关问题,也无法查验可信度。只有庭审中的两造对质,才能"揭发证言之隐藏、附和、偏袒、歪曲、虚伪,或由于记忆模糊观察不实,或叙述不当等原因,致为与事实不符之证言,以发现真实。传闻证据,既无从依反对发问,而担保其供述之真实性,乃基于证明政策之要求,原则上不认其有证据能力"[1]。这被称为传闻证据否定法,是英美法系证据规则的重要特征。

与大陆法系相比,"英美法系更为特殊也更为重要的证据规则是那些基于证据的证明力可能会被过高评价或者其损害性会超出其证明价值——即可能导致事实认定者不公平地偏向于某一特定结果的理论而确立的证据规则。……最有名的例子就是证据排除规则"[2]。换言之,传闻证据之所以被限制乃至否定,与它属于法庭之外的口头或书面陈述有关。比如交通事故一方想要证明另一方闯红灯,但他却作证说,车祸发生后我跟路人甲聊天,路人甲告诉我,他亲眼看到对方闯了红灯。无论直接转述路人甲的话,还是提交路人甲签名的书面证明,都属于传闻证据。采用这种证据,因无法当庭对质,势必损害不利一方的交互诘问权,丧失反驳该证据的机会。但例外情形总是存在,而且可能越来越多,有人甚至戏称例外多到成为规则的程度。但例外与规则的简单区分不在于例外的数量,而在于例外必须个案处理,逐一陈述理由。比如临终声明之所以可作呈堂证供,因为这一例外条款的理论基础是人们一般都不愿意嘴边挂着谎言去见上帝。因此,假如马上要被枪毙的张三说"案子是李四干的",听到的人可以将这话提交法庭,因为这话反映的事实与张三被枪毙有关。而如果张三临死时说"李四欠我两万块钱",就不属于死到临头才有必要吐露的事项,也与他可能蒙冤无关。兴奋的、不由自主的喊叫也属例外条款,因为紧张到来不及撒谎的程度[3],比如听到被害人大喊"西尼,别开枪",随即听到一声枪响,或者先是听到一声枪响,随即听到被害人激愤地

---

[1] 陈朴生:《刑事证据法》,三民书局1979年版,第279页。
[2] [美]米尔建·R.达马斯卡:《漂移的证据法》,李学军等译,中国政法大学出版社2003年版,第20页。
[3] 参见[美]保罗·伯格曼、迈克尔·艾斯默:《影像中的正义:从电影故事看美国法律文化》,朱靖江译,海南出版社2003年版,第281—282页。

说"西尼,瞧你做了什么事,赶快叫医生来"[1]。

车祸惊呼案也可为一例:甲因车祸被送入医院,血流不止但意识清醒,此时乙亦因外伤至该院就医,从旁经过,甲即大呼指认:"就是这个人骑车撞了我。"护士当场听到甲大呼,并看到乙。设若甲伤重不治,嗣后乙被起诉,护士出庭转述甲大呼指认,有无证据能力?[2]在大陆法系,由法官决定事实与法律争议,他们信赖自己不会像陪审团那样易受传闻证据的影响,不会赋予传闻证据过度价值,因此,只要不违背直接言词原则,就不会过分限制其证据能力。不过,究竟是否属于传闻证据有必要仔细辨析。单是传闻还不够,还必须是为了证明案件本身的真实性。比如某人说自己开车很小心,决不是这次车祸的肇事者,他可以提出同乘的朋友提醒他这段高速路上事故很多,这并不违背传闻证据法则,因为这番话不涉及车祸真相,算不上传闻证据。真正的难题是,某些陈述到底应不应该被识别为传闻证据?如果本非传闻证据,就无需借助传闻例外来获得证据能力。比如,控方提出某人曾打电话到某办公室,说"我是比尔,下一场押50美元,赌比利赢",是否可以证明该办公室用作赌场?或者被猥亵女童庭外描述的猥亵嫌疑人家中房间的场景,是否可以用为定罪证据?实际上,这些证据都会被认许,因为可以完全将它们理解为情况证据。[3]

英美法中,情况证据类似某种间接证据,它并非基于对待证事实的切身观察和既有知识,而是基于人类共有经验从某些现象或事实合理推导出的结论。举一个简单的事例,睡前天朗气清,一觉醒来发现地面已湿但又不在下雨,那便可合理推断熟睡的时候下过雨。法庭上略有不同,证人可以作证说亲眼看见地面湿了,但作出晚间曾经下雨推论的应当是法官或陪审团。证人作证说他看见被告人拿着一把手枪从枪击现场跑开,这不是被告人实施犯罪的直接证据,但它是法官和陪审团推断被告人开枪杀人的情况证据。辅之以其他情况证据,如果足够强有力,也可以排除合理怀疑地证明犯罪成立。警察在调查犯罪过程中,情况证据可以成为拘

---

[1] Richard Card and Jack English, *Police Law*, Oxford University Press, 2015, p. 242.
[2] 参见林钰雄:《刑事诉讼法》(上册),元照出版公司2015年版,第507—508页、第527页注71。
[3] 参见〔美〕亚瑟·拜斯特:《证据法入门:美国证据法评释及实例解说》,蔡秋明、蔡兆诚、郭乃嘉译,元照出版公司2002年版,第103—104页。

捕的相当理由。嫌疑人的逃跑、躲藏、回避、销毁证据、威胁目击者以及左支右绌的解释,都是支持相当理由的情况证据。犯罪现场遗留的指纹、血迹、毛发等物证、痕迹,或者从现场提取的泥土、布料、油漆、玻璃碎片等,都是证明嫌疑人身份或者曾有犯罪发生的情况证据。现场提取的鞋印、捡到的弹头,如果与嫌疑人穿的鞋、用的枪比对成功,就是被告人犯罪的强有力的情况证据。运用情况证据证明犯罪,类似以砖砌墙,需要足够的砖才能砌成一堵墙。[1]

品格证据也是必须知晓的概念。原则上,品格证据不得用以证明某人的行为乃其品格所致。基本的规则是,关于某人品格的资讯,不得用以证明某人做了某件事是出于习性。如果认为某人属于某类人,这类人可能做某事,所以此人做了某事,那么这样的习性推论是相当危险的,应予禁止。当然,美国证据法容许某些情况下的习性推论,其一,刑事被告人可以提出证据证明自身的良好品格,以支持自己未犯某罪的主张。而一旦被告方如此举证,就应允许控方提出反证,证明被告人品行不佳,犯某罪是有可能的。不过,控方的反驳应当在指控事实范围内,比如指控伪证可以提及被告人撒谎成性,但不应指责其曾为娼妓。其二,刑事被告人可能提出被害人有暴力性格,是冲突的挑起人、挑衅者,此时控方亦可使用被害人性情温和的品格证据,对被告方的说法予以驳斥。其三,美国《联邦证据法》已有修正条文,容许在性侵案件中提出被告人有某种性倾向的证据。其四,习性推论可用以弹劾证人的可信度,如果该证人是否据实作证成为争点的话。另外,在诽谤案中,被告将原告描述为邪恶之人,可以在审判过程中举证证明原告事实上就是邪恶之人。品格证据之关联性,非由评论某人品格不可证明,即应容许,比如控方举证被告人曾在某一场合学得某种犯罪技巧,即可作为被告人可能参与犯罪的间接证据。严格说来,技巧与品格还是有所不同的。[2]

严格证明法则,在法定证据方法限制之外,还要接受法定调查程序的限制。所谓法定调查程序,既有各个证据方法的特别程序,也有各个证据

---

[1] Walter P. Signorelli, *Criminal Law, Procedure, and Evidence*, CRC Press, Taylor & Francis Group, 2011, pp. 335—336.

[2] 参见[美]亚瑟·拜斯特:《证据法入门:美国证据法评释及实例解说》,蔡秋明、蔡兆诚、郭乃嘉译,元照出版公司2002年版,第42—43页。

方法的共通原则。法院于审判期日践行调查程序时,有一系列特别规定,比如文书必须经过宣读或告以要旨,才算经过合法调查;以人为证的证据方法,原则上应经具结程序,以资担保证言的真实性。而共通的原则主要是审判程序中的直接言词、公开审理等。据此,严格证明概念遂与诸项审理原则,尤其是直接审理原则密不可分。简言之,唯有经过法院直接审理,即出自于审判庭的证据,才有证据能力,而不是有证据能力才能进入法庭;并且,除非有例外情形,直接审理原则禁止法院转换证据方法而使用证据的替代品,亦即原则上禁止法院以派生的、间接的证据方法来替代原始的、直接的证据方法。例如,作为诽谤罪证据的录音带,法院应依法当庭勘验,而非依法朗读整理文本;又如,目击经过,法院应该依法直接询问该目击证人,而非依法朗读其书面声明或侦讯笔录。[1] 如果原始的、直接的定罪证据丢失、灭失,控方应当承担不利后果,证据缺失形成的疑问,应当作有利被告的解释。至于程序争点,比如回避、羁押、搜查、扣押等证据保全审查,不要求严格证明,但仍须与卷宗资料相符合。

　　证据调查,作为审判的必要程序,属于审判长的主要职权之一,这是大陆法的一个显著特征,英美法官则须保守中立,很少主动出击询问,以免拉偏架之嫌。如证人证言、鉴定意见、勘验证物、检阅文书,须直接调查采为证据后才得作为认定事实的依据。证物如凶器赃物之类,应向被告人出示,令其辨认,卷宗内笔录及其他文书应向被告人宣读或告以要旨,不得拒绝被告人阅览请求。[2] 在此,需要补充说明"释明"与"证明"的概念区别。"称证明,本有广狭二义。前者,包括狭义之证明及释明而言;后者,则除释明外之证明。证明与释明,二者在法律上所要求之心证程度并不相同。盖证明,乃裁判官因而就某种事实得有确信之心证;而释明,则以裁判官得从而推定之程度为已足。一般所谓证明,系指狭义之证明而言,且应依证据证明之事实,并不限于实体法上事实,即诉讼上事实亦属之。为释明对象之事实,仅属诉讼程序上之特定事实。且释明其原因事实时,当事人只以叙明其证明之方法为已足,毋庸提出证据;而证明,则

---

[1] 参见林钰雄:《刑事诉讼法》(上册),元照出版公司2015年版,第481—482页。
[2] 参见刁荣华:《刑事诉讼法释论》(下册),汉苑出版社1977年版,第428页。

不特应指出其证明之方法,并应提出其证据。"[1]

第二节　证据排除与禁止

我国当代证据法学通常使用证据的客观性、关联性、法律性等概念来阐述证据的基本属性,很少使用证据能力和证明力的概念。其中,证据的关联性又称相关性,是指证据与待证事实之间存在某种客观联系;证据的可采性又称合法性,一般要求收集方式必须合法。关联性与合法性孰先孰后,是两大法系证据法的差别之一。"何种证据,具有适格性,其条件,在英美法与大陆法异其理论。英美法基于证据价值与实务上政策之要求,按证据许容性之理论加以处理。为防止陪审先入为主,或受社会舆论之影响,或误用推理之经验法则,或迷于被告之社会地位或经历,或惑于被告之巧辩,致有偏见或涉及感情或专断之弊,乃就可以使用为证据之范围加以限制,即就证据之许容性设其严格的规则,以保障证据之证明力。……大陆法,为发挥职权主义之效能,对于证据能力殊少加以限制。凡得为证据之资料,均具有论理的证据能力。唯德国法关于证据能力之理论,则按程序禁止与证据禁止之法理加以处理。程序禁止,系关于搜集与调查证据资料之程序条件;证据禁止,则系关于证据资料可否利用以认定事实之条件,以直接审理主义为其基本。"[2]"但是与许多英美法系国家的证据排除规则相比,大陆法系仍然存在着一个明显的差异,即其对非法证据的排除很少具有强制性。在决定是否排除的时候,大陆法系的法官会考察采纳被玷污的该证据是否会给司法带来不好的名声,或者会在非法证据的负面影响与打击犯罪的社会利益间进行权衡。当法官遇到虽然违法但具有可信性的证据时,反对排除该证据的一个有力理由便是:禁止使用该证据是对事实认定者自由评价证据之权力的干涉。"[3]

证据排除与禁止,实际是对证据能力和证明力的负面评价,又可看作证据关联性与可采性的关系问题。以关联性为上,就是以寻求真相为上;

---

[1] 陈朴生:《刑事证据法》,三民书局1979年版,第165页。
[2] 陈朴生:《刑事证据法》,三民书局1979年版,第249—250页。
[3] [美]米尔建·R.达马斯卡:《漂移的证据法》,李学军等译,中国政法大学出版社2003年版,第32页。

以可采性为上,就是以限制寻求真相手段为上。其间的差异,最终反映在证据排除的范围与力度上。大法官卡多佐对非法证据排除规则一向颇有微词,理由是"虽然程序规则为的是确保以正当手段实现正义目标,但不可过于僵化地加以实施,免得法律制度达不到惩罚罪犯这一更大的目标"[1],他批评说,"罪犯因警察的疏失而逍遥法外,美利坚恐怕是通过放掉罪犯来惩戒警察的唯一国家"[2]。可见在卡多佐心目中,惩罚罪犯是比实施程序规则更大的目标。困惑人们的争议始终是,为了发现真相,我们可以牺牲什么?反向言之,我们不可以牺牲什么,即使不得不放弃真相?曾几何时,发现真相进而惩罚罪犯乃至高目标,以至于边沁竟也主张"证据是正义的基石,排除证据等于是排除正义"[3]。与之相对,以证据可采性为上的观点,则强调"真正危险的不是真相,而是发现真相的过程。它会让人忽略眼前显而易见的事。非得找出真相的人,通常都太容易固执己见"[4]。固执己见恰恰说明对真相为何已有立场。

对真相的嗜好古已有之,它的极致是以真相名义不择手段,不达目的的誓不罢休,而且通常以所谓真相之结果来论证邪恶手段之合理。对手段的限制,引出证据是否因不合法而不可采的整套理论和规则。以麻醉取供为例,施用麻醉药后,使"沉默者多言,有理性者失其理性之牵制,善诈者表露其虚伪,藉以发现真实。……麻醉分析,不特属于程序之禁止事项,亦相当于证据之禁止,其陈述属于绝对禁止之范围,纵经为供述之被告或证人同意,亦不足以治疗其违法性者……禁止使用不正方法,寻求供述,不特禁止以被告为程序上之单纯客体,并认被告或证人应有其独立之人格权。此项麻醉分析……从外部应用物理的力量,而改变患者之精神状态,与兹所谓强暴、胁迫自属相当。麻醉分析,如系以药物等化学方法,使用于人身,使改变其心理状态,影响其决定力及判断力,从而取得其供述,亦有反人权之保障,自应禁止其为证据"[5]。可见,现代刑事诉讼莫

---

[1] [美]安德鲁·考夫曼:《卡多佐》,张守东译,法律出版社2001年版,第408页。
[2] Cliff Roberson, *Introduction to Criminal Justice*, Copperhouse Publishing Company, 1994, p.206.
[3] Jeremy Bentham, *A Rationale of Judicial Evidence*, bk. 9, ch.3, 490 (1827).
[4] [德]汤玛斯·达恩史戴特:《法官的被害人》,郑惠芬译,卫城出版2016年版,第60页。
[5] 陈朴生:《刑事证据法》,三民书局1979年版,第294页。

不以这一整套证据排除理论和规则为根基,无非是为发现真相设置手段限制,禁止不计代价与不择手段地寻求真相。

证据排除规则早在1886年即由美国最高法院认可,理由是"强行扣押被告的私人书籍和文件并用作指控证据,这样做与让被告自证有罪没什么不同"[1]。早在1914年,美国最高法院认定"如果采信联邦警察非法扣押的证据,就是在为他们的违宪行为背书"[2]。不过当时只有14个州遵循了威克斯案的排除规则,31个州不予采纳。直到1961年的迈普案才将排除规则推向各州。1957年5月23日,3名警察来到迈普家,按响门铃,说只想跟她谈谈。迈普女士说他们必须有搜查证才能进门。警察暂时没有进去,但当更多的警察赶到后便破门而入。一名警察晃动一页纸给她看,说那是搜查令。迈普劈手抢到那页纸,揣在内衣里。警察迅疾使用武力制服迈普,夺回那页纸,并给她戴上手铐,迫使她坐在床上,随后搜查她的卧室,在她衣橱里找到了一本相册和其他淫秽图片。庭审中,律师提出这些淫秽物品都是非法搜查所得,应予排除,但庭审法院与俄亥俄州最高法院都没有理睬无罪辩护,认定被告人有罪。1961年联邦最高法院推翻了定罪并确立了联邦及各州法院都必须遵行的非法证据排除规则。[3]

从此,美国进入了个人权利高于法律秩序的时代。1961年至1972年被称为"刑事司法革命"或"正当程序革命"时期,警察被告知,在搜查、扣押、讯问和羁押嫌疑人时,什么可以做,什么不能做。非法证据排除规则是为司法宿疾创造的一剂良药,旨在通过其一般威慑的功效来防止未来的对宪法权利的侵犯。[4] 证据排除规则禁止刑事审判中使用那些以侵犯宪法权利的方式取得的不利被告的证据,成为法院给警察套上的宪法辔头。警察一旦实施了非法拘捕、非法搜查、扣押或非法讯问,直接来自于这些非法行为的任何物证、口供或信息线索,皆不得用作指控犯罪的证据。这一规则的理论基础是,只有排除非法证据的使用,才能有效威慑、遏制警察未来的同种违法取证行为。证据一旦被排除,原本可以定罪的

---

[1] *Boyd v. United States*, 116 U.S. 616 (1886).
[2] *Weeks v. United States*, 232 U.S. 383 (1914).
[3] *Mapp v. Ohio*, 367 U.S. 643 (1961).
[4] *Arizona v. Evans*, 514 U.S. 1 (1995).

人最终不得不放掉,被害人因而失去伸张正义的机会,因此,至关重要的,不是取消证据排除规则,而是让警方理解该规则并严格遵循之。[1] 证据排除规则作出一种社会宣示,拒绝以警方违法来惩罚破坏法律者,从而明确宣示我们对法治的信守,即任何人,甚至执法者,都不可凌驾于法律之上。这一规则促进法律职业化,让警方不断提高自己的专业素质。无论如何,法院不应成为侵犯宪法权利者的帮凶,更不应从中受益。[2]

然而,实际的情况是,即便在执行证据排除规则最严格的美国,这一规则也不是罪犯逃脱法网的主要原因。根据1983年的一份研究报告,在被拘捕的重罪嫌疑人中,只有不到0.02%因证据排除而未被起诉。而在各类犯罪总数中,起诉后因证据排除而未被定罪的估计只在0.6%~2.35%之间。另一份研究报告显示,美国联邦起诉的刑事案件30%涉及搜查、扣押,其中只有11%提出动议要求排除非法搜查、扣押的证据,而这些动议被采纳的只占1.3%。排除非法证据要求得到满足的被告人,还是有一半被定罪。证据排除规则并非运用于刑事诉讼的整个过程。在庭前程序中,被告人不得向大陪审团要求证据排除,而且不能拒绝回答涉及非法证据的提问。在庭审后,被排除的证据有时还可以在量刑时加以考虑。如果辩方在反驳指控时提出被排除的证据,那么证据排除规则就不再适用。而且,排除规则原则上只适用于非法取得的证物和口供,不包括被非法拘捕的人本身,除非警方采取了骇人听闻、令人发指、明目张胆的侵犯被告人宪法权利的方式。[3]

当然,"任何违反取证规定的案例中,都需要个案衡量,才能终局决定证据应否禁止使用,亦即,每个个案中都需要衡诸具体案情并权衡国家追诉利益和个人权利保护之必要性"[4]。凡有利害选择处,必有因该选择而或得利或受害者。得其利者赞许之,受其害者抨击之。反向思考,凡真相理论家们反对的,恰恰是刑事诉讼法最可贵、最应坚守的。真正难点在

---

[1] Walter P. Signorelli, *Criminal Law, Procedure, and Evidence*, CRC Press, Taylor & Francis Group, 2011, p.6.

[2] Rolando V. Del. Carmen, *Criminal Procedure Law and Practice*, Wadsworth, Cengage Learning, 2010, pp.114–115.

[3] Daniel E. Hall, *Criminal Law and Procedure*, Delmar Cengage Learning, 2011, pp.347–348, 424–425; *United States v. Toscanino*, 500 F.2d 267 (2d Cir. 1974).

[4] 林钰雄:《刑事诉讼法》(上册),元照出版公司2015年版,第595页。

于,如何评价利与害?在刑事诉讼领域,"兼相爱,交相利"是没有的,因为被告人或有罪或无罪,并无中间地带,更不可能有什么对立统一。判决有罪对被告人是害,对被害人是利;判决无罪对被告人是利,对被害人是害。不但刑事领域,民事案件亦如此,原告满意了,被告就不满意。因此,是否排除那些虽能证明真相但却是非法取得的证据,只是一种权衡之后不得已的选择。有人会举出一些严重犯罪的极端案例,以说明"因警察取证中的失误而放走重罪犯有多么愚蠢"。但若容忍警方的这种疏失,就必须容忍警方的故意违法,我们实在没有办法区分警方非法取得证据过程中的主观心态。再者,我们无法确定某次刑讯在警方看来是否必要,也无从判断哪一次警方破获案件之功可以抵消非法取证之过。

在大陆法系,证据应否禁止使用,不如英美法系把持严格,尤其是事前审查不如英美法系那样具有实质意义。这种实质意义主要体现在,坚持令状主义,对无令状的拘捕、搜查、扣押等,通过判例给出具体的例外情境。大陆法系国家和地区则试图制定出明确的核准令状的一般性标准,然后通过事后审查核实一般性标准得到遵守的程度。尤其强调区分追诉机关是否恶意、恣意违法取证。当追诉机关明知故犯,不惜以违法手段为代价而取证,已经违背公平审判原则时,应断然禁止使用该证据;当审查确认追诉机关并非故意违法时,应继续审查被违反的法规范的目的,该规范目的如果受损,则证据应禁止使用。如果无关规范目的,则可以通过权衡被告个人利益与国家追诉利益,来作出个案判断。[1] 实际上,事后审查再怎么明确严格,也不如对警方违法取证行为采取釜底抽薪式的排除有效。采用事后的个案审查,等同于放松了监督尺度,导致警方冒险闯关,以尽可能有效的手段先把案子破了再说,而且,如果案件确有进展,胜利在望,就很难再打消警方荣立大功的念头。

关于排除规则的实质性根据,日本学者认为有宪法保障说、司法廉洁说与抑制效果说。[2] 这一认识似乎来自英美学者的观点:"遏制无理搜查、扣押无疑是证据排除规则的主要目的,不过这一规则还服务于另外两

---

〔1〕 参见林钰雄:《刑事诉讼法》(上册),元照出版公司2015年版,第615—616页。

〔2〕 参见〔日〕田口守一:《刑事诉讼法》(第五版),张凌、于秀峰译,中国政法大学出版社2010年版,第291页。

个目的:一是维护司法的正直,即法院不能成为恣意违宪的同谋;二是让可能成为政府不法行为受害人的国民确信,政府不可能从无法无天的行为中获利,从而最大限度地降低政府失信于民的风险。"[1]借用一句罗马法时代的法谚:"任何人不得从其不法行为中获得利益。""假如那些实施违法行为的人,能够从中获得利益,而法律又不能有效地将这些利益加以剥夺,那么,要对这些违法行为加以遏制,几乎是不切实际的。换句话说,要促使人们遵守法律,不去实施违法行为,就不能不'剥夺违法者所得的利益'。这是彻底消除违法者违法动机的必由之路。"[2]简言之,排除非法证据的立论根据主要是借此吓阻未来的非法取证,让警方失去非法取证的动力或者增大非法破案的风险和成本,因而具备导正警方纪律的功能。遏制非法取证,主要是杜绝刑讯逼供。历史上,口供曾被上升为证据之王,客观上刺激了对口供的强力索取,并且使其他类型的证据价值迅速萎缩。相比于艰苦细致的证据搜集工作,打人毕竟是比较容易完成的事情,久而久之还会带来愉悦,甚至养成习惯,不打人就手痒。"官吏对其管辖之下的平民,通常都拥有一种低成本伤害能力,合法伤害权便是这种能力的主要构成部分。拥有合法伤害权的官吏,可以在自由裁量的空间之内,动用国家机器,合法地对目标造成伤害。"[3]

因此,几乎所有国家都会承认一条证据证明规则:只有供述而没有其他证据的,不能认定案件事实;没有供述而其他证据确实充分、排除合理怀疑的,可以认定案件事实。因刑讯逼供猖獗而有切肤之痛者,渴慕证据排除规则的有效落实,而对证据排除规则的批评,主要来自持续多年坚持这一规则的法域。两种法治环境隔空对话极其困难。刑讯之下多有无辜蒙戮者,但是,以冤错来反对刑讯,说服力是有限的,因为已遏制刑讯的国度也不敢声称已杜绝冤错。不必讳言,真话也是可以打出来的,刑讯也不一定就出冤错。尤其在所谓"营救酷刑"的场合,任何禁止刑讯的理由,都抵不过营救人质的道义需求。"刑讯者施行残酷行为的安慰在于一种道德优越感:对方是他认定的罪犯,刑讯有着高尚的目的。人们最初也许倾

---

[1] LaFave & Israel, *Criminal Procedure*, Thomson Reuters, 2009, p.128.
[2] 陈瑞华:《看得见的正义》(第三版),法律出版社2019年版,第257页。
[3] 吴思:《隐蔽的秩序:拆解历史弈局》,海南出版社2004年版,第457页。

向于选择崇高的、无可指摘的手段来实现他们的目标。然而遗憾的是,这些手段经常是显得不够用、太慢、缺乏效率。"[1]而刑讯绝对是高效率的,因而不能单从利害选择上考虑限制理由,而应着眼于"对文明基本价值的尊重,最为重要的是,不能为了查找证据而采取任何有损于人的基本权利或辩护权利的手段"[2]。保护个人权利与尊严,对于共识区域以外的人而言,口头说说可以,但如何具体落实在每个诉讼环节中,是极为陌生甚至是有隔膜的。

是否允许控方以公共利益豁免为由,拒绝披露有利被告的证据材料?或者如张丕林飞机纵火案,以防止坏人模仿、保障公共安全的名义,拒绝披露证据细节,让人无从知晓其中是否包含有利被告的证据?张丕林案中,购买7份保险可以作为侦查线索,但不足以作为犯罪证据,起火点在张丕林座位附近也不具有说服力,因为张丕林可能跟别人换了座位,即便火因张丕林而起,还有一个故意纵火还是失火问题需要澄清。失火还是纵火对飞机失事没有原因差别,但对张丕林本人声誉及其家属是否可以得到保险赔偿,却有着天壤之别。只有满足一个极其特殊的条件,才可以拒绝披露细节:张丕林的纵火方式是安检无法应对的。在英国,政府方面若拒绝披露证据材料,需经法庭如下审查:(1)这些资料是否弱化了控诉或强化了辩护?如果是,就应当披露;(2)对重要的公共利益是否存在真正的严重风险,如果不存在,就必须披露;(3)如果证据材料确实会升高公共利益风险,则需考虑被告人的利益是否在不披露证据材料情况下也能得到保护?(4)如果法庭打算命令有限披露,它必须考虑这种披露是否对公共利益损害最小,如果不是,就应命令更加充分的披露;(5)如果有限披露使庭审过程不利被告,就应命令更充分的披露,即使这将导致控诉中断。总之,法庭必须对因披露不实而导致的审判不公保持警惕。[3]

如果证据由国家机关合法取得,但却涉及国民隐私,可否使用也颇具争议。德国有著名的日记案,甲男涉嫌杀害乙女,案件审理中甲予以否认。此前,在依合法令状搜查甲住宅时找到甲的日记本,其中有甲的自我

---

[1] 张建伟:《刑事诉讼法通义》(第二版),北京大学出版社2016年版,第319页。
[2] [法]贝尔纳·布洛克:《法国刑事诉讼法》,罗结珍译,中国政法大学出版社2009年版,第76页。
[3] Richard Card and Jack English, *Police Law*, Oxford University Press, 2015, p.225.

人格剖析,自叙每见独行女子便有强烈攻击欲望。法院以发现真实为借口,不顾辩护人反对,当庭朗读日记内容,并采信为判决基础。[1] 至于国家反对私人不法取证,可类比为不能容许国家收受赃物一样,但也应与隐私保护一样受比例原则的个案审查,如果私人不法取得的录音带可以锁定绑架者,法院仍可采用。事实上,证据被禁止使用确实不以国家违法为前提,某些私人的窃听、窃照或刑讯取证,也在证据使用禁止之列,否则会形成示范和鼓励效应。[2] 当然,私人非法取证不适用证据排除规则,实际是强调非法证据排除规则集中指向官方行为,客观上强化了对公权力的制约。原因在于,"过去政府机关非法取证的情形非常普遍,却无有效的法律机制得钳制政府机关的非法行为,证据排除法则为不得已的救济措施,目的在吓阻政府机关非法取证。但私人非法取证的情形则不同,其无国家公权力的介入,且无普遍性,最重要者,有许多法律的机制,得制裁遏阻私人的非法行为。例如,被害人得请求民事损害赔偿、刑事追诉,无须借助证据排除法则的极端救济方式"。[3]

非法证据排除规则也不适用于有利被告的证据。换言之,即便无罪证据来源不明或者属于不法取得,无法满足对取证合法性的要求,也应当准许使用。其间的理由,除没有吓阻不法的必要外,主要还是为了求得国家与个人在诉讼资源上的平衡。既要考虑到个人搜集证据能力的欠缺,也要顾及掌握对被告人有利证据者对国家权力的畏惧,因为毕竟提供有利被告的证据是在给国家追诉制造障碍,极有可能受到有关部门的骚扰、威胁乃至报复。"例如,有时候被告家属提供了某一个物证,不敢公开它的来源,提供者也不敢公开身份,怕受到株连或担心有其他的风险,而这个证据确实又很重要,并且可以证明是真实的。又比如,一个不知名的人将该证据放到某一个地方,然后通知你去取,这种情况下则无法说清该证据的来源,但也可以证明这个证据是真实的……众所周知,按照当时的法律规定,无证倒卖显然是投机倒把,有批件才是合法的。被告说:'我所有手续都有,但拿不出来。'结果一审被判有罪。二审期间,被告的朋友把藏

---

[1] 参见林钰雄:《刑事诉讼法》(上册),元照出版公司2015年版,第604页。
[2] 参见林钰雄:《刑事诉讼法》(上册),元照出版公司2015年版,第622—623页。
[3] 王兆鹏:《新"刑诉"·新思维》,元照出版公司2005年版,第3页。

在公安局卷柜底下的合法手续偷出来了,交给了律师。我们把这些手续向法庭出示后,被告被改判无罪。"[1]

　　在大陆法系语境中,可以对证据的排除与禁止作进一步区分。如果法律已经规定某种证据不得使用,可以称为证据禁止;而如果某种证据的获得手段出现问题,那将导致该证据被排除。前者一般被视为立法表态,将出自不正讯问的被告自白明文规定为无证据能力;后者则多是将排除权赋予裁判者于个案中进行司法续造。如果进一步将证据禁止区分为取得禁止与使用禁止,则证据排除更接近证据的使用禁止。证据使用禁止更具开放的司法运作可能性,而证据取得禁止则更易于由法律加以规定。证据取得禁止一般针对以下情况:(1)违反自白任意性的讯问,类推适用于逼取证人证言的行为;(2)违反告知义务,包括告知有权委托律师,告知羁押原因、涉嫌罪名及所依据的事实、法律,通知家属并告知羁押地点,告知家属有哪些身份关系的人可以拒绝作证;(3)违法采取羁押、搜查、检查、扣押、盘查、监听等强制措施而取得的证据。当然,违反取得禁止将导致使用禁止。审判实践中,非法证据排除规则只适用于权利被侵害的被告人,同案被告人中权利未被侵害者,证据仍可使用。还需强调,对不符合规定的证据,不能加以某种补救就用以定罪,这种网开一面的做法,将会使整个证据禁止与排除机制归于虚假和失败。

　　英美证据排除规则中有一种毒树之果理论[2],是指被质疑的证据是"二手的"或者"衍生的",必须确定它们是否被之前的违法行为所污染,比如,自白来自一次非法拘捕,根据非法取得的自白才找到某一物证,或者一次非法的庭前辨认之后成功落实了庭审中的辨认,等等。在美国,毒树之果的最早判例形成于百年以前,案件中,联邦官员非法扣押了被告公司的某些文件,虽然没有将这些文件作为证据,但却导致大陪审团向被告发出传票。最高法院认为传票无效,因为禁止以某种方式取得证据的规定,其精髓在于,如此这般取得的证据,不是只在本院不能使用,而是根本

---

[1] 田文昌、陈瑞华:《刑事辩护的中国经验》(增订本),北京大学出版社2013年版,第238—239页。
[2] 在欧陆,毒树之果理论被称为证据使用禁止之放射效力学说。用"放射"波及来诠释"开花结果",都在于强调证据一旦被禁止使用,其放射效力及于因不法行为而间接取得的有罪证据。

不能使用。[1] 此后20年,最高法院更是指出,禁止了以不当方法取得证据的直接使用,却放任其充分的间接使用,会使得这种违背伦理准则并毁灭个人自由的取证方式大行其道。[2] 换言之,如果只排除违法取得的第一手证据,而又允许食用毒树上生长的果实,则无异于鼓励国家机关曲线违法,等于架空了证据排除规则本身。

当然,排除规则与毒树之果,都难免会有例外,大法官鲍威尔在协同意见中说:"必须承认,绝对严格地遵守排除规则,有些场合会让正当执法付出过重的代价,是震慑警方违法这一目的不能抵消的。"[3] 一般认为,毒树之果有四项例外。其一,拒绝"如果不是"。美国最高法院不接受这样的论证:"证据之所以是毒树之果,仅仅是因为如果不是警察的违法行为在先,该证据就不会为人所知。"虽然非法拘捕在先,但被告人的自白是在其被释放后主动返回警局并自愿作出的,因而污点已被涤清,可以采用。[4] 其二,关联已被弱化。这一例外是考虑到,某些情况下排除规则遏制警方不法的功能已然减弱,排除规则的效果实际上已被稀释。但是,这一例外需要个案逐一判断,比如被质疑的证据与在先不法的间隔,或者所谓关联是否需要一个极其复杂的论证,或者该证据只用于不重要的、非平常的目的,警察在策划在先的不法行为时,并未预见这一证据会用于定罪的目的,或者说警察并不是基于定罪动机才去采用不法手段的。[5] 其三,独立的来源。这一例外可以看作"如果不是"逻辑的反向运用,也就是即使没有警方的不法行为,也会从另一渠道获得该证据。或者说,如果合法取得的证据也能证明被告人有罪,那么警方的在先不法就不应使被告人逍遥法外。其四,不可避免的发现。比如警方通过不法讯问得知被害人尸体所在,但与此同时另一警察沿发案的高速公路寻找并最终找到尸体。最终必然的发现,消解了警方的不法获利,不再符合排除规则的初衷,因而为美国最高法院所认可。[6]

---

[1] *Silverthorne Lumber Co. v. United States*, 251 U.S. 385 (1920).
[2] *Nardone v. United States*, 308 U.S. 338 (1939).
[3] *Brown v. Illinois*, 422 U.S. 590 (1975).
[4] *Wong Sun v. United States*, 371 U.S. 471 (1963).
[5] LaFave & Israel, *Criminal Procedure*, Thomson Reuters, 2009, pp.526-527.
[6] *Nix v. Williams*, 467 U.S. 431 (1984).

上述四项例外也基本适用于非法证据排除规则本身。不过,排除规则的情形更复杂,有些不适用排除规则的情形,并不视为例外。如前所述,有利被告的证据即不受排除。真诚相信的善意例外,可以看作排除规则例外的第五种情形,比如,电脑资料错误显示某人应予拘捕,而警察实施拘捕过程中发现一袋大麻而起诉该人持有毒品罪,美国最高法院判定本案电脑资讯错误并非警察造成,不符合证据排除规则吓阻警察违法之目的,警察客观合理相信电脑记录而实施拘捕,所得证据无需排除。再如,警方持搜查令状对涉毒嫌疑人住所进行搜查,取得多项证据,但事后查明,该搜查证有重大瑕疵,但警方既已信赖法官签发令状合法,就不可能从不当执法中获益。不过,为使"客观上合理相信令状有效"标准得以妥适运用,又提示四种善意例外之例外:(1)申请核发令状之资讯虚伪不实或有严重误导;(2)核发令状者只是橡皮图章或者未善尽司法职责;(3)据以核发令状的依据不足,空洞微弱;(4)令状漏未记载法定事项,严重不合程式。[1] 此外,某些著述还概括出合理错误与合法监拍的例外,比如法官签发令状时发生错误,而空中监拍和卫星监视也构成证据排除规则的例外,理由在于,监拍、监视设施一直就在那里,并非只针对嫌疑人。[2]

提出证据排除要求时,还有一个当事人主体资格问题。首先,提出排除要求的,必须是其权利遭受非法搜查、非自愿自白以及不当辨认侵害的人,而政府官员的不法行为的确侵犯了个人合理期待的隐私权。对是否侵犯个人权利的审查,实际上限缩了不法的范围,比如警察刑讯 A,迫其承认参与谋杀,并且供述 B 用 A 的枪实施了谋杀,那把枪还在自己住处,警方据此从 A 的住处找到枪。这种情形下,被告人 B 就没有资格以 A 被刑讯逼供而主张排除这把枪作为证据。依现代的隐私期待理论,即使搜查时不在场,房主依然不失所有权人利益。这里的房主还应扩大解释为合法的租客或其他合法的持续居住人,甚至延伸到被邀请的来访者,而住

---

[1] 参见林辉煌:《论证据排除:美国法之理论与实务》,元照出版公司 2006 年版,第 151—152 页、第 155—156 页。
[2] Cliff Roberson, *Introduction to Criminal Justice*, Copperhouse Publishing Company, 1994, pp.204-205.

处也不限于房屋、公寓,还应包括宾馆、汽车旅馆、办公场所和私人汽车。[1] 美国最高法院认为,即使是访客,也不应允许政府利用被告人的冲突角色达到定罪目的。判例中,指控被告人犯毒品罪的证据是在被告人做客的地方找到的,于是,被告人陷入要么自我归罪,要么失去质疑资格的两难境地。[2] 再比如,以涉嫌武装抢劫逮捕 X 后,为了获得更多的相关证据,警方对 X 的妻子实施了非法搜查,成果颇丰。又或者,警方知道抢劫者 Y 藏身于某公寓中,但不知是哪个房间,于是挨个房间搜查,在最后一个房间找到 Y。既然他们是追诉目标,就应承认其质疑证据的主体资格。[3]

有学者从法社会人文观角度对非法证据排除规则进行思辨:"某些法则之创设,实乃当代社会需求反应之产物。盖处法治观念薄弱,行政挂帅之时代,极易发生行政恣意现象,犯罪调查机关,常会有意或无意,藉摘奸发伏,打击犯罪之名,不择手段,滥权搜证,驯至践踏人权。20 世纪初期至中叶期间,自由主义思想澎湃,盛行美国,肩负人权守护重大责任之联邦最高法院,当然义不容辞,挺身而出,针对搜证不法现象,亟思有所积极导正作为,以捍卫人权。该院所以创设证据排除法则,实系基于当代社会此种自由主义之人文思维及导正社会乱象之企图所致,此也正是支撑创设该法则之哲理所在。……美国自 1970 年代初期,治安日益恶化,犯罪率骤增,终于唤起保守主义抬头,力主积极诉追犯罪,铁腕惩凶。……保守主义者直将治安败坏主因,归咎证据排除规则。美国联邦最高法院在此民意驱策之下,爰态度丕变逆转,展开对该法则作强烈批判与反扑作为,大幅限缩其适用,削弱其威力。此番变局,活生生地印证了物极必反之物理法则。此也启发了立法者及司法者,在从事立法或司法时,务须秉持理性中庸之态度,其所创设之法则始能永续长存。"[4]

真相理论家是否都是保守主义者,虽然无从考证,但他们对证据排除规则确实都很反感,对于毒树之果理论也是难以容忍。他们宣称,世上再

---

[1] LaFave & Israel, *Criminal Procedure*, Thomson Reuters, 2009, pp.513-515, 519-521.
[2] *Jones v. United States*, 362 U. S. 257 (1960).
[3] *Rakas v. Illinois*, 439 U. S. 128 (1978).
[4] 林辉煌:《论证据排除:美国法之理论与实务》,元照出版公司 2006 年版,第 329—330 页。

无其他普通法国家像美国这样,如此系统性地排除毒树之果理论,简直愚不可及。[1] 其实,如前所述,美国对证据排除规则及其毒树之果已经作出许多保留。而美国之外的普通法国家,比如英国,也对毒树之果持一定的谨慎态度,可想而知,欧陆一脉的证据理论自然更趋于保守。比如一旦违反米兰达告知义务,就不得不放弃被害人尸体所在位置线索,"恐怕也不可能成为法治国长期坚守的规则"。因此,"放射效力问题,只能透过更为精致的操作标准来解决。简之,就是区分理论,而探求区别的标准,才是真正的问题所在。作个简单类比:毒果可不可以吃,应先区分该果中什么毒及中毒多深而定,如果在安全剂量以下,食用无妨,否则难免因噎废食"[2]。持此中立之论者,看似中庸公允,实则与真相理论家是同一套路,他们都饱食法治有年矣,对法治严重歉收所造成的饥馑回忆,从未有过切身感受或者正在迅速淡漠。申言之,所谓中立之论,实际导向往往不是中立,而是否定非法证据排除的整套理论。

这是因为,"承认证据排除法则,为刑事诉讼哲学思想之重大改变。实务过去完全以发现实体真实为目标,取证程序是否违法,只要不影响实体真实,得漠视之,法院无需调查处理。在承认证据排除法则后,证据排除与否势必影响判决结果,程序合法与否的争执与裁定,成为实体真实的先决条件。对当事人违法取证之请求,法院必须调查,甚至必须叙明排除或不排除的理由,不得再漠然不理。为了程序正义而牺牲实体真实,乃哲学思想的重大改变,惟有如此,程序法始有发展的空间与可能"[3]。厌倦非法证据排除规则的声音虽不绝于耳,但这一规则始终坚守在那里。比如大法官伯格认为,"没有实证数据证明警察被吓住了",但美国学者针锋相对地指出,"证据排除规则像死刑的威慑力一样,失效的时候容易被看到,成功的时候反而被忽视。该规则对政府不法行为的压制作用是真实存在的"[4]。如果一定要对这一规则的未来前景做些预测,那也只能说,虽然被大法官伯格斥之为"概念上无能,实务中无效",但废止非法证据排

---

[1] 参见〔美〕拉里·劳丹:《错案的哲学:刑事诉讼认识论》,李昌盛译,北京大学出版社2015年版,第200页。
[2] 林钰雄:《刑事诉讼法》(上册),元照出版公司2015年版,第626页。
[3] 王兆鹏:《当事人进行主义之刑事诉讼》,元照出版公司2004年版,第16页。
[4] LaFave & Israel, *Criminal Procedure*, Thomson Reuters, 2009, p.129.

除规则却不太可能,理由可能也很简单:相反的做法可能更糟。套用马克·吐温的语句,"现在说死也太夸张了,它还在这里"[1]。

第三节 证明责任

"证据制度之要者,在证据责任之分配。而证据责任之内容,又包括搜集、调查与判断三者。在职权主义之诉讼制度,斯三者均属法院之职权,当事人虽得提供证明方法,而调查与否仍取决于法院,当事人既乏直接调查之权,即证明力之如何判断,亦无客观标准,当事人尤无置辩之机会。因之,欲求职权主义证据制度之当事人化,自应从证据责任为适当之分配着手,使当事人不特负搜集证据责任,并就证据之调查及证明力之判断,均赋予适当之机会,互相牵制,互相协调,通力合作,以达成发见真实之目的。"[2]"证据制度之要者,在证据责任之分配",本属至当之论,但"互相协调,通力合作"的提法却特别符合真相为上的政策、策略、措施,很容易被以真相为唯一诉求的理论家断章取义。真相理论家通常将证据相关性置于证据的可采性之上,不承认在刑事证据领域中合法性的至上地位。如果说教育背景造成知识壁垒还有情可原的话,那么,他们号称"用更加技术化的术语来分析",比如用有罪假设颠覆无罪推定,就有些以无知为全知,并且具有很强的迷惑性了。

真相理论家们认为,"在刑事法中,有意义的主要假设一般就是以下两个:(1)犯罪已经发生了;(2)被告人实施了这起犯罪。不管是谁的证言或什么样的证据,只要它们能够使一个理性的人更能接受或更不接受这两个假设,那就是具有相关性的证据,其他的任何东西则是不相关的"。在满足这两个假设的前提下,还有一些证据可能证明还有第二人存在,或者相关证据之间相互矛盾,需要一些规则来加以排除。这些规则从哪里来?由此可见,真相理论家所谓"其他的任何东西则是不相关的"这一判断是不对的。真相理论家继续批评道,"然而不幸的是,法律制度和司法

---

[1] Rolando V. Del. Carmen, *Criminal Procedure Law and Practice*, Wadsworth, Cengage Learning, 2010, p.118.
[2] 陈朴生:《刑事证据法》,三民书局1979年版,第71页、第72—73页。

实践普遍违反这个唯相关性原则。这是因为法官除了要判断证据的相关性,还要使用第二个标准,这就是众所周知的可采性要求","例如,取证不得侵犯被告人的权利",而"每一个导致具有相关性的证据被排除的规则,在认识论上都是令人怀疑的","它不仅是对发现真相的亵渎,而且是对公平游戏和保障无辜的利益却没有或几乎没有提供保障","没有人否认,通过非法搜查获得的许多证据是具有极大相关性的……许多罪犯因排除规则而逍遥法外"。[1]

用关联性打压可采性,这一招数比较容易识别,而将无罪推定偷梁换柱为有罪假定,是真相理论家更具欺骗性的技术包装。揭开这一包装需要从假定与推定的区别说起。假定与推定的不同在于,假定需要证其为真,否则即为假;推定需要证其为假,否则即为真。无罪推定意味着,如果没有足够证据推翻这一推定,这一推定就为真、为无罪;而有罪假定则意味着,如果有一定数量的证据足够证明这一假定,这一假定就为真、为有罪。经常说的科学假定,即是需要证其为真的,有些科学假定很难证立,甚至称为猜想,需要几代科学家的努力,不过他们可以慢慢来。但在刑事领域却受制于及时审判的原则,不能慢慢来,所以给指控者一个期间,让他们完成指控,这便要求理论和实践都关注"假定"在刑事诉讼中的功能及意义。"疑问之假定,如无限制,徒使事实益臻复杂,证据益见纷乱,徒增诉讼之繁剧。故其假定,仍应与假定事实具有关联性与必要性。如其疑问与假定事实不相关联,或虽有关联,而非重要者,此类疑问之假定,不特缺乏许容性,且亦不属应行调查之范围。"[2]

不能完成指控时如何了结案件,便成为诉讼制度优劣的权衡尺度。这时有罪假定和无罪推定的不同后果便显现出来。假定不能被证立,可以暂时悬置在那里,因为永远有机会证其为真,不利后果由被告人承受,也就是以"案情疑难重大"为由无限期羁押;推定不能被驳倒,则反驳推定的一方要承担不利后果,由被告人获得利益,也就是无罪开释。将两者进行置换的直接效果是改变了证明责任,改变了指控失败时不利后果的分

---

[1] 〔美〕拉里·劳丹:《错案的哲学:刑事诉讼认识论》,李昌盛译,北京大学出版社2015年版,第19—20页、第205页。

[2] 陈朴生:《刑事证据法》,三民书局1979年版,第166页。

配原则。这便引出证明标准的问题:推翻无罪推定采用了排除合理怀疑的标准,且证据以合法取得为可采性前提;证立有罪假定采用了确实充分的标准,只要与案件事实有相关性即可,不甚在意合法取得这一限制。假定有罪然后努力加以证实,是"在程序中对案件事实的重构结果"[1],可以生动比喻为拼图游戏,刑案现场类似一盘打散的拼图,其中有许多拼片已经散佚,再也找不回来了。刑事诉讼就是用这些不完整的碎片去拼图,重构事实。理论上说,拼图越是完整,就越是接近真相。但事实上,许多拼片散失了,有时还会混入其他杂物,干扰拼图,有时甚至导向错误的拼接。拼图的比喻还有一个警醒:不难理解,小孩子如果在拼图前知道最后要拼成什么样子,就更容易完成这一游戏。但破获案件则不同,预先知道或者假定自己知道最终的案情,可能导致错误的侦查方向,直至错误的终审判决。

拼图顺利且完美无缺,当然值得庆幸,但拼图经常是不完整的,甚至没有修补的可能性,最后成为多个事实版本的"罗生门"。而且,不是每一拼片都有同等价值,以人脸拼图为例,头发、胡须、额头的拼片再多,也不足以显现真面目,需要眼睛、鼻子等关键部位,甚至在拼图游戏中,抠掉两只眼睛,人们便无法确定这人是谁,但是,如果只剩两只眼睛的镜头特写,也让人无法辨识。因此,以拼图逻辑证明犯罪真相,最大弊端可能有两个:一是拼图究竟多到何种程度才能呈现真相,或者反过来说,拼图可以少到何种程度仍能辨清面目,没有任何可识别、可评判、可验证的标准;二是在事先并不知道拼图全貌的情况下,在进行到一定阶段后,余下的拼片可能并不唯一,选择往往不止一个。也就是说,抽取拼片 A 会呈现甲的面貌,抽取拼片 B 会呈现乙的面貌。德国人一再反省的"司法史上的超级大灾难"哈利·沃兹案正是采用了假定有罪兼拼图证明法,最终塌陷于证明责任倒置以及拼图证明的两大弊端中。

哈利·沃兹离异分居,身为警察的前妻与警察教官托马斯有染。前妻某晚被杀,沃兹与托马斯都成为嫌疑人,分别面对的是同一个提问:"您昨晚在哪里?"托马斯的幸运来自他还和妻子睡在一起,妻子证明昨晚托

---

[1] [德]施图肯贝格:《无罪推定的规范内容》,刘家汝译,载赵秉志等主编:《当代德国刑事法研究》(第 1 卷),法律出版社 2017 年版,第 234 页。

马斯一直在家,还和她亲热过。而沃兹的回答是"我在家睡觉"。"您有证人吗?""没有。"在反复而冗长的变相刑讯之下,沃兹作了有罪供述,警方最终得到了想要的真相。沃兹"一直不断坚称,案发当晚他只是在自己的床上睡觉,一个人。刑事诉讼程序中的有疑唯利被告原则,可以保障被告人免于被纠问,即法官在相反事证出现之前都应相信被告人。哈利·沃兹是无罪的,直到法官能够将这样的无罪推定给推翻。……独自一人在他的床上睡觉。从法律的角度来看,在这句话被推翻以前,他应该都是安然无恙的。他睡他的大头觉这件事情该如何证明,并不是沃兹要做的事情"。曾经,德国"最高法院刑事庭宣示,法院在认定证词的真实性时,最重要的前提是所谓的零假设:为了保护被告人,任何不利被告的证词,都必须先假定为不真实,直到除了该项证词为真以外已无其他解释可能之前,都必须维持此一假定"。

拼图法作为一种侦查方法论,则另有一种心理满足和麻痹效果,因为在侦查人员看来,拼图不断扩大,以至于有只要继续下去就能找到真相的错觉。这一"零假设"应当是很高的证明标准,但仔细琢磨,它采用的仍然是一种拼图游戏,因为决定哪一拼片用在哪里合适,就是一个不断试错的过程,"除了该项证词为真以外已无其他解释可能",或者说其他解释都不合情理。哈利·沃兹案恰恰说明,只要是从证明假设、假定的角度入手,所谓证据确实充分就只不过是符合构图预判而已。采用有罪假定,某人某晚在自家床上睡觉,却需要有个证人,或者像哈利·沃兹案一样,当嫌疑人被确定为两人,没有证人的那一个将处于不利地位,成为唯一的嫌疑人。为了证明嫌疑为真,相关证据不难找到,也的确找到了。指套、塑胶袋和熟人作案三项证据相互联结,织就了一张入罪法网。侦查过程中,在被害人浴室中发现一整包指套,旁边放的是治疗儿童发烧用的塞剂。这一发现改变了指套用于杀人的推论,但为了完成拼图,控方和法官双双"有意"忽视指套与塞剂的关联。如果拼图中加入浴室指套,可能呈现另外一个人的面貌,因为教官托马斯也有杀人动机,他的妻子为其作不在现场的伪证更是在情理之中。[1]

―――――――

[1] 参见〔德〕汤玛斯·达恩史戴特:《法官的被害人》,郑惠芬译,卫城出版2016年版,第46页、第49页、第51—56页、第157页。

而如果采用无罪推定,被告人无需提供自己在家睡觉而不在现场的证据,没有这一不在现场的证据,被告人并不承受不利后果,而是要作对被告人有利的推定。找到反驳被告人在家的证据应是控方的责任,控方必须驳倒无罪推定方可定罪。如果控方证据不足以驳倒无罪推定,推定自然成立,那就是无罪。它采用的完全不是堆积木式的拼图法,即使达不到一票否决的效果,至少不至于让警方在熟人作案的前提下又过早地排除被害人的情人托马斯,从而将嫌疑锁定在沃兹身上。如此看来,对证据本身进行"零假设"是不够的,必须对事实进行"零假设",也就是无罪推定。"对于法律思维来说,没有被证实的东西,等于不存在。公正判决只存在于这样的法律思维在法庭上取得胜利的地方"[1],而且,无罪推定意味着"不得逼迫人们提供让他们接受法律制裁的必要信息……如果国家准备对一个人进行定罪处罚,应当通过他的官员的独立劳动来提供不利于他的证据"[2]。之所以在设计上大幅度偏向无罪推定和不得强迫被告自证有罪,是因为实际生活中控方角色势必从有罪推定或有罪假定开始。试想一下,一位女性报案声称自己遭到性侵,即使这位女性根本无法提出其他证据,警官们也不会以证据不足为由,说一句"有疑唯利被告"就把报案女性打发回家,他们一定会对报案做起码的了解和分析。

德国人曾作过一个比喻:对发现真实而言,这是一条崇高的、在道德上不会被质疑的道路。走在这条路上有时也像是在行军,刚开始还看得到田间道路,两条轮胎痕,踏过的草地,再往前只剩几根树枝,一片灌木丛。你会发现已身处荒烟蔓草中,不知身在何处。不过,一旦选择这样的旅途,就不会有回头路。在事实与相信之间也是如此,连接两方的那条通道极为容易让人忽略。当案件已进入审理程序,所有证人都已出庭,媒体开始关注,而被告人也已经在看守所度过好几个月的时光,这时有些检察官才开始觉察到自己错了。如果有人在这时有勇气喊"停",那他可称得上是英雄。但这样的英雄毕竟少有,这也就是为什么对性侵案的起诉总是危险重重。基于受害者是无助且需要保护这样的理由,疑似或真正的

---

[1] [苏]亚历山大·雅科夫列夫:《公正审判与我们——30年代的教训》,载陈启能主编:《苏联大清洗内幕》,社会科学文献出版社1988年版,第492页。
[2] *Culombe v. Ct.*, 367 U.S. 568, 581, 582 (1961).

犯罪行为人便越来越难为自己辩护,也越来越难坚称其在法律上仍适用无罪推定原则。站在受害者这边,保护他们,是政治正确的事;为一个涉嫌犯下重罪的人辩护,反成政治不正确之举。法官若将这种重罪称为丧心病狂,众人莫不为之拍手叫好。预断的倾向如此强烈,而无罪推定原则却如此不受欢迎。[1] 司法机器一旦开动,制动器还真的不容易找到,找到了也不容易踩下。

刑事司法有一基本假定,当错误在人类生活中无可避免时,宣告一个有罪的人无罪,比认定一个清白的人有罪更好。无论在法学院还是法院,师生们与法官们都不再质疑这种说法,甚至警察学院的学员们也能接受这个结论。不过,相反的说法又沉渣泛起,而且源自布莱克斯通:"认定无辜者有罪比放掉有罪人要恶劣得多。"[2] 法学院毕业生几乎都知道这句话,但是毕竟法学院能够坚持这样一种立场教育:在错误不可避免时,将以错误的无罪认定为主要目标。而无论采行何种诉讼程序,难免会产生系争事实不明的情形,由于法官不得拒绝裁判,不得以事实不清为由拒绝适用法律,因而诉讼法必须设定某种规则,以便在事实不明时案件仍然得以终局。这便是举证责任由谁负担的规则。如果有人声称你该还给他2 000元钱,你应当发誓说,这辈子从未向他借过哪怕一分钱。这样说,举证责任在他;而如果你说已经还了2 000元钱给他,那将形成一个新主张,举证责任就在你了。[3] 更重要的是,这相当于承认了借钱的事实,而且你没有办法证明已经还钱,就不得不再次还钱。

我也曾向中学同学解释一张借条的奥妙,目的不是让他去害人,而是不希望他受骗。第一,虽说借条在谁手里就说明谁是出借人,但如果落款处没有借款人签字,就很难说了,因为借条确实可以是从对方口袋里偷过来的,所以你不能单独使用一个"借"字,以免因混淆了借出还是借入而吃亏。第二,如果你借钱给人,一定让他出具借条,要他当面在落款处签借款人姓名,而不要接受他事先准备好的借条,因为那可能是别人代签的。

---

[1] 参见[德]汤玛斯·达恩史戴特:《法官的被害人》,郑惠芬译,卫城出版2016年版,第98—99页、第160页。

[2] Blackstone, *Commentaries on the Laws of England* (1765), 2 Bl, Com, c. 27. p.358.

[3] 参见张建伟:《刑事诉讼法通义》(第二版),北京大学出版社2016年版,第331页。

第三,签名的位置也很重要,不应给人做手脚的念头和机会,因此"有些人出于谨慎,特意在自己签字的尾部笔走龙蛇,绝妙地加附了一些曲线,并让这些曲线升高,占据了文件上的空白处,减少了可能被人用来添加字句的空间。也有些签字者经常在自己所写的一段文字内结束其签字,让文字与签名之间不留空白"[1]。第四,如果你把借条弄丢了,不要声张,要不动声色地先索还并拿到还款,如果没人提及借条之事,也就不要做声了,在对方索要借条时再告知对方借条找不到了,听起来有点狡猾,好在是维护自己的正当利益。第五,如果此时对方要求你写收条,那你有义务写给他,而如果他不懂得让你写收条的重要性,那么他就要冒你找到借条后再次向他索还借款的风险,作为一种诚信的体现,也不给自己动邪念的机会,最好是主动给人写收条。第六,同理,如果你是借入方,对方声称借条找不到了,你一定不要忘记让他当面写个收条,并且写明金额、还款时间以及为何没有收回借条。"因此,举证责任论,也可以说是解决待证事实最后不明时法律效果如何分配的理论。"[2]

一个无罪判决,未必意味着被告人真是无辜的,而仅仅意味着控方未能尽到证明责任,没有推翻对被告人的无罪推定。[3] 为了获得有罪认定,控方必须证明犯罪的所有要件。证明责任始终在控方吗?英美学者主张,"控方不必证明每一辩护要点都不成立,当辩方主张缺少意图或明知、行使自卫权、被激怒、处于醉态或被胁迫时,要区别这些理由是否由控方证据引出。如果是,控方有澄清、释明的责任;如果不是,辩方最好能够举出充足证据证明其辩护主张,如果不能举出任何证据,他将置自己于危险之中。比如,必须推定一个人是神志清醒的,除非有证据证明情况相反,因而如果被告人以神志不清为由寻求减轻责任,他还真就有了证明责任。再如,指控杰克谋杀吉尔,必须证明谋杀罪的所有要件:杰克导致了吉尔死亡,意图杀害或者至少意图致其重伤;杰克使用一把转轮手枪,在四英尺范围内向吉尔射击;有两名目击证人;有从吉尔身上取出的弹头,

---

〔1〕〔法〕勒内·弗洛里奥:《错案》,赵淑美、张洪竹译,法律出版社2013年版,第79—80页。

〔2〕林钰雄:《刑事诉讼法》(上册),元照出版公司2015年版,第501页。

〔3〕Walter P. Signorelli, *Criminal Law, Procedure, and Evidence*, CRC Press, Taylor & Francis Group, 2011, p.11.

与杰克手枪的弹道痕迹吻合;尸检报告显示射击导致吉尔死亡;至于主观心态的证据,控方可以指出,杰克当时的行为和言语,唯一合理的解释是他意图杀害吉尔;可能还有一些其他情况证据,比如从吉尔那里得到大笔遗产"[1]。

任何人都没有义务积极配合控方收集不利于己的证据。就控方而言,既然提出控告,就应先行查明犯罪事实,用证据确认犯罪,并且证明这一犯罪应当归咎于被告人。比如,在不进行任何申报即转移资本的案件中,行政部门必须证明这种行为确实属于犯罪,而不能仅仅以进口货品申报的价值与同一时期资金运动之间有差别,作为非法转移资金犯罪的依据,同时必须证明这一价差是被告人所刻意追求的,并且被告人为此诉诸了实际行动。法律有时也规定某些有利于控方的推定,当然,这些推定也是可反驳的,如果辩方直接反驳了推定所依据的事实,或者干脆证明了相反的事实或状态,就可得到无罪判决。比如,法国海关法推定,没有通关凭证的商品属于走私商品;公路法推定,车辆登记所有人对违反停车规定、违反限速与违反强制停车信号等违警罪负有责任;法国刑法还规定,与惯常卖淫者一起生活的人,没有与其生活水准相称的其他收入来源,视为也就是推定为淫媒牟利罪的犯罪人。[2] 这些规定被称为推定,是因为可反驳,这不同于14岁以下不能犯罪的不可反驳的法律拟制。既然需要反驳成功才能推翻推定,也就意味着举证责任倒置。刑法中规定的持有、窝藏类犯罪,都有举证责任倒置问题,至少法律对这类犯罪规定了相对较轻的控方证明责任,这也是这类罪名很容易被用作陷害手段的原因。

尽管许多诉讼法学者不愿直言承认,有些情况下证明责任的确是分配给被告人的,比如正当防卫等积极的辩护事由,就需要辩方承担证明责任。[3] 在美国,辩方只有举证证明犯罪乃极度情绪紊乱所致,才能获得

---

[1] [英]乔纳森·赫林:《刑法》(第三版)(英文影印本),法律出版社2003年版,第27—28页。

[2] 参见[法]贝尔纳·布洛克:《法国刑事诉讼法》,罗结珍译,中国政法大学出版社2009年版,第70—71页。

[3] 参见田文昌、陈瑞华:《刑事辩护的中国经验》(增订本),北京大学出版社2013年版,第264页。

较轻判决,比如从谋杀罪降格改判非预谋杀人罪。这种辩方负责举证的规定,不被认为违背正当程序。[1] 有学者只是把这种倒置理解为举证责任的例外,而并不否定规则本身,明确支持被告方某些情况下有举证责任的观点实属少数,比如,"惟追诉者在审判中之举证责任并非漫无限制,当其举证之效果,已足以使审判者产生高度盖然率之事实心证时,如被告犹抗辩有阻碍犯罪事实成立之事由存在者,应由被告负提出反证之举证责任,如被告无法提出反证,或虽提出反证,但仍然无法推翻审判者本于追诉者已举证而形成事实存在之心证时,即应由被告负担其未举出反证之不利益,即有罪判决之结果"[2]。反对举证责任倒置的法律人士,甚至不愿接受例外说,其用意在于强化控方恪尽举证责任的观念。他们只承认,"迄今为止,唯一可以被归入证明责任倒置的情形存在于被告方申请排除非法证据的案件之中。……被告人有权申请法院对公诉方以非法方法收集的证据依法予以排除,但要提供相关线索或证据"[3]。

"其他案件,比如杀人案,犯罪嫌疑人、被告人说案发时不在现场,并提供了线索,办案机关也得去查证,但如果最终不能排除他确实不在现场的可能,就不能定罪。而巨额财产来源不明犯罪案件,因为法律规定了被告人说明自己财产合法来源的责任,被告人就得说明,如果被告人说不明白,或者被告人说明白了,但检察机关对被告人所说查不明白,仍然视为被告人没有说明,在理论上仍然要定罪。因为,如果允许被告人自己说清楚,控方查不清楚就不能定罪的话,这个罪名就必须取消了。比如说,被告人说这个房子是亲戚赠与我的,赠与我的人在美国,名字叫什么,年代久远记不得了,其他线索也没有了。检察机关你去查证吧,查不清楚就不能定罪,这条罪名还有什么存在的意义呢?"[4] 如果不否认这一罪名规定的特殊性,那么就要承认其特殊性就在于,被告人拒绝说明的后果是一种直接的不利,相当于法律在此例外地采取了有罪推定,而被告方拒绝尽其证明责任将承担不利后果,相当于没有推翻这种推定,有罪推定就成立了,这恰恰是刑事诉讼举证责任倒置的标志。

---

[1] *Patterson v. New York*, 432 U. S. 197 (1977).
[2] 黄翰义:《程序正义之理念》(三),元照出版公司2010年版,第17—18页。
[3] 陈瑞华:《刑事证据法学》,北京大学出版社2012年版,第236页。
[4] 张军、姜伟、田文昌:《新控辩审三人谈》,北京大学出版社2014年版,第107页。

第四节　证明标准

证明标准是运用证据证明案件事实所应达到的特定程度,它是证据法体系中的真正难点。证明标准有两大流派,客观标准派主张"事实清楚,证据确实、充分";主观标准派强调"排除合理怀疑"。我国刑诉法试图兼收并蓄:证据确实、充分,应当符合以下条件:(1)定罪量刑的事实都有证据证明;(2)据以定案的证据均经法定程序查证属实;(3)综合全案证据,对所认定事实已排除合理怀疑。最高院2013解释规定:没有直接证据,但间接证据同时符合下列条件的,可以认定被告人有罪:(1)证据已经查证属实;(2)证据之间相互印证,不存在无法排除的矛盾和无法解释的疑问;(3)全案证据已经形成完整的证明体系;(4)根据证据认定案件事实足以排除合理怀疑,结论具有唯一性;(5)运用证据进行的推理符合逻辑和经验。这种兼收并蓄的立法努力,在司法实践中的效果究竟如何?美国女舞蹈家邓肯曾对英国文豪萧伯纳说:"如果咱俩生个孩子,有你的大脑和我的身材,那该多好?"萧伯纳说:"就怕有你的大脑和我的身材。"再回想一下,如果像我国《刑法》第3条那样,将有法必依与罪刑法定整合起来,不也是大大削弱了罪刑法定的本义吗?"一项证明标准的设定不能回避的两个问题是:其一,对于案件事实的认识能否达到确实的程度;其二,是否应当务必发现案件的真相。"[1]

就"达到确实"而言,持审慎怀疑态度更稳妥些。人在抽象意义上能否对事物达到确定性认识,与具体人对具体事的真相是否达到确实,不仅是两个不同的问题,而且是不易论证明白的问题。哲学上的概念虽然可能很有解释力,但也不宜随意引入刑事法领域。正如必然性与偶然性这对范畴,解决不了刑法上的因果关系难题,还引起无谓的争论。[2] 哲学认识论是为了解决这是一座桥还是一朵花之类的问题,不是为了回溯性地重构一个成为过去的刑事案件。刑事案件的破获和发现真相的过程,更像是考古,只能将认识的"确实程度"作为目标来努力接近,不可轻言达

---

[1] 张建伟:《刑事诉讼法通义》(第二版),北京大学出版社2016年版,第341页。
[2] 参见邓子滨:《〈法学研究〉三十年:刑法学》,载《法学研究》2008年第1期。

到。就"务必发现"而言,如果在认识能力上保持低调,就不存在"务必",务必是以完全有能力为前提的,在刑事诉讼领域承认认识有限性的前提下,务必发现真相就是一个错误的工作方针。因此,真相也应当只是努力追寻的目标,而不是可以邀功的首级。我国有学者提出这样的警告:以排除合理怀疑取代"犯罪事实清楚,证据确实充分"这一应用多年且行之有效的证明标准,要慎之又慎,不能不考虑排除合理怀疑标准的暧昧性。对司法人员来说,大概说了等于没说,到头来还是丈二和尚摸不着头脑。[1]

能否认可并坚定遵循非法证据排除规则,是刑事法治抑或非法治的分水岭,因此,在这个问题上斗争攸关整个制度选择的成败。反对者坚称,"核心问题就是,将犯罪证明到排除合理怀疑程度的概念——在一起刑事审判中获得一个公正判决唯一得到普遍接受的基石——是模糊的、矛盾的和混乱的。……排除合理怀疑自身的混乱和不清楚,意味着在任何特定的刑事审判中,不管是被告人还是控方,都不能预测何种程度的证明是必需的,他们面对的是一句废话",因此,排除合理怀疑根本不是"一个促进刑事审判真实发现目标的正确标准"[2]。可见,中外学者对排除合理怀疑的批评,主要是标准不够明确,不具有可操作性。而排除合理怀疑标准的支持者,其实与批评者的看法没有根本的对立,只有比较上的差异。优势往往是比较而言的,简言之,"事实清楚,证据确实充分"本身并不是"行之有效的证明标准",如果是,就不会产生那么多争议,更不会在我国刑诉法中补入"排除合理怀疑"的表述。其实两种证明标准都是不明确的,问题只在于,哪一个标准更有利于在分配错误的时候让天平倾向于无辜者不被定罪。"事实清楚,证据确实充分"不可能是百分之百,这一证明标准充其量只是高度盖然性。"但是,盖然性并不能否定相反事实存在的可能性,应当切记,在观念上一味强调盖然性是很可能导致错误判决的。因此,上述所说的高度盖然性必须达到不允许相反事实存在的程度。"[3]

---

[1] 参见张建伟:《刑事诉讼法通义》(第二版),北京大学出版社2016年版,第347页、第350页。

[2] [美]拉里·劳丹:《错案的哲学:刑事诉讼认识论》,李昌盛译,北京大学出版社2015年版,第33页、第34页。

[3] [日]田口守一:《刑事诉讼法》,刘迪等译,法律出版社2000年版,第223页。

对证明标准而言,正面的建构比反面的拆解难度更大。正如无法说清何谓幸福,但谁都知道什么是不幸,不幸的判断标准往往是明确的。"合理怀疑是一个经常得到使用,容易理解却不容易定义的术语。它不是一种可能的怀疑,因为人类事务中的每一件事,都容易遭到可能的或想象的质疑。它是一种可能的状态,在对所有证据进行比较考量后,陪审员的头脑中,对指控的真实性已经不可能具有持久的信念,也不可能达到道德确信。证明责任落在控方身上。法律要求,所有没有证据证明的推论都应当作有利被告的解释;每一个人在被证明有罪之前都被推定是清白的。如果证据表明存在合理怀疑,被告人有权被宣告无罪。只存在有罪的可能性是不充分的,即使根据概率判断存在较大的可能性,即被指控事实发生的可能性大于没有发生的可能性,也是不充分的。证据必须要能够把事实真相证明到一个合理的道德确信程度,具有令人信服的、满足了推理和判断条件的、注定在良心上会依据它行事的确定性。这就是排除合理怀疑的证明。"[1]

道德确信在解释何谓合理怀疑时也曾起到重要作用,在相当长的历史时期内成为法官经常用以向陪审团作出解释的工具。一方面,道德确信缓解了完全确定、绝对确定才能定罪的严格标准,避免了因过分僵硬、难于达到,反而导致无章可循;另一方面,道德确信是与陪审团制度相匹配的,是作为普通人的陪审员们能够理解的,因而促成了排除合理怀疑作为基本原则的地位。道德确信的"特征在于,虽然在理论上仍然存在怀疑主义者的怀疑,但是在实践中却不存在任何真实的或理性的根据对其进行怀疑。据此产生了这样的观念:一个有罪判决需要陪审团对被告人的罪行产生'排除合理怀疑'的信念或达到'道德确信'。法学家迅即认识到,鉴于认识论上产生的这个新洞见,确定有罪的适当标准,应当是道德确信,而不是完全确定被告人实施了犯罪"[2]。这样一种批评不只针对道德确信,而是可以运用于任何场合的道德判断。凡是可以运用于各种场合的批评,在特定场合恰恰缺乏有针对性的说服力。因此,道德确信在

---

[1] *Commonwealth v. Webster*, 59 Mass. 295, 320 (1850).

[2] [美]拉里·劳丹:《错案的哲学:刑事诉讼认识论》,李昌盛译,北京大学出版社2015年版,第35页。

英美法庭上一直享有广泛的影响力。

可如何作出指示却是真正的难点。美国最高法院1994年对超越合理怀疑作了简化表述:"总体而言,法官给陪审团的指导词必须适切地传达合理怀疑的概念,即政府有责任超越合理怀疑地证明被告人有罪。如果是民事陪审员,法官会告诉他只需将事实证明到其真超过不真的程度;而在刑事案件中,政府的证明必须比民事上的证明强有力得多,必须超越合理怀疑,让人坚信对被告人的定罪。在这个世界上,我们之所知很少达到绝对确定的程度。即使在刑事案件中,法律也并不要求那种克服每一可能怀疑的证明。如果基于对证据的考量,你坚信被告人犯有被指控的罪行,你就必须认定他有罪;而如果认为真的存在无罪可能性,你就必须让被告人成为这一怀疑的受益人,必须认定他无罪。"[1]曾有五种影响较大的合理怀疑的解释版本:(1)相当于确保个人生活中作出重要决定时的信念;(2)那种使一个谨慎细心的人在行动时产生犹豫的怀疑;(3)达到一种对指控真实性的坚定信念;(4)一个能够给出理由的怀疑;(5)作为高概率的排除合理怀疑。这五种解释版本为它们的批评者竖立了靶子,当然,批评者的逐一论证,也是理论深化的过程。

拉里·劳丹教授评论说:第(1)种版本虽然贴近生活,但它具有严重的误导性,因为人生中的重要决定,多是在非常不确定的条件下作出的,这恰恰是法律制度想要陪审员在确定有罪时避免的。第(2)种版本也没有解决问题,因为合理的怀疑不一定导致犹豫,即使完全确信也不一定果断行动。第(3)种版本中,坚定应当是牢固和不动摇的意思,可这样的信念又极有可能不是理性或以证据为基础的。第(4)种版本在1891年俄亥俄州的一个判决中就已遭到质疑:这意味着一个什么样的理由?一个糟糕的理由可以吗?如果对有罪感到怀疑,但不能给出或表述怀疑的理由,那又如何确定怀疑是不是合理的;而如果要求判决无罪必须给出理由,那就等于要求被告方进行积极辩护,甚至建构一种案情。第(5)种版本量化为一个具体标准,比如95%,应该算是高概率了,但如果告知民众,每二十人中将有一人是错判有罪的,谁还会对司法有信心呢?而如果一方面强调排除合理怀疑的重要性,另一方面又拒绝解释、告知其含义,那也是非

---

[1] *Victor v. Nebraska*, 511 U. S. 1 (1994).

常奇怪的。[1]

所有对"排除合理怀疑"的批评,都是在与"证据确实充分"的较短量长中表达意见的。对两种标准各自的缺点做进一步挖掘整理,还可看出,前者不易达到证据的充分性,后者可能模糊证据的必要性。举后一节所述纽扣案为例,不难发现判决书在在处处以"事实清楚,证据确实充分"自况,其中罗列的证据可谓不少,人证、物证、鉴定意见看似极为充分,一般人都看不出个头绪来,但却在证据必要性上多有欠缺。作为该案的亲历者,回想假设,如果以排除合理怀疑抽丝剥茧,而不是以确实充分叠床架屋,那将会很快暴露出证据其实已经相当单薄并且相互矛盾。同理,前述哈利·沃兹案,如果不是过分关注证据关联性而是重视证据合法性,换言之,如果不是注重堆砌而是着意排除,可能不会造成所谓德国司法的灾难性错案。不但如此,采用哪一种证明标准,其实是像分配证明责任一样分配了判断是否达到证明标准的话语权。证据确实充分,是控方主导审判时青睐的标准,因为在起诉书、判决书写明证据确实充分时,实际的判决结果已经形成,而被告人及其辩护人见到判决书上这一宣示时,留给他们的只是上诉或者申诉的机会。

而排除合理怀疑,则是辩方享有真实权利时受益的标准,因为它可以在判决书形成之前发挥作用,至少在庭审过程中就揭露出控方证据中有哪些是不能进入判决书的,即使进入了判决书也易于识别,便于列举上诉或申诉理由。从公众评价角度设想也是如此,要评价定罪证据是否充分,需要一大堆证据罗列;而要评价是否不应定罪,举出一个需要排除而未排除的证据就足够了。从辩方工作量上计算,排除合理怀疑是真正利于防止错判并利于事后纠正的。因此才可以说,排除合理怀疑的标准是有利于辩方和公众参与的。刑事诉讼永远是在一系列两难中作出艰难选择后踉跄前行的,有时还会跌倒甚至后退。一国采用怎样的刑事诉讼模式,奉行哪些原则,遵循哪些证据规则,哪些人会因获得权利而受益,哪些人又会因失去权力而不爽,其实都是可想而知甚至一目了然的。排除合理怀疑标准,其正当性在于"降低基于事实错误而陷无辜于有罪风险的主要工

---

[1] 参见[美]拉里·劳丹:《错案的哲学:刑事诉讼认识论》,李昌盛译,北京大学出版社2015年版,第39—44页、第48—50页、第53页。

具","让适用刑法者获得社会共同体的尊重与信心"。大法官哈伦更是直言:"我将排除合理怀疑地证明视为社会基本价值观的底线,错判无辜者比放纵有罪人要糟糕得多。"[1]

当然,人们会不断追问,即使我们同意哈伦法官的观点,是否也要有个极限?如果我们同意布莱克斯通所说的,"放纵十个有罪人也好过冤杀一个无辜者",那么,为了不冤枉一个人而必须放纵二十个、三十个乃至更多的重罪犯,比如系列杀人犯或者强奸犯,我们的社会共同体真的愿意吗?对这些尖锐的提问,不可能有令所有人满意的回答,但在个案判断中又必须即时作出选择。[2]需要反问的是:"'为了不冤枉一个人而必须放纵二十个、三十个乃至更多的重罪犯',从古至今,什么时候出现过这样的情况?"作为一名陪审员,最难理解的恐怕就是"超越合理怀疑了"。英国的一项研究发现,如果证明标准有一个权重,那么这个权重与所要认定犯罪的严重性有关。换言之,罪行越严重,允许认定有罪的证明责任的百分比就越低。同时,当陪审团觉得案情复杂难于决断时,法官的指导便非常重要。美国的一些研究也证实了这一点。陪审员们希望将定罪的可能性换算成百分比,也就是希望在51%～100%之间找到对应值。如果法官使用Sure,就表示有定罪的确定性,陪审员们就会在92%～100%之间取值;如果法官用不确定的词,就表示要在可能性的幅度内加以权衡,陪审员们就会理解为在51%～92%之间取值。因此,有学者尖锐地指出,应当将Sure这个词从法官对陪审团的指导中剔除,否则即有强烈的定罪暗示作用,可却又难以找出替代词。[3]

第五节 经审理查明

经常看到判决书上有"经审理查明"部分,这部分所认定的事实,基本就是判决有罪或无罪的根据。可以说,"经审理查明",既是法官尽其澄清

---

[1] *In re Winship*, 397 U.S. 358 (1970), J. Harlan, Concurrence.

[2] Joshua Dressler, *Cases and Materials on Criminal Law*, Second Edition, West Group, St. Paul, Minn., 1999, p. 11.

[3] Peter Hungerford-Welch, *Criminal Litigation and Sentencing*, Cavendish Publishing Limited, 2004, pp. 473-474.

案件义务的过程,也是将事实与法律相互拉近的过程。这一过程包括两个阶段:一是抽取事实的阶段;二是证明已抽取事实为真的阶段。案件发生后,除非传统的、多发的案件外,许多案件是否构成犯罪以及构成何种犯罪,都需要警察作初始判断。这一判断过程可能是瞬间形成的,也可能需要仔细思考。瞬间形成判断,意味着既对案件事实进行了概括,又对其法律属性作出认定,而对法律属性作出判断,实际是将事实套嵌于某个法条上。需要认真思考的案件,事实的抽取会遇到一定困难,尤其是所谓疑难案件,让多历年所的法学家也颇费思量,需要不断翻阅法条,在几个法条之间逐一比对。有时需要对已概括的事实作出细节上的增删调整,有时则需要对某一法条作出超出文义的解释,以便让事实与法律相符合。比如,只有将异地耍猴表演的事实与运输珍贵动物的法条相互拉近,才能上演"将耍猴人异地街头卖艺作为非法运输珍贵野生动物罪"的大戏。如卡夫卡在《审判》中所诉说的:"正是尾随在很多人身后的一种原始恐惧:他们也都可能会有同样的遭遇,成为错误甚至是罗织罪名下的受害者,没有人,没有一个人会听到他们的怒吼:'不是我!'"[1]

另有一则教学案例,很好地诠释了事实抽取与法条解释及其相互拉近:警察接到911报案电话,迅疾赶到现场,果如报案人所说,有一男子赤身裸体站在公寓楼二层窗前。警察停车之际,一位路人走近前来,说她每天遛狗经过这里时,这个男的都会凑巧赤裸着站在窗前。警察根据路人的抱怨和自己的观察,决定敲开房门拘捕嫌疑人,并告知他违反如下法条:"于公共场所或他人途经可见之处,作出不雅、无耻或猥亵举动者,处……之刑。"课堂教学提问有七个,前四个为实体问题,后三个为程序问题:(1)根据法条基本文义,嫌疑人是否违法?(2)根据法律应被公平告知原理,嫌疑人知道有此规定,对于定罪是否重要?(3)刑法应否规制不体面、不道德的行为?(4)嫌疑人身处自家公寓内是否不受该法条约束?(5)仅凭警察的观察能否进行起诉?(6)路人是否必须出庭作证?(7)法庭可否宣布该法条违宪?[2] 这一案例让我忆起30多年前在中国人民公

---

[1] 〔德〕汤玛斯·达恩史戴特:《法官的被害人》,郑惠芬译,卫城出版2016年版,第29页。

[2] Walter P. Signorelli, *Criminal Law, Procedure, and Evidence*, CRC Press, Taylor & Francis Group, 2011, pp.23-24.

安大学上的一堂刑法课,女老师讲什么是流氓罪时举了一个例子:"有一个人,男的,每天早上不穿衣服,站在二楼凉台上,看到下面有女的经过,他就咳……嗽……同学们,这就是流氓罪。"此后,木樨地校区礼堂正门台阶上经常坐着的几个无聊男生,一见有女生从图书馆出来路过,就喉咙发痒,咯咯地要咳出嗓中异物。

2007年7月25日,我为纽扣案被告人出庭辩护,辩护并不成功,被告人最终被判处故意毁坏财物罪,刑期1年,没有上诉。该案现已成为小有名气的刑法教学中故意毁坏财物罪的经典案例,而实际上,从事实与法律相互拉近的角度加以探究,并且充分展现查明事实的程序过程,比单纯地讨论是否构成犯罪或许更有意义。要说清一个案件的来龙去脉是颇费笔墨的,况且这一案件发生在10多年前,那时的法律、司法解释及司法鉴定等方面的相关规定与今天可能有些差异,但原理是相通的,因而用今天的标准审视昨天的案件,并不为过。本案不算什么大要案,但从实体到程序,从启动到鉴定,都存在诸多问题,尤其是对案件事实的证明过程,有太多值得斟酌回味之处。因此,以纽扣案这一真实案例为分析素材,对于审视刑事诉讼中的许多问题颇有益处,也可以让法科学生对司法实务有切近感受。作为辩护律师,辩护意见没有被法官采纳,当然有极强的挫败感,但作为学者,能够亲历这一内容丰富且颇具争议的案件,实在是得到一次认真思考的机会,分享并彻底解剖一起真实个案,也是一次学术尝试与思想实验。

浙江省永嘉县人民法院(2007)刑初字第386号刑事附带民事判决书[1]载,经审理查明:"2004年1月29日(农历正月初八)晚,某镇某村举行舞龙灯欢庆活动。因当晚村民许某杰停在村内的轿车被刮车漆,怀疑系舞龙灯的人所为。许某杰、许某红、许某和等人与当时舞龙灯的柯某玉等人发生争执,并在柯某玉道坦砸了龙灯。双方在争吵过程中,被告人祖父柯某者因情绪激动诱发心脏病倒地不治身亡。此后两天,柯某者亲属十余人先后多次来到许某和、许某红家哭闹'烂人命',并捣毁被害人许

---

[1] 以下简称"判决书"。关于判决书是否可以实名引用,曾经咨询过许多同仁,认为可以实名者为多,因为除涉秘案件外,判决书就是要公之于众的。但为稳妥起见,还是隐去真名。如此行文有些不伦不类,且失去许多真实感,但也只好退求其次。

某红、许某和家门窗、玻璃等物。2004年2月4日上午10时许,被告人伙同滕某忠、李某燕、滕某春等亲属十几人,再次来到许某和家'烂人命',哭闹、捣毁财物,在捣毁财物过程中,滕某忠、李某燕等人将许某和经营的坐落于其家中的服装辅料有限公司的1566.85千克,2620210粒纽扣予以倾倒并掺杂。经估价鉴定,被掺杂纽扣的废品率为5%,损失量化价格为124853.01元人民币。"法院确认的上述犯罪事实由四部分构成:(1)起因,两家冲突中有人不幸身亡;(2)死者亲属两次(不是多次)到对方家中捣毁门窗、玻璃等物;(3)被告人参与的时间与行为,2004年2月4日上午10时许,被告人伙同亲属十几人,来到前厂后宅的许某和家,将纽扣予以倾倒并掺杂;(4)被掺杂纽扣斤两、个数、废品率及损失的估价鉴定。

  通过对以上四个部分逐一分析,可以检视判决书是如何从起诉案卷材料中提取犯罪事实的,被提取的犯罪事实又是如何与刑法规定的构成要件相衔接的,以及认定犯罪事实的证据的相关性与合法性,特别是鉴定意见的生成与采信,存在许多值得讨论的问题。简单说来,第(1)部分事件起因被截短,实际情况是,柯、许两家积怨已久,本案庭审之前三年,即2004年8月19日,永嘉县人民法院曾以(2004)刑初字第301号刑事附带民事判决书判决导致柯某者死亡的许某和等人构成寻衅滋事罪。本案的启动及定罪可能有平衡、平息许、柯两家矛盾的考虑,但本案的侦查取证,却是在被控行为发生三年以后进行的,本身就有证据效力的疑问。第(2)部分事实中,捣毁门窗、玻璃等物,最后没有作为定罪根据,这反映出判决书的一个问题,它将非犯罪事实与犯罪事实混杂在一起,更准确地说,本案被告人原本不是正犯,也不是我国刑法中所谓主犯,但由于判决书没有特别指明围绕本案被告人的犯罪事实,而是将其与正犯行为混同,客观上没有反映出被告人辩护防御的重点。第(4)部分认定被"倾倒并掺杂"的纽扣数量精确到粒,重量精确到克,损失价格精确到0.01元,但这种精确的背后却是待证事实与鉴定对象的严重脱节,也就是,按照判决书的理由,倾倒并掺杂是毁坏的一种形式,因为这种行为贬损了纽扣的价值,所以数出变形的被损坏的纽扣数量即可,数出被掺杂的纽扣个数,就是不相关的,而且更为重要的是,作为鉴定对象的纽扣并没有经过现场勘查和证据固定。

  四部分中,第(3)部分最为重要,也是本案的症结所在。犯罪事实,包括待证事实的具体时间、参与人和行为方式,每一项都语焉不详。"上午10时许"不能表明涉嫌犯罪的行为持续多久,"亲属十余人"没有确切认定正犯究竟是谁,从犯又是谁,本案被告人的身份和作用都没有得到判决书的"审理查明";而持续时间和正犯人数、性别,是待证事实的重要组成部分,可据以判定毁坏的力度和范围,而这个力度、范围是判决书最后认定损害结果的重要依据,也是刑事附带民事诉讼的赔偿依据。时间究竟持续多久,对本案而言非常重要,因为涉及毁坏数量问题。而本案正犯行为方式被描述为"在捣毁财物过程中""倾倒并掺杂"纽扣,而从文本语境看,"捣毁"针对的是门窗、玻璃等物,并不包括纽扣,纽扣只是被"倾倒并掺杂",其间如何与刑法规定的"毁坏"相符合,便成为疑问。不仅如此,如果倾倒与掺杂就是据以定罪的毁坏,那么后文将会看到,损失的计算却不是以分拣费用而是以重置成本为基础的。最大的问题仍然是,倾倒与掺杂只是正犯的行为,而本案的被告人是作为帮助犯被起诉的。根据共犯从属性说,帮助犯虽有依赖正犯的一面,但也应将其帮助行为及主观认识作为待证事实予以明确,否则被告人及其辩护人便无从把握防御方向。

将判决书所提炼的事实同起诉案卷所记载的事实进行比对,很快会发现判决书是如何走入事实迷雾的。判决书载:"上述事实,由公诉机关提交并经法庭质证、认证的下列证据予以证实:1.被害人徐某华的陈述,证明2004年1月30日、2月4日,被告人及其亲属先后三次到他们家捣毁财物,并将纽扣予以掺杂的事实。被害人项某妹的陈述,证明被告人及其亲属于2004年1月30日、1月31日两次去她家捣毁财物的事实。2.证人许某芬、徐某菊、叶某妹、徐某松的证言,均证明被告人于2004年2月4日伙同亲属去被害人许某和家'烂人命',期间其亲属捣毁被害人家门窗等物,并掺杂纽扣的事实。证人许某尧、许某栋的证言,均证明了被告人及其亲属于2004年1月30日、1月31日到被害人许某红家'烂人命',并捣毁财物的事实。3.第078号司法鉴定书及第221号价格鉴定结论所评估的被掺杂纽扣重量、粒数、废品率及减值价值。4.公安机关出具的现场处警经过说明、被毁财物情况说明及照片,证明了被告人伙同亲属到被害人许某和家捣毁财物、掺杂纽扣的情况。5.本院(2002)刑初字第206号刑事判决书,证明被告人的前科情况。6.户籍证明,证明被告人的身份情况。7.被告人在公安机关的供述对关于自己同其亲属多次到被害人家'烂人命'捣东西的事实供认不讳。"

判决书对采信证据的罗列看似内容丰富，但如果它最大的可疑是证据与待证事实没有紧密接洽，且每一项证据都极不准确，根本不能说证据确实、充分，所以也就不可能事实清楚。换言之，如果诉讼标的被确定为"2004年2月4日上午10时许被告人随同其亲属若干人到许家毁坏纽扣过程中站在门外助威"，那么，与此无关的供述和证言就不可列为证据，余下的证据就寥寥无几，"待证事实不明"的问题便凸显出来：倾倒并掺杂纽扣，并非待证事实，在他人掺杂纽扣时在门外把风，才应当是本案的待证事实。"把风"可以通过共犯理论成立"毁坏"，但诉讼证据上却不能省略对是否存在"把风"这一事实的证明。其中，第7项证据描述错误最为严重，因为被告人不只有供述，还有辩解，而被告人当庭辩解比其庭前供述更应受到审判长的重视。被告人在多次笔录中强调，2004年2月4日虽到现场，但只是站在大门外，更未动手捣毁东西。作为一个几乎没有受过法律理论教育的普通人，不可能有帮助犯的概念，因此被告人这样说，只能算作一种辩解，谈不上是供认不讳。如果这也算供认不讳，那恰恰是因为公诉人和审判者都没有注意到，正犯倾倒并掺杂纽扣的行为已经被错位地当成了本案的待证事实。

第4项证据特别醒目，它是公安机关出具的现场处警经过说明，它只是一页打印纸，没有任何人签名，更没有公章，很容易令人怀疑是事后补写的；另有一份由叶某中签名并手写的情况说明，内容简单，字迹潦草，且无当时派出所出警记录以证实其到过现场，又没有出庭作证环节，根本无法确认此一手书说明的真实性。参考现在施行的公安部2013规定，"勘查现场，应当拍摄现场照片、绘制现场图，制作笔录，由参加勘查的人和见证人签名"。而本案中没有正规的现场勘查笔录，也没有被毁财物实际散落地面的照片，或许相关笔录、照片没有入卷，辩护人无法看到。总之，第4项证据不具备起码的合法证据形式。第3项证据相对简单，是杭州市价格认证中心的鉴定结论，但它是侦查机关委托的鉴定单位又委托的，不仅鉴定资格有疑问，而且两个鉴定单位之间的鉴定意见可谓互为前提和结论。侦查机关曾经委托永嘉县价格认证中心进行鉴定，而该中心2006年5月30日出具给永嘉县公安局的回函是："根据价格认证操作规程，鉴定人员无法对许某和家被损坏物品作出价格鉴定结论。"可以合理推知，县价格认证中心是负责任的,认为不具备鉴定条件,而其他单位此后才作出的、距事发已有2年又近4个月的鉴定,既无赴现场勘查可能,鉴定人又未出庭作证,其鉴定意见何以被采信?

至于第1项证据,即许某和妻子徐某华的陈述,有诸多无法自圆其说的纰漏,根本不能作为证据使用,而判决书对此却没有问个究竟,还将其置于证据首位。案卷中共有徐某华7份询问笔录,时间跨度为2004年2月4日至2006年9月12日。第一份询问笔录中徐某华以报案人身份描述事情经过:"今天上午我在我家一楼临时棚下装包,突然听到外面有响动,我怕柯家人打我,马上我逃到后门出去。在后门路上我看到被告人、阿福及一帮老娘客往我家走。我过了10余分钟,等这帮人离开我家后我又回到家里,看到一楼临时棚下、台阶上、里间的所有产品已被捣的一塌糊涂,地上都是。几乎同时派出所的同志到我家了。"问:"是何人将你家的产品捣毁?"答:"这我没有看到。"问:"损失如何?"答:"有捣、混在一起的产品有5 000余斤,样品有100多种,全都是成品。现在全都被捣散在地上,混在一起捣毁,价值有100万元左右。"问:"当时你家有谁在场?"答:"我不知道。"假如证人必须出庭接受询问,我会揭示出徐某华各份询问笔录中的矛盾之处,让她作出解释,而不是像现在这样让歧义湮没在判决书里。

徐某华第一次询问笔录有如下可疑之处:其一,说在后门路上碰到被告等人,但其他证人证言都反映出柯家人是从前门进入的;其二,徐某华第一个说出的是"被告人",而本案被告人在很久以后才被"遴选"为犯罪嫌疑人,当时他还是极次要的人物,2007年1月25日才被刑拘,徐某华何以在当时就对他印象深刻?其三,回家时间不长,徐某华就判断出有5 000余斤、100多种、价值100万元左右的纽扣被捣毁,是否纯粹出于个人观察和估算?其四,徐某华讲的非常清楚,事件持续了"10余分钟";其五,"捣毁"一词是故意毁坏财物罪的侦查方向确定后才使用的,且一直用于对门窗、玻璃的破坏,徐某华不识字,所有笔录都由人代签,"捣毁"不应是她在事发一小时后就能使用的词汇。徐某华第二份询问笔录作于2004年2月27日,没有接续第一次笔录,而是从头补续她家三次被捣的情形,头两次不涉及纽扣,被告人只是出现在第二次,捣纽扣这一次没有被告人,只有阿忠即滕某忠。笔录记载:"第三次是初九过后几天,具体哪天我记不起来了。那天上午9点多钟,我从上塘回来,我快到家的时候看见阿忠等十几个人又到了我家。我到了家里的厨间时看见他们正把我家的纽扣搬出来倒在地上,阿忠则用手把那些不同种类的纽扣都搅拌了混合在一起。接着阿忠还把许某胜家的一桶矿泉水都倒在纽扣上。当时我只是站边上看,没有去拨他们,后来有人报了案。问:这次损失的有什么?答:有铜材料做的各种纽扣4 000余斤和价值2万余元的各种装饰钻,这些东西都被他们混合在一起了。现在很难分出来了。"

第二次笔录与第一次笔录有很大区别,一个在场,一个不在场。而且最后一句"现在很难分出来了"实在是有分量,既表示分拣后民事解决已无可能,也为掺杂即是毁坏的刑事追究埋下伏笔。第三次笔录是2004年2月29日派出所民警向徐某华征求意见,看可否将纽扣运走进行鉴定,间接证实了此前纽扣一直散落在地。第七次笔录是治安大队民警2006年9月12日告知她鉴定结果。第五次、第六次笔录都是2006年4月作的,此时距事发已两年有余。笔录中,徐某华都说2004年2月4日自己不在场,都是简单转述他人的一些说法,而且都没有提到被告人。唯独作于2004年3月26日的第四次询问笔录,值得抄录其中与纽扣事件相关部分,以资比对:"第三次被砸是2月4日10时左右,当时我在后屋。被砸后我才到前间看见有很多纽扣被倒在地上,都混杂在一起了。第三次来砸的人具体是谁我不清楚,我也没看见。"问:"上次你在派出所所作的笔录中为何说第三次你家物品被损坏时你在场?"答:"当时我确实没在场,也没看见。但我听家人说了第三次被捣的经过,听多了就认为自己也在场了。"且不说矛盾漏洞百出,只就公认的传闻证据规则而言,徐某华的证言中,不仅有许多"我听人说",而且没有出庭接受质证,实在不能算作合格的证据,也实在无法确定其真实性,在英美,会作为传闻证据而被排除。

熟人作证,基于亲缘关系,又基于本案为两个家族纷争,不能与被告人当庭对质的证人的证言笔录,法庭应当审慎辨析。"立法者知道伪证是会经常出现的,他们试图在可能的范围内排除人证。为此,法律禁止非商业人员在争议超过50法郎时,通过发表证人证言提供有关债务的证据。也就是说,如果您借给某人100法郎,而没有借据,那个人又否认了他的债务而拒绝偿还,那么即使有10个最有信誉、最受尊敬的人来作证,他们证实看见您借出了这笔钱,您也不可能得到您所希望得到的判决。这是立法者对于人证的态度。一个突如其来的事件,实际上是不可能被证人证实的,例如一次车祸,两个司机打架,以及某些伤害犯罪,等等。在这些案件中,只有当事人能够说明谁是侵犯的人。在离婚案中,也只有夫妇两人自己能说得清,究竟是哪一个对另一个专横暴虐。我们的前辈和我们一样多疑,认为无论如何单独一个证据不能让人确信,这就是那个用拉丁语表达的著名准则:孤证无效。但这一准则,现在已经被抛弃了。因为,现实生活中,一个信誉很高而又与本案毫无牵连的人,他的作证要比两个值得怀疑的人作证受到重视,这是很明显的事。……有个男人喝醉了酒并殴打妻子,且这种事情经常发生,邻居们也曾多次目睹过。可是,丈夫总能找来三四个当兵时的战友,或者工作的同事,或者酒友,来证明他很少喝酒,而且对妻子总是体贴入微,温存爱抚。"[1]

回到本案,经过再次删繁就简,判决书所依据的与纽扣有关的证据缩水为:(1)被告人在公安机关的供述与辩解;(2)证人许某芬、徐某菊、叶某妹、徐某松的证言,均证明被告人于2004年2月4日伙同亲属去许家"烂人命",其间其亲属掺杂纽扣的事实;(3)司法鉴定所评估的被掺杂纽扣重量、粒数、废品率及减值价值。需要审慎提问并思考的是,本案中被告人犯罪的待证事实究竟是什么?判决理由究竟遗漏了什么?被告人共有7份讯问笔录,时间跨度为2007年1月25日至3月12日。凡与掺杂纽扣一事无关的内容暂且搁置一边,但必须说明的是,所有讯问笔录都不只针对倾倒并掺杂纽扣一事,而是都牵涉倾倒并掺杂纽扣之前的两次捣毁事件。前两次的确是捣毁了门窗、玻璃,属典型的故意毁坏财物行为,但最终都被法院放过了,偏偏选择了倾倒并掺杂纽扣一事,颇费气力地将其判定为毁坏财物。虽然被告人一再强调自己没有动手,只站在一边看,自以为这样就可以免于犯罪追究,但他没有想到的是判决书最后以共犯理论将其入罪。这种论罪方式,既显示了共犯理论对构成要件功能的有效扩张,又使得整个审判过程充满一种错位感。辩护似乎都是为正犯而作的,成立帮助犯所应具备的客观行为与主观要件,反而被整个庭审"遗忘"了。

---

[1] [法]勒内·弗洛里奥:《错案》,赵淑美、张洪竹译,法律出版社2013年版,第93—94页。

被告人在第一次讯问笔录中称:"第三次我的亲属到许某和家,具体时间我现在也记不起了。……当时我也站在门外。"问:"你与你的家属等人到许某和家,有没有把许某和家中的纽扣毁坏了?"答:"没有的。他们就是捣了许某和的门窗、饮水机等物。"第二、三次讯问笔录没有特别涉及纽扣问题。第四次讯问笔录是告知纽扣损失的鉴定情况。第五次讯问笔录被告人仍然强调自己一起去了但没有参与捣东西,是站在旁边看的,正式捣东西的是他两个婶母和四个姑妈,但都不是指掺杂纽扣,而是指捣毁门窗、玻璃。第六次讯问笔录是告知因涉嫌故意毁坏财物罪而被批准逮捕。第七次讯问笔录可以完整一致地代表他所有的供述:(1)参与了后两次的行动;(2)都是站在门外,没有参与捣东西;(3)两个婶母和四个姑妈参与了捣毁门窗、玻璃,但没有看到谁掺杂了纽扣。最后需要提炼涉及倾倒并掺杂纽扣的证人证言。判决书没有区分控方证人与辩方证人,是一个不小的遗憾。据以定罪的证据,几乎都来自控方证人证言,但却只有一位控方证人的证言是相关、合法和有效的。而所有的辩方证人证言,都从根本上否定了倾倒并掺杂纽扣的事实,也都没有提到被告人。

具体而言,2004年4月28日,被告人婶母滕某春和李某燕,姑妈柯某芹、柯某珠分别在询问笔录中作为辩方证人非常一致地提供证言,说2004年2月4日10时左右"我们几个妇女到了许某和两兄弟房里,就只是哭骂了十几分钟就走了。我们确定每次都无男性参与吵闹,也根本没有对纽扣进行损伤,我们没有动那些纽扣"。关于事件过程只有10分钟左右的描述,与控方证人徐某华的笔录一致。案卷中控方证人有邻居徐某菊、装袋女工叶某妹、许某和之妹许某芬、岳父徐某松,他们都以纽扣倾倒的目击证人身份,主动到公安机关制作询问笔录,从中可以看到:其一,纽扣是阿忠和几个女人倒在地上的,当时没有破坏纽扣,只是把不同规格的纽扣混在一起。留意这一证词特别重要,因为损失价格鉴定及附带民事诉讼状都以纽扣被全部破坏为前提。其二,阿忠还拿了一桶矿泉水倒在纽扣上。其三,没有看到被告人参与倾倒纽扣。其中,证人叶某妹是装袋女工,属外乡人,她提到有个"40多岁的男人用钉子之类的东西将一袋袋纽扣的袋子割破,纽扣散在地上"的细节。这个细节只出现在叶某妹的证词里,说明只有她当时确实在场,但由于叶某妹不认识被告人,由于未经辨认程序,这一程序疏漏决定了她的证言不能指向被告人,对证明被告人犯罪没有实质意义。叶某妹还提到事件持续20来分钟。

许某和之妹许某芬是控方证人,她有三次笔录。在首次笔录中,她说掺杂纽扣行为持续一个小时左右,这与其他证人证言差异巨大。在被警官问及"有无邻居在场"时,许某芬回答说"当时许某和家外面有很多邻居,但没有人进来看"。如果以此为真,便涉及邻居徐某菊作为控方目击证人的资格问题。但在六天后的第二次询问笔录中,许某芬又改口称"具体记不清,大概阿菊在场的"。也是在这次笔录里,许某芬在所有证人证言中,唯一一次提到,被告人参与"把灶间棚架上的纽扣散(推)掉在地上"。因此,如果证人必须出庭作证并接受盘问,那么许某芬的证词会遇到巨大挑战。如果第一次笔录所言是实,则徐某菊将失去目击证人资格;如果第二次笔录所言为真,则被告人似已不再是帮助犯,而是正犯。这相当于指控事实发生重大变化,应当给辩方重新准备辩护防御的时间。从判决书看,法庭没有采信许某芬第二次笔录所言,但也没有说明不采信的理由,而且,判决理由中竟未提及徐某菊的作证资格问题,没有提及徐某菊是否受许某芬第一次笔录的影响。看来,判决书在同一证人相互矛盾的不同笔录中,只择取不利于被告人的内容。

综上,不利于被告人的证据,全部来自被害人许某和之妹许某芬、岳父徐某松、邻居徐某菊三位目击证人的证言。而且,这些目击证人都未出庭接受控辩双方的诘问,只是提供了庭审前的证言笔录,实在难以确保其准确性。况且,这些人是否真的在场本身即已存在疑问,只有当庭诘问才能最大限度地避免将传闻证据作为直接证据加以使用。在无可挽回的程序缺陷面前,被告人及其辩护人都显得虚弱无力而又无可奈何。至此,指控被告人的犯罪事实终于被析出:2004年2月4日10时许,几个妇女一边骂闹,一边将许某和家不同型号的纽扣掺杂在一起,滕某忠参与了倾倒行为,并将一桶矿泉水倒在纽扣上,其间,被告人站在门外,自称为了保护自己的亲属不再被打,系故意毁坏财物的帮助犯。问题出在两个方面:一是被告人在实体法上是构成共同正犯还是构成帮助犯?二是构成帮助犯需要在整体犯罪行为中起到怎样的作用?与正犯有怎样的犯意联络?并如何在程序法上加以证明?刑法理论认为,共同正犯的成立,不能仅以共同犯罪计划为前提,客观上的共同犯罪行为也同样是其成立条件。德国联邦最高法院认为:"共同正犯并不能通过对他人犯罪行为之认可以及实现此种认可而成立。毋宁说,每个参加者都必须透过他人的行为而补充了自己的行为,并且也希望将他人的行为归属于自己,所有人因此都是在被知与被欲的共同作用之下而行为的。"[1]

罗克辛教授也认为,仅有共同犯罪计划尚不足以成功认定共同正犯。这是因为,根据犯罪支配的基本原则,行为人在犯罪实行阶段因分工合作而产生的共同作用,乃是成立共同正犯的必要条件,倘若某人既不亲自参加犯罪的实行,也不符合间接正犯的成立条件,那么他便不可能支配构成要件的实现,因此,也就无法以共同正犯论处。[2] 显然,被告人虽然随同几个妇女前往许家,但却不构成共同正犯。那么,本案被告人是否成立帮助犯?有两种学说可用以检验。其一,只有在一种原因性贡献对被害人提高了风险,对实行人提高了实现结果的机会时,这种原因性贡献才是一种帮助。比如为入室盗窃者提供一把备用钥匙,并且让盗窃者成功进入房屋。其二,起了共同作用,存在一种支流性的或加强性的因果关系就足够了,比如有人为入室盗窃者提供手套,以便在敲碎玻璃时不伤手且不易留下指纹,当然,没有这副手套也不会影响入室盗窃。[3] 显然,被告人在门外最多是站脚助威,没有他也不妨碍妇女们按照自己的需要行事。因此,不是第一种理论描述的原因性帮助,而只可能是第二种理论描述的共同作用式的、支流性的、加强性的帮助。但即便是第二种学说,也需要帮助犯与正犯有事先的犯意联络,而就本案而言,被告人与几个"烂人命"的妇女事先是否商议过如何行动,如何分工,指控证据中没有丝毫体现。这也并不奇怪,因为最初并未确定侦查方向,也没有确定追诉方案。

对被告人站脚助威型帮助犯的指控若要成立,或者说他之所以有别于旁边看热闹的人,不是因为他跟着几个妇女来到现场,而是因为他对几个妇女故意毁坏财物的行为起到了支流性、加强性的帮助作用。这需要证明,需要控方举证证明他与几个妇女有犯意联络,而不是说好的一起来"烂人命"。"烂人命"作为一种风俗,本身并不构成犯罪,控方有责任证

---

〔1〕 〔德〕罗克辛:《德国最高法院判例:刑法总论》,何庆仁、蔡桂生译,中国人民大学出版社2012年版,第206页。

〔2〕 Vgl. Roxin, *Strafrecht Allgemeiner Teil Band II*, 2003, §25, Rdn 198.

〔3〕 参见〔德〕罗克辛:《德国刑法学总论》(第2卷),王世洲等译,法律出版社2013年版,第146页、第153页。

明，被告人与几个妇女的合意，超出了"烂人命"的范围，在毁坏纽扣问题上有希望或放任的共同故意。控方不能自我解除一项重要的证明责任。由此，犯罪事实，分为检察院公诉的事实与法院审理查明的事实，前者"不以详细表明为必要，即仅摘示其犯罪事实之要领亦无不可"[1]；后者则必须明晰而确定，且二者同一，方符不告不理原则。起诉书指控的犯罪事实为"被告人随同李某燕、滕某春、滕某忠（均另案处理）等死者亲属共计十多人分别于2004年1月30日、2月4日，数次闯入某镇某村许某和、许某红家，捣毁许某和、许某红家门窗玻璃等物，并且将许某和家大量的纽扣掺杂"，对比之下，法院查明的事实更加明确，但"随同"与"站在门外"之间，从被告防御角度看，却不是同一内容，且辩护完全集中在"掺杂是否毁坏"问题上。

回看起诉书、辩护词、判决书，并不完全契合，判决书一定程度上游离于起诉和辩护之外，尤其没有对证据进行证明力分析。不过，如果徐某菊的作证资格因许某芬第一次笔录受到影响，而许某芬第一次笔录又没有提到被告人，那么，能够支持定罪的事实，就只有被告本人的供述与徐某松的证词了。不过，徐某松当时是否真的在场，颇为可疑。如果没有出庭接受询问，只依据笔录很难作出判断。令人生疑之处在于，所有的控方证人证言都没有提到徐某松，而与他在同一时间接受询问的许某芬，在2004年2月20日上午的询问笔录里也没有提到他在场。与之对应，徐某松也没有提到许某芬。由于在倾倒并掺杂纽扣过程中在场的许家人不多，他们相互间应该有印象才对。似乎是为了弥补缺漏，在许某芬2004年3月26日所作的第三次询问笔录中，询问人专门问道："当时徐某松在哪里？"许某芬答："当时徐某松站在许某胜的屋里，具体做了什么我不知道。"如果许某芬在纽扣倾倒现场，一定和其他人一样处在一片叫喊、嘈杂、激动之中，她是怎么注意到徐某松站在许某和兄弟许某胜屋里的？即便控方证据能够证明被告人属于站脚助威型帮助犯，也需要追问公诉人所指控的将纽扣倾倒在地并掺杂在一起的犯罪事实，如何能与刑法规定的故意毁坏财物罪的构成要件相衔接？

所谓毁坏，从物理上说，主要是使物品外观上严重变形或者失去完整

---

[1] 陈朴生：《刑事诉讼法论》，正中书局1970年版，第174页。

性,比如砸碎玻璃、撕破衣服、向他人画卷上喷涂油污;从化学上说,主要是使物品的品质或者成分发生改变,比如使水果烂掉、使水源污染等。当然,如果衣物被硫酸或盐酸腐蚀,那可能既是一种物理上的毁坏,也是一种化学上的毁坏。物理和化学的毁坏是典型的毁坏,而在司法实践中颇有争议的是某些功能上的损失,或者虽然尚存于世但又很难失而复得的情况,前者如高价买进低价卖出导致他人股票受损,或者使用受托保管的非充电电池;后者如将他人戒指丢入大海或者把他人喂养的鸟儿从笼中放掉。[1]将各种型号的纽扣倒在地上掺杂在一起,显然不是物理意义上的毁坏,而将矿泉水倒在铜纽扣上一般也不会导致锈蚀,显然不是化学意义上的毁坏。被掺杂的颗粒状物,只要不是嵌入他物之内无法完整分离析出,只要不是小到难以分拣的程度,只要适时加以分拣,其实并不影响纽扣的使用价值。正如黑瓜子和白瓜子混在一起,分开就可以了,黑瓜子照样吃,白瓜子继续卖。难点只在于,将型号不同的大量纽扣分拣开来所产生的费用,是否可以理解为价值贬损型的财物毁坏?陈兴良先生曾指出,故意毁坏财物中的"毁坏",不是泛指对财物的价值贬损和功能损伤,而是必须以"毁坏"的方式来达成这种贬损或损伤。

陈兴良先生对毁坏行为样态的把握是切中肯綮的,反向言之,也只有这样理解"毁坏",该法条才有规范意义,否则再无语义边界。把别人熨平的衣服弄皱,或者将货币污损,就不能称其为毁坏;再比如破坏轮胎的行为,也不能单凭功能受损来认定毁坏,因为可以采用放气的方式,也可以使用刀扎的方法,虽都能达到使车辆暂时无法行驶的效果,但前者肯定不能算作毁坏,后者才是地地道道的毁坏。这就是罪刑法定所要求的构成要件明确性,"法无明文规定不为罪",要坚持"明文规定"就是"白纸黑字

---

[1] 德国刑法学者鲁道夫·亨格尔认为,将借来的金戒指扔进大海,不构成毁坏物品罪,因为缺少毁坏(Beschädigung)这一要件,不符合《德国刑法》第303条第1款的规定。Vgl. Rudolf Rengier, *Strafrecht Allgemeiner Teil*, 9. Aufl., 2017, §4, Rdn. 32ff. 另一位德国刑法学者约翰内斯·韦塞尔斯认为,放飞他人笼中鸟的行为同样不构成毁坏物品罪,而只是单纯的不受刑法处罚的剥夺占有。这是因为,《德国刑法》第303条规定的毁坏物品罪并不必然以物的贬损(Sachsubstanzverleztung)为前提。既然鸟有能力在自由状态下生存,就不能认为是物的毁坏。如果说,凡是对物有直接或间接影响的行为都符合毁坏的定义,那么根据法条文义,就已经逾越了扩大解释所划定的边界。Vgl. Wessels/Beulke/Satzger, *Strafrecht Allgemeiner Teil*: *Die Straftat und ihr Aufbau*, 46Aufl., 2016, §2, Rdn. 83ff.

明确规定"的意思。具体而言,"毁坏"这个概念像其他任何概念一样,都是从明确的核心部分向不那么明确的,甚至是含混的边缘扩展的,因而我们肯定会遇到一些案件,在是否"毁坏"了财物问题上发生争议。当控辩双方在文理解释上不能一致时,应当尊重基本语义,不能脱离一般理解而对刑法用语作超出公众认知的解释,不能超出文字可能的意义。改变物品性状的行为,不止于掺杂式,还有拆分式,其定性上的实质解释古已有之。《白孔六帖》卷九十一《杂盗》注:"甲为武库卒,盗强弩弦,一时与弩异处,当何罪?论语曰:'大车无輗,小车无軏,何以行之?'甲盗武库兵,当弃市乎?曰:虽与弩异处,不得弦不可谓弩;矢射不中,与无矢同,不入与无镞同。律曰:此边鄙兵所赃直百钱者,当坐弃市。"[1]

另有一些情况是很有趣的,比如财物性状的变化是否构成毁坏并不完全是客观的,有时是很主观的,完全取决于物主想拿它干什么。比如,西瓜被打碎,对小商贩来说是毁坏,但对吃瓜群众来说,如果没有水果刀,就只好用拳头把西瓜打碎才能吃到嘴里。水果的腐烂对要吃它的人来说是毁坏,但对酿酒者而言,毁坏可能还不够,还要让它不断变质,不断酝酿,才能最终成为甘美的红酒。再如网络世界里的虚拟财产,能否成为毁坏的对象,可能又是一个有意思的话题。现实生活中,如果说将两种颜色的瓜子掺杂在一起就是毁坏,那就大大超出了人们的常识和语言使用习惯,超出了公民对违法的预测能力。谁会知道,把不同颜色的瓜子或者相同品质的纽扣倒在一起,就构成了故意毁坏财物罪?在对公诉事实以及经法庭质证、认证的证据提出诸多质疑后,再来看判决书对辩护意见的否定:"本院认为,故意毁坏财物犯罪并没有法律手段的限制,本案中将各种纽扣掺杂在一起的行为,虽然没有使物品毁灭,但已降低了原有的价值。因为,纽扣属于小件商品,一旦被掺杂,会造成很大的价值损失,在恢复过程中不但会产生一些废品,也会产生一些必要的加工、整理费用。对此被告人等人是明知的,其明知自己的行为会造成他人财物价值的损失而故意为之,即可以认定为故意毁坏财物的行为。相应辩护意见不予采纳。"

---

[1] 陈重业辑注:《古代判词三百篇》,上海古籍出版社2009年版,第3—4页。

第六节　证据的关联性与合法性

研习证据法有助于法律思维逻辑的训练。以"关联性的判断为例,尽管习性推论(如:被告曾经抢劫过加油站→被告是窃贼一类的人→被告在本案中抢劫烈酒商店)看起来合乎许多芸芸众生的'常识',但是现代的证据法却禁止这种习性推论,以免导致移花接木的谬误或造成未审先判的偏见。反之,如果被告涉嫌破坏特殊警报装置而侵入住宅行窃,而被告过去曾有使用相同技术行窃的前科,这些前科可以用来推论被告在本案中亦有如此行窃的特殊技能。即便是卷证并送制度底下的实务家,也应该具备这种细腻的逻辑思维能力……再如,排斥警员观察报告的理由(将被告定罪带给执法人员的利益可能让他们有在记录中作假的动机),同样值得我们警惕,即便终究不得不使用这类证据的职业法官,至少也应该在证明力层次时审慎评价这些因素。……至于环环相扣的验真法则,更是养成法律人严谨推论的最佳教材……值得同时铭记在心的是,相同的证据问题在迥异的诉讼构造底下有不同的运用与评价,辨明这点可以避免'冯京当马凉'的谬误,简言之,差异的问题应该念兹在兹。其实,比较法研究常常会意外发现许多类似《围城》的情境:里面的人想冲出来,外面的人想攻进去。大家也都知道直角上升、炸弹开花和花式翻滚是令人叫绝的航空特技,但是我们对 747 民航驾驶的期待可不是这种令人吓出冷汗的技能,而是稳健的起降航行,安全舒适地把旅客送到目的地"[1]。

回到纽扣案,可以合理推论,在捣毁门窗与倾倒纽扣之间,行为人一定认为前者更加严重。这也符合人的情绪平复规律,家里有人因与他人纠纷而去世,死者家属当时最为激动愤怒,随着时间推移会渐趋平静。死者家属正是如此,他们在"烂人命"的过程中,行为力度其实是越来越小的,捣毁行为是越来越轻的,最终的犯罪指控可以说完全出乎他们对自己行为后果的预料。虽然罪与非罪不以行为人认识为转移,但也不能不做充分考虑。回顾出庭辩护时,为了被告人利益,并未采用强硬姿态质疑侦

---

[1] 〔美〕亚瑟·拜斯特:《证据法入门:美国证据法评释及实例解说》,蔡秋明、蔡兆诚、郭乃嘉译,元照出版公司 2002 年版,林钰雄序"如何以他山之石攻错"。

查、检察机关组织鉴定的时间和程序,也未针对鉴定机构的资质,而是试图采用比较的方法让法庭确信鉴定意见是不合理的。也就是,由于种种原因,对许某和家被倾倒掺杂纽扣没有进行现场勘查和证据固定,损失鉴定是在事发50多天后启动、两年半以后才完成的,故此,证据的相关性与合法性应由法庭认真审查。所谓证据的相关性,就是判决书所采信的证据一定要关联并支撑它所认定的事实。判决书所认定的事实是:2004年2月4日上午10时许,被告人伙同亲属十几人,再次来到许家"烂人命",倾倒并掺杂了1566.85千克、2620210粒纽扣,后果是造成124853.01元的损失。

对不予采纳辩护意见的判决理由进行抽丝剥茧,可以看到如下判决要点:(1)刑法意义上的毁坏不一定要使物品毁灭,降低财物的原有价值也是一种毁坏;(2)小件物品一旦掺杂就会造成价值损失;(3)这种价值损失由废品、必要的加工费和必要的整理费构成;(4)这些费用都是在"恢复过程中"产生的,并非行为人行为时造成的。需要讨论的是,第(3)个要点所列废品、必要的加工费和必要的整理费,只要坚持加工费并非重新制造费,那么,即便持掺杂即毁坏的观点,判决理由仍然是可以接受的,但是经由第(4)个要点中"恢复过程"的概念中介,判决书最后采纳的是重置费的损失计算方法,基本相当于纽扣的重新制造费减去废铜的重新利用费。而根据判决书本身的语义背景,恢复原本应当是针对掺杂的,掺杂的补救措施应当是分拣,而不是重置。虽然"分拣费不属于毁坏的价值,可以通过民事解决"这一观点不被法庭看好,但是法庭起码应当坚持"费用应限于解决掺杂问题"。因此,第(3)个要点中的加工费就是一个有意无意"掺杂"进来的概念,它既可以指分拣后的归置整理,也可以指重新生产加工。后文可见,"恢复过程"和"必要的加工费"两个概念,将判决书引向严重的损失认定错误。

本案中,纽扣被倾倒并掺杂后,那个没有被依法、适时勘验的现场,在许某和家未经任何保护"躺在地上"50余天。由于没有现场勘验,无法判定现场的初始状态,虽然没有证据证明现场被破坏,但完全不能排除被破坏的可能性。依照基本的侦查原理,"犯罪现场证据之保存,系刑事侦查之第一步。警方赶到犯罪现场后,立刻面临两项现场的处置问题,其一乃现场封锁线,其二乃现场的履勘与鉴识","第一位到现场的警员必须完全封锁现场,不让任何人进入,以免现场的证据被污染或遭破坏,刑警或刑事鉴识人员,在进入现场前也必须对现场有大致通盘的了解,才能有系统地搜集物证"[1]。现在看来,警方没有作出这些现场反应动作,并非是警务水平问题,合理的解释是,最初没有追究故意毁坏财物罪的想法,也就没有把纽扣倾倒处所作为犯罪现场,导致证据证明力的疑问。证据有疑问且无法消除,利益应归于被告人,也就是应当作对被告人有利的解释。而如果依未经勘查的、未经保护的现场形成的证据给被告人定罪,无异于由被害人的诚实度来决定被告人的自由或者刑罚,这显然是不可接受的。

现有证据无法确立行为与结果之间的因果关系。依照常识,铜制纽扣被倾倒并掺杂后,如果不施加其他外力,不会有外形和光泽的损坏,如果恢复到掺杂前的状态,就不影响其销售及后续使用,而这也是鉴定意见所认可的。也就是说,无论成品、半成品,在没有外形和光泽损坏的情况下,都无需重置性再加工,其中的半成品也只涉及继续加工直至成品而已。一旦有残次品,就应当独立分拣出来,然后进行细致分析。如果是像控方证人所说的,被告人等只有倾倒、掺杂、倒矿泉水的行为,那又怎么会导致鉴定意见所描述的废品?因此,没有任何证据显示到底有多少非正常的被损坏的纽扣,更没有证据证明非正常的纽扣是由被告人毁坏的。到此有必要暂停一下,再次想想判决书认定被告人有罪的实体理由,说的可是倾倒并掺杂即是毁坏,如若认定这5%的废品,就是倾倒并掺杂之外的毁坏,理应区别论证,不能混为一谈。也就是,废品价值要减去作为金属废物再利用价值之后,才是损坏价值,才应按照重置成本计算,这可以说是最广义的必要加工费了。

接下来从程序和实体两方面对鉴定意见提出批评。根据最高院2013解释的规定:对物证、书证应当着重审查以下内容:(1)物证、书证是否为原物、原件,是否经过辨认、鉴定;物证的照片、录像、复制品或者书证的副本、复制件是否与原物、原件相符……原物、原件存放于何处的文字说明和签名;(2)物证、书证的收集程序、方式是否符合法律、有关规定;经勘验、检查、搜查提取、扣押的物证、书证,是否附有相关笔录、清单,笔录、清单是否经侦查人员、物品持有人、见证人签名,没有物品持有人签名的,是

---

[1] 林钰雄:《刑事诉讼法》(下册),元照出版公司2015年版,第17—18页。

否注明原因;物品的名称、特征、数量、质量等是否注明清楚;(3)物证、书证在收集、保管、鉴定过程中是否受损或改变……以判决作出六年后的最高院2013解释规定的要求来衡量,纽扣被倾倒并掺杂的现场,并没有进行过勘验,也没有现场照片、录像,侦查机关并无现场相关笔录、清单,纽扣的数量、质量等不可能有清楚的注明,勘验笔录应当反映的在场人员、现场方位、周围环境等,现场的物品位置、特征等情况,也都无从谈起。庭审时,辩方对勘验笔录不具可信性的质证意见,最终没有写入判决书。

而根据最高院2013解释的规定:"据以定案的物证应当是原物。原物不便搬运,不易保存,依法应当由有关部门保管、处理,或者依法应当返还的,可以拍摄、制作足以反映原物外形和特征的照片、录像、复制品。物证的照片、录像、复制品,不能反映原物的外形和特征的,不得作为定案的根据。"本案纽扣搬离现场是案发50多天以后的事情,50多天时间里侦查机关没有出面保管,也没有采取其他合情合理的证据保全措施。卷宗里看到的鉴定单位所拍摄的照片,不是现场照片,而是纽扣被装袋搬运至村委会后拍摄的,且只是装有纽扣的袋垛照片,无法反映现场纽扣的散落情况,"不能反映原物的外形和特征的,不得作为定案的根据"。所以,最高院2013解释又规定,"对物证、书证的来源、收集程序有疑问,不能作出合理解释的,该物证、书证不得作为定案的根据"。"检材的来源、取得、保管、送检是否符合法律、有关规定,与相关提取笔录、扣押物品清单等记载的内容是否相符,检材是否充足、可靠",应当着重审查,发现"送检材料、样本来源不明,或者因污染不具备鉴定条件的"情形,"不得作为定案的根据"。

根据我国《刑事诉讼法》的规定,"运用证据进行的推理符合逻辑和经验",本案几乎所有运用证据进行的推理都不符合经验和逻辑。以一个小的细节为例:作为鉴定基础的纽扣被认定有218种,这意味着,当时许某和家院中要摆放218袋以上的纽扣。如果没有218袋,而出现了218种纽扣,那说明纽扣原本就是混杂的;如果说有218袋,那就要细究两个问题:第一,这个院中能否摆得下200多个装满纽扣的袋子?不能摆太满,因为要留出人员行走和活动的空间,不能摆太高,最多两层,否则上面的袋子会倾覆下来。第二,几个妇女是否有时间、有能力将218袋的纽扣,即使不是全部倒在地上,至少也要在每个袋子里抓一把抛在地上?

不要忘了,控辩双方的证人证言笔录都显示,整个过程只有十几分钟。从证据显示的当时场景看,连哭带喊吵吵闹闹的几名妇女,显然没有进行有条不紊且颇耗体力的行动。试想,如果由6名妇女完成218袋纽扣的倾倒,每人要倾倒36袋有余,多么繁重的体力活儿!因此,结论很简单:这218种纽扣,不能排除被其他人在其他时间继续倾倒并掺杂的可能。当然,这样的辩护没有得到法庭认可。判决书坚持认定:"辩护人提出公诉机关提供的价格鉴定结论书不客观的意见。经查认为,该鉴定结论是本案侦查机关依法委托法定价格鉴定机构依照法定程序作出的,在没有相反证据,也没有充分理由否定的情况下应认定其证明效力。相应辩护意见本院不予采纳。"首先必须纠正的鉴定程序的一大瑕疵是,杭州市价格认证中心的鉴定并不是本案侦查机关委托的。其次,本案鉴定中的问题不只是鉴定机构资质,更是被鉴定物的来源是否可靠。2004年2月4日发生纽扣倾倒并掺杂事件后,公安机关并未对现场物品进行勘验和查扣封存,至2004年3月24日才由许某和一方从自家将纽扣运到村委会办公楼。期间,所有这些被鉴定物,一直由许家人自己保管长达50天。这些散落在地的纽扣从许家运出时是2620210粒,再多些或少些,似乎没人在乎。

  2004年2月4日由两位民警签名的许家现场简易图,显示了房屋格局、门窗位置、饮水机位置,以及纽扣的四个散落区域。2004年2月20日盖有派出所章、两位民警签字的情况说明记载:2004年2月19日,派出所联系县估价所后,县估价所派了4个人到许家进行评估,但许家不同意将纽扣运出去。县估价所认为必须先对纽扣进行分类后才能估价,后我所民警对许家被混合的纽扣先行装袋保存。派出所两位民警2004年3月3日签名的手写情况说明记载:2004年3月3日,派出所民警及村干部到许家要求将被混合的纽扣运出来分类,但许家不同意将纽扣运到其他地方去。以上皆属事后证明文件,证实了纽扣运走之前确实没有进行正规的现场勘查。此外,一页2004年2月5日出具的、无签名、无公章的A4纸宋体4号字打印件写明:2004年2月4日上午10时29分,派出所接到县局指挥中心指令:许某和家被人相闹,要求处警。"在现场看到临时棚下的道坦中北部、台阶上,以及房屋北边第一间的样品间,阳间中部,房屋南边第二间的地上覆盖着散乱的纽扣,房屋南边第一间的一台饮水机及朝东房屋的门窗有不同程度的损坏。据受害人徐某华反映:被损坏散乱在地上的纽扣种类达100多种,数量约5 000斤,价值100万元左右。因案情重大,向县指挥中心汇报后,县局治安大队赶赴现场开展调查。"以上为警官证言,只简单描述了警官看到的现场情况,没有制作符合法律要求的勘验笔录,也没有进行现场拍照、取证工作。

还有一份无单位落款名称、无公章、从内容看系县公安局2004年5月13日出具的关于许家信访案件的调查报告,载明:"关于柯某者家属聚众对某服装辅料有限公司财物进行损坏一案,我局治安大队……先后多次对受害人进行劝说,于2004年3月24日将受损纽扣搬至村委会,并每日组织20名务工人员对混杂纽扣进行分拣,2004年4月16日纽扣分拣工作完成。县价格事务所因无法确定纽扣受损程度,我局于2004年4月26日委托省日用建筑五金产品质量检验中心对该批纽扣进行质量检测,因该检测启动资金近2万元,尚不计案值5%的检验费,我局正起草报告向县财政请拨专案资金。"虽不符合证据的形式要求,但还是可以假定案卷中该报告具有一定的证明力。它至少说明了以下要点:(1)案发50多天后才将涉案纽扣移出许家,而对移出过程及其参与人并无描述;(2)组织20名务工人员进行了23天的分拣,分拣费用已经实际产生,但鉴定机构后来评估计算的整理费并未以此为基础;(3)侦查机关委托的鉴定单位省日用建筑五金产品质量检验中心是最终出具鉴定意见的检测集团股份有限公司的下属单位,是否具有鉴定人资格涉及整个鉴定的合法性。

没有进行现场勘验、鉴定物散落在人员进出区域50余天,这属于证据合法性问题,而被掺杂纽扣的款式、种类、型号如果不能确定,或者其确定过程、结论没有合法性,那么这些纽扣中就难免混入不相关的证据,也就是,与待证事实有关联的与无关联的证据被"掺杂"在一起。证据既欠缺合法性,又欠缺关联性,两种缺陷相互叠加。退一步说,即便这样的证据事实上进入了审判阶段,也还是有希望被排除,但令人遗憾的是,它们最终成为定罪证据。"假设原告对一栋大楼的所有者兴讼,主张他在大厅跌倒受伤是因为大厅没有适当的维护。我们的诉讼制度应不应该准许原告指出该办公大楼比容积率规定的高度高出一个楼层?这个问题的回答将依规范此一诉讼的侵权行为法的内容而有不同。此一证据应被排除,因为符合高度限制的规定与所有者是否需要对大厅造成的伤害负责无关。以法律术语来说,就是无关紧要,因为此一事实与案件之任何法律争点均无关联。……也就是与'攸关讼争裁决之事实'无关。被告可以指出大厅的墙壁原是粉红色,就在意外发生前被改漆成黄色吗?这个证据的确与诉讼争议的争点——大厅的状况——有关,但并不可能影响对大楼所有者是否尽责维持一个安全大厅的判断。法庭将如何处理大厅灯光昏暗的事实?这个事实与诉讼争点有关,可以帮助法官或陪审团判断所有者是否有尽适当的注意提供一个安全的大厅。而这个证据是可以认许的。"[1]

随后出现了两份县价格认证中心给县公安局的回函,拒绝了关于对许某和、许某红家被损坏财物案鉴定事项的委托。回函中说:我中心于2004年3月1日接到委托后,立即派员会同你局有关人员赴现场勘查。在现场,许家被损坏的物品系门、窗及许多散落在地上的纽扣,其纽扣的规格、型号、损坏程度不清,本中心要求委托方详细提供其型号和损失情况,由于委托方迟迟未提供,故我中心鉴定人员一直未予以评估。直到今年4月份,你局才提供当事人损坏物品的清单,也未标明损失物品的规格、型号、损失程度;再加上,被损坏物品的现场已清理、修复。根据价格认证操作规程,鉴证人员无法对许家被损坏物品作出价格鉴定结论,特此回函。两份回函,既说明县价格认证中心有很高的职业素养,也可以证明鉴定物本身欠缺真实性。在两份回函之后,才有了检测集团股份有限公司第078号司法鉴定书与市价格认证中心第221号价格鉴定结论书。那么,谁应当对作为定罪依据之一的鉴定意见的真实性与可靠性负最后的责任?"如果一位法官在刑事诉讼程序中负有调查真相的责任,他就不应该把判断真伪的责任丢给别人。而身为鉴定人,不论他是博士还是教授,也不能够代替法官扛起这个责任。"[2]需要始终注意的是:法官是否论证了鉴定意见与待证事实的逻辑关联?

第078号司法鉴定书写明的鉴定日期是2006年6月1日至8月15日,委托日期却是2004年4月26日,因为出具鉴定意见的单位最初并没有介入,而是委托公司下属的质量检验中心,2006年4月21日才转归鉴

---

[1] 〔美〕亚瑟·拜斯特:《证据法入门:美国证据法评释及实例解说》,蔡秋明、蔡兆诚、郭乃嘉译,元照出版公司2002年版,第3—4页。
[2] 〔德〕汤玛斯·达恩史戴特:《法官的被害人》,郑惠芬译,卫城出版2016年版,第231页。

定单位。因此,2006年6月1日以前下属单位所进行的所有活动,都不属于合法的鉴定行为。合法鉴定所要求的形式要件,比如鉴定书所列专家成员2人、公司人员1人,在2006年6月1日之前并不存在。鉴定书所述鉴定过程,即"本公司于2004年4月26日接受委托后,组织专家组二次到达鉴定对象所在现场——派出所,对鉴定对象进行了实物勘查和抽样。专家组根据材料审查、情况调查、实物勘查和抽样结果出具了专家分析意见,本公司在此基础上进行整理,出具本司法鉴定书",都是无本之木。而鉴定地点明明是派出所,却一再被鉴定书称为"现场"。许家才是现场,现场已不存在。鉴定书所述的所谓两次"现场勘查",都不应被法院视为鉴定人必须进行的现场勘查。鉴定单位接手后,于2006年6月20日进行第二次现场勘查,由于现场已不存在,所作结论只能以其下属单位于2004年4月26日作出的不合法的所谓"现场勘查"结论为样本根据。

"第一次实物勘查和抽样情况"是:(1)"现场纽扣产品金属光泽正常,各规格纽扣虽分类放置,但产品型号混乱现象严重,尤其半成品已失去生产工序的正常意义,极少数产品有轻微几何变形,其余成品样品质量状态良好";(2)"在218批纽扣中现场随机抽取样品20批次,对抽取的批次纽扣样品进行质量分析";(3)"编号为35号纽扣成品(电镀)的抽样样品表面质量损坏较严重,无法使用;其余成品样品质量状态良好,无蚀化现象。……共抽取20个批次,35号纽扣成品(电镀)占一个批次,为抽样样品的5%,因此该批次样品的废品率为5%"。请比对"第二次实物勘查和抽样情况":(1)"各规格纽扣堆放在一起,虽分类放置,但产品型号混乱现象严重,无任何防护措施";(2)"专家组在委托方有关人员的陪同下对存放在派出所三楼纽鉴定物进行了现场抽样,在218批纽扣中,从数量较大批中随机抽取样品20批";(3)"尤其半成品已失去生产工序的正常意义,极少数产品有轻微的几何变形和蚀化现象,除4号样品表面有蚀化现象,其余成品样品质量状态良好,无蚀化现象。本次抽样20批,4号样品占抽样样品的5%,因此该批样品的废品率为5%"。

质疑之一,如果"虽分类放置,但产品型号混乱现象严重",那么,从2004年3月24日至4月16日,在村委会每日组织20名务工人员对混杂纽扣进行分拣,到底分拣了没有?如果能够从218批纽扣中抽样20批,那就说明种类已经区分完毕,分拣费用实报实销即可,后续计算显然不再合理。质疑之二,如果能够正确地事先确定待证事实,那么就应当区分成品和半成品,意义在于,本来半成品可以直接拿去加工,而由于混同于成品中,多了一个分拣过程及相应费用;如果半成品是完好无损的,凭什么说失去了"生产工序的正常意义"?质疑之三,如果两次抽样各20批中,分别只有35号和4号样品有蚀化现象,其他样品质量状态良好,那么,这恰恰说明蚀化与本案待证事实的"倾倒并掺杂"无关,倾倒并掺杂只能导致型号混乱,而不能导致蚀化,最易被忽略的细节在于,倾倒并掺杂行为即使导致纽扣损坏,也不会只导致某种确定型号纽扣的均匀损坏。故此,这一鉴定意见本不应该成为定罪证据。

接下来要质疑的是,第078号司法鉴定书明确说,2006年6月20日,"本公司委托市价格认证中心对该批纽扣的损失程度进行量化鉴定,并出具价格鉴定结论书编号为价认(2006)鉴字第221号,该报告得出的该批纽扣鉴定价格为152 216.13元,标的损失价格为124 853.01元"。问题在于,这个委托是否有效?即便是事后得到侦查机关追认,也有四点需要澄清:一是委托鉴定不可能以事后追认方式来虚化事前的程序要求,比如向有关当事人及时告知,以及侦查机关对鉴定人资格的事先审查;二是第078号与第221号两份鉴定的结论是互为前提的,都在为对方量体裁衣,失去了鉴定立场的独立性;三是价格鉴定结论书认为,整理费用(主要为人工费用)55 024.41元,这个费用是否就是20个务工人员在20多天里的劳务费;四是价格鉴定结论书既然认为鉴定标的"以有色金属作为材料,在资源价格环境下,残料循环利用价值高",根据有色金属废品循环利用价值规律,1 566.85公斤纽扣即使全部作为黄铜废料处理,其废料利用价值仍占重置成本的85%以上,根据价格鉴定基准日铜的价格,就不可能再得出损失价值124 853.01元的结论。

鉴定制度的缺陷在于,无法防止被鉴定物"不断再次"送去门头更大、看似更权威的机构重新鉴定,以求得一个鉴定申请人心目中的真相。这种情况屡屡发生,不仅由于鉴定机构受利益驱动,而且在于其不断翻新的结论很容易形成且没有风险。这里还隐藏了一种不公平,即再次鉴定的请求权名义上各方都享有,但实际上,真正能够兑现这一权利的恐怕只有公诉方。被告方或者申诉人由于得不到被鉴定物,比如一件外衣上的血迹,或者一份笔迹原件,权利便无法行使。而且,存在一种根深蒂固的偏见,被告方或申诉人出钱委托的技术专家,一定会极力偏袒,因而招致法官的怀疑。"真相的供应者总会比法官早一步。……什么重要,什么不重要,都已依照侦查机关的标准决定。他们当作证据呈现出来的部分,决定了诉讼中的真实发现。虽然辩方也可以申请调查证据,但能不能申请成功,取决于法院是如何看待那个案件。至于法院怎样看待那个案件,则取决于卷证里面有些什么,这是主审程序开始之前法院必须仔细研究的。至于可能有哪些证人证词与证据,侦查人员早就已经筛选过了:他们已多次询问证人,制作询问笔录;所有的证据都让鉴定人检查过,作成推论,鉴定结果也都已经附在卷证里面。……在进行中的审判期日,警方为真相调查所做的前置作业仍然发挥着决定性作用。"[1]

最后需要说明的是,市价格认证中心2006年8月3日出具的第221号价格鉴定结论书本身并没有什么问题,甚至可以说非常认真而准确,因为它是根据给定的条件和提出的要求进行鉴定的。价格鉴定方法是"根据价格鉴定目的和标的特点,确定本次价格鉴定方法采用成本法",这显然表明,鉴定意见并非针对后来的"倾倒并掺杂即为毁坏"的判决理由,而是从纽扣掺杂后无法使用的角度作出损失判断的,因此价格鉴定书才说"五金纽扣系辅助辅料的小五金商品,科技含量低,功能性贬值和经济性贬值接近零值,可不予考虑。故标的只存在实体性贬值,此案的具体情况,即为修复费用"。修复费用包括整理费用、加工费用以及其他费用。而正是因为有了重置成本的概念,才有了每枚纽扣的平均单位成本,即标的重置成本除以标的总数量,几种费用相加,最终得出损失价值为124 853.01元的结论,但这个结论现在看来肯定是不准确的。按照警方要求作成鉴定意见的情况并不少见,而被指定的专家往往被认为"与原告、被告素不相识,没有利害关系,因而他们必然受到信任。法官和陪审员一样,总是信赖地采纳鉴定人结论,认为那纯粹是技术问题,而不去注意检查鉴定人的工作"[2]。

田文昌律师曾谈到珠海一起走私案的辩护。警方从一被告人"家里

---

[1] [德]汤玛斯·达恩史戴特:《法官的被害人》,郑惠芬译,卫城出版2016年版,第342页。
[2] [法]勒内·弗洛里奥:《错案》,赵淑美、张洪竹译,法律出版社2013年版,第137页。

搜出来一个复制的移动硬盘,里面是一些记账的账套。侦查机关推定这是走私集团的记账凭证,委托鉴定机构对移动硬盘中的一百多个账套进行审计,认定其中有 13 套账是他们走私手机的账目,依据审计结果,认定走私数额多达 70 多亿元。……另一个鉴定机构作了一份鉴定意见,指出控方审计报告内容的错误和矛盾。其次,我们强烈要求控方鉴定人出庭接受询问。鉴定人承认,其鉴定时的检材既非原件,也无原始凭证,更未对会计主体进行审查……通过询问,证人当庭承认了他对硬盘内账套按照自己的理解和认识进行了改动、取舍,而不是单纯的提取"[1]。再次回想起美国影片《萨利机长》,如果实验者被告知的实验目的是"飞机被鸟撞毁发动机后是否能够迫降于最近机场",那么实验者就会按照这个目的要求努力完成这一迫降,而他们果然完成了迫降,以此反推萨利机长迫降哈德逊河是错误的,是以乘客生命作为赌注的英雄冒险行为。但是,这些由各种一流人才设计、操作的飞行实验,全然没有考虑到,允许迫降的时间,应当减去真实场景中萨利机长先要作出一系列评估判断,尤其是判断是否双引擎都被撞毁。幸好,萨利机长要求出席听证会并在听证会上发现了实验目的之谬误。而不幸的是,纽扣案的法庭最终没能发现,鉴定意见是在与待证事实相脱节的目的要求下作出的。程序的失误是最大的失误,因为"程序之于法律,正如科学方法之于科学"[2]。

---

[1] 田文昌、陈瑞华:《刑事辩护的中国经验》(增订本),北京大学出版社 2013 年版,第 228 页。

[2] Foster, Social Work, "the Law, and Social Action", 383, 386 *Social Casework*(July 1964)。

第九章　强制措施

"波林先生吗?"

"我是。"

"我们可以进来待会儿吗?"

"你们有搜查证吗?"

"噢,没有,我们不是为这个来的,只想跟你聊聊。"

我真想说他们的做法像盖世太保,但我觉得还是不说为好。我把他们领进客厅,不过没请他们坐下。一名警察给我看了他的证件。

"你认识一个叫伍德沃兹的人吗?"

"认识,他是我姑妈的朋友。"

"昨天他在街上给了你一个包裹,是吧?"

"是的。"

"我们要检查一下这个包裹,你不反对吧?"

"我当然反对。"

"你知道,先生,我们很容易搞到一份搜查证,但我们不想把事情闹大。"

——格雷厄姆·格林

刑事诉讼是以发现真相为鹄的,而刑事诉讼法则应以限制寻求真相的手段为己任。两种目的应当分开讨论,不宜整合到一起,因为任何整合的努力,尽管最初的动机是好的,最后都不免消解其中之一。显然,最后被消解的,往往是对手段的限制。在整个刑事诉讼过程中,某些阶段及其规则更明显地体现为对被追诉者的保护,以及对追诉犯罪手段的限制,比如辩护律师于警方讯问嫌疑人时在场,或者赋予被告人针对不利判决提出上诉救济的权利;而另一些阶段及措施则更直白地服务于发现真相的目的,比如羁押和搜查,即"追诉或审判机关为了探索犯罪事实保全刑事证据,确保刑事程序之顺利进行,使用限制或剥夺基本自由或权利之强制手段,而针对犯罪嫌疑人、被告人或其他诉讼关系人以及与犯罪有关之物或通讯所为之强制措施"[1]。在设定和理解强制措施的种类问题上,"限制或剥夺基本自由或权利"是理解强制措施性质与定位的关键词。即使苏联刑事诉讼法也是以此为立足点的:"法律规定了以下几种强制处分:(1)不远出的具结;(2)人保;(3)社会团体的担保;(4)羁押;(5)担保物;(6)对现役军职人员实行部队指挥部的监督;(7)将未成年人交付看管。"[2]所谓基本自由或权利,就是那些基本不被干预、不可剥夺的自由或权利,只有在极其例外的情况下,才可以经一套严谨程序而限制或剥夺。而在程序领域,只有实行令状主义,才有可能遏止强制措施对基本自由或权利的干预,才能有效抑制警方无所不用其极,而其他的德行教化是没有效果的。没有法官签发的令状,原则上任何人不受拘留、逮捕,也不得侵入、搜查任何人的住所、人身、文件以及物品,更不得随意扣押。令状主义具有从程序上保障强制措施法定主义的功能,也就是,原则上只有具备法定令状才能允许实施强制措施,而且通过法定程序才被允许。强制措施应当仅由司法控制,而司法应仅限于法院或法官的活动。[3]

第一节 性质定位与原则制约

刑事诉讼法赋予侦查机关采取强制措施的权力,其目的主要在于发现真相,或者至少是为发现真相做准备。无论这些措施对于发现真相是

---

〔1〕 林山田:《刑事程序法》,五南出版公司2004年版,第265页。
〔2〕 〔苏〕蒂里切夫等编著:《苏维埃刑事诉讼》,张仲麟等译,法律出版社1984年版,第193页。
〔3〕 参见〔日〕田口守一:《刑事诉讼法》(第五版),张凌、于秀峰译,中国政法大学出版社2010年版,第33页。

否有效,采取措施的时机和尺度是否精准也可以讨论,但有一点是肯定的,强制措施绝对是为了发现真相,而决不是在为发现真相的手段设限,因为手段本身不可能自我设限。许恒达教授曾撰文指出:"刑事程序'人权保障'的诫命和'法和平'功能的目的,仍然在理论观点的基础上暗喻着'实体真实发现'的优先性,亦即实体真实发现仍然是首须考虑的刑事诉讼的目的,另外两个诉讼目的,相对于实体真实发现可以说是一种例外的机能。以恪遵法定程式的人权保障目的为例,之所以有法定程式限制(例如羁押与搜索的法官保留与令状主义)的前提,是因为强制处分在发现实体真实的目的下,将会侵害人民的基本权利,然而我们不会因为基本权利有被侵害的可能(人权保障目的)而放弃施用强制处分,相反地,正因为强制处分是发现实体真实的手段,自当为刑事程序发现真实的基本配备,在嫌犯'第一次'以犯罪行为侵害被害人的法益之后,进一步再由国家以实体真实发现为名'侵害''嫌犯'的基本权利,纵然'第二次'的国家干预行为是受到法定程式的控制,但是第二次的国家干预行为必然以实体真实发现的目的存在为前提,因此,实体真实必须是优位的原则,才有采取强制处分的必要性,也才有对强制处分的法定控制问题。"〔1〕

不难理解,当侦查机关对人身或财产采取强制措施时,主要依靠使用暴力或者以暴力为后盾,对人的身体或尊严的伤害是不言而喻的。只是有时明显,比如几个警察一拥而上将现行犯扑倒制服;有时隐约,比如给嫌疑人戴上手铐。同样是扑倒制服,但暴力程度可能差别巨大;同样是戴上手铐,前铐还是背铐及其松紧可能只是取决于警察的性格与心情。面对这一切,被采取强制措施者只能默默忍受,或者说最好是默默忍受,即使是执法者抓错了人,被拘捕者也要等待稍后作出澄清,不可当场反抗,以免招致更强暴力反制。由此,刑事诉讼法规制权力运用的意义,在强制措施环节便更显重大。刑事诉讼法的品质高低,都写在对侦查手段中对人、对物的强制措施里。用"侵害"一词描述官方执法者行使法律赋予的强制措施权,可能有些刺耳,但不必讳言,强制措施多半就是一种侵害,完全符合刑法的构成要件,在阶层犯罪论中,它只是基于法秩序一致性、法

---

〔1〕 许恒达:《"实体真实发现主义"之知识形构与概念考古——以中世纪至现代初期之德国刑事程序发展史为中心》,载《政大法学评论》2008年总第101期。

益衡量或达成国家所承诺的共同生活目的等事由而阻却违法。[1] "因此,国家机关本于侦查机关之活动,为实现刑罚法律之适用而发现事实真相之目的,其性质上伴随着非仅针对犯罪嫌疑人、甚至一般国民基本权及自由权侵害或限制之情形,亦且,依刑事程序而使国家刑罚权之发动被实现的结果,将导致人之生命、身体自由、剥夺财产等基本权被侵害或限制的情形,故属于对人民基本权之干预。"[2]

显然,将强制措施视为一种基本权侵害,已是理论界的国际共识,需要参考借鉴的是如何看待侵权范围。德国学者认为,"刑事诉讼法上的强制措施均为对基本权利之侵犯,此分述如下:1. 对人格自由权之侵犯,例如拘提命令、逮捕、羁押、为勘验其心神状态所令入精神病院之处分、人身搜索、照相及暂时性的扣押驾照;2. 对生理不得侵犯之权利之违犯(例如抽验血液、脑波测验);3. 对财产权之侵犯:公家对物之保全行为,亦即所谓的扣押;4. 对住宅权之侵犯:对住宅、处所之搜索;5. 对邮电通讯秘密权之侵犯;6. 对职业自由权之侵犯(例如暂时的职业禁止);7. 对资讯自主权之侵犯(例如设置缉捕网络追缉、栅网追缉、资料比对、科学仪器之使用、布建秘密侦探)",而依强制措施的诉讼功能,"可分为六种用途:侦查犯罪、证据保全、诉讼要件之确认、诉讼进行之保障、保障判决之执行及预防犯罪"。[3] 在强制措施的性质、影响、范围和运用等诸方面,既需要观念启蒙,也需要法制添加。比如资料比对,许多商业机构掌握了大量个人信息,侦查机关不能任意索取、使用甚至扩散这些信息,需要刑事诉讼法加以规定。根据《德国刑事诉讼法》第 98 条的规定,必须是该条列举的六项重罪,才能从资料存储机构调出有关信息进行比对;必须仅由法院命令,检察官紧急情况下的命令应尽速申请法院确认;资料用后应归还或删除。

对比我国刑诉法,强制措施包括拘传、取保候审、监视居住、拘留和逮捕,内容少于德国。当然可以说,在德国作为强制措施的一些内容,比如

---

[1] 参见林钰雄:《新刑法总则》,元照出版公司 2016 年版,第 275 页;张明楷:《刑法学》(第五版)(上),法律出版社 2016 年版,第 231 页;余振华:《刑法总论》(修订二版),三民书局 2013 年版,第 236 页。

[2] 黄翰义:《程序正义之理念》(三),元照出版公司 2010 年版,第 4 页。

[3] 〔德〕罗克辛:《德国刑事诉讼法》,吴丽琪译,三民书局 1998 年版,第 312 页。

勘验、检查、搜查、查封、扣押、鉴定、技侦和通缉[1],被我国刑诉法规定在侦查措施中。即便如此理解,我国刑诉法规定的相关内容仍然少于欧美。以德国刑事诉讼法为例,与我国刑诉法规定的强制措施与侦查措施相仿的有"羁押、拘捕、居家监视、担保释放、拘提、暂时逮捕、扣押等证物保全、电话监听、搜查";而超过我国刑诉法规定的强制措施有"人别身份确认、精神病院观察、检查站、路检盘查",其中设立检查站及路检盘查在我国被视为警察行政措施,不认为涉及刑事诉讼,这是我国与德国在理解刑事诉讼强制措施方面的最大区别。另外,"抽血检查和没收驾照"被德国刑事诉讼法从一般的人身检查与扣押中独立出来,可见这两项措施与路检盘查等对人的基本权利的干预在德国被看得极其重要。[2] 英美更是单就汽车搜查形成许多判例,这不仅因为汽车在人们生活中的重要作用,而且因为对车辆的搜查经常是在没有搜查证情况下进行的,时而是路检盘查的附带措施,时而遭遇警方无目的的扩大搜查,侵犯人的隐私,使人牵连入罪。因此,在现代社会中,私家汽车是隐私、行动自由和财产的一个交汇点,有必要在刑事诉讼法中作出专门规定。

"搜索、扣押,涉及人民之隐私、财产;拘提或逮捕,涉及行动自由;临检,视不同之临检行为,影响人民之隐私、行动自由、财产。隐私、自由、财产,三者皆为宪法保障之基本人权,具同等重要性,无轻重之不同,例如人民有不受窥视的隐私自由,得在住宅内纵情放浪,只要不违反法律,皆受宪法保护。政府非法窥视人民的情欲隐私,与政府非法剥夺人之自由,二者皆为极严重的宪法权利侵犯。"[3]林钰雄教授因而总结说:"羁押干预人民的基本权利,这是再明显不过的事实,拘提、逮捕亦是如此;又如,搜索住宅干预受搜索人的住宅安宁权、财产权及隐私权等,通讯监察干预受监察人的通讯自由权及隐私权,抽血检测等身体检查处分至少干预受检测人的身体不受侵犯权。基于这种特性,德国学者阿梅隆更进一步指出,

---

[1] 根据各法域刑事诉讼法的规定,通缉普遍被视为一种强制措施,对在逃的应予拘捕的嫌疑人,由警方以公告方式发布通缉令,任何人可根据通缉令向警方报案或者在紧急情况下将其扭送归案。

[2] 参见[德]罗克辛:《德国刑事诉讼法》,吴丽琪译,三民书局1998年版,第321—402页。

[3] 王兆鹏:《新"刑诉"·新思维》,元照出版公司2005年版,第7—8页。

刑事诉讼法应该根本放弃'强制处分'的传统用语,改以'刑事诉讼上之基本权干预'替代,如此才能精确描述这种公法行为的特性。"[1] 通讯监察一般也被列入强制措施,但它的特性在于秘密进行,受干预人处于不知不觉中,因而与逮捕、羁押等明显使用直接强制力量的强制措施有所不同。

既然强制措施的性质属于干预人民受宪法保障的基本权利的行为,这种行为就应受到有力的约束。参照德国及我国台湾地区学者见解,法律保留原则与比例原则可以对强制措施起到必要的限制作用。[2] 也就是说,国家机关欲实施强制措施,必须有法律授权依据,并且应该谨守法律设定的要件限制;而国家机关干预人民基本权利的手段与其所欲达成的目的之间必须合乎比例。比例原则有妥当性、均衡性与必要性三个下位原则。

就妥当性而言,主要是解决手段与目的的关系问题。手段须适合或有助于目的达成,比如,临检勤务仅以维持公共秩序、防止危害发生为目的,立法者并无授权警察任意实施,执行各种临检应恪遵法治原则,各种实施临检之要件、程序及对违法临检行为之救济,均应有法律明确规范,方符宪法保障人民自由权利之意旨,此为法治国之基本正当法定程序原则。[3] 反向言之,如果对强制措施不加任何限制,而是容其任意施加,全不顾及有无法律明确规定授权,则属于欠缺妥当性,也不合乎正当程序。

就均衡性而言,主要是解决手段本身的尺度问题。禁止高射炮打蚊子。高强度的手段不可用于无关紧要的目的,比如北京市实行车辆尾号限行,便没有必要设置可能损坏车辆的路障,但对于"二环十三郎"这样的疯狂飙车者,就只能也应该使用路障甚至破胎器。美国最高法院在一份判决的反对意见中提到,若为防止绑架者将人质带离犯罪现场,警察便可在相关地点设置路障,对附近每一辆车进行搜查。但若为了拘捕赌徒,则不得如此。[4] 设置路障本身并不违宪,但不得任由某位警官随时随地为

---

[1] 林钰雄:《刑事诉讼法》(上册),元照出版公司 2015 年版,第 302 页。

[2] 参见林钰雄:《刑事诉讼法》(上册),元照出版公司 2015 年版,第 313 页。

[3] 参见苏满丽:《对汽车的路检盘问》,载日本刑事法学研究会主编:《日本刑事判例研究(一)侦查篇》,元照出版公司 2012 年版,第 43—44 页。

[4] Brinegar v. United States, 338 U.S. 182-183 (1949).

之，而应当履行严格的审批手续，否则，在路检过程中查获的毒品可能作为非法证据被排除，吸毒后驾驶的指控可能被法院驳回。[1]

就必要性而言，主要是解决"手段小到何种程度还能达到目的"问题，即强调最小干预，排除其他同样有效且对权利限制更少的可能性。如果使用催吐剂同样有效，就不应开刀。美国最高法院曾裁定，使用致命武力防止重罪嫌疑人逃跑，不论当时情况如何，在宪法上都是不合理的。[2]"在警务中坚持最小武力原则的另一例证是手铐的使用问题。……写给年轻警察们的一本手册中提出了如下忠告：只有对那些你已决定把他送上法庭的被捕者才有使用手铐的必要，因为你需要防止其逃跑或防范难以承受的暴力袭击。但你必须牢记，使用手铐是一种贬低身份的行为，切不可轻率行事。"[3]《德国刑事诉讼法》亦规定，受羁押人只有在使用暴力或抗拒时，在尝试脱逃或有具体逃亡之虞时，或可能自杀或自伤时，方得被施加镣铐。在审判程序中，只要不是必须，即不应施加镣铐。施加镣铐、信件监视和纪律惩罚须法官特别核准，临时处置后须经法官追认批准。[4]

"强制处分之运用，干预人民之基本权利，虽然必须依照法定程序，谨守法律保留原则与比例原则，但是，徒法不足以自行，如果欠缺相应的诉讼监督机制，强制处分的实体事由及程序要件之限制，只是纸上谈兵。关于强制处分的监督，或者说强制处分合法性的控制管道，基本上可以分成两大方向，一是从证据禁止法则着手，亦即禁止使用因为违法强制处分所得的证据；二是从强制处分本身的设计着手，也就是设定强制处分事前以及事后的审查机制。"[5]

事前审查的基本要求是，警察须书面申请令状，详述事实及依据，然后才能采取强制措施。警务实践中，警察为取得令状要花一定的时间填

---

[1] John M. Scheb & John M. Scheb II, *Criminal Law and Procedure*, Wadsworth Cengage Learning, 2011, p.495.

[2] *Tennessee v. Garner*, 471 U.S. 1 (1985).

[3] 〔英〕菲利蒲·约翰·斯特德：《英国警察》，何家弘、刘刚译，群众出版社1989年版，第164页。

[4] 参见〔德〕罗克辛：《德国刑事诉讼法》，吴丽琪译，三民书局1998年版，第331—332页。

[5] 林钰雄：《刑事诉讼法》（上册），元照出版公司2015年版，第325—326页。

写文书,加上等候核发的时间,这种时间过程本身就是一种仪式,有利于促进警察冷静和谨慎,克制冲动与盲目,是防止"先抓来再说"的恣意。曾有一种叫作空白令状的东西,是根据对敌斗争需要所下达的指标授权,随身携带它的人拥有极大的处置他人自由、财产乃至生命的特权,而这种特权的真正体现不只在于随身携带,更在于随意填写。1918年春的苏俄,曼德尔施塔姆和朋友去参加一个宴会,请客的是赖斯纳,海运副人民委员的妻子。据说赖斯纳和契卡有关。[1] 饥肠辘辘的曼德尔施塔姆经不住诱惑,一到那里就大吃大喝。他看见斜对面的契卡成员布柳索金正喝着伏特加,显然喝多了,把一叠空白表格放在桌子上,正随意填写要逮捕或枪决的人。平时胆小如鼠的曼德尔施塔姆,突然冲了过去,把那名单撕得粉碎,冲出大门。跑到街上,才意识到自己惹了杀身之祸。他在街心花园坐了一夜,第二天一早去找赖斯纳求救。赖斯纳带他去找契卡的头头捷尔任斯基,捷尔任斯基肯定了曼德尔施塔姆的行为,保证要处治布柳索金。布柳索金最终逍遥法外,而曼德尔施塔姆害怕布柳索金报复,连夜逃往乌克兰。[2]

十几年前我曾亲历一个涉嫌经济犯罪案件,两个警察就凭一封单位介绍信把人从异地抓来,然后再补办立案、拘留手续。由此可以推知,事先申请令状是警察不愿意的,唯其不愿意,才是程序限制有效的体现。或者说,警察最想突破的规则,才是真正的规则。对人民隐私或其他权益的保障,尤其涉及处所搜查和人员监禁,最理想的方式当然是在政府侵犯人民权益之前宪法保护即应介入,而不是在侵犯之后始由法院判断其正当性。令状原则为预防之目的,而非矫正之目的,无非是将限制警察权的防线尽量靠前设置,伴以高强度的司法控制,迫使作为国家代理人的警察服从法治约束。

而事后审查则主要针对警察依紧急判断而先行拘捕、搜查,之后再补办、签发拘捕证、搜查证的情况。事后审查一般效果欠佳,尤其是单位内部补办拘留证之类,基本起不到监督审查作用,内部自律往往形同虚设,

---

[1] 契卡,全俄肃清反革命及怠工特设委员会,简称"全俄肃反委员会",存在于1917—1922年,是苏联克格勃前身,首任领导人是捷尔任斯基。

[2] 参见北岛:《时间的玫瑰》,牛津大学出版社2005年版,第235—236页。

只有检察院、法院的外部监督,才是遏制行政武断滥权的有效手段。"为达搜集证据及确保被告之目的,常有依赖强制力之必要。惟强制力一旦发动,则人权保障之问题随之发生。因此,基于人权保障之考虑,其强制力之发动,权限谁属,自应根据分权制衡……之根本精神,妥做安排。"[1] 逮捕和搜查令状的审查需要独立于警方的人来完成,其必要性在于:(1)不能让警察为了找到逮捕和搜查的借口而进行逮捕和搜查,用结果正确反证手段合理;(2)警察除识别和逮捕违法犯罪者外,还有维持秩序、管控交通、解决冲突、扶危济困,为此不得不赋予警察更大的自由裁量权;(3)警察职业的自身缺点,比如经常接触的都是不愿合作甚至与之作对的嫌犯、律师、记者,由于感觉到敌意,警察逐渐习惯于使用强制,以确立权威和控制局势;(4)警察的判断必然受通常是好战的、查获犯罪的进取心的影响,而且有数据表明警察对妓女、流浪汉和无恒产者特别严厉。[2]

凡此种种,都会促成警方作出匆忙的行动。只有将批准搜查、逮捕的权力授予中立而超脱的治安法官,才能在"一个有条不紊的程序中作出明智且周到的决定"[3]。在英国,警察在一般情况下因实施侦查而有拘捕、搜查必要时,须凭治安法官所签发之令状执行,例外情形是因合理怀疑有可拘捕之罪或证据有立即湮灭之虞,须立即实施拘捕或搜查,但须于24小时内尽速解送治安法官。在实施侦查之际,除对现行犯及有合理根据信有重罪发生者可实施无令状拘捕与附带搜查之外,拘捕、搜查等一切强制措施均须凭相当理由向治安法官申请令状。英美法系坚持强制措施权由法院妥慎控制,而不使检察官享有,其理由在于强制措施令状的作用是保护个人免受不当拘捕的困扰,因而必须由中立而无偏见之司法官员签发。易言之,强制措施权不能轻授执法人员,而须使之归属于"就执法并无奔竞企图心之人"。在法国,因采用预审制度,检察官实施侦查,负追诉责任,但没有审问权及强制措施权,仅就所知犯罪嫌疑,请求预审法官发

---

〔1〕 林朝荣编著:《检察制度民主化之研究》,文笙书局2007年版,第129页。
〔2〕 Lawrence M. Friedman, *A History of American Law*, 2nd ed. Simon & Schuster, 1985, p.578.
〔3〕 *Johnson v. United States*, 333 U.S. 436 (1948); *United States v. Jeffers*, 342 U.S. 48 (1951); *Aguilar v. Texas*, 378 U.S. 108 (1964).

动预审；而基于不告不理原则，非有检察官请求，不可开启预审。法官预审制度实为一种分权制衡安排，重点是将强制措施权划归享有司法权的预审法官。德国1975年前与法国一样采预审制度，1975年后，犯罪侦查归由检察官负责，但强制措施权却仍由法院控制。可见，法治国家通例是将强制措施权划归法院掌握，而检察官不与焉。[1]

我国受苏联影响，由检察机关享有强制措施决定权。"在需要采取限制公民权利和自由的措施时，检察监督具有特殊的意义。依照法律，非经检察长批准，不得撤销刑事被告人的职务，不得采取羁押的强制处分，不得进行搜查和扣押邮件电报。"[2] "真正的基本权利本质上是享有自由的个人的权利，而且是与国家相对峙的权利。托马说过一句话，适用于一切真正的基本权利：'对基本权利的保障是人面对国家这个往复奔涌的永恒过程的一系列阶段。'但是，人必须凭着自己的自然权利面对国家，而且，关于个体拥有先于国家、凌驾于国家之上的权利的思想也不能被彻底否定：只有在这种条件下，才谈得上基本权利。如果一项权利完全取决于专制君主的意愿，或者听凭简单的或特定的议会多数的决定，想授予就授予，想收回就收回，它就不能被实实在在地称为基本权利。因此，真正的权利只能是个人的自由人权，承认和宣示基本权利的法律意义在于，这种承认是对国民法治国的基本分配原则的承认：个人的自由领域原则上不受限制，而国家的干预权原则上是受限制的、可测度的、可监督的。……真正的基本权利包括：良心自由、人身自由（尤其是免于任意逮捕的自由）、住宅不受侵犯、通信秘密和私人财产权。"[3]

第二节　拘捕羁押及其替代

拘捕，指官方凭借职权，剥夺他人想去哪儿就去哪儿的自由。从效果

---

[1] 参见林朝荣编著：《检察制度民主化之研究》，文笙书局2007年版，第129—131页。

[2] [苏]蒂里切夫等编著：《苏维埃刑事诉讼》，张仲麟等译，法律出版社1984年版，第88页。

[3] [德]卡尔·施米特：《宪法学说》（修订译本），刘锋译，上海人民出版社2016年版，第222页。

上说,需要抓住或触及嫌疑人身体,但也并不总是需要实际的身体强制。言语告知他人原地别动,只要得到服从,也算是达到拘束效果,其实质是"不准离去"。不合理的武力拘捕是违法的。如果拘捕行为在室外进行,为防止嫌疑人逃跑,警察使用身体拘束措施是可以的,但对于无能力脱逃的老人或者孕妇,便无需身体拘束。[1] 可将拘捕理解为一种行为,涵盖拘留和逮捕,与 Arrest 对应;将羁押理解为拘捕后的一种状态,与 Custody 同义。拘捕的行为构成要素为:(1)警官将嫌疑人羁押起来的意图,如果法官事后推论警察在具备拘捕意图前先进行了搜查,则搜查违法,证据应予排除;(2)真实的或者假定的将嫌疑人羁押起来的法律授权,比如马里兰州警察在哥伦比亚特区才追停醉驾超速者,哥伦比亚特区警察随后赶到并实施拘捕,就是假定的法律授权;(3)被拘捕人必须处于羁押和法律控制之下,但不一定采取武力。[2] 在欧美,取得拘捕令状须向法官表明,相信嫌疑人已经犯罪,需要拘捕,也就是,警察只有掌握为拘捕嫌疑人所必须的足够信息,比如有相当理由相信嫌疑人实施了犯罪,才能使拘捕正当化。

"实施拘捕,警察的首要任务是限制嫌疑人的自由,必要时可使用强制力。随后要对被拘捕者进行搜身,从其身上及身边可控范围移除武器、违禁品或者与犯罪相关的证据。有些执法机关只提倡拍身搜查(frisk)武器,而不鼓励全面搜查。某些适当场合,这种附随于拘捕的搜查可以延伸至嫌疑人人身之外,比如搜查嫌疑人随身携带的钱包或提包,在路边拘捕驾驶者或乘车人时,搜查机动车后备箱以及其中的箱包,在住所或办公室实施拘捕时顺带搜查被拘捕者可及的房间。在限制被拘捕者自由并结束附带搜查后,应由在场警察将被拘捕者押解至警方办公地点或拘留看守所,在那里登记姓名、到案时间、拘捕罪名,拍照并取得指纹。之后一般允许被拘捕者对外打出一次电话。登记完成后,须将被拘捕者押入监室,等待首次法官聆讯。当然,在入监前还有一次比较彻底的人身搜查,拿走他的随身物品。"[3] 从限制人身自由角度说,拘捕一般是指以指控犯罪为目

---

[1] Richard Card and Jack English, *Police Law*, Oxford University Press, 2015, pp.55-56.
[2] Klotter & Kanovitz, *Constitutional Law for Police*, The W. H. Anderson Company, 1968, pp.55-57.
[3] LaFave & Israel, *Criminal Procedure*, Thomson Reuters, 2009, pp.8-9.

的将嫌疑人羁押起来,旨在确保未来审判时被告人在场,且有利于继续侦查犯罪,尤其是拘捕通常意味着可以搜身查找有罪证据,对于发现真相有时极为必要。

需要澄清汉语法律文本中几个相近似易混淆的概念。根据我国刑诉法的规定,"拘留"相当于欧美的无令状逮捕,也与人身留置(detain)有所交叉,尤其在无需令状而只由警方现场裁量这一点上,拘留与留置极为近似:适用于被即时发觉、当场指认的现行犯,或者有逃跑、串供、湮灭证据可能的嫌疑人,或者不讲真实姓名、住址,身份不明,有流窜、多次、结伙作案重大嫌疑者;拘留后应即解送看守所羁押,至迟不得超过24小时,并应通知家属。[1] 根据我国刑诉法的规定,逮捕相当于欧美的有令状逮捕,适用于有证据证明犯罪事实,可能判处徒刑以上刑罚,如果不采取羁押措施有可能实施新的犯罪等现实危险的嫌疑人、被告人。拘留实际是一种待批准的逮捕,因而拘留期限就是提请批捕和审查批捕的时限,名义上是3~7天,实际执行时多以我国刑诉法规定的"有流窜作案、多次作案、结伙作案重大嫌疑"为由,将提请审查批捕的时间延长至30天,加上之前的7天,也就是未经检察院、法院批准而由行政机关独自决定的剥夺人身自由,最长可达37天。

我国刑诉法中还规定了拘传,即持载有姓名、案由等内容的拘传证,对抗拒拘传者使用戒具强制到案。[2] 拘传最长不超过24小时,两次拘传间隔不少于12小时。拘传在我国台湾地区称"拘提",得不经传唤径行适用于犯罪嫌疑重大者。再对比"现行犯,不问何人得径行逮捕之"的规定,说明台湾地区没有单独的拘留措施,"拘提"相当于拘传与拘留。而且,拘提与逮捕合称拘捕,这样,"羁押"便相当于逮捕。[3] 对被拘捕者应于24小时内解送看守所,但在解送前的24小时内可否讯问却有不同见

---

〔1〕 我国刑诉法对涉嫌危害国家安全、恐怖活动和特别重大贿赂三类犯罪有特殊处置,辩护律师会见须经侦查机关许可,前两类犯罪可不在24小时内通知家属,后一类犯罪已因刑诉法的最新修订而有重大调整。

〔2〕 在拘传之前,警方还有传唤的权力。传唤实际上也应视为强制措施,因为被传唤者有到场义务,且一般不准代理。除嫌疑人外,证人、家属亦可成为传唤对象,而公诉人、辩护人、鉴定人则用通知。

〔3〕 在德国刑事诉讼法中,羁押相当于中国的逮捕,暂时逮捕相当于中国的拘留。参见连孟琦译:《德国刑事诉讼法》,元照出版公司2016年版,第138页。

解。结论似应认为这段时间可以侦讯被告,"如此始能合乎拘捕后解送前之程序目的,24 小时之限制始有意义"[1]。对被拘捕者应即时讯问,但在某些法域,除涉嫌绑架、恐怖活动等必须立时处置的犯罪之外,法律禁止深夜讯问。而在某些司法区域,往往搞突击审讯,而突击审讯的常态之一是连夜审讯。甚至在没有突击审讯必要时,也基于夜间办案的习惯,实施深夜传唤。1998 年,贵州省桐梓县发生一起因深夜传唤而引起的警民冲突,被传唤人构成妨害公务罪。近 20 年后,由最高人民法院指令再审纠正了不当定罪。

1998 年 11 月 9 日凌晨 1 时许,3 名警察为处理治安案件,持传唤证到陆远明住宅外,要求开门,传唤陆远明"于 1998 年 11 月 9 日前来本局接受讯问"。陆远明以"有事白天来"为由拒绝开门,并告知其子陆某强"如果他们强行冲进来就自卫"。随后到场的县公安局副局长决定强制传唤,警方在撬陆家卷帘门过程中,陆远明及家人在楼上用砖头掷击警察。县公安消防队被调遣过来,用高压水枪喷向阳台上的陆家人。卷帘门被撬开后,警方带走了陆远明及其次子和大儿媳。桐梓县法院一审判处陆远明及其次子构成妨害公务罪,遵义市中院二审维持原判。最高人民法院 2015 年 7 月 23 日作出再审决定,认为原判定性和适用法律不当,指令云南省高院再审。云南省高院经提审再审后,于 2017 年 10 月 14 日判决撤销原一审、二审的判决、裁定。该案反映了警方不良执法习惯以及欠缺临场纠错能力:一是传唤时限届满前不应理解为拒绝或逃避传唤,故采取拘传行动不当,对法律作不利于嫌疑人的曲解;二是严重违背比例原则,使事态升级,演变为一场斗气执法,并且以完胜对手为心理目标;三是我国相关法律对深夜执法没有作出明确而严格的限制,给当地民众留下不良印象,间接使得深夜执法成为值守夜班警察的工作常态。

警察对嫌疑人可以留置,英美分为警局留置和短暂留置两种。警局留置与我国的现行拘留和传唤都有所交叉。依我国警察法的规定,留置往往发生在现场盘问未能消除警方怀疑的时候。警察对有违法犯罪嫌疑的人员,经盘问、检查而有下列情形之一的,可以将其带至警局继续盘问:(1)被指控有犯罪行为的;(2)有现场作案嫌疑的;(3)有作案嫌疑身份不

---

[1] 林钰雄:《刑事诉讼法》(上册),元照出版公司 2015 年版,第 360 页。

明的;(4)携带的物品有可能是赃物的。带至警局以后,就是所谓警局留置,时间自带至警局时起不超过 24 小时,特殊情况下可延长至 48 小时。经继续盘问,认为对被盘问人需采取拘留或者其他强制措施的,应当在规定的时间内作出决定,不能作出决定的,应当立即释放被盘问人。严格说来,最长 48 小时是一种预留执法时空的规定,是放人的时间底线,不能理解为满 48 小时才放人,而应加强对 48 小时以内盘问进度的督促,争取尽快放人。有学者认为:"对人民仅有怀疑,却无相当理由认为涉嫌犯罪,为执法之需要,人民之行动自由与不受干扰之基本人权最多只能短暂牺牲 20 分钟,不宜过长。"[1]

有日本人在英国卷入一个意外事件,遭英国警方留置,但问题很快解决,让日本人感慨英国羁押及替代措施的有效和灵活。在伦敦闹市区,日本企业职员陪两名访英同事去喝酒。进入酒店后感觉异样,正想离开时,遇到超额的请款,几经争吵后,只好强行离开该店。甫一出店,没走几步即被人从后方大力擒住,想当然认为是店家之人所为,因此加以抵抗并想挣脱,但意外的是抵抗对象竟然是附近执勤的警察。警方将此事视为重大,随之该日本人遭到警方留置。在警察局里,虽然被告知可以选任辩护人,然而日本人的想法是,自己没有错,也就没有选任。当时如果请律师,说不定他的辩明很快得到理解。隔天早晨,公司的前辈一来会面,警方不仅让他们自由会面,也因为前辈具保而得释放。在英国,如果证据已被保全且无逃亡危险,即会尽量避免无谓的人身自由拘束,不用一天就结束了。[2]

在我国,警局留置与传唤的共同之处是,都会在一定时间内将嫌疑人限制在警局里,不准任意离去。最大的区别是,传唤对象是有名有姓者,而警局留置适用于有犯罪嫌疑但身份不明者。在英国,留置适用于拘捕后不能起诉又不便马上放掉的嫌疑人,比如神志不清、需要约束到酒醒,再或者适用于虽无足够证据进行指控但又为保存证据所必须的情况,警局留置时间一般也是 24 小时,经批准也可延长至 48 小时。[3] 在美国,警

---

〔1〕 王兆鹏:《路检、盘查与人权》,翰芦图书出版公司 2001 年版,第 141 页。

〔2〕 参见〔日〕大出良知等编著:《刑事辩护》,日本刑事法学研究会译,元照出版公司 2008 年版,第 70—71 页。

〔3〕 Richard Card and Jack English, *Police Law*, Oxford University Press, 2015, p. 148, 151.

局留置是否等同于拘捕,是由警局留置过程中对嫌疑人采取的具体措施决定的。"警局留置对自由的限制程度小于拘捕,却重于街头实施拦停、拍搜过程中的短暂留置。警局留置过程中,警方可能对嫌疑人进行指纹提取、拍照、列队辨认等侦查措施,但是,当警方利用警局留置对嫌疑人进行正式讯问时,便被看作拘捕,应给予嫌疑人相应的宪法权利保障。总之,不允许在既无令状又无相当理由的情况下将人强行带至警局。"[1]

而短暂留置是美国最高法院在特里案中认可的一种不同于拘捕的短暂限制人身自由的措施,即"警察注意到某种不寻常的行为,让他依执法经验合理地得出结论:犯罪行为即将发生"。用语有些模糊,但特里案生成了两项原则:其一,短暂留置所需的合理怀疑的标准,弱于拘捕所需的合理相信的相当理由;其二,绝大多数情况下,合理怀疑必须基于特定的、客观的事实。[2] 拘捕与短暂留置的区别对公民和执法者来说都相当重要。拘捕必须基于合理相信某人已经犯罪,而短暂留置只要具备合理怀疑就可以正当化。拘捕将自动授权对嫌疑人的搜查,但拍搜嫌疑人必须基于嫌疑人有武器并且是个危险人物的某种迹象。拘捕后的附带搜查可以包括嫌疑人的全部身体,而拍搜则基本限于对嫌疑人外衣从上到下的拍打。拘捕令通常需要警察事先申请并可在家中拘捕嫌疑人,而短暂留置则一般发生在街头以及其他公共场所的众目睽睽之下。[3]

在医学发达并值得信赖之后,还有一种被称为留置的特殊羁押,即为鉴定嫌疑人、被告人心神或身体状态,而将其送入医院或其他适当处所。此种情形或被称为鉴定留置,期限为 7 天,留置期间视为羁押,按日折抵刑期,由法官签发令状,法院得于审判中依职权或侦查中依检察官之申请裁定缩短或延长,但延长期限不得逾 2 个月。[4] 尽管有这些规定,学者仍是总体不满,认为鉴定留置是一种拘束受鉴定人身体自由以达到鉴定目的之方法,因此,必须透过法官保留原则及必须有救济之管道,以正当

---

[1] Rolando V. Del. Carmen, *Criminal Procedure Law and Practice*, Wadsworth, Cengage Learning, 2010, p.145.

[2] *Terry v. Ohio*, 392 U. S. 1 (1968).

[3] Ronald Bacigal, *Criminal Law and Procedure: An Overview*, Delmar, Cengage Learning, 2009, p.167.

[4] 参见林钰雄:《刑事诉讼法》(上册),元照出版公司 2015 年版,第 457 页。

化此种拘束人身自由之处分,故法律规定由法官审查签发鉴定留置票后,以但书方式规定,经拘提、逮捕到场,若期间未逾24小时者,得不使用鉴定留置票,致无法事先经过法官之检验——即法官保留原则,恐难以使被告知悉究竟对其进行何种程序,造成秩序之混乱;在欠缺令状之要求下,更难以担保其经拘提逮捕后所进行之鉴定留置,是否符合法定程序或有其必要性。[1] 而如果只是规定,"对犯罪嫌疑人作精神病鉴定的期间不计入办案期限",就显得颇为不妥。

警察有时也会实施无令状拘捕,甚至可以说,实施无令状拘捕的场合可能还多于有令状拘捕,这主要缘于某些罪行不是慢慢暴露而是突现于警方面前。无令状拘捕的条件是,某人参与、企图参与或者怀疑他参与实施了犯罪行为,或者有合理根据相信或怀疑有法定的特定理由先行拘捕,比如需要确定其姓名身份,防止其自伤、伤及儿童、引起交通堵塞或者有助于当场破获案件等。[2] 除警察外,公民扭送是另外一种无令状拘捕。根据我国刑诉法的规定,公民对于正在实行犯罪或者在犯罪后即时被发觉的、通缉在案的、越狱逃跑的、正在被追捕的人可以实施扭送。各法域刑事诉讼法对公民扭送的规定大同小异,但比较而言,我国刑诉法的相关规定还需强调三个要点:其一,对准备犯罪的人不能实施扭送;其二,扭送过程不能间断,应以最可行的方式尽速交予公检法机关,或者路上碰到的着装警察;其三,应当大致区分可扭送的犯罪与不能扭送的犯罪,可以用排除式规定哪些情况不能扭送,比如非公共场所的非暴力犯罪,或者将不可避免地造成嫌疑人或他人死亡或者重伤的。英美普通法虽授权公民必要时实施拘捕,条件是有相当理由相信,发生了重罪或者有破坏和平的违法行为,可一旦判断失误,公民拘捕就是非法的,因而可以理解为法律实际上并不支持公民拘捕。[3] 扭送还与正当防卫容易形成交集,但从正当防卫难以被司法认可来看,公民扭送确有很大法律风险。

在无令状的警察拘捕或者公民扭送时,如果被拘捕、扭送人认为自己被抓错了,是否可以脱逃甚至反抗?这涉及公民抵抗权和自救权。"反抗

---

[1] 参见黄翰义:《程序正义之理念》(四),元照出版公司2016年版,第120—121页。
[2] Richard Card and Jack English, *Police Law*, Oxford University Press, 2015, pp.50-51.
[3] Rolando V. Del. Carmen, *Criminal Procedure Law and Practice*, Wadsworth, Cengage Learning, 2010, p.180.

非法拘捕属英美普通法上的权利,这一权利在诸多司法区域现已让位于现代法律观点,即当行为人知道非法拘捕者是警察时,暴力反抗就是不正当的。国家移除这一权利,只是收回一种不太常用的救济方式,而这种救济方式一旦运用,对警察和嫌疑人来说,其不良后果都大于非法拘捕本身,不如先和平地接受无可避免的委屈,然后通过有序的司法过程寻求救济。但若某一拘捕将对公民权利造成过分侵害,而反抗将无可避免,那么,从正当程序角度说就不该给反抗者定罪。"[1]1992年英国发生一起案件,商场雇佣的警探在一位公民帮助下抓住了"窃贼",厮打过程中公民被"窃贼"踢伤,因而对"窃贼"提出偷窃和殴击两项指控。庭审查明,偷窃事实并不存在,偷窃罪不成立,但却认定了殴击罪。上诉审中殴击罪被撤销,理由是没有实际犯罪发生,警探和公民就没有权利进行抓捕扭送,而对被错误抓捕扭送的公民来说,他的反抗权利不因他人的错误而有丝毫减少。[2]当然,还可能有另一种情况,某位公民误以为发生了人身侵害而施以援手,结果反倒是帮助罪犯逃脱了便衣警察的抓捕,那么,对这个帮倒忙的见义勇为者,便不应课以妨害公务罪。

羁押是为了确保程序进行及刑罚执行而剥夺被告人自由,即为确保被告人到庭受审,保障侦查顺利进行,防止证据被篡改、湮灭,最终为了确保刑罚执行。当然,对人身伤害案件及有高度危险性的嫌疑人,理应羁押。不便言明的羁押动机是,给嫌疑人施加压力迫其尽快招供,提前抚慰被害人,或者对令人厌恶的轻罪直接以关代罚。羁押是对个人自由影响最严重、深远的侵害,然而对有效的刑事司法而言,许多情形下又是不可缺少的措施。一个国家的内部秩序常显示在如何看待目的冲突,专制国家错误地认为国家与人民是对立的,常会过分强调国家利益,以致倾向于使用最可能使刑事诉讼顺利进行的措施;而法治国家处理冲突的原则是达成两项目的:一是经由羁押等强制措施来确保秩序;二是要对人民的自由加以保护。因此,从比例原则出发,将羁押范围限定在最有必要的情形下,似乎重罪相较于轻罪更有理由羁押。"有证据推测,被告人将会逃避

---

[1] LaFave & Israel, *Criminal Procedure*, Thomson Reuters, 2009, p.149.
[2] Peter Hungerford-Welch, *Criminal Litigation and Sentencing*, Cavendish Publishing Limited, 2004, p.9.

司法审判,法官有权且有义务采取措施,确保被告人不离开所在辖区。具备下列条件时,即可构成对被告人逃跑的怀疑:被告人没有继续留在法院辖区内的特别利益;犯罪情况表明,可能科处的刑罚轻重,足以抵消犯罪人在法院辖区内的利益。"[1]但也必须强调,重罪不是羁押的唯一考虑,许多重罪被告人不可能再犯,且接受处罚比逃避处罚更有利于己。

这就是所谓"辖区内的利益",一般都与个人利益相关,指刑罚执行完毕后被执行人可预期恢复的利益,即婚姻、家庭或财富,等等。而这些利益能否恢复以及刑罚执行完毕时剩余多少,的确取决于刑罚轻重,尤其是刑期长短。但是,不顾及犯罪人是否具有人身危险和再犯可能,而单纯因重罪而羁押,这一做法现已为人诟病,因为"惟有危害到保全证据及保全刑罚执行之目的,例如:逃亡或灭证,始能成就羁押之条件。在文义解释上,根本找不出任何重罪内涵得以推论出逃亡或灭证之结果"[2]。也就是说,犯重罪者未必再犯重罪,或者说绝大多数根本不可能再犯,而针对他的证据已然清晰明白,不可能再有湮灭篡改,此时便没有羁押必要性。羁押的形式要件是法官签署的令状,实质理由是有逃亡之虞,或者使侦查难于进行,可能实施杀伤、爆炸等重大犯罪,或者有可能再犯重大的性犯罪、严重侵害法秩序者。在德国,羁押还受《欧洲人权公约》规制,应考虑案件重要性、应科刑罚与保安处分同羁押的比例关系,不得违背比例原则采取羁押措施。自诉案件不得羁押,一人犯数罪时可多次签发羁押令,但就同一被告之同一犯罪行为,不得二次签发羁押命令。[3]

被羁押者的权利,可以参照《德国刑事诉讼法》的有关规定[4]。其一,与辩护人进行书面及言词沟通权。只在涉嫌建立恐怖团体罪及关联犯罪时,才对通信有特别的限制。即书信寄件人必须同意将书信呈交管辖法院,则法院应当命令将信件退回,且只能退回,不能拆阅;若书面沟通应受监督,辩护人的会见权也是受到保障的,只是会见时应阻隔传递书信

---

[1] [德]费尔巴哈:《德国刑法教科书》(第十四版),徐久生译,中国方正出版社2010年版,第439页。

[2] 黄翰义:《程序正义之理念》(四),元照出版公司2016年版,第3页注3。

[3] 参见[德]罗克辛:《德国刑事诉讼法》,吴丽琪译,三民书局1998年版,第321—322页、第324—326页、第328页。

[4] 参见[德]罗克辛:《德国刑事诉讼法》,吴丽琪译,三民书局1998年版,第333—335页。

及其他物品。与配偶及父母的信件通讯受德国基本法的保护,不得拦截,更不得开拆审阅。其二,获得资讯权。阅读报纸、收听广播不受限制,依判例甚至不得禁止阅读色情刊物。外界寄入印刷品,只在对羁押目的或监所秩序有具体危害时,才可以退回。其三,享有一定的舒适权,比如穿自己的睡衣,吸烟,不被强制工作。曾有判例核准随身听的使用,但电动玩具、咖啡机、电子琴和电脑都在禁止之列。其四,会见家属权。配偶及子女会见权得到德国基本法的保障,判例认为,即使母亲是唯一证人,亦应允许其会见在押的儿子。

关于强制措施的批准权,各法域制度设计及其理由呈现很多共同之处:一是羁押审查作为独立的审前程序,与审查和提起公诉存在明显分野;二是司法审查权一般都交由预审法官行使,极少由检察官行使;三是赋予警察及检察官很多便宜行事的侦查权力,不过这种权力要受到严格约束,尤其要及时得到法官的确认;四是较长时期的羁押待审只是一种非常措施,经常使用的是取保候审。核心意思是在侦查者与嫌疑人之间、之上安排一个中立裁判,能不羁押的尽量不羁押。由于欧美检察官要么是准当事人,要么是检警一体的侦查机关,法官执掌羁押审查权就是自然之事。"检警一体是指为有利于检察官行使控诉职能,检察官有权指挥刑事警察进行对案件的侦查,警察机关在理论上只被看作是检察机关的辅助机关,无权对案件作出实体性处理。……从长远来看,纳入到检警一体的体制中,检控检察官分离制度还要进行更大的调整。检控检察官的分离,是指将现在起诉部门的工作人员分为主控检察官、检察事务官和检察书记官……检察事务官主要面对侦查,对侦查起到强有力的制约;主控检察官主要面对法庭,在庭审中形成与辩方强有力的对抗。"[1]

但在我国,警方才是真正的侦查主体,而且很强势,检察官无法主导侦查,而宪法又赋予检察机关以法律监督者的地位,这种情况下,也是出于分权制衡考虑,而把羁押批权授予检察机关,也有坐实法律监督职能的意味。可实际上,检察机关对侦查机关的监督力度有限,反倒不时出现被公安机关反制的情形。比如,根据我国刑诉法的规定,对于不批准公安

---

〔1〕 陈兴良:《检警一体:诉讼结构的重塑与司法体制的改革》,载《中国律师》1998 年第 11 期。

机关提请逮捕的,检察院应当说明理由,需要补充侦查的,应当通知公安机关,并附补充侦查提纲,列明需要查清的事实和需要收集、核实的证据。"说明理由",一般是弱势者向强势者作出的解释,而在现行刑诉法之前,还是由公安机关"作出说明"的。根据2001适用逮捕规定的规定,"对人民检察院补充侦查提纲中所列的事项,公安机关应当及时进行侦查、核实,并逐一作出说明。不得未经侦查和说明,以相同材料再次提请批准逮捕"。问题是,需要补充侦查的是否以不批准逮捕为前提? 如果是,根据最高检2013规则的规定,公安机关应立即释放在押嫌疑人或变更强制措施,然后再进行补充侦查。

根据2001适用逮捕规定的规定:"对公安机关提请批准逮捕的案件人民检察院在审查逮捕期间不另行侦查。必要的时候,人民检察院可以派人参加公安机关对重大案件的讨论。"这一司法解释也值得推敲,表面上检察院不另行侦查是由于侦查能力所限,但实际上害怕另行侦查的结论与公安机关的侦查结论相反,才是真正原因。如果派员参加公安机关对重大问题的讨论,反而有当场被说服同意的风险,使后续的审查化为乌有。不仅如此,根据我国《刑事诉讼法》的规定:"公安机关对人民检察院不批准逮捕的决定,认为有错误的时候,可以要求复议,但是必须将被拘留的人立即释放。如果意见不被接受,可以向上一级人民检察院提请复核。上级人民检察院应当立即复核,作出是否变更的决定,通知下级人民检察院和公安机关执行。"复议与复核对检察院形成了极大的制约,在相当短的时间内反复提出复议,会给检察院形成极大的压力,以至于最高检2013规则作出一条耐人寻味的规定:"人民检察院作出不批准逮捕决定,并且通知公安机关补充侦查的案件,公安机关在补充侦查后又提请复议的,人民检察院应当告知公安机关重新提请批准逮捕。公安机关坚持复议的,人民检察院不予受理。"

随之而来的是检察机关内部的捕诉分离与捕诉合一之争,也可看作公正与效率之争。捕诉合一的危机在于,检察官既是审查批捕、审查起诉中超脱于侦查方和嫌疑人方的中立的审查裁断者,又是与被告人相对立的出庭指控犯罪者,其中立性就可能发生偏离,同时还可能以起诉条件来把握批捕。为了保证日后审查起诉的顺利进行,对可捕可不捕案件会倾向于捕。其结果就可能人为降低逮捕标准,搞"够罪即捕"。负责批捕同负责出庭公诉的检察官不得为同一人,是体现批捕中立性必须守住的最后底线,因为批捕的中立性稍有偏离,就很可能影响捕与不捕决定的准确性和公正性。[1] 羁押既然属于重大程序性国家行为,就应由独立的审查主体兼听利益方和不利益方意见后作出决定,这种决定权属司法裁判权力,其重要特征是中立性,而刑事公诉则是代表国家要求法院追究刑事被告人的刑事责任,因而不能将裁判权与追诉权交由同一主体行使。[2] 再者,批捕与起诉两者的出发点及重心不同。审前羁押以防止妨害诉讼进程为必要,因此证明的重点应在社会危险性要件,且应把握较低的证明标准;公诉的目的在于揭露犯罪、证实犯罪,对符合起诉条件的应当予以追诉,重点在于证实被告人的犯罪事实,应掌握比逮捕更高的证据标准。[3]

法治良好的地方,普通犯罪皆以取保为原则,羁押为例外,想把人关进去很难,需要书面申请。还不只是审批那么简单,有时甚至需要举行作为中间程序的听证。中间程序的含义及意义在于:"为了不让这种结构式的推诿卸责伤及被告权益及无辜的性命,刑事诉讼法其实设有第二道保险机制:在所谓的中间程序中,在作出允许该案件进入主审程序的决定之前,法官应详读检察官所提出的相关卷证资料:侦查结果能否显示被告被判有罪之充分可能? 刑事法院若明确发现到侦查缺失,或发现举证有任何漏洞,都必须驳回对该被告的起诉,并在一定条件下立刻停止对被告的羁押。"[4] 而法治欠发达地区,凡公诉罪皆以羁押为惯例,以取保为特例,要取保出来很难,需要层层审批。1953 年在罗马召开第六届国际刑法大会,特别将"刑事诉讼中对个人自由的保障"作为专题,要求审前羁押必须与文明国家共同准则相一致,提出"审前羁押应属于例外措施,被羁押人有权毫不迟延地接受法官讯问"。批捕率极高,说明审查基本流于形式,就此不难想象,案件后续的起诉率、定罪率都会畸高,这是羁押率畸高的必然结果。

---

[1] 参见朱孝清:《对检察官中立性几个问题的看法》,载《人民检察》2016 年第 1 期。
[2] 参见龙宗智:《检察机关内部机构及功能设置研究》,载《法学家》2018 年第 1 期。
[3] 参见闵春雷:《论审查逮捕程序的诉讼化》,载《法制与社会发展》2016 年第 3 期。
[4] [德]汤玛斯·达恩史戴特:《法官的被害人》,郑惠芬译,卫城出版 2016 年版,第 48 页。

加强羁押必要性审查,是减少羁押的有效方法,其合理性在于,原本存在的羁押理由可能消失,不再有羁押必要性。羁押必要性审查的制度性质是对逮捕适用条件的持续、定期审查,具有司法权属性,难点是现有制度的落实必须有归口管理、公开听证、风险评估、跟踪监督等支撑机制。未来的制度设计,旨在将没有或失去羁押必要性、应予变更强制措施的建议权改进为决定权。与此同时,应当要求侦查机关向被告方开示与逮捕适用条件有关的证据,以便兑现具有司法属性的两造参与的审查程序,根治我国多年的"够罪即捕,羁押率高,一押到底,实报实销"的司法宿疾。这一宿疾凸显出逮捕功能异化为定罪的预演,既然逮捕条件被人为拔高至定罪标准,结果自然就是捕后羁押无人过问,直至一审判决时再用来折抵刑期,势必忽略免受不合理羁押的基本权利。在何种情形下不应继续羁押,核心在于社会危险性低而非预期刑罚重,主要针对犯罪情节较轻的未成年人、老年人、残疾人、严重疾患等不能生活自理者,有自首、立功、防卫或避险过当等情节者,以及过失犯、预备犯、中止犯、未遂犯、从犯、胁从犯。[1]

在绝大多数国家,批捕权属法院,羁押审查者也是法院,与由检察院负责批捕和羁押审查相比,法院最大优势在于能够有效进行言词审理。借鉴《德国刑事诉讼法》的相关规定,被告人在被羁押后,有权随时申请法院审查应否撤销羁押令状;法官如果认为某一侦查事项影响是否维持羁押的判断,可待该侦查实施后再审查羁押理由是否已经消失;法院进行羁押审查时,必须采取言词审理,言词审理应尽速进行,非经被告人同意,庭期须在受理申请两周内进行;言词审理的时间、地点应通知检察官和辩护人;审理申请时被告人应在场,特殊情况下应有辩护人在场;审理中证据调查方式及范围由法院决定,并应制作笔录;裁定应于言词审理后当即宣布,至迟应于一周内作出;一旦裁定维持羁押,被告人再次提起羁押审查的时间,是此次裁定满两个月或者已持续羁押三个月;撤销羁押令一旦作出,不得因处于救济程序中而阻挠释放被告人。《德国刑事诉讼法》还特别规定,羁押持续 6 个月以上时,需要诉诸特别延长羁押程序,但无论如

---

〔1〕 参见陈卫东:《羁押必要性审查制度试点研究报告》,载《法学研究》2018 年第 2 期。

何不得超过 1 年。

需要特别关注的是,在不符合羁押目的时,如何确保落实替代羁押的措施?审前羁押的理由无非三个方面:(1)防止逃跑、藏匿,从而逃避审判;(2)妨害侦查,包括湮灭、伪造证据,以不正方式影响共同被告人、证人、鉴定人;(3)防止再次危害国家、公共利益、他人身体或生命。不存在这些羁押理由或理由已经消失,应以释放或取保候审替代羁押。在三方面的理由中,是否有再犯可能最易判断,因为许多犯行本质不可能再犯,比如利用身份的犯罪或者过失犯罪。是否妨害侦查也不难判断,因为侦查机关掌握了足以起诉证据后,就不必担心串供或者销毁证据。至于是否可能逃跑似乎最难判断,不过这个理由不足以单独用来反对取保候审。这是因为,若刑罚较轻,嫌疑人逃跑可能加重自己的刑罚力度,不如承受消化,根据嫌疑人自己的理性判断,应该不会让自己永无宁日。即便真有以逃跑躲避轻罪审判者,也可暂由他去,保释金正是在这个时候发挥作用的。取保候审制度不应因个别逃跑事件而不予适用。各法域通例,轻罪羁押应属例外,应由法条单独规定,比如对曾有逃避审判前科、无固定居住场所或不能证明其身份的轻罪犯,可予羁押。[1]

对于重罪嫌疑人应区别对待,一部分刑期较重者因不具备长期逃避的实力,会选择面对刑罚,毕竟重新开始新生活是多数人的愿望,也是家属的期待;另一部分重罪犯可能会逃跑,而对他们不予取保的理由可能不是怕其逃避审判,而是他们有高度的人身危险性,主要表现为再犯可能性。当然,一定有不易判明的情况,也的确会有取保的错误运用。但是,除再犯可能性极高的重罪嫌疑人外,都应适用替代羁押的措施。现实实务中,不仅要在理念上认同"取保为原则,羁押为例外",更要紧的是在审批手续上让羁押不那么轻易,让取保不那么困难,而不是相反。"正是因为羁押乃是最严重侵害人权之手段,因此,羁押被告除符合法定事由外,应以有无羁押之必要性作为考量之要件,质言之,得否以其他较为轻微之手段替代羁押之强制处分,亦为决定被告是否羁押之重心所在。若有其他较为轻微之手段,足以替代羁押之强制处分,且亦可达到保全证据及保

---

[1] 参见连孟琦译:《德国刑事诉讼法》,元照出版公司 2016 年版,第 141 页。

全刑罚执行之方法者,自应以其他较为轻微之手段为之。"[1]

  在拘捕后及时由法官举行听证并决定保释,这种做法是值得称道的。同时,将被保释人交由私营的、第三方性质的安保公司,也值得借鉴。自英国人发明人身保护令以来,不得随意羁押他人、等待庭审前能不羁押的决不羁押,这样的理念已经深入人心,并且在实践中得到真诚落实。1966年,美国《联邦保释改革法案》颁行,旨在以个人具结取代保释金作为保释的先决条件,有效提高了保释率。1984年对该法案进行了修订,要求法官在保释听审时首先考虑庭审前不羁押被告人,让他们具结、提供保释金,然后放人,除非法官特别肯定地判断,无法合理确保被告人按时出庭受审,或者保释期间将会危及他人或社会的安全。法案要求,即使法官作出这样的肯定判断,也应当在收紧限制措施、提高保释条件的前提下决定保释,只要被告人保证按时出庭并且不危及他人或社会即可。提高的保释条件主要有:(1)责成专人负责监视,作为保证人负责满足法官提出的其他要求;(2)保持就业,按时上班、上学;(3)限制活动区域和异地旅行;(4)不得接触被害人及潜在证人;(5)定期向保释执行官报告;(6)遵守特别宵禁令;(7)不得接触、持有武器和爆炸物等;(8)不得过量饮酒,不接触毒品;(9)接受生理、心理、酒精和毒品依赖等方面的治疗;(10)提高保释金额,不按时出庭者,将毫不犹豫地没收保释金;(11)下班、放学之后收监。

  法案特别强调,不得单以金钱理由维持羁押决定。决定保释前,需要考虑与被告人相关的如下事项:(1)被控罪行的性质和情节,包括是否暴力犯罪,是否恐怖犯罪,是否涉及未成年被害人,以及是否涉及违禁物品、枪支弹药或爆炸装置;(2)指控证据是否充足;(3)被告人经历及性格,包括生理和心理状况、家庭纽带、就业状况、经济来源、定居年限、邻里关系、有无前科、吸毒及嗜酒史,以及是否曾经违反保释规定,或者在此次决定保释时是否因另罪已经处于保释、假释状态;(4)如果保释此人,对他人或社会的危害性质和严重性。保释令必须载明所有的保释条件,告诫被保释人违反这些条件的惩罚性后果。法官可以随时修改、补充保释条件,依被告人或政府方面的动议请求,管辖被控犯罪的法院有权审查保释令。

---

  [1] 黄翰义:《程序正义之理念》(四),元照出版公司2016年版,第75页。

当然,对于保释令,政府方面可以提出上诉。违反保释条件者,可依藐视法庭罪给予处罚,并导致取消保释,恢复监禁,以确保被告人按时出庭且不危及他人或社会的安全。在被保释人明知地违反保释条件不按时出庭时,不仅没收其本人的保释金,而且要没收保证人提供的担保金,直至对保证人判处罚金或监禁。法案规定,应当听取被害人的意见,被害人有权在所有公开程序中合理表达意见,以作为法官判断被告人罪行严重性及人身危险性的重要参考。[1]

虽然我国刑诉法对羁押逾期后的处理是"应当予以释放;需要继续查证、审理的,对犯罪嫌疑人、被告人可以取保候审或者监视居住",但实际上,只有取保候审才有替代羁押的实际意义,而监视居住似有曲意滥用之嫌。对在押嫌疑人来说,只有当监视居住的指定居所比看守所行动更自由、人身安全更有保障时,才符合法律的旨意,不能反其道而用之。我国《刑事诉讼法》明确规定"应当在犯罪嫌疑人、被告人的住处执行",但司法实践中却大相径庭,几乎没有在住处执行者。突破法律规定的范围,且未经上一级批准就在羁押场所、专门办案场所执行的情况非常普遍。再者,违背法律规定,不及时通知家属,不告知监视居住地点,且不允许律师会见,甚至检察机关对指定居所监视居住的监督权也被悬置。侦查机关以"案件情况特殊或者办理案件的需要"或者"羁押期限届满,案件尚未办结"为名,将嫌疑人、被告人带离看守所,置于单独控制的场所,使嫌疑人权利变少、被强制取供危险增大。更有甚者,监视居住竟然在拘留、逮捕的羁押期限起算前先予适用,从而规避刑事诉讼法对羁押期限的规定,由于最长可有 6 个月的时间,相当于在 37 天的拘留之前巧妙争取到 180 天。

根据我国《刑事诉讼法》的规定,侦查羁押期限在 2 个月届满后可以多番延长至 7 个月,侦查机关还可以另有重要罪行为由,重新计算羁押期限,而对于因为特殊原因,在较长时间内不宜交付审判的特别重大复杂的案件,由最高检报请全国人大常委会批准延期审理的,没有时间限制。当然,过去出现的严重超期羁押案件,都是未经全国人大常委会批准的,批准了就不属于超期羁押。审查起诉的期限是一个半月,可以退回补充侦

---

[1] LaFave & Israel, *Criminal Procedure*, Thomson Reuters, 2009, pp. 676–677、680.

查两次,每次应当在1个月内完毕。到审判前为止,法定羁押期限可以长达10个月15天。一审公诉案件审限为3个月加申请延长3个月共6个月,法院改变管辖的,重新计算审限,检察院申请补充侦查的期限为1个月,补充侦查完毕移送法院后也是重新计算期限。一旦重新计算审限,也就是一审用足法律时限,可以有12个月加2个月补充侦查共14个月。那么,因特殊原因再须延长的,报请最高院批准。一审判决后有10天的上诉、抗诉期。一审及上诉过程羁押期限为14个月10天,那么,到二审前,羁押期限为24个月25天。二审开始后,检察院查阅案卷时限为1个月,不计入审理期限;审理期限加延长期限共4个月。再要延长须报请最高院批准,而最高院受理上诉、抗诉的审理期限,由最高院自行决定。

至此,不考虑最高院、最高检批准延长的不固定的羁押期限,不计算可以多次发回重审,也不计入死刑复核的时间,可量化的整个羁押期限已经是29个月25天。即便有了29个月25天,超期羁押依然屡见不鲜。我国台湾地区"实务上亦将此'无限期羁押条款'发挥至淋漓尽致,如最后经无罪判决确定的黄志成盗匪案,程序历经近10年、更审8次且几近于全程羁押。而邱和顺等案,N次发回及N次延长后,总计羁押超过20年"[1]。超期羁押本身即是违法的和不人道的。之所以称其违法,是因为它公然违背了再明确不过的法律意旨,其背后那股支撑着公然违法的力量,最值得警觉、恐惧和深思;之所以称其不人道,是因为没有把被超期羁押者当人看待,超期意味着非常,羁押者与被羁押者不是正常的人对人的关系。"通过监狱对人施以压迫,会发出一种信号,令人以为暴力是在社会中解决冲突的适当方式。大幅地加强压迫,则会增强这个信号。"[2]历史一再证明,超期羁押过程中,除了造成关押条件恶劣以外,往往伴随着对被羁押人不人道的对待。"正如我们的令人痛苦的教训所表明的,如果在这方面是目无法纪和专横枉法的话,那么社会就处在危险之中:一切都善恶不分,一切不取决于自己的善心和罪恶。更有甚者,诚实和单纯的

---

[1] 林钰雄:《刑事诉讼法》(上册),元照出版公司2015年版,第396—397页。
[2] [挪威]托马斯·马蒂森:《受审判的监狱》,胡菀如译,北京大学出版社2014年版,第14页。

人比狡猾和无耻的人受到更多的损害。让我们提高警惕,让我们在刑事案件中严格注意对个人权利的保护。'当然,为了严格遵守权利和竭力保护权利,有时会使罪犯借此隐藏下来。那就让他去吧。一个狡猾的贼漏网,总比每个人都像贼一样在房间里发抖要好得多。'这是亚历山大·赫尔岑说的。"〔1〕

第三节　路检盘查

"警察"有统治管辖之意,不仅负责贯彻国家意志,落实政治日程,维护社会稳定,识别违法犯罪,而且频繁进入公众视野,广泛行使自由裁量,深刻影响公众生活。有学者认为,警察权的目的是维护社会公共秩序,但发动警察权时必须遵守三项原则:一是警察公共原则,该原则尚有私人生活不可侵犯、私人住所不可侵犯以及不干涉民事三项辅助原则;二是警察责任原则,即只对应当承担责任的人才能发动警察功能;三是警察比例原则,即维护公共秩序,只在必要的最低限度内发动警察权,发挥警察作用的条件和状态,与秩序违反行为产生的障碍成比例。〔2〕对付违法犯罪的警察权,可能针对被发现的过去的犯罪,也可能针对刚刚发生或者正在发生的犯罪,抑或针对例行性、预防性警务检查中发现的犯罪嫌疑。我国刑诉法显然将侦查的启动设定为针对既往犯罪,当场发现并处置犯罪嫌疑的行为被归入行政行为。这种立法分类模式,既限缩了刑事诉讼法的权力规制功能,又扩张了警察行政权的范围及手段,致使路检盘查活像一只特洛伊木马,内含巨大的突袭能量,随时可以衍生盘问、留置、人身检查、物品搜查或扣押,甚至逮捕。所关至重,但又少有规制。

翻开手边一些刑事诉讼法教科书,相关于路检盘查的内容,英美的在百页以上,日本和欧陆的大致数十页,而我国的最多不过几页。这并不正常。看似事先防范违法的路检盘查,有时会与刑事程序形成灰色地带,比

---

〔1〕〔苏〕亚历山大·雅科夫列夫:《公正审判与我们——30年代的教训》,载陈启能主编:《苏联大清洗内幕》,社会科学文献出版社1988年版,第493页。

〔2〕参见〔日〕田口守一:《刑事诉讼法》(第五版),张凌、于秀峰译,中国政法大学出版社2010年版,第41页。

如夜间巡逻时,发现某人携带可疑物品离开居民小区,进而擒获入室盗窃者,再如拦检车辆,不仅发现醉态驾驶者还有吸毒迹象,而且发现其车内有大量毒品。因此,将路检盘查视为刑事上的强制措施,有利于从基本程序法的高度保护公众权利,约束路检盘查的规模、频率和理由。所谓路检,是指警方设置哨卡或者在道路上对车和人的拦截检查,或者在机场、车站和码头等处对人的身份查验,不包括海关对出入境者证件和所携物品的检查,也不包括对办公场所和私人住所的搜查;路检的内容一般仅限于醉驾查处、要犯追缉、证件查验、清查行动和超载检查,以及在近国界地带对非法移民和走私物品的稽查。所谓盘查,是指警方在路检或巡逻过程中,对身份、形迹可疑者进行盘问,附带搜查人身、汽车,检查甚至扣押随身或车载物品,对有重大嫌疑者当场留置或移送他处。路检极易过渡到盘查,或者说盘查是路检的自然延伸。

每一次路检盘查,都是对国民日常生活的强烈介入,是权利和权力的随机触碰点,关乎自由空间与权力尺度。毋庸讳言,路检盘查无论如何都会给公众造成某种不便,甚至带有某种侵扰与恐吓意味。其间还伴有不言而喻的强制性,因为行走的自由受到实质的限制,并且时间长短很有伸缩性。而声称被路检盘查者可以自由离去,显然是背离经验常识的。试图离去或者固执地拒绝回答警察问话,只会形成或加重警察的怀疑。不仅不可能使警察退缩放行,而且将使盘问更加认真,更加迫急,甚至招致留置等后续的更大麻烦。不准离去,不能离去,一旦离去就会出现不利后果,此时便构成对人的拘束、拘留乃至拘禁。[1] 因此,路检盘查是作为强制措施而规定在绝大多数国家和地区的刑事诉讼法中的。任何国家和政府,只要承认国民有在街上不受干扰的行走自由,承认警察不能看谁不顺眼就以某种名义随意拦截,就应该通过法律规制的方式,在启动和实施路检盘查之前、之时谨慎而收敛。路检盘查的频繁与机动程度,同其授权基础的空乏与破碎程度,形成鲜明对比,违背法律保留和法律必须明确等基本要求。[2]

---

〔1〕 参见〔美〕博西格诺等:《法律之门》(第八版),邓子滨译,华夏出版社2017年版,第416页。

〔2〕 参见林钰雄:《干预处分与刑事证据》,北京大学出版社2010年版,第19页。

在我国,路检盘查是由《人民警察法》《道路交通安全法》和《居民身份证法》共同规定的,纯以行政法为法源。许多法条根本没有"路检盘查"字样,但却隐含着启动路检盘查的实质理由,比如《道路交通安全法》只是规定,驾驶机动车上路行驶应悬挂机动车号牌,放置检验合格标志、保险标志,并随车携带机动车行驶证、驾驶证并且按照准驾车型驾驶,必须系安全带,不得超员,更不得饮酒。不难发现,基于上述任何一个理由,警察都可以启动路检盘查,而无需其他机关批准。理由广泛而审批简便,使路检盘查权得以自主、机动地行使,是警察兑现其他诸多权力的必要手段或必经阶段。先哲孟德斯鸠都感叹说,警察处理的都是每天时刻发生的小问题、小事情,甚至永远是一些细枝末节,几乎不需要什么手续、形式。[1] 而之所以将路检盘查喻为特洛伊木马,就在于其干预内容欠缺可预测性,又不可通过立法明示列举而得到根本解决。法条列举无论怎样用力,都不可能一网打尽,甚至可以说,它的神秘性就在于没人说得清该向哪个方向推进立法。警察路面遭遇的情境,会不断逸出立法者对既往事例的归纳和对未来难题的想象,需要不断"用未知方法解决未知问题"。[2]

具体而言,路检盘查的主要对象是人和车。地铁、船舶、火车和飞机都不在道路上行驶,本身不涉及路检盘查,但经由地铁站、公交站、码头、火车站或飞机场出行者,可视为"在路上",可能碰到松紧不同的定点安检或随机盘问。对人的路检盘查大致基于以下原因:(1)有违法犯罪嫌疑;(2)搜检武器、管制刀具、易燃易爆等危险品;(3)搜剿毒品、违禁品,为此可能采取脱衣检查甚至体穴检查;(4)通过查验身份证件拦截非法移民、缉拿逃犯或者完成某种清查行动。对车的路检盘查主要出于以下目的:(1)追缉要犯;(2)查处醉驾;(3)搜剿毒品、违禁品;(4)在北京市等城市清查外埠牌照车辆,附带查处未系安全带、未悬挂号牌、未携带行驶证、没有驾驶证等事项;(5)查处超速、客车超员、货车超载。2012年修正的《人民警察法》反映了立法者限制和规范路检盘查的良苦用心:一是明文确立

---

[1] 参见[法]孟德斯鸠:《论法的精神》(下册),张雁深译,商务印书馆1963年版,第197页。

[2] Robert Reiner, *The Politics of the Police*, Fourth Edition, Oxford University Press, 2010, p.144.

"必须有嫌疑"的前提,否定"无理由路检盘查",旨在防止警察对和平守法行人、车辆的无端滋扰。二是明文要求警察在实施路检盘查前,须"经出示相应证件",这一小小的程序要求如能得到认真坚持,可有效抑制扰民冲动。三是对"继续盘问"的情形只作列举规定,没有"其他情形"作为兜底条款,显见极力限制留置盘问的立法意愿。四是从留置时间、批准审批、留有记录、通知家属、立即释放等方面,对留置盘问加以详细的程序限制。

路检盘查统称临检,既指临时检查,也指临近查验。检查、路检、取缔或盘查等不问其名称为何,均属对人或物之查验、干预,影响人民行动自由、财产权及隐私权等甚巨,乃应恪遵警察执勤之原则,方符宪法保障人民自由权利之意旨。临检不是一种恣意之活动,应以一定发动要件为前提,且执行时应顾及个人之权益,并必须遵守比例原则之界限。[1] 因此,路检盘查需要遵循法律保留原则,只在绝对必要时,才准许经授权的审慎实施,而且路检盘查的理由、事项、对象必须是特定的,不得漫无边际,临时起意,甚至用结果来反证手段的合理性。实施场合须限于已发生危害或依客观、合理判断易生危害的处所、交通工具或公共场所。对人实施盘查时,须足认其行为已构成或即将发生危害者,且应遵守比例原则,不逾越必要程度于现场实施。身份一经查证,应立即任由离去,不得稽延。这是为了防止警方在未得令状时变相拘留人民,尤其是对守法和听话的人民来说,只要警察不说"你可以走了",他们就会一直待在那里。

"人民有行动自由及不受干扰之基本人权,除非政府有相当程度之正当理由,不得侵犯此基本人权。当警察仅有怀疑(虽然为合理怀疑),对人民盘查要求姓名住址,人民虽得合作配合,但无此义务,更不得因此而遭受处罚,否则所谓不受干扰之基本人权,将成为具文。"[2]因此,除非有明显事实足认其有携带足以自杀、自伤或伤害他人生命或身体之物者,才可检查其身体及携带物品。警察对于已发生危害或依客观合理判断易生危害之交通工具,才可予以拦停并要求驾驶人或乘客出示相关证件或查证其身份,或者检查引擎、车身号码或其他足资识别之特征,或者要求驾驶

---

〔1〕 参见蔡震荣:《警察职权行使法概论》,元照出版公司2004年版,第31—32页。
〔2〕 王兆鹏:《路检、盘查与人权》,翰芦图书出版公司2001年版,第143页。

人接受酒精浓度测试之检定。如发现被临检人持有违禁物,即可以现行犯或准现行犯予以逮捕。警察仅可对人民的身体或场所、交通工具等目视搜寻,不得命令交出衣服内或皮夹内所有东西,也不得命令打开后备箱或车内置物箱,更不得进入车内翻找。[1] 另外,为预防将来可能的危害,应先设置警告标志,告以实施事由,不能径予检查、盘查,并在受检人要求时出示证件表明执行人员身份。

在英国,1984年《警察与刑事证据法》(简称 PACE)规定警察可搜查任何人员和交通工具,包括机动车、船只、客机和气垫船以及交通工具之内或之上的任何被盗、违禁或易燃易爆物品。在具备合理怀疑时,还可拦截、搜查特定物品,比如被盗赃物、违禁品、毒品、枪支和偷猎工具。合理怀疑意味着,警察认为有比较重要的事件发生,且这种怀疑有合理根据,而非纯粹臆想。是否存在怀疑的合理根据虽取决于个案情境,但必须具备某种客观基础,即基于某些事实、信息、情报或某种特定举止,比如嫌疑人的特定形貌或该人曾有前科,否则不能进行搜查。合理怀疑不可基于某类人更易卷入犯罪的成见,但若警察在深夜街头看到某人正试图藏匿某物,便径可怀疑该行为与被盗物或违禁物有关。不过,警察不可为了获得搜查的理由而拦停行人或车辆,然后用搜查所得的违禁品反证拦停的合理性。[2] 路检盘查在英国必须由位阶较高的警官批准,一般持续7天,如有必要,可经书面授权最多增加7天。可24小时实施,也可限于特定时段。每次路检须有正式记录,载明:(1)持续期间;(2)授权的警官姓名;(3)路检盘查目的;(4)拦停的具体地点。[3]

美国最高法院曾就警察的路检盘查多次作出裁决,为警务实践设定宪法框架。美国各级法院介入路检盘查有两个主要途径:一是通过审理"民告法"案件,审查政府法令是否违宪,裁定违宪的法律不得实施;二是直接审理"民告警"案件,给出警察执法的尺度和方向。前者如密歇根州警方设计的酒精检测计划:执法人员选定路段,设立检查哨;拦检所有经

---

[1] 参见林俊益:《刑事诉讼法概论》(上),新学林出版公司2011年版,第327页。
[2] Peter Hungerford-Welch, *Criminal Litigation and Sentencing*, Cavendish Publishing Limited, 2004, p.46.
[3] Richard Card and Jack English, *Police Law*, Oxford University Press, 2015, pp.34-35, 37-38, 48-49.

过的车辆,确定有无醉驾;如发现醉驾,则要求作路边酒精测试,逮捕醉酒者。计划仅实施了一次,持续了 1 小时 15 分钟,其间检查了 126 辆车,平均用时 35 秒。因醉驾拘捕两人,其中之一就是原告西茨。西茨提起诉讼,请求法院宣告此种计划违宪,对他的拘捕非法。官司一直打到最高法院,以 6∶3 的多数肯定了警方的做法,认为警方的行为虽属一种人身扣押,但短暂的酒精测试过程,干预极为有限,因而并不违宪。但该案判决强调,不允许警察随机实施这种路检盘查,只能小心而周密地加以策划实施,拦停之后,必须在有饮酒迹象的前提下,才能要求靠边泊车,进一步盘问与测试。[1] 后者如著名的"特里案提问":公民与警察在街上对峙时,宪法第四修正案的作用是什么?拦截是否属于人身扣押?拍搜武器是否构成人身搜查?拦截和拍搜是否需要令状以及相当理由?[2]

在美国,合理怀疑"低于"相当理由。简单说来,相当理由是拘捕和搜查扣押的前提,而合理怀疑只可导致当街的拦停与拍搜。[3] 相当理由意味着,警察根据事实和情境,了解并掌握值得合理信任的信息,足令有合理谨慎者相信,犯罪已经发生或正在发生。美国最高法院认为,以相当理由作为久已通行的标准,是寻求保障国民隐私免受鲁莽、无理侵扰和无端指控,同时也为保护共同体的执法留出空间。警察在履职过程中要面对的情形多多少少都是模棱两可的,必须允许警察犯一些错误,一些理性人依某些事实多半都会犯的错误。相当理由作为规则,是一种实务的、非技术性的概念,属权衡对立利益后所能承受的最佳妥协。要求更高标准会不当地妨碍执法;容许更低标准将置守法国民于警察的恣意与任性之下。路检盘查只是澄清模棱两可的情况,犯罪虽已确定发生,但不确定犯罪人是谁。此时逮捕还嫌太早,但不实施路检盘查就可能贻误破案时机。因此,既应允许警察采取介入行动,又应让这种行动有别于对刚刚发生的或正在进行的犯罪的反应。

为调查而进行的拦截须具备如下条件:(1)嫌疑人持有某种物品,或

---

[1] *Michigan Department of State Police v. Sitz*, 496 U. S. 444 (1990).

[2] *Terry v. Ohio*, 392 U. S. 1 (1968).

[3] Rolando V. Del. Carmen, *Criminal Procedure Law and Practice*, Wadsworth, Cengage Learning, 2010, p.67.

与汽车、建筑物形成可疑关系;(2)行动鬼祟,看到有人靠近就试图逃避;(3)嫌疑人与环境不协调,该地点犯罪多发,或与其他嫌犯同行;(4)可以考虑嫌疑人的犯罪记录,但不得单独作为依据;(5)允许警察基于训练和经验采取行动,但若事后遭质疑,警察必须作出解释;(6)先前接触中说话可疑或自相矛盾,随即产生怀疑。[1] 当警察合理相信对方可能携有武器时,有权采取必要措施加以确认。不过,"怀疑有武器"有可能充当警察无端滋扰的万能借口,甚至"搜出武器"可以作为诬陷好人的邪恶手段。美国最高法院早在半个世纪前就已认定,警察自我保护的武器搜查,必须能够指出某些特定事实,从中可以合理推断出携有武器并且非常危险。不能以搜查所得作为搜查正当化的事后证明。[2] 当然,判例也澄清了不少有利于警方执法的问题:一是不系安全带之类的轻罪也可以实施拘捕,而此前有一种强力的观点认为,只有破坏和平秩序的轻罪才可以拘捕;二是有无嫌疑或者相当理由,有赖于警察的当场判断,且不系安全带、无证驾驶等轻罪本身即是拘捕的相当理由。[3]

不过,安全带检查这类福利执法,在各法域都为歧视性、骚扰性执法埋下伏笔,造成不加区分的拉网式路检盘查,不仅成本高昂,而且累及好人。警务实践中,拉网式拦检通常适用于设点盘查,且仅适于容易识别的事项,比如对非京籍车辆违反限行规定的查处。美国最高法院曾经判决认为,若对汽车无合理怀疑,不得随意拦检驾照。有学者根据多年的判例总结出几种合法的没有合理怀疑情况下的拦检:查处醉酒驾车;控制非法移民;检查驾驶证和车辆登记证;从驾车者那里获取特殊信息,比如寻找某一肇事后驾车逃逸者的知情人。[4] 但是,2000年的判例却宣布,设置路障,拉网式侦查毒品犯罪是违宪的。最高法院指出,毒品犯罪虽然事态严重,但还没有严重到需要逐辆拦检,不能将设置障碍的路检用于普遍的

---

[1] *United States v. Cortez*, 449, U. S. 621 (1981).
[2] *Sibron v. New York*, 392 U. S. 40 (1968).
[3] *Atwater v. City of Lago Vista*, ET AL., 532 U. S. 318 (2001).
[4] Rolando V. Del. Carmen, *Criminal Procedure Law and Practice*, Wadsworth, Cengage Learning, 2010, pp.238-239.

犯罪控制手段。[1] 对警察设置路障的拦检的限制,实际是援引了更早的警车巡逻判例。驾车巡逻警察在道路上见到被告人驾驶汽车,未发现任何异状,亦未违反交通规则,却要求停至路边,检查证件。其间闻到车内有大麻味,于是扣押大麻,起诉车主。

美国最高法院表示,拦停机动车,滞留驾驶者,即使目的明确,时间短暂,亦属人身扣押,州政府必须给出合理解释,或者指明这样做的利益所在。案件在州法院审理期间,州政府争辩说,警察任意拦检汽车,查验证件,可以促进道路交通安全。州法院反驳说,大多数驾驶者皆为有照驾驶,为发现无照驾驶而任意拦检汽车,有如大海捞针,概率很小,想以此吓阻无照驾驶,功效有限,不足以使对国民隐私自由的剥夺正当化。[2] 针对警察的"任意",不难形成判例共识,但若警方找到一个高大上的借口,比如拦检毒品,对警察权力的限制就困难得多。在拦检毒品行动中,警察承认不可能有明确的怀疑对象,完全是凭直觉才决定登上哪辆长途巴士、检查哪个乘客的。根据统计,每一名警察可在9个月中搜查3 000个提包,但截获毒品的成功率却很低,检查100辆长途巴士平均才有7次拘捕。[3] 拉网式逐一排查不但令公众反感,还屡遭违宪的质疑。在欧美民众看来,不可推定每个人都是违法者,在并非紧关急要的时候,不允许警方大规模干预民众行动自由。经过多年的理念熏陶和执法烘托,"不违法即不受干预,无嫌疑即不被过问"现已成为民众的基本信念。

我国将醉驾入刑后,应当将查处醉驾的路检盘查明确写入刑诉法,不可再视其为行政措施。各法域通例,警方一般只在观察到醉驾迹象或有其他合理怀疑时才拦截车辆。对抽血检测酒精浓度则非常谨慎,因为强制采血,通常附带涉及某些短暂拘束,而且属于严重的人体干预措施。就当前醉驾测试而言,不应仅以仪器为准,而应软化过硬的数据标准,采取先形式认定、后实质排除的限缩方法,将醉驾路检分为观察和检测两个阶段。即使经初步观察,面色、呼吸、谈吐都表明可能饮酒,仍然需要留出不

---

[1] *Indianapolis v. Edmond*, 531 U.S. 32 (2000).
[2] *Delaware v. Prouse*, 440 U.S. 648 (1979).
[3] 参见〔美〕博西格诺等:《法律之门》(第八版),邓子滨译,华夏出版社2017年版,第416页。

予治罪的空间,比如令其以手触鼻、单脚站立、直线行走,如果状态清醒则予以放行。再者,醉驾入刑后,醉驾者为避免查处,不免作出极端举动,较为典型的是弃车逃跑和闭门拒检。此时,警方应保持克制,避免事态升级。弃车逃跑和闭门不出,其实都是屈服的表示。国民已然认输,国家不可穷追不舍。可以设想,一群着装警察、辅警围追堵截一个慌不择路的醉酒者,不仅极不雅观,而且非常危险。不计后果,必欲完胜,属于意气用事的情绪执法。对在车里负隅顽抗者,有人认为涉嫌妨害公务罪,建议强攻,砸碎车窗或施放催泪弹。这些措施严重违背比例原则,因为它所造成的恶远大于它要达成的善。由于车牌可以轻易锁定违章者,事后处罚或许更为可行。

路检盘查的真正难题在于身份查验。我国《居民身份证法》第15条第1款规定:人民警察依法执行职务,遇有下列情形之一的,经出示执法证件,可以查验居民身份证:(1)对有违法犯罪嫌疑的人员,需要查明身份的;(2)依法实施现场管制时,需要查明有关人员身份的;(3)发生严重危害社会治安突发事件时,需要查明现场有关人员身份的;(4)在火车站、长途汽车站、港口、码头、机场或者在重大活动期间设区的市级人民政府规定的场所,需要查明有关人员身份的;(5)法律规定需要查明身份的其他情形。其中,"在重大活动期间设区的市级人民政府规定的场所"是2011年《居民身份证法》修订时增加的;"发生严重危害社会治安突发事件"时的身份查明,由《人民警察法》规定的"交通管制""强行带离现场或者立即予以拘留"作为立法呼应。强行驱散过程中一般不会涉及身份查验,只有在某些重点人员因拒不服从而被强行带离现场后,警方才有必要查明这些人的身份。而此时拒绝说明身份,面临的法律后果可能是拘留。《居民身份证法》第15条第2款规定:"有前款所列情形之一,拒绝人民警察查验居民身份证的,依照有关法律规定,分别不同情形,采取措施予以处理。"而公众乃至许多执法人员都对这一规定不甚知晓,目前许多公安院校也没有开设相关课程。

只有公安机关的人民警察有权查验身份证,国家安全机关、监狱、劳动教养管理机关的人民警察和人民法院、人民检察院的司法警察无权查验身份证。对拒绝查验身份证者如何处理,法律没有明确规定,语焉不详,有必要尽快补正。目前,警察法修改过程中,取消"有嫌疑再检查"这一限制的呼声极为强劲,与各法域通例渐行渐远。由于身份识别处于行政例行检查与刑事强制检查的边缘地带,各法域对身份隐私权的理解又不尽相同,对身份识别的法体系地位便有不同安排,或规定于行政法,或规定于刑诉法,而以后者居多。1993年《法国刑事诉讼法典》有"身份检查与审核"专章,规定了身份检查的各种情形。首先,当有迹象可以推定某人与刑事犯罪有联系时,或者该人可为调查某一犯罪提供有益情况时,即可对其进行身份检查。对外国人可检查其在法国是否正常停留。其次,警察为追查与追诉犯罪,可在检察官指定的时间、场所对任何人进行身份检查。再次,在国际运输开放的港口、机场、火车站或汽车站,可检查法定证件与旅行文件。最后,如果当事人拒绝证明其身份,可以将其扣留或带至警局进行身份核查。

  警察应当被赋予的责任大体有保护生命和财产,捍卫个人自由,维持秩序,以及防止犯罪。[1] 从查验身份证的理由看,具体的效果和必要性都无从验证,只能交予警察的当场判断与自由裁量,这也意味着,必须相信警察的判断与裁量。从各法域的执法实践看,一是支持警察的当场执法,二是给公民事后向法官、检察官"告警察的恶状"的权利。以法国刑事诉讼法为例,关于身份确认和检查的规定,要求国民"在司法查案中均应服从",后来增加了"为防止危害公共秩序,尤其是为了防止发生危害人身或财产安全,也可进行身份检查"的规定。扣留时间为检查身份所必要的时间,最长为6个小时。身份检查应制作笔录,但不得采集指纹或进行人体照相,受共和国检察官监督,如果并未继续任何调查,核查情况不得记载保存,材料应在6个月内销毁。[2] 有关监督销毁的规定,是最值得赞叹、效法的,看似琐细的规定,形成一个程序闭环,可以有效地将警察权封闭在一个负责任的、审慎采取的、主动弥合创伤的执法环境中。法律对公民权利的关心,已经到了细枝末节的程度。如果警察惹怒了公民,公民向检察官告状不灵,还可以到法院与警方对簿公堂。

---

 [1] Cliff Roberson, *Introduction to Criminal Justice*, Copperhouse Publishing Company, 1994, p. 202.
 [2] 参见〔法〕卡斯东·斯特法尼等:《法国刑事诉讼法精义》(上册),罗结珍译,中国政法大学出版社1998年版,第333—335页。

德国有关设置检查哨、确认身份及为确认身份而剥夺行动自由等事项,皆由刑诉法作为强制措施加以规定,直接提升了对人的权利的法律保护级别,且一旦进入刑诉法,就不再由警方一家独断。当有事实可合理认为逮捕犯罪人有助于证据保全时,经法官批准,得于公共道路及广场以及其他公众出入地点设置检查哨。凡经过检查哨者,均有义务接受确认身份及搜查随身物品。《德国刑事诉讼法》规定:(1)某人涉嫌犯罪时,检察官及警察官员可以采取必要措施,确认嫌犯身份,如确有必要,甚至可以拘留涉嫌人;(2)为查明犯罪需要,也可以对未涉嫌犯罪者进行身份确认,但要与案件重要性成比例,且不得违反受干预人的意愿;(3)任何情况下,拘留都不得超过为确认身份所必要的时间,否则应尽速将被拘留人拘提至逮捕地法官面前,对剥夺行动自由的合法性、持续性作出裁判;(4)为确认身份而剥夺行动自由,总计不得超过12小时;(5)若已经确认身份,但又不再继续追究,应将与确认身份相关之文件销毁。[1]

在一些城市,普通人入住酒店,不仅需要出示、登记身份证,而且要进行人脸识别。当然,似乎由于设备运行初期,对于比对失败的也并未采取不利措施,还是允许入住。可问题是,在没有任何违法犯罪嫌疑的情况下,要求人们这样做,需要有一定的法律依据。不能将"法不禁止即可为"的个人权利保障逻辑,倒转用于政府的行政措施。对于人脸识别的应用条件、场合、对象,应当允许质疑和讨论,根据法律保留原则补足立法授权。在日本,拍照"如果是强制措施,就一定需要令状(勘验许可证)。因为拍照会侵犯个人的隐私,所以基本上属于强制措施。在住所中的隐私和在公共道路上的隐私,都属于个人隐私,但隐私的程度是不同的。在公共道路上的隐私比住所的隐秘程度要低一些。在公共道路上进行拍照是任意措施。虽然是任意措施,但这种措施在某种程度上也侵犯个人隐私权,如果没有满足拍照的必要性、紧迫性、相当性这三个要件,就可能是违

---

[1] 参见连孟琦译:《德国刑事诉讼法》,元照出版公司2016年版,第221—222页。

法的"[1]。也就是说,从对某项措施审视的初始态度上,不是先干了再说,而是及时介入司法裁断,及时肯定或否定其合法性。日本最高裁判所曾针对以照相录影为侦查手段是否合法作出判决:"任何人在私生活领域皆享有未得其允许不受恣意拍摄容貌的自由。警察无正当理由而拍摄个人容貌的行为,违反了日本宪法第13条的立法宗旨,不应容许。"[2]拍照既已如此,根据举轻以明重的原则——可用于对官方权力的限制性解释,则允许人脸识别的要件应高于拍照。

用EMS邮寄几页纸也要出示身份证,这种做法也需要讨论。邮寄包裹、粉末状物存在安全隐患,一封信、几页纸有什么可与身份挂钩的公共安全问题呢?因此,邮政部门应当有说理的义务,有关部门习惯于说理,对健全法治非常重要,只有听到说理,人民才有可能实现监督权,才有可能防止政府被利益集团绑架。如果政府不习惯说理,那么政府行动经常会是突然的、任性的且对失败和损失不担责的。毋庸置疑,全国性身份证及其频繁核查,对社会管控与减少犯罪有一定作用。城市人口剧增,贫富差距明显,变动中的生活方式还需要相当长时间才能稳定下来,目前的稳定主要归功于控制。[3]但是,要求人们亮明身份才能出行,毕竟是对国民隐私的介入。监控坏人肯定是不错的,但对守法国民的监控也必然随之而至。政府应该提供有说服力的数据,说明身份证的广泛使用所带来的利益绝对大于施加的负担,且其使用已被裁减到最低限度,比如地铁安检的必要性就需要数据支撑。不能知悉这些数据,就无法有效参与民主决策。

长期以来,渐已形成一种观念倒置:没有身份证,就没有身份,就不能

---

[1] 〔日〕田口守一:《刑事诉讼的目的》(增补版),张凌、于秀峰译,中国政法大学出版社2011年版,第77页。日本文献翻译中,"任意"一词是指警察人员在侦查过程中认为有必要时,可以要求嫌疑人到场接受侦讯。但除被逮捕或被羁押者外,嫌疑人可以拒绝到场或到场后可以随时离开。根据日本《警察执行职务法》的规定,警察如果认为当场盘问会对本人不利或妨碍交通时,可以要求被盘问人同行到附近警局、警所,但不得拘束其身体或违反其意愿。这两条措施被称为"任意到场"与"任意同行"。参见林辉煌:《日本法上的任意同行与逮捕》,载日本刑事法学研究会主编:《日本刑事判例研究(一)侦查篇》,元照出版公司2012年版,第49—50页。

[2] 日本最高裁判所昭和44年12月24日大法庭判决。

[3] 参见〔英〕安东尼·吉登斯:《民族—国家与暴力》,胡宗泽、赵力涛译,生活·读书·新知三联书店1998年版,第231页。

证明我是谁,还可能为此失去自由。而实际上,人的生命和人的存在,不是以身份证为前提的。"早先,人只有一个躯体和一个灵魂,今天还得外加一个护照,不然人们不会把他当人看待。事实上,自第一次世界大战以来,最使人感到世界意识大倒退的,可能莫过于限制人的行动自由和减少人的自由权利。1914 年以前,世界是属于所有人的,每个人想到哪里就到哪里,想在那里待多久就待多久;没有什么同意不同意,没有允许不允许。……那个时候不用护照,或者根本没有护照这回事。人们上下车,不用问人,也没有人问;今天要填一百多张表格,那时一张也不用填。那时候没有许可证,也没有签证,更谈不上刁难;那些国境线不过是象征性的边界而已,人们可以像越过格林威治子午线一样畅通无阻地越过那些边界。而今天,由于彼此之间那种病态的不信任,海关官员、警察、宪兵队已经把边界变成了一道铁丝网。直到第一次世界大战以后,由于民族主义作祟,世界才变得失常……早先对付罪犯的一切侮辱手段,现在都用在每一个旅行前或正在旅行的旅客身上了。那些旅客一定要交出左侧、右侧和正面的照片,头发要剪短露出耳朵,还有留下指纹,过去只要求拇指指纹,现在则要 10 个指头的指纹;此外还要出示各种证明,健康证明,防疫证明,警察局证明,推荐信;还必须出示邀请函和亲属的地址;也必须有品行鉴定和经济担保书;还要填写、签署一式三四份的表格,如果一大堆表格中缺少了哪怕一张,那么你也就丢失了自己。"[1]

潘多拉的盒子已经打开,就再难关上。已经散发的灾祸不仅难于消除,而且迅速扩散,扩散过程中还与其他邪恶杂交繁殖,形成抗药性极强的变种。1977 年美国有人因违反 1974 年《得克萨斯州刑法典》而被定罪,该法规定,拒绝报出姓名和住址属犯罪行为。这项规定至今仍然遭到美国人的讽刺挖苦。美国最高法院首席大法官沃伦·伯格亦曾指出:"在缺乏任何怀疑上诉人有不法行为的根据时,称量公共利益和个人权利的天平,要向不受警察干扰的自由倾斜,其核心关怀一直是个人合理期待的隐私权不受无拘无束的警察权的专横侵扰。据以拦截上诉人并要求其说明身份的《得克萨斯州刑法典》,意在强调刑法在大城市中心地带预防犯

---

[1] [奥]茨威格:《昨日的世界——一个欧洲人的回忆》,徐友敬等译,上海译文出版社 2018 年版,第 417—418 页。

罪的社会目的。即使假定,要求说明身份可能有助于这一目的,宪法也不允许这样做。当这种盘查不以客观违法为依据时,警察专断和滥用权力会超过可容忍的限度。因此,上诉人不应因拒绝说明身份而受刑事处罚,定罪应予推翻。"[1]值得玩味的是该案的法院意见附录,记载了法官与公诉人的交锋:

法官:我问你,为什么得克萨斯州因为有人不说话就将他投入拘留所?

公诉人:嗯,我认为有些利益不得不考虑。

法官:好,我希望你告诉我这些利益是什么。

公诉人:政府的利益在于,维护社会及其公民的安全与稳定,并且,政府在这方面的利益肯定非常重要,超过了在一定程度上侵犯个人自由所损害的利益。

法官:但为什么不答话就是一种犯罪?

公诉人:我再说一遍,我只能认为,如果不回答问话,将会造成瓦解。

法官:瓦解什么?

公诉人:我认为将会瓦解社会保障公民安全的目标,也就是,无法让公民确信他们是安全的。

法官:以起诉相威胁,强迫公民说出姓名和住址,何以能保障他们的安全?

公诉人:你知道有时候警察推定这个人正在搞什么鬼,问他的姓名和住址仅仅是为了确定究竟发生了什么。

法官:我不是在问警察是否应当提问,我要问的是:因为一个人不想回答问题,就将他投入拘留所,一个州这样做的利益是什么?我知道,根据米兰达规则,被告人不必开口。许多被告人作了供述,如果他们出于自愿,那当然很好。但如果他们不供述,你不能因此将他们投入监狱,你能这样做吗?

---

[1] *Brown v. Texas*, 443 U.S. 47 (1979).

第四节　通讯监察

《管子·君臣下》有云:"墙有耳,伏寇在侧。墙有耳者,微谋外泄之谓也。"遂有成语"隔墙有耳",隔一道墙还会有人在偷听,提醒人们,秘密商量要高度警觉,否则即有泄露的可能。窃听一事,看来古已有之,不过毕竟不是什么光彩的事情,自古就一直承受很低的道义评价。特定历史时期人的道义观念会被颠倒,父子、夫妻、兄弟姐妹相互揭发并不是非常久远的历史。历史上官方接受告密是常态,但也有法律规定告密者有罪的,且告密归于无效。为了防止有人声称捡到匿名信,因此规定捡到匿名信的人有义务销毁,不得递交官府,而且规定官府如果受理,将罪加二等。唐律有曰:"诸投匿名书告人罪者,流二千里","得书者,皆即焚之,若将送官司者,徒一年。官司受而为理者加二等。被告者,不坐"。疏议曰:"有人隐匿己名,或假人姓字,潜投犯状,以告人罪,无问轻重,投告者即得流坐。匿名之书,不合检校,得者即须焚之,以绝欺诡之路。得书不焚,以送官府者,合徒一年。被告者,假令事实,亦不合坐。"[1]这样的规定,旨在从源头上杜绝告密,也就是禁止官府受理,而无论其内容真假。这是一种程序性约束,在中国古代法中是比较少见的。不过,这种不受理的态度,确实是遏制告密最好的方法。

在20世纪不断精致与复杂的科技之前,警察若想获知不法之徒正在房中搞什么鬼,有时候还真要委屈自己,蹲伏在敞开的窗下,或者潜入屋内。因此,刑事诉讼法的一个重要功能就是防范警察滥用其监听监视权力——早期是防范警察的裸听裸视,晚近是防范警察利用科技将人民变成裸的存在。人类搞出了各种精微的窃听器,但至今未能发明一种可以鉴别有罪人与无辜者的设备,能在听到枕边耳语时就自动休眠,在听到犯罪计划时就竖起耳朵。"当诬陷被暴政的最坚硬的盾牌——秘密武装起来时,谁又能保护自己不受诬陷呢?当统治者把自己的臣民都怀疑为敌人,并且为了社会的安宁而不得不剥夺他们每个人的安宁时,这样的统治

---

〔1〕（唐）长孙无忌等撰:《唐律疏议》,刘俊文点校,中华书局1983年版,第439—440页。

将会命运如何呢?"[1]美国参议员萨姆·欧文说:"在一个自由社会,你就不得不冒些风险。如果你把每个人都关起来,或者只是把你认为可能犯罪的每个人都关起来,你会非常安全,但你决不会自由。"[2]也因此,刑诉法的品质好坏,可以从它如何规制监听、监视、监察乃至监控看得一清二楚。甚至可以说,能够在刑诉法中规定这些事项,就是诉讼法地位的提升标志,因为即使不写入刑诉法,以警察手册形式也可以指导、指挥实际的通讯监控。

监听设备自百年前发明之日起,议员、法官和教授就对它保持警觉,因为但凡一项可用于监视他人的技术发明出来,有能力率先推广应用的,基本上是国家和政府,而且一旦大范围应用于社会场景,就是一种沉入成本,需要回收足够的利益,或者基于对决策正确性的维护,都使得恢复原状极其困难。对那些珍爱个人自由的人士而言,现代侦查技术总是让他们联想到苏俄的契卡和纳粹的盖世太保。霍姆斯是美国最高法院对警方搭线窃听最早提出尖锐批评的大法官,将其斥为"肮脏的行径",他在自己撰写的最高法院判决的分歧意见中直抒胸臆:"政府在其中扮演不光彩的角色比放掉个把罪犯更加邪恶。"[3]大法官道格拉斯则认为,电子技术侦查措施是比不填姓名的逮捕证、搜查证更不可接受的东西,因为执法对象根本没有意识到自己私密的个人生活被深刻地介入了[4]。连最高法院大法官中的顽固保守派法兰克福特也警告说,犯罪侦查正演化为某种"肮脏的游戏,警察用暗器打败了罪犯",技侦手段滋生对法律的不敬,鼓励警方的懒惰和无良,最终损害的是这个国家的执法公信力。

乔治·奥威尔在《一九八四》一书中的预言终于实现了,并且范围和力度超乎预言,以至于"在一个未来主义的社会中,人类所有处心积虑的计划漏洞百出"[5]。"随着科学技术的发达并于犯罪侦查上应用,虽未直接实施强制力但藉如电子仪器之通讯监察、电磁记录搜集,或个人肖像影

---

[1] [意]贝卡里亚:《论犯罪与刑罚》,黄风译,中国大百科全书出版社1993年版,第24页。

[2] Cliff Roberson, *Introduction to Criminal Justice*, Copperhouse Publishing Company, 1994, p.367.

[3] *Olmstead v. United States*, 277 U.S. 438, 470 (1928).

[4] Douglas, *The Right of the People*, 151, (1958).

[5] [英]泰勒:《奥威尔传》,吴远恒等译,文汇出版社2007年版,第396页。

音、生物迹证资料搜集等,对于个人隐私等重大权利、利益影响重大。"[1]潘多拉的盒子一旦打开,国家和个人都不能幸免于难。"在后'9·11'时代,美国政府开始收集和检查海量的个人信息,有的直接来自本人,有的由各州提供,有的来自数据公司等私人企业,还有一部分是购买所得。运用高度复杂的计算机设备,政府进行了数据合成与数据挖掘,通过数据分析模型,使原本无法察觉的微妙人际关系显现出来。这一行动引发了公众的关切,自然也就引发了动用宪法以限制权力的呼吁。一些法律评论者指出,政府的这一行动是否构成搜查,需要对新技术产生的新问题加以特别考虑,比如,对过去散在的信息进行大量的数据汇集,使得受宪法保护的原本处于'实际隐私'的状态不复存在,或者数据挖掘所涉及的是一种新知识的获取,因此将其视为一种搜查似乎更为妥当。"[2]

"如果再不小心,结果可能就会是奥威尔笔下的那种警察国家,而且持续监测的还不只是我们外在的各种举止,甚至也包括我们身体内、大脑中的活动。可以想想,如果生物计量传感器无所不在……然而,虽然有许多捍卫人类个性的人担心20世纪的噩梦重现,竭力抵抗这个似曾相识的奥威尔式敌人,但人类的个性其实还受到另一方向更大的威胁。在21世纪,与其说个人会被外界力量残忍碾碎,还不如说会先从内部缓缓崩解。"[3]全面汇集个人信息,给大量身份信息被恶意利用创造了机会,每天受到的电信骚扰很难说管理部门没有责任。"运用这些数据结论的技术工具已然存在,但防止针对无辜者的恶意数据搜集的法律工具却不存在。"[4]大数据使犯罪预测与预防以及发现融为一体,从而改变了侦查模式,诸如人脸识别和语音识别等技术应用,使侦查破案更加方便、准确、及时。手机、微信、网络、GPS 导航、监控摄像等手段展现了全新的干预面貌。"相较于住宅或其他隐秘空间的监听,电话监听对于基本权的干预,可以说是小巫见大巫。通常,个人可能可以为了防范他人电话窃听而放

---

〔1〕 林裕顺:《任意侦查·半推半就——强制与任意处分之区别》,载日本刑事法学研究会主编:《日本刑事判例研究(一)侦查篇》,元照出版公司2012年版,第9页。

〔2〕 LaFave & Israel, *Criminal Procedure*, Thomson Reuters, 2009, p. 162.

〔3〕 〔以色列〕尤瓦尔·赫拉利:《未来简史》,林俊宏译,中信出版集团2017年版,第310页。

〔4〕 Steve Russell, "The New Outlawry and Foucault's Panoptic Nightmare," *American Journal of Criminal Justice*, Vol. XVII, No. 1, 1992.

弃使用电话作为沟通工具,但是,如果连客厅谈话或枕边细语都可能落入他人的窃听范围,个人隐私便荡然无存,家也就不再是家了。"[1]

最早的普及电话是有线电话,最早的电话监听是搭线方式,最早的类比是搜查扣押。最早根据监听所获证据被定罪者,其上诉理由是警方的监听行为侵犯了不自证己罪的权利,以及不受无理搜查扣押的权利。美国最高法院的最早判例是以 5:4 支持定罪的奥姆斯特德案,首席大法官塔夫脱代表多数意见说,没人强迫被告人对着话筒说个没完,这相当于将自己的声音放射于房屋以外,应当承担被其他人听到的风险;搜查、扣押的用语则只应限于人身、房屋、文件和财产等实物,纯靠听觉而得的证据,不涉及明确的有形物。塔夫脱大法官最后说,如果议会不同意这一判决,它可以去修改宪法,现有的宪法只能作这样的解读。[2] 宪法的修改难度虽大,但议员们从未放弃立法的努力。时至 1934 年,美国国会通过了《联邦通讯法》,不过,该法旨在解决跨州电信管辖问题,根本不在意什么搭线监听问题,以至于该法与搭线监听有关的第 605 条是这样规定的:"非经发送者授权,任何人不得截获其通讯,不得出版或向任何人泄露被截获通讯中的任何实质内容。违者最高罚金 1 万美元、徒刑 1 年,或并罚之。"

美国联邦调查局(FBI)前局长胡佛曾经说过一句话:"我敢说,对 FBI 最激烈的批评者,一旦他的孩子被绑架,就会哀求我们立刻使用搭线监听技术。"在英美,法律制定后若想成为"活的法律",就必须通过法院的判决。美国最高法院先是认为,违法监听所获证据不能直接用于定罪,继而认为非法证据排除规则涵盖所有由非法证据所得之犯罪线索和间接证据,也就是毒树之果理论。[3] 然而,可以援用证据排除规则的,必须是电话交谈当事人,如果 A 与 B 通话被违法监听,所获证据可用于对同谋者 C 的单独审判。后来,警方又利用听诊器原理实施隔墙监听,规避了《联邦

---

[1] 林钰雄:《刑事诉讼法》(上册),元照出版公司 2015 年版,第 444 页。
[2] *Olmstead v. United States*, 277 U. S. 438 (1928). 大法官布兰代斯写的分歧意见今天更具启迪意义:"科学的发展,为政府提供的监控手段恐怕远不止于搭线监听。终有一天,政府不必再从保险柜里抽出文件,就能在法庭上复制它们,向陪审团展示住宅内最私密的事情。心理学及相关科学的进步,可以将人内心的信仰、思想和情绪展现出来。宪法,还有能力保护我们的个人安全不被科学侵扰吗?"
[3] *Nardone v. United States*, 302 U. S. 379 (1937); *Nardone v. United States*, 308 U. S. 338 (1939).

通讯法》第 605 条规定的所谓截获，再后来，警方将窃听装置埋入墙内或者干脆架设分机监听，有些出人意料的是，这些行为竟然都得到最高法院的支持。[1] 得到联邦和州各级各类法院支持的还有警察冒名接听嫌疑人的电话，因为打出电话的人有义务弄清在跟谁说话。不过，如果警察非法进入他人房间，尔后冒名接听电话，这样的通话会被排除在证据之外，不是因为违反了《联邦通讯法》第 605 条的规定，而是违反了宪法第四修正案。宪法第四修正案竖起一堵高墙，挡住警察的武断侵入。它所保护的领域包括民宅、办公室、商店、公寓、宾馆房间和机动车，警察不可为了偷听或者架设监听设备而身入这些领域。[2]

美国加利福尼亚州一名警察因怀疑他人从事不法印刷活动，竟然安排一名锁匠配制一把钥匙，进入他人家里安装窃听器。因为不是这方面的行家，最初安装位置不好，这名警察竟然多次返回他人家中，将窃听器先后安装在卧室和厨房。大法官杰克逊代表最高法院对这一行径表达了极度的震惊和强烈的谴责："在没有搜查令状的情况下，反复进入他人住宅，不只是一种侵入，简直是一种夜盗。如果不是警察，任何人这么干早就锒铛入狱了。警察在长达一个月的时间里，破门而入安装窃听设备，甚至装在卧室里，偷听他人枕边交谈，不仅令人无法接受，而且令人难以置信。很难找到像本案这样引起我们关注的警务措施，它对第四修正案所确立的基本原则的破坏，实在是肆无忌惮、居心叵测和不折不扣的。"[3] 刑事诉讼实践在触及"得一方同意之监听"过程中，衍生出"伪装朋友及欠缺隐私期待"等支持理论。不过，伪装朋友这类比喻，"掩盖了案例中国家才是这笔出卖交易的真正推手，更忽略了现代法治国家的基本权体系，正是用来规范国家的干预行为的，岂能纵容国家在指使干预之后又佯装无辜的私人？"[4]

现代刑事诉讼不接受警方的这些托辞，因为在这些"同意"的背后，极

---

〔1〕 *Goldman v. United States* 316 U. S. 129（1942）；*Silverman v. United States* 365 U. S. 505（1961）.

〔2〕 Klotter & Kanovitz, *Constitutional Law for Police*, The W. H. Anderson Company, 1968, p.165.

〔3〕 *Irvine v. California*, 347 U. S. 132（1954）.

〔4〕 林钰雄：《刑事诉讼法》（上册），元照出版公司 2015 年版，第 323 页。

有可能潜藏着胁迫、利诱造成的非自愿，比如以从宽处理、保证子女利益为条件。日本学者专门讨论过"当事一方的违法秘密录音"，且根据隐私程度而区别对待，即"对于他方隐私权益之侵害与一般之通讯监察相较，属相对轻微，故从维护司法正洁性的角度而言，排除其所得证据之必要性或许不高，惟为防止对于隐私乃至于人格权侵害之扩大，针对隐私性较强之谈话内容的违法录音，应排除其作为证据使用"。但法院判例又指出："参酌实施录音之目的、必要性、经过及内容等，以及权衡个人隐私权益侵害之程度及公共利益之维护，倘认其手段仍属相当者，例外的可被容许……此项判决一则将侦查机关……之秘密录音认定为原则上违法，以促使侦查实务之运作应力求慎重，发挥警惕之作用在先；二则不直接明确界定此种秘密录音为强制处分，以避免陷入'法无明文依据不得为之'之窘境，并定立比例原则之例外容许要件，以供侦查实务于现行法下特别情况运作之需。"[1]而如果声称录音录像损坏了，文字的提取也就无从说起了。这似乎可以理解，四处架设的摄像头，一旦对把持摄像者不利，就很难提取影像作为证据。

在有些情况下，警方甚至声称，执法仪也坏掉了，在关键的时候坏了。虽然每个人都知道，除非外力重击或者故意损毁，执法仪这种东西是不那么容易坏掉的。但当执法仪记录的内容成为判断警察执法合法性的唯一证据时，执法仪坏了竟然没有任何办法。由此看出，立法欠缺一条规定，即执法仪失灵的，应推定警方承担不利后果，除非警方通过其他方式证明其执法行为是循规蹈矩的。[2]"监听录音据称灭失，仅存节译文，乃实务常见之案例。警方宣称灭失之原因，不一而足，有谓年终大扫除已清掉者，有谓录音带不足已因重复使用而覆盖者，有称传递过程因不明原因而消失者，近年亦流行台风来袭办公室淹水而灭失的说词。本来，依照归责法则之理，国家机关因自身可归责之事由，致使其所保管的录音证据灭失者，即难以主张具有使用证据替代品的正当事由，且因原始证据灭失而来

---

[1] 陈运财：《当事人一方所为之秘密录音》，载日本刑事法学研究会主编：《日本刑事判例研究（一）侦查篇》，元照出版公司2012年版，第100页。

[2] 这种推定是必要的，也带有举证责任由被告人承担的意味。比如，一个健康的年轻人被传唤到警局，两小时内死亡。但警方不允许家属接近尸体，在法医验尸前一天以"弄错了"为由将尸体火化。此时，除非警方自证清白，否则即应推定其刑讯逼供致人死亡。

的证明不利益,也不应该归由被告来承担。更何况录音灭失到底是真是假?还是警方的幽灵抗辩,藉以掩饰节译文制作不实的瑕疵?"[1]

紧随监听而来的是监视。一般说来,警察可以尽情观察其肉眼所见的一切,借助某种仪器也没关系,只要不对观察对象构成侵入即可。处在公共场所或公众视线内的目标和事件,不存在隐私保护问题,即使当事人并未意识到自己正被监视,也不妨碍监视的合法性。因此,那些选择在公共场所图谋不轨的人,就不要责怪被监视器逮个正着。即使在私人空间里,偶尔也会遭遇执法者的审视,比如一名警察站在街边,目光扫视一处私家花园,透过窗户看到屋里的情况,就属于正常的警务巡察。在允许警察肉眼观察的场合,就应允许借助手电筒或聚光灯做进一步观察。没有搜查证的警察也可以按响门铃,询问屋主是否需要帮助,不过,站在门口的警察只能观察目力所及之处,不能拿着手电筒向屋中照射。对警察监视行为的允许与限制,其间的微妙差别仅仅在于是否构成对他人和平生活的骚扰干预。

回到1928年美国最高法院审理的奥姆斯特德案,它的论理要点是,电话线及其传递的声音不是传统意义的实物,且搭线行为发生在嫌疑人房间外面,不受宪法第四修正案有关搜查扣押条款的保护。直至近30年后,这一情况才发生了根本改变。在卡茨案中,警方将窃听器装在嫌疑人充作临时住处的公共电话亭顶部。最高法院的判决意见指出,宪法第四修正案保护的是人,而不是处所,以此扩大了对个人隐私的保护范围。[2]而现在的情况是,何止于监听、监视,又何止于处所、人身,普通人每天的行踪、交往、谈话、通讯、传输、议论,如果有必要加以监控,那他就是全裸的。说一个普通人已经是全裸的,因为要看穿他太轻而易举,又不为人所知;也不止是一个人的每个当天,而是他过去的每一天。只要硬盘足够大,足够储存过去若干年的资料,就可以像倒放的电影一样,看到他是一个什么样的人,持怎样的政治观点,个人财富多少,男女交际过程中有过的不良嗜好。现如今已经是一个有痕迹的社会。一个普通人的一切,已

---

[1] 林钰雄:《刑事诉讼法》(上册),元照出版公司2015年版,第451页正文及注157。
[2] *Katz v. United States*, 389 U.S. 347 (1967). 依本案确定的规则,搭线监听与隔墙监听都属于搜查,但规则也有例外:一是通话的某一方同意;二是截获无线信号。

经尽在掌握。之所以强调"普通人",是因为强力集团的人不在监控之列,权力总是试图监控别人,而自己却不被监控。

比监听、监视更广泛而彻底的是监察,监察一词与英文"surveillance"最为接近,涵盖了对人、对事的监测、监场、监督、监管、监理、监视、监守、监听乃至监控,等等。"通讯"是指利用电信设备发送、储存、传输或接收符号、文字、影像、声音或其他信息。"通讯监察"是指以截收、监听、录音、录像、摄影、开拆、检查、影印或其他类似方法来了解、获知通讯内容。21世纪以来,互联网有了长足发展,微博成为舆论场,屏幕手机在具备电脑功能后,通过微信让中国形成世界最大的局域网,加之手机支付等无现金购销流程,使每个人的需求、交往、生存方式等成为网络的共享数据。所谓"大数据"也因而形成且被垄断、被解析、被出卖,甚至被篡改。与此同时,通讯监察的主要目标转向网络。"通讯监察行为干预人民之自由权利,乃系保护个人之居住空间与秘密空间,确保个人或人与人间之安心领域,使无恐惧感,即免于恐惧之自由,对于此种领域,个人得自主决定何时及在何种范围内,将其个人之生活事务予以公开;亦得自主决定,对之保留不公开,故此种资讯的自主决定权,对于个人自由之保护,具有重大意义。"[1]而目前情况下,几乎每个普通人在4G通信系统里都是裸的,再谈什么隐私自由便极具自欺欺人的味道。

回顾并不久远的历史,20世纪80年代,个人电脑逐渐普及,E-mail取代传统邮政信件而成为人们的书面交流方式。最初对E-mail的监察,其检查尺度基本上类比了邮政部门对传统邮件的监管:私人信件与封口包裹是不可拆开检查的;报纸杂志与宣传手册则是可以阅检的。不过,信封上和包裹的外包装上的字样、外形和重量等信息却是公开的,不受隐私保护。因此,有内容的E-mail不受无理检查,而无内容的E-mail则被视为公开信息。所谓"无内容信息",基本上是指发送和接收E-mail后留存在个人电脑上的名录及登录过的网址信息,它类似传统信件的信封,与有内容信息的界限还是比较清楚的。但是,有两个原因使某些情况变得复杂:其一,有内容信息与无内容信息内在相关,比如A向B发信,要B按某个特定地址向C递交一个包裹,该信对A和B是有内容的,但邮递包裹给

---

[1] 许宗力:《法与国家权力》,月旦出版社1998年版,第215—216页。

C,不外乎是不具实质内容的地址信息而已。就 E-mail 而言,作为附件发送给他人的一份地址名录,却可能是内容本身,不希望对外公开。其二,资源定位符(URLs),也称网站链接,可以简单而清晰地类比为电话号码,但它们却能够详细指向某个特定网址,包括使用者曾经搜索的条目。此外,在两种情况下可以视同网上通信者一定程度上放弃了隐私,法律也就例外地不再为其提供保护:一是政府雇员日常使用的政府网址;二是用假名注册账户,或者以黑客手段进入他人账户存储自己的文件。[1] 可见,对 E-mail 的监控经历过一番类比,意在求得类似对传统信件的法律保护。而现在,网络铺天盖地将个人编织在内,却似乎绕开了所有的法律的正当程序。

  通讯监察在我国刑诉法中称技术侦查,规定于侦查一章而不是规定在强制措施中,由侦查机关一家审批同意即可,无需第三方介入审查。可资比较的是日本刑事诉讼法,虽然监听通讯也在侦查一章,但监听令状的签发权却归属法官,且必须有相当于紧急拘留的犯罪嫌疑,申请才有可能获得法官批准。允许监听,不只因为与犯罪有关,而且必须是其他侦查方法十分困难,监听又确实有可能完成侦查任务时,才能作为补充性的最后手段。[2] 技术侦查当属刑诉法上的强制措施,不应由警方独立决定,而应受制于令状原则,由中立的司法机关加以制衡。其精神实质在于,使法官利用令状签发权事先审查通讯监察申请是否符合要件、有无必要性,以平衡侦查权力与隐私权利。另有学者主张,事后应再次回顾审查,以确保通讯监察权行使时具备信赖性、公正性及透明化,使权力不至滥用而流于恣意。这种回顾式审查是由通讯监察的特点决定的,首先,通讯监察有一种天然的自我隐形能力,事后审查的第一难题便是怎样知晓通讯监察的内容和范围;其次,也许正因为通讯监察的隐蔽与无形,才更需要外部监督及事后审查。更由于通讯监察系无法预先提示受监察人,也无法预测通讯内容,故于监察行为后,应予受监察人法律程序保障,使其表达意见,对不当通讯监察造成的损害予以必要救济。[3]

---

  [1] LaFave & Israel, *Criminal Procedure*, Thomson Reuters, 2009, pp.296-297.
  [2] 参见[日]田口守一:《刑事诉讼的目的》(增补版),张凌、于秀峰译,中国政法大学出版社 2011 年版,第 84 页。
  [3] 参见黄翰义:《程序正义之理念》(一),元照出版公司 2010 年版,第 242 页。

除令状原则外，警方的技术侦查手段还应遵循重罪原则、特定原则、必要原则、禁止大监听原则，以及书面要式原则。前三项原则比较易于理解，即以法定重罪为必要前提，对轻微案件不得动用；即便是正当的技术侦查措施，在具体实施时也应尽量顾及人民隐私权保护，罪名、期间、次数均须特定化，不能以对付毒品犯罪名义来监听传播淫秽物品犯罪，一次申请后不应不定期持续下去，也不应将针对张三的监听任意扩及至李四；不得已而为之，是指其他更为和缓的侦查手段不能替代。禁止大监听原则，并非字面理解的泛化的无特定目标监听，而是意指"不得于私人住宅装置窃听器、录影设备或其他监察器材"[1]。书面要式原则意指必须有通讯监察书的申请与签发过程，且执行机关并应于执行期间制作监听报告书，说明监听进行情况及有无继续执行之必要，无必要时应撤销通讯监察书。[2]

我国将技术侦查措施写入刑诉法是巨大的进步。只要写入基本法律，对实施机关来说就是一种守法督促，对相对人及事后的司法介入来说就有了法律评价基础。而且从法条表述看，立法者可以说是尽了最大努力，在刑诉法侦查一章专设一节，对技术侦查措施的种类、实施主体、适用对象、案件范围、批准手续、期限届满及隐私保护等，都作了相应规定，考虑不可谓不周全。如果一定要指出遗憾与不足，主要有两点需要改进：其一，批准者目前只是侦查机关自己，没有中立的司法机关的事前审批与事后监督；其二，对违法实施技术侦查所得的犯罪证据如何处置，没有相应的明确规定。根据我国《刑事诉讼法》的规定：公安机关在立案后，对于危害国家安全犯罪、恐怖活动犯罪、黑社会性质的组织犯罪、重大毒品犯罪或者其他严重危害社会的犯罪案件，根据侦查犯罪的需要，经过严格的批准手续，可以采取技术侦查措施。公安部 2013 规定对"其他严重危害社会的犯罪案件"作了"依法可能判处七年以上有期徒刑的"限缩后，明确指故意杀人、故意伤害致人重伤或者死亡、强奸、抢劫、绑架、放火、爆炸、投放危险物质等严重暴力犯罪案件；集团性、系列性、跨区域性重大犯罪案件；利用电信、计算机网络、寄递渠道等实施的重大犯罪案件，以及针对

---

[1] 林钰雄：《刑事诉讼法》（上册），元照出版公司 2015 年版，第 446 页。

[2] 参见林钰雄：《刑事诉讼法》（上册），元照出版公司 2015 年版，第 447 页。

计算机网络实施的重大犯罪案件。面对技侦证据,辩护律师的权利是由司法解释加以补强的,即两高三部一委 2013 规定中明确的:"采取技术侦查措施收集的材料作为证据使用的,批准采取技术侦查措施的法律文书应当附卷,辩护律师可以依法查阅、摘抄、复制,在审判过程中可以向法庭出示。"

程序性审批的层级往往决定了行政措施频度。根据公安部 2013 规定的规定:"技术侦查措施是指由设区的市一级以上公安机关负责技术侦查的部门实施的记录监控、行踪监控、通信监控、场所监控等措施。"适用对象是犯罪嫌疑人、被告人以及与犯罪活动直接关联的人员。批准采取技术侦查措施决定自签发之日起 3 个月以内有效。对于不需要继续采取技术侦查措施的,应当及时解除;对于复杂、疑难案件,期限届满仍有必要继续采取技术侦查措施的,经过批准,有效期可以延长,每次不得超过 3 个月。最高检 2013 规则对批准程序附加规定,"应当在期限届满前十日以内制作呈请延长技术侦查措施期限报告书,写明延长的期限及理由,经过原批准机关批准"。技术侦查措施的批准机关是由公安部 2013 规定加以明确的,即"需要采取技术侦查措施的,应当制作呈请采取技术侦查措施报告书,报设区的市一级以上公安机关负责人批准,制作采取技术侦查措施决定书"。《刑事诉讼法》规定:"采取技术侦查措施,必须严格按照批准的措施种类、适用对象和期限执行。侦查人员对采取技术侦查措施过程中知悉的国家秘密、商业秘密和个人隐私,应当保密;对采取技术侦查措施获取的与案件无关的材料,必须及时销毁。采取技术侦查措施获取的材料,只能用于对犯罪的侦查、起诉和审判,不得用于其他用途。"

第五节 搜查扣押

围绕拘传、拘捕、羁押以及羁押的替代,可以归为对人身的强制措施;还有对物品的强制措施,比如检查、搜查、扣押一类。在某些法域比如日本的诉讼法中,强制措施与勘验、鉴定等一起被归入侦查手段中。勘验一般只针对现场物证,但也有勘验体表痕迹、遗留物一说,所以勘验、检查、搜查、扣押等,既针对人身,又针对物品、车辆、场所。扣押从语义上一般针对物品,但有些译著也将短暂的街头留置译作人身扣押。"扣押的含义广于拘捕,可以说所有的拘捕都是扣押,但不是所有的扣押都构成拘捕。"[1] 这些旨在获取犯罪证据的诸多手段交错在一起,使得各种分类似乎都有道理,但仔细想来又差异巨大。将各种手段归入侦查措施,意在强调国家行为的正当性与强制的必然性,一切都不在话下,一切都不可抗拒;而将各种手段归入强制措施,旨在提醒政府行为对自由、财产等基本权利的侵害,必须纳入法治轨道,不得恣意任性。搜查又称为搜索,指以发现嫌疑人或犯罪证据为目的,而搜查身体、物件、电磁记录、住宅或其他处所。扣押,指为保全可为证据或可得没收之物,而对其暂时占有,通常紧随搜查而实施。

从法理上说,所有的搜查扣押都应以令状为原则,以无令状为例外,这是行之有效的对搜查扣押权力的限制。在我国,刑诉法对令状原则及其例外亦有规定:"进行搜查,必须向被搜查人出示搜查证。在执行逮捕、拘留的时候,遇有紧急情况,不另用搜查证也可以进行搜查。"最高检2013 规则、公安部 2013 规定对"紧急情况"作出相同表述:(1)可能随身携带凶器的;(2)可能隐藏爆炸、剧毒等危险物品的;(3)可能隐藏、毁弃、转移犯罪证据的;(4)可能隐匿其他犯罪嫌疑人的……这一规定从文字表述上看,与各法域刑事诉讼法的相关内容大同小异。执行搜查扣押时,应向被执行人出示令状,一般情况下最好要求家属、邻居、单位同事等在场见证,既可杜绝未来争端,亦可约束警方不生私弊。"当事人及审判中之辩护人得于搜索或扣押时在场;但被告受拘禁,或认其在场于搜索或扣押有妨害者,不在此限。"[2]

扣押令必须说明扣押客体范围,这里的客体主要指物品,以及该扣押物品何以有重要的证据作用,有时还要载明获知此处可能有不法物品的信息来源。一份不明确的命令,也就是警方没有扣押何物的具体目标,或者目标过于分散,以至于希望得到一份扣押所有可找到的物品的令状,都是违反一国基本法的。[3] 具体言之,扣押令应明确完整记载如下内容:

---

[1] Rolando V. Del. Carmen, *Criminal Procedure Law and Practice*, Wadsworth, Cengage Learning, 2010, p.187.
[2] 林钰雄:《刑事诉讼法》(上册),元照出版公司 2015 年版,第 424 页。
[3] 参见[德]罗克辛:《德国刑事诉讼法》,吴丽琪译,三民书局 1998 年版,第 373—374 页。

(1)特定案由;(2)应搜查之嫌疑人、被告人、第三人或应扣押之物;(3)应搜查的处所、身体、物品;(4)有效期,防范库存令状或空白令状。[1] 与英美搜查令状相比,欧陆搜查令状对搜查范围的限制不仅过于笼统,而且更重大的缺陷在于既没有对搜查次数及一次搜查可持续时间的约束,也没有对"所要搜查的场所"和"所要扣押的物品"作出特定描述。尽管绝对精确可能是做不到的,不过必须让手持令状的警官能够确定地认出所要搜查的场所,偶尔碰到一些描述偏差,也允许警官根据掌握的其他信息当场作出判断,比如搜查令状上写着"3号公寓",进入大厦才发现每层都有一个3号公寓。地点描述错误的危害不会很大,因为警官们一般很快会发现自己走错了房间,真正危险的是对"所要扣押的物品"描述含混。早在1927年,美国最高法院就强调说:"令状应对所要扣押的物品作出特定描述,这是一种强制性要求,旨在防止没有特定目标的'一般令状',杜绝指东打西式的搜查扣押。"[2]

"搜查范围必须以搜查目标为边界才是合理的。要记住的法律格言是:'警察在火柴盒里找大象就是不合理的。'假如令状上列明的搜查目标是一台25寸电视机,就不应在被搜查的房间内打开一个抽屉或鞋盒,除非这个抽屉或鞋盒大到可以放一台25寸电视的程度。然而,如果令状上的目标是毒品,警察打开抽屉或鞋盒就是正当的。如此说来,被搜查对象越小,允许搜查范围就越大。而无论有无令状,持续时间都不是无限的。一旦令状上列明的物件找到了,搜查必须立即停止,没有正当理由的继续搜查,所得证据属非法取得,除非是赫然映入眼帘的与本罪有关的证据。一次非法搜查永远不能通过搜查所得被正当化。"[3] 如果令状授权找一把手枪,警官在被搜查房间内拉开抽屉后,却意外看到刚刚警情通报的银行抢劫案所描述的被抢现金,那么,这种一目了然之下的证据是可以采用的;而如果是在找到手枪之后,警官去到不可能有枪的地方翻找,发现的被抢现金就应作为非法搜查所得被排除出证据之外。一目了然规则必须有所节制,警官应该立刻意识到赫然映入眼帘的是某一犯罪的证据,而不

---

〔1〕 参见林钰雄:《刑事诉讼法》(上册),元照出版公司2015年版,第417页。
〔2〕 LaFave & Israel, *Criminal Procedure*, Thomson Reuters, 2009, pp. 186, 188.
〔3〕 Rolando V. Del. Carmen, *Criminal Procedure Law and Practice*, Wadsworth, Cengage Learning, 2010, pp. 202–203.

能一个接一个地搜查下去,直到有罪证据终于出现为止。[1]

当然,对令状申请应仅限于合法性审查而非合目的性审查,其妥当性应由侦查机关自行判断并自行担责,也就是说,事前审查要解决的主要是形式合理性问题。而警方的搜查扣押有无合理根据、相当理由,则是令状合法性事后审查的核心。事前着重形式审查,将现场实质判断权交予警方,以利于现场处置;事后审查着重实质审查,对那些被当事人质疑的警察现场判断,纳入司法审查的视野,以利于未来执法的循规蹈矩。像拘捕一样,搜查也需要相当理由,这是事后审查的注意内容。"通常认为,拘捕和搜查二者的相当理由在证据上是等量齐观的,实际并非如此,两种相当理由的证据可以是不同的事实和情节,不必相互依附。就搜查的相当理由而言,有两个结论必须得到实质而充分的证据支持:被寻找的物品之所以可扣押,是因为该物品事实上与犯罪行为有关联;该物品将会在被搜查的处所找到,而且处于调查中的犯罪不必牵连某个特定的人。而就拘捕的相当理由而言,则必须有人实施了犯罪,被拘捕的就是实施犯罪的人,且在被拘捕人住所并非必须找到犯罪证据。"[2]

相当理由是美国刑事诉讼中的重要概念,它由来已久,概念的内涵及外延不断变化,且从法源上与大陆法颇为隔膜,它基本上是一个实践概念,很难在法体系中安排它的位置。"相当理由是宪法第四修正案及美国全部刑事程序法的基础概念,是法律正当程序的基础要素,其发展与个人自由民主等项原则的发展相同步。相当理由根源于1215年英王被迫签署的《大宪章》,其中规定,仅凭怀疑、臆想而没有好的理由,不得羁押任何人。宪法第四修正案则将相当理由的保护从政府对人身的扣押扩展到对财产的扣押。政府官员一旦进入个人私密领域,便视同开始搜查,而无论这一领域是人身、着装、财产、住宅抑或通信。20世纪之前,只有实际的物理性侵入才构成搜查,20世纪以来,随着电讯科技的发展,法院逐步将政府恣意的电讯监控、仪器探测等活动视为非法搜查,同时将数据截获视为扣押。"[3]如果没有相当理由,经同意,警察也可以进行无令状的搜查扣

---

[1] LaFave & Israel, *Criminal Procedure*, Thomson Reuters, 2009, pp. 189, 197.

[2] LaFave & Israel, *Criminal Procedure*, Thomson Reuters, 2009, p. 164.

[3] Walter P. Signorelli, *Criminal Law, Procedure, and Evidence*, CRC Press, Taylor & Francis Group, 2011, p. 32.

押;而如果未经同意,那么警察的无令状搜查扣押就会面临律师的阻击。2018年6月初,美国纽约州拿骚县法院采纳了辩护律师的意见,对海派清口创始人之一周立波宣告无罪。理由是周立波不懂英语,在没有明显违法行为的时候,警察没有经过当事人同意,也没有法院搜查令状,因此从周立波汽车里搜出的枪支、毒品属非法取得,不能作为定罪证据。

不过,当警察合理相信某人拥有合法权利,而实际上这个权利并不存在,或者某人自认为有合法权利,而实际上没有,此时所进行的基于合理相信的搜查扣押,仍然可能得到法院的认可。比如,有一位女士向警方报案,称自己当天上午被同居者殴打,还展示了被打的伤痕,并称打人者正在公寓中睡觉,她愿意用自己的钥匙为警察开门,拘捕殴打她的人。警方在没有拘捕和搜查令状的情况下,由报案人引导进入嫌疑人酣睡的房间,发现了大量毒品。这些毒品最后进入庭审,成为定罪证据。[1] 对妻子同意、丈夫不同意搜查的情况,后来又有不同的判例。该案中,也是妻子带领警察不顾丈夫反对进入卧室找到毒品,但最高法院以非法搜查为由推翻了定罪。判决的多数意见强调,同居者中有人不同意时,即不能进行无令状搜查扣押,这样做有利于维护同居者的相互信任。但大法官罗伯茨在反对意见中言辞激烈地指出,该判决削弱了警方保护女性不受毒品侵害的能力。[2]

可喜的是,我国司法判决也认可了"被搜查者的同意可以决定搜查本身及所得证据的合法性"这一观念。在莫焕晶放火案二审结束后,浙江省高级人民法院(2018)浙刑终第82号刑事裁定书否定了辩护人提出的警方查看上诉人手机存在取证合法性问题,认定"公安民警系在询问上诉人莫焕晶过程中,发现其神情紧张,经上诉人同意并亲自输入手势密码后才查看其案发前使用手机的情况,在其使用的手机内发现搜索、浏览有关火灾、打火机自燃等网页内容记录的情况下,确认其有实施放火犯罪的重大嫌疑",于当日对其刑事传唤。与之相对应,辩护律师从警方查看嫌疑人手机的合法性上进行争辩,是律师界水平提高的标志。更重要的是,法庭没有厌倦和反感,而是认识到这一问题的重要性,并在判决书中对辩护律

---

[1] *Illinois v. Rodriguez*, 497 U. S. 177 (1990).
[2] *Georgia v. Randolph*, 547 U. S. 208 (2006).

师的程序质疑作出认真回应与说理,非常难能可贵。经过多年刑事诉讼实践,法律共同体形成理念共识后,应当及时学习借鉴具体的制度规定,比如德国刑事诉讼法对调取通信记录行为的规定:(1)有一定的事实足以怀疑某人为重罪的正犯或共犯;(2)该犯罪经由电信通讯实施犯罪,包括预备和未遂;(3)为查清案件事实所必要,且调取行为与案件重大程度合乎比例原则;(4)采用其他方式可能无望或非常困难。

同意,有被搜查者本人同意与第三方同意两种情况。第三方对住所和车辆拥有合法的居住、占有、使用和管理权是同意有效的前提。当然,"同意"可能是胁迫与压力之下的表态或默认,因此需要对"同意"进行举证,或者说被搜查者需要证明当时为什么是"不同意"的。法庭可以综合考虑整体情境,以确定同意是否自愿:(1)嫌疑人是否知道有拒绝的权利;(2)嫌疑人的年龄、智力和语言能力;(3)嫌疑人表现的配合程度;(4)搜出违禁品后嫌疑人的态度;(5)嫌疑人被留置多久;(6)留置及问话性质是否威胁或要挟了嫌疑人。[1] "由于搜索所干预者乃得舍弃之基本权,性质上属于得经同意之干预,但是,就立法政策言,也有可能招致检警以同意之名行违法搜索之实的结果;更甚者,法院若对警员说法照单全收,所谓的同意搜索,更易架空搜索的法律保留及法官保留原则,成为海纳、掩饰各种违法搜索的渊薮。较为合宜的解决之道,在于容许同意搜索,但应立法设定法定程序以资控制,亦即,国家机关必须事先践行一定的程序之后,始能主张其搜索处分因经同意而合法,例如,课予国家机关事先的告知义务,告知受搜索人其于法律上并无配合或忍受之义务,并拟定书面之同意表格,一来确定受处分人之真意,二来杜绝未来的争端。"[2]

美国人最关心的是,搜查扣押的被执行人何时可以援用宪法第四修正案来保护自己,或者说,关于搜查扣押的宪法条款何时被法官用来审查警方的行为是否违法,这是法律保护的介入时点问题。根据最高法院的看法,一个公民若要指望宪法第四修正案保护自己,就必须向法院展示,在搜查的时点他主观上确有隐私期待,而且还必须表明社会认为他的这

---

〔1〕 Daniel E. Hall, *Criminal Law and Procedure*, Delmar Cengage Learning, 2011, p.387.

〔2〕 林钰雄:《刑事诉讼法》(上册),元照出版公司2015年版,第421—422页。

一隐私期待是合乎情理的。大法官哈伦在附和意见中指出:"最高法院的意见既然说宪法保护的是人而不是处所,就不得不说清楚以何种方式担负起这种保护。一个人必须表现出对隐私的真实期待,而这种期待在社会看来是合理的。因此,家固然可以期待隐私,但未显示出隐私意图的、在外人一目了然之下的物品、活动或表述将不受保护。根据一目了然原理,'刮进耳朵里的'信息,不构成对隐私的侵犯,换言之,公开场合的谈话者,就没有反对他人'听到'的权利,因为在公众场所的隐私期待是不合理的。在这个意义上,处所也很重要。"[1]

"一目了然"须有三个要件:(1)必须是赫然映入眼帘的亲眼所见之物;(2)能够看到该物品时的观察位置,是警察合法占据的,也就是,警察不得靠侵入、架设瞭望等手段实施观察;(3)必须是瞬间能够意识到该物品是应被扣押的,而不是经过开箱、开包等第一重检查后才确定应予扣押的。[2] 至于被搜查人是否具有隐私的期待,以及这一期待是否合理,仍然有不断的争论。警察可否认为,罪犯光天化日之下在时代广场公然作案,因没有表现出期待隐私的意图而可以剥夺其宪法保护?在公园深处隐蔽的黑暗角落里期待隐私如果是合理的,那么恰巧有巡警经过,用手电筒照亮了这个毒品交易现场,能否以期待不合理为由拒绝对嫌疑人的宪法保护?在一目了然原则之外,还有紧追原则,也就是警察一直追踪嫌疑人至其住处,其间没有中断,可以实施无令状搜查扣押,但目标应是武器等违禁品,且应同时遵循一目了然原则,不得毫无节制地翻箱倒柜。[3] 警方或私人的某些行为并不构成搜查,而是可以理解为预防式的观察,比如警察在查处超速时闻到大麻味,或者车辆反常地停在一片空地里,警方的介入都可以是随时随地的;再或者,某一公民在明知情况下有意向他人暴露隐私,即使是在家中和办公室里,他也要承担他人向警方举报的风险。[4] 作为一种公开场合的谈话,即便不能说是在有意暴露隐私,也无

---

[1] *Katz v. United States*, 389 U.S. 347 (1967).

[2] Rolando V. Del. Carmen, *Criminal Procedure Law and Practice*, Wadsworth, Cengage Learning, 2010, p.299.

[3] John M. Scheb & John M. Scheb II, *Criminal Law and Procedure*, Wadsworth Cengage Learning, 2011, p.453.

[4] Carlton Bailey, *Criminal Procedure: Model Problems and Outstanding Answers*, Oxford University Press, 2015, p.1.

法再主张合理的隐私期待。

搜查扣押是否涉及宪法第四修正案的保护,实际事关非法证据排除问题,也就是,"在阻遏警察违法的利益大于实际的社会损失时",就要适用非法证据排除规则。这是适用排除规则的基本前提,这个前提会有许多例外,也就是,在对警察违法没有遏制效果的情况下,即使警察有违法行为,也可能并不排除所获证据的使用,比如持有搜查扣押令状,但违反了敲门并告知的规定,或者警察对自己所持令状的真实性有合理的错误认识。所谓敲门并告知,是指即便警察持有令状,如果进入公民家门的方式不妥,也可能使搜查扣押本身遭到质疑,因而对住所的搜查应在进门前敲门并告知来意。然而,考虑到警察合理期待的等候时间,且如果警察合理相信继续等待会导致屋内证据被即时破坏,也可以直接破门而入。至少在这两种情形下,敲门告知方面的执法瑕疵并不会产生阻遏警察违法的效果。即便如此,仍然不应造成不必要的财产损失,以免事后受到法庭严厉的过问。〔1〕开启排除规则,旨在威慑警察的明知故犯,只有这种可归罪程度很高的明知故犯,才值得作出某种牺牲来加以震慑。〔2〕

需要明确的是,警方对开放空间内停放的车辆进行扫视是可以的,但车内的文件或容器中的物品却受隐私保护;而警方根据味觉指引进行的搜查扣押,也只限于对车辆的路检盘查过程中,不得延伸到被搜查者家中或其居所中,也不得为了进行违禁品气味检测而扣押行李包裹。在执行拘捕或紧随路检盘查时,根据具体场景判断附带进行的搜查,一般都不是事先计划出来的。事先有所策划,就不再是"附带"搜查。在边境搜查和车辆被弃置于开放空间等情况下,都容许警察临时进行附带的无令状搜查。附带搜查的正当性在于查明赃物或凶器,以免伤害警察、湮灭证据或嫌疑人逃跑,因此只应及于被搜查人能够拿到武器或可接触证据的范围。在日本,附带检查未获同意但有相当理由怀疑是凶器,可对其依《枪炮刀剑取缔法》进行检查;如果不是凶器的,要权衡检查的必要性、紧迫性、受侵害的权利和应保护的利益。据此,必要性和紧迫性是首要的考虑因素。

---

〔1〕 Carlton Bailey, *Criminal Procedure: Model Problems and Outstanding Answers*, Oxford University Press, 2015, p.23.

〔2〕 LaFave & Israel, *Criminal Procedure*, Thomson Reuters, 2009, p.139.

判例认为,盘问有重大抢劫银行嫌疑者,未得同意即拉开书包拉链查看,属合法搜查。[1] 这些尺度松动取决于案件起因、法律争点和法官判断。2003年发生的摩尔案即为适例,摩尔在驾照被吊销期间驾车,警察接报后当街将其拦截、拘捕,并随即进行附带搜查,发现16克可卡因。在案发地弗吉尼亚州,无证驾驶罪最高可判一年监禁和2 500美元罚金,但州法律规定无需拘捕,只需发出传票即可。摩尔据此认为拘捕非法,进而认为警方的附带搜查也属非法,作为定罪证据的可卡因应予排除,所以提出上诉,要求改判无罪。警方认为,根据联邦法律,拘捕、搜查都是基于相当理由,犯罪证据乃正当取得。2008年美国最高法院的判决意见认为,各州的法律不能减少,同时也不能扩张联邦法律确保的权利,因而支持了警方的立场和主张。[2]

易于逃离现场是对机动车无令状附带搜查理由之一。在搜查商店、住宅或其他随时可以取得适当的官方批准的建筑,与在船只、汽艇、马车或汽车中搜查违禁品之间有着必要的区别,后一种情况取得令状是不现实的,因为车辆可能迅速离开申请令状的司法管辖区。汽车的功能是运输,很少作为住处或个人财物储存处,且行驶于公共道路上时车主和车内情况可一目了然,因而人们对汽车怀有较小的隐私期待。附带搜查中适用一目了然规则,旨在要求警方在搜查房间和车辆过程中只以消除威胁警察安全或毁灭证据危险为限。对人而言,附带搜查可以扩大到乘客,因为乘客对随车运输的财产也只享有降低的隐私期待,且乘客通常与驾车人具有相同目的,或者罪犯很容易不为乘客所知地把违禁品藏在乘客物品中。对物而言,附带搜查可以扩大到车厢内的行李、包裹或容器,并不得将被搜查物带离现场,既便于安全保存车主财产,也是为了避免车主事后主张某些物品没有归还。但扩大搜查经常受到批评:若一个公文包被提着在街上行走时受令状的保护,而同一公文包被放进车里运输时就不受令状保护,这是不是有点反常?再者,人对其行李、包裹或容器的隐私期待比他对车辆的隐私期待毕竟大得多。

---

〔1〕 参见〔日〕田口守一:《刑事诉讼法》(第五版),张凌、于秀峰译,中国政法大学出版社2010年版,第48页。

〔2〕 Daniel E. Hall, *Criminal Law and Procedure*, Delmar Cengage Learning, 2011, pp. 357–358.

附带搜查不同于附带扣押。附带扣押有本案与另案之分,而附带搜查不存在另案一说。"附带扣押,是指执行搜索或扣押时,发现'本案'应扣押之物而为搜索票所未记载者,亦得扣押之。是以,附带扣押其实就是本案附带扣押。反之,附带另案扣押,一般称为另案扣押,系指实施搜索或扣押时,发现'另案'应扣押之物者,亦得扣押之,扣押后应分别送交该管法院或检察官。所称'发现',仅限于'意外的、偶然的发现物',若是声东击西或本来就是'项庄舞剑意在沛公'的情形,就不叫偶然、意外的发现,也不得予以扣押;所称'另案',不问系侦查中或审判中之刑事案件,亦包括尚未发觉之刑事案件。为了避免'钓鱼式'的搜查扣押,'刑事诉讼法'针对附带扣押准用径行搜查之事后审查,执行附带扣押者必须于3日内陈报法院,法院并应于5日内撤销违法之附带扣押。"[1]

搜查扣押现场不应只有执法者在场,还需要见证人,但也不能任人自由进出,因为只要稍有迟疑或不慎,现场就会被破坏和污染。因此,执行搜查扣押时可以封锁现场。不过,在以封锁现场为警务常态的地方,必然欠缺必要的现场监督,凡是警察乐见其成的,都是律师戟指怒目的。当然,为了警察执法的有效进行,还是必须尊重警察的当场判断,这也意味着事前规制必然是形式的,而实质的审查不得不在事后,且事后审查的依据则是搜查扣押笔录。因此,笔录是否真实详尽,是搜查扣押的执行者与法院的审查者之间权力分配的缩影。"无论目的为何及是否达成,搜索、扣押,应制作笔录,记载实施时间、地点及其他必要事项,如同意搜索、夜间搜索事由等,并应令依法命其在场之人签章。"[2]"非法扣押之物应尽快返还,除非警方认为继续保管对刑事案件的最终解决有利。不过,不论是否非法扣押之物,只要是需要没收的违禁品,就不应返还。"[3]为了防止警察借助公权力以来路可疑为由强占他人贵重物品,又根本不作扣押物品明细笔录,需要切实地赋予检察院、法院以审核权。关于扣押物的处

---

[1] 林钰雄:《刑事诉讼法》(上册),元照出版公司2015年版,第432页。
[2] 林钰雄:《刑事诉讼法》(上册),元照出版公司2015年版,第426页。
[3] John M. Scheb & John M. Scheb II, *Criminal Law and Procedure*, Wadsworth Cengage Learning, 2011, p.450.

置及发还,目前实务中贵重物品丢失或者被扣车辆充公使用,时有发生。因此,仅仅依靠警方自律在各法域都是行不通的,见证人在场和对扣押物品明细笔录的第三方审查,是防范搜查扣押环节贪赃枉法的有效手段。

文明执法的一个标志是禁止夜间搜捕,可但凡法律要遏制某种做法,就说明这种做法已经相当普遍,而且很多人会乐于这么做,否则没有必要用法律加以禁止。夜间须保持安宁、隐私,人们比邻而居,对一家的夜间搜查,会引起邻居的恐慌乃至反感。禁止夜间搜捕,意在维护隐私和尊严,不人为制造恐惧感,减少事态升级风险,更要紧的是防止警察滥权,并通过长期坚持禁止夜间搜捕的规则,进而有效改变某些夜班警察深夜抓人、搜查并突审的办案习惯。实践证明,这一约束在现时国情下尤有必要,因为在过去执法实践中,尽量避免夜间搜查的观念,从来没有真正得到重视。但对某些夜间营业场所而言,恰恰需要加强夜晚的公共秩序维护,比如夜总会及色情场所。这些声誉不佳场所即使是合法经营,警察的到来仍然很影响生意。为了不让警察借机勒索,程序上要加以限制,一个有效方法是要求申请搜查者专门给出夜间搜查的理由,比如《美国联邦刑事诉讼规则》规定:"搜索应于日间为之,惟有合理理由时,签发令状者得在令状上授权于其他时间为之。"[1]

夜间搜查只能作为例外:"其一,有人居住或看守之住宅或其他处所,经居住人、看守人或可为其代表之人承诺或有急迫之情形者,得于夜间搜索,若于日间已开始搜索或扣押者,亦得继续至夜间。其二,下列处所,夜间亦得入内搜索或扣押:(1)假释人住居或使用者;(2)旅店、饮食店或其他于夜间公众可以出入之处所,仍在公开时间内者;(3)常用为赌博、妨害性自主或妨害风化之行为者。"[2]已经进行的夜间搜查扣押,是笔录的必载事项,许多搜查令状上专有夜间搜查一栏,且必须填写是或否,有的司法区域还特别要求写清楚夜间搜查的理由。总之,必须将夜间搜查作为特例加以关注和规制,在程序上设置特别的障碍,真正让夜间搜查成为日间搜查不得已的最后的替代手段。夜间家居安全自古即受法律的特殊保护。唐律即有"夜无故入人家者,笞四十。主人登时杀者,勿论;若知非侵

---

[1] 王兆鹏:《美国刑事诉讼法》,北京大学出版社2014年版,第106—107页。
[2] 林钰雄:《刑事诉讼法》(上册),元照出版公司2015年版,第427—428页。

犯而杀伤者,减斗杀伤二等"的规定。[1] 可见夜入人家的事,无论于公于私,都以尽量避免为上。诉讼文明不只禁止夜间搜捕,更禁止夜间讯问。台北地方法院 1999 年曾以判决认定,违反禁止夜间讯问的刑事诉讼的有关规定,即涉嫌强制取供。未经被告人同意即于夜间讯问被告人,以疲劳讯问之方式取得被告自白,且漏未记载被告人所为对其有利之陈述,并未于讯问时全程录音,以被告自白无证据能力为由,判决被告人无罪。[2]

扣押对象或称扣押客体,有着鲜明的时代烙印,并且某种扣押的重要性也与时代密切相关。比如汽车时代,扣押或者吊销驾驶执照意味着实质限制了公民的活动空间,对公民权利是一种严重的限制和剥夺,所以处分程序极其复杂而严格。德国将扣押驾驶执照作为强制措施写入刑事诉讼法,由法官签发吊销令。[3] 而在网络时代,扣押电子记录乃至整个电脑,对公民隐私是一种巨大的干预和危机。许多国家对扣押电脑整个硬盘作出特别规定,其背后的保护理由是被扣押物对国民的利益重要性,而不是行政机关的执行便利性。磁盘本身是有形物,可以成为搜查扣押的对象,但磁盘存储的电子记录属无形物。日本判例认为,根据令状扣押储存在电脑硬盘中涉嫌犯罪的信息,应予当场确认内容;若信息有被破坏危险时可先扣押电脑,然后再确认内容。在扣押硬盘后,应当尽最大努力筛选与犯罪有关的信息。为了不影响电脑所承担的正当工作,法律准许并认可,先将涉嫌犯罪的电子记录复制、打印到纸张上或转存到其他磁盘上,再对这些替代品加以扣押。采用复制方式后,信息还留存在嫌疑人掌控的磁盘中,这一复制类似一种勘验。扣押与勘验竞合,在网络时代是可能的。正如盗窃电子数据不同于盗窃普通财物,普通财物被盗后物主就失去了财物,但数据被窃之后数据还在那里。因此严格说来电子数据是不能被扣押的,只能被查阅,因为它的备份与原数据并无差别,理论上有"无数"个存在。故此,只有在资讯有丢失之虞时,才有必要对硬盘等进行

---

[1] (唐)长孙无忌等撰:《唐律疏议》,刘俊文点校,中华书局 1983 年版,第 346 页。
[2] 参见黄朝义:《无罪推定:论刑事诉讼程序之运作》,五南图书出版公司 2001 年版,第 225 页。
[3] 参见〔德〕克劳斯·罗克辛:《德国刑事诉讼法》,吴丽琪译,三民书局 1998 年版,第 378 页。

证据保全。[1]

第六节 人身检查

人身检查一般是在执法行为过程中,或者是为了完成执法任务需要澄清某种事实状态附带进行的。只有重大刑事案件发生后并且已经锁定嫌疑人,警方才会有目的、有意识地"找上门来"。警官克鲁斯和普赖尔到达车祸现场,发现两车惨烈相撞。一辆车的驾驶者伤情严重,救护车赶到前,克鲁斯为伤者实施了力所能及的救助。另一辆车的驾驶者看来伤的不重,却一直坐在驾驶座位上,没有对事故道歉,更没有帮忙。这不符合交通肇事中当事人的通常反应。普赖尔近前问他伤情如何,驾驶者的回答口齿不清,只听到他名叫卡特。普赖尔注意到卡特目光呆滞,言语混乱,但又没有闻到酒气,于是怀疑卡特吸毒后驾车肇事。普赖尔命卡特下车,随即看到座位上有几个红蓝胶囊。普赖尔问那是什么,卡特抢先拿到胶囊放入口中。普赖尔抓住卡特的脖子,试图不让他咽下,但没有成功。普赖尔以涉嫌毒驾拘捕了卡特,将他押解至附近医院,指示急诊医生用催吐剂从卡特胃里取出胶囊。在押解至医院及此后过程中,卡特渐渐处于半昏迷状态,已经无法表达同意还是反对。而普赖尔认为,如果等待搜查令状,会丧失获取关键证据的机会,于是命护士抽取卡特的血样。卡特苏醒后,被告知伤重的驾驶者刚刚不治身亡,卡特被控吸毒驾驶和驾车杀人两项罪名。

在抽取血样时,卡特尚未被控犯罪,警官的抽血行为属保全证据的紧急处置。分析报告显示,胶囊内容物为高纯度毒品,血样中检测出这种高纯度毒品。但辩护律师却向法官提出动议,要求将胶囊与血样证据排除,因为它们都是非法所得,这种动议简直太违背事实了。供思考的问题是:(1)警官是否有相当理由认为犯罪证据就在卡特胃里?(2)警官是否必须先取得搜查令状才能要求医生使用催吐剂并抽取血样?(3)法官应否排除胶囊和血样证据?(4)假设法官针对卡特的胃签发一份搜查令状,上级法院是否仍会排除以此种方法取得的证据?这个教学案例来自美国最

---

[1] 参见连孟琦译:《德国刑事诉讼法》,元照出版公司2016年版,第116页。

高法院的真实判例,只是场景从住宅转换为路面。针对强行从胃容物中取证,美国最高法院在推翻下级法院定罪时解释说,这一过程是警方太过热切地对付犯罪的结果,不惜冒犯人们最敏锐、最隐秘的情感,震撼了良知。既然警方不得为定罪而强迫从心中取供,也就不得强行从胃中取证。但在后续判例中,美国最高法院还是认可了以不那么震撼良知的方式,也就是合理而安全的方式,搜出藏在体内的毒品。[1]

必须注意到,催吐胶囊与血液检测都被划入搜查扣押范畴。而根据我国刑诉法的规定,人身检查是指"为了确定被害人、犯罪嫌疑人的某些特征、伤害情况或者生理状态","提取指纹信息,采集血液、尿液等生物样本"的活动。据此,检查对象只是被害人与嫌疑人,不涉及第三人。要面对的难题是,在以人身为搜查对象时,搜查与人身检查的界限在哪里?区分人身搜查与人身检查的意义在于,不允许以搜查令状而径为检查之事,人身检查应另行签发令状。其一,从干预目的区分,为了找寻藏匿在身体表面、衣物里外或口腔、耳穴、肛门等身体自然开口内的证物,由于该类证物属身体外的异物,且多半不必动用医疗器材,则属于人身搜查;若以身体本身的物理性质、状态作为证据,对人身进行观察、采集或检验,以判明相关事实的,便属人身检查。其二,从干预手段区分,必须借助医疗器材始能完成取证的,便属人身搜查;必须抽血、开刀、插管等穿刺身体始能完成取证的,则属人身检查。依干预目的说,藏匿于体内,必须借助开刀、催吐方法取出证物的,划归人身搜查不利于防止对身体健康的侵犯;而依干预手段说,难题在于,身体自然开口处介于体表与体内之间,取证既可徒手,也可使用器材,如何区分?

现在一般采混合说来界定人身检查,即以干预目的为区分原则,以干预手段为例外。依此学说,唯一必须借助干预手段观点的,只有取出体内不属于身体的外来异物这一种情况。通过对身体状态及外来异物的解释,可以认为,只要已经进入体内的就算作身体的一部分,取出该证物就是以身体本身状态作为证据,就是人身检查。少数的例外则是强制处分与调查证据产生竞合的情形,勘验身体便是一例。因此,将人身检查与勘

---

[1] Walter P. Signorelli, *Criminal Law, Procedure, and Evidence*, CRC Press, Taylor & Francis Group, 2011, pp.41–42.

验从立法上加以分离,单独规定为强制措施,仍然具有重要意义。对我国刑诉法而言,尤其具有借鉴意义。我国刑诉法将勘验、检查作为谓语,将物品、处所、人身作为宾语,这种表述的缺陷在于,既模糊了勘验本身的定义,也无法实质突出人身检查的特殊重要性。这种界定方式显然受我国台湾地区刑事诉讼法学说影响,所谓"勘验者,乃法院或检察官,为调查证据及犯罪情形,对于人之身体、物之形态、地之外状,所实施之检验处分也"[1]。

对人身的勘验、检查,同对物品、处所的勘验、检查,意义大不相同。"理由在于,大多数刑事诉讼上之基本权干预,其容许干预的手段、内容比较特定,例如逮捕当然是严重的干预,但逮捕就是以强制力暂时性拘束人身自由,因此,从逮捕的术语已经可以相对确定其干预的内容。反之,身体检查处分往往具有欠缺可预测性的特性,因为其干预的光谱,可以说是比卧底侦查手段还复杂,从微不足道的测量身高,到中度干预的抽血穿刺,及至危害健康的手术开刀或抽脊髓液,干预内容不一而足,何止五花八门? 如果法律授权的用语仅是容许'身体检查',便难以窥知到底立法者容许的具体干预内容如何,因此很容易流于概括授权。"[2]过去许多司法区域对这一问题进行了模糊处理,避免立法文字带来的执行乏力,但现今的世界趋势是,将那些处于程序制约边缘的权力纳入程序法的规制当中。

人体检查的实质,一言以蔽之就是对人的识别,因此,人体检查的方式和范围几乎无法确定,凡能够使此人区别于彼人的一切特征,都可能成为人体检查的内容。随着科技能力的提高,刑事诉讼程序中强制措施概念的内涵和外延都在不断变化,但问题没有变得简单,而是越来越复杂。"要求某人提供声音样本并不构成搜查,因为音调和口音等人声的身体特征不同于它所传达的特定谈话内容,是不断地为公众所知的,每个人也就不能合理期待他人不知道他的声音。根据同一逻辑,要求某人提供笔迹样本也不构成搜查,因为单纯观察他人的笔迹特征,正如鉴别指纹一样,都不过是获取了不断为公众所知的身体特征。但另一方面,通过抽取血

---

[1] 褚剑鸿:《刑事诉讼法论》(上册),台北商务印书馆1987年版,第265页。
[2] 林钰雄:《干预处分与刑事证据》,北京大学出版社2010年版,第7页、第18页、第459页。

液或尿液来获得证据,则明确属于搜查。疑难两可的是取得毛发作为检查样本,既可以说毛发是不断为公众所知的身体特征,也可以说对毛发所蕴含的生物信息的分析,已经超出了为公众所知的范围。尤其是以 DNA 分析为目的的检查,无论是抽血还是剪发,都属搜查。"[1]

人身检查,首先可区分受检者要件与必要性要件。对于经合法押解到案的嫌疑人始得强制检查,对于第三人不得随意强制检查。这是受检者的身份前提。因调查犯罪及搜集证据而进行照相、测身高、采指纹等体外检查的,以有必要为限;如果要进行唾液、尿液或血液等体内检查,则在必要性之外,尚须有相当理由认为这些采样就是犯罪证据。在此,必要性与相当理由之判断,都属某种事前判断,须就犯罪嫌疑程度、犯罪样态、所涉案件轻重、证据价值及重要性,如不及时采取,有无立证上困难,以及是否有其他替代方法等,予以综合权衡。[2] 其次可以区分实体要件与程序要件。对被告人而言,第一实体要件,必须有具体事实和情状说明被告人胃里面有吸毒等犯罪证据,方得施用催吐剂。第二实体要件,必须无损于健康,除了取决于干预形态,还要考虑健康状况。第一程序要件,法官保留原则,即原则上必须得到法官授权,急迫的例外是,类似酒精浓度的指标会随时间推移而衰减消失,没有办法等待法官命令。第二程序要件,因本案人身检查而取得的样本,禁止他用并于使用后立即销毁。"此外,命令的内容,必须标示干预的方式及通过检查所欲确认事实为何;如果涉及严重的干预,还必须说明进行该项检查的必要性及不可避免性,以符合比例原则。"[3]

对第三人与对被告人实施人身检查应有共同的实体要件,即初始嫌疑、无健康损害、法官签发令状、样本禁止他用与及时销毁五个要件。此外对第三人的人身检查应有特别限制:一是必须发现第三人身体上有犯罪痕迹或犯罪结果的迹证;二是唯有该第三人可预期作为证人时,方可进行人身检查。权衡之下,应当放弃证人原则,转而采纳迹证原则作为限制第三人人身检查范围的基础。理由在于,一方面,证人原则的过度扩张,

---

[1] LaFave & Israel, *Criminal Procedure*, Thomson Reuters, 2009, p.159.
[2] 参见林俊益:《刑事诉讼法概论》(上),新学林出版公司 2011 年版,第 348—349 页。
[3] 林钰雄:《干预处分与刑事证据》,北京大学出版社 2010 年版,第 47—48 页。

使目击证人等无关第三人被列入潜在干预范围;另一方面,又需要扩张解释才能将受虐婴儿等包括进来。而以迹证原则的特定根据作为干预门槛,通常可以有效而合理地限缩干预范围。应予注意的是,迹证原则及其例外,是对第三人人身检查的首要限制,但类似比例原则的期待可能性,也应对人身检查个案的合法性起进一步限缩作用。[1] 当然,对于有拒绝作证特权者,即应承认其有拒绝人身检查的特权,以维护证据品质与婚姻家庭稳定。

除非是恐怖袭击后在特定区域进行的封锁盘查,即使案情重大,也不得对于周遭一般人进行拉网式的没有特定目标的人身检查。比如20世纪80年代DNA技术刚刚诞生不久,英国曾因一起强奸案而要求当地17～34岁男子提供血液样本。后警方得知一人要他人替代抽血,因而锁定嫌疑人成为第4853位血样提供者,并确认其为犯罪人。时至2008年年底,欧洲人权法院判决否定了英国的做法,从此,欧盟各国对DNA检测的运用在司法环节上进入了更加严格而审慎的时代,但在立法上还是以法官保留的方式为DNA的群众检测留有余地。比如《德国刑事诉讼法》规定,若有一定事实构成对生命、健康或自由的重罪侵害嫌疑时,而迹证材料可能来自符合某种特征的人群,为确认迹证材料所必须,在顾及受干预人数量与犯罪严重性之间合乎比例原则前提下,经受干预人书面同意,且须经法院命令,才能采集人体细胞,进行DNA检测。该法条特别规定,法院命令须以书面形式作出,并应载明受干预人的范围及干预理由。但法官无须预先听询受干预人意见,受干预人也不得对该命令声明不服。当然,这与"经受干预人书面同意"似乎存在矛盾,但该条规定仍然值得称道,尤其是对检测的善后处理作出细致而严格的规定,即所检测的DNA识别码记录,只要对查明犯罪不再需要,不得挪作他用或者出卖。而是应当循一定规矩,尽速删除和销毁,作成删除和销毁记录,并以书面形式告知受干预人。[2]

说到DNA检测,情况更加复杂,既不能不考虑这一技术带来的革命性进展,又要考虑它对人的隐私的透析能力。"一方面,这项技术对证物

---

[1] 参见林钰雄:《干预处分与刑事证据》,北京大学出版社2010年版,第80页。
[2] 参见连孟琦译:《德国刑事诉讼法》,元照出版公司2016年版,第59—60页。

个性化的努力有莫大的贡献,但另一方面,它也提供了许多超乎证物个性化目的的信息:没有比 DNA 更能彻底暴露个人之所以为个人的所有分子组合,而这也成为人格的部分;它透露个人所有的深层隐私,其中包括我们的父系、母系乃至于不为外人所道的遗传特征和生理缺陷。一言以蔽之,借由 DNA 检测,政府机关也掌握了'上帝发给被告的身份证',这对信息自我决定权的严重侵犯程度,已经难以从'附带干预'的观点解释了。"[1]

---

[1] 林钰雄:《干预处分与刑事证据》,北京大学出版社 2010 年版,第 24 页。

第十章　侦查公诉

> 文明国家的一个最微不足道的警察,都拥有比氏族社会的全部机关加在一起还要大的"权威";但是文明时代最有势力的王公和最伟大的国家要人或统帅,也可能要羡慕最平凡的氏族首长所享有的,不是用强迫手段获得的,无可争辩的尊敬。
>
> ——恩格斯

负责犯罪侦查的警官,通常可称探长,是电影和小说中的浪漫角色。他就像一位独行侠,在犯罪现场,基本是破门而入,一招制敌。《神探亨特》《神探可伦坡》《肮脏的哈里》影视剧中的警察差不多都是这么干的,但实际上不会是这样。负责犯罪调查者肯定是警局的精英,他们薪水更高,着便衣,用更自由的手段完成任务。他们通常要查清犯罪的原因,确认谁是犯罪行为人,大致有负责调查凶杀、抢劫、强奸等案件的分工,一般是在巡警与犯罪的最初接触之后才进入现场的,他们的任务是,确定案件果然发生了,找到证人并提取笔录,锁定嫌疑人,搜集、保管并移交物证,最后还要出庭作证。警探的职业效率始终是激烈争论的话题,兰德公司的一份报告称,警探们的时间都花在无益之事上,这个职业简直就是浪费。另有研究表明,如果犯罪发生后15分钟内还没有锁定犯罪嫌疑人,正确破案的可能性就只有5%。[1]将侦查、公诉合并叙述,道理在于这两个步骤都是追究犯罪的过程,侦查人员和检察官都是职业追究犯罪者。从法官居中裁判,两造平等对抗的诉讼结构看,一造是侦查人员和检察官;另一造是被告人和辩护人。如果将辩护人看作被告人的诉讼辅助人,也同样可以将侦查人员看作公诉人的帮助者。在检察官主导侦查的制度中,更可视检警为一体。因此,将侦查与公诉纳入一个考察框架,不仅可行,而且易于厘清其角色定位,关注其职能发挥。

第一节　开启侦查与米兰达规则

60多年前,日本刑事诉讼法学围绕侦查结构的讨论趋于活跃,讨论过程及其结论都极具启发意义。讨论起因于司法实践对侦查的深切关心,日本朝野司法界宪法意识的增强以及美国判例法的发展。有学者提出,就侦查结构而言,存在着完全对立的两种想法:一种应称为纠问侦查观,另一种应称为弹劾侦查观。[2]"纠问侦查观是与实体真实主义相结合,而弹劾侦查观是以实现正当程序为目的的。正当程序虽然是一个不确切的、带有弹性的概念,但在刑事程序上,其本质却是为了维护个人自由,特别是嫌疑人、被告人的自由。这在一定程度上可能与实体真实的发现相并存,但最终是与其相互矛盾对立的。弹劾侦查观是企图把侦查机关对嫌疑人的关押和审讯控制在最低限度,而将真实的发现交给审判过程,由此来维持正当程序。与此相对,纠问侦查观则主张在一定限度内肯定对嫌疑人的关押及审讯,以确保在侦查阶段发现真实。对立的焦点在于,对被关押的嫌疑人的审讯可以肯定到什么程度。反过来说,就是和审讯相对抗的沉默权和辩护权能够行使到什么程度。"[3]在纠问侦查观与弹劾侦查观之间做怎样的得失优劣的评价,日本学界曾经有过激烈争论,而争论双方最先在"什么是违法审讯"上达成一致,以此为逻辑起点,最后选择了当事人主义的弹劾式,也称控辩式侦查观。

---

[1] Cliff Roberson, *Introduction to Criminal Justice*, Copperhouse Publishing Company, 1994, pp. 235-236.

[2] 参见[日]平野龙一:《刑事诉讼法》,有斐阁1958年版,第83页。

[3] [日]松尾浩也:《刑事诉讼の原理》,东京大学出版会1974年版,第258页。

"什么是违法审讯并不一定十分明确,但在原则上,无论如何都不允许强制。其法律依据是日本宪法,与其说是个别规定,不如说是整体精神。从世界刑事诉讼发展趋势看,虽有曲折,但却扎实地趋向侦查程序的当事人主义。处在潮流顶端的是英国和美国,特别是美国,近年连续作出米兰达案等划时代的判例,使违法但有效的审讯几乎全被撤销。各法域固然存在差异,但由于生活在文明水平近似的同一时代,有可能运用接近于同一文明的侦查手段。这样考虑才有弹劾侦查观的立足点,也才会要求传统侦查方式来个180度的转变。"[1] 概言之,日本的转变肇因于对世界诉讼文明趋势的洞察,还来自对东京审判过程中的体悟。不要想当然地认为,日本战败于美国,就应该痛恨拒斥美国,不情愿接受美国模式,而事实正相反,自明治维新以来,日本的成功恰恰由于摒弃狭隘的民粹主义,站在民族长远利益的高度,向强者学习。1947年日本新宪法颁行后,刑事诉讼迅速向当事人主义转型,形式上转型标志固然是一系列公开展示的庭审,更重要的是如何进行侦查以及如何采取强制措施。管住了警察的政府,才是一个文明的政府;给坏人以程序保障,好人就会得到更多的权利和尊严。当然,国民只有具备长远眼光,才更容易接受这种制度安排。

如何界定侦查,其实不仅取决于侦查观的不同,还有赖于如何看待侦查与审判的关系。如果将侦查看作审判的准备,那么侦查就是对犯罪证据和嫌疑人人身的保全,而且要考虑到审判结论有罪和无罪两种可能性;如果把审判看作侦查的延续,那么侦查就是发现犯罪真相并追诉犯罪人的决定性步骤,有罪或无罪的筛选不再等到审判阶段,而是在侦查阶段,进入审判阶段后无罪就不太可能了。其间的区别在于,从"嫌犯"到"罪犯"的身份转换,是完成于立案侦查,还是有罪判决。因此,采取纠问主义与控辩主义的分析框架,可以轻易识别出强制力度的差异,以及嫌疑人接受讯问的义务与保持沉默的权利之间的侧重取舍。总体而言,除个别宗教型国家外,世界大趋势以及反映这种大趋势的诸多国际公约,都在加强嫌疑人的全方位防御权,尤其避免未经审判即确定罪犯身份,为此,许多国家和地区将保护被告权利的诸项原则由刑诉法上升规定到宪法之中,

---

[1] [日]松尾浩也:《刑事诉讼の原理》,东京大学出版会1974年版,第259—260页。

用意至为明显。讯问的含义发生了实质的改变,既然不再以追究为目的,而是以澄清事实为目的,也就不再将讯问的过程全部交由侦查机关把控,转而允许乃至要求律师讯问时在场,以便充分听取嫌疑人辩解。为了防止穷追不舍式的侦查,不允许起诉后反复退回补充侦查,补充侦查以一次或者至多两次为限,让法院尽快作出有罪或无罪的结论,以免羁押期限的不断重新计算。

不言而喻,无论持怎样一种侦查观,处于案件受理入口的侦查机关,都对案件的罪与非罪有一定的筛选权力,这是一种提早终结案件的权力,而当我们谈论未经审判不得认定有罪等项原则时,多少都有些忽视了侦查机关对案件的初始审查权。许多的侦查程序并非以起诉为结束,而是以中止诉讼为结束。"诉讼程序将因下述的理由而中止、结束:(1)基于诉讼程序之原因:例如因有诉讼障碍;(2)基于实体法之原因:例如发现该行为为不违法者;(3)基于事实之原因:例如被告并不负该罪责,或不能证明被告犯该罪;(4)有时亦得基于便宜原则之原因,例如微罪不举。"[1]这是侦查程序独立性与终局性的体现,虽然不会危及嫌疑人的权利,但可能引起被害人强烈不满。因此,对案件终局处分的权力,任何情况下都不能过分集中于唯一部门,应当在侦查程序中引入相对中立的机构力量。在检警一体的制度中,需要法官审批令状,尤其是羁押、搜查、扣押、监控与人身检查令状;在检警分立的体制下,可由检察官核发令状,并且对是否应当立案实施监督。根据我国刑诉法的规定,检察院认为公安机关对应当立案侦查的案件而不立案侦查的,或者被害人认为公安机关对应当立案侦查的案件而不立案侦查,向检察院提出的,检察院应当要求公安机关说明不立案的理由。检察院认为公安机关不立案理由不能成立的,应当通知公安机关立案,公安机关接到通知后应当立案。

这一条规定实际是"不立案监督",不过规定得非常确定,是"接到通知后应当立案",没有回旋余地,但也极不完善,一是没有规定"立案监督",二是没有具体期限,于是检察院和公安机关依各自的工作需要,分别给出了自己的司法解释。首先,最高检 2013 规则补充了"立案监督",授

---

[1] [德]罗克辛:《德国刑事诉讼法》,吴丽琪译,三民书局 1998 年版,第 415—416 页。

权控告检察部门受理对公安机关应当立案而不立案或者不应当立案而立案的控告、申诉,应当根据事实和法律进行审查,及时将案件移送侦查监督部门办理。应当说,这一司法解释没有遵守刑诉法条文文义,属明显的自我扩权解释,从司法解释不应修改法律角度看是不妥的,但是,程序法容许有利被告的类推解释[1],即便不直接涉及嫌疑人,若有利于权力监督,而能间接有利被告,这种司法解释也应例外允许。而公安机关对检察院的这一扩权显然十分敏感,但还是基本认可并给予尊重,只是通过自己的司法解释对两种情况做不同处理。根据公安部2013规定的规定,对检察院要求说明不立案理由的案件,公安机关应当作出书面说明回复检察院。公安机关作出立案决定的,应当将立案决定书复印件送交检察院。检察院通知公安机关立案的,公安机关应在收到通知书后15日内立案,并将立案决定书复印件送达检察院。但另外的条文口气和尺度就很不一样,即检察院认为公安机关不应当立案而立案,提出纠正意见的,公安机关应当进行调查核实,并将有关情况回复检察院。

在侦查阶段,打击与保障的矛盾极难消解,警察与学者的相互批评也极端尖锐。"侦查中概念与现实的分离,在外国也是一再受到指摘的。既然侦查犯罪往往是在惩处犯罪和尊重人权的矛盾状态中完成的,当然很难简单解决。只能是既看清社会现实,又稍为超脱一些,力求接近概念。不少司法实际工作者,特别是侦查人员,批评学者的理论既抽象而又过分追求理想,但这种批评往往缺乏丰富的具体资料,也多半没有指出符合概念的理论中哪些是难于接受的。"[2]除了引入中立监督之外,应当注意在立法之初就将更多的选择权,尤其是选择不告诉或撤回告诉的权利,交予当事人自行决定。犯罪与否特别依赖被害人"感受"时,因而追诉权应当尽力自我克制。比如在有些法域,涉及性侵的案件被设定为亲告罪,毕竟强制猥亵、强奸之罪名成立,有赖于被害人的意志没有被尊重,叩究竟是否违背了被害人的意志,只有被害人最清楚。而被害人在案发后多长时间内告发,在什么情况下告发,都是判断案发当时同意抑或强制的参考因素。比如,2000年以前日本刑法将性犯罪的告诉期间确定为6个月,道理

---

[1] 参见杨文革:《刑事诉讼法上的类推解释》,载《法学研究》2014年第2期。
[2] [日]松尾浩也:《刑事诉讼の原理》,东京大学出版会1974年版,第265页。

在于，长达半年之久没有告发，说明"被害人"没有真正被害，且经过半年以上，性犯罪的直接证据基本散失，几乎不可能再搜集到足够的间接证据。再比如，被害人没有在合理时间内主动告发，而是被丈夫、男友发现异常，怕遭指责或失去家庭、爱情，才自称被害。不过，在女权运动影响下，日本取消了性犯罪的告诉期限，实践中也放宽了案件启动条件。

根据我国《刑事诉讼法》的规定，"'侦查'是指公安机关、人民检察院对于刑事案件，依照法律进行的收集证据、查明案情的工作和有关的强制性措施"。这一规定中的"强制性措施"是否就是"强制措施"？有人认为一字之差使二者的内涵迥然不同[1]，而且如果认为是同一概念，那"侦查"就包含了太多内容，几乎将绝大多数国家和地区规定的强制措施基本纳入了侦查范畴。这样的规定可以看出侦查机关的强势，许多措施自己就可以决定，对效率的追求在此占上风。而侦查的应然要义就是对犯罪的调查，不应包含强制措施本身。警方接到报案或自行发现犯罪后，必须进行调查，以确定犯罪是否发生以及何人所为。在每一场警匪大戏中，主角永远是警察与嫌犯，而法官、检察官和律师通常只是回溯性地参与，以确定警察在调查过程中有无违法行为。[2] 大陆法系的侦查多由检察官指挥，以检察官为侦查程序主导者，负责发动、进行以及终结侦查程序，但又会配备侦查辅助机构，称谓上有司法警察、刑事警察、调查人员及宪兵队员，等等。"侦查程序是在为检察机关于决定是否应提起公诉时，所做的准备工作。其目的乃为避免对不成立的犯罪嫌疑施以审判程序，其另一目的则是搜集及整理证据。在此程序中之主导者为检察官。"[3]

这一进程"也是第一层过滤，将不可能为有罪裁判之案件先行过滤筛出，省却审判程序"，形式上是一种程序终结权，本质上是一种实体裁判权，但由于缺乏正当程序保障，其运用应慎之又慎；侦查程序还有搜集并保全证据之功能，"许多实证研究指出，错误裁判最大的肇因乃错误侦查，再好的法官，再完美的审判制度，往往也挽救不了侦查方向偏差所造成的

---

[1] 参见樊崇义主编、肖胜喜副主编：《刑事诉讼法学研究综述与评价》，中国政法大学出版社1991年版，第119—120页。

[2] Ronald Bacigal, *Criminal Law and Procedure: An Overview*, Delmar, Cengage Learning, 2009, p.133.

[3] [德]罗克辛：《德国刑事诉讼法》，吴丽琪译，三民书局1998年版，第404页。

恶果"[1]。"要开启刑事侦查必需要有所谓的简单的初期怀疑,有此要件即已足,亦即经由具体的事证,依刑事经验而言,即有理由相信有一违法需经诉追之犯罪行为存在;但单纯的猜测尚不足成立侦查的理由。"[2]除被害人报案告诉,其他知情人的检举揭发,以及行为人自首等案发渠道外,侦查机关获取犯罪线索的渠道也多种多样,比如路检盘查、物品检查、尸体检验等,不过警察自己发现犯罪线索的占比很小。2003年日本曾有统计,侦查线索中,被害人报案占91.1%,警察发现占6.5%,第三者报告占0.9%,告诉占0.5%。被害人报案和第三者报告占确认存在犯罪的绝大多数。[3] 有时,案件对警察来说好像从天而降,猝然临之,现场判断极为重要。

比如,"某珠宝店忽然停电,乌黑一片,30秒后电力恢复,但此时放在柜台之钻石不翼而飞。正巧巡逻警员经过,珠宝店老板遂报警处理,警员请当时在场的二位店员及三位顾客暂时留下来,并予搜索其身体及随身皮包。这里,五位在场者都是可能的'嫌疑人',但是,都还不能说是本法所称的被告或嫌疑人"[4]。再如公交车上某人声称有重要物品刚刚被窃,要求司机直接把车开往派出所。驾驶员满足这种要求的可能性很小,但若车上正好有便衣警察,他是否有权要求驾驶员把车开往就近办案地点,然后对车上人员逐一搜身呢?许多时候,警察在街上有意无意寻找嫌疑人或者犯罪线索,但在公交车上的确有一个犯罪嫌疑人的情况下,却以"不能怀疑车上每个人"为由而放弃追究近在咫尺的犯罪,是不是一种失智、失职行为?日本《警察执行职务法》规定,警察根据异常举动及周遭状况进行合理判断,对有充分理由足以怀疑可能犯有或将要犯有某种罪行的人,可以让其停住并对其进行询问,即所谓职务询问。在某些场合,警察可以要求被询问人一起到附近警署。在拦阻行为中,或者为维持秩序,警察行使有形力是合法的。1954年的判例认为,在职务询问中追踪逃跑

---

[1] 林钰雄:《刑事诉讼法》(下册),元照出版公司2015年版,第5页。
[2] [德]罗克辛:《德国刑事诉讼法》,吴丽琪译,三民书局1998年版,第407—408页。
[3] 参见[日]田口守一:《刑事诉讼法》(第五版),张凌、于秀峰译,中国政法大学出版社2010年版,第45页。
[4] 林钰雄:《刑事诉讼法》(上册),元照出版公司2015年版,第412页。

者130米后，从背后抓住其手腕，制止其再次逃跑是合法的；1978年的判例认为，有酒后驾车嫌疑时，警察从车窗伸手进入车内，旋转车钥匙关闭发动机，也是合法的。[1]

　　根据我国《刑事诉讼法》的规定："人民法院、人民检察院或者公安机关对于报案、控告、举报和自首的材料，应当按照管辖范围，迅速进行审查，认为有犯罪事实需要追究刑事责任的时候，应当立案；认为没有犯罪事实，或者犯罪事实显著轻微，不需要追究刑事责任的时候，不予立案，并且将不立案的原因通知控告人。"对于立案之前公安机关能否采用侦查措施，差不多争论了30年。否定的观点认为，立案前的审查工作，实质上是一种非诉讼性质的调查研究活动，不能使用刑诉法规定的侦查方法，否则立案便失去法律意义；既然立案是刑事诉讼的第一个程序，未立案而采用侦查措施，显然颠倒了刑诉法明确规定的程序，明显是违法的，退一步说至少是于法无据；实践中不破不立的现象与默许立案前采取侦查措施有密切关系，甚至导致滥用侦查手段，侵害公民权利。而肯定的观点则认为，虽然侦查活动一般均应在立案后进行，但根据案件实际情况，认为有必要在立案审查过程中采取某些侦查方法时，应允许采用某些侦查方法，法律没有明确规定，也不意味着违法且并不必然导致不破不立。[2] 不破不立的两大弊端在于：一是在没有程序约束情况下采取实际的侦查行动；二是在案件不了了之情况下无法进行犯罪学统计，不利于立法的适应性修正。

　　但遗憾的是，公安部2013规定中明确：对接受的案件，或者发现的犯罪线索，公安机关应当迅速进行审查。对于在审查中发现案件事实或者线索不明的，必要时，经办案部门负责人批准，可以进行初查。初查过程中，公安机关可以依照有关法律和规定采取询问、查询、勘验、鉴定和调取证据材料等不限制被调查对象人身、财产权利的措施。公安机关这一扩权解释，很难说有利被告，哪怕是间接有利被告。刑诉法规定的是，或者立案，或者不立案；而公安部却规定了初查，它处于立案之前，却可以采取

---

〔1〕　参见〔日〕田口守一：《刑事诉讼法》（第五版），张凌、于秀峰译，中国政法大学出版社2010年版，第46—47页。

〔2〕　参见樊崇义主编、肖胜喜副主编：《刑事诉讼法学研究综述与评价》，中国政法大学出版社1991年版，第348页。

某些取证措施,虽然明确规定不许限制被调查对象人身和财产权利,但问题在于,初查是否告知被调查单位或个人,却极不明确,仍然是有待评估的一种规定。我曾两次见证过运用初查的情况:一次是针对一起民事诉讼的无独立请求权的第三人,还是一家上市公司,得知被初查后,公司管理层人心惶惶但又无计可施;另一次是有人报案称公司财物被他人侵占,初查过程旷日持久,没有任何结论,不出任何手续,又使得报案人无法向检察院提出不立案监督要求,无期限地被挡在救济程序门外。[1]

在1966年米兰达案中,重点放在不得强迫自证有罪特权,而最关乎获得律师帮助权的举措,就是确立一条新的规则:羁押后讯问前,必须告知被指控者有权获得律师帮助。如果他请不起律师,会为他指定一位。而被指控者没有主动提出要求,不得被推测为放弃权利。也就是说,告知沉默权与获得律师帮助权,是米兰达规则两个不可分割的组成部分。[2]"你有权保持沉默,如果你开口,你所说的每句话都将作为呈堂证供。你有权请律师并要求他在场。如果你请不起律师,我们会为你指定一位。在讯问的过程中,你可随时要求行使这些权利,不回答问题或者不作出任何陈述。"这是米兰达警告经典的简化措辞,完整版出自美国最高法院米兰达案的判词。1963年3月13日,米兰达在家中被捕,被害人在警察局指认了他。两名警察随后将其带到2号审讯室进行讯问。两小时后,警察走出审讯室,手中拿着米兰达签字的认罪笔录。在笔录上方有一段打印好的文字,用以说明认罪是自愿作出的,没有威胁或免罪许诺:"我充分了解自己法律上的权利,知道我所作的任何陈述都有可能用来指控我。"在陪审团听审时,警察承认没有告知米兰达有权要求律师在场。虽有辩护律师极力反对,但这一认罪笔录仍被采信为定罪证据,绑架和强奸两罪各处20年至30年监禁。案件上诉后,亚利桑那州最高法院维持原判,并特别强调米兰达没有要求请律师。案件最后上诉至美国最高法院,定罪

---

〔1〕 法国似有支持初查的相似立法例,即在预审法官管辖案件之前,为了判断是否有必要进行正式侦查而收集某些简单而特定的情况,如果发现告诉不实或者追诉不当,便可以不再正式预审或追诉。参见〔法〕贝尔纳·布洛克:《法国刑事诉讼法》,罗结珍译,中国政法大学出版社2009年版,第239页。

〔2〕 Klotter & Kanovitz, *Constitutional Law for Police*, The W. H. Anderson Company, 1968, pp. 235–236.

终于被推翻。"米兰达判决"实际是针对四起上诉案的一并宣判,四起案件的共同之处在于,被告人都是在与外界隔绝的情况下接受讯问的,讯问前都没有得到充分而有效的权利告知,获得的有罪供述都没有达到保障"不得自证有罪特权"的宪法标准。

米兰达案事关美国刑事司法概念的根基:在追诉个人犯罪过程中,社会必须遵守某些限制,而这些限制与联邦宪法相一致。确切说,事关被告人在警方羁押讯问过程中所作供述的证据可采性,以及哪些必要程序才能确保被告人真正享有宪法赋予的不被强迫自证有罪的特权。首席大法官沃伦亲自撰写了判词,他简单回顾了不自证有罪原则从英格兰引入美利坚的历史。"不得强迫任何人自证有罪"与"被告人应当获得律师帮助",在英格兰不过是两条简单的证据规则,在美利坚则被升华为宪法上的基本权利。但也正因为这一升华,反倒容易沦为"空洞的言辞"。为避免"权利只是说说而已",为使个人的宪法权利能够以一种实在的方式对抗过分热忱的政府官员,必须重新回到硬性的程序规则,尤其是要让追诉犯罪的一方有义务证明,已经运用了有效的程序保障,来确保被告人的不自证有罪的特权。至于律师在场时是只可静默,还是可以说点儿什么,根据法律规定和司法实践,律师不应打断合法而正常的讯问,可以插话的只是一些特殊情形,比如警察的提问显失公平,与案情无关,曲解法律,或者声称已经了解案情,但又拒绝给出任何事实根据,或以极端恶劣的态度和使人难堪的提问迫使嫌疑人就范,甚至迫使在场的律师退让。[1]

被羁押之后,下列措施是必须采取的:"在进行任何讯问之前,被告人必须得到如下警告:他有权保持沉默,他所作的任何陈述都可能用作不利于他的证据;他有权要求律师在场,聘请的或者指定的。被告人可以放弃这些权利,但必须是自愿、明知和明智的。在任何阶段,如果被告人以任何方式表示他想咨询律师之后再说话,讯问应当停止。同样,如果被告人是独自面对警察的,他以任何方式表示不希望被讯问,讯问也应当停止。被告人可能已经回答了一些问题,或者自愿作了一些陈述,但他仍然有权

---

[1] Peter Hungerford-Welch, *Criminal Litigation and Sentencing*, Cavendish Publishing Limited, 2004, p.30. 使人难堪的提问,即有多层意思或者内容的问题,简单回答是或者否,有违回答者的目的,作为对被审问者不利情况的承认出现。参见〔德〕费尔巴哈:《德国刑法教科书》(第十四版),徐久生译,中国方正出版社2010年版,第480页正文及注4。

拒绝继续回答进一步的讯问,直到他咨询律师之后再次同意接受讯问。"[1]米兰达规则的例外理由是保障公共安全,也就是,某些场合允许警方延缓宣布米兰达警告,比如警察正忙着拘捕在场的其他嫌疑人,或者正在采取必要的安全措施保护自己和他人。为此,警察可以在宣布米兰达警告前,先行讯问嫌疑人身边是否还有武器,在此过程中获得的有罪证据不会被法院排除。[2]

还有一些场合可以不适用或者不完全适用米兰达规则。第一,在嫌疑人表示希望保持沉默后,讯问了不相关的犯罪。判例中被告人因抢劫被拘捕,接受米兰达警告后表示不想再谈抢劫的事。两个多小时以后,另一探员出现,在第二次米兰达警告后讯问一宗谋杀案,嫌疑人作了有罪供述。在被法庭确定谋杀罪成立后,被告人上诉表示反悔,认为自己在行使沉默权的过程中不应再被讯问。最高法院支持定罪,认为证据可以采信,因为第二次讯问发生在相当长的时间以后,而且是在重新给出米兰达警告之后。[3] 第二,在嫌疑人明确放弃沉默权和获得律师帮助权后开始讯问,至讯问结束嫌疑人并未明确表示要见律师。判例中被告人是一名水兵,被控谋杀战友。他以口头和书面两种方式表示放弃沉默权和获得律师帮助权,但在讯问进行90分钟后,被告说"或许我应该跟律师谈谈"。当讯问者向他确认是否真要一个律师时,被告又说不需要。讯问继续,被告的供述成为谋杀罪的证据。最高法院认为,除非嫌疑人的表述能够让在场的理性的讯问者明确知晓会见律师的请求,否则不涉及米兰达规则。而讯问者要求嫌疑人澄清真实意思,是适当的,并不违反米兰达规则。[4] 第三,打断米兰达警告,声称自己知道这项权利,供出警方要找的物证所在。最高法院认为,这一物证可以采信。[5] 第四,在某一可信的供述因违反米兰达规则而不能用于指控被告人时,却可以用来弹劾被告人的作证信誉,比如被告人在放弃沉默权后曾作有罪供述,但在证人席作证时又声称自己对犯罪一无所知,控方可以用其有罪供述弹劾其证人信誉。这

---

[1] *Miranda v. Arizona*, 384 U.S. 444, 445 (1966).

[2] *New York v. Quarles*, 467 U.S. 649 (1984).

[3] *Michigan v. Mosley*, 423 U.S. 96 (1975).

[4] *Davis v. United States*, 512 U.S. 452 (1994).

[5] *United States v. Patane*, 543 U.S. 630 (2004).

就出现一种情形,供述是自愿的,但违反了米兰达规则。出现这一情形是因为米兰达规则包含沉默和会见律师两方面的内容,如果警方只告知有权沉默,未告知有权获得律师帮助,那么供述就是自愿但违反米兰达规则的。如果供述是违背嫌疑人自愿而取得的,便不能用于弹劾被告人信誉。[1] 第五,不可用于定罪的证据,可以用于获取其他间接证据。比如被告人在未得到米兰达警告情况下作有罪供述过程中,偶然提到一个人的名字,后来这个人成为控方证人。最高法院认为这个证人证言的污点已被洗清,可以采信。[2] 第六,被告人相信只会被问及轻微犯罪,放弃了沉默权,但警方提问了一个更重的犯罪,被告人供述后又反悔了,比如被告人因走私枪支被拘捕,他认为面临的是走私枪支的讯问,但却被一并问及是否枪杀他人。被告人回答是的,但在上诉中却主张,应被告知全部可能的讯问罪名,否则不会放弃沉默权。最高法院没有支持这种反悔,因为宪法并未要求让被告人知晓放弃沉默权后的所有可能后果。[3]

沃伦所代表的美国最高法院的多数意见,解释了米兰达警告的要件:(1)审讯室的环境气氛具有内在的威胁性,损害了不得自证有罪的特权,很难保证被告人的陈述出于自主选择。(2)不得自证有罪的特权由来已久,是对抗制诉讼的柱石,无论是在法庭上、拘禁审讯中还是其他官方调查中,都要确保被告人有权保持沉默,除非是他出于个人意愿而开口供述。(3)无论是在讯问前还是讯问中,如果被告人表示希望保持沉默,讯问必须停止;如果他说需要律师,讯问也必须停止,直到律师到场。(4)如果讯问时没有律师在场,且被告人已作供述,那么政府有很重的举证责任,证明被告人是明知而明智地放弃了获得律师帮助的权利。(5)在羁押状态下,即使被告人已经回答了某些讯问,也并不代表他放弃了特权,他可以随时援用自己的沉默权。(6)进行过权利告知,自愿的权利放弃,是采信被告人供述的必备前提。要证明被告人放弃了权利的确很困难,但取得口供前的长时间讯问和单独羁押,却恰好是被告人没有放弃权利的有力证据。

---

[1] *Harris v. New York*, 401 U.S. 222 (1971).
[2] *Michigan v. Tucker*, 417 U.S. 433 (1974).
[3] *Colorado v. Spring*, 479 U.S. 546 (1987).

米兰达警告必须明白无误,通常要问被告人听懂了没有,并且必须听到"是"的回答。但也不时遇到一些调侃,警察问,你明白我向你宣读的这些权利吗?你愿意回答我的问题吗?被告人回答"是的"意味着什么呢?关于米兰达警告,向来争论激烈,就连美国最高法院的米兰达判决也只是5∶4通过。在恐怖袭击或者绑架勒赎等案件发生时,米兰达警告尤其容易遭到抨击。有些出人意料的是,美国司法部力挺米兰达规则。2010年,纽约汽车炸弹案的被告人费萨尔·沙赫扎德在被逮捕时联邦调查局人员仍然告知他:"你有权保持沉默,如果你放弃这项权利,你所说的每句话都将成为呈堂证供。"在美国参议院拨款委员会的一次听证会上,美国司法部长霍尔德表示,赋予沙赫扎德米兰达权利并没有阻碍对他的调查。事实上,在获知拥有沉默权后,沙赫扎德仍继续与政府保持合作,而且提供了许多有价值的线索。司法部长坚决认为,作为一个美国公民,沙赫扎德应该拥有他的基本权利,他必须在普通法庭而非军事法庭接受审判。但在2013年波士顿爆炸案中,被告人焦哈尔·察尔纳耶夫在被告知米兰达权利后,开始拒绝与联邦调查局合作,多名国会议员质疑这一权利告知。美国司法部再次表示,告知权利符合正当程序,而且不会影响诉讼,米兰达规则使被告人在监禁下供述的自愿性获得了程序保障。

关于米兰达警告,或称米兰达规则,可以作出一些总结。其一,完整充分的米兰达警告必须包括:(1)你有权保持沉默;(2)你所说的任何话都可用在法庭上指控你;(3)你有权要求律师在场陪同;(4)如果你没钱请律师,讯问前我们会为你指定一位;(5)你有权在任何时候终止此次交谈。其二,关于米兰达警告的一些要点:(1)重要性在于为供述和自白的可采性设定了标准;(2)米兰达警告之前的证据采信标准是自愿,之后的证据采信标准是必须肯定地回答三个问题:作出警告了吗?嫌疑人放弃权利了吗?嫌疑人放弃权利是出于明智和自愿吗?(3)一旦开始羁押讯问就必须给予嫌疑人米兰达警告,而一旦被拘捕或者实质性地剥夺自由即属羁押;(4)一旦开始提问或者制造一种有助于导出供述与自白场景时即属讯问;(5)无论重罪还是轻罪,都要遵守米兰达规则,除非是例行的车辆拦检;(6)上诉法院如果认定,庭审法院采信了原应排除的证据是有害的,那么将推翻定罪,而如果认定采信是无害的,则不会推翻定罪。其三,某些时候无需米兰达警告:(1)警官并未提问时;(2)一般性的现场询问时;(3)自愿供述时;(4)询问嫌疑人身份时;(5)询问证人时;(6)拦检与拍搜时;(7)列队指认、一对一指认或者照片指认时;(8)向私人作出陈述时;(9)向大陪审团供述时;(10)对公共安全构成威胁时。[1]

第二节 讯问手册与侦查攻略

不可否认,对米兰达规则的质疑从未停歇过。这些批评主要针对律师在场的必要性,认为律师在场经常一言不发,显然,即使律师不在场,警察也会依法讯问。这是一种倒果为因的思考,他们所看到的依法讯问,恰恰是律师在场起了作用。更为激烈的批评者,会极力谴责米兰达规则是给同犯罪作斗争的警察戴上手铐。大法官怀特在米兰达案判决的少数意见里甚至警告说:"在具体数字不详的案件中,米兰达规则使杀人、强奸等重罪犯重返街头,回到滋生他们的环境中。只要他们高兴,随时可以重新犯罪。这对于人的尊严来说,不是增益,而是贬损。"具体的质疑在于,排除虽违法但具有相关性的证据,是矫正警察违法行为的有效途径吗?警方的羁押本身,就内在地具有强迫性吗?[2]对第一个疑问,不会有公认的答案,只能从切身的观察和经验中寻找反向的事证,即在非法证据依然畅通无阻地作为定罪根据的地方,刑讯逼供是猖獗的,警察违法是普遍的。而针对第二个疑问,需要认清米兰达规则涉及的案件都有一个共同点:在警察绝对控制的气氛中,在没有充分的宪法权利告知的情况下,在与世隔绝的讯问中,达成了被告自证有罪的供述。

描述这种讯问过程中究竟发生了什么,可以想见是非常困难的,原因正在于它们毫无例外地发生在与世隔绝的环境中。早在 20 世纪 30 年代,美国总统顾问委员会就曾向国会提交过一份著名的报告,其中清晰反映了警察暴力刑讯,以及绰号"第三度"的疲劳审讯,在那个时代是多么猖獗。这份报告引起美国朝野关注,但并未有效遏制警察为了获得有罪供述而诉诸踢打、吊打、鞭打等野蛮暴行,而所有这一切都发生在持续轮番

---

[1] Rolando V. Del. Carmen, *Criminal Procedure Law and Practice*, Wadsworth, Cengage Learning, 2010, p.378.

[2] 参见〔美〕拉里·劳丹:《错案的哲学:刑事诉讼认识论》,李昌盛译,北京大学出版社 2015 年版,第 244 页。

的与世隔绝的讯问中。直至 1961 年,美国民权委员会仍然发现许多证据,显示警察的刑讯逼供并未成为过去,也远非个别地区的个别现象,甚至对证人也拳打脚踢、烟头烫背。看来必须对羁押讯问加以有力监督,"不能允许所谓以小恶换大善。以违规或不正的手段获得一个正确结果,不足以称为正义"[1]。刑讯逼供让警察变得野蛮,让囚犯极端仇视社会,拉低公众对司法的尊重。口供一旦成为定罪捷径,警察就再懒得做别的事情,习惯动拳头,就不习惯动脑筋。"任何刑事司法制度,只要开始仰赖口供,比之于倚重外部世界的独立证据,长远看来,司法结论就会变得极不可靠,并且在取得司法结论过程中倾向于滥用权力。"[2]

在米兰达判决形成之后,刑讯技巧一直在提高,变得越来越隐蔽,但其锐利与苛酷却未减弱。最终,所谓变相刑讯逼供成为主流,也就是,羁押讯问中更多运用心理的、精神的方法,血迹以及肉体痕迹已经不再是违宪纠问的唯一标记。[3] 而且,许多判例都为警察的不正讯问留出相当的空间。"警方通过骗供或者其他不实表述获得的被告人供认,并不当然属于不可采信的证据,法庭通常会对这类供述是否出于自愿做所谓整体考量。比如,警方欺骗嫌疑人说尸体已经找到,以此得到嫌疑人的响应和确认,法院认为这种供述不必自动排除,并且强调,即便在个案中排除了诱供、骗供的证据,但这种证据不是其本身应被排除的。当然,欺骗应当有个尺度,上诉法院曾经维持庭审法官的一个命令,将警方通过伪造 DNA 测试报告获得的强奸嫌疑人供述,以'非自愿自白'的名义加以排除。同样被上诉法院排除的是一盘录音带,警方假扮一起谋杀案的目击证人接受采访,促使嫌疑人认罪,这一定罪被上诉法院推翻。"[4] 只要讯问依然秘密进行,这种秘密便意味着揭发刑讯不仅是困难的,而且是有风险的,即使案件回炉,二次刑讯的可能依然存在。

为此,律师会给当事人支招,在有沉默权的法域,行使沉默权是最有

---

[1] *Miranda v. Arizona*, 384 U. S. 445, 446, 447 (1966).

[2] *Escobedo v. Illinois*, 378 U. S. 478 (1964).

[3] 在有些国家,所谓变相刑讯逼供,专指不让睡觉、冰水浸泡,以及在囚室隔壁大声折磨被告人至亲,等等。

[4] *Frazier v. Cupp*, 394 U. S. 731 (1969); *State v. Norfolk*, 381 N. W. 2d 120 (Neb. 1986); *State v. Cayward*, 552 So. 2d 971 (Fla. App. 1989); *State v. Patton*, 826 A. 2d 783 (N. J. Super 2005).

效的自保方法。"行使缄默权是最大的武器。缄默权是宪法上所保障的权利,侦查机关也不得径行加以侵害。因而,若有相关侵害发生即属违反宪法,可以一路争执到最高法院为止。虽然那么说,可是对于侦查机关巧妙地穷追猛打,想要贯彻缄默,极其困难。要让犯罪嫌疑人事先理解下列各点。首先,要告诉当事人,对侦查人员最有效果的抵抗莫过于缄默;建议'如果生气就保持缄默'。对不合理追查越是感到愤怒的人,越不会甘愿输给侦查人员而想要抵抗。而侦查人员最讨厌的手段就是缄默权之行使。虽该当犯罪者,仍无接受侦查讯问之义务;纵使犯罪是不争的事实,只要不想说应该就可以不说才是。如果能在辩护人协助之下坦率应讯、表示反省诚意的话会比较好。由于犯罪嫌疑人独自与侦查人员对峙的状况本来就很奇怪,这种事辩护人也必须铭记在心。一旦开了口,侦查人员就会趁机全力追讨自白,他们可不是简单人物。必须要说的是'一知半解吃大亏','落实缄默明哲保身'。最后要说明的是,缄默在现实上是非常困难的,很多人都做不到。别以为'做得到固然厉害,做不到也没有办法',不要忘了推翻供述笔录时的反作用力也是很大的。"[1]

我们很难获知审讯室里到底发生了什么,只好从各种各样的警务指导手册中寻找蛛丝马迹。与这些手册相比,律师给当事人的上述谆谆告诫,或者资深律师给年轻后辈讲述的经验,都根本不算什么。这些手册给警察的关键指点是,成功的讯问需要秘密状态,务必要让被讯问人孤立无援。为此,应当在办公室或讯问者选择的地方进行讯问,从而挫败被讯问人的各种心理优势。如果在被告人家里,他就会自信、傲慢甚至顽劣,就会对自己的权利更加敏感,更不情愿吐露自己的鲁莽或罪行。而且,他的家人和朋友在场时,会给他增添勇气。为了凸显隔绝与陌生的威力,警察应当表现出一种对嫌疑人有罪的高度自信,有罪已经是既成事实,令人感兴趣的不过是对特定细节的确认,"聊聊细节又有何妨"?讯问者应当直截了当评论犯罪的理由,而讯问是否犯罪只会招致失败。警察应当尽量淡化犯罪的道德恶性,应当责备被害人和社会,让嫌疑人形成这样一种心态,即他不过是复述了警察已经知道的东西。比如为报复杀人找个合法的

---

[1] [日]大出良知等编著:《刑事辩护》,日本刑事法学研究会译,元照出版公司2008年版,第92—93页。

可原谅的理由,有助于套取初步认罪,可以对嫌疑人说:"乔,你外出找他可能不是为了杀他。我猜你估计有事要发生,所以带了枪,为了自卫嘛。你了解他,不是什么好人。然后你遇到他,他开始骂你,羞辱你,他好像要拔枪对着你,你必须采取行动救自己的命。是这样吧乔?"而一旦嫌疑人承认了开枪,讯问者就应该举出旁证来否定自卫的解释,激励嫌疑人把故事讲完。

讯问者应当呈现耐力与坚持,既释放善意,又要讲究策略。不过,当诉诸感化和施以计谋都无济于事时,起决定作用的还是制造一种持久的压迫气氛。手册强调,必须毫不留情地不停逼问,不给嫌疑人喘息的机会;必须完全操控嫌疑人,让他充分感受到讯问者不获真相决不罢休的意志;要连续几个小时不停迫问,只在嫌疑人出现生理极限时暂停一下,以免留下胁迫的证据。手册建议的讯问技巧极其具体,手册中一个段落甚至提到:"即使嫌疑人不再讲话,他最初否认开枪与刚刚承认开枪之间的不一致,也有助于在庭审时反驳他自卫的辩护。"如果上述技巧仍不奏效,就尝试让两个讯问者分别扮演红脸、白脸的角色,一个表现友好,一个显示敌意。铁面无情的讯问者要表现出坚信嫌疑人有罪,不想浪费时间,要向嫌疑人透露,他曾把犯同样罪的一堆人送入监狱,也不在乎多送一个,而且是最高刑期。心地善良的讯问者显然自己有个温馨的家庭,还有个兄弟曾经有过类似的麻烦。他表示,只要嫌疑人愿意合作,就努力帮他摆脱困境。当然,那个不友好的家伙很快就会回来,我控制不了他会干什么,所以你要快点儿作出决定。

手册还提到如何对付拒绝回答问题并要求会见律师的嫌疑人。讯问者一定要指出,你有权保持沉默,但你拒绝说话本身意味着你自证有罪。"乔,你有权保持沉默,这是你的特权,我不想剥夺它。如果你愿意这样,就随便你。不过我要问你,你如果处在我的位置,我对你说'不想回答任何问题',你一定认为我隐瞒了什么。你这么想是对的,这也正是我和其他人的想法。好了,还是坐下来好好说说案情吧!"对那些想见律师或亲友的嫌疑人,应当建议他先把真相告诉讯问者,最好别让其他人牵涉进来。请律师可是要花很多钱的,不要给家人增加负担。"乔,我只想知道实情,如果讲出实情,一切就都由你自己做主。"如果是女性嫌疑人,还可以告诉她,如果合作就可以不让政府把你的孩子带走。手册还介绍了辨认程序中一种有效的技巧。可以突然中断讯问,让嫌疑人接受列队指认。

授意"证人"或"被害人"认真辨认,然后信心满满地指认"就是他"。恢复讯问时,嫌疑人有罪已经是毋庸置疑的了。[1] 这种指认无异于诈骗取供,属警察有意为之。还有一种不规范的一对一的辨认,属于警察无意之失。"比如有一个案件,在侦查辨认时,直接把一个白金戒指拿给被害人的母亲看,问这是不是你女儿戴的?她说是。等到法庭审理阶段,律师领着老太太到法庭上了,她说我女儿戴的是个白金戒指,你们给我看的,我拿到手里仔细一看是个白金戒指。"[2]

讯问手册中还有一条建议:诉诸嫌疑人的道德和宗教情感,以良心、道义或心理解脱的名义,以体面和荣誉的名义,促使嫌疑人说出真相,只要说出真相,其他一切都好商量。[3] 这一建议在米兰达判决10多年后才成为美国最高法院关注的话题。1975年1月17日,警察抓到抢劫、枪杀出租车司机的嫌疑人英尼斯。在接受米兰达权利告知后,英尼斯表示明白自己的权利,希望先和律师谈一谈。在押解英尼斯去警局的路上,两名警察开始交谈,说作案枪支还没有找到,"这里有所残疾儿童学校,许多残疾儿童在这附近玩耍。上帝保佑,不要让哪个孩子找到那支枪,万一还有子弹,他们会伤到自己"。英尼斯主动插话说他知道枪在哪里,因为那些孩子们,他愿意帮助把枪找出来。枪是找到了,但警察没有放过英尼斯,他被控绑架、抢劫和谋杀。庭审法院驳回"排除枪支作为证据"的申请,认为英尼斯已放弃米兰达权利,最终判英尼斯有罪。案件上诉至罗得岛最高法院,定罪被推翻,裁定发回重审,理由是英尼斯要求见律师,律师到场前应当停止所有羁押讯问。但美国联邦最高法院多数意见却支持庭审法院的有罪认定,理由是,只有警察应当知道自己的言行会合理引出嫌疑人自证有罪的回答,才构成讯问,而两个警察之间的对话在当时的场景下并不构成讯问。[4]

首席大法官沃伦在米兰达判决书中毫不留情地揭露了FBI的种种恶劣行径,而在同一时期苏维埃法院的判决书中不可能看到克格勃(KGB)

---

[1] Kidd, *Police Interrogation* (1940); Mulbar, *Interrogation* (1951); Dienstein, *Technics for the Crime Investigator* 97-115 (1952).

[2] 张军、姜伟、田文昌:《新控辩审三人谈》,北京大学出版社2014年版,第83页。

[3] F. Inbau & J. Reid, *Criminal Interrogation and Confessions* 2d ed., 1967, pp.60-61.

[4] *Rhode Island v. Innis*, 446 U.S. 291 (1980).

有任何不当行为。《十诫》是波兰电影大师基斯洛夫斯基的经典,由10部各50分钟的系列电影组成,堪称当代醒世恒言。其中《杀人短片》揭示了那一时期的审讯、审判以及死刑执行的残暴。《刑讯者的下午》是罗马尼亚国宝级电影大师吕西安·平特莱的"伤痕电影",讲述一个曾经丧失人性的刑讯者,在接受电台记者采访,回忆那段罪孽深重的过去。对比之下,沃伦所要防止的警方讯问方式实在是太文雅了。当然,米兰达规则是有代价的,"每年由于米兰达规则而无法得到惩治的暴力犯罪案件介于5.6~13.6万件之间,财产犯罪案件则介于7.2~29.9万件之间"[1]。国家和社会有时需要作出艰难的选择,最为可悲的是没有中间道路可走。沃伦经常在判决书中引用前辈路易斯·布兰代斯的警世通言:"尊严、安全和自由,一并要求政府官员受制于公民们也须遵守的同一套行为规则。一个归属法律的政府,倘若不能谨遵法律,其生存必将危如累卵。政府是能力超拔、无所不在的,人民以它为善恶样板。政府违法会毒化风气,滋生对法律的蔑视,诱使人们只奉自己为法律,导致动荡与混乱。"[2]

"警察对犯罪立案以后,侦查就开始了。侦查的目的,既是为了收集与保全证据,也是为了使犯人特定化并进行羁押。发生犯罪的情况下,确实地查获犯人,这对于之后的犯罪,具有一般预防的效果。另外,例如,讯问不仅能够通过获得犯罪人的供认来查明犯罪事实,还能够通过供认来促进嫌疑人的反省,具有防止再犯的机能。在这一意义上,侦查也具有刑事政策上的意义。"[3]在将搜查扣押、通讯监察等纳入强制措施后,侦查程序包括讯问嫌疑人、询问证人及被害人、对场所或物品的勘验或检查、尸检、侦查实验、司法鉴定、辨认或指认以及卧底侦查。文明诉讼的公认规则是,实施侦查,非有必要,不得先行传讯嫌疑人。用意在于,不使嫌疑门槛过低以致嫌疑人不胜其扰,且应强调侦查的正确动作是先行调查搜集物证,不应首先依赖口供,亦可避免打草惊蛇。一旦进入侦查讯问,应依序践行人别讯问、告知义务、给予辩明机会等程序,禁止强制取供和夜

---

[1] Paul Cassell, Miranda's Social Costs: An Empirical Reaaessment, 90 *Nw. U. L. Rev.* 387 (1996).

[2] Justice Louis D. Brandeis, *Olmstead v. United States*, 277 U.S. 438 (1928).

[3] [日]川出敏裕、金光旭:《刑事政策》,钱叶六等译,中国政法大学出版社2016年版,第104页。

间讯问,并应依法作成笔录及录音。[1]

至于何谓讯问,可以1847年德国认可的法官纠问式为标本:讯问首先从犯罪行为动机开始,旨在获得供认,如果被告人真实地或者表面上予以坦白,则不但不应中断其供述,而且还要将陈述的所有内容记录在案,并让被告人对相关内容补充和澄清。如果被告人否认指控,可以用下列方式促使其承认:一是提问,就涉及犯罪或与犯罪有或近或远联系的情况进行提问,促使被告人逐渐认识到,仅仅根据现有的证据就已经知晓其罪行,或者其不真实的回答会引起进一步审查,以打消他蒙混过关的念头,从而说出实情。二是指责,不仅对被告人陈述中的矛盾、不可能性或者不真实性进行指责,而且还对具体的针对他的告发和证据,或者对犯罪行为的一些情况本身进行指责。三是让证人和已供认的共同被告人对质。四是让被告人对某些与犯罪存在联系的对象进行回忆,将被告人带到犯罪现场,通过展示尸体、犯罪工具等手段,促使其回忆。五是根据宗教、道德和荣誉情感的告诫,常会实现讯问的目的。[2]

关于讯问,我国刑诉法没有正面承认沉默权,一个重要因素是不能下定决心去掉"应当如实回答"。立法者存有一种不当的自信,没有仔细论证过"如实"二字如何可能,因而陷入了关于何谓"如实"的循环论证。"讯问犯罪嫌疑人是我国刑事侦查的必经程序。这一侦查活动的重要性与口供在刑事诉讼中的作用相联系。越倚重口供的作用,就越重视侦查活动中的讯问环节"[3],侦查人员就越是认为只有得到有罪供述才算破案事遂,因而强索口供的内心动力和外在需求都极为强劲。在侦查人员对案件有先见时,所谓如实供述,必须是与先见相符才算如实,否则会认为嫌疑人没有老实回答;讯问与供述就是侦查者与嫌疑人如何"引导提问"的较量。某种意义上,指供比逼供还要恶劣,逼供只是手段之恶,对实际供述什么,尚存一定的开放心态,但指供却执意得到某一特定供述,基本就是故意陷害。所有讯问都存在讯问者与被讯问者的互动,换言之,嫌疑人的知识背景,决定了他对侦查意图的揣摩,以及对侦查方向的预判,

---

[1] 参见林钰雄:《刑事诉讼法》(下册),元照出版公司2015年版,第19页。

[2] 参见〔德〕费尔巴哈:《德国刑法教科书》(第十四版),徐久生译,中国方正出版社2010年版,第479页。

[3] 张建伟:《刑事诉讼法通义》(第二版),北京大学出版社2016年版,第410页。

最终真的可能导致罪之轻重有无的不同结论。

设若有人在高速公路的中间车道突然停车,不开双闪,不设警示标志。之后有多台经过车辆紧急刹车避让,几分钟内刹车之声尖锐刺耳,但停车的驾驶人置若罔闻。终于在停车5分钟后有车辆避让不及,发生碰撞,后车车毁人亡。停车人涉嫌交通肇事罪还是涉嫌以其他危险方法危害公共安全罪?从法的目的角度说,有"资格"构成交通肇事罪者,以违反道路交通安全法为前提,起码在路面上以"交通"为目的,这种目的可以是赶路、兜风甚至偷运,但类似在车辆密集处以追逐竞驶为目的的飙车或者在高速公路上莫名其妙地长时间停车,就不能说以交通为目的,不应以过失的交通肇事罪论,而应判处以危险方法危害公共安全罪。无论怎样,高速公路突然停车且较长时间不作任何提示、警示并最终导致他人重大伤亡的,因适用罪名不同,最后的量刑势必轻重悬殊,所采取的强制措施也迥然不同。因此,认定其故意还是过失,是解决一切问题的起点,但却有赖于停车人的口供。

在回答讯问之前,嫌疑人基本的刑法学常识会帮他很大的忙,他可以强调自己在停车时相信身后的其他驾驶者能够谨慎驾驶,深知追尾者负全责,应当对前方道路情况尽到完全的观察义务。他会反复强调自己的相信,还要极力强调,虽然他在高速公路上停车是不对的,虽然后车撞得车毁人亡值得同情,但是,后车追尾要负事故的主要责任,我还要起诉他们呢!而对一个全无法律背景的人,警察可以这样提问:你为什么停车?怎么想的?嫌疑人答:我没怎么想,就是玩手机抢红包了。问:你停车玩手机,你知不知道,后车完全想不到你会在这个地方停车,躲闪不及,很可能就撞上?答:是,很可能会撞上。问:你也想到了?答:是,我想到了。问:但你还是把车停在高速路中间,撞还是不撞你都无所谓吗?答:是,无所谓。侦查人员接着说:好吧,那你把这些再说一遍!嫌疑人说:我也知道这样停车很容易撞车,但我觉得这是他们的事情,与我没关系。讯问者将嫌疑人所说记下,并读给嫌疑人听。问:是这样吗?答:是。

继续假设,嫌疑人知道讯问者是一名刑法学硕士,并且知道他在区别故意与过失问题上遵从的是何种学术立场,那么嫌疑人会从下面两个命题中选取对自己有利的一个:"(1)间接故意与有认识过失的区别在于,间接故意的行为人对于其所认知的结果,在法律意义下同意并予以容忍,忍受结果的发生,并且没有认真地信赖结果不会发生。如果存有这种认真的信赖,这种信赖就会排除故意,即便是非理性的信赖,亦然。(2)间接故意与有认识的过失的区别在于,在间接故意之行为人的认知中,结果发生的危险已经大到一个理智的人处于行为人位置上,只有当他忍受结果、同意结果的发生时,才会接受这个危险。如果行为人认识到一个如此的危险(故意危险),即使他还是在'这个危险这次不会实现'的信赖下行为,也不能让他脱免责任。"[1]从嫌疑人口中"掏"出来的所谓"证据之王",就不值得十分信赖。而我国刑诉法所要求的"应当如实回答",对于何谓"如实",讯问者也真的不要过于自信。

2018年9月6日央视《今日说法》栏目中,昆山反杀者于海明接受讯问画面曝光。根据此前新闻报道,8月27日晚,反杀事件发生后,昆山警方成立专案组,以涉嫌故意伤害对于海明进行刑事传唤。8月28日上午,昆山警方调取了监控,对事发现场视频进行逐一分析。8月28日下午,昆山警方对于海明进行刑事拘留,关押入昆山市看守所。于海明说:"在拘留的这段时间,我的心情很低落。"案发第三天,8月29日,一位现场目击证人来到青阳派出所,向警方描述了事发现场的经过:"宝马车那个司机突然跑到车上面去,拿了把刀出来,一开始我看到那个刀是蛮亮的,反光,后来就砍那个电瓶车司机,砍了几下。"8月30日,昆山警方就掌握的证据继续对于海明进行讯问。央视公布的审讯画面中,于海明身穿蓝色马甲,戴着手铐,边哭边讲述事发时的心理状态:"脑子一下就蒙了,我觉得我要死掉了。"审讯民警提问:"你觉得他要把你砍死是吧?"于海明回答说"是,死了,朝我后面那么一下,脑子里嗡了一下,感觉就跟死了,跟做梦似的。"办案民警在《今日说法》中解释说,在分析监控画面时,发现于海明受到攻击后并未立即还手,"他一直没还手,被这个人打了六七下,这一下之后,他才真正地开始还手"。

无论对昆山案的实体处理结果持何种态度,对于警方诱导式的提问都不应鼓励,而且处理结果并不取决于是否"如实回答"。台湾地区学者王振兴认为,"应当如实回答"其意义应为希冀词,非谓其必有如实回答之义务。盖犯罪嫌疑人有自卫之基本人权,亦为天然性自然性之权利;是而其避重就轻、推诿卸责,甚至缄默不语、装聋作哑、称病呻吟等,实乃事理、情理、人性、

---

[1]〔德〕普珀:《法学思维小学堂》,蔡圣伟译,北京大学出版社2011年版,第171页。

本能所当然,无足为奇,亦毋庸苛责。然彼此一"如实回答"之规定,显有否定犯罪嫌疑人"缄默权"之含意,为刑求逼供预留伏笔,值得观察与忧虑。需要忧虑的不是沉默权本身,这一权利对被告人来说只是一种程序性保护,并不涉及实质对错;需要忧虑的是这样一种观念或信念:沉默权的反面,即只要让被告人开口,就能从"如实"的回答中得到犯罪真相。可是,只要承认真相不过是自由心证的结果,就已经在何谓真相与何谓心证之间陷入循环论证。在沉默权问题上不能与国际社会达成共识,一个重要原因是在追求实事求是的目标过程中,确信每次都能通过让被告人开口来达到这一目标。

仅次于讯问的侦查措施是勘验、检查。勘验、检查就是在侦查中凭借五官、仪器对场所、物品、尸体的状态进行辨认或检验。由于人身检查归入强制措施,此处的检查对象只限物品,亦即物品检验。勘验的含义极广,勘验现场的同时,还伴随着询问证人、被害人等侦查行为。比如在入室盗窃现场,侦查人员对被窃者就被窃物品数量、种类、来源、价值、外观特征及放置是否隐秘等加以询问,还会问及有谁知悉该物所藏之处,在可能发生案件的时段有无异样的灯光或声响;同时会在门窗地板、衣柜家具等处寻找并提取脚印、指纹等痕迹;也会询问用人、邻居有无察觉和线索,而一旦觉得用人可疑,可能进行深入盘问,查看其所住房间。当然,对用人私人物品的搜查,需经本人同意或等待搜查令状;随后还可能即时与当铺、古旧物品收藏者联系、询问并叮嘱告知。不过,有些案件的现场勘查是没有被害人在场的,甚至在调查证据时侦查人员并不希望嫌疑人及其辩护人在场。[1]

勘验、检查完成后,如果是物证,应当向公诉人移交,最终向法庭出示,但若无法扣押或不便携带,或者犯罪现场难以保持案发时的状态,可将该物品及场景状况记载在勘验笔录中,作为证据使用。经现场勘验而得的指纹证据,可能是最为法庭广泛认可的科学证据,但它离有罪结论还有一小段距离,那就是,控方必须证明,这个指纹是被告人在被指控犯罪实施当时,而不是别的什么时候出现在犯罪现场的。目前,DNA 证据被广泛使用,DNA 比对是个极高概率事件,比对一致但却不是唯一的情况极少。现在,重罪犯的 DNA 会被建档留存,以备未来可能出现的错案纠正。DNA 在认定同一时并不绝对,但却能够绝对排除不一致。还有一种用于

---

[1] 参见[德]罗克辛:《德国刑事诉讼法》,吴丽琪译,三民书局1998年版,第409页。

强奸和不伦犯罪的血液检测 HLA,可作间接证据。[1]

　　警方经常利用勘验现场的机会,命被告人到场进行现场模拟,重复其作案过程并录影存证。这一做法可能造成"不可能不是他"的有罪推定,因而进行侦查实验应基于必要性,属尽量不采取的补充性侦查手段,只有在以其他方法不足以确定某一状态之有无时才考虑采用。其目的包括但不限于确定:(1)一定条件下能否听到或者看到;(2)一定时间内能否完成某一行为;(3)什么条件下能够发生某种现象;(4)某种条件下某种行为和某种痕迹是否吻合一致;(5)某种条件下使用某种工具可能还是不可能留下某种痕迹;(6)某种痕迹在什么条件下会保持稳定或者发生变异;(7)某种事件怎样发生;等等。侦查人员始终要记住,侦查实验不同于现场勘查,毕竟是某种虚拟场景,可能由于初始场景设定有误而与实际的犯罪现场迥异。因此,将侦查实验所得结论用于指控犯罪,应当极为谨慎,要听取被告人及其辩护人提出的反对意见。进行侦查实验应当遵循的程序和要求是:(1)在我国,应经县以上侦查机关负责人批准,由侦查人员进行,有见证人或必要时有专门知识的人在场,其中,对被害人应否在场存在争议,被告人在场,尤其是令其模拟示范,已遭否定;(2)实验条件应与实际情境相近似,并尽量保证重复有效;(3)禁止一切足以致害、侮辱人格或有伤风化的行为。应当制作侦查笔录,现场照片或录影应入侦查卷,并应准许辩护人查阅。[2]

　　随着科学日隆,鉴定在侦查中的话语权越来越大。所谓鉴定,是由具有特别知识和经验的人,根据事实的规律或将该规律应用于具体事实而得出的判断报告。有时得向法官请求鉴定处分许可证,或申请鉴定留置嫌疑人。[3] 鉴定意见是由专业人士或机构提供的事关案件待证事实的结论。我国刑诉法承认鉴定意见属法定证据种类,但必须经过查证属实,才能作为定案的根据。当然,也有学者认为:"正是因为鉴定并非在公开审判程序下进行,亦非由法官本于诉讼指挥之方式进行,而仅是由受委托

---

　　[1] Ronald Bacigal, *Criminal Law and Procedure: An Overview*, Delmar, Cengage Learning, 2009, p.167.
　　[2] 参见张建伟:《刑事诉讼法通义》(第二版),北京大学出版社2016年版,第418页。
　　[3] 参见〔日〕田口守一:《刑事诉讼法》(第五版),张凌、于秀峰译,中国政法大学出版社2010年版,第75—76页。

之鉴定人或鉴定机关在法庭以外之处所,透过专业知识之书籍、工具、技术或其他精密之科学仪器进行测量或分析,将其因此所获得之结果,结合其专业知识之判断,提供予法院参考。故鉴定在概念上,并非法定调查程序,盖以其与法定调查程序系在法庭内进行不同,又非由法院基于严格证明程序为之。"[1]

　　侦查的又一重要问题是辨认。辨认既可对物,也可对人,对人的辨认通常又称为指认和指证,由目击证人进行。能够找到目击证人,对定罪极为有利,但也蕴含了巨大的风险,所以应当遵循一系列的规则,比如"指认犯罪行为人,应采取选择式之真人列队指认,而非一对一、是非式的单一指认;其供选择指认之数人在外形上不得有重大的差异;实施照片指认,不得以单一照片提供指认,并避免提供老旧照片指认;指认前应由指认人先陈述嫌疑人的特征,不得对指认人进行诱导或暗示等程序"[2]。让目击证人进行的指证、指认,受制于一个正当程序的标准:不能具有"不可磨灭"的暗示性,亦即不能让指认对象具有实质的相似,因为证人在不能确定谁是嫌疑人时,可能选一个最像的,但未必是最对的。告知证人说嫌疑人可能不在队列中,错误率可以从78%降为33%。证人还可能受警察当场表情、语气、动作的影响,而待指证的嫌犯可能因紧张而暴露自己。因此,列队指证的操作规程是:(1)告知证人说嫌疑人可能不在队列中;(2)进行两组即两次列队辨认,同时告知证人说,嫌疑人可能在其中任何一列,也可能不在任何一列;(3)保证嫌疑人在队列中形貌不特别突出;(4)由完全不认识嫌疑人的警察安排组织列队辨认;(5)努力让证人回忆嫌疑人"犯罪时"的样子,而不要以现在这个样子替代犯罪现场的记忆;(6)律师应当在场。[3]

　　美国最高法院在1967年的斯托瓦尔案中,嫌疑人被控谋杀,警方于案发翌日将其逮捕,戴上手铐直接押至医院让被害人妻子指认。指认现场只有嫌疑人、警官和检察官,而且嫌疑人为在场的唯一黑人。美国最高法院指出,若依据当时一切情状,指证程序对证人显示不必要的暗示,且

---

[1] 黄翰义:《程序正义之理念》(四),元照出版公司2016年版,第109页。
[2] 林钰雄:《刑事诉讼法》(下册),元照出版公司2015年版,第6页注3。
[3] 参见王兆鹏:《美国刑事诉讼法》,北京大学出版社2014年版,第514—517页。

助长无法弥补的错误指证机会,依正当程序,此证据即应排除。但是,被害人妻子当时因伤重不能亲至警局完成列队指认,而且因生命垂危,有立即指认的必要,故该指认并未违反正当程序。[1] 在1977年的曼森案中,警方根据便衣警察的描述找出一张符合特征的照片,两天后让便衣警察进行指认,是否因照片唯一、暗示过度而应将证据排除? 不一定。在可以确保可靠性的前提下,有暗示性的指认瑕疵可以被法院容忍。[2] 除列队指认和照片指认外,指纹比对也存在是否违背正当程序的问题。在1969年的戴维斯案中,警方圈羊一样对被告人和24名其他黑人青年进行留置问话,并要求他们留下指纹,以便与一起强奸案现场窗玻璃上的指纹进行比对。所获有罪证据被庭审法院采信。大法官布伦南说,非法搜集的证据无论多么相关与可信,也不能作为定罪依据,我们的裁决不承认此案可以例外。事实上,警方留置被告人时,的确尚未指控其犯罪,也未将其列为犯罪调查的主要目标,尽管如此,宪法第四修正案必须适用于犯罪调查阶段,因为这一阶段中,更容易让无数无辜者在非自愿留置后,遭受紧随而至的不名誉的骚扰。因此,定罪应予推翻。[3]

无需讳言,刑事案件中最有影响力的证据,除了还冒着火药硝烟的左轮手枪,就是一个目击证人指着被告人大喊:"就是他!"但无论如何,再也没有什么单一因素比目击证人指认更不靠谱,因为他们一般不容易观察到嫌疑人的身高、体重、年龄等体征。在昏暗现场猝不及防遭遇嫌疑人,情绪高度紧张,警方的身份识别程序也可能加剧知觉和记忆的模糊性。[4] 证人也常常因为诚实而发生指证错误。之所以肯于出面作证,通常都认为自己看到、听到或了解到案件事实,越是自以为是,越是对指证充满信心,就越是容易出错,且不为他人或裁判者的质疑所动;或因偏见、观察瑕疵,或依经验先见推测填补缺漏,然后相信自己看到或听到了真实,而不是加入想象的记忆。目击者的证词不像指纹、笔迹分析那样可靠,美国曾有统计数据,约2万名目击者描述的嫌疑人的外表,身高平均比实际高出5英寸,

---

[1] *Stovall v. Denno*, 388 U.S. 293 (1967).

[2] *Manson v. Brathwaite*, 432 U.S. 98 (1977).

[3] *Davis v. Mississippi*, 394 U.S. 721 (1969).

[4] Ronald Bacigal, *Criminal Law and Procedure: An Overview*, Delmar, Cengage Learning, 2009, pp.160–161.

年龄大8岁,82%的证人对行为人的头发颜色描述都有错误。而且,目击证人特别易受程序模式、规则的影响,尤其是庭审前的作证,由于不在法庭的直接监控之下,更容易出现错误辨认。错误定罪的案件中,75%是错误辨认导致的。[1]

在缺乏其他相关证据支持的情况下,单凭目击证人的指认给被告人定罪,以致酿成冤案,这方面的教训是极为深刻的。根据研究统计,许多后来通过DNA得以平反的错案,大多都是由目击证人的指认错误导致的。[2] 威斯康星州法院曾经直言不讳:"目击证人证言通常不可信赖,简直无可救药,现已成为美国错误定罪的唯一祸首,超过其他原因的总和。"[3] 在美国,曾有22名目击证人共同指认造成的错案,致使被告人阿道夫·贝克蒙受7年冤狱。该案的调查委员会总结说:"基于人的印象的证据,尽管是真诚作出的,却有可能是所有证据形式中最不可靠、最不安全的,除非有其他证据的支持,不应单独作为定罪的基础。"[4] 比较近期的指认错误竟然是针对一位天主教神父,7名目击证人信誓旦旦地指认帕加诺持枪抢劫。好在庭审进行到一半的时候,真正的罪犯出现,并兜揽了所有罪行。[5] 识别上的错误难以计算,一本书也不足以揭露和发现全部的识别错误,而只能是一小部分。不断有案件显示,记忆差误会随时间推移而越发严重。在警局里还有些犹豫不决,到了预审法官那里就有些自信了,开庭的那一天证人的坚信代替了所有怀疑,一切踌躇顾虑都消除了。[6]

如果庭前指认证据遭质疑而被排除,那么当庭指认如何进行?要进行当庭指认,政府方面必须以清晰而可信的证据证明,此次当庭身份指认,完全独立于庭前那次不当的身份辨认。当庭指认时,通常要问目击证人是否看到抢劫者、强奸者或谋杀者出现在法庭里。为此,应当允许一些人同时坐在被告席上,不让目击证人只看到被告席上坐着律师和被告人。

---

[1] Rolando V. Del. Carmen, *Criminal Procedure Law and Practice*, Wadsworth, Cengage Learning, 2010, pp. 319-320.

[2] LaFave & Israel, *Criminal Procedure*, Thomson Reuters, 2009, p. 411.

[3] *Wisconsin v. Dubose*, 205 WI 126 (2005).

[4] E. Watson, *The Trial of Adolph Beck* 250 (1924).

[5] Winer, *Pagano Case Points Finger at Lineups*, Nat'l L. J., Sept. 10, 1979, at 1, col. 4.

[6] 参见〔法〕勒内·弗洛里奥:《错案》,赵淑美、张洪竹译,法律出版社2013年版,第102页。

有意做出这种安排,是违背正当程序的。关于声音识别也有许多值得讨论的细节:首先,像对视觉形象识别一样,声音识别如果是在有暗示性的、不可靠的环境中进行的,可能违反正当程序。证人要证明的是他熟悉被告人的声音,而不是熟悉他所说的内容。口音也不可由证人来证明,因为被告人可能在法庭上用另外一种口音讲话。[1] 早前尼尔案中归纳了六种需要考量的指认因素:(1)证人目击的机会;(2)证人当时的注意力程度;(3)证人之前对嫌疑人描述的精确程度;(4)证人确信的程度;(5)证人的病危程度;(6)犯罪时间与指认时间间隔。在考虑这六方面因素后,如果确定可靠,指认证据即使有瑕疵,也可以采信。[2]

合格的辨认至少需要一些条件:无论被害人还是旁观者,目击某一罪行就是对某一正在发生事件的直接感知,目击者必须记住该事件的细节,并且能够加以准确回述。不幸的是,常人固有的弱点以及某些暗示的影响,经常导致辨认过程不甚可靠。某些心理学家曾将人脑比作一套机械记录装置,看到什么就录在磁带上,需要知道事件原貌时倒带并播放即可。不过这个比拟是错误的,人的知觉并非简单被动的对事件的记录,而是一个建构过程,人们有意无意地作出某种决策,有选择地接受尽量少的环境刺激。这一选择性的感知过程导致人们忽视事件的一些细节,尤其是那些最初看似无关紧要事后又被假定至关重要的细节。时间短暂,光线昏暗,情绪紧张,都会导致辨认错误。对被害人而言,焦虑和恐惧往往造成重大的感知扭曲。实证数据表明,人们对非我族类者,辨认能力低于对本族人。人的初始记忆还会被后续的情势变更所修改,以便迎合新信息的内在逻辑。而随着时间的推移,某些细节被彻底忘记了,但有趣的是,人们对某些记忆的自信,会随时间而强化。最后,不言而喻,目击者的记忆受侦查人员提问方式的影响。[3] 法学院教授曾在学生中做过实验,问学校门卫长什么样子?大多数学生说的都不确切。如果这些学生去为一个刑事案件作证,法官该相信谁?结局又当如何?

如果人们回忆不出所看到的,也就更难记得住所听到的。"有一次,

---

[1] Ronald Bacigal, *Criminal Law and Procedure: An Overview*, Delmar, Cengage Learning, 2009, p.165.

[2] *Neil v. Biggers*, 409 U.S. 188 (1972).

[3] LaFave & Israel, *Criminal Procedure*, Thomson Reuters, 2009, pp.411–412.

在一个单元内,凶手用手枪打了被害人五枪,枪声惊动了邻居。调查员们已经了解打枪的数目,因为从地上捡到的弹壳和在被害人身上找到的子弹数目相同。但是当询问邻居们的时候,有人说听到三声枪响,另一些人说是听到了六七声,甚至还有人说他听到了八声! 几乎所有数字都是高的。在其他一些案件中,有关听到声音时间先后的问题,更不容易得到准确的答案,但是在案件中把它搞清楚却是非常有意义的。在一个案件中,一个女人离开自己家去与情夫相聚。清晨,她丈夫决定去找她,又很害怕那个粗暴出名的情夫会有什么举动,于是就带了一支 12 毫米口径的猎枪。到达之后,他为了打开屋门而故意弄出一些声响,结果吵醒了邻居们。那个情夫也上街了,并且同样带着一支小口径步枪。很快,两人交锋了。结果,情夫因为伤重死去。审讯中丈夫强调说,是他的情敌先开枪,他开枪是为了反抗。12 毫米口径猎枪的声音,很明显比那支小口径步枪要厉害得多,这两种声音是不可能被混淆的。然而,邻居们的证明却是相互矛盾的,而弄清这个问题则十分重要。如果情夫先开枪,丈夫就是正当防卫;假设情况相反,人们将认为丈夫被情欲驱使,是预谋凶杀。"[1]

对于隐匿身份的秘密侦查,刑事诉讼法应当只从证据合法性角度介入,其他问题还是交予警察培训手册为好。我国《刑事诉讼法》规定:"为了查明案情,在必要的时候,经公安机关负责人决定,可以由有关人员隐匿其身份实施侦查。但是,不得诱使他人犯罪,不得采用可能危害公共安全或者发生重大人身危险的方法。对涉及给付毒品等违禁品或者财物的犯罪活动,公安机关根据侦查犯罪的需要,可以依照规定实施控制下交付。"问题只在于,如果违反这种规定没有明确的后果,不能否定证据合法性,就只能算作某种宣示性规定,无法起到遏制违法取证的作用。隐匿身份的秘密侦查主要有化装侦查、卧底侦查和诱惑侦查三种。[2] 这种分类方式并不准确,严格说来,所谓化装侦查,其实是卧底侦查和诱惑侦查的上位概念,而与便衣警察有所不同,后者的典型是公交车上的反扒人员。反扒不是侦查行为,而是一种现场抓捕行为。卧底侦查与诱惑侦查一般

---

[1] [法]勒内·弗洛里奥:《错案》,赵淑美、张洪竹译,法律出版社 2013 年版,第 100—101 页。
[2] 参见黄朝义:《无罪推定:论刑事诉讼程序之运作》,五南图书出版公司 2001 年版,第 125 页。

而言是一种手段的递进关系,为了诱惑成功,先要赢得信任,就需要"先打入,再策反"。关于卧底警察,《德国刑事诉讼法》有特别规定:(1)有足够事实依据表明发生了重大犯罪;(2)法律列举的毒品、武器非法交易、危害国家安全、常业常习惯犯及有组织犯罪;(3)其他方法无望破案或极其困难;(4)有权使用化名,并参与犯罪交易;经有权人同意可进入住宅,但不得超出化名之外假借其他名义另造有权进入的假象。[1]

"卧底警探,其实就是警察官员隐藏自己真正的身份,而长期地以假名、假证件至特定的犯罪集团、组织或圈子卧底,掌握犯罪资讯并协助破案者。……虚虚实实的卧底警探,犹如一边白脸、一边黑脸的双面人,横跨黑白两道,一方面极易遭受滥用,深入侵害人民的基本权,二方面又极难予以控制,导致到底是打击犯罪还是帮助犯罪的疑虑。……由于卧底警探往往必须'干一票'来取信帮派,这些卧底警探本身的犯罪如何评价,迄今仍无定论。此外,通常还会伴随陷害教唆的问题。再者,由于卧底警探必须隐秘身份,往往不能亲自出庭作证,因此,在审判程序也导致与直接审理原则相冲突的疑虑。"[2]《无间道》情节设定惊心动魄,众星表演上乘,堪为警匪片经典。然以法理观之,实不可取。警方多年前深埋卧底,自始就不想防微杜渐,而是要养匪自重,且相互锻炼队伍,相约有朝一日一决胜负。因此,其道义前提值得斟酌。"尊重人权与民主制度的制衡,基本上已经是全人类的共识,但为对抗特别危险的犯罪,卧底侦查已成为民主法治社会的必要恶害。在法律有具体明确的授权基础下……应容许安置卧底警察……"[3]但是,安插卧底不应当是一种多年的酝酿安排,那无异于加功助力一帮匪徒的成长。

关于诱捕侦查,也称警察陷阱、警察圈套,属于一种等待、迎合或引诱他人犯罪之侦查方法。引诱型诱捕,会破坏人与人之间的信赖关系,抑或对个人私生活有不当介入,瓦解基本的人际互动,进而造成对法的不信及轻视。在一般实务机关运作过程中,诱捕行动有的是在不知不觉中进行的,有的则是在无法可依情况下,为图侦查方便有意而为的。个别情况下,也有警员公

---

[1] 参见连孟琦译:《德国刑事诉讼法》,元照出版公司2016年版,第117页、第119页正文及注60。

[2] 林钰雄:《刑事诉讼法》(上册),元照出版公司2015年版,第452页。

[3] 傅美惠:《卧底侦查之刑事法与公法问题研究》,元照出版公司2001年版,第56页。

然实施诱捕,声言只要为国家做事即不构成犯罪,诱捕便具有合法性与正当性。因此,警员直接携带毒品引诱他人犯罪或利用线民从事缉毒工作。侦查人员所为之诱捕行为,应当是只提供犯罪机会,不应当对犯者之犯意进行诱发。为此,应考虑如下情状:(1)目的在于举发不易侦查的行为,及隐藏于幕后而处于操盘地位者,而并非旨在粉饰破案绩效,或创造新的犯罪行为;(2)考虑被诱捕者的人格尊严,不能不择手段,不能牺牲程序正义;(3)应仅限于贩毒、贪污等特殊犯罪类型,且诱捕前须先行报备取得许可;(4)一旦发现极度引诱或几近野蛮程度者,定罪证据即应排除。[1]

诱捕侦查及警察圈套中最惹争议的行为,一是卧底警察直接涉入犯罪;二是卧底警察直接挑唆他人犯罪,尤见于交易圈隐秘且无具体被害人的毒品犯罪。就亲涉犯罪而言,除杀人外,基本可以要件不该当或者欠缺不法意图等理由出罪[2];就挑唆犯罪而言,挑唆的范围往往超出法律规定的卧底警察适用的范围,除毒品、帮派犯罪等典型运用外,还包括查缉违反野生动物保育案件、妨害风化案件、盗版及色情光碟或走私枪支、匿名上网钓出援交客等。但是,国家不得一方面去挑唆犯罪,另一方面却去追诉其自身所挑唆而来的犯罪。简言之,政府执法人员不论如何热衷执法,皆不应制造犯罪,亦不得将从事犯罪行为的意念植入原本无此意念的大脑,引诱其犯罪,以便将来追诉。这些游走于法治边缘的追诉手法,必须有所节制。德国与欧洲人权法院掌握的标准是,必须是嫌疑人原已形成犯罪倾向,警方已经展开侦查程序,不能针对原本不存在的嫌疑人;不得对行为人施以过当的犯罪压力;挑唆范围不能超出实际犯罪范围,比如查获的毒品数量不能超过诱饵订购,否则表明犯罪是由挑唆引起。[3]

2000年,日本大阪曾有药物犯罪诱捕侦查案,被告人从东京打电话给大阪的警方线人,要求帮助介绍大麻买家。线人将被告人诱至东京,与探员假扮买家见面。约定时间、地点与购买数量后,在交易时将被告人擒获,庭审法院支持警方做法,判决被告人有罪。二审法院维持了定罪,被告人主张

---

〔1〕 参见黄朝义:《无罪推定:论刑事诉讼程序之运作》,五南图书出版公司2001年版,第163页、第165—166页。

〔2〕 参见傅美惠:《卧底侦查之刑事法与公法问题研究》,元照出版公司2001年版,第169页。

〔3〕 参见林钰雄:《刑事诉讼法》(上册),元照出版公司2015年版,第453—454页。

诱捕侦查本质上为不公正的侦查手法,违背以实现正义为取向的司法正洁性,又向最高司法机关上诉。日本最高裁判所判决驳回上诉,认定如果满足"无直接被害人,以通常侦查方法查获该项犯罪实有困难,诱捕对象一有机会即有意实行犯罪"三个条件,诱捕侦查应予容许。[1] 与诱惑侦查类似的是诈术侦查。例如,贩卖鞋底有暗痕的鞋子给侦查目标,从盗窃现场的足迹挖出嫌疑人,判决认为这种侦查具有合法性。再如,警察假装睡觉,行窃者从他的兜里掏出钱包,该判例认为侦查方法也是合法的。[2]

在美国著作中,警察圈套是一个重要问题,往往是条分缕析、不厌其烦地在两个并行的语境中叙述和讨论:警方对圈套的运用;被告人以警察圈套作为辩护理由。"警察圈套若想有效运用,核心要点是模拟真实场景,即创造一个让嫌疑人有机会实施犯罪的环境。场景模仿必须达到逼真的程度,足以诱发犯罪行为,而在案发时点上警员又正好处在便于收集犯罪证据的位置。参与犯罪行为者对陌生人都有戒心,警员通常不可能直接走到嫌疑人跟前,对他说你就这样干吧。必须事先赢得对方信任,要表明自己将从此次违法中获益,或者实际帮助取得违禁品,或者频繁参与犯罪谋划。人们普遍存在一种关切,即如果不是这个圈套起作用,犯罪人原本是会遵守法律的。历史地看,法律从未明确过警员对犯罪的引诱程度,直到今天,法院和立法机构也给不出一个确定而细致的标准供警方在运用警察圈套时加以遵循。不过,早在1932年,联邦法院即已通过判例确认警察圈套可以成为被告人的辩护理由。为此,大法官罗伯茨给出一个经典定义:'警察圈套是警员起意并规划了一次违法行为,如果不是受到警员的设计、唆使或诱骗,行为人就不会采取行动。'以警察圈套作为辩护理由的范围极其广泛,从卖淫、违反禁酒令到走私,甚至包括贿赂执法官员,等等。然而,对于毒品、暴动等直接威胁、伤害他人的严重犯罪,以警察圈套作为辩护理由一般不会成功。"[3]

说英美刑事法缺乏理论是不正确的,它有自己的一套理论,只是与大

---

[1] 参见陈运财:《诱捕侦查》,载日本刑事法学研究会主编:《日本刑事判例研究(一)侦查篇》,元照出版公司2012年版,第102—104页。

[2] 参见[日]田口守一:《刑事诉讼法》(第五版),张凌、于秀峰译,中国政法大学出版社2010年版,第38页。

[3] LaFave & Israel, *Criminal Procedure*, Thomson Reuters, 2009, pp. 326–327.

陆刑事法的兴趣重点不一而已。比如在是否成立警察圈套问题上,美国理论与实务界长期争论主观和客观两种检验标准。有2/3的州采用主观标准,该标准"有两个检验步骤:一是探询违法行为是否由政府官员诱发;二是探询被告人是否具备实施被控罪行的固有倾向。如果被告人时刻准备着,一有机会就乐于实施被控之罪,那么他就被视为有犯罪的固有倾向。一旦被认定具备犯罪倾向,警察圈套的辩护将失去意义。以固有倾向为标准,旨在划出一条界线,区分陷阱是为粗心的无辜者而设,还是为大意的罪犯而设。客观标准又被称为'假设的人'标准,正在赢得更多支持。客观标准的关注点在于政府官员的诱导行为本身,关注违法行为是不是受劝服、引诱等方法的蛊惑,是不是这种蛊惑制造了实在的风险,使原本不打算犯罪的人也实施了犯罪。概言之,主观标准重视被告人采取行动时的心态,客观标准则聚焦警官行为的适当性。从公共政策考虑,客观标准重在防止警官的不当行为,而主观标准是为了不放过坏人。两种标准的核心区别在于对一个问题如何回答:出现犯罪行为是否与警官的劝诱无关?也因此,是否承认固有的犯罪倾向,是分歧以及争论的重点"[1]。

  1986年,美国佛罗里达州发生这样的案件:警察告诉一个女性吸毒者,如果她不想被诉持有毒品罪,就给警方做一回内线,诱捕毒贩班克斯。她接受了警方开出的条件,两次深夜约见班克斯。一番拥吻之后,她告诉班克斯,如果能给她一些好东西,就保证给他一个快乐周末。班克斯如约给她弄到一些可卡因,换来的不是幽会而是拘捕。庭审后,法官拒绝定罪,因为警察使用的方法带有实质的诱导、引发犯罪的危险。州政府的上诉被驳回,上诉法院维持了无罪判决,理由是警方线人用明示或暗示性承诺来获取被告人原本没有的违禁品,使得法庭和公众都无法确定这种诱导只是揭发了既有的犯罪,还是制造了新的犯罪。[2] 几乎与此同时,美国联邦法院给出10项标准,以区别犯罪倾向是已有的还是被警方诱发的:(1)被告人是否迫不及待地回应邀请;(2)不法行为的周边情境;(3)警方建议实施犯罪前被告人的心态;(4)被告人是否正在实施近似的罪行;(5)被告人是否已有犯罪计划;(6)被告人的声誉;(7)被告人在与

---

[1] LaFave & Israel, *Criminal Procedure*, Thomson Reuters, 2009, pp. 329-330.
[2] *State v. Banks*, 499 So. 2d 894 (Fla. App. 1986).

便衣警察讨价还价过程中做了什么;(8)被告人是否在其他场合拒绝过相似犯罪;(9)被控犯罪的性质;(10)以被告人身份背景判断他所提供的毒品的高纯度是否缘于警方引诱。[1]

1992年7月15日上午10时30分至45分之间,英国伦敦西南部温布尔登公园,一名23岁的性感迷人的女郎雷切尔·尼克尔,在光天化日之下竟然被疯狂性侵后残忍杀害,身中49刀,颈部几乎被切断。被害前,她正与自己两岁的儿子和他们的宠物狗非常愉快地玩耍。而最令人心碎的一幕是那个两岁的孩子目睹了这一切恐怖,现场被人发现时,孩子正紧抱着尸体呜咽:"起来,妈咪!起来,妈咪!"不久后孩子就因惊吓而处于恍惚状态,在随后的24小时里没说一个字。渐渐地,在有关人员温柔的诱哄下,孩子终于透露了他所知道的:妈咪遭到一名白人男子的攻击。信息虽少,但与两名证人的描述相符:形迹可疑的白人男子,20岁到30岁之间,身高5英尺10英寸,棕色短发,身穿白衬衫和蓝色牛仔裤,但都说没有看清面部。对54名专案警探来说,凶手或者极为谨慎,或者实在太幸运,现场没有找到任何有价值的线索。除了被害人的血迹,没有其他的血迹,没有DNA样本,没有纤维、毛发,也没有凶器。如此疯狂的攻击,竟然没有留下任何犯罪证据甚至线索,真是不可思议。

于是,警探们希望诉诸法医科学的最新发展,罪案心理分析,通过心理线索,拼凑出嫌疑人的大致形象。这种分析依赖于一些回溯性数据,即谁曾经实施以及如何实施了类似犯罪,然后对其进行人格及行为模式分析。柯南·道尔笔下的福尔摩斯、阿加莎·克里斯蒂书中的波罗,都是成功典范。当然,分析专家必须认识到,人类在作恶方面的创新能力是无穷无尽的。人们总是需要信仰点儿什么,不是宗教就是科学,所以"迷信"二字完全应该作为中性词使用。自希区柯克1945年的影片《爱德华大夫》之后,半个世纪之中人们对犯罪心理分析一直怀有敬意,大要案一旦证据不足,警方便希望得到"心理科学"的帮助。这时,英国最著名的罪案分析专家保罗·布里顿出场了。布里顿查看现场后得出结论,这个罪犯智商及文化程度皆中等偏下,从事体力劳动或其他非熟练工种,单身,独居,同

---

[1] John M. Scheb & John M. Scheb II, *Criminal Law and Procedure*, Wadsworth Cengage Learning, 2011, p.413.

外界少有交往,可能喜欢武术或摄影,从住所很容易走到犯罪现场,对温布尔登公园很熟,目前不使用汽车。他具有基于性变态的人格扭曲,即使在性变态者中也只占极小部分。布里顿的言外之意是,只要找到符合上述特征者,他很可能就是我们要找的凶手。

美国教父级罪案分析专家罗伯特·雷斯勒在案发几周后正好也在伦敦,他不同意凶手来自一个极小群体的说法。尽管有美国专家的反对,伦敦的警探们还是决定朝着布里顿确定的方向走。他们求助于英国广播电视公司一个名叫《犯罪观察》的专门模拟犯罪过程以求得犯罪线索的电视节目。[1]节目播出后,警方接到了800多个举报电话,有四个电话提到了同一个名字:科林·斯塔格。斯塔格是个29岁的临时工,独自住在离温布尔登公园一英里的一个住宅区内。警探在他的住所发现了大量的淫秽杂志、邪教书籍、祭坛、神符和蜡烛,好像直接走进了布里顿描述的世界。斯塔格9月19日被捕,他承认对公园非常熟悉,案发当天上午也曾去公园遛狗,但他声称当时突然头疼,没待多久就提前回家了。两个月后,案件仍然毫无进展,不过调查工作到了一个质变临界点,即将演变为一出由警方操纵的捕风捉影的闹剧。这时候,一位中年妇女拿给警方一封两年

---

[1] 20世纪70年代末至90年代初,欧美非常流行这种电视节目。1992年,正好是温布尔登公园案发生那一年,我翻译了1985年美国《读者文摘》上署名安德鲁·琼斯的一篇文章,《犯罪克星组织如何对付犯罪》(How Crime Stopper Stop Crime, *Redder's Digest*, January 1985, pp.7-10.),刊登在当年某期《人民公安》上。其中一个案例与此案有些雷同:美国新墨西哥州奥布奎克市曾屡次发生"温洛克强奸案",案犯在温洛克商业中心停车场瞄上某个年轻漂亮的女人,在她要上车离开时,持枪上前劫持,驾车到某个偏僻地方,搜光财物并实施性侵,然后开着被害人的车逃之夭夭。4个月中,案犯已绑架、抢劫、强奸了13名受害人,除一次夜间作案,其他都是在光天化日之下进行的。让人难以置信的是,警方竟然没有丝毫线索。后来,奥布奎克《邮报》刊登了根据被害人描述完成的案犯脸部素描,悬赏征集犯罪线索,并保证为举报人保守个人信息秘密。不出几小时,有人来电话说,那个画像上的人他曾经见过。嫌疑人曾有前科,所有被害人都在照片指认程序中非常肯定地加以确认。3小时后,警察拘捕了嫌疑人,并将其送上法庭。提供犯罪线索者得到1000美元,至今无人知晓其真实姓名。侦破温洛克强奸案,成为美国法律实施的一个里程碑。在报上登出嫌犯合成画像并不新鲜,但运用悬赏、身份保密以及警方、新闻界和民间组织三方合作却是首次。至20世纪80年代中期,美国和加拿大有近500个犯罪克星组织,成绩骄人。有6万起案件,95%是重罪,在电话举报的帮助下解决了,找回或查获了价值2.83亿美元的被盗物品与毒品,起诉了15812人,定罪率达95%。不过,回顾30年前美国犯罪克星组织,其初创动机值得称道,但具体做法也须深思反省,比如先在报上公布根据被害人描述完成的画像,再让被害人从一排照片中"捡"出嫌疑人,这种指认程序是否存在瑕疵?

前由斯塔格写给她的交友广告回应信,信中他描述了自己的性幻想:赤身裸体躺在公园里手淫,突然被一位女士发现,并主动上来跟他发生性关系。

这封信启发了警探,他们想让一名便衣女警与斯塔格交朋友,使他充分沉迷于性幻想,然后引诱他透露有关雷切尔的信息。布里顿认为值得一试,这一行动可能是将罪犯送进监狱的唯一机会。1993年1月19日启动了这个计划,一个化名利齐·詹姆斯的女警写信给斯塔格,说自己是一个迷人的金发女郎,在朋友家见到了他写的色情信,非常感兴趣,渴望与他建立关系。这封信当然引起斯塔格的热情回应,他直截了当地表达了对裸体日光浴的痴迷,希望与利齐能有亲密接触。他们开始互通书信,越来越放肆地交流虐待和受虐、控制和羞辱等性变态内容。当利齐表达这些淫荡书信给她带来的快乐时,斯塔格彻底陶醉了。他相信找到了梦女郎,警探们相信找到了嫌疑人。挑逗不断升级,警探们随即举行一次高层会议,在布里顿的生动发言后决定继续这一行动。在为期28周的整个行动中,斯塔格始终否认自己与公园谋杀案有任何牵连。布里顿设计选择在斯塔格的生日这天让利齐和他见面,旁边布置了一大群便衣保护利齐。交谈中,利齐提到她人生中有个肮脏的小秘密,"脱口"说出自己曾经参加一个邪教仪式,其间杀死了一名年轻女子和一个婴儿,这一经历让她如此兴奋而满足,以至于她不可能对没有杀过人的男人有什么亲近感。

斯塔格明白,只要他承认自己杀了雷切尔·尼克尔,他就能得到利齐并在她身上实现自己的性幻想。但是,斯塔格还是重申他没有杀人。交谈差不多一个小时后斯塔格起身离开,临走时亲手递给利齐一封信,上面编造了他和另外一个男人在利齐身上发泄挫折感的下流故事,最重要的,他重复提到一把用作挑逗工具的带血的刀。警探们敬畏地对布里顿说"一切如您所言",并确立了侦查工作的明确目标:证明斯塔格有罪,他从此被称为嫌疑人。利齐继续表达自己的兴趣和兴奋,她在接下来的一封信中,不仅描述了和他一起充满暴力色彩的性幻想,并且特意描述了他的那把刀。斯塔格建议,他们可以去温布尔登公园一起度周末。利齐答应了,见面时又一再追问公园谋杀案,斯塔格又一次坚决否认,并且抱怨警方的不停骚扰。利齐借机说道,真希望这事是你干的,让他们拿你没办法,气死他们。又是几个星期过去了,警方一无所获,他们让利齐去最后摊牌:除非斯塔格是一个凶手,否则她永远不会和他上床。"如果公园谋杀案是你干的,那该多好啊!"虽然一再否认谋杀,但斯塔格又向利齐透露一些细节:雷切尔尸体被发现时的姿势,尤其是两只手的位置。斯塔格说是从警方出示的一张照片上看到的,但讯问者强调当时出示的照片看不到这些细节。这只能意味着,斯塔格当时就在犯罪现场,不过警方沮丧地承认这只是他们的直觉。

持续7个月,耗费百万英镑的心理战不得不收场了。1993年8月17日斯塔格再次以涉嫌谋杀雷切尔·尼克尔被捕,他面对讯问时异常镇静,即使"利齐·詹姆斯"走进审讯室,他也没有慌张错乱。斯塔格在羁押状态下又与警方僵持了13个月,直到接受审判。这时,轮到斯塔格的辩护团队出场了。当他们了解这一所谓心理战的详细过程后,称利齐与斯塔格之间的交谈录音是彻头彻尾的淫秽物品,而且这一切竟然是罪案心理分析专家策划的,令人非常愤怒。技术质疑之外,辩护团队提出合法性质疑,这时公众才发现,批准这一行动的不仅有苏格兰场,还有皇家检控署的高级领导以及他们的律师。1994年3月,英国西约克郡利兹市法院在另一相似案件中,裁定女警以交友结婚为诱饵得到的被告人杀妻的录音证据应予排除,被告无罪。尽管如此,皇家检控署仍然作出了可能是它百年史上最糟糕的决定:起诉斯塔格。主审法官用整整5天时间听审,辩护律师是一位王室法律顾问,他坚决要求排除来自利齐以及布里顿的所有证据。被害人双手姿势的细节,成为控方唯一值得争辩的事实。辩方指出,斯塔格的描述其实并不正确,不是合掌而是在腕部交叉的;斯塔格反复声称被害人遭强奸,但事实上她没有被强奸,这让喜欢雷切尔的人松了一口气。

法庭认为根本无需听取布里顿的证言,直接裁定撤销指控。法官批评警方过分热切,明目张胆地以积极的、欺骗的恶劣方法陷人于罪。法官强调,警察和公诉机构的每一治罪步骤都必须是合法的,不能设计操纵嫌疑人,尤其批评了幕后指使者布里顿。此前很少有法官这样直言批评警方的所作所为。一些心理学家批评说,布里顿最大的错误在于认为嫌疑人是非常罕见的性变态,导致侦查方向的偏离,而实际上凶手只是一个性情残暴的人,一遇反抗就狂怒不已痛下杀手,而这种人格类型的人太多了。但确有许多人相信斯塔格就是凶手,只是由于法律技术原因才逃脱法网。法官撤销指控太早了,如果允许陪审团审判可能是另外一个结果。不过,"公诉方正是由于完全没有任何站得住脚的法医学证据或决定性的目击证人证言才不得不寄希望于那些从一个失败的温柔陷阱中捡来的肮脏的垃圾。除此之外他们什么也没有。就像在他们之前的警察一样,皇家检控署也是在绝望的推动下落入了保罗·布里顿的掌控之中,并且为此付出了惨痛的代价。令许多人感到不安的是,布里顿在决定将斯塔格推到这个怪异的心理闹剧的舞台中心的同时,也将文明社会的一些最低标准推到了边缘。如果斯塔格真的是一个具有杀人倾向的变态狂的话,那么利齐的煽动性的刺激和无休止的挑逗与折磨以及几乎是无可救药的性挫折很可能会使他最终失去控制,导致灾难性的后果"[1]。

第三节　侦查终结与公诉提起

经过侦查,案件事实查明后,进入侦查终结阶段:(1)犯罪行为是否存在,且是否为嫌疑人所实施;(2)嫌疑人身份;(3)实施犯罪行为的时间、地点、手段、后果、动机、目的;(4)有无同案人及与同案人的关系;(5)有无法定从重、从轻、减轻及免除处罚情节。在此,可能遇有犯人不明与犯人所在不明两种情况。若犯人不明,且不符合法定不起诉情形,则不得终结侦查。犯人既然不明,检察官纵使提起公诉,因无法确定被告人而无法开启审判程序,必须继续侦查至水落石出[2]。若犯人所在不明,应否提起公诉,一向有不同见解:一种主张是"对被告所在不明或法权所不及者,亦应提起公诉,此在履行起诉之效果也"[3],这一主张似占多数;另一种主张是侦查既然是除搜集、保全证据之外还要寻找、保全罪犯,则被告所在不明,侦查目的显然尚未达成,岂能终结侦查,充其量仅能称为破案,尚未足至侦查终结阶段,纵为起诉,亦无法使其于审判期日到庭接受审判,毫无起诉意义[4]。

---

〔1〕〔美〕科林·埃文斯:《证据:历史上最具争议的法医学案例》,毕小青译,生活·读书·新知三联书店2007年版,第289—305页、第306—307页。
〔2〕参见林钰雄:《刑事诉讼法》(下册),元照出版公司2015年版,第24页。
〔3〕刁荣华:《刑事诉讼法释论》(下册),汉苑出版社1977年版,第395页。
〔4〕参见林钰雄:《刑事诉讼法》(下册),元照出版公司2015年版,第24页注31。

侦查终结后,依主导侦查的机关不同,由不同的机关决定案件如何处分,而处分决定也不外乎起诉和不起诉两种情况,本节先将"不起诉"剥离出来。如果是检察机关主导侦查,则由检察机关负责侦查终结之处分,确定是否以不起诉来中止诉讼程序;如果是警察机关主导侦查,则由警察机关对不应追究刑事责任的情形决定撤销案件,对应当追究刑事责任的则移送检察机关审查起诉,由检察机关再行决定起诉还是不起诉。由此,在检察机关主导侦查的情况下,如果检察机关觉得不符合不起诉的条件,就必须提起公诉。决定不起诉,不应拖延;决定起诉,则应于卷宗中注明。此项注明之重要意义在于,辩护人阅卷权自此不再受限;在强制辩护的案件中自此即可指定辩护人。起诉书或不起诉书对外公告时,即生终结侦查效力。

不起诉决定又分绝对不起诉与相对不起诉。绝对不起诉的情形包括:(1)曾经判决确定而消灭起诉权,且具实质确定力;(2)时效已完成;(3)曾经赦免;(4)犯罪后法律废止其刑罚;(5)告诉乃论之罪撤回告诉;(6)被告已经死亡;(7)法院对被告无审判权;(8)行为不罚;(9)法律应免除其刑罚;(10)犯罪嫌疑不足。这些绝对不起诉的情况,如果发生在侦查阶段,都应该撤销案件;如果发生在审判阶段,都应当判决无罪。相对不起诉说来比较简单,只有两个条件:(1)案件情节轻微,认为不起诉更为适当;(2)被告已受重刑之确定判决,他罪起诉与此重罪没有关联。[1] 但这两个条件分别涉及主观判断和客观判断。相对不起诉的理论基础是起诉裁量主义或称起诉便宜主义,其合理性在于,即使起诉的条件全部齐备,检察官根据嫌疑人的性格、年龄、境遇、犯罪的轻重、情节以及犯罪后的情况,认为没有起诉必要时,仍然可以不提起公诉。检察官的这一筛选权限,也被称为起诉犹豫。[2] "关于裁量不起诉在刑事政策上的意义,存有争议。但是,从在防止犯罪上,将即使提起公诉也没有处罚必要性的犯罪在审理之前就处理掉,以实现刑事司法程序的有效运转,并回避刑事司法程序所具有的打上犯罪烙印的弊害,便于犯罪人回归社会的角度来看,应

---

[1] 参见褚剑鸿:《刑事诉讼法论》(上册),台北商务印书馆1987年版,第331—339页。

[2] 参见〔日〕川出敏裕、〔日〕金光旭:《刑事政策》,钱叶六等译,中国政法大学出版社2016年版,第107—108页。

将其视为转处即非刑事程序化处理的一种。"[1]

赋予检察官如此之大的对案件的终结权,理由不外乎诉讼经济与回归社会两方面,因此质疑与批评之声不绝于耳。20世纪80年代甚至更早的资料对此已有阐释:"便宜起诉原则,乃谓基于诉讼经济之基本原则以及刑事追诉之目的性等之考量……此等案件原则上均为轻微案件,行为人大多为偶发犯或初犯,对之全部加以起诉,不但徒增讼累,且无刑事政策上之实益,况且就整个反犯罪政策之观点,刑罚并非国家之本能反应,而系国家有目的性之作为,国家行使刑事追诉权,应作目的性之考量,与目的性相左之刑事追诉,宁可舍弃不行使,无须固守有罪必罚之传统原则,但求刑事追诉在刑事政策上之实效。"[2]但是,应诉而不诉,被害人倒是可以私下安抚摆平,唯独为掩饰不利政府的真相而故意躲避公开庭审,是最令公众担心的。

检察机关作出不起诉决定后,可能因有重大瑕疵而当然不生效力,上级检察机关或首长应将其撤销。无效不起诉的情形包括:(1)已经提起公诉,始发现有应不起诉情形,如果未先撤回起诉便就原案又为不起诉决定,则这一处分应属无效;(2)同一案件已经作出不起诉决定,而在无新事实、新证据情况下,重又启动侦查,此时只需将理由通知告诉人、举报人或向上级汇报即可,无须再作不起诉决定书,否则即为因双重处分而无效;(3)同一案件一部分起诉,而另一部分不起诉时,则不起诉部分即为无效,正确做法是将应为不起诉部分在起诉书中列明;(4)告诉乃论之罪未经告诉而作出不起诉决定;(5)案经另提自诉而检察机关仍为不起诉处分;(6)对于法人犯只能由自然人构成之罪,则依罪刑法定原则,应以行为不罚为由予以不起诉,其他处分方法皆属无效;(7)对于死者未以死亡为理由而作不起诉处分,其他处分决定即属无效;(8)对于无审判权的并未以无审判权为由作不起诉处分,其他处分即属无效;(9)欠缺事物管辖权的

---

[1] [日]大谷实:《刑事政策学》,黎宏译,中国政法大学出版社2009年版,第183—184页。

[2] 林山田:《刑事诉讼程序之基本原则》,载陈朴生主编:《刑事诉讼法论文选辑》,五南图书出版公司1984年版,第20—21页。

不起诉决定,属无效的不起诉处分。[1]

对于不起诉处分决定的确定力,颇多质疑。主要的担心在于,其实体确定力有颠覆控诉原则之虞。控诉原则之精义,乃是检审权力分立,各司其职。除少数警察机关主导侦查的司法体制外,检察官负责侦查、起诉,为暂时性决定;法院负责审理、判决,为终局性确定。正是因为法院有使案件争端终局确定的大权,所以才受不告不理原则的拘束,局限于被动角色。若使检察官不但得以主控发动侦查、起诉,其至有使案件终局确定之权,则与集权一身之纠问法官何异?不起诉处分促成滥用检察一体之诱因,使得检察机关上级首长得以透过上命下从之机制,长驱直入审判权核心领域,成为事实上的终审机构,成为系统干预的温床。而且,只要将其中一部分为不起诉处分,效力将及于法律上同一案件之全部,如此岂非开启操纵司法、架空审判之大门?[2]还可补充一点,当犯罪事实一部分起诉,而另一部分不起诉时,如果法院审理结果认为两部分均为有罪,便会形成程序尴尬,虽可作无效不起诉看待,但究属一种诉讼消耗。

我国台湾地区还有独特的缓起诉制度,系指被告人犯死刑、无期徒刑或最轻本刑 3 年以上有期徒刑以外之罪,也就是相对较轻之罪,检察官参酌"刑法"相关条文及公共利益维护,认为以缓起诉为适当者,可以决定 1 年以上 3 年以下缓起诉期间。缓起诉制度是"预防之综合思想"的具体实践,理由是为保护个人自由及社会秩序,只要具体处分恰当,便同时具备加强特别预防及减轻司法负荷两个优点。相较于发动刑罚权以裁判强制矫正被告人,缓起诉本于法恩惠而暂不起诉被告人,使其得以顺利回归社会。[3] 预防效果如何不易评估,但提高司法效益是显而易见的。缓起诉要件包括:(1)实施主体为侦查犯罪的检察官;(2)适用对象有成立犯罪的充足证据,如果犯罪证据不充足,不得为缓起诉,而应为不起诉处分;(3)适用范围参酌"刑法"相关条文及公共利益,应从法政策观点进行一般预防的考虑,而非仅考虑特别预防,简言之,该案继续追诉,并不符合公共利益;(4)向被害人道歉,支付相当数额的损害赔偿;向公库或指定公益团体支付

---

[1] 参见蔡墩铭、朱石炎编著:《刑事诉讼法》,五南图书出版公司1984年版,第186—190页。

[2] 参见林钰雄:《刑事诉讼法》(下册),元照出版公司2015年版,第93—94页。

[3] 参见黄翰义:《程序正义之理念》(一),元照出版公司2010年版,第275—276页。

一定数额的金钱或提供义务劳动;完成戒瘾治疗、精神治疗、心理辅导等〔1〕。

对于缓起诉制度之得失,亦有颇多反省。因为"不起诉后重新启动侦查的门槛太高,所以缓起诉可以说是'避震器',至少给予一段缓冲期间,以资解除检察官遽为不起诉处分后面对的确定压力"。然而,不可否认缓起诉"潜藏着沦为脱手条款的危险,一言以蔽之,缓起诉提供检察官一条模棱两可的另类出路。危险首先可能出现于案件侦查不够完备或出现瓶颈之际,本来检察官依照旧法只能也只应继续侦查,并面对案件迟延的棘手问题,但是缓起诉制却为检察官提供一条将案件提早脱手的终南捷径;为免弊端,学者遂主张,缓起诉处分应以依侦查结果已经到达'足认犯罪嫌疑'的案件为前提。其次,危险可能发生在终结处分阶段,万一本来应该依照法定原则而为不起诉的案件,尤其是犯罪嫌疑不足者,检察官为缓起诉处分者,岂非对被告相当不利? 纵使就法律解释,可以得出'检察官不应如此'的结论,实效也是有限,因为只要案件种类符合,想要指摘检察官违反缓起诉的要件谈何容易? 至于缓起诉处分能否达到大量消化案件的功能,为所谓金字塔形诉讼结构铺路,也是有待观察"〔2〕。

如果是警察机关主导侦查,认为侦查终结后甚至于侦查过程中,发现有法定的不构成犯罪的情况,可以撤销案件,作无罪处理。依我国《刑事诉讼法》的规定:有下列情形之一的,不追究刑事责任,已经追究的,应当撤销案件,或者不起诉,或者终止审理,或者宣告无罪:(1)情节显著轻微、危害不大,不认为是犯罪的;(2)犯罪已过追诉时效期限的;(3)经特赦令免除刑罚的;(4)依照刑法告诉才处理的犯罪,没有告诉或者撤回告诉的;(5)犯罪嫌疑人、被告人死亡的;(6)其他法律规定免予追究刑事责任的。显而易见,该条规定的情形如发现或出现于侦查进行中或者终结后,则撤销案件;在检察院的审查起诉阶段即适用不起诉;在审判阶段即应终止审理。公安部 2013 规定补充了一个应当撤销案件的"没有犯罪事实的"情形。我国《刑事诉讼法》规定:"对于犯罪情节轻微,依照刑法规定不需要判处刑罚或者免除刑罚的,人民检察院可以作出不起诉决定。"最高检 2013 规则补充规定了一种情况:"人民检察院对于经过一次退回补充侦

---

〔1〕 参见黄翰义:《程序正义之理念》(一),元照出版公司 2010 年版,第 270—271 页。
〔2〕 林钰雄:《刑事诉讼法》(下册),元照出版公司 2015 年版,第 83—84 页。

查的案件,认为证据不足,不符合起诉条件,且没有退回补充侦查必要的,可以作出不起诉决定。"严格说来,这一规定赋予了检察院一次退补后即作出不起诉决定的权力。

在日本,侦查终结被区分为警察侦查终结和检察侦查终结。前者涉及微罪处理和移送检察官两种情况,后者涉及补充侦查。第一种情况,即微罪处理,就是司法警察员根据检察官的一般指示,不将某种轻微犯罪移送检察官,而是每月将这些轻微犯罪向检察官集中报告一次,属于对犯罪的非刑罚化处理,不单是从诉讼经济或减轻司法负担考虑,也包含让犯罪者复归社会的刑事政策意义。第二种情况,即移送检察官,是指司法警察员拘留嫌疑人后必须在嫌疑人被拘押48小时以内将案卷和物证移送检察官;检察官认为有必要留置时,在接受嫌疑人后24小时以内,向法官请求逮捕。至于移送检察官后的侦查,属于检察侦查,检察官需要对移送案件进行补充侦查。在警察阶段的侦查,是事实关系尚未查清阶段的侦查,是事实性的、技术性的、有目的性的侦查。而检察阶段的补充侦查,是以警察侦查为基础的法律性的、规范性的、规制性的侦查。根据审判中心主义的观点,认为起诉后的侦查是不允许的。只有在第一次审理前,才可以实施强制侦查;第一次审理之后的收集证据活动,应当属于法院的强制措施。[1]

在欧美各国,案件由警察移送过来以后,如果不具备起诉所要求的证据,经补充侦查仍然欠缺证据,就会以嫌疑不充分为由而不起诉。根据英国《皇家公诉人行为法典》的规定,"只在有现实的、超过51%的定罪前景时,才能启动或延续起诉。皇家公诉人需要考虑定罪证据是否具备可采性与可靠性,必须考虑辩方可能提出的对证据的任何挑战,必须检视各个控方目击证人的证词是否一致,以及其中某人是否具备说谎动机。皇家公诉人还需考虑,如果违法行为太琐细,预计法院只会给予极小的名义上的处罚,那么起诉就不符合公共利益。只要有下列情形,起诉就不是必须的:预期量刑极轻,犯罪出于错误或误解,损失与危害后果极小或已足额赔偿,起诉将极大损害被害人身心健康,犯罪时高龄或有严重精神障碍,

---

[1] 参见[日]田口守一:《刑事诉讼法》(第五版),张凌、于秀峰译,中国政法大学出版社2010年版,第119—120页。

犯罪细节披露将有损信息来源、国际关系或国家安全。当然，罪行越是重大，起诉就越是符合公共利益"[1]。不过，对于不起诉、暂缓起诉等处分决定作出后，诉讼法会给被害人、告诉人救济的机会。

不起诉决定作出后，基于各种原因，还会发生重新侦查、继续侦查或者补充侦查的情形。根据公安部2013规定的规定："公安机关撤销案件以后又发现新的事实或者证据，认为有犯罪事实需要追究刑事责任的，应当重新立案侦查。对于犯罪嫌疑人终止侦查后又发现新的事实或者证据，认为有犯罪事实需要追究刑事责任的，应当继续侦查。"根据我国刑诉法的有关规定，补充侦查可以发生在三个阶段：（1）批捕阶段。对于不批准公安机关提请逮捕的，检察院应当说明理由，需要补充侦查的，应当通知公安机关，并附补充侦查提纲，列明需要查清的事实和需要收集、核实的证据。（2）审查起诉阶段。检察院审查案件，对于需要补充侦查的，可以退回公安机关补充侦查，也可以自行侦查。对于补充侦查的案件，应当在一个月以内补充侦查完毕。补充侦查以二次为限。对于二次补充侦查的案件，检察院仍然认为证据不足，不符合起诉条件的，应当作出不起诉的决定。检察院认为犯罪事实不清、证据不足或者遗漏罪行、遗漏同案犯罪嫌疑人等情形需要补充侦查的，应当提出具体的书面意见，连同案卷材料一并退回公安机关补充侦查；也可以自行侦查，必要时可以要求公安机关提供协助。（3）审判阶段。审判过程中，检察人员发现提起公诉的案件需要补充侦查，提出建议的，检察院应当在一个月以内补充侦查完毕。补充侦查的建议不得超过两次，每次不得超过一个月。

关于先刑后民抑或先民后刑。许多法域采先民后刑的策略，犯罪是否成立或刑罚应否免除，以民事法律关系为断者，检察官应于民事诉讼终结前，停止侦查。如通奸罪成立以民法上夫妻关系存在为前提；亲属盗窃罪免除其刑，以特定民法上亲属关系为前提。所称"应"，表示强制停止，虽然检察官本可自行认定犯罪要件，但为避免民刑认定发生矛盾，既然已经起诉，可以期待民事认定于合理期间内出炉，因此才强制停止。所称民

---

[1] Peter Hungerford-Welch, *Criminal Litigation and Sentencing*, Cavendish Publishing Limited, 2004, pp. 62–63, 79.

事诉讼终结前,表示民事诉讼已经起诉,但尚未判决确定。[1] 可见,如果采取先民后刑的审判阶层递进,范围上似乎限于亲属间犯罪,偶尔涉及财产类犯罪时,且须民事起诉在先,才能作为刑事审判停止的原因之一[2],"如甲诉乙窃占,乙则主张该土地系其所有,是乙应否成立窃占罪,当以确定该土地是否其所有,为先决条件,故乙提起确认所有权之诉者,法院得于民事诉讼程序终结前,停止窃占案之审判,以免刑民两案之判决发生冲突"[3]。

有关民事上的合同纠纷与刑事上的合同诈骗,我国虽有理论争议,但先刑后民是司法实践的基本做法。最高院1998规定中明确,同一公民、法人或其他经济组织因不同的法律事实,分别涉及经济纠纷和经济犯罪嫌疑的,经济纠纷案件和经济犯罪嫌疑案件应当分开审理。这一规定强调经济纠纷与经济犯罪分开审理,意在否定绝对的先刑后民,但有一个前提,也可以说一个障碍,即"因不同的法律事实"。疑难问题并不出在不同的法律事实上,而是同一法律事实,究竟属于经济纠纷还是经济犯罪?实际的情况是,在同一事实中,往往竞合着经济纠纷与经济犯罪,两者从民法与刑法的不同角度都会作出肯定的结论。这时程序上如何处置,民刑以谁为先,便是真正的疑难所在。出于优先惩罚犯罪的考虑,自然认为利弊权衡之下,先刑不会影响后民。比如,被害人请求保护其民事权利的诉讼时效在公安机关、检察机关查处经济犯罪嫌疑期间中断,如果决定撤销案件或者不起诉的,诉讼时效重新计算。

最高院1998规定明确,"人民法院作为经济纠纷受理的案件,经审理认为不属经济纠纷案件而有经济犯罪嫌疑的,应当裁定驳回起诉,将有关材料移送公安机关或检察机关"。但这条规定有个特殊语境,即案件本身先是作为经济纠纷案件受理的,经审理,应当理解为经开庭的实质审理,认为不属于经济纠纷而有经济犯罪嫌疑的。其实,审判实践中,上述两条规定都不会出现什么争议,因为主动权始终在法官之手,并没有与公安机关、检察机关的权力发生碰撞。问题只在于,当法院认为,作为经济纠纷

---

[1] 参见林钰雄:《刑事诉讼法》(下册),元照出版公司2015年版,第23页。
[2] 参见梁恒昌:《新刑事诉讼法论》,三民书局1983年版,第171页。
[3] 褚剑鸿:《刑事诉讼法论》(下册),台北商务印书馆1987年版,第415页。

受理的案件,经审理仍然认为属于经济纠纷,而就在此时,公安机关或者检察机关同样受理了基于同一事实的刑事案件,谁应当停下来,以谁的结论为前提来处置自己正在受理、审理的案件?根据最高院1998规定的解决方案,"法院已立案审理的经济纠纷案件,公安机关或检察机关认为有经济犯罪嫌疑,并说明理由附有关材料函告受理该案的人民法院的,有关人民法院应当认真审查。经过审查,认为确有经济犯罪嫌疑的,应当将案件移送公安机关或检察机关,并书面通知当事人,退还案件受理费;如认为确属经济纠纷案件的,应当依法继续审理,并将结果函告有关公安机关或检察机关"。

乍看起来,最高院1998规定采取了法院优先原则,但这种优先仅止于"函告",只要公安机关、检察机关履行了函告手续,法院似乎再也无力阻止公检法三机关作出不同结论。最高院1998规定之后的10年间,司法实践基本形成了先刑后民的态势,法院能够不顾公安机关、检察机关的观点,自主作出判决的情况极少,而且即使作出判决也没有实际意义,因为在经济犯罪成立的情况下,被告人如果被定罪投入狱中,即使民事上胜诉,也无法兑现其民事权利。更有甚者,即使法院在审理经济纠纷案件的整个过程中,并未涉及任何刑事嫌疑,但在民事判决作出后,败诉的一方不仅不执行法院判决,反而转向公安机关、检察机关,以合同诈骗等由头进行刑事追诉,以刑事追诉化解民事败诉,民事判决几无既判力可言,且以刑压民的态势愈演愈烈。当事人不仅发动侦查机关以刑事立案来化解民事上不利于己的判决,而且说动民事法官以发现犯罪为由驳回民事起诉或者不作出判决,从而让民事上原本有利的一方陷入期限不定的等待,民事权利被莫名其妙地终结和悬置。

正是在此背景下才有了最高院2007意见,该意见序言中指出:"民事案件审理中,法院发现案件的全部或部分事实涉嫌刑事犯罪,或者案件所涉的犯罪事实已经法院刑事判决,由于实践中具体运用的标准不统一,致使当事人的民事诉讼权利得不到应有的保护。"为此,形成了一些超出最高院1998规定的处理意见,其中最突出的是最高院1998规定中的发现与移送,以不同法律事实为前提;而最高院2007意见则强调"正在审理的民事案件,人民法院发现案件的全部或部分事实涉嫌刑事犯罪",显然是针对同一法律事实而言。不知是一种衔接疏漏,还是一种有意调整?但无论如何,最高院 2007 意见并没有解决此前的以刑压民、以刑代民的问题,而且由于最高院 2007 意见中明确规定"对已全案移送公安机关或检察机关的案件,在上述机关侦查期间,当事人又以相同事由向法院起诉的,法院应当裁定不予受理或驳回起诉",必然会给在审民事案件中预期不利的当事人一个提示,假如能够说服主审法官,或者让主审法官"发现"本案涉嫌刑事案件,便可以驳回起诉,甚至在开庭审理之后驳回起诉,并且在整个侦查期间都不再受理相同事由的民事起诉。

真实案例是,甲向公安机关报案,称乙对其进行合同诈骗,公安机关决定刑事立案;而丙则向法院起诉甲拖欠货款,且已开庭审理。丙对甲胜诉在即,法院突然裁定驳回丙的起诉,理由是主审法官"发现",甲、乙之间的刑事案件涉及丙,应当待侦查机关对乙是否构成犯罪作出结论之后再受理丙的起诉。该案是发生在北京市某区的真实案例。问题在于以下几个方面:(1)该案并非由公安机关"函告"丙诉甲之民事主审法官,说有甲对乙的刑事控告,而丙起诉甲的民事诉讼材料中,无法反映出公安机关的相关刑事立案,那么,法官如何发现丙涉嫌案件便令人狐疑;(2)在侦查机关对乙立案后,甲是举报人,丙最多是证人,在侦查机关对丙没有立案侦查,甚至没有采取初查措施的情况下,法官作出驳回丙对甲民事起诉的裁定,无异于以乙案的侦查期限推迟丙的民事案件的审理期限,并不符合最高院司法解释的精神;(3)驳回民事起诉何其仓促?起码应当等到侦查机关表示并确实涉嫌犯罪且作出立案决定之后;(4)如果法官说自己亲自去过公安机关了解情况,那么这是否属于我国《民事诉讼法》规定的"法院认为审理案件需要的证据,人民法院应当调查收集"?是否形成取证的询问笔录?(5)根据有关司法解释的规定,法官主动调取证据并不包括发现在审案件涉及犯罪,法官此番对侦查机关的"走访"是没有法律依据的。

关于民刑孰先问题,成为一个难有共识与定论的旷日持久的争论。首先要反思"以合法形式掩盖非法目的"。这一表述出现在《民法通则》第 58 条和《合同法》第 52 条,其意义却远超民法境界,经常由刑事违法反向瓦解民事合法,比如房产证未过户还是要按受贿处理。这说明民法的判断可能是形式的,但刑法的判断必须要看形式后面的实质,看有没有权钱交易。再比如行政法上承认的出国证件,其有效性有时会被偷越国(边)境的目的所否定。最为恣意的是,目的审查者是谁,很不清晰,以至于边检人员凭一己判断,便有了对出境目的的审查权,而这个审查权原应由发放签证国的使领馆人员行使。使领馆既已核准签证,说明出境目的已为签证国认可,即使这个目的不实,也不应由边检人员判定。可理论上认可不代表实践中照做,以实质正义的名义化解形式合法的案例屡屡发生,用形式合法阻截目的审查的判例却极为少见。[1]

法的逻辑有时的确是"愚蠢的",可如果不把这种"愚蠢的"法逻辑一以贯之,坚持到底,或者说,如果把掩盖了目的的形式都彻底否定,那么就会滑入"本质"的深渊。不以次计而以时间计,以合法的、不合法的各种身份或者无身份的各种关系作掩护,一段时间内进行钱色交易的,算不算卖淫?如果算,那么二奶、小三就都是妓女了。如果循此思路,正妻的"本质"可能也有待揭示。经典作家曾最为深刻地揭露婚姻的"本质",大意是说,资产阶级的婚姻实际上就是一种伪善地掩蔽着的正式的和非正式的卖淫。"妻子和普通的娼妓不同之处,只在于她不是像雇佣女工计件出卖劳动那样出租自己的肉体,而是一次永远出卖为奴隶。"[2]在试图惩处以"假结婚""假离婚"形式骗取征地款的行为时,是否想过,只要履行了法定手续,就是结婚、离婚了,哪有什么真假?如果先由刑庭认定其以假结婚、假离婚的方式骗取征地款,进而构成诈骗罪,那么是否意味着结婚证自动失效,离婚的自动恢复夫妻关系呢?

对于公诉案件而言,侦查终结后,不符合不起诉条件的,起诉是必须的吗?1951年,英国总检察长肖克罗斯爵士曾经回答过这个提问:"犯罪嫌疑人将自动被起诉,这从来都不是我们国家的规则,我希望永远不是。"即使证据充分,有非常现实的定罪前景,仍然必须在每一案件中考量公共利益。如果起诉不符合公共利益,也可以不起诉。不过,在这里,所谓不起诉的公共利益,必须是极为明显的,如果不是明确地超过起诉的公共利益,那么通常还是要起诉的,否则滥权就不可避免。也就是,即使有某些倾向于不起诉的因素,起诉还是要照常进行,将这些因素交由法庭在量刑时加以考量。罪行越是重大,起诉就越是符合公共利益。比如,一旦定罪

---

[1] 参见邓子滨:《中国实质刑法观批判》,法律出版社2017年版,第37—38页。
[2] [德]恩格斯:《家庭、私有制和国家的起源》,载《马克思恩格斯选集》(第四卷),人民出版社1972年版,第67页。

被告人将被处以重刑,犯罪时使用武器、暴力或以暴力相威胁,犯罪针对警察、狱警或护士等服务公众的人员,被告人处于有权威或被信任的地位,犯罪经过深思熟虑,结伙犯罪,被害人极易遭受二次伤害,犯罪动机来自对被害人种族、国籍、性别、宗教信仰、政治观点、性取向等的歧视或敌视,再犯,尤其是法庭发出禁止令后的再犯,或仍有再犯可能,罪行不甚严重但在当地却有广泛的不良影响,等等。[1]

我国是由警察机关主导侦查的,侦查终结后,由侦查机关制作移送起诉书,将案件移送检察机关审查起诉。有学者认为这体现了慎重起诉的思想,也是对侦查成果的检验和侦查活动的监督,为出庭公诉做充分准备,并排除可不起诉的案件,以节省司法资源,是一项好的制度。[2] 根据我国刑诉法的规定,审查起诉必须查明犯罪事实、情节是否清楚,证据是否确实、充分,犯罪性质和罪名的认定是否正确;有无遗漏罪行和其他应当追究刑事责任的人;是否属于不应追究刑事责任的;有无附带民事诉讼;侦查活动是否合法。而步骤和方法则由最高检 2013 规则加以规范,主要是讯问嫌疑人,听取辩护人、被害人及其诉讼代理人的意见;要求侦查机关进行相关鉴定;可要求对勘验、检查进行复验、复查;对物证、书证、视听资料、电子数据及勘验、检查、辨认、侦查实验存在疑问的,可以要求侦查人员提供获取、制作的有关情况,询问提供笔录的人员和见证人;对证人证言笔录存在疑问或者认为对证人的询问不具体或者有遗漏的,可以对证人进行询问;应当审查相关或全部录音录像;制作的笔录应当附卷,最后制作案件审查报告,提出处理意见,经公诉部门负责人审核,报请检察长或者检察委员会决定。

犯罪诉追,有国家诉追及私人诉追之分。其中,由代表国家的检察官诉追犯罪者,谓之公诉;由被害人诉追犯罪的,谓之自诉。当然,还可以从告诉乃论和非告诉乃论的角度划分,但无论如何,只有公诉才是刑事诉讼的核心。除非特别指出,本章中起诉与公诉同义。就公诉的提起而言,英美法与大陆法的主要差异在于起诉书之外是否并送侦查卷证,由此决定

---

[1] Peter Hungerford-Welch, *Criminal Litigation and Sentencing*, Cavendish Publishing Limited, 2004, p.78.

[2] 参见张建伟:《刑事诉讼法通义》(第二版),北京大学出版社 2016 年版,第 449 页。

了后续的中间程序、准备程序中的内容和步骤都有所不同。"13 世纪至 19 世纪中叶盛行于欧洲大陆的纠问主义审判制度,被告不知被指控的罪名,不知孰为指控者,不知有何证据。证人由法官秘密询问,询问时当事人双方皆不在场。当事人虽得以书面提出问题,请求法官对证人询问,但法官不受当事人请求之拘束。待全部证人询问完毕,书记官始向被告朗读证人笔录,被告才知悉证人证词,当时的法学家认为此为发现真实的最理想的方式。依现代文明国家的法律规定,国家机关指控人民犯罪,必须向法院提出起诉书,起诉书上必须明确记载被告之人别资料及犯罪事实、证据及所犯法条,其目的即在彻底根除中世纪时代纠问制度之恶。"[1]

详言之,起诉书是提起公诉的要式文件,应记载下列事项:(1)被告人姓名、性别、年龄、职业、住所或居所或其他足资辨别之特征,以及案由和案件来源;(2)犯罪事实,包括犯罪的时间、地点、经过、手段、动机、目的、危害后果等与定罪量刑有关的事实要素,以及起诉根据和理由;(3)证据,让法院与被告人及其辩护人知悉,到底凭什么认定本案已达足够犯罪嫌疑程度,法院借此得知检察官可能申请调查的证据方法,较快进行审判期日的准备,也有助于判断有无侦查尚未完备情况下的滥诉[2];(4)触犯的法条;(5)证人、鉴定人名单、联系方式以及是否出庭等有利审判的个案特殊情况,不过,应当避免具体的证据描述,防止法官有罪预断。起诉书未记明上述事项,法院应谕知不受理,因为记载不明,意味着没有具体的指控。当然,如果只是遗漏所犯法条等个别事项,应当要求检察官予以补正。起诉书的基本功能还在于,告知人民拥有就同一犯罪事实不受重复起诉的权利,确保法院作出适切的审判。因此,"起诉状,不特为公判之请求书,亦即对于被告攻击之通知书。是其记载应力求明确"[3]。

"如被告姓名不明,即记载相貌、体形等足资辨别其所指为被告之事项,亦无不可,然以被告之假名、冒名或绰号而起诉者,亦属适法,如以其他事项足以辨别其系起诉所指之被告,不因其姓名不同,影响其起诉之效

---

〔1〕 王兆鹏:《起诉书与基本人权》,载王兆鹏:《一事不再理》,元照出版公司2008年版,第83页。

〔2〕 参见林钰雄:《刑事诉讼法》(下册),元照出版公司2015年版,第117页。

〔3〕 陈朴生:《刑事诉讼法论》,正中书局1970年版,第173页。

力。"[1]最高检 2013 规则也有特别条款指出:"被告人自报的姓名可能造成损害他人名誉、败坏道德风俗等不良影响的,可以对被告人编号并按编号制作起诉书,并附具被告人的照片,记明足以确定被告人面貌、体格、指纹以及其他反映被告人特征的事项。"曾有一案例题,张三骑摩托车因无牌照而被警察拦截,竟冒名李四应讯,且对车的来源支吾其词。经查,该车系他人失窃物,遂以李四为嫌疑人姓名制作报告书。检察官因李四居无定所而决定羁押,且认李四有窃盗罪嫌,制作起诉书提起公诉。法院审理过程中,李四供出冒名经过并经查实。惟其始终否认行窃,辩称向不详姓名者低价购买而得。法院乃以窃盗罪证尚欠充分,改判张三故买赃物罪。题解曰:检察官提起公诉系以涉嫌窃车者为追诉对象,且一直在押,张三或李四,皆不影响公诉效力。但有罪判决变更原起诉法条,以不妨害事实同一性为前提,窃盗与故买赃物,截然不同,法院显然是对未经起诉之罪加以审判,有违不告不理原则。[2]

公诉的对人效力只及于被告人,但公诉的对事效力却及于犯罪事实的全部。不过,所谓全部犯罪事实,也应以起诉的犯罪事实为限,法院不得就未起诉的犯罪加以审判,且已经起诉的案件,不得向法院重行起诉。因此,法院应做好长期的案卷归纳整理工作,重要意义在于知晓本院审判过哪些案件。刑事案件一经起诉于法院,即有下列重要效果:(1)发生诉讼系属,产生受法院审理、裁判的状态,受诉法院负有审判义务;(2)禁止重复系属,以防一案两审两判;(3)使土地管辖权恒定,且以起诉系属当时情形为准;(4)事物管辖之有无,则以起诉时至最终裁判时为准;(5)追诉时效停止的原因视为时效消灭的情形;(6)审判须以被起诉的特定人为限,并应以起诉书所控犯罪事实为其审判范围,不可逾越,诉外裁判部分应予撤销。[3]"据此,设若审判程序中发现超出起诉之犯罪事实同一性的其他犯罪事实,法院基于不告不理,非经另行起诉,不得就未经起诉之其他犯罪事实加以审判……反之,起诉犯罪事实同一性之内,即属公诉效

---

[1] 刁荣华:《刑事诉讼法释论》(下册),汉苑出版社 1977 年版,第 394 页。
[2] 参见蔡墩铭、朱石炎编著:《刑事诉讼法》,五南图书出版公司 1984 版,第 201 页、第 214 页。
[3] 参见朱石炎:《刑事诉讼法论》,三民书局 2010 年版,第 331—332 页、336—337 页。

力所及范围。……例如,检察官起诉甲窃取乙口袋内之皮夹,审理中发现甲于该次盗行尚且窃取乙口袋内之手机,此即一部犯罪事实起诉效力及于全部之典型案例。"[1]

公诉是可以撤回的,但必须以书面形式。"检察官系代表国家为原告,乃所以检举犯罪,认有追诉之必要者,始予诉追(部分犯罪认非必要者可采便宜主义,得不起诉)。则倘于起诉后,发现有应不起诉或以不起诉为适当之情形者,自得撤回起诉。"[2] 撤回起诉应于一审判决前提出,也有规定须于一审庭辩终结前提出者。在审判期日以言词撤回起诉者,非经补提撤回书,其撤回不生效力。撤回起诉书与不起诉书有同一效力,应以正本送达被告人及被害人,被害人应有申请再议权。就撤回起诉的范围而言,"检察官对案件之起诉系属任意性,其撤回亦然,共犯中一人或数人,得自由起诉,而对数罪中择其一罪起诉,亦无不可。同理,上述被告一人或数人,一罪或数罪,而撤回者任其自由,故其撤回起诉之范围,并无限制。但实质上一罪或裁判上一罪之案件,仅就其中一部撤回者,不生效力。……至于告诉人撤回告诉者,法院应为不受理之判决,但检察官撤回起诉者,其效力既与不起诉同,法院自毋庸为程序上之处分,而撤回以其撤回书视为不起诉处分书,故检察官无须再为不起诉之处分"[3]。

也有比较罕见的驳回公诉的情况,比如日本著名的"鞭痕红斑伤害案"。被告人是出租车司机,因超速被警察抓获。可被告人强调没有超速,且拒不交出驾驶执照,因此与数名警察争论起来,互相推挤,乱作一团。大约十多分钟后,被告人作为违反道路交通法的现行犯被逮捕。当时警察曾使用暴力,紧掐被告人脖子,并将其左手反拧到背后。被告人次日因脖子疼痛请医生诊断,有鞭痕红斑伤害的症状,需要住院治疗。住院两周后又休养了两周。被告人状告到东京都,请求损害赔偿,获得胜诉。可在刑事案件方面,因超速被起诉于大森简易裁判所。大森简易裁判所认为被告人确实超速了,但逮捕却是非法的,不能默认警察的暴力行为,驳回了公诉。驳回的理由是,被告人的行为显然不符合拒绝出示驾驶执

---

[1] 林钰雄:《刑事诉讼法》(下册),元照出版公司2015年版,第139—140页。
[2] 梁恒昌:《新刑事诉讼法论》,三民书局1983年版,第158页。
[3] 刁荣华:《刑事诉讼法释论》(下册),汉苑出版社1977年版,第404—405页。

照罪,只可能构成超速罪。但是,首先,逮捕地点距测速地点 300 米以外,而在此过程中,既无追喊的事实,亦无逃跑的意图,难于认定为现行犯或准现行犯。其次,被告人并未拒捕,而警察却在大庭广众之下横加暴行凌辱,致使被告人住院治疗。为了收集有罪证据的侦查活动是有限度的,超过限度的侦查,如同拷问一样是不容许的。可以说从逮捕到审讯,事实上违反了日本宪法,并违反了程序公正。由于检察官抗诉,东京高等裁判所撤销了原判,辩护人又上诉到最高裁判所。最高裁判所认为,东京高等裁判所的判决是恰当的,根据其判决理由,即使在逮捕程序上有过违法,却不至于使公诉程序无效。但无论如何,大森简易裁判所以程序违法为由作出驳回公诉的判决,当时被认为是日本从未有过的。[1]

鞭痕红斑伤害案之后,日本又接连出现驳回起诉的判决,这在日本刑事诉讼法史上非常引人注目。某被告人在 19 岁 3 个月时因事故被控业务上过失致伤案,本应送交家庭裁判所,但由于警察制作侦查材料不合要求,在警察机关往返修正两次,耽误了时间,被告遂满 20 周岁,只能在简易裁判所提起公诉。辩护人认为提起公诉有瑕疵,高等裁判所承认了辩护主张,驳回公诉,但却遭到最高裁判所否定。[2] 另一案件发生在名古屋,被告自称日航飞行员,在富山市一家咖啡馆听到有个姑娘说想当空姐,便声称可以介绍她到日航。16 岁的女孩信以为真,随被告到石川县片山津。被告人的行为符合以猥亵为目的诱拐的构成要件,被初审法院判刑 1 年。该案属亲告罪,但告诉后、初审判决前,二人结婚了。日本刑事诉讼法规定告诉罪在起诉前可以撤销,应解释为起诉后不能撤销。而当被诱拐人与诱拐人结婚时,除非婚姻是无效的或可撤销的,一般是没有告诉效力的。

两相比较,重点若在刑法,则结了婚就不能处罚,因结婚而受处罚,婚姻还要不要维持就成了问题,处罚孩子父亲,莫非国家出面帮助母亲养孩子?重点若在刑诉法,则一经起诉就固定下来,和此后的情况变化无关。初审法院采纳后者,一经起诉,就不允许介入被害人的个人意见,于是作

---

〔1〕 参见〔日〕松尾浩也:《刑事诉讼の原理》,东京大学出版会 1974 年版,第 320—321 页。

〔2〕 参见最判 1969 年 12 月 5 日刑集第 23 卷第 12 号第 1583 页。

出有罪判决。但在上诉审中,名古屋高等裁判所虽然不愿看到起诉后撤回控告致使程序全部作废,但考虑到二人已经结婚,不必拘泥于起诉之前还是之后,因而决定驳回公诉。[1] 驳回公诉对检察官之杀伤力极为严重,自确定力而论,不得就同一案件再行起诉。驳回公诉裁定与不起诉处分有相同确定力,检察官再行起诉受到严格限制,但不起诉是检察官自愿而为,而驳回公诉往往违背检方意愿,检方有极大的动力搜集新事实或新证据,力图翻案。[2] 检法纠缠过程中,倒霉的自然是被告人。

第四节 卷证不并送与证据开示

卷证并送与卷证不并送是两种制度选择,目前的趋势是卷证不并送,但其选择理由,无不来自与卷证并送制度的比较。卷证不并送又称起诉状一本主义,是指起诉书之内不记载使法官产生有罪预断的文字,起诉书之外不附加侦查案卷及其他证据。作为一种制度,卷证不并送是当事人主义诉讼的产物,主要是为了防止有罪预断,以便法官在第一次开庭前保持完全空白心证,公平公正地审理案件。由于法官没有事先接触证据的机会,就不得不将证据调查的主导权交给当事人。[3] "在当事人进行主义之制度下,法院应自'追查事实之地位'退居为'判断者之地位',由当事人一方之检察官提出主张及其事实,因此检察官对于追诉之事实(即法院审判之事实),有必要加以明确化。而被告系防御者,本于其诉讼主体之地位,应有充分之准备而到庭,为使追诉对象明确化、特定化,应在起诉状内记载事实。"[4] "日本战后刑事诉讼法因英美法之影响,而倾向于当事人主义,亦采所谓起诉状一本主义,起诉时不将证据全部提出于法院;且其起诉状所记载之犯罪事实及罪名,并应明示其诉因及法条,使被告得适当行使其防御权。……而大陆法基于职权主义之理论,提起公诉,不过

---

[1] 参见名古屋高判1957年5月12日高刑集第10卷第2号第157页。
[2] 参见王兆鹏:《刑事诉讼讲义》,元照出版公司2009年版,第525页。
[3] 参见[日]田口守一:《刑事诉讼法》(第五版),张凌、于秀峰译,中国政法大学出版社2010年版,第163—164页。
[4] 黄翰义:《程序正义之理念》(三),元照出版公司2010年版,第132页。

为公判之请求。故起诉时,应将有关卷证一并提出于法院。"[1]日本从职权主义向当事人主义成功转变,开大陆实体法与英美程序法妥适结合之先河,也为我国提供了先例。

我国《刑事诉讼法》规定,检察院作出起诉决定,向法院提起公诉,并将案卷材料、证据移送法院[2];有学者更是明确主张,"实不应将起诉状一本主义奉为经典"[3]。理由在于,凡继受欧陆法制,法官必求发现真实,拟具判决理由,必须充分掌握案情资讯,才能判断究竟要不要主动或依申请传唤证人或调查证据。鉴于案件越来越复杂,若无卷证可资参照,案件便难以厘清。另外,卷证并送一般都与阅卷权相互配套,不仅法官接触卷证,辩护人亦得享有毫无限制的阅卷权,从而事先充分了解检察官的起诉证据,有助于行使防御权。而如果卷证继续留在侦查机关或检察机关,难免有在起诉后又根据控方需要被篡改更动的可能。有罪判决率与卷证并送无必然联系,以日本为例,虽采卷证不并送制度,但有罪判决却占全部起诉案件的99.7%,远高于德国及我国。这一统计数据力图否定的,是法官的先入为主,而在这一派学者看来,审判程序空洞化、法院违反直接审理,径以卷内侦讯笔录为判决基础,才是症结所在。[4]

支持卷证不并送的观点认为,卷证并送制度在检法之间没有适当的停顿与阻断,一气呵成的节奏"似与无罪推定原则之旨趣背道而驰。盖因起诉之时相关卷证一旦并送法院,检察官与法院间之关系将形同接棒关系,对被告所为有罪之心证持续地被维持着"[5]。在卷证并送叠加浓厚职权主义的时候,侦查机关与审判机关形同接力赛,侦查过程中所取得的证据资料,作为卷证原封不动交由法院继续办理,法官审理犹如侦查程序的延续,不论卷证并送于审前程序还是公判程序中,法官手中早已持有被

---

[1] 陈朴生:《刑事诉讼法论》,正中书局1970年版,第173—174页。
[2] 根据公安部2013规定的规定:侦查终结后,应将全部案卷材料按照要求装订立卷。向人民检察院移送案件时,只移送诉讼卷,侦查卷由公安机关存档。由这一规定可知,检察院看到的并不是全部案卷材料,辩护律师更是如此。
[3] 张丽卿:《刑事诉讼法理论与运用》,五南图书出版公司2007年版,第522页。
[4] 参见林钰雄:《刑事诉讼法》(下册),元照出版公司2015年版,第118—119页正文及注5。
[5] 黄朝义:《无罪推定:论刑事诉讼程序之运作》,五南图书出版公司2001年版,第26页。

告人被诉的相关卷证,在法庭上俨然成为另一个追诉者或帮诉人。因此,法官在面对审前程序调整,决定证据提出的顺序、方法,或者控制诘问程序时,宛如电影导演,手持检察官编写好的剧本,指导控辩双方按照剧本要求上演对手戏。由于剧本必须烂熟于心且不得更改,演员称职与否都不影响剧本转化为影片。如此一来,证据问题都被掩盖,证据规则被削弱[1],辩护人也因熟悉个中奥秘而应付了事,证据疑点再也无人问津。可见,两种制度安排孰优孰劣,需要在正反两方面的比较中寻求答案。

日本经历了由卷证并送向卷证不并送转变的全过程。"二战"前,"以法官负有查明事实真相之权限及职务之职权主义为前提,从而,法院之审理固然自接手犯罪事实为始,但审理、判决之对象并不受该犯罪事实之拘束,反而得由法院本于裁量之权限践行证据调查,惟战后之刑事诉讼法由职权进行主义导向当事人进行主义,强调审判与追诉分离之弹劾主义,采取卷证不并送制度,以当事人进行主义为基本原理,原则上当事人有搜集、提出证据之权利、义务,法院仅有补充调查证据之职权,在强调被告诉讼主体之防御权的结果下,使依检察官意思而被明确界定范围之诉追对象,有必要特定为审判之客体。亦即,日本战后仿效英美法陪审团制度中之卷证不并送制度,在审判期日前,为避免法官之预断,禁止其接触一切证据,而应以如白纸之状态开始审理为前提。由于采用当事人主义,为尊重检察官之诉追意思,同时对被告应事前告知事实使其明了,以便利其进行防御。而判决系针对诉因所为,可确立诉因乃审判之对象,具有审判活动指标之功能,应无疑义"[2]。法官预先详细审阅侦查卷证资料,等同于让审理程序接续了侦查程序,不利于法院中立、超然与公平[3]。"而证卷不并送制度,系用以隔绝检察官侦查与法院之接续性,乃采行当事人进行主义之结果,其意义,则成为强化无罪推定的重要原则之一。"[4]接续侦查,一语道破卷证并送的天机。

毋庸讳言,日本的转变来自于美国占领的"压力",而其革故鼎新的制度契机则是1946年4月的日本宪法修正草案。该修正草案割断了侦查

---

[1] 参见黄朝义:《刑事诉讼法——制度篇》,元照出版公司2002年版,第69—70页。
[2] 黄翰义:《程序正义之理念》(三),元照出版公司2010年版,第130—131页。
[3] 参见朱石炎:《刑事诉讼法论》,三民书局2010年版,第334页。
[4] 黄翰义:《程序正义之理念》(三),元照出版公司2010年版,第125—126页。

与审判的连续性,明文确保被告人受法院的公平审判,是日本刑事诉讼法转向美式当事人主义的法律制度基础。联合国军事总司令部1948年3月曾向日本政府建议提起公诉的两个要点:(1)公诉应由检察官以书面行之,并应简洁且明确记载被告人姓名等事项;违反的法令法条;公诉事实,包含何时、在何处、如何发生等。(2)不得在起诉书内引用警察官或检察官之侦查笔录及任何证据种类,并不得并送任何证据。联合国军事总司令部建议的理由是,法官事先阅览侦查笔录,再莅庭进行审判,有罪心证已成,属完全书面主义的审判方式,实与中世纪纠问主义无异。日本政府并没有即时改弦易辙,而是全盘反对这一建议,坚持认为法官事先了解案情有利审判,或者说,如果不事先了解案情,审判将无法有效进行。不过,没过多长时间日本政府便渐渐理解了问题所在,并且真诚调整提案,不再提交警察调查笔录,规定"法官不得受调查笔录影响而有预断"[1]。

但当调整后的草案提交国会审议时,日本国会司法委员会就卷证如何处置再次展开热烈讨论。政府委员力图说服国会议员,认为起诉状一本主义才是彻底以审判为中心的当事人主义诉讼。日本实施卷证不并送制度后,理论界和实务界都反馈了许多否定的意见。为此,法务省刑事局曾在各检察厅进行实地调查,以商讨是否有必要动议废止起诉状一本主义。当时的反对理由今天仍然被许多人拿来运用:首先,起诉状一本主义只有与英美陪审团相结合才有意义,而对具有丰富知识及经验的职业法官而言,应当信赖他们不会因为早几天了解案情及证据就形成有罪预断,其实法官通过收音机及报纸、杂志也可以了解案情。其次,实施起诉状一本主义,使诉讼流于技术化的形式,有害于实体真实的发现,且使对证人的诘问过程复杂冗长,迟延诉讼,花费剧增。最后,与预期相反,法庭对峙激烈,无法遽下判断,反而迫使法官庭后反复阅览书证,落入书面审理窠臼。对于相信这些理由的人来说,反驳是没用的。各持己见者自说自话是一种常态。无法说服对方时,或许把各自的主张推到极致,看看在极致状态谁更早地陷入困境。比如赫鲁晓夫和肯尼迪争论谁的国家更有魅力并且谁也说服不了谁,肯尼迪说,好吧,让我们打开边界,看人往哪边跑。

如果不承认预断的有力影响,那么就很难解释为什么当年"从重从

---

[1] 黄翰义:《程序正义之理念》(三),元照出版公司2010年版,第128—129页。

快"打击犯罪的程序表现之一是提前介入。提前介入,相对于检察院而言,是指在受理公安机关移送起诉的案件前,即派员参与公安机关对案件的侦查活动,这一介入的实质动机和效果可以自说自话,既可以是对侦查活动的指导,也可能是提前固定下一诉讼阶段的走向;相对于一审法院而言,是指其在受理检察院提起公诉前,派员参与检察院对案件的审查起诉或自侦活动,甚而直接参与公安机关的侦查活动;相对于二审法院而言,是指其在受理上诉或抗诉前,派员参加一审合议庭评议及审判委员会对判决的讨论。提前介入,最早出现于1983年,后来逐渐为全国各级地方检察院和部分法院在司法实践中肯定和推广,现在仍然不时听到检察长列席审判委员会的做法。提前介入的真正好处是节约时间,形成侦查、起诉、审判三机关的一致认识,从而提高刑诉效率,主要表现为定罪效率。但是,代价也是巨大的,不仅破坏分工、抵消制约,而且最终等同于联合办案,使审判走过场。[1]一种颇有见地的看法是,"事实上并非法官是否有预断之问题,而是制度有无预断之疑虑,此一疑虑本身对于基本人权保障之观点将导致不良之结果,与其称系适用法律者之谬误,毋宁,此乃法律制度建立前即存在之问题"[2]。

再换一个角度思考预断的潜在风险,有实务行家认为,预审案卷不能给鉴定人看,鉴定人根据自己发现的材料给出意见,才是最客观的。如果鉴定人事先接触到案卷,那么他在鉴定中就比较容易做到与案卷的具体细节相符,尤其是当他盲目相信案卷的时候。持不同意见者都需要实际案例,希望这个案例是攻破对方观点的反例。一个富有的老妇人常常要求女护士陪伴过夜,可有一天早上这位老妇人死了,脖子上系了条丝巾,只是系得很松。法医看到案卷中说,经过调查,死亡前夜女护士曾引两人进屋,很快又出来了,显然是这些人勒死了老妇人。法医验证老妇人确实因窒息而死后,凭脖子上的丝巾,断定老妇人的确是被勒死的。不久后,作案人被抓住了,但他们只承认盗窃,而否认杀人。他们说只是用丝巾堵住老妇人的嘴,却解释不清为什么丝巾最后围在脖子上,还导致了老妇人

---

〔1〕 参见樊崇义主编、肖胜喜副主编:《刑事诉讼法学研究综述与评价》,中国政法大学出版社1991年版,第359—360页。

〔2〕 黄翰义:《程序正义之理念》(三),元照出版公司2010年版,第129—130页。

的死亡。预审法官再次询问老妇人的邻居,他们才说出原本以为不重要的细节:为了让老妇人透过气来,恢复知觉,邻居们将堵在嘴里的丝巾拽到脖子下方,又发现丝巾把假牙推至咽喉部,于是又把假牙从嘴里取出,放到抽屉里。正是这些假牙憋死了老妇人。如果鉴定人不了解案卷,他就会发现颈部并无勒紧痕迹,也就更有可能找到真正的窒息原因。[1]

我国台湾地区曾希望在现行起诉审查制之前,于检察院内部再添加一道程序,即"案件经检察官侦查终结,足认被告有犯罪嫌疑者,固应提起公诉。惟为避免检察官滥权起诉起见,亦应赋予被告对于检察官提起公诉之决定声明不服之机会。是被告不服检察官提起公诉之决定时,在案件系属法院之前,亦得声请'监临官'审查检察官之起诉是否具备相当理由"[2]。必须认清,这类司改建议的出发点可能是多样的,希望一并解决很多问题,即便无法确定一个具体目标,这种改革也决不是为了提高刑事追诉效率。但是,这种限制起诉的想法似乎越来越陌生,熟悉的思路总是如何整合资源提高效率。程序法原本应是权力的障碍,决不能成为权力的助手。尤其在侦查终结后,追诉机关已善尽搜集保全罪证之职,一般都会动用相当的强制力,被追诉者处于极端被动的地位,此时最需要某种审查力量把好下一诉讼环节的入口。因此,应当杜绝草率、恶意、政治或宗教迫害的起诉。

如果能够认真贯彻类似德国中间程序的起诉审查制度,就能够起到维护起诉法定原则的作用,并赋予被告人多一次对抗起诉的机会。中间程序之要义在于,侦查终结后,必须先由法院对应否开启审判程序作出一个独立的裁判,赋予法院命检察官补正证明方法以及逾期不补正时驳回起诉的权限。这一起诉审查程序毕竟不同于正式庭审,可采书面审查,而不必言词审理。中间程序不必适用审判中之证据法则,因其目的在于审查滥诉,而非判断实体有罪或吓阻非法取证。因此,该程序的功能,不是积极推进诉讼,而是负面的筛选检控,即强化无证据能力之证据的筛除,

---

[1] 参见[法]勒内·弗洛里奥:《错案》,赵淑美、张洪竹译,法律出版社2013年版,第148—149页。

[2] 林朝荣编著:《检察制度民主化之研究》,文笙书局2007年版,第404页。

防堵其进入公判程序。[1] 为此,由一个独立的法官,也称受命法官,以不公开的方式决定有无必要再行侦查,尽量避免审判不公,使被告人在接到起诉书后有机会提出反对或申请证据调查。当然,反对中间准备程序的理由也很多,主要是担心法官形成有罪预断。解决之道是另外任命法官,由他决定开启审判程序后,再由审判法官接手。对开启审判程序的裁定,原则上被告人及检察官均不得提起抗告。[2]

根据实务经验,必须在准备程序与审判程序之间明确界限,避免"准备程序审判化,审判程序形式化",从而既可"使审判程序能集中、缜密且顺畅有效地进行",也能避免"准备"过于充分,以致审判结果于准备阶段即已出炉。负责准备程序的法官被称为"受命法官",他不负责调查证据,这一职责应当是庭审法官在开庭审理时完成的。只有在法庭上,法官才有机会依当庭举证情况以及对证人的交互诘问程序,"就其言词、陈述语气及反应态度,直接获取正确之心证,以为价值判断之准据"。而整个庭审过程如果不能集中审理,则极易因庭审期间隔太长而无法当庭形成心证。每次重新开庭,要求庭审法官重新唤醒记忆,迫使心证形成于听审之外笔录检视。为此,准备程序应"先行过滤案件、整理争点、筛选无证据能力之证据及安排调查证据之范围、次序及方法"[3]。在准备程序中,就当事人调查证据的申请,受命法官所作的任何决定都是非终局的,有待开启审判后的合议庭最终认定。不过,一旦受命法官决定不开启审判程序,则应当立即释放羁押的被告人。也只有这种不开启审判的决定,对控方来说才是"终局的",所以才允许控方上诉。

我国刑诉法规定了第一审庭前审查程序,主要审查起诉书是否有明确的指控犯罪事实。站在起诉状一本主义立场,庭前审查不利于防止法官有罪预断及先定后审;而站在职权主义角度,庭前审查有利于法官准确把握案情及证据价值。但无论如何,庭前审查都应当侧重程序性的诉讼条件等形式要件,以及审查有无必要继续羁押等,不应当对有罪证据作过

---

[1] 参见黄朝义:《无罪推定:论刑事诉讼程序之运作》,五南图书出版公司 2001 年版,第 189—190 页。

[2] 参见[德]罗克辛:《德国刑事诉讼法》,吴丽琪译,三民书局 1998 年版,第 431—432 页、第 437 页。

[3] 黄翰义:《程序正义之理念》(一),元照出版公司 2010 年版,第 350 页、355 页。

多的实质评价,否则必然虚化庭审,尤其使辩方的当庭辩护归于乌有。参照我国刑诉法有关庭前会议对非法证据排除问题的处理规定,应当将庭前的准备工作尽量局限于程序要点。而所谓第一审准备程序,顾名思义,仅限于审判之准备而已,其目的在于通过准备而使人与物能齐集于审判期日。为此,审判期日前的准备工作,主要包括确定调查证据范围、次序及方法,补正起诉程式,指定审判期日,传唤并通知诉讼参与者,齐集证据方法,以及例外提前进行之调查证据程序,等等。准备程序至审判期日间,仍有可能出现新证据或新争点,造成"调查证据之范围、次序及方法显然与准备程序所定迥异,而有可能因此延滞审理程序之进行,审判长宜谕知另由受命法官开准备程序重新整理事实争点及调查证据之范围、次序及方法,以免有碍审判程序之进行"〔1〕。

而调查证据前置,属直接审理原则的例外,通常有其例外的正当理由。"以现场勘验为例,若未于准备阶段事先践行,审判期日开庭到一半时,一群人等到现场勘验,会是何等情景? 本法因而规定,法院得于审判期日前,预为勘验⋯⋯法院预料证人不能于审判期日到场者,得于审判期日前讯问之。"例外终归是例外,原则上,准备程序处理事项"仅限于诉讼资料之聚集及汇整,旨在使审判程序能密集而顺畅之进行预做准备,不得因此而取代审判期日应践行之直接调查证据程序。调查证据乃刑事审判程序之核心,改良式当事人进行主义之精神所在;关于证人、鉴定人之调查、诘问,尤为当事人间攻击、防御最重要之法庭活动,亦为法院形成心证之所系⋯⋯不得于准备程序询问证人,致使审判程序空洞化,破坏直接审理原则与言词审理原则"〔2〕。

英美庭前程序的专用名称叫庭前听审,首先确定是否需要羁押或者有无继续羁押之必要,其次是评估有无足够支持指控的证据,决定有无必要正式进入庭审。这当然是针对检察官说的,只有他才能决定是否将刑事程序继续进行下去。不过,像其他政府官员一样,检察官也会犯错,被种族偏见、宗教信仰、政治动机或阶级划分等因素所左右,选择性地追诉

---

〔1〕 黄翰义:《程序正义之理念》(一),元照出版公司2010年版,第391页。
〔2〕 林钰雄:《刑事诉讼法》(下册),元照出版公司2015年版,第195页、第199页、第200页注23。

某一特定被告人。庭前听审与大陪审团审查一起,成为制衡政府追诉权力的两种机制,不过一般只允许被告方选择其一。两者的区别是明显的:庭前听审是公开的,控辩双方悉数参与,辩方可以质疑控方证据,最后由法官决定证据是否充分;大陪审团审查是秘密的,只听取检察官一方的控诉意见,最后由陪审员决定是否开启正式庭审。难怪检察官们不愿意面对庭前听审,更愿意接受大陪审团审查。但无论如何,庭前听审与大陪审团审查对证明程度的要求,都远远低于超越合理怀疑,一般只需达到相当理由的水平,同时引入了一个"初步证明的、表面证据充分的"(prima facie)概念,即假定正式庭审中被告方不做任何反驳,便足以导致定罪的一种证明程度。另外,不能进入正式庭审的传闻证据与非法所得证据,在庭前听审和大陪审团审查过程中都可以出示,不适用证据排除规则。[1]

根据英美刑诉法的经验,庭前听审的准备工作包括:(1)由被害人或警官填写起诉书;(2)拘捕嫌疑人或者只发出传票;(3)对嫌疑人姓名、拘捕时间、涉嫌罪名、个人物品进行登记,通常还要给嫌疑人拍照并获取指纹;(4)及时带见治安法官,告知嫌疑人权利,治安法官与庭审法官不得为同一人;(5)具结保释;(6)由治安法官主持庭审前的一次听证,过程类似庭审,让控辩双方进行证据开示,各自评估庭审前景,不过控方举证无需达到排除合理怀疑的程度,辩方还可选择不出示任何证据,而从治安法官角度,只要具备相当理由的指控,就可以安排庭审;(7)检察官决定正式起诉还是不起诉;(8)如果大陪审团决定对重罪进行起诉或者检察官决定正式起诉,则被告人将在法官面前作出认罪或者不认罪的表示。总之,这一庭前听审旨在阻止毫无根据的指控进入庭审,保护人民不受骚扰,省去不必要的司法资源投入,避免人的声誉遭受损害。[2]

"众所周知,英美证据法的大部分内容都是规定某些与案件有关之信息的来源在获准进入审判之前所必须满足的'基本'要求。例如,它包括必须怎样确定实物证据的真实性、应该如何确认证人的个人知识和专门知识以及大量其他预备性问题的严格规则。坚持这些预备性措施的理由

---

[1] Ronald Bacigal, *Criminal Law and Procedure: An Overview*, Delmar, Cengage Learning, 2009, pp.242–243.

[2] Rolando V. Del. Carmen, *Criminal Procedure Law and Practice*, Wadsworth, Cengage Learning, 2010, p.62.

再次与集中型诉讼程序有关。在审判的准备活动是粗略的而且证据材料经常是在开庭时首次被审查的时代,关注这些证据材料的质量显然是合理的。这些证据材料被审查以确定其是否名副其实。犹如古老的普通法谚所示,'证据必须在提出之前打开'。此外,还有一些有力的理由反对使用那些不能以简易方式确认其可信性的证明手段,例如,更加广泛的调查会要求审判延期,而审判延期则会背离时间紧缩式诉讼程序的理想。"[1]
在美国,庭前听审通常有三个主要目的:其一,确定是否具备支持指控的相当理由,让无根无据的指控就此止步,使人们免受骚扰,避免不必要的司法开支,同时也保护了人们的声誉。在不具备相当理由时,应当尽快放人。其二,有些州要利用庭前听审决定,在交付正式审判之前有无必要进行大陪审团的庭前审查。其三,证据开示既是庭前听审的目的之一,同时也是英美刑事审判制度的亮点之一。不过,普通法法院最初在刑事案件中并无强制控方庭审前开示证据的权力,而强制被告方庭审前开示证据更是不可想象,因为这样做有违被告不自证有罪的特权。20世纪30年代以后,普通法承认了法院有权要求控方向被告方庭前开示特定的证据,同时也要求被告方如果有不在现场之类的证据必须事先告知控方,并且要列出证人名单,控方同样必须事先披露手中的否定不在现场的证据。也就是,支持或者否定不在现场的证据,控辩双方必须于庭审前相互告知和展示。根本理由在于,"避免伏击式审判"[2]。

证据开示是由控辩双方互相要求提供各种证据,了解对方已掌握的证据和将要传唤出庭的证人,目的是让双方都把手里的牌摊在桌面,防止伏击庭审,防止一方以某一关键证据出人意料地置对手于死地。尤其是,要求控方充分告知已然掌握的证据,对被告方的有效防御意义重大。[3]当然,争论一直存在。支持者认为,证据开示的理由不应局限于避免诉讼伏击,应当着眼于充分的证据准备更有利于庭审时获得真相。反对者则

---

〔1〕 〔美〕米尔建·R. 达马斯卡:《漂移的证据法》,李学军等译,中国政法大学出版社2003年版,第87页。
〔2〕 John M. Scheb & John M. Scheb II, *Criminal Law and Procedure*, Wadsworth Cengage Learning, 2011, p. 397; LaFave & Israel, *Criminal Procedure*, Thomson Reuters, 2009, p. 953.
〔3〕 Rolando V. Del. Carmen, *Criminal Procedure Law and Practice*, Wadsworth, Cengage Learning, 2010, pp. 39-40.

指出,基于被告方的特权,开示是一边倒的,对控方并不公平,同时给证人造成麻烦和胆怯,客观上可能形成更多的伪证。[1] 换言之,"证据开示存有与当事人进行原则相互矛盾之现象。盖因在当事人进行之原则下,诉讼之当事人彼此间互尽其全力,对于诉讼之争点进行争执,基本上犯罪之真实于此时最易被发现。因此,事前向对造之当事人要求预先阅览其所有证据的证据开示,在理论上并不公平,尚且证据一旦开示后,可能会发生胁迫证人或证据湮灭等妨碍真实发现之现象"[2]。但实际情况是,要求开示证据,利大于弊,不仅使辩方能够更好地防御,而且有利于发现真实。由于检察官属发动进攻的一方,往往经过长时间的精心准备,通过开示证据,可使辩方有一个准备和适应过程,而且,"大致上证据开示系指检察官所持有之证据资料向辩护律师进行开示。盖因检察官与被告(或辩护律师)间对于证据搜集能力存有相当大之差异,且为落实当事人间之实质平等,证据开示便有其必要性"[3]。

证据开示过程中,被告方可列出问题要求对方答复,或者要求提供以下证据:(1)准备传唤的控方证人的基本情况、联系方式及全部证人笔录;(2)被告人讯问笔录及各种声明记录;(3)所有与本案相关的实验室报告、记录及专家声明;(4)庭审中拟出示的书籍、文件、照片等物品,并可要求解释这些物品与本案的关系;(5)被告人及拟传唤证人以前的犯罪记录;(6)所有可能对被告人有利的证据;(7)警方监听的录音录像以及设置警察圈套的全部报告;(8)最初报警的电话录音;(9)检察官将要在庭审时展示的所有实物或记录等;(10)控方专家证人的所有个人情况及意见内容。[4] 证据开示的功效在于四个方面:(1)使被告人的反对诘问权得到保障;(2)可使侦查透明化,防止不当及违法侦查;(3)防止证据,尤其是无罪证据被隐匿;(4)利于被告人了解指控事实,防止突击式裁判,有效行使辩护防御权。[5] 不过,也有一个限制要求,即在证据开示后,禁止

---

[1] LaFave & Israel, *Criminal Procedure*, Thomson Reuters, 2009, pp.954—955.
[2] 黄朝义:《无罪推定:论刑事诉讼程序之运作》,五南图书出版公司2001年版,第72页注37。
[3] 黄朝义:《刑事诉讼法——制度篇》,元照出版公司2002年版,第121—122页。
[4] 参见李义冠:《美国刑事审判制度》,法律出版社1999年版,第67—69页。
[5] 参见黄朝义:《无罪推定:论刑事诉讼程序之运作》,五南图书出版公司2001年版,第72—73页注38、第88—89页。

在开示目的之外使用证据,而且应当妥善保管,不得擅自委诸他人。[1]

苏联刑事诉讼法规定了一个独立的刑事诉讼阶段:交付审判。"在这个阶段,审判员(法庭)审查对案件情节的调查研究是否充分、全面、客观,以及在侦查或者调查过程中是否遵守其他一切法律要求。"由于没有对"不利被告预断"的担心,苏联刑事诉讼法及最高法院都认为,庭审前增加一个交付审判阶段,有助于"正确组织审判庭和顺利开庭",可以通过"准确遵守调整交付审判的条件和程序的法规,保证充分和及时审理案件,并防止无根据的审判"。为此,应当对每一刑事案件查明下列问题:是否属于本法院管辖;指控被告人负有罪责的行为是否具有犯罪构成;有无引起终止诉讼或中止诉讼的情况;是否已搜集到充分的证据,使审判庭能够开庭审理;在提起诉讼、进行调查或侦查时,是否遵守了刑诉法的规定;指控的罪名是否正确地运用了刑法。具体包括三种情况:一是认为定罪正确,决定法庭审理;二是不变更控诉的行文,而按照规定较轻的犯罪的刑法条文改变对行为的定罪;三是如果对犯罪行为要求按照刑事法律规定的更重的法律条款定罪,或者与原先提出的控诉有重大的差别,则将案件发回补充侦查。[2] 至此不难理解,交付审判阶段已尽到许多法庭审判责任,或者说,随后进行的法庭审判已经不可能跳出被告人有罪的预判。

我国最初也效法苏联,对公诉案件进行庭前审查,并且是第一审刑事案件的必经程序。法院对公诉案件的审查包括下列内容:起诉书中列举的犯罪事实,即有关犯罪的时间、地点、动机、目的、手段、过程和危害后果等是否清楚;认定这些犯罪事实有无充分的证据;起诉书认定的犯罪性质和罪名是否正确;有无遗漏被告人的罪行及同案犯;被告人有无法定不应追诉的情形以及无需判处刑罚的情节;诉讼文书是否齐全;案件是否属于本法院管辖。审查中发现疑问的,可要求检察人员补充说明,必要时还可进行勘验、检查,就地询问证人、被害人。犯罪事实清楚,证据充分,被告人应予处刑的,应当决定开庭;主要事实不清,证据不足的,可退回检察院补充侦查;无需对被告人判刑的,可要求检察院撤回起诉;检察院坚持不

---

[1] 参见〔日〕田口守一:《刑事诉讼法》(第五版),张凌、于秀峰译,中国政法大学出版社2010年版,第219页。

[2] 参见〔苏〕蒂里切夫等编著:《苏维埃刑事诉讼》,张仲麟等译,法律出版社1984年版,第305—308页。

撤诉的,法院应当开庭审理,作出判决。[1] 不过,我国刑诉法界很早就开始反省庭前的审查起诉制度,认为难免出现下列问题:(1)法官庭审前即已形成对案件的看法,开庭审理不再是为了形成而只是为了验证法官既有的认识;(2)法官在庭审中的职能发生变化,由于不受起诉限制,法官会主动搜集新证,实际代行了控诉职能而与辩方直接对立,有损公正。[2]

因此,要求淡化庭前审查的呼声,在我国刑诉法修订过程中渐占上风,以致刑诉法将其缩略为一句话:"人民法院对提起公诉的案件进行审查后,对于起诉书中有明确的指控犯罪事实的,应当决定开庭审判。"其立法用意在于,只作形式审查,不作实质审查,配合卷证不并送的制度改革,只要有明确的指控犯罪的事实,就应开庭。随后,虽然延续了"司法解释搞定一切"的做法,但司法解释只是规定在"有明确的指控犯罪事实"之外,"并且附有案卷材料、证据",思路显然是支持形式审查,尽量避免实质审查。因此,最高院 2013 解释规定的审查内容主要涉及管辖、被告人身份、羁押状况,证据材料上特别强调移送"采取技术侦查措施的批准决定"与"相关财物依法应当追缴的证据材料",诉讼参与人的基本情况、联系方式,是否提起附带民事诉讼,以及有无法定不追究刑事责任的情形。

---

[1] 参见王国枢主编、陈一云副主编:《刑事诉讼法学》,北京大学出版社 1989 年版,第 247—249 页。

[2] 参见樊崇义主编、肖胜喜副主编:《刑事诉讼法学研究综述与评价》,中国政法大学出版社 1991 年版,第 432—433 页。

第十一章 法庭审判

> 究竟,在法庭上,发现真实的标准是什么?司法是否有足够的控管机制,以判断出重大的错误并加以纠正?我们又如何能够确保,落入司法磨坊的巨石之间,被无情碾碎的,不会是无辜的人?
> ——汤玛斯·达恩史戴特

有90%的重罪指控在庭审前就解决了,轻罪更是很少进入庭审,但庭审仍然是刑事司法之核心。首先,庭审往往是在陪审团面前进行的,而陪审员们来自社会共同体;其次,绝大多数庭审是公开可见的,吸引人们广泛的注意力;最后,通过庭审来解决案件,总体上会对司法运作产生重要的影响。1066年征服者威廉来到英国之前,刑事被告人可经由他人誓言保证获得清白,也可以看到经由火或水的神裁。我们今天所知的英美陪审团发端于1215年英国贵族要求约翰王签署的《大宪章》,这一历史性文献赋予人民获得同阶人士审判的权利。用了几个世纪的时间陪审团才发展为现在这样有别于欧陆法的普通法运作模式。虽说有普通法的诸多保护,但历史上英国臣民并非总能获得公平审判。15世纪建立了臭名昭著的星座法院,就是为了在普通法之外惩罚王室的敌人。它摈弃陪审团,实行秘密审判,不为被告人提供任何法律上的保护,指控即意味着定罪。它的惩罚呈现出过度的严酷,刑求和肢体刑乃家常便饭。虽然议会于1641年废除了星座法院,美国《权利法案》的起草者们对它仍然心有余悸,不希望它在美利坚死灰复燃,因而将公平审判写入宪法第六修正案,以确保基本自由与公平。[1] 从语义上说,审判的范围比庭审更广,庭审一般专指开庭。庭审是审判的最具实质意义的阶段。

第一节 庭审原则

在刑事诉讼中,庭审是指控辩双方在法庭上各自提出主张和证据,并且展开质证和辩论,法官进行主动程度不一的证据调查,并最终作出有罪或无罪判决的过程。"所有的证据在此亦均需依言词辩论及直接原则、依严格证据之规则及在审判公开的监控下被提出。判决只得'从审判程序中所获取者'才能作为依据。"[2] 现今各法域皆不同程度受到改良式当事人主义诉讼模式的影响,基本采用直接审理及言词辩论原则,即控辩审三方在场进行证据调查,"经由当事人等之法庭活动而获得心证,以实现公平法院之理想。倘与待证事实直接相关之证据,未显出于审判庭,无异剥夺当事人等辨认、表示意见及辩论其证明力之权利与机会,不符公平法院必须透过程序正义之严格遵守,而使实质正义具体实现之要求,自不能以该证据作为判断严格事实之基础,否则即有采证违背证据法则之违法。因此,建立以当事人间攻击、防御为主轴之审判程序,为直接审理原则之核心部分"[3]。实际上,庭审原则的确立与庭审模式的选择,无非是要解决好控辩审三方在场以及如何在场的问题。

首先是裁判者在场。"法院(指为审判的全体法官)必须获得对于本案待证事实的直接印象,为达此目的,法院必须亲自知觉、察言(颜)观色(听其言、观其行),即亲自践行审理程序,尤其是其中的证据调查程序,不能委由他人来践行,纵使是委由受命法官或受托法官询问证人或鉴定人,除法律特别允许之情形外,原则上也在禁止之列;并且,法官在整个审理程序中必须始终在场不得中断,因此,审理中法官如果因疾病、死亡或其他因素而无法审理时,不能由其他法官迳行替代,而是必须更新审理程

---

[1] John M. Scheb & John M. Scheb II, *Criminal Law and Procedure*, Wadsworth Cengage Learning, 2011, p.551.

[2] 〔德〕罗克辛:《德国刑事诉讼法》,吴丽琪译,三民书局1998年版,第447页。

[3] 黄翰义:《程序正义之理念》(一),元照出版公司2010年版,第375页。

序。此项内涵,也称为形式的直接性。以上禁止之理由在于,不管是承认受命法官或受托法官的调查所得,或是承认先前审理法官的审理、调查所得,就等于是承认法院可以承袭其他法官的印象,乃至于心证。如此,诉讼可能变成接力赛,即由其他法官先跑前段,再由认知法院(为本案裁判的全体法官)跑完后段。形式的直接性原则,说得白话些,就是要求认知法院自己跑完全程的原则,也可以说是禁止接力赛。"[1]

其次是控辩双方在场。实践中法官在场往往不成问题,但缺少控辩之一的情形偶有发生,比如上级法院主动提审,虽可能有同级检察院应当派员出庭的规定,但毕竟属于被动出庭,是否出于真诚支持并不明确;再如所谓缺席判决,一般只适应于非羁押的轻微犯罪被告人,或者只在庭前准备程序中才被准许。因此学者多有强调,"非被告到庭不得审判,但有迳行判决之例外,如被告拒绝陈述或未受许可而退庭之情形者,得迳行判决,此与往时缺席判决含有制裁性质者不同,因此种判决,不能违背实体真实发现主义故也"[2]。不过,很早以前即有这样的观点:审判期日应有检察官出庭,以实行公诉。惟检察官上下一体,故无须同一人始终出庭。即有更易,亦毋庸更新其审判程序。[3] 这一观点有欠妥帖,如果允许不同的检察官出庭陈述案件,那么,出示物证、传唤人证的检察官,可能与进行诘问的检察官不是同一人,辩方可能面临重复质证与辩护,交互诘问对峙时,也无法锁定控诉要点,无法进行公平、公正的庭审。而且,依同一逻辑,检察官将案件提交法院审判以后,甚至无需出庭支持公诉,而且事实上也发生过这样的情况。

审判不同于放映纪录片,没看清楚时还可以重放,绝大多数庭审只能进行一次。"审判,可以说是在法庭所进行的犯罪事件的重构,基于实质直接性的要求,法院应该尽其可能运用最为接近事实的证据方法。据此,能够提供待证事项'第一手'资讯的原始证据方法,才是直接的证据方法;反之,从原始的证据方法'派生'而来的证据方法,亦即'证据的替代品',则为间接的证据方法。实质的直接性原则,就是禁止法院以间接的证据

---

[1] 林钰雄:《刑事诉讼法》(下册),元照出版公司2015年版,第187—188页。
[2] 刁荣华:《刑事诉讼法释论》(下册),汉苑出版社1977年版,第420页。
[3] 参见陈朴生:《刑事诉讼法论》,正中书局1970年版,第195页。

方法替代直接的证据方法之原则,简称为'证据替代品之禁止'。"[1]因此,在明确什么是真正的法庭审判之前,可以先了解一下什么不是真正的庭审。以苏联曾经存在过的审判为例,其特点是在整个诉讼程序中检察官完全占据统治地位,主持和左右着整个程序。公诉人进行揭发和谴责,其他人只对检察官附和,且听不到法官的声音。辩护人只是请求宽恕。没有法庭辩论,没有论证,也没有反论证,没有对证据的调查。当然,在一场表演式审判中,占据统治地位的不一定是检察官,法官主导审判同样可能是审判秀。[2]"在事实认定活动中,司法介入得越多,当事人双方的对抗紧张性就越低,害怕一方歪曲信息的恐惧似乎就不那么直接了,而将证明手段提交审查的必要性也就不那么紧迫了。仍以大陆法系诉讼制度为例,目睹过大陆法系庭审实况的英美观察者们,往往都会对审判中就证人信用进行质证的罕见性和节制性倍感惊讶。即使偶尔进行此类质证,也只是着眼于证人陈述之事实的可靠性,很少升级至对证人品格或信誉的一般性攻击。大陆法系的法官们可以带着几分明显的漫不经心,自由地依赖于那些不被打断的证人陈述——在相对温和而且并不尖刻的质询下获取的证言;甚至在双方当事人不在场的情况下,法官直接获取的证人证言也被赋予了证明效力。"[3]

真正的庭审需要公开进行,公开审判"乃属于刑事诉讼程序之基础",其重要意义在于,加强大众对司法的信赖,提高司法机构责任感。在与秘密审判对比的意象上,公开审判比较好理解。但在多大范围内、面向哪些人才算公开,尚有很大争议。尤其在我国,前些年不时出现的公捕公判大会,曾屡遭批评,称其不合法治,但它与合法的公开审判何以相左,却始终没有形成共识。依审判公开原则,需公开者仅为审判程序,而非侦查程序及中间程序,也不包括公开宣布判决结果。因此,公捕公判大会为人诟病之处,首先在于它通常是官方组织的,而非民众自发自愿参与旁听的;其次在于它要么是为了宣布逮捕,要么是为了宣判结果之后随即押解罪犯游街示众。游街示众侵犯隐私并不是重点,问题出在三方面:一是已经公

---

[1] 林钰雄:《刑事诉讼法》(下册),元照出版公司2015年版,第188—189页。
[2] 参见张建伟:《刑事诉讼法通义》(第二版),北京大学出版社2016年版,第510页。
[3] 〔美〕米尔建·R.达马斯卡:《漂移的证据法》,李学军等译,中国政法大学出版社2003年版,第111—112页。

开宣布逮捕及其罪行,后续审判中就很难采信有利于被告人的证据;二是有意加强一种公开的震慑效果,会带动定罪量刑不断趋重;三是官方组织者会跟踪、干预审判过程和结果,以验证自己当初举行大会的正确性。因此,公开审判与公捕公判是截然不同的。

审判公开,只应在法院审判庭空间许可下,在民众自愿参与旁听的前提下,自然而然地进行。"只能容纳的下一名旁观者的办公厅室,尚未符合公开审判之要求。判例则在旁听群众太多时,允许中立性地从中抽选旁听者。……然而如果法院为避免在审判时受到干扰,而藉由将椅子搬走,以使旁听席任意变小时,此则为对公开审判不法的限制……如果为了避免因旁听者的更换走动所带来的无可避免的干扰,而在一段诉讼程序中将法庭的门加以锁紧时,此亦属不法,因为这种基于审判公开原则所必然会引起的对审判程序的秩序的侵害早已为立法者考量过,且加以容忍。"[1]简言之,不得假维护法庭秩序之名,行妨碍公开审判之实。如果对旁听者进行证件检查、复印存底,或由警察给旁听者拍照等措施,意在吓阻旁听者,或者通过程序障碍降低公众的旁听意愿,都被视为不法的对审判公开的限制,甚至成为上诉的理由。当然,以搜查武器及炸药为目的的安全检查是法律允许的。[2]

对审判公开原则的限制可以通过立法预先进行:一是法律规定的完全不公开审判的事由,比如应将被告人移送治疗处所,当涉及性犯罪被害人隐私,或者当事人亲属私生活,或者危及证人人身安全,危害国家安全、公共秩序之虞;二是法律将特定个人排除出诉讼程序,比如损害法院尊严、藐视法庭,奇装异服,大声喧哗,不按要求起立,或是本案牵连犯及潜在证人。[3]法庭上禁止录音、录像、拍照,有些法庭可能不在意素描,但多数法庭都禁止记录,因而顺带禁止旁听者手握纸笔。重大审判也会特许进行录音、录像,但是否对外播放取决于政治考虑,或者由法院决定。庭审前案件在社会上公开,可能有损被告人或者被害人利益,也对案件走向有实际影响,因此,以新闻自由为名进行舆论审判,遭到严厉抨击,尤其禁止庭

---

[1]〔德〕罗克辛:《德国刑事诉讼法》,吴丽琪译,三民书局1998年版,第508页。
[2]参见〔德〕罗克辛:《德国刑事诉讼法》,吴丽琪译,三民书局1998年版,第506页、第514页。
[3]参见〔德〕罗克辛:《德国刑事诉讼法》,吴丽琪译,三民书局1998年版,第511页。

审前让被告人在公共媒体上认罪、道歉。一些在当地极有社会影响的案件,要求旁听者甚众,法庭无法容纳时改在群众集会场所进行庭审,或者经由内部音像系统转播至法院院长办公室,这些做法都是不适当的。另外,公开审判也可能使被告人难以再社会化。为此,如果被告人已对案件重大事实供认不讳,承认侦查结果属实,并且同意诉讼程序不公开,即无需进行公开审判。

美国宪法第六修正案保障了被告人获得及时审判的权利,这一权利在 1967 年推至各州。[1] 在英美刑事制度中,及时审判可以保障三方面的基本要求:一是防止不当的、迫害性的审前关押;二是减少伴随公诉而来的焦虑和关切;三是减少长期迟延审判对被告人防御能力的损害。[2] 如果不能获得及时审判,对于无法获得保释的被告人来说,第一方面的损害是最严重的。审前羁押耗去的时间,意味着失去工作,中断家庭生活,强化闲散懒惰。不仅如此,关押使被告人无从搜集有利证据,无法联系己方证人,最终妨碍有效辩护。第二方面的损害同样适用于被保释的被告人,指控越严重,公众的唾弃、漫骂就越厉害,就业、求学都会遇到障碍,甚至妨碍言论和结社等宪法权利的行使。第三方面的损害导致被告人无法获得公正审判,因为在漫长的等待中,己方证人可能死去、失踪或者失忆。仅此一点,便足以构成对被告人宪法权利的整体破坏。[3] 不过,最高法院拒绝给出指控至开庭的时间表,只是采取某种平衡准据。这一准据要求法庭考虑审判延迟的时间长度、原因,被告人对及时获得审判权的主张,以及是否存在对被告人的偏见。不为人注意的是,迟延审判会给被告人造成不当压力,迫其在无罪或者罪轻的情况下,接受控方提出的重罪的辩诉交易条件。[4]

为了回应最高法院的判决,美国国会 1974 年通过了《及时审判法案》,该法案规定了联邦法院庭前和庭审程序的期限,比如拘捕后 30 天必须起诉,如果是重罪且大陪审团不在工作期间,可以延长 30 天;起诉后 70 天必须开审。如果超过期限,被告方提出驳回起诉的动议,地区法院必须

---

〔1〕 *Klopfer v. North Carolina*, 386 U.S. 213 (1967).
〔2〕 *Smith v. Hooey*, 393 U.S. 374 (1969).
〔3〕 LaFave & Israel, *Criminal Procedure*, Thomson Reuters, 2009, p.886.
〔4〕 *Barker v. Wingo*, 407 U.S. 514 (1972).

驳回起诉。不过,法案也保护被告人不受匆忙的、不及准备的审判。无论是公诉人还是辩护人,如果假借及时审判的名义而有意隐瞒重要证人不能按时出庭,或者毫无必要、无事生非地提出所谓速审动议,都有可能受到法案相关条款惩戒。检察官可能被罚250美元,辩护律师可能被罚律师费的25%。2006年最高法院认定,被告人放弃法案赋予的获得及时审判的权利,是无效的。[1] 当然,突破期限也可能是由被告方的各种动议导致的,当然不能由指控方承担不利后果。及时审判,相较于审判拖延,总体上有利于保障人权,且为了正当裁判,必须尽快搜集证据,如果审判久拖不决,刑罚不能即时兑现,其意义就会降低。就被告人而言,如果长期持续处于被侦查、审判的状态,有罪者心存侥幸,无辜者冤抑难伸;对审判者而言,案件长期延滞,负担过重,因不能连续庭审而难以形成可靠心证。

法律对长期拖延审理的情况往往没有明文禁止,只有日本等少数国家效法美国,对拖延审理给予法定的程序制裁,即驳回起诉或者终止诉讼。1971年日本的高田案,曾以违反及时审判为由终止了该案,终止前,该案审判时间达15年之久,违反了宪法关于审判进程的基本精神。日本学者认为该判例具有划时代的意义,它指明了宪法上的及时审判条款不但是程序性规定,而且是效力性规定,同时表明终止诉讼程序并不限于有明文规定的场合。不过,高田案后没有再出现过因违反及时审判而终止程序的判例。但无论如何应当给予被告人充分的辩护权利,且必须明确,被告人没有积极推进诉讼的义务。[2] 必须清晰指出,及时审判是相对延滞审判提出的,不能反向理解为审判越快越好。[3] 过于迅速的审判往往使被告人无从行使辩护防御的权利,比如美国1932年的斯科茨伯勒案,即审判黑人青少年强奸白人女孩的案件,从拘捕到判处死刑只用了一周时间,这一定罪被美国最高法院推翻。[4]

---

[1] *Zedner v. United States*, 547 U.S. 489 (2006).
[2] 参见〔日〕田口守一:《刑事诉讼法》(第五版),张凌、于秀峰译,中国政法大学出版社2010年版,第20—21页。
[3] 参见樊崇义主编、肖胜喜副主编:《刑事诉讼法学研究综述与评价》,中国政法大学出版社1991年版,第374页。
[4] *Powell v. Alabama*, 287 U.S. 45 (1932).

反对诉讼迟延与诉讼及时原则是相辅相成的话题。关于诉讼延迟及其处置,比讨论诉讼及时原则更有针对性,更容易揭示并解决问题。这是因为,人们很难定义何谓诉讼及时,也很难回避诉讼及时与草率审判的差异。林钰雄教授提出,若有"重大违反法治国原则之诉讼障碍事由",比如为追诉某人而挑唆其犯罪,极其离谱的诉讼延迟,以及严重的媒体预断等,理应立即终结追诉程序。其中,尤以诉讼迟延为甚。欧洲人权法院将"迟来的正义不是正义"从口号转换为跨法域司法实践,就是迅即带见法官的要求,而且总结出个案审酌指标:(1)法律及事实层面的复杂性,比如涉外经济金融犯罪、共同被告人众多、证据规模庞大;(2)严重性与紧迫性,比如被告人在押、年迈或病危;(3)迟延是否归责于被告人;(4)可归责于法院之懈怠,比如频频发回更审,以及法院是否恪尽加速审理之特别勤勉义务。[1] 我国台湾地区于2010年通过刑事妥速审判方面的规定,宣示迅速、集中审理原则之重要。如审判程序会造成被告人生命危险或因病情严重无法活到审判结束,基于人性尊严需中止诉讼程序。反对意见认为,法治社会对案件认定及澄清兴趣亦应受到保护。审判程序之目的乃在于形成判决,而非其他与此目的无涉的事件过程得失。[2]

诉讼及时,体现在诉讼期间的严格规定上,尤其在嫌疑人被羁押的状态下,侦查、起诉和审理,每一步骤都应当有清晰的时间限制,以便提醒法官,尚有未决犯在看守所里度日如年。在审判阶段,还专门提炼出一条为两大法系普遍遵守的集中审理原则。案件繁简分流,鼓励微罪不诉,轻罪少诉,同时从立法上鼓励简单、明确、认罪认罚的案件即时结案[3],而将审判资源集中用于大案、要案以及疑难案件。诉讼及时原则可以避免证据散佚或品质弱化。学者总结了认罪的好处:被指控者有悔罪表示;节省了庭审人力、物力和时间;在警方第一次讯问时承认犯罪事实或者投案自首,省去了警方的讯问时间;被害人不必再次回顾自己的创伤,这种情形

---

[1] 参见林钰雄:《刑事诉讼法》(上册),元照出版公司2015年版,第248—249页。

[2] 参见〔德〕罗克辛:《德国刑事诉讼法》,吴丽琪译,三民书局1998年版,第215—216页。

[3] 认罪认罚制度确立后,一些证据规则需要跟进,比如,认罪答辩后撤回认罪意愿,转入普通程序后,答辩本身不应用作定罪证据。参见〔美〕亚瑟·拜斯特:《证据法入门:美国证据法评释及实例解说》,蔡秋明、蔡兆诚、郭乃嘉译,元照出版公司2002年版,第34页。

一般都会减刑 1/3。[1] 贝卡里亚认为,应当建立犯罪与刑罚的绝对联想,使犯罪与刑罚衔接紧凑,让企图犯罪的人从犯罪图景中猛醒过来。因此,刑罚的有效性不是来自重刑,而是来自及时。刑罚越是迅速和及时,就越是公正和有益,它减轻了捉摸不定给犯人带来的无益而残酷的折磨。在被宣判为罪犯之前,监禁只不过是对一个公民的简单看守;这种看守实质上是惩罚性的,所以持续的时间应该尽量短暂。法官懒懒散散,而犯人却凄苦不堪。[2]

第二节 庭审顺序

我们看到,法律情境一定包含三方:两个相互作用的当事人和一个审判他们的第三方。当然,如果当事人自来就正义,没有法官也可以,但法官事实上还是存在的,因为此时当事人自己同时就是不偏不倚、公正无私的第三方。他会考虑对方的情况,会将自己放在与对方相同的位置,并将平等的或者等价的正义理念适用到他与对方相互的作用中。[3] 实际的情况是,任何案件的任何当事人,在涉及个人利益的时候都不可能"自来就正义",那样的话就不可能有争讼。既然知道这是不可能的,就需要一个中立的法官,需要他直接审理,而审理的真实性和有效性,则取决于庭审中运用何种证据方法进行证据调查。庭审,以书记官或法官朗读案由开始,所谓案由,系指关于本案被告人及其所犯罪名;朗读案由后由审判长进行人别讯问,又称对被告的识别询问;随后是检察官莅庭,就指控犯罪事实,以言词陈述其要旨,作为法院审理的基础,未当庭陈述,则不得审判,当然,已陈述而未审判,亦属违法[4];审判长告以被控犯罪事实及其罪名,并就本案事实讯问被告人,使被告人能为适当防御;讯问是一种调查证据的方法,故被告人自白经核对而与事实相符,便可成为证据。

---

[1] Peter Hungerford-Welch, *Criminal Litigation and Sentencing*, Cavendish Publishing Limited, 2004, p.574.
[2] 参见〔意〕贝卡里亚:《论犯罪与刑罚》,黄风译,中国大百科全书出版社 1993 年版,第 56 页。
[3] 参见〔法〕科耶夫:《法权现象学纲要》,邱立波译,华东师范大学出版社 2011 年版,第 233 页。
[4] 参见刁荣华:《刑事诉讼法释论》(下册),汉苑出版社 1977 年版,第 425—426 页。

英美庭审,在举证之前,控辩双方有权向陪审团做开场陈词。检察官必须先发言,辩护律师的发言是紧随其后,还是可以等到检察官"演完所有的戏份",各州有不同的实务惯例。被告方何时开场陈词,取决于不同的策略选择。绝大多数辩护律师倾向于在陪审团听到、看到证据前就对控方的说法予以驳斥,以便帮助陪审团对证据作出有利被告的评价。开场陈词不讨论法律,也不进行争辩,只陈述案件事实,让陪审团知道接下来会发生什么,以及本方希望如何运用证据证明案件事实,因此开场陈词一般很短,只给出要点和纲要,间接地提到证据是不专业的,因为该证据可能最后未被采信,法官会提醒陪审团不要理会这样的开场陈词。[1] 虽然控辩双方可以唇枪舌剑各尽所能,但自始不准煽动陪审团的情绪,也不许鼓动陪审团的偏见。[2] 相对而言,辩护律师可以有比较充分的自由为被告人利益向陪审团求得宽恕,检察官却没有反其道而行之的自由,因为国家实施法律既不能依靠偏见,也不应诉诸同情。[3] 不过,在庭审控辩情绪对立、火药味儿十足的时候,偶尔也会出现"越轨"的言词。比如,检察官曾经这样对陪审团说,这一犯罪简直是禽兽所为,被告人永远不应被放出牢房,除非用拴狗的皮带拴着,皮带另一头需要狱警牵着。我希望被害人拿着一把手枪,从后门进来一枪轰掉被告人的脸。我希望看到他坐在这里,脸已经被枪轰掉。虽然检察官的这番言论出现在哪个法庭上都会遭到谴责,但最高法院却认为不算太严重,没有影响公正定罪,没有违背正当程序。[4]

法庭可以要求各个证人分别到庭,或者要求在庭前对各个证人加以隔离,以防听闻其他证人作证而受影响。证人不遵守隔离命令者,虽不能径直取消其证人资格,但其诚信可能因此而遭质疑,甚至被判以藐视法庭罪。[5] 法官如果预料到证人或共同被告人在被告人面前可能因各种顾虑而无法自由陈述,可否命被告人退庭,陈述完毕后应再命被告人入庭,

---

[1] LaFave & Israel, *Criminal Procedure*, Thomson Reuters, 2009, p.1169.
[2] Ronald Bacigal, *Criminal Law and Procedure: An Overview*, Delmar, Cengage Learning, 2009, pp.287–288.
[3] *Dingus v. Commonwealth*, 153 Va. 846, 149 S. E. 414 (1929).
[4] *Darden v. Wainwright*, 477 U.S. 168 (1986).
[5] Ronald Bacigal, *Criminal Law and Procedure: An Overview*, Delmar, Cengage Learning, 2009, p.289.

告以陈述要旨?这个细节因涉及被告人的在场权而成为一个有争议的问题。在被告人没有辩护人时,庭审法官应查明缘由,依法作出适当处理。关于辩护人迟到问题,我国台湾地区"刑事诉讼法"规定,侦查阶段已选任辩护人的,等候辩护人到场4个小时内不得讯问,即使取得被告人供述也不具有证据能力。证人、鉴定人由审判长询问后,当事人及辩护人得申请审判长询问或申请直接诘问。对直接诘问,除为维持法庭秩序外,审判长不得予以限制。审判长讯问被告人后,进入证据调查阶段,调查以已发现的证据为前提。证据调查是庭审的核心意义所在。调查证据的最初,检察官必须明确指出应当用证据证明的事实,还包括从犯罪动机到实行犯罪的经过。原则上,调查证据根据检察官、被告人、辩护人的请求进行,但在其请求不充分时,可使用法院调查证据的职权。请求法官进行证据调查时,必须具体指明证据与待证事实的关系。只要提出的证据有证明力,不论提出的最初目的是否为有利被告,只要经过合法调查,都可以作为认定或否定犯罪事实的证据。

法官在决定调查证据时,必须听取检察官、被告人或辩护人的意见,之后再决定调查证据的范围、顺序和方法。如果证据被采用,就开始根据证据的种类,询问证人、鉴定人,调查书证、物证和讯问被告人。法庭上要充分给予控辩双方争辩证据证明力的机会,但证据证明力本身由法官自由判断。法庭上的诘问实际由直接诘问与反诘问两部分构成,轮番进行,故称交互诘问。"检辩双方可以透过直接问答过程来确保证言的真实性,并且呈现对己造有利而对他造不利的事实。诘问,或者说法庭上之回答,依照各种不同的法制而有不同的形态,交互诘问与轮替诘问,则是两种经常被讨论的诘问形态,但发现事实,则是两者共同追求的目的。盛行于英美法系的交互诘问制度,基本上是一种注重形式性要求之诘问形态,此种形式规则具有促使法庭进行条理分明的功能,对于采行陪审制度的法制而言,具有特殊的重要性。……其中,反诘问乃采行交互诘问制度的法庭活动之关键……'毫无疑问是有史以来为发现真实所发明的最伟大的利器'。"[1]

而这件伟大利器,在大陆法传统庭审中却屡被雪藏。时至2006年,学者仍对漠视辩护权与诘问权的庭审发出这样的质疑:"辩护权与诘问权

---

[1] 林钰雄:《刑事诉讼法》(下册),元照出版公司2015年版,第211—212页。

是建设刑事司法的重要支柱。很遗憾,对于此二权利,我们过去的纪录实在不怎么光彩。就辩护权部分,如果不是因为王迎先殉命[1],被告侦查中的辩护权,不知道要拖到何年何月才有可能出现在法条中。诘问权的部分,过去证人在警察局、检察官前指控被告的笔录,不论被告如何不服、如何哀求要诘问证人,法院都可以不予理会……法官甚至偷偷传唤询问证人,不使当事人知悉,再拿那份笔录来判决被告有罪,也是因为法官认为被告无诘问证人的权利。我们虽然做了一些改善,但欠缺人权观念的旧思维仍存于现行法律或实务中。以辩护权为例,一直到现在,辩护人会见羁押之被告,仍有警察在旁监视、监听,甚至有法官据辩护人与被告之会谈内容而判决被告有罪。被告在被拘提或逮捕后,要求先与律师会谈,侦查机关得完全不予理会。警察在讯问被告时,有时会要求辩护人到讯问室外观看,不准辩护人听闻讯问之内容。辩护人在审判前与证人会谈,法官动辄怀疑辩护人教唆伪证。以诘问权为例……完全不能体会诘问权的真谛,以官位大小决定被告宪法上的诘问权的有无,荒谬至极……还要多久,我们才能真正体认辩护权与诘问权的实质意义,让人民拥有充分的防御权,使人民享有公平的审判?"[2]

可以说,"以交互诘问作为迄今发明的发现真相的最伟大的法律引擎",这一说法只在英美庭审中才能得到充分体现。交互诘问中,无论是直接诘问还是反诘问,错误往往导致诉讼困境乃至失败,比如,诘问的一个最基本规则是,永远不要提出你不知道答案的或者缺乏明确目的的问题。千万不要只为了迎合当事人而进行反诘问,散漫的、没有重点和计划目标的提问,不是浪费时间,就是为对方提供炮弹。诘问的要诀是,提问之前要知道答案,专注倾听证人的回答,不与证人争论,不要让证人解释,不要画蛇添足地问个不停,不在反诘问中重复直接诘问的问题。[3] 尽管有此不断提醒,仍然每每有人托大犯忌。在美国影片《控方证人》中,辩护

---

[1] 王迎先,退伍老兵,买出租车维持生计。1982年5月,因被疑抢劫银行而遭警察刑求,利用所谓"寻找赃款"机会,投河自尽以证清白。后真正案犯李师科落网,舆论大哗,5名刑求警察被台北地方法院定罪。同年8月,"刑事诉讼法"修改,将"随时选任辩护人"从"起诉后"提前至受警方调查伊始。

[2] 王兆鹏:《辩护权与诘问权》,元照出版公司2007年版,序第7—8页。

[3] 参见〔美〕布莱恩·肯尼迪:《证人询问的技巧》,郭乃嘉译,元照出版公司2002年版,第3页、第31页、第36页。

律师试图打破教条,他为了挫败对方证人所谓曾听到密谈的证词,就去诘问证人是否将电视机里一男一女的对话错听成屋内主客之间的谈话?证人断然说这不可能。为什么不可能?因为那几天电视机送出去修理了〔1〕。再比如,"有半数左右的被拘捕者最终没有被定罪,批评意见认为这说明要么警察大量抓错人,要么法院大量放错人。这种批评其实并不正确。这是因为,警察拘捕某些人,可能只是为了达到即时的社会控制的目的,比如为了强制隔离斗殴双方,或者为了不让醉汉冻死在冬夜的街上,总之,类似情况下警方自始就没打算启动刑事程序。但也不难理解,没有最终获罪的被拘捕者,相当一部分是真正有罪的人,却成功逃脱了应受的惩罚。研究显示,这些危险的犯罪人能够逃脱法网,并不是因非法证据被排除而导致的。据可靠统计,这种情况尚不足被拘捕者的1%。没能成功追究这些犯罪人,最大原因是证人或出于恐惧,或出于忠诚,或出于背叛,不敢、不愿、不想出庭作证。而在英美诉讼中比较认真贯彻传闻证据法则,禁止以警察庭外取得的目击者笔录为定罪根据,即使不考虑质证规则,正当程序也要求不得进行书面审。虔诚地相信陪审团有能力评价违法行为,可能缺乏实质根据,但交互诘问是发现真相之利器,却几乎是一种强有力的制度性信奉"〔2〕。

如前所述,采用交互诘问制度,一般而言,谁申请的证人由谁先诘问,对方接续诘问,交替进行,法院询问仅具有补充性质。请求诘问证人者为主诘问,对方为反诘问,请求诘问证人者再次诘问为复主诘问,若再经庭审法官许可,为更行诘问。主诘问只应就争执证人证词证明力的必要事项进行,但不得诱导询问,除非有益唤起证人记忆,或证人表现出敌意与反感,力图规避某些事项。反诘问则应就主诘问所显现的事项进行,且可就支持自己主张的新事项进行诘问,此种诘问应视为主诘问。关于证人的观察、记忆或表现,以及证人利害关系、偏见、预断等信用性事项,都可以进行诘问。反诘问的目的可以是打击证人及其证词的可信度,但不得

---

〔1〕 参见〔美〕保罗·伯格曼、迈克尔·艾斯默:《影像中的正义:从电影故事看美国法律文化》,朱靖江等译,海南出版社2003年版,第279—280页。
〔2〕 Donald A. Dripps, *About Guilt and Innocence*, Greenwood Publishing Group, 2003, p.180.

就显然有害于证人名誉的事项进行诘问,更不得恫吓、侮辱。[1]

主诘问与反诘问过程中,一问一答是其进行的基本模式,但也可以呈现出相互反对的形式,即在对方举证或诘问证人后,应当及时提出反对意见,否则视为放弃反对权,而放弃反对权会有许多不利的程序后果。我们经常在美国的影视作品中注意到,辩护律师在法庭上不断大喊:"法官阁下,我反对。"与此同时,这位律师会补充说,"因为这一证词与本案无关"。"无关"是一般性的反对理由,还有一些特定的反对理由,比如因为"证词属传闻证据",或者"证人没有资格回答这样的问题",等等。[2] 传闻证据指未出庭者所作口头或书面陈述,这种陈述违反一般规则,即未出庭作证之目击证人,其陈述不得经由他人在庭上转述而成为证明某一事实主张的证据。因此,某一证人如果当庭作证说,"我知道被告人案发当晚正在家中,因为我妹妹这样告诉我",那么就将作为传闻证据。需要注意传闻证据规则,不放过证人任何一句"我听人说"或"他告诉我",随时准备拒绝这样的叙述作为证人证言进入庭后评议,因为被转述的话并未经过法庭调查和质证。当然,如果转述内容不是针对待证事实本身,而是针对被转述者的心智状态,那还是可以引入庭审的,如证人当庭作证说,"他告诉我他是拿破仑·波拿巴",说明这人心智可能已经错乱。或者有人听到被告人在谋杀案发生前说"我妻子跟卡尔调情",这话不是为了证实到底有没有调情,而是为了证明被告人谋杀卡尔的动机。[3]

是否属于传闻证据,真正标准是看律师是否有机会对某人的陈述内容进行交互询问,自始至终没有机会进行任何对质询问的,都可视为传闻证据。以此标准衡量,由于证人多不出庭,英美当下的庭审,基本以传闻证据作为"质证"对象。当然,传闻证据规则有一些例外,当陈述不是证明指控事实本身,而是其他某个相关情况时,可以接受为证据。自发或惊悚的喊叫、死前声明、品格信誉证据、古老家庭纪事中的内容、某项商业或公

---

〔1〕 参见黄翰义:《程序正义之理念》(一),元照出版公司2010年版,第397—398页;黄朝义:《刑事诉讼法——制度篇》,元照出版公司2002年版,第88—89页。

〔2〕 John M. Scheb & John M. Scheb II, *Criminal Law and Procedure*, Wadsworth Cengage Learning, 2011, p.576.

〔3〕 Walter P. Signorelli, *Criminal Law, Procedure, and Evidence*, CRC Press, Taylor & Francis Group, 2011, p.369.

共记录,都作为最常见的传闻证据规则例外而被法庭接受。同样,被告人庭外陈述违背自己利益的自认、自白,如果法庭认为足够可靠,也可能被采纳为不利被告的证据。[1] 但这种例外被2004年的判例大幅否定,斯卡利亚大法官代表最高法院多数意见,认为被告人因刀刺妻子而被控殴打罪和未遂谋杀罪,重要的指控证据是其妻子在一位警官面前的陈述录音,录音显示,被告人并非出于自卫。而因为丈夫方面的婚姻特权,法庭不允许妻子出庭指控丈夫。在这种条件下,警方试图引入被告人妻子的录音陈述,并强调这是传闻证据规则的例外。被告方反对,理由是如果采信这样的庭外陈述,将严重侵犯被告人与证人对质的宪法权利。最高法院支持了被告方的意见,从而推翻了1980年的先例,强调除非目击证人无从找到,或者被告方之前有过交互询问该证人的机会。[2] 2006年6月,在另一份最高法院的判决意见中,斯卡利亚大法官试图澄清,交互询问须有可能性,如果没有可能,比如"9·11"时警方的电话接警及接线员的回应,在当时的紧急情况下,客观上没有再事后质证的必要性与可能性。

美国最高法院希望进一步澄清,除非讯问最初就是为了证明过去的事件,才有质证的必要,才需要满足宪法有关质证条款的要求。许多事项的陈述只可能在庭外进行,比如性侵儿童,所以是否质证一直是困惑庭审法院的难题。[3] 通常说来,呈交法庭的都是最佳证据,很难想象谁会将不佳的证据作为呈堂证供。最佳证据规则意味着,必须呈交原始文件,除非提交方给出合理解释,为什么无法提交原件。例如,声称是被告人伪造的支票必须呈堂,不能只向法庭提交一份照片或者复印件。一个普通人可以为其个人知识所覆盖的事项当庭作证。不仅如此,普通人经常需要凭切身感受,在大多数人的常识范围内为车速、距离和长相等事项出庭作证。但是,不允许普通人就其常识经验以外的事项作证,比如,驾驶者有能力估计道路上行驶车辆的速度,但必须是那些有专业背景的人才能就刹车痕迹的意义作证。如果一方明示或暗示同意主审法官的判断,比如

---

[1] *Ohio v. Roberts*, 448 U.S. 56 (1980).
[2] *Crawford v. Washington*, 541 U.S. 36 (2004).
[3] *Davis v. Washington*, 547 U.S. 813 (2006).

附和法官当庭对心理学专家证人的质疑,那么也被视为放弃反对权,不得以此作为单独的上诉理由。[1] 反对的理由必须是明确的,以便对方有针对性地纠正误解和错误,也便于法官对争点的精确把握。一旦法庭认为反对无效进而对证据加以采信,接下来每次重复提到这一证据时,都要假定反对一直存在。即便法庭认为反对有效,提出证据的一方也可以进一步对证据价值加以说明,继续向法庭描述,假如证据被采信,将是怎样的一种庭审结局,以争取法官改变态度。[2]

不过一问一答并不同于德国法庭的轮替诘问。轮替诘问"可谓较不注重形式性的诘问方式,其进行方式,由职业法官指挥之,并无前述主诘问→反诘问→复问的限制。对于德国刑事法庭而言,由于立法不采对抗制,因此,所有的证人都可以说是法庭的证人,而非当事人一方的证人,据此,诘问的顺序也不取决于证人是何方所声请传唤的证人;并且,法庭所关心者乃什么事情被澄清了,而非什么人澄清了这件事情"[3]。法官可以驳回不当发问,即那些与本案无关,或含有恫吓、侮辱、利诱、诈欺的发问,或者过于抽象、不明的发问,或者损及尊严或涉及隐私生活的发问。作为正当程序的一部分,被告方与控方证人的对质权,是通过对证人的交互诘问实现的,而交互诘问又是辩护律师质疑控方证人的诚信度及其证言可靠性的主要手段。证人的知觉、记忆、偏见、兴趣、诚信等,都是法庭准予提问质疑的内容,甚至准许采用某种严苛的方式质疑证人的可信度,比如揭露证人曾被定罪,通过质疑证人以前的不道德、邪恶的言行以及犯罪表明这是不能信任的证人,表明证人对某个团体或党派存有严重偏见,指出证人以前的证言或声明与现在的证言相矛盾,指出证人一向有撒谎的坏名声,指出证人曾经因欠钱不还而被告上法庭并且败诉。

目前,警察出庭的情况逐渐增多,比如我国侦查人员也会因讯问等侦查行为的合法性,因自首、立功等量刑事实或者因执行职务过程中具体面对的事实而出庭作证。[4] 不过,对警员的诘问与反诘问需要特别注意,

---

[1] Spruill v. Commonwealth, 222 Va. 475, 271 S. E. 2d 419 (1980).
[2] Ronald Bacigal, Criminal Law and Procedure: An Overview, Delmar, Cengage Learning, 2009, p.290.
[3] 林钰雄:《刑事诉讼法》(下册),元照出版公司2015年版,第212—213页。
[4] 参见陈瑞华:《刑事证据法学》,北京大学出版社2012年版,第187页。

因为他们为顾及侦查同僚或所属机构,常有回避真实证言以明哲保身之事实。警察人员在法庭尽管为虚伪陈述,但完全不能期待伪证罪的适用和追究。反诘问的目的,是为瓦解或削弱对方证人证言的信用性。反诘问是双刃剑,错误的反诘问反而伤及自己。第一,应避免无目的的反诘问:例如在反诘问中延续主诘问的话题,或者打草惊蛇引出不利被告的事实,反而有害无益。如不能破坏主诘问时,毋宁不做反诘问。第二,不要太贪心:例如主诘问之证词有矛盾和暧昧之处,策略上应暂先不触及或追问以凸显矛盾,应慎重判断。第三,应对上临机应变:警察身份之证人其实也存在各种类型。在法庭为证词,正是个人人格的流露,应根据证人的年龄、经历、性格,软硬兼施弹性应对。反诘问,系为了迅速且有效地弹劾证人及其证词,所以有必要理解证人的个性,选择相应其个性的诘问方法。另外,警察身份之证人证词在特征上,有过于拘泥职务意识,组织防卫的意识,不认错的执着,无伪证罪制裁而公然伪证。[1]

关于辩护人、被告人与被害人可否作为证人。首先,辩护人不得为证人,因为他处于庭审发问的地位,且一般不是案件事实的现场目睹人,显然与证人的地位不相符合。这几乎是世界公认的。其次,被告人在英美法中被认为具备第三人地位,可以作为证人,但大陆法认为被告人只是当事人,不承认其证人地位。共同被告人的身份问题应分别考虑,如果他们处于分离程序中,且并非共犯及牵连关系时,可以证人身份就其他被告人的犯罪事实作证。但对其证词应有特殊的审查标准,即是否基于推卸责任的目的。最后,经被害人申请,在证据调查后,应让其陈述有关被害的心情以及对案件处理的意见,这不同于就案件事实本身的作证。日本的做法是准许法官考虑只让被害人提交书面意见。[2] 而就我国刑诉法而言,有多处条文将被害人与证人分别加以规定,从体系解释角度,不宜混淆。可有的刑法学者却认为,暴力取证的对象是证人,但宜作广义理解,被害人、鉴定人,甚至没有作证资格的、不知道真相的人也可以成为暴力

---

[1] 参见〔日〕大出良知等编著:《刑事辩护》,日本刑事法学研究会译,元照出版公司2008年版,第259—261页。

[2] 参见〔日〕田口守一:《刑事诉讼法》(第五版),张凌、于秀峰译,中国政法大学出版社2010年版,第228—229页。

取证罪中的证人。尤其是刑讯被害人,比之于对证人刑讯更加恶劣。[1]但这种观点是不正确的,因为混淆了证人与被害人的界限,在暴力取证罪中得到的个案正义,不能抵消它所破坏的体系解释所要求的同一概念的含义确定性。

证据调查后是言词辩论,即公诉人、被告人与辩护人就事实及法律进行辩论。除非被告人此时突然表示认罪,并且向法庭明确表示对指控事实及其证据不再进行争辩,由法官确认系被告人真实意思表示,并且当庭认可,否则言词辩论乃庭审必经环节,也是庭审获得证据认知的关键阶段。凡未经言词辩论者,不得据以裁判。英美庭审过程中为了鼓励辩论,甚至创设了即时反对规则,也就是赋予即时反对对方观点以特别重要的法律意义。如果未行使即时反对的权利,那么在上诉审时再就法庭的相关决定提出异议,便不会得到上诉审法官的采纳。理由在于,"反对"是提醒法庭发现对方错误并作出正确判断,放弃这一机会和手段就应后果自负。只有在上诉审法官认为庭审中的错误已经实质影响了公正审判,违背了正当程序,且这些错误不经提醒也应即时发现,才有可能例外准许庭审中没有提出即时反对的一方重新提出异议。上诉审法官认为重要时,还会要求审查对方的回应理由,以及庭审笔录中法官就反对及回应的态度。这一规则除了鼓励即时反对以外,还有预防诉讼一方保存、隐藏实力的考虑。[2]

辩论可进行多轮,力求调查详尽,没有遗漏,因而有经验的辩护律师特别重视"再开辩论的攻防之道"。检察官提出再开辩论,会增加新的争点,明显加重辩护防御的负担,所幸"再开辩论,应听取对造当事人之意见后始得决定。是以,辩护人应剖析检察官有何目的,不应轻易作出'无异议'的表示,惟在检察官以请求调查证据作为突袭时,自应断然声明异议。若明显是因检察官怠慢,即使是以前应当请求者,则应严正地表示时机已延误的意见。由于刑事诉讼法是采第一审中心主义,上诉审不轻易允许证据调查的请求。从而,辩护人如有请求调查之证据者,应请求再开辩

---

[1] 参见张明楷:《刑法学》(第五版)(下册),法律出版社 2016 年版,第 910 页。
[2] Ronald Bacigal, *Criminal Law and Procedure: An Overview*, Delmar, Cengage Learning, 2009, pp. 311, 313.

论,并请求为充分之调查证据。尤其是,在论告中遭指摘为突袭的场合,应事先提示有反证的存在。即便请求被驳回,也能够留下有准备反证的印象,且应对驳回的裁定声明异议"[1]。但辩方以调查新证据为由请求再开辩论,法院应当给予特殊照顾,因为在上诉审中很难再同意采用新证据,所以不应剥夺被告人在澄清事实上的审级利益。

无论是第几轮辩论,都"不宜照本宣科辩论要旨,惟宜不断地集中强调重要的项目、论点。此外,非重要之论点应予割爱,仅就要点集中论述"。也就是说,越接近庭审尾声,就越应当压缩辩论要点,提取最大公约数。法官此时有必要提醒控辩双方,不要重复已经澄清的争点,要集中针对没有澄清的或者对方提出新的反对理由的要点,但不应禁止控辩任何一方的发言,否则可能给偏袒的法官压制一方的借口。每个人的语言表达能力不同,的确有人说话啰唆,但刑事审判事关重大,应准予充分的发言时间。"辩论得以书面补充内容。是以,法院置提出书面之声请于不顾,而不待提出即迳行宣告判决,是属违法。"[2]法庭调查和法庭辩论的阶段划分方法"来自大陆法系国家,目前法国、德国、意大利采取的就是这种庭审模式,这与英美对抗式的庭审模式形成了明显的区别。因为英美是以证据调查为中心的,最终的终结辩论非常简单,这些国家最为重视法庭上的证据调查,而不太重视法庭辩论,但是,我国的法庭辩护往往比较侧重于在法庭辩论阶段集中发表辩护意见。而在法庭调查阶段,在调查询问和证据质证方面的辩护活动还没有得到真正的重视"[3]。

就英美法庭而言,反对自我归罪的特权,在庭审过程中细化、衍生出分别属于被告人和证人的特权。这两种特权有其共性,也就是殊途同归于反对任何导致定罪的提问、推测及其结论。不同点在于,就被告人而言,他有不当庭作证的特权。美国最高法院认定,被告人可以躲在无罪推定的防护服中一言不发。不仅如此,检察官不得对被告人坚持行使不作

---

[1] [日]大出良知等编著:《刑事辩护》,日本刑事法学研究会译,元照出版公司2008年版,第341页。
[2] [日]大出良知等编著:《刑事辩护》,日本刑事法学研究会译,元照出版公司2008年版,第344页、第346页。
[3] 田文昌、陈瑞华:《刑事辩护的中国经验》(增订本),北京大学出版社2013年版,第217页。

证权说三道四,更不得从这种沉默中推出有罪结论。因此,不允许检察官当着陪审团评论或争辩,暗示拒绝作证即是有罪。这种负面评价相当于让被告人因行使宪法权利而受法庭的惩罚。[1] 不过,基于公平回应的概念,这一规则可以调整,当检察官总结陈词时,如果是对辩方声称的"政府方面没有听取被告人的解释"作出回应,那么检察官就可以指出被告人原本可以站到证人席上为自己作证。[2] 如果不是在这种特殊语境中,检察官的类似评论将导致上诉法院推翻定罪。保持沉默与不作证的特权,自嫌疑人被羁押伊始,贯穿整个刑事程序,但不包括大陪审团调查、立法机构或行政机关的听证,因为这些场合中刑事追诉尚未开始,还没有被刑事指控者。而一旦被告人站在证人席上为自己辩护,就相当于放弃了不作证特权,就必须回答所有与犯罪相关的询问。这就是为什么辩护律师一般不愿让被告人站到证人席上,尤其是,如果被告人有个劣迹斑斑的过去,那就最好闭嘴,免得害苦自己。[3]

除被告人外,任何人在法庭作证时,也都享有拒绝透露那些可能归罪于己的信息的特权。理由在于,证人不是受审判者,他只是向法庭提供所发生情况的信息。直接或间接回答一个提问,意味着证人参与了犯罪,那就属自我归罪。除非回答提问只意味着承担民事责任,就不能援用这一特权。如果证人只是因回答某些提问而可能丢人现眼,也同样不能援用这一特权。回答问题无需达至证明有罪的程度,只需形成可能导致被刑事追诉的证据链,即可援用不得自我归罪的特权。但是,引起刑事追诉必须具有现实可能性,如果事实上已不可能再行追究,证人还是必须出庭作证的。比如一个立陶宛人移民到美国,最高法院认为可以强制其出庭作证,尽管这一作证可能导致其在立陶宛以纳粹战争罪被刑事追诉。[4] 强制证人出庭作证而无需顾忌自证有罪特权的其他例外情况还有,已经超过犯罪追诉时效的,证人已被无罪开释,因禁止双重危险而不可能再被追诉的,以及证人之罪行已被赦免的。在律师以此特权为由提出反对后,应

---

[1] *Griffin v. California*, 380 U. S. 609 (1965).

[2] *United States v. Robinson*, 485 U. S. 25 (1988).

[3] Rolando V. Del. Carmen, *Criminal Procedure Law and Practice*, Wadsworth, Cengage Learning, 2010, pp. 404-405.

[4] *United States v. Balsys*, 524 U. S. 666 (1998).

由法官当场作出决定,对法官的决定只能在庭审后上诉,因此一旦法官决定证人必须回答问题,那么证人必须服从。[1]

说到辩论终结后的总结发言,也称结辩陈词,在美国最高法院看来,结辩陈词的重要意义在于,如果不给辩护律师最后陈述观点的机会而径行宣判,就属于违宪地侵扰被告人获得律师帮助的权利。不容置疑的是,刑事庭审中的结辩陈词有助于向裁决事实者澄清和锐化本方论点,也只有在全部证据出示完毕后,才能总体阐明各自观点,才能争辩那些来自所有证词和物证的推论是否合理,才能指出对手观点的软肋和硬伤。对抗制的基本假设是,两造的对立能够最好地达成最终目标:有罪者定罪,无辜者放人。刑事审判终究是一个事实发现的过程,在作出判决前给予双方整理论点的机会,是极其重要的。[2] 结辩陈词也是由检察官开始,然后是辩护律师,双方还可以回应反驳,但时间不应过长。结辩陈词主要为了总结以下内容:(1)证据摘要归纳;(2)概括由证据作出的合理推论;(3)点出对方观点的要害;(4)辩方向法庭求得宽恕或要求公正判决。理论上说,此时不应再就证人可信度及证据价值作出个人评价,不应煽动情绪,也不应提及庭审事实以外的人和事,但实践中双方都不会放过任何影响法官和陪审团作出决定的机会。不过,法官会制止检察官暗示被告人对指控没有任何合理解释,但如果辩方主动提到并解释为什么要保持沉默,检察官就可以对此表达反对的看法,做不利于被告人的解释。比如,如果辩方说"指控证据太单薄了,被告人的解释或反驳会有失尊严",那么检察官可以说"你不觉得他因为有罪而难于解释,更无法反驳吗"[3]。

检察官与辩护律师结辩陈词后,应给予被告人最后陈述的机会。因为大陆法系法官更加主动介入审判,尤其是有权讯问被告人,甚至被视为检察官延长的手臂,所以他似乎更看重被告人最后的表态,被告人的最后陈述便更具有认罪与否的象征意义。如果检察官对被告人的最后陈述有所辩驳,或者如果有后来加入的证据调查,则被告人可以重新进行最后陈

---

[1] Rolando V. Del. Carmen, *Criminal Procedure Law and Practice*, Wadsworth, Cengage Learning, 2010, p.405.

[2] *Herring v. New York*, 422 U. S. 853 (1975).

[3] Ronald Bacigal, *Criminal Law and Procedure: An Overview*, Delmar, Cengage Learning, 2009, p.298.

述。剥夺被告人最后陈述权,即是剥夺被告人辩护防御权,属当然违背法令,因此,务必将被告人最后陈述记入庭审笔录,附卷备查。在被告人作最后陈述时,法官不应打断,连被告人最后陈述都要打断的审判,不可能是一次公正的审判。被告人最后陈述后,法官应宣示辩论终结。如果是法官组成的合议庭审判,且不是当庭宣判,应宣布休庭,择期宣判;如果是陪审团审判,则要对庭审作出归纳总结,向陪审团解释证据和法律。[1]

第三节 法庭调查

庭审中的证据调查,准确说来,是继侦查取证之后的证据重新调查,是对侦查所得证据的公开检验。此前,侦查行为往往秘密进行,证据如何取得,证据能力如何,都不为辩方所知,尤其是证据证明力,必须经过法庭调查方得分析、认可。即便就法院而言,此前也不过是从卷宗、控辩双方举证及各自的解说中形成确信。就大陆法系而论,法官还有澄清案件的义务,因而法官原则上为查明事实真相,应依职权主动对影响判决的重要事实与证据加以调查,不受诉讼当事人的拘束。尤其是,如果法官不是有意偏袒控方,而是主动对正当的、可宽恕的减免刑罚情形进行调查,基本上会受到社会舆论的认可,当然,极少数民愤案件除外。而就英美法系而言,"对抗制的假定前提也可以解释英美国家的法官为什么不愿意主动传唤证人,尽管其完全有这样做的权力。因为超越当事人的(中立的)证明手段并不能恰当地介入由对立双方控制着的事实认定模式:该模式造就的紧张对立状态很难使第三者不偏不倚地立于中间"[2]。也因此,法院澄清案件的义务应有其界限:一是角色界限,不应成为检察官的帮诉人,接力追诉,"审判长于介入证人等诘问之际,务必考虑到不得过于沦为职权主义之模式"[3]。二是能力界限,"如有数千位证人时,该澄清案件之义务并不会规定要对每一位证人均应加以询问。……由迄今已施行完之

---

[1] Peter Hungerford-Welch, *Criminal Litigation and Sentencing*, Cavendish Publishing Limited, 2004, pp.419-420.

[2] [美]米尔建·R.达马斯卡:《漂移的证据法》,李学军等译,中国政法大学出版社2003年版,第106页。

[3] 黄朝义:《刑事诉讼法——制度篇》,元照出版公司2002年版,第96页。

询问结果显示,其他的在场者也可能只不过是对已调查过的结果加以证实而已"[1]。假若真有极多的人证或物证,法官澄清案件将面临两种困难:一是证人虽然都曾在现场,但感受截然对立;二是物证形式单一但数量极大,辩方若要求逐一质证,则庭审会旷日持久。

就第一种情况,证人证言相互矛盾且无法排除,可以参考 2013 年美国颇受瞩目的一场庭审。柴静女士曾在公众号上讲述过这一案件。案发于 2012 年 2 月,17 岁的黑人少年马丁随父亲探望他人,在社区商店买了点小吃,因为下雨,马丁戴着连衫帽。走在回家路上时,一名白人成年男子齐默曼怀疑他有犯罪意图,两人发生冲突,男子枪杀了黑人少年。警察把齐默曼带入警局,5 个小时后释放了他,因为"无证据表明这是一起犯罪案件,不构成逮捕条件"。之后媒体发酵,大量报道"黑人少年被射杀,开枪白人被释放"。强弱黑白的对立情绪,最容易相互激荡,形成热潮,很快上升为全国性事件,要求起诉白人男子的签名超过 220 万人,压力之下,齐默曼被拘捕。齐默曼也并非无人支持,支持者谴责刻意制造种族对立的媒体,且在 FBI 调查的 40 人中,无一人指责齐默曼有种族歧视倾向。而黑人少年马丁被杀前一段时间,因随身携带大麻被校方停学,这已是他第二次被罚停学。还有一次,马丁在门上写污言秽语时被校警发现,并在他的书包内找到不明来源的女性珠宝和作案用的螺丝刀。马丁在社交媒体上抽大麻,展示枪支,比中指的照片也被公开流传。

齐默曼当时被招募为社区守望者,相当于我们的联防队员。他当晚开车经过时,发现小区里有个陌生人,戴着连衫帽,没走在小区公共道路上,而是走在人家屋檐下,并向窗内张望。齐默曼打电话报警,接线员听到开车门的声音,问他是否在跟踪对方?他说"是的"。接线员说,"我们不需要你这么做"。他说"好"。电话中断两分钟后警察到达,看到的情景却是,马丁脸朝下倒在地上,已无生命迹象,齐默曼靠近马丁站着,手里拿着枪,说人是他杀的。齐默曼的辩护费用 100 万美元,多来自社会捐款。捐款人未见得认为齐默曼无罪,但他们希望齐默曼不会因为举国若狂的压力,无力与国家机器对抗,雇请律师可以避免不公正审判。不论外面声音多大,案件如何被政治化,陪审团成员事后接受采访时说,"整个庭

---

[1] 〔德〕罗克辛:《德国刑事诉讼法》,吴丽琪译,三民书局 1998 年版,第 476 页。

审中,我们从没讨论过种族问题,一次都没有"。这次庭审全程向社会公开,持续 14 天,控方和辩方也都没有主动提出种族问题。马丁过往历史和短信记录,也被法官以与案情无关为由禁止作为证据出示。控方指控齐默曼二级谋杀,从开庭起,此案只聚焦于开枪刹那"是谋杀,还是正当防卫"。开枪前,是下着雨的暗夜,没有摄像头,没有人目击开枪,死者已逝,只有单方口供。可刑事案件此时要求必须作出判断和结论。

按齐默曼所述,他挂断报警电话后,已经看不到马丁,就下车去看不远处的路牌,以便等警察来时汇报位置。回向汽车的路上,马丁在他左后方岔道出现,问齐默曼"你有问题吗",齐默曼说"没有",马丁说"现在你有了",一拳打在他鼻梁上,将他打倒在地。控方一位关键证人出庭,她是马丁的朋友瑞秋,事发前最后一个与马丁通电话的人。瑞秋作证说,马丁在电话里向她抱怨说,有个白人神经变态正在跟踪他。瑞秋让他赶紧回家,数分钟后,她听到马丁质问"你为什么跟着我",一个粗重喘气的男声反问"你在这儿干嘛"。马丁不停地说"放开我,放开我"。电话断掉了,她再打回去就没人接了。三天后她知道了马丁的死讯。按她的描述,马丁当晚受到齐默曼的拦截攻击。但在交互询问中,辩护律师问瑞秋为什么在电话断后没有报警,她回答说考虑到马丁应该是安全的。辩方律师继续问瑞秋能确定最后的声音中是谁在打谁吗?她回答说不能。瑞秋很快被确定为不可靠的证人,因为多处撒谎,因为齐默曼与 911 接线员通话时,证人正在与马丁通话,有两分钟的重合时间,其间并没有什么事情发生,否则 911 接线员一定会听到的。

辩护律师强调,在挂断报警电话后,齐默曼停止了跟踪,"没有证据证明他做了别的"。辩护律师提醒陪审团:"不要猜测,如果你不知道某事,那就是它还未被证明。"辩护律师没有引用佛罗里达州那个著名的《不退让法》,因为学者提出质疑:"为什么我们的社会,还有我们的法科学生,竟然都推定佛罗里达州的法律会允许一个人去追踪并面对非进攻者,还以自卫作为辩护主张?"[1]可见,至少在学者心目中,追击不同于反击。邻

---

[1] Louis N. Schulze Jr., Of Trayvon Martin, George Zimmerman, and Legal Expressivism: Why Massachusetts Should Stand its Ground on "Stand Your Ground", 47 *New England Law Review on Remand* 34 (2012).

居们被响声惊动后,曾有多人从窗户看见一人骑坐在另一个身上,但下雨天黑,难以辨认面目。作证的人有两种说法,一说看到红衣男子处在下方,当天齐默曼穿红衣,马丁穿黑衣;另一说看到体型较大者在上方,庭上人员都注意到,齐默曼体型较大。齐默曼说自己被打倒后,马丁把他压在地上揍,往水泥地上撞头,并用拳头捂他的口鼻,"什么也看不见,不能呼吸"。控方指控他撒谎,一个29岁、体重90公斤的成年人,看上去是壮汉,之前还在参加健身武术培训,不会被一个17岁、体重72公斤的男孩打得这么被动。

辩护律师当庭传唤齐默曼的健身教练,教练对案发前齐默曼身体状况的描述是"严重肥胖,身体柔软,主要是脂肪,缺乏肌肉和力量,齐默曼去参加培训的主要目的是减肥和塑形,格斗是初学,连怎么有效出拳都掌握不了"。律师问"如果格斗能力从1到10,齐默曼是多少",教练说"0.5"。案发时,马丁身高180厘米,他从5岁开始打橄榄球,被教练认为是最好的球手。一位证人作证时说,看到打斗中占上风的黑衣男子使用了典型的"ground and pound"格斗技巧。除这些描述之外,伤口也在讲话。齐默曼鼻梁骨闭合骨折,眼眶淤血,后脑部头皮开放性损伤,伤痕形成方位与人体接触水泥地留下的痕迹吻合。夹克背部全湿,沾有碎草。马丁面朝下倒在草地上,尸体没有移动痕迹,身上除了致死的枪伤,只有左手指关节的轻微挫伤,衣服上没有背部与地面摩擦带来的痕迹,只是牛仔裤膝盖上有湿草地的污迹,符合跪骑在他人身上的特征。控方传唤的法医作证说,从照片可以看出齐默曼脑后的伤,只有两道,法医判断这个伤很轻微,"都不用缝合"。齐默曼当晚只是在救护车上进行了简单包扎,可以明确回忆和叙述,证明没有脑功能损害。

控方认为这些证据表明,就算发生了打斗,马丁并没有武器,没有将齐默曼置于死地的主观意愿,如此轻微不显的伤情,能证明齐默曼的生命正受到严重威胁,以致可以使用致命武器吗? 交互询问中,在辩方律师追问下,法医承认她并未亲自检验过伤情,只是通过照片来判断。辩护律师强调,马丁并非没有武器,水泥地可以视为武器。辩护律师问齐默曼的头部是否在水泥地上被连续撞击过,法医说"是"。律师接着问出一个至为重要的问题:"如果头这样持续被撞下去,会不会造成生命危险?"法医回答"会"。正当防卫的重要基础,就这样被辩护律师夯实了。法庭上还质证了一位邻居在听到打斗声后，打给 911 的报警电话。电话的背景音里能听到有人在大呼"救命"，38 秒里喊了 14 次。录音在电视台播放时，主持人提醒可能会有不适感，因为这个声音极为恐惧，是一个人认为自己正受到极度威胁，尝试求助的声音。短暂的打斗能产生这么强烈的恐惧感吗？辩方传唤的专家证人说："在一场打斗中，如果你在 30 秒内未占上风或者结束这场打斗，这说明你再也无力扭转败局，被压制者会产生高强度的恐惧和焦虑。而当晚的打斗持续了近 40 秒。"

问题是谁在尖叫。按理说，两人年纪相差十几岁，声音不同，分辨应不困难，但人处于极端胁迫和危及生命下的尖叫，与正常说话区别很大。FBI 的音频专家认为，不可能辨认出这个尖叫声属于谁，叫声距离话筒很远，又与报警电话中人声交谈混合。但专家认为，与当事人亲近的人极有可能辨别出是谁的声音。结果不出所料，双方的亲人在法庭上都认为是自己孩子的声音。结果双方家人的说法互相抵消。持续 14 天后，庭审接近结束，控方总结陈词时，一再展示马丁的遗体照片，激发陪审团的同情心，请求陪审员们用"常识"和"心"把一些事实拼接在一起。请代入马丁的角色，想象马丁的恐惧，"马丁心里是不是害怕？在黑暗里回家路上被陌生人跟踪是不是每个孩子最大的噩梦？这，就是马丁最后的心情"。轮到辩护律师总结陈词时，他对陪审团说："你们不是来填补空白或者发挥想象的。"他拿出一大块水泥展示给陪审团，强调马丁不是一个没有任何武器的无辜者，水泥地就是攻击齐默曼的致命武器。"齐默曼不需要认为马上就要死了，不需要认为已深受重伤。用致命武器自卫时，伤口的状况并不是决定性的，对身体受伤害的合理恐惧就是自卫的合理基础。"

检方证明二级谋杀，要达到排除合理怀疑的程度，即使二级谋杀的可能性极大，但只要陪审团认为齐默曼还有正当防卫的可能，就必须判他无罪。被告提出正当防卫，是肯定性辩护，也要承担举证义务，但却无需达到排除合理怀疑的程度。辩护律师对陪审团说的最后一句陈词是："如果你们有疑虑，就要让齐默曼成为这些疑虑的唯一受益人。"法官指示陪审团，可以按照控方要求纳入过失杀人罪，但拒绝纳入三级谋杀罪。辩护律师则声言，"不要折中判决，也不要同情，只要事实和法律"。依佛罗里达州法律规定，陪审团可由 6 人组成。齐默曼案陪审团成员全部是女性，5 位白人，一位亚裔深肤色女性。6 名陪审员必须达成一致意见，才能形成判决。亚裔陪审员事后说自己曾寻找一切给齐默曼定罪的可能,当天审议7个小时后,其他5人已达成无罪的一致意见,她仍然坚持齐默曼有罪,又经过9个小时的审议,她说最后不得不服从自己对法律的理解:"如果证据不足以排除合理怀疑地证明齐默曼故意杀人,即使内心确信他有罪,也不能把他关进监狱。"经过16个小时的合议,2013年7月13日,陪审团一致裁决齐默曼无罪,当庭释放。

美国前总统卡特说,这个案子是法律问题,不是道德问题。公开的庭审,充分的辩论,已将各方证据透明于众人眼下。无罪判决并不意味着马丁是坏人,齐默曼是好人,只意味着检察官无力证明这不是正当防卫,而是谋杀。黑人总统奥巴马评论说,司法体系就是如此运行,陪审团已经作出裁决,我们要尊重法律结论。回到前面第一个问题,证人证言相互矛盾且无法排除时,法院应作何处置?从齐默曼案可以看出,英美对抗制审判比较容易解决这个问题。首先,辩护律师在交互诘问中不会放过任何不利被告的证人,必欲穷追猛打令不实之词昭然若揭而后快,使证据间的矛盾被法庭确认下来;其次,抓住排除合理怀疑的证明标准不放,将无法消除的证据矛盾转化为无法排除的合理怀疑,让被告人成为证据不足的受益人;最后,陪审团一致裁决制也有意义,因为不能一致裁决,就说明没有排除合理怀疑,至少陪审团成员中有人持有合理怀疑。不过,佛罗里达州法律是否要求无罪也须一致裁决,不妨先在此存疑。而在大陆法系职权主义审判中,情况可能有所不同,法官的主动取证权逻辑上也是证据选择权,也就是取与不取的双重权力,即使不能防止矛盾证同时出现在法庭上,法官也有自由心证作遮蔽,因而证据矛盾无法消除时,利益未必归于被告人。

就第二种情况而论,如果物证极多,法庭负担不起逐一质证,那么可否委托鉴定机构或个人在庭外集中鉴定后,只允许询问鉴定人,而不再对物证本身进行质证?还应当考虑到,某些方面的鉴定是由官方管制的,不允许民间鉴定。这使得被告方失去了一种要求中立者重新鉴定的程序权利,也没有庭审之前就鉴定方法、主体、可信度等有辩方参加的专门听证。北京市的"快播案"非常著名,罪与非罪的争论热火朝天,但其中的质证问题却并未引起足够重视。这或许是大陆法系庭审质证方式决定的,换言之,如果以英美法系的质证方式,还能不能形成有罪判决,会是一个不小的疑问。一审审理查明的主要事实是，快播公司直接负责的主管人员明知公司提供的互联网视听节目服务中含有色情内容，却未履行监管职责，放任淫秽视频在公司控制和管理的缓存服务器内存储并被下载，导致大量淫秽视频在网上传播。2013年11月，北京市海淀区文化委员会在行政执法检查时，从光通公司查获此四台服务器，该四台服务器存储的均为点击请求量达到一定频次以上的视频文件。2014年4月北京市公安局海淀分局决定对王欣等人涉嫌传播淫秽物品牟利罪立案，公安机关从服务器中提取29841个视频文件，鉴定其中有淫秽视频文件21251个。

"快播案"的罪与非罪不是这里要讨论的内容，这里指出的只是该案庭审证据调查中的某些不足。一审第一次庭审中，被告方提出了一些质证意见：(1)行政执法者在实施现场扣押时，未拍照，且登记内容模糊，难以认定服务器的唯一性。行政执法检查记录只记载四台服务器的IP地址，而IP地址不足以识别服务器身份，既没有写明特征、型号，也没有记载内置硬盘的型号、数量、容量，相当于缺少现场勘验、检查笔录，而这些缺乏物理特征的物证，真实性存疑，直接关系到该物证能否作为鉴定检材。(2)四台服务器在行政扣押期间的保管状态不明，最初是因著作权侵权问题被行政机关查封的，但后来转作刑事指控之用，且刑事立案之前5个月时间内保管地点不明，作为证据使用的合法性存疑，且不排除服务器内容被污染的可能，这一点与本书第八章第五节详尽解说的纽扣案特别相似。(3)淫秽物品的鉴定程序有严重瑕疵，侦查机关2014年4月11日出具第一份鉴定书，鉴定人是邢某博、许某，而2015年1月20日出具的第二份鉴定书，文号与第一份相同，但鉴定人为丁某华、赵某才，签名却又是同一人所签。公诉机关申请补充侦查后，于2015年11月6日出具第三份淫秽物品审查鉴定书，该份鉴定书的文号与前两份鉴定书不一致，但鉴定人却同一，违反重新鉴定应另请鉴定人的规定。

第一次庭审中的这些质疑，在第二次开庭时，有些疑问得到澄清，比如庭审法院委托国家信息中心电子数据司法鉴定中心对四台服务器及存储内容进行了检验，未发现有从外部拷入或修改的痕迹；另外一些疑问则因被告人开始认罪而无需再予澄清，不过法官还是承认辩方的某些怀疑有其合理性，比如"前后鉴定意见所记载的服务器的硬盘数量和容量存在矛盾，可以让人对现有存储淫秽视频的服务器是否为原始扣押的服务器、是否由快播公司实际控制使用产生合理怀疑"。这些质证意见都切中要害,反衬出法庭的证据调查对于案情不仅起到澄清作用,而且是以看得见的方式澄清着事实。从事后检省并不断推进未来庭审质量考虑,应当关注证据调查的法律解释与适用。我国《刑事诉讼法》强调"证据必须经过查证属实,才能作为定案的根据",最高院2013解释规定了"审判人员应当依照法定程序收集、审查、核实、认定证据";"证据未经当庭出示、辨认、质证等法庭调查程序查证属实,不得作为定案的根据"。但遗憾的是,我国《刑事诉讼法》却又规定"行政机关在行政执法和查办案件过程中收集的物证、书证、视听资料、电子数据等证据材料,在刑事诉讼中可以作为证据使用"。

我国《刑事诉讼法》的规定相当于从基本法律的高度承认了行政机关收集的证据可用以定罪量刑。毋庸讳言,这一规定显然违背了证据获得证明力的基本程序原理,不仅有撇开庭审证据调查之嫌,而且由于行政执法在先,其初始执法目的与刑事诉讼目的不同,所掌握的证据提取标准,与后来的刑事追诉所关注的证据能力及其证明力也非常不同,故行政执法过程中收集的证据材料,本不应在刑事诉讼中作为证据使用。为此,最高院和最高检分别作了越权但正确的限制,即最高检2013规则规定,"行政机关在行政执法和查办案件过程中收集的物证、书证、视听资料、电子数据证据材料,应当以该机关的名义移送,经人民检察院审查符合法定要求的,可以作为证据使用";最高院2013解释则规定,"经法庭查证属实,且收集程序符合有关法律、行政法规规定的,可以作为定案的根据"。事实上,"快播案"的庭审坚持了最高院的司法解释,将行政机关收集的证据纳入证据调查环节,这是值得肯定和称道的。不足之处在于,纳入证据调查的内容不够全面,某些问题没有引起应有重视。

"快播案"定罪的前提是,各被告人均主观上明知快播网络系统内大量存在淫秽视频,并在客观上实际介入了淫秽视频传播活动,在案扣押的缓存服务器内存储的内容多达70%为淫秽视频。拥有视频的客户端、缓存服务器、观看视频的客户端之间形成三角关系,快播调度服务器不仅拉拽淫秽视频文件存储在缓存服务器里,而且也向客户端提供缓存服务器里的淫秽视频文件。这让缓存服务器实际上起到了淫秽视频的下载、储存、分发的作用。快播公司根据某一视频被点击的次数来决定是否缓存,快播公司有足够的专业能力对淫秽视频进行有效管控,但其没有采用视频关键帧提取、淫秽视频图像识别等行业常见的、成熟的屏蔽手段,且连最基础的关键词、二级域名屏蔽等措施也没有认真实行。所有这些指控及法院查明的犯罪事实,都有一个前提和基础,那就是淫秽视频。而法庭最终认定的21251个淫秽视频中的任何一个,都没有在庭审中进行质证,连抽样的个别质证都没有在庭审中进行。

本案中最需要确定的就是何谓淫秽视频,标准是什么?这个标准首先应有依据,其次要向法庭提出并得到法庭认可,最后被告方应当知道这一依据,俗话说"死要死个明白"。否则,相当于让未经立法程序的、只为少数人内部掌握的秘密标准,成为刑事法庭的定罪依据。当然,如果国家基本法律有相关规定,应当引入法律的相关规定,并依照规定作出评判与认定。在此,先简要审视一审判决书认可的内容。作为淫秽物品审验员、本案鉴定人的丁某华的当庭陈述大致如下:审验的过程是同事找相关的技术人员把数据从四台服务器中转出来,存在硬盘里,架设好电脑环境,硬盘就可以打开了。先把文件名称抓取下来,在电脑上搜索硬盘里相同名称的视频,再用完美解码播放器播放审验,是淫秽视频的画钩,不是的画叉。鉴定人承认,根本没有时间把整个视频全部看完,其点开视频后,就用鼠标一拖,基本上就有淫秽镜头出现,而所谓的淫秽镜头就是男女性交的镜头。工作规范要求是两个人同时进行鉴定。拿来多少硬盘,就看多少。一天至少看600部,多时800部,正常情况下一分钟看两三个,慢时也一分钟一个多。[1] 从鉴定人的当庭陈述中得知,鉴定淫秽视频的标准就是查找"男女性交的镜头"。

但接下来的问题是,根据我国《刑法》第367条第1款的规定,淫秽物品"是指具体描绘性行为或者露骨宣扬色情的诲淫性的书刊、影片、录像带、录音带、图片及其他淫秽物品",但是,该条第2款和第3款都规定了"但是":"有关人体生理、医学知识的科学著作不是淫秽物品";"包含有色情内容的有艺术价值的文学、艺术作品不视为淫秽物品"。2004年9月

---

[1] 参见北京市海淀区人民法院(2015)海刑初字第512号刑事判决书。判决书中记录的是鉴定人的口语表述,量词运用不甚严谨。所谓"部"应指影片,"个"应指"视频",而不是"硬盘"。

3 日最高院、最高检发布的《关于办理利用互联网、移动通讯终端、声讯台制作、复制、出版、贩卖、传播淫秽电子信息刑事案件具体应用法律若干问题的解释》也有相同规定。而审验员的当庭陈述反映出,他们没有时间和能力鉴别出"含有男女性交镜头的"哪些不是或不视为淫秽物品。那么,辩护律师可否提出要求,对视频进行逐一质证进而排除那些不是或不视为淫秽的视频?疑虑或许在于,如果同意辩方的质证要求,那么庭审将旷日持久,甚至永无了局。可必须思考的是,如果法庭或者控方不能承受质证负担,那么控方是否应当撤诉?指控不能,利益应归于被告。即便不能对两万多个视频逐一质证,也可以在控辩双方合意的前提下,决定一个抽样比例,比如抽取 100 个视频文件,进行当庭的、是否属于淫秽视频的质证。

要求质证与申请法官调查证据不是一回事,且当庭质证的证据必是经法官同意并且已被调取进入庭审的证据。但是,拒绝质证请求的理由应当与拒绝申请调取证据大体一致,比如众所周知的事实,或者要求调取俄国人爱动手打架的证据,或者算命人对超自然的解释,或者让某人讲述自己因看黄片而走上犯罪道路,或者要求传唤一位无法寻获的证人,等等。罗克辛教授总结说:"只有当证据实在完全不具重要性、无关联时,该声请方得被拒绝。"[1] 而 21251 个视频文件是否淫秽视频,显然是重要的、相关的,它们是所有指控的起点和基础,如果调取这些证据的申请不应被拒绝,那么质证要求也不应被拒绝。当然,应当防止辩方以拖延审判为目的的质证要求,但也不应支持控方以耽误时间为由反对质证要求。因为审判时间长短不是最重要的,公平、公正的审判才是法庭最需关注的,所以,反对繁琐质证的理由应该是辩方有意拖延诉讼。否则,如果单纯是质证不能,那么控方应当撤诉。对中立的法官而言,也不应以迅速了结案件为首要目标,尤其不应过分预防辩方拖延,因为总体而言拖延诉讼对在押被告人不利。法官应当预防的是控方运用反复启动新罪侦查等手段,令被告人无法摆脱刑事追究,并且使审判期限不断延长。

"快播案"本不属于重罪,实际判决刑期也不长,但从被告人被羁押、一审两次开庭至最后下判,时间近两年半。以王欣等人的身份与财力以及非暴力犯罪性质,可以及时获得保释听审,并不出所料地获得保释。如

---

[1] 〔德〕罗克辛:《德国刑事诉讼法》,吴丽琪译,三民书局 1998 年版,第 479 页。

果说保释听审无需考虑罪证,而只需考虑逃避或危及他人,那么可以说王欣等人更符合保释条件,羁押是毫无必要的。庭审中质证时间即便长一些,也不算不成比例,而且被告人在第一次开庭前并未认罪,因为罪与非罪,对公司及其经营者都非常重要。一审判决书显示,2014年4月23日开始羁押嫌疑人,5月30日被逮捕,海淀法院于2015年2月10日立案受理,报请北京市一中院于2015年4月22日批准同意延长审限一个月,海淀检察院于2015年6月5日、10月3日两次以需要补充侦查为由提请延期审理。2015年11月30日,海淀检察院向海淀法院提交变更起诉决定书,并于2015年12月11日向海淀法院移交了补充侦查的证据材料。海淀法院于2016年1月7日至8日第一次庭审。鉴于本案涉及面广,取证困难,经报请,北京市一中院于2016年1月15日批准同意延长审理期限2个月,最高人民法院于2016年3月26日、6月29日分别批准同意延长审理期限3个月。于2016年9月9日恢复法庭调查,9月13日作出并宣布一审判决。[1] 因此,依"快播案"的实际审判节奏,庭审完全有充分的时间进行更多、更细致的质证。而且,所有法官及公诉人、辩护人都具备这方面的专业知识,根本无需聘请鉴定人。聘请鉴定人的实际效果,是绕开了判断是否属于淫秽物品的实质标准。

除质证环节存在瑕疵外,可否就以下一些问题对"快播案"提出商榷:比如,引入言论和表达自由作为辩护理由,其中,还包含社会在性观念方面的进步所必然影响的对"淫秽"解释尺度的改变。又如,基于一事不两罚原则,之前进行了行政执法,就不应再启动刑事追诉。再如,由于案件法律性质极其复杂,刑法学专业人士之间都难达成共识,凭什么认为公司经营者能够明知和预见其行为可能涉嫌犯罪?毕竟拉拽不同于提供,否则就不会有那么多争议。从实体法的罪刑法定原则来说,法律不溯及既往,不能以事后法兴师问罪。而事后法应当包括刑事追究开始后、法院庭审过程中对案件事实与法律规范之间复杂疑难关系的事后解释。从程序法的正当程序角度看,法律问题之两可与疑难,恰恰可以理解为法律没有给公民以明确的事先告知。之前的行政执法不能理解为正当程序意义上的公平告知,因为行政执法过程本身有一种"误导"效果,让被执法者认为

---

[1] 参见北京市海淀区人民法院(2015)海刑初字第512号刑事判决书。

只是一种行政违法,此后再进行刑事追究是不适宜的。最后,刑法具有最后手段性,也就是,当其他手段可以制止不法行为时,就不要动用刑罚,正如可杀可不杀时,杀了就是错。"快播案"中的不法行为可以从技术上充分解决,行政处罚原本都是不必的。

让法官作出不利被告决定的任何证据都必须是经过法庭调查的。这似乎是非常朴素的诉讼规则,但这一规则经常被忽视或者违反。在法国,有一位警官被控盗用公款上百万,证据并不充分,但却被一审判处较重之刑。上诉期间,出庭前夜,令辩护律师意外兴奋的是,被告人年轻漂亮的妻子前来会合,准备次日一起去法庭。辩护律师不仅被这个女人的美貌吸引,而且对她身着柔软暖和的貂皮大衣印象深刻。或许被美人的青睐所激励,辩护律师在庭审中特别尽心尽力,庭审效果显然非常好。一切迹象表明,很可能有一个有利被告的二审判决。但到了第二周,上诉法院竟然出人意料地维持了原判。一个月后,辩护律师遇到了法官。辩护律师直言询问,为什么庭审效果明显有利我方,却得到不利判决?莫非这就是人们经常批评的胜庭不胜诉?这在法国可是不常见的。法官回答说,法庭确实非常重视您的辩护,但您的委托人太蠢了。一个声称工薪阶层的小伙子,他的妻子穿着价值百万的貂皮大衣出现在法庭上,谁还会相信他无罪呢?辩护律师事后评论说,如果案件存在疑点,原本应当进行深入调查,但遗憾的是,本案受到案外无关情节的干扰。[1]

第四节 "科学审判"

向来存在一种假定,陪审团甚至法官容易被专家忽悠。这一假定偶尔真的会成为现实。一起著名案件可以作为支持的例证;20 世纪 90 年代在美国发生的辛普森案,最后上演为号称"世纪审判"的诉讼大戏。检察官指控橄榄球明星辛普森涉嫌杀害妻子及情人,为了说服陪审团,检方以充分的证据证明辛普森经常殴打妻子。当时加入辩护"梦之队"的哈佛大学法学院教授德肖维茨却展示了一套令陪审团赞叹不已的逻辑:经证实,

---

〔1〕 参见〔法〕勒内·弗洛里奥:《错案》,赵淑美、张洪竹译,法律出版社 2013 年版,第 218 页。

会殴打太太的男人,只有不到千分之一的比例也会杀害他的太太。辛普森被宣告无罪后,美国统计学家欧文·古德向《自然》杂志投书,试图证明德肖维茨用谬误的推理欺骗了陪审团,而且主审法官当时也未能看穿把戏。古德教授将问题翻转,应该问的不是有多少打老婆的人会杀害老婆,而是有多少杀害老婆的人以前曾经打老婆。前一问得到肯定的概率可能不足千分之一,但后一问得到肯定的概率却可能大于二分之一。与此同时,曾在联邦调查局国家暴力犯罪分析中心工作的麦克拉里也说,有50%的家庭内部谋杀案的受害者在谋杀发生前曾经遭受过身体暴力。之所以说陪审团无法面对专家,因为专家们通常都能把自己塑造为无可辩驳的科学代言人,"荒谬、虚张声势、满嘴伪科学的术语和无法验证的'事实',但是却很容易骗取人们的信任。他决不会说一些模棱两可的话,而是向陪审团提供百分之百的确定性"[1]。因此,只要带有某种科学光环,陪审团乃至法官就会受到强烈冲击而立足不稳。

不过,德肖维茨的"诡计"还只是停留在统计与逻辑层面,容易被相反的统计与逻辑推翻。如果再推进一步,法庭的判断力就会遇到进一步干扰。在人民诉柯林斯案中,涉及一对被控抢劫的男女,庭审中控方让被害人向法庭提供的信息仅仅是,一个梳马尾辫的金发碧眼的白人妇女抢了她的手包,逃离时,钻入一辆等候的黄色敞篷汽车,由一个留着连鬓胡须的非洲裔男子驾驶。检察官延请了一位数学和统计学专家作证说,计算结果显示"被告人无罪,抢劫实际由另一对具有相同明显特征的男女所为,这种可能性只有一千二百万分之一"。陪审团可能真的被吓到了,他们认定两个被告人有罪。上诉审中,加利福尼亚州最高法院推翻了定罪。法官沙利文说,面对一个数学公式,没有几个陪审员能够抵抗诱惑,不受数学证据的神秘的不当影响,他们无法评价其证据价值。[2] 不同于前述那个打老婆与杀老婆的概率问题,这里给出了"一千二百万分之一"的具体数值,陪审团无法提出任何怀疑、反对的理由,因为这个数值如果是正确的,它已经超过95%的确信度。而95%这个确信度数值究竟是如何得

---

[1] [美]科林·埃文斯:《证据:历史上最具争议的法医学案例》,毕小青译,生活·读书·新知三联书店2007年版,第103页、第163页。

[2] People v. Collins, 68 Cal. 2d 319, 438 P. 2d 33 (1968).

出的,恰恰是陪审员们不擅长解决的问题。

这是因为,"在计算几率时,必须有一些经验性的基础,才能为特定事件设定几率值。柯林斯案中的专家证人只是猜测他用来计算的特征多常出现,比如多少黑人留胡子或不留胡子。另一个问题是,在计算不同变项组合的几率时,个别变项必须是彼此独立的。专家的证词并未达到这个要求。最后,法院担心陪审员可能会分不清一对有被告特征之配偶的几率与被告无罪几率的差别。这些考虑使得法院必须严格要求此类证词的科学精确性,因为此种证据很可能会让陪审团印象非常深刻。当他们认为陪审员可能不容易严格看待此种证据时,大部分法院对此种科学或技术性的资料都很谨慎,致使法院在审查几率证据的关联性时,比其他种类的证据还要严谨。另一个法院不愿意认许有关刑案被告指认之几率证据的原因,是在刑事诉讼中,陪审团应该被说服至不容合理怀疑的程度,而几率证据本质上含有某种程度的怀疑"[1]。在科学审判之中,利用测谎仪或者诱供麻醉药,发现真相的可能性高达99.9%,那就轮到医师、测谎专家充当法官了。这标志着普通理智和判断力的终结,保障隐私、反对自我归罪、对抗国家无所不在的权力的正当程序,都将被不受羁绊的真相、效率、秩序、安全和一致性无情地取而代之。与测谎仪类似的还有脑指纹技术,它通过言词与图像刺激评估人脑的反应,判断被告人对犯罪现场的了解程度,以及不在现场的可能性。有人认为脑指纹是一种极强的科学证据,在伊利诺伊州有一家法院指示陪审团采信过脑指纹证据,但科学界的质疑从未停歇。[2]

在每一刑事诉讼中,控辩双方都会竭力找寻有利己方的科学证据,因为这种证据披有科学的外衣,不易被否定,也就容易被法庭采信,但得到这类证据并不困难,这便在客观上鼓励了为了胜诉而进行证据冒险。从诉讼经验看,其实根本谈不上冒险,失败的概率太小了。"一滴血、一小片肉眼几乎无法识别的斑痕、可以揭示死亡时间的某种昆虫的生命周期,等等——所有这些都可以通过科学加以分析。犯罪实验室似乎无所不

---

〔1〕 〔美〕亚瑟·拜斯特:《证据法入门:美国证据法评释及实例解说》,蔡秋明、蔡兆诚、郭乃嘉译,元照出版公司2002年版,第19—20页。

〔2〕 Rolando V. Del. Carmen, *Criminal Procedure Law and Practice*, Wadsworth, Cengage Learning, 2010, p.333.

能……但是与之俱来的是一种危险——陪审团不加质疑地接受专家证人所告诉他们的一切的危险。人们都认为,科学是用来侦破刑事案件而不是用来帮助犯罪的,但是我们也都知道,即使是最伟大的专家也远非一贯正确。……有充分的证据显示,在专家证人这一非常有利可图并且充满激烈竞争的行业内,专家的证言往往取决于谁给他们开支票。在19世纪后半叶,当科学开始在法庭上占据一席之地的时候,陪审团成员都对那些手持显微镜和几张照片的'医生'充满了敬畏。那时就有大量的唯利是图的人随时准备利用人们对法医学的这种轻信大捞一把。如今法医学的一些新的进展,尤其是试图再现某些犯罪场景的计算机辅助设计技术以及被称作法律雷区的罪案心理分析,也同样存在各种问题。"[1]

1957年,德国小镇明斯特,油漆工赫曼·霍巴赫失踪,不久浮尸于附近几个水塘,但没有头颅。他的风流成性的遗孀玛莉亚·霍巴赫成了嫌疑人,最终被定罪,判处无期徒刑,定罪依据是许贝特教授的鉴定意见。许贝特是巴伐利亚州刑事局的法医鉴识部主任,他向法庭证明,玛莉亚给丈夫下毒,然后打死并分尸,用炉子烧掉头颅。而整个"发现真实"的过程是在实验室里进行的。这位毒物专家从玛莉亚家厨房炉子及烤炉的烟囱壁上采集煤灰,进行火焰比色计、光谱分析仪与超声波鉴定技术测试。测试发现,炉子焚烧过人体,燃烧物富含人脑才有的氯化钠残留;有水银或银的成分,是镶牙材料;含有高毒性的硫酸钾。许贝特还在法医送来的尸块中再次发现硫酸钾。1959年,赫曼的头颅被意外找到,许贝特的科学证据崩塌了,随后玛莉亚被释放出来。辩护律师将从各地不同烟囱搜集来的煤灰拿到法院,经检测,都含有硫酸钾。其中一个煤灰样本来自明斯特法院的壁炉,当然也有硫酸钾。1961年开启再审,无罪定谳。"在战后德国这个奋起中的年轻法治国家,这个案子成为司法界永远不死的耻辱。法官一旦信赖纯金打造的专家鉴定,他便落入鉴定人的手里。他必须装得好像自己懂得这些教授对复杂自然科学关联性所作的各种阐释。联邦最高法院也要求事实审法官在判决书中必须重新表述鉴定人的科学论据,好让上级审的法官,在万一要审查其判决的时候也能够看得懂,并找

---

[1] [美]科林·埃文斯:《证据:历史上最具争议的法医学案例》,毕小青译,生活·读书·新知三联书店2007年版,第9—10页。

出有无科学上的错误之处。然而这根本是做不到的事情,玛莉亚·霍巴赫便因此成为受害者。"[1]

错误还情有可原,作伪证则不可饶恕,然而事实上伪证比善良人想象的要多。前些年臭名昭著的弗雷德·扎固就是一个例子。作为西弗吉尼亚州犯罪实验室的主任,他的证言将数百人送入监狱。20世纪90年代,由于人们对他人品的怀疑越来越大,西弗吉尼亚州最高法院对他展开了调查,结果发现在他出庭作证的134起案件中存在严重问题。最终9个因他作证而入狱的人被释放。同样在得克萨斯州,曾在40个县担任合同验尸官的病理学家拉尔夫·厄尔德曼被人们发现曾对一百多个未经检验的尸体开具了假的验尸报告。1992年在芝加哥的一起强奸案的审判过程中,刑侦实验室分析员帕梅拉·菲什在作证时故意隐瞒了可以证明被告人无罪的血清化验结果,导致定罪。另一个有争议的人物是自20世纪80年代就在俄克拉何马城犯罪实验室担任主任的乔伊斯·吉尔克里斯特,她曾经吹牛说,在证据方面我似乎能够做任何其他人都不能做的事。她真是说到做到:她的证言曾将23个人送进了死因牢,其中11人已经被处决。联邦调查局在对吉尔克里斯特的工作开展调查后发现,她在5起案件中作出了误导性的证言。在英国,政府雇用的科学家曾严重违反实验程序,为指控爱尔兰共和军作伪证。[2] 关键是,所谓搞错、误导,都是在有利被告原则下才没有被认定为故意。

如何定义科学欺诈,竟然是科学的难题。"标准定义是捏造、篡改和剽窃,简称FF&P(Fabrication, Falsification and Plagiarism)。捏造是彻底编造数据,生物学家称其为空手实验,在电脑时代,虚假的模拟几乎可以乱真。篡改是对所获得的数据有意地加以操控,包括只选择有利于结论的实验结果,删减那些似乎不利于结论的数值,将刚超出背景值的读数表现得十分显著,将两次实验中的最好部分捏合成一次实验等,今天所谓大数据,都存在此等作弊风险。经过以上种种处理,'反常之魔'常得以悄然低语,泄露实情。剽窃并不仅仅是指文字的复制,它是对知识产权的侵犯,

---

[1] [德]汤玛斯·达恩史戴特:《法官的被害人》,郑惠芬译,卫城出版2016年版,第204—205页、第208页。

[2] 参见[美]科林·埃文斯:《证据:历史上最具争议的法医学案例》,毕小青译,生活·读书·新知三联书店2007年版,第85—86页。

剽窃者窃取其他作者的想法、方法和结果,甚至可能是表达方式,并以自己的名义发表。从已曝光的事件看,窃取知识产权的事情在科学中很常见,它导致的冲突对于那些寻求公正的科学家来说往往是毁灭性的。"[1] 为尽量减少、避免科学证据和专家证言欺诈,需要对作证主题、专家资格、资料种类和实验依据作出必要限制。某些主题应否容许专家证言,存在争论,比如证人是否据实作证,法院一致拒绝专家就此提出证言,因为证人可信度通常是陪审团决定的领域,而就强暴创伤等症候群提出专家意见,已经蔚然成风,专家们对性犯罪延迟报案给出了各种"科学解释"。虽说经验与训练是专家资格的必要条件,但这个条件还是太宽泛了,"专家"二字确有滥用之嫌。在极端案例中,一名吸毒者被请来鉴别某种大麻是产自美国还是哥伦比亚。[2]

尽管陪审团有无可避免的缺点,有时会被"科学""大数据"等名目搞得晕头转向,可陪审团仍然是站在国家意志和人民意志之间防止街头出现战壕的最后的法律堡垒。英美人颇具文学色彩地渲染说,"这比真实的历史更富有传奇色彩"[3]。而且,总体而言,"迄今为止,有关记录还是令人鼓舞振奋的,特别是在运作良好的审判中。如果法官以费解的行话指导陪审团,或者传授给陪审团令其困惑的专门知识甚或根本不予传授,那么陪审团当然可能理解不了案件。法官、旁观者与律师概莫能外。所有现代审判制度——包括那些不使用陪审团的审判制度——都遇到的一个挑战是由信息革命和需要掌握某一技术领域内相关知识的案件提出的,尤其是后者。但是,这些12人的集合体几乎总是有着大量的才智和智慧。大部分审判中对核心问题的评估依赖的是基本的人的判断力,而不是只有少数专家能够理解的高度技术性的问题,而这恰恰是陪审团设置的初衷。法官必须履行守门人的职责以排除毫无根据或者不科学的专家证言,必须确保陪审员们听取了恰当的解释。如果这一点做到了,陪审员

---

[1] [美]霍勒斯·弗里兰·贾德森:《大背叛:科学中的欺诈》,张铁梅、徐国强译,生活·读书·新知三联书店2011年版,第4页。

[2] 参见[美]亚瑟·拜斯特:《证据法入门:美国证据法评释及实例解说》,蔡秋明、蔡兆诚、郭乃嘉译,元照出版公司2002年版,第234—236页。

[3] [英]阿蒂亚:《法律与现代社会》,范悦等译,辽宁教育出版社、牛津大学出版社1998年版,第34页。

们就能理解案件。一位出庭律师这样说道,一般来说,我宁愿让一名在周末笨拙地修理汽车的陪审员来审理我的机械专利案件,也不愿将其交付给有着哲学博士学位却没有机械方面才能的法官"[1]。

面对"科学审判",需要小心谨慎的不只是英美陪审团,"因为没有理由确信大陆法系的审判将省却众多的麻烦,它也在设法应付科学技术进一步融入诉讼程序的问题。即便大陆法系的事实认定法与其在普通法中对应的认定方法相比更接近于理性和中立的调查,但它们仍然嵌入了历史、认识和政治上的假设,而这些假设并不能轻易地与证据的科学化协调一致。人们越来越关注对大陆法系法庭任命之专家的作用,这便是麻烦即将到来的预兆。即使在这个当口,法官往往也不能领会专家神秘的调查结论。正在蔓延的担心是,法庭正暗地里将作出裁决的权力托付给没有政治合法性的外人。难道法庭名义上的助手成了它背后的主宰者吗?尽管法学家们为修辞上的一致付出了崇高的努力,但是由于裁决者拥有根据一般认知方法分析证据的自由权。因此,对难以理解的科学信息的必要信赖令人更为不安。自由心证原则是现代大陆法系证据法的基石之一,在不远的未来将需要对它作出重新的思考和定义。对此不要有什么误解。科学将持续地改变社会生活,事实认定的伟大变革摆在了所有司法制度面前,这些变革最终可能与中世纪末期出现的改革一样重要"[2]。

---

[1] 〔美〕威廉·德威尔:《美国的陪审团》,王凯译,华夏出版社2009年版,第177—178页。
[2] 〔美〕米尔建·R.达马斯卡:《漂移的证据法》,李学军等译,中国政法大学出版社2003年版,第210页。

第十二章　法律救济

　　司法系统掩盖了许多极可能的错误判决。管控机制与救济管道失灵的程度，对一个法治国家而言实在令人无法接受。在再审程序中，所有可能的疑点都会受到系统化的阻挠，同僚间会不当地制造出一种完美无瑕的印象。……对很多人来说，他们不得不亲身经历的却是，为了掩饰自己的过失，司法是如何介入与干预，又如何迟迟不肯还给受害者一个清白。而有些案子则让人不得不怀疑，这些错误根本不是错误，而是蓄意罗织所造成的结果。

——汤玛斯·达恩史戴特

　　法律救济的途径，不外乎上诉与申诉两种，上诉意在中止原判，促成重审；申诉旨在废止原判，启动再审。由于控辩双方都可能成为上诉主体，上诉的诉求就可能是对立的，甚至有利被告与不利被告的上诉并存；而申请再审的主体一般只是受判决人，是故诉求只是消除不利被告的裁判。上诉机制是常设的、无需理由的，有时甚至是自动的；而再审是个案权宜判断的，必须具备充分的甚至是法定的理由。"一般而言，上诉是前审程序之延长，由上级审就下级审之判决作事后之审理，以期救济为主要特色。审理之对象及资料，亦以事后审之范围为限。再审则对已确定之判决就其实体上以及程序上有无瑕疵作事后之审理。虽亦有事后审之机能,但必以再审予以受理为前提,此项机能并非再审之目的,是就案件之全面审理,始为再审之本来面目。"[1] 通俗说来,上诉是听凭当事人自愿的,上诉时可以提出具体理由,制度上也鼓励有理由上诉,但上诉理由几乎不受限制,口头表示"我要上诉"即可,具体理由可待上诉审开启后慢慢展开。而再审则完全不同,基于"刑事诉讼之目的乃在于检验罪责,而非在为被告平反"的理念[2],原则上判决确定后应维持其既判力,除非有显著的不利被告的错误,导致受判决人无辜蒙冤,否则很难开启再审。特别是,上诉时被告人仍然没有自证清白的举证责任,但要开启再审,受判决人应当对新事证的确实性、新规性和显著性负举证责任。

从原理和语义上说,既然称为"法律救济",就只适用于被告方以及受判决人,不适用于公诉方,因为公诉机关的抗诉、抗告,表面上是向上级法院呼吁,实际可以理解为依职权继续向被告人发动的进攻,何况像我国,检察院可以基于上下级领导关系,吁请上级检察院发动抗诉,无论如何都无需防御,也就无需请求救济。至于被害人的利益,公诉案件由警官、检察官代表,自诉案件基本套用民事诉讼模式。刑诉法中的法律救济也不同于行政救济,行政救济其实是败诉的行政机关对私人的赔偿和补偿。[3] 不要忘记,法律允许的最后救济手段是寻求特赦,这是一种极少使用的行政权力。近些年,人们发现,以犯罪控制为鹄的诉讼模式,会更加强调裁判的终局性;以正当程序为要旨的诉讼模式,会寻求没完没了的法律救济。不过,救济手段更多一些,渠道更畅通一些是有道理的。有人比喻说,把两个宇航员送上月球,不提供至少三四种后备救援机制怎么行?而把成千上万的人送入监狱,提供的救济手段怎么可以更少?鉴于过去那么多错案的教训,我们何以有信心让定罪过程不可逆转?[4]

---

[1] 刘绍猷:《刑事再审之理论》,载陈朴生主编:《刑事诉讼法论文选辑》,五南图书出版公司1984年版,第395页。

[2] 参见[德]罗克辛:《德国刑事诉讼法》,吴丽琪译,三民书局1998年版,第561页。

[3] 参见[日]盐野宏:《行政救济法》,杨建顺译,北京大学出版社2008年版,第1—2页。

[4] Ronald Bacigal, *Criminal Law and Procedure: An Overview*, Delmar, Cengage Learning, 2009, p.309.

第一节 上诉途径

"从保护当事人之权利言,乃以防止因判决错误而损及当事人权利于最低限度为最主要的理念。谓刑事诉讼之整体构成实以此理念为基础亦不过言。为救济判决错误能采之方法,最为直接者不外是上诉一途。"[1]首先需要明确,上诉与庭审不同,庭审过程中,正当程序条款要求检察官排除合理怀疑地证明构成所控犯罪的每一必要事实[2],而在上诉审中,却不适用超越合理怀疑的证明标准,只是要解决上诉理由所涵盖的争点。庭审后的定罪量刑是暂时的,因不满这一定罪量刑,控辩双方都可能向上一级法院提出上诉,基于诉讼角色以及对审判结果的不同期待,被告方会因定罪或量刑过重而上诉,控告方会因未定罪或量刑畸轻而上诉。但是,狭义的"上诉"不包括公诉方和自诉人的抗诉和上诉,仅指被告人对庭审法院刚刚作出的尚未确定生效的判决声明不服,向直接上级法院请求变更或撤销之方法,因审级不同,可能有第二次上诉。由于刑事诉讼目的使然,一审判决后,定罪数会超过无罪数,发动上诉的自然多半是被告方,而不是控诉方。为被告人利益的上诉,也就是狭义的上诉,一般受"禁止不利益变更原则"制约,不得加刑。但指控方提出的抗诉和上诉,不会受此原则约束,不过对于无罪认定,多数法域规定控方不得抗诉和上诉,更不得要求再审。

所谓禁止不利益变更原则,"意指刑事案件于第一审判决后,一经提起上诉,则上诉审法院之判决在某种法定限制范围内,即不得谕知较重于原审判决所科处之刑。……非但于第二、第三审上诉时有其适用,即于再审、非常上诉及更审之情形亦不例外"[3]。该原则来源于18世纪初德国的"确定力理论",即无罪判决有确定力,有罪判决在有利被告限度内亦有

---

[1] 刘绍猷:《刑事再审之理论》,载陈朴生主编:《刑事诉讼法论文选辑》,五南图书出版公司1984年版,第377页。

[2] Ronald Bacigal, *Criminal Law and Procedure: An Overview*, Delmar, Cengage Learning, 2009, p.308.

[3] 李圣隆:《论刑事诉讼法上不利益变更禁止之原则》,载陈朴生主编:《刑事诉讼法论文选辑》,五南图书出版公司1984年版,第320—321页。

确定力。[1] 法律上的不利益，是提起法律救济时的许可要件，无此要件，便无可救济。探讨禁止不利益变更，首先需要对利与不利进行比较，就狭义上诉而言，必须符合被告上诉利益，才是合法上诉。"判断有利与否的主要基准，从最有利至最不利之判决，依次为：无罪判决＞免诉判决＞不受理判决＞管辖错误判决＞有罪之免刑判决＞有罪之科刑判决。简之，对被告最为有利者，乃无罪判决；最为不利者，乃有罪之科刑判决。据此，被告对于免诉、不受理等程序判决上诉，求取无罪之实体判决者，应有客观上之上诉利益。"[2] 就被告人而言，只有在判决错误致量刑过重时才算不利益，只有存在第一审判决的不利益，才具备上诉利益，才能请求上级法院的救济；而就检察机关而言，因具有中立性质而有别于被告人，不论有利或不利被告的情形，只要是裁判不正确，都会造成检察机关不利。

上诉可以理解为前审的延长，因为前审判决毕竟尚未生效，但上诉又不是简单的续审，上诉法院只在被告人必须获得正当程序保护意义上过问前审的有罪认定。[3] 即便是主张上诉审应当对事实问题和法律问题进行全面过问的法域，一般也会承认前审庭审对事实的认定，而主要进行法律适用是否正确之类的审查，否则会遇到尴尬局面：不开庭审理就改变事实认定，有违法庭调查、质证、被告人在场申辩等诸多程序规定；开庭审理后改变事实认定，如果更不利于被告方，便既违背上诉不加刑原则，亦使被告人实际少了一次上诉机会。因此，上诉审发现事实认定有问题，或者严重违反程序，应当发回原审法院重审，或者指定其他下级法院重审。根据我国台湾地区"刑事诉讼法"的规定，"由被告上诉或为被告之利益而上诉者，第二审法院不得谕知较重于原审判决之刑。但因原审判决适用法条不当而撤销之者，不在此限。……原审法院依判决前之程序更为审判。但不得谕知较重于原确定判决之刑"。这里有两处值得注意：其一，被告人上诉是否一律不加刑；其二，发回重审是否不得加刑，从原则宗旨看，应当禁止加刑，否则就可能被上下其手，使原则落空。

诉讼实践中的具体疑难还有很多，可以暗度陈仓的路径也不少。比

---

[1] 参见林俊益：《程序正义与诉讼经济》，元照出版公司2000年版，第262—263页。
[2] 林钰雄：《刑事诉讼法》（下册），元照出版公司2015年版，第299页。
[3] *Jackson v. Virginia*, 443 U.S. 307 (1979).

如，对原本由中级法院管辖的可能判处无期徒刑、死刑的普通刑事案件，却由基层法院判处了有期徒刑，被告人上诉是否适用上诉不加刑问题，当年曾有激烈争论。一种意见认为，这种情况属管辖错误，中级法院径可撤销原判，自为一审重新审理，无所谓上诉改判，当然不适用上诉不加刑原则。[1] 另一种意见认为，这种情况属量刑失当，一审确有管辖权，只是所谓重罪轻判，二审不得以任何名义重判，应受上诉不加刑原则限制。[2] 第二审法院发回重审后还要不要上诉不加刑原则？肯定者认为，只要原上诉为被告方提起，则仍应适用上诉不加刑原则，苟非如此，乃不能保障被告人得以无所顾忌而自由行使上诉权。[3] 如果发回重审可以加刑，即与被告人上诉请求减轻或免除原判刑罚的目的不合，上诉后任何一种重刑处置，都必然使被告人心存疑虑，畏惧上诉。[4] 否定者认为，案件既经二审发回至一审程序，法院自得本其职权调查所认定之事实，适用法律，本无轻重比较可言。[5] 也就是，应当实事求是地作出判决，既可为较轻处罚，也可为较重处罚。[6] 显然，肯定说更有道理，而否定说的所谓实事求是，必须放到刑事诉讼的语境中，以刑事诉讼的原理、原则为依归。

在大陆法系，检察官抗诉、抗告不受上诉不加刑制约，这一制度严重威胁着被告人上诉的实际效果，试想，只要被告人上诉，检察官就抗诉，就可以使上诉不加刑徒有其名，使被告人上诉目的彻底落空。检察官抗诉在某些法域与被告人同称"上诉"，所以"值得研究的问题是，检察官上诉的合宪性。通说和判例认为，检察官上诉符合宪法。判例指出，'危险存在于同一的案件之中，从诉讼程序开始到结束处于一个持续的状态。既然如此，一审程序、控诉审程序乃至上告审程序审理同一案件时，一个持续的危险被分割为几个部分'，检察官上诉不违反双重危险原则，但是，一审判决对事实的认定，可以是终局处理，因此检察官以认定事实有误为理

---

[1] 参见徐益初：《论上诉不加刑原则》，载《法学研究》1985 年第 4 期，第 43 页。
[2] 参见张子培：《刑事诉讼法》，人民法院出版社 1990 年版，第 251 页。
[3] 参见黄东熊：《刑事诉讼法论》，三民书局 1991 年版，第 590 页。
[4] 胡有望：《被告人上诉引起的重审不得加重被告人刑罚》，载《法学杂志》1985 年第 1 期，第 51 页。
[5] 参见林俊益：《程序正义与诉讼经济》，元照出版公司 2000 年版，第 271 页。
[6] 参见王国枢：《刑事诉讼法概要》，北京大学出版社 1981 年版，第 249 页。

由提起上诉,可能违宪"[1]。不可否认,检察官虽有所谓维护法律公正的客观义务,但通常来说,检察官的抗诉是不利于被告人的,因此,不同于被告人的"无理由"上诉,检察官必须陈明具体的抗诉理由。比如,量刑不当,没有依法组成合议庭,未参与庭审的法官参与了判决,法院审理了无权管辖的案件,作出了与其他同级法院既有判决相反的判决,对指控事实未予判决或者对未起诉事实作出判决,判决书未附判决理由或者所附判决理由与判决结论不符,等等。总之,需要对检察官抗诉的理由和范围有所约束,以维护上诉不加刑原则。

在刑事程序中,法院一般都有上下审级设置,主要为了满足上诉要求,世界范围内,多采三审终审制。在我国,普通案件采两审终审制,死刑案件采事实上的三审终审制。[2] 上诉审与庭审有很大区别,从国家视角看,庭审是为了将被告人从推定的无罪者转化为超越合理怀疑的有罪人,澄清事实后,有罪者得定罪,无辜者获自由。从被告人角度看,庭审过程中的全部努力都是为了阻击指控者,反驳指控理由,使控方推翻无罪推定的企图归于失败,无罪推定自然成立,获得清白,或者逃脱法网。上诉则不然,主要为了减轻、免除处罚或者撤销定罪。上诉型法律救济有两种效果:一是移转效果,"案件之法律救济将由较高审级之法院审理";二是中止效果,"该被提起上诉之裁判之效力将因即时的提起法律救济,而告中断,亦即延缓"。[3] 科耶夫提出一种对上诉制度的独到看法,认为第三方裁判者无论是当事人选出的还是国家强加的,其真实性就在于他的不偏不倚、公正无私,否则就属冒名顶替。而程序法恰恰能够让人们注意到这种冒名顶替,并且通过上诉推翻冒名顶替者的判决。如果将案件发回初审程序,也不外乎改变第三方。之所以引入审判等级的理念,是因为高一级的法院比低一级的法院更具真实性,最后一级法院最具真实性。[4]

---

[1] 〔日〕田口守一:《刑事诉讼法》(第五版),张凌、于秀峰译,中国政法大学出版社2010年版,第519页。
[2] 部分死刑核准权下放给省高院的时期除外,那时为省高院二审与核准死刑程序合二为一,裁判文书往往写有"本判决也是核准死刑的裁判"字样。
[3] 〔德〕罗克辛:《德国刑事诉讼法》,吴丽琪译,三民书局1998年版,第557页。
[4] 参见〔法〕科耶夫:《法权现象学纲要》,邱立波译,华东师范大学出版社2011年版,第447—449页。

在欧陆,说被告人可以无理由上诉,意在强调不能以理由不当或者不充分而剥夺其上诉权,但决不是反对被告人陈明上诉理由,甚至应当鼓励上诉理由越明确具体越好。上诉理由直接涉及上诉范围,也就是,上诉所针对的第一审判决内容,可以是全部,也可以是一部分。部分上诉的理由可能不同于全部上诉的理由。"一部上诉之规范目的及实际效益,可以从当事人利益、法院负担及审级结构三方面加以观察:就当事人之利益而言,一部上诉可谓既有利于其攻击防御,又合乎其上诉目的之良法美制,因为经过在原审的攻击防御之后,被告及检察官对于案件之争点已经相对清楚。上诉既然是针对原审判决不服的方法,审理焦点若能够集中在仍有争执而不服的部分,自然较为符合当事人提起上诉之目的,一部上诉的用意正是如此,当事人藉此得以主动限定上诉法院之审理范围,不但能够针对争点,充分地准备攻击防御之方法,并且也较能预期上诉结果,不至于发生折服原审判决之部分,却被上级审改判的危险。"[1]而简化之后的上诉,无疑可以减轻法院负担。上诉之后,便阻断了该部分的判决效力,上级法院可维持原判决,也可以将其撤销,另行改判。

从有利被告的角度看,部分上诉中未经声明不服的部分,并未阻断既判力,上诉审不得撤销改判,更不得自行判决加重被告人刑罚,否则即属未经上诉请求而径行予以判决,在三审终审制情况下成为第三审事由,在两审终审制情况下构成再审事由。这是因为,上诉审亦受不告不理原则拘束,不得就未经上诉部分进行审判。这里会遇到"漏判"与"漏未判决"两个概念。例如检察官一并起诉妨害公务与伤害警员,第一审法院只判处伤害罪,但漏未判决妨害公务。被告人是否愿意就伤害罪提起上诉,实际上取决于一种考量,即是否引起案件发回重审,虽在伤害罪上得较轻量刑,但因数罪并罚而整体上加重了刑罚。既然数罪中只判决一罪,其余各罪法院竟然未予判决者,此时称为漏判。若只有被告人上诉,第二审法院应坚持有利被告及上诉不加刑原则,或者减轻其伤害罪量刑,或者维持原判;只有在检察官抗诉时,才应发回原审法院补判,不应由第二审法院直接补判,否则属于违反不告不理的诉外裁判,同时相当于剥夺了被告人的上诉机会。若认为妨害公务与伤害仅为单一案件,第一审法院就伤害部

---

[1] 林钰雄:《刑事诉讼法》(下册),元照出版公司2015年版,第307页。

分的判决效力及于全部,虽属漏未判决,但上诉审法院仍然不应就妨害公务部分单独量刑,进而总体加重被告人刑罚。

在英美,被定罪后,法律救济途径主要有如下四种:第一,准许重审治安法庭亦称微罪法庭的定罪,有些类似我们的简易程序变更为第一审普通程序。变更后不得进行更严重的罪名指控,但可以对原指控罪名重审后处以更重刑罚。第二,因证据不足、庭审错误或有新证据而提出搁置定罪的动议。其中,如果是证据不足,则基于禁止双重危险原则,不得启动再审;如果是庭审错误则允许适当补救的重审;如果因有新证据而要求搁置定罪的,重审之后的任何结果,动议方都要接受。提出重新庭审的动议,如果以发现新证据为理由,则新证据必须极为重要,足以导致极为不同的甚至无罪认定,且须是此次庭审后才发现的。第三,如果庭审法院拒绝搁置定罪的动议,被告方可以向上诉审法院上诉,上诉不得加刑。[1] 第四,在直接上诉失利后,并且在穷尽其他救济手段后可以申请人身保护令。但在反恐和1996年有效死刑法案的形势下,美国国会试图限制联邦法院使用人身保护令的范围和理由,强调在相关听证时政府方面有权同时在场出示证据,而否定人身保护令申请后,将对申请人恢复羁押。即使准许申请,法院也可能延迟执行核准令,给政府方面留出上诉或启动重新庭审的时间。[2]

上述四种救济途径,需要加强论述的仍然是上诉。允许上诉并非普通法传统,时至19世纪末,美国最高法院仍然认为,各州根本没有义务提供上诉审,定罪后的上诉不是一种绝对的权利,各州宪法和法律都没有规定这种权利。刑事案件庭审结论作出后,无论所定罪名多么严重,上诉法院的审查都不是普通法正当程序的要素。是否允许上诉审,全凭各州自由裁量决定。[3] 根据对2000年一个判例的判决理由的回顾,在1879年以前,联邦法院根本不允许上诉审。[4] 死刑犯可以选择不上诉,只要他

---

[1] *North Carolina v. Pearce*, 395 U.S. 711 (1969).
[2] 作为极其例外使用的最后救济手段,被定罪羁押者可以申请普通法传统的冤案补救令(*coram nobis*),该传统已被英国废止,但在美国联邦和一些州仍然得到承认。*Korematsu v. United States*, 323 U.S. 214 (1944); *Korematsu v. United States*, 584 F. Supp. 1406 (N.D. Cal. 1984).
[3] *McKane v. Durston*, 153 U.S. 684 (1894).
[4] *Martinez v. Court of Appeal*, 528 U.S. 152 (2000).

有能力理解生与死的区别,并且明知而自愿地放弃上诉权。[1] 然而,各州的法律通常规定死刑是强制上诉的,或者说,法律要求上诉审法院必须对死刑案件进行复审,而无论被告人是否拒绝。[2] 今天,尽管所有重罪的上诉渠道都已通畅,英美法还是刻意强调两点:一是不允许对陪审团所作的无罪判决进行审核、检验;二是一旦庭审法院有不利被告的重大程序违法,原则上在上诉审中必须判决无罪。这种理念及实务规程也已为大陆法所接受,其核心关切是,不应使被告人再次受到诉讼程序的折磨。[3] 不过,除少许例外,被告人不得就并不影响终局裁判的裁定上诉。这是因为,被告人上诉应遵循终局裁判规则,也就是,不应接受零打碎敲的上诉,而只应准许对终局裁判的上诉,通常指定罪后的上诉,这样做既节约司法资源,也有助于在公平的程序中更好地保护控辩双方的利益。

之所以说"更好",是相对于允许"中间上诉"而言的。不允许中间上诉,很可能无法及时纠正某些潜在的错误,导致终局裁判不再有终局性,而是被上诉审法院推翻,并导致重审。重审对被告人以及其他人都会带来更多的负担和焦虑,而审判旷日持久还会导致记忆模糊,滋生诉讼诡计,对目击证人的诘问与弹劾也不再奏效。然而,准许中间上诉的司法损耗可能更大。因中间上诉而审判停滞,使得审判拖延更久,况且,中间上诉所针对的裁定十有八九都是正确的,允许上诉会使对方蒙受不公。也因此,即便不及时纠正某些裁定,能够真正导致终局裁判失准的情况也是极少,还不如干脆容忍这少许失准的裁判交由重审来解决。当对抗制的两造资源不平等,且并不都希望尽快结案时,资源短缺、希望尽快结案的一方,就只有非正义的结局了。遵循终局裁判规则,可以同时有效节约庭审法院和上诉法院的司法资源。随着审判的有序继续,庭审法院不乏自我纠错能力,从上诉法院的角度看,庭审法院更容易着眼于更广泛的信息,对可能影响终局裁判的裁定作出准确评价并予以匡正。即使出现重审,它也能够更有效地处置多个错误,而一次中间上诉一般只解决一个错误。因此,控辩双方只能就庭前保释抑或羁押进行中间上诉,其他的中间

---

[1] *State v. Robbins*, 5 S. W. 3d 51 (Alaska 1999).

[2] Ronald Bacigal, *Criminal Law and Procedure: An Overview*, Delmar, Cengage Learning, 2009, p. 313.

[3] 参见[德]罗克辛:《德国刑事诉讼法》,吴丽琪译,三民书局1998年版,第741页。

上诉权极为有限地保留给控方。这是真正的对抗制才有的制度设置,试想,在纠问式诉讼模式下,控方肯定无需进行什么中间上诉。[1]

控方不得对无罪判决发动上诉,因为这侵犯了被告人不受双重危险的宪法权利,但是,为控方保留一些中间上诉权是极为必要的,比如针对驳回公诉的裁定,或者针对排除证据的裁定。这对被告方可能也有好处,比如某些证据应否排除,尽快得到上诉审法院的肯定或否定,有助于让警察尽快知道应否立即停止某些做法。[2] 但实际情况是,上诉基本都是被定罪的一方发起的,目的是让上诉审法院推翻定罪,因为毕竟定罪占多数。因此,上诉审法院在何种条件下可以推翻定罪,何种情况下应维持定罪,就是上诉的核心问题。首先,无害的错误不会导致推翻定罪,只有宪法性错误才值得认真对待,比如非法证据应予排除而未排除的,必须推翻定罪;剥夺被告人获得律师帮助权的错误,也自动导致撤销原判;其次,关于侵犯宪法权利的错误是否也可能是无害的,美国最高法院的态度已从坚决否定转为有限肯定[3];最后,其他一些庭审错误必须是显而易见的,且只有在被告方证明存在真实的偏见,并实质性地、破坏性地决定了陪审团作出有罪裁决,才能推翻定罪。[4] 美国大多数司法区域都有双轨上诉机制,向直接上级法院上诉或者向州最高法院上诉。前者是法定的,后者是酌定的。重罪情况下,前者必须为贫困被告人提供律师帮助;后者不强求律师为贫困被告人提供帮助。[5]

在英国,上诉不是无条件的,上诉法院要求一审定罪必须是"不安全"的,才接受上诉。至于何谓"不安全",1995年以前,主要凭上诉法院法官心中是否存在对不公正审判的疑虑;1995年以后,宾厄姆爵士在判决中指出:"新修订的法律直白地表达了它的关注,即从激烈的辩论和提交的证据看来,上诉法院是否认为定罪是不安全的。即便有某些法律上的不严谨或者庭审行为的不规范,上诉法院也还是认为定罪是安全的,那就应当

---

[1] LaFave & Israel, *Criminal Procedure*, Thomson Reuters, 2009, pp. 1295–1296.
[2] LaFave & Israel, *Criminal Procedure*, Thomson Reuters, 2009, p. 1305.
[3] *Fahy v. Connecticut*, 375 U.S. 85 (1963); *Chapman v. California*, 386 U.S. 18 (1967).
[4] *United States v. Olano*, 507 U.S. 725 (1993); *Johnson v. United States*, 520 U.S. 461 (1997).
[5] *Douglas v. California*, 372 U.S. 353 (1963).

驳回上诉。但是,不论具体理由如何,如果上诉法院认为,上诉人被错误定罪或者上诉法院对定罪的正确性有所疑虑,就必须解释为定罪不安全,此时上诉法院有义务接受上诉。由此可见,上诉法院关心的不是有罪还是无辜,它只关心定罪的安全性。有些案件中,'不安全'是明显的,比如行凶者另有其人,法律上不构成犯罪,或者因法庭的严重不公而削弱了定罪的准确性。即便不认同被告就是无辜的,上诉法院法官仍然要对不公正的审判保持一定的怀疑能力。对于不明显的'不安全'定罪,要综合全部的事实和情节进行评估。"[1] 被告人有权获得的,是一次公正的审判,而不是一次绝无瑕疵或技术缺陷的审判。

如果庭审中的任何错误都足以导致被告人被免除处罚,这个代价对执法的努力而言未免过于高昂。只要是无害的错误,未影响被告人获得公正审判的权利,亦未就定罪之准确性引发质疑,可以认为仍属"安全"的定罪。庭审的复杂性决定了无可避免会发生一些失误,而无论法官、检察官和辩护律师多么努力。[2] 导致判决错误的原因很多,虽然无法列举穷尽,但也不妨做以下归纳:(1)证人先以第三人身份作见闻陈述,但随着程序演进,有变为当事人可能,遂隐匿某些事实或证据;(2)证人陈述常因对被告同情或憎恨而作"匿饰增减"等不实之言;(3)纵证人顺乎良知,作真挚证言,惟有时因囿于证人之观察力、记忆力、表现力而影响裁判官对事实的认定;(4)因举证方法或调查证据技术缺陷,当事人对法官认识事实助力甚少,且对"反对证据"考虑不足,无从逐次推敲反对事实存在的可能性,也就无法确保发现事实的高度盖然性;(5)由于诈术行为介入,以致证据混乱,阻碍真实发现,导致判决错误;(6)因过于相信自由心证,导致裁判官主观上无限伸缩地评价证据,尤其是对自白证据;(7)就同一证据,不同裁判官亦有不同评价,相反评价亦在所难免,但逻辑上相反评价意味着二者不可能同时为真。[3]

刑事公诉案件中,不以检察官为被上诉人,而只应以下级法院判决不

---

〔1〕 Peter Hungerford-Welch, *Criminal Litigation and Sentencing*, Cavendish Publishing Limited, 2004, pp. 489—490.

〔2〕 *United States, v. Akpi*, 26 4th Cir. F.3d 24 (1994).

〔3〕 参见刘绍猷:《刑事再审之理论》,载陈朴生主编:《刑事诉讼法论文选辑》,五南图书出版公司1984年版,第379—382页。

当为理由。判决不当是过于宽泛的概念,严格说来算不得理由,但从实务需要的角度,可以将判决不当分为法律不当与事实不当,也因此,"上诉"问题的重点在于什么是事实审,什么是法律审,以及第二审法院何时应当开庭审理。而这些问题,在大陆法两审终审制与三审终审制的不同制度中,解决的方案是不同的。在两审终审制中,对于第一审法院的判决,事实不当与法律不当都可向第二审法院提起上诉;而在三审终审制中,第三审只进行法律审,只负责纠正下级法院违背法令的判决。而所谓"违背法令,包括判决不适用法则或适用不当而言。适用法则不当,兼违背实体法及程序法。违背实体法则,兼判决后刑罚之废止变更或免除在内;违背程序法则,兼违背证据法则"[1]。

第二审法院如果开庭审理,尤其在事实审与法律审不分时,可以视为一种重审,即不受前审限制,开启全新审判;而如果不开庭审理,则只能属于一种续审,只能是对前审中争议或者模糊之处加以澄清,但无论如何不是对前审判决理由的简单重复。换言之,上诉审无论如何都应当是审查原判决是否得当,而不是简单的帮腔。当上诉人提出具体的上诉理由时,上诉审法院有义务对上诉理由进行调查,而且"应当从保护当事人特别是被告人的主张的角度进行职权调查"[2],不应只将一审"经审理查明"部分复制到二审判决书中。据此反观"快播案"的二审判决书,"经二审审理查明的事实、证据与一审相同,本院经审核予以确认",表明二审是对事实、证据的全面审查,但毕竟是未开庭的书面审,因没有采用开庭审理的方式,所以不应笼统地说"查明的事实、证据与一审相同"[3],因为查明的手段已然不同,经过法庭调查、质证,听取被告人当庭申辩者,才可谓之查明,以书面审为主的审理,只能算作一种简易复核。在论证"程序上是否存在重大违法行为"时,"快播案"二审判决书认定,涉案四台服务器属依法扣押、移交、保管,所存储的视频文件没有遭到破坏,作为鉴定检材合法有效,可以作为证据予以确认。

问题在于,文件是否遭破坏,应当以鉴定意见为准,而鉴定人必须接

---

[1] 陈朴生:《刑事证据法》,三民书局1979年版,第230页、第234—235页。
[2] [日]田口守一:《刑事诉讼法》(第五版),张凌、于秀峰译,中国政法大学出版社2010年版,第356页。
[3] 参见北京市第一中级人民法院(2016)京01刑终592号刑事裁定书。

受控辩双方的当面询问,法官不能代替,二审亦不例外。"快播案"二审判决书中还有这样一段值得商榷的认定:依据最高院2013解释的规定,"上诉人吴铭及其辩护人在一审审理期间未针对物证、书证的收集提出非法证据排除申请,二审所提相关线索或者材料并非在第一审结束后才发现,不符合二审法院启动证据收集合法性调查程序的条件。辩护人的相关申请本院不予准许"。这是"快播案"上诉审法院对于"启动证据收集合法性调查程序的条件"的理解,显非妥当,因为如果确有应予排除的非法证据,无论一审时是否提出,都恰恰是二审法院应当关注的。从我国刑诉法条文入手,结合司法解释,可以再做分析:其一,我国刑诉法文义至为明显,法庭审理过程中,包括一审审理和二审审理,只要是可能存在以非法方法收集证据情形的,就应当对证据收集的合法性进行法庭调查。这是总的原则,对原则可以附加一定的条件限制,但不能限制到与原则相违背。其二,即便是二审不便径行法庭调查,也应以事实不清为由发回重审。而"快播案"的二审判决却对相关条文作了最不利被告的解释,未能纠正一审中的程序瑕疵,令人遗憾。

第二节　再审理由

"凡原判决认定事实有错误时,具有法定之原因者,得予否决确定判决之效力,重新审判,而为撤销或变更之判决,以纠正之,此项再审之制度,立法例采两种主义:(1)为保护受判决人利益主义。即非有利于受判决人者,不得声请再审,此为法国刑事诉讼法所采。(2)为更正事实错误主义,即声请再审,基于实质真实发现的要求,于受判决人有无利益,在所不问,此为德国刑事诉讼法所采。"[1]从我国的再审发动途径看,显然采取了德国的做法:一是各级法院院长发现本院裁判确有错误的,应当提交审判委员会讨论决定是否再审;二是上级法院发现下级法院裁判确有错误的,可以指令下级法院再审或者直接提审;三是检察院以审判监督名义的抗诉,但这种抗诉在世界范围已经显属例外,绝大多数都是有利于受判决人的再审。无论是犯罪控制模式,还是正当程序模式,都不可能在纯粹

---

[1]　褚剑鸿:《刑事诉讼法论》(下册),台北商务印书馆1987年版,第616页。

理想状态下运作,实际可能遇到各种干扰。但毋庸讳言,纠问式诉讼模式遇到的干扰一定更多,力度更大。既以犯罪控制为目的,自然少不了权力意志的干预和司法的暗箱操作,裁判的终局性反而很难保障,难免出现翻来覆去的烙饼案件。两相比较,正当程序模式的诉讼,却能够在救济渠道多样而畅通的前提下更多地确保裁判终局性,尤其是确保无罪裁判得到尊重。可一旦发动再审,一般说来又一定是有利于受判决人的,比如美国刑事诉讼的独特之处在于,有罪判决后的上诉不得提出新证据,定罪生效后若有新证据足以改判,只能诉诸再审。[1]

在以弹劾原则为基础的当事人主义模式下,上诉程序与一审程序不同。一审程序为整个审判程序之重心所在,有罪或无罪之事实认定,完成于一审程序中。侦查阶段搜集的证据、资料与记录,必须通过当事人之手,提交一审法庭,才能起到事实认定的效果。而上诉程序的目的在于发现并撤销一审程序中违反基本程序规范的事实认定,发回一审法院重新审理。于此可知,上诉法院并非代行一审法院事实认定的职责,有罪无罪的事实认定仅能在一审程序中依据当事人论争之诉讼结构进行判断,不影响事实认定的程序违反,不会被上诉审撤销。相对的,在传统职权主义模式下,事实认定从侦查程序即已开始,经由一审程序而至上诉审法院,是一个连续不断的事实认定过程。法院不仅扮演一审程序监督者的角色,而且也同时进行事实认定。而就再审而言,在英美法系国家,基本上并无欧陆法系般的再审制度,盖因采行陪审团制,事实认定基本上只有一次,并无再审制度的制度设计,尤其对庭审后作出的无罪判决,不得重新加以认定。然欧陆法系再审制度亦有其重大歧异,法国式仅容许有利于受判决人的再审,而德国式则同时允许不利于受判决人的再审。无论如何,再审应否启动基本上应该通过利益衡量的比例原则决定,且应以避免处罚无辜与避免不当重罚为其基本理念。[2]

我国台湾地区对已经生效裁判的救济采再审与非常上告双轨制。再审主要针对事实违误,非常上告针对法律违误。"裁判一经确定,程序就

---

[1] 参见李荣耕:《评析2015年的再审新制》,载罗秉成、李荣耕主编:《刑事再审与救济无辜》,元照出版公司2016年版,第160页。

[2] 参见黄朝义:《刑事诉讼法——制度篇》,元照出版公司2002年版,第165—166页、第202页、第208页。

告结束,不能再次反复进行。但是,裁判确有重大错误而置之不理是违反正义的。因此,非常程序中设立了再审制度和非常上告制度。再审制度是从事实认定错误中救济被告人的制度;非常上告制度是纠正违法行为的制度。再审,是以认定事实不当为理由对已经确定的判决重新审理的非常救济程序。再审与上诉的区别在于,再审是对已经确定的裁判提出的不服申诉;再审与非常上告的区别在于,再审是以认定事实不当为理由的。"[1]实际上,作为事实与法律桥梁的证据也有可能违误,而且是大大多于事实与法律违误相加之和,理应成为法律救济的又一事由。就再审制度实务运作而言,执为申请理由比例最高者,实乃新证据也。发现新证据,学说上称为新规性,为形式要件;确实之新证据,学说上称为确实性,为实质要件。非同时具备不可。"在日本,此之新证据虽亦必须具备新规性与确实性(明确性)二要件,但彼国对于证据新规性之解释,通说主要是着眼于证据是否具有'未判断资料性',亦即,以该证据有无曾经法院为实质判断(评价)过而定。"[2]

现行制度也都是强调新事实与新证据,合称"新事证"。新事证存否有疑问时,应否适用疑利被告原则?刑事诉讼证明负担既然不在被告人,被告人受罪疑唯轻原则保护,若法院未能达到排除合理怀疑地证明被告人有罪,利益应归于被告人,应判决无罪。问题只在于,再审要件审查并非针对罪责与刑罚的实体问题,而是决定是否受理再审的程序问题,无关严格证明法则,仅以自由证明程序为已足,理应考虑有疑唯利既判力。"德国学说与实务基本上认为,当经调查之后仍难判断是否合乎再审要件时,利益并不当然归于被告。然而,这无碍于再审制度基于目的性之考量,而寻求制度自身的合理证明门槛。就结论言,德国现今较被普遍接受的折中见解认为,假使依照再审法院调查结果,对于原确定判决认定事实基础之正确性有重大疑虑者,即为已足。换言之,这正是高于单纯怀疑、低于确信之间的情形,应可认为已经符合程序事项自由证明的释明门槛。当然,如果声请人主张之再审事证明显不实

---

[1] [日]田口守一:《刑事诉讼法》(第五版),张凌、于秀峰译,中国政法大学出版社2010年版,第361页。

[2] 吴燦:《与谈意见——修正刑事再审新证据之解释与适用》,载罗秉成、李荣耕主编:《刑事再审与救济无辜》,元照出版公司2016年版,第13—14页。

者,诸如其所谓之新事证有明显瑕疵(例如明显出于伪造),自是不可能到达释明程度。"[1]因此,再审理由的调查成为重中之重。1943年抗字第113号判例早有阐释,"谓就证据本身之形式上观察,无显然之瑕疵,可认其足以动摇原确定判决者,即属符合旧称确实性之要求,至于能否准为再审开始之裁定,仍应予以相当之调查,而其实质证明力如何,则有待于再审开始后之调查判断"。

比上诉难度高且极具或然性的救济途径是通过申诉而谋求再审,因为上诉可以是无理由的,但申请再审者必须极力主张判决错误。"事实上,的确很难让法庭承认自己判决错误,它们讨厌承认这个事实。特别是,既判案件具有'神圣不可侵犯'的权威性,这就很难使一个案子得到复查。其实,法律规定每一个判决都是可以上诉的,但是,如果当事人没有上诉,或者上诉失败了,那么公布于众的判决就很难更改了。……立法者考虑到,要是封闭了所有复核的大门,那是不人道的,甚至是丑恶的。一个人被判刑之后,如果他能证明对他的判决是错误的,那么他能忍受强加于他的屈辱吗?如果那个被推想为凶杀案的受害者还活着,或者控告被告的证人被判为提供假证,或者出现了两个相互矛盾而又根本不能相容的判决或裁定……立法者会谨慎地准许申诉,复审是有可能进行的。……如果人们事后发现一个新事实……这个新事实有可能导致宣告被告无罪。但是……这种可以引起复审的新事实并不包括先前已经存在于案卷中但被忽视利用的资料,或者该资料已在案卷中但其重要性未被预审官们采纳。这些材料即使在复审中重新提起,那也没有意义。因此,为了得到复审,只能依靠在判罪定刑时法官们根本不知道的、未曾出现在案卷中的一些有形的、具体的事实。"[2]

各法域关于再审理由的规定可谓大同小异,其中"新事证""原证据违法"和"职务违法"成为同类项。新事证指判决确定前已存在或成立而未及调查斟酌,及判决确定后始存在或成立之事实、证据。然而,新事证能够跨过再审审查关口的比例很小,"过度限缩新事证再审事由的错误判

---

[1] 罗秉成、李荣耕主编:《刑事再审与救济无辜》,元照出版公司2016年版,第59页。
[2] [法]勒内·弗洛里奥:《错案》,赵淑美、张洪竹译,法律出版社2013年版,第4—5页。

例,迄今仍被实务奉为圭臬,横跨两世纪,七八十年来屹立不摇"[1]。在我国台湾地区,从 2004 年至 2014 年刑事再审案件收结情形统计的结果显示,每年终结件数平均为 1 198 件左右,包括被告人与检察官申请部分,但准予开启再审的件数平均为 6.4 件,核准率约占每年终结件数的千分之五,若再扣除检察官为被告不利益申请再审案件、第二审确定之特别再审案件等,则纯属以发现新证据事由申请再审获准的比例,仅余千分之二至千分之三。因此,为被告利益而以发现新证据为由申请法院准予开启再审的成功率,可说是难如登天,简直是绝望工程。再审门槛过高,可能是制度上和心理上的多重原因导致的,其中主要有错误判例、为难自己、同侪压力和司法脸面等四堵高墙。[2] 这四堵高墙的实际阻挡效果可从表 12-1 窥见一斑。

表 12-1　2004—2014 年台湾地区检察官申请再审情况统计表

年别	终结	驳回	开启	其他	检察官为受判决人利益	检察官为受判决人不利益
2004	1300	1279	11	10	5	16
2005	1066	1057	2	7	3	8
2006	900	887	7	6	8	15
2007	1030	1018	7	5	11	16
2008	1085	1075	4	6	8	12
2009	1193	1181	5	7	5	12
2010	1221	1210	7	4	5	12
2011	1327	1319	5	3	4	13
2012	1337	1330	4	3	3	6
2013	1496	1479	10	7	7	5
2014	1222	1209	9	4	7	5

为此,我国台湾地区修订了再审理由,从新事实扩展为新事证,希望放宽再审限制条件。而且,此次修订的重要性,在于重新定位再审的价

---

[1] 罗秉成、李荣耕主编:《刑事再审与救济无辜》,元照出版公司 2016 年版,第 27 页。
[2] 参见罗秉成、李荣耕主编:《刑事再审与救济无辜》,元照出版公司 2016 年版,第 167—169 页。

值,扬弃过去的"案件有疑,利归原确定判决"原则,改宗"案件有疑,利归被告"原则。一锤定音,轴心翻转,再审制度主要系为"救济无辜"而存在。此观诸立法理由揭明:……再审制度之目的既在发现真实并追求具体之公平正义,以调和法律之安定与真相之发现,自不得独厚法安定性而忘却正义之追求,并举美国卡多索法律学院所推动之"无辜计划"为例,在在显示立法者趋使再审制度从保障法的安定性朝保障无辜被告的救济移进,使二者获致调和及平衡。[1] 但出乎学者意料的是,修订实施一年内,高等法院受理案件1 062件,共准许7件再审。修订前后统计数据上的变化可说是微乎其微。日本的情况大致相同,在白鸟裁定出现之前,再审长期以来几乎没有发挥作用,而发生转变的基础在于,以学界作为中心对再审理念的认识产生变化。由于宪法"双重危险禁止原则"之采用而废止不利益再审,因此将再审直接定位为救济无辜制度,成为广泛的理解。以此理解为基础,再审的要件逐渐被放宽,而其焦点在于,绝大部分申请再审所依据的再审理由之"明确性"要件。[2]

如果要使再审程序能真正发挥作用,使其得以平反冤抑的案件,使无辜者能够因而重获清白,单单只修正新事证的意涵,可以说是没有任何实质效果的。虽然立法者大幅放宽了新规性及确实性的要求,但是,运作的重点是确实性的有无,能否说服审判者已有合理相信,足认原确定判决所认定的事实基础或要旨已不存在。然而,是否已经达到合理相信的程度,具有很高的不确定性,几乎不具有可预测性,也难以于事后审查。[3] 虽合称新事证,但在具体调查时,仍然需要分别考虑事实与证据,以及二者的逻辑关系。所有的事件、过程、情况、情节、关联等,只要客观上可得认知而与有罪确定判决之认知或评价相反者,几乎都有可能是再审事由所称的事实。再审事由以崭新性及显著性为要件,来避免漫无边际的扩张;因此,事实未必是新事实。就事实概念而言,以实体待证事实为例,判决

---

〔1〕 参见罗秉成、李荣耕主编:《刑事再审与救济无辜》,元照出版公司2016年版,第174—175页。

〔2〕 参见〔日〕大出良知等编著:《刑事辩护》,日本刑事法学研究会译,元照出版公司2008年版,第388—389页。

〔3〕 参见李荣耕:《再审新制于近一年来的实务运作探讨》,载罗秉成、李荣耕主编:《刑事再审与救济无辜》,元照出版公司2016年版,第234—235页。

直接或间接植基的所有情况都可能是再审事由,除了直接的主要事实外,也包括了间接事实及辅助事实。[1]

再从人证角度说,原审作出不利证词的目击证人,若于判决确定后改变供述内容,是属于新证据方法抑或新事实?"应予注意,经具结证人翻供者,可能同时产生伪证制裁的问题,而伪证罪判决确定本身就是另一款的再审事由,但两款事由仍是独立判断;据此,证人翻供者即便尚未经伪证罪的追诉或判决,也无碍其作为新事实之再审事由。证人翻供,其实只是原证据方法解消的事例之一,由此可知,某一个证据方法的解消,仍是再审事由所称之事实。类此如受判决人先前自白、事后翻供的情形,尽管德国学说认为所称证据方法仅指四种狭义证据方法而不包含受判决人,但因属事实之故,得为再审之事由。"[2]新事证还应具有显著性,也就是,"提出的新事证必须具有一定的品质,不但足以动摇原确定判决之事实基础(能'破'之重要性),并且适合于达到改判为其他较轻判决之再审目的者(能'立'之适合性),始具显著性。因为再审作为非常救济制度,并不在于救济原审'所有的'事实违误,而仅在于救济'显著的、重大的'事实违误"[3]。

对证据确实性的判断,日本曾有两种主要学说:仅依新证据的单独评价说与新旧结合的综合评价说。"日本法院往昔对于再审新证据之确实性(明确性)亦系采取高标准之判断方式,事实上也造成几乎是关闭了再审之门。直至最高裁判所昭和五十年(1975 年)5 月 20 日白鸟事件裁定中,宣示以下三点判断标准:一、所谓确实之新证据,系指对原确定判决认定之事实产生合理怀疑,因而得以推翻该认定之可能性(盖然性)证据而言。二、判断该证据是否具确实性,应就新证据若于原确定判决之法院审

---

[1] 参见罗秉成、李荣耕主编:《刑事再审与救济无辜》,元照出版公司 2016 年版,第 31 页正文及注 8。

[2] 不过,事后的立法变更或实务改变见解,并非再审事由的新事实。再审体系仅在原判事实基础动摇时,例外容许破除其确定力。所谓法规范事实,纵使具有崭新性且为原判决之规范基础,诸如纯粹的法律违误、事后的立法修法或实务法律见解之变更等,皆非新事证之再审事由所称的新事实,以免再审成为可以不断争执法律、没有期限的法律审上诉之通常救济制度。参见罗秉成、李荣耕主编:《刑事再审与救济无辜》,元照出版公司 2016 年版,第 33—36 页。

[3] 罗秉成、李荣耕主编:《刑事再审与救济无辜》,元照出版公司 2016 年版,第 49 页。

判程序中提出,结合旧证据(即确定判决审理中经调查审酌之证据)为综合评价,据以判断是否对原确定判决事实之认定产生合理之怀疑为已足。三、在作此项判断时,刑事审判铁则之'罪疑唯轻'原则,于再审声请程序亦有其适用,才自此开启了再审的大门。"[1]至于单独评价说与综合评价说孰优孰劣,学者认为,"鉴于法官形成犯罪构成事实存否的心证,往往是经由诸多间接事实推论出犯罪构成事实。证明这些间接事实的情况证据,则大都彼此间有一定的关联,互相补强,终能使全体具有一定的证据价值。基此,新证据单独尚不足以颠覆原确定判决之犯罪事实认定,不表示新证据与原确定判决用于认定犯罪事实的既有证据综合判断,亦不能动摇原确定判决之犯罪事实认定。综合新旧证据作整体判断,有其必要"[2]。日本判例用了综合评价说,这是"再审时代"的大势所趋。[3]

至于证据新规性,过去判例曾认为,受判决人于判决前所明知之证据非属新证据,因此除事实审法院不知者外,尚须兼以受判决人是否不知为要件。但再审原因增修后,"究竟有无新规性,宜视其是否具有'未判断资料性'而定,凡属法院未经发现因而不及审酌判断之证据,其证明力究竟如何,法院既系未曾判断,即已具有新规性,至于受判决人是否明知,应非所问"[4]。"纵使是被告于判决前所明知,但怠于声请甚且故意不声请法院调查的事证,对于法院而言,还是属于'法院因不知而未予审酌'之新事证。"[5]因此,"举凡法院未经发现而不及调查审酌者,不论该证据之成立或存在,系在判决确定之前或之后,亦不问受判决人是否明知,甚且法院已发现之证据,但就其实质之证据价值未加判断者,均具有新规性,据此

---

[1] 吴燦:《与谈意见——修正刑事再审新证据之解释与适用》,载罗秉成、李荣耕主编:《刑事再审与救济无辜》,元照出版公司2016年版,第15—16页。
[2] 王乃彦:《论"刑事诉讼法"第420条第1项第6款之规范旨趣——以新证据之确实性以及综合判断为中心》,载罗秉成、李荣耕主编:《刑事再审与救济无辜》,元照出版公司2016年版,第92页。
[3] 参见〔日〕田口守一:《刑事诉讼法》(第五版),张凌、于秀峰译,中国政法大学出版社2010年版,第363页。
[4] 朱石炎:《论再审原因之增修》,载罗秉成、李荣耕主编:《刑事再审与救济无辜》,元照出版公司2016年版,第7页。
[5] 罗秉成、李荣耕主编:《刑事再审与救济无辜》,元照出版公司2016年版,第39页。

大幅放宽声请再审新证据之范围"[1]。"应予注意,被告因自身的可归责事由而受不利益判决,除非立法已有明文规定,否则不应以'司法造法'方式来课予其禁止提起再审的失权效果。……至于法院知道但却未审酌之成因为何?系因证据当时无法调查(欠缺调查可能性)、漏未注意或其他理由,以及法院当时做法是否违法、有无可归责事由等等,皆非判断崭新与否的关键。类此,卷宗内存在的事证,但事实审法院于审判程序未予调查、审酌者,亦具崭新性。"[2]

循此思路,判决书中漏未提到经过庭审调查的某一事证,或者相反,判决书中采纳未经庭审调查的某一事证且以之作为有罪判决基础的,则不仅事关崭新性,而且涉及判决本身的证据是否真实、确实、充分的问题。判决必须"出于审理庭",这是法治国家或地区刑事程序的基本要求,不容更动。因此,无论哪种情形,只要依判决书中根本不存在的证据定罪,自然都具有崭新性。德国学说与实务便是采取两种情形皆承认新事证的做法,以扩大救济原审明显违反出于审理庭要求的情形,值得赞同。[3] 同理,原先依法拒绝作证的证人、失而复得的证人、长期昏迷后苏醒的证人、被告人曾经放弃或者法院曾驳回调查申请的证人,都应具有崭新性。不过,"鉴定人虽与证人同为人之证据方法,但其崭新性判断应掌握两个特性,一是鉴定人系本于其专门知识,而非基于其对案发事件亲身经历来辅助法院判断特定证据问题之人;二是鉴定人具有'可代替性',与证人不同。据此特性,新鉴定人判断基准首要取决于原审曾否使用鉴定人之证据方法,换言之,若原先以为不须具备特殊专门知识就能判定,故原审法院未经鉴定程序便自行认定事实者(包含以'事实于法院已显著,或为其职务上所已知者'为由,而未遂鉴定者),于原审判决后出现的鉴定人,便具崭新性。……应予注意,另请(重新)鉴定必须和'未经鉴定'的情形,严格区别。其道理尤其在于鉴定人之'可替代性',拥有系争专门知识者

---

[1] 吴灿:《与谈意见——修正刑事再审新证据之解释与适用》,载罗秉成、李荣耕主编:《刑事再审与救济无辜》,元照出版公司2016年版,第19页。
[2] 罗秉成、李荣耕主编:《刑事再审与救济无辜》,元照出版公司2016年版,第39—40页。
[3] 参见罗秉成、李荣耕主编:《刑事再审与救济无辜》,元照出版公司2016年版,第41页、第42页。

通常不止一人"[1]。

1958年,在德国明斯特市,玛莉亚·霍巴赫女士因涉嫌谋杀亲夫赫曼被判处无期徒刑,但一直未发现其夫的头颅。依照原审确认的事实,玛莉亚·霍巴赫杀夫后肢解尸体,将其夫头颅放入炉灶焚烧殆尽。"1959年夏天,那是一个非常炎热干旱的夏天,在明斯特一个几乎干涸的小池塘边,有人在散步的时候看到一个严重腐化的头颅,那个头颅,我们可以猜到,就是赫曼·霍巴赫的头。于是,这个经过自然科学彻头彻尾证明出来的故事,怎么样都说不过去了。霍巴赫的案子势必要开启再审。《明镜周刊》于是刊出一个封面故事,探讨霍巴赫案中这个失败的'鉴定人审判'。"[2]玛莉亚·霍巴赫"依照新事证再审事由提出再审声请,本案有新事证(头颅并非在炉灶被焚烧殆尽)'且'具新证据方法(头颅之勘验),自具崭新性。基于此项新事证,霍巴赫也有高度可能在审判程序受到较为有利之判决,具有显著性,是以,再审声请应认合法且有理由。不过,重新审判之程序结果如何,则是另一回事,因为虽然头颅被发现,还是无法排除重新审判程序最后仍然得到相同的结论(霍巴赫还是谋杀了赫曼,只不过尸体处置方式与原审认定的事实不同)。此一实际案例,德国法院重新审理后,最后认为霍巴赫谋杀赫曼之犯罪事实仍有疑问,法院无法得到确信心证,故基于罪疑唯轻/疑利被告原则而为无罪判决"[3]。

第三节 再审实践

我国的刑案再审应当在新事证的确实性、新规性与显著性方面多下功夫。2016年12月2日,最高人民法院第二巡回法庭对聂树斌故意杀人、强奸案宣判,撤销1994年河北省石家庄市中院和1995年河北省高院对聂树斌的有罪判决,宣告无罪。不计审前羁押时间,单从有罪判决生效

---

[1] 罗秉成、李荣耕主编:《刑事再审与救济无辜》,元照出版公司2016年版,第44—45页。

[2] [德]汤玛斯·达恩史藏特:《法官的被害人》,郑惠芬译,卫城出版2016年版,第207—208页。

[3] 罗秉成、李荣耕主编:《刑事再审与救济无辜》,元照出版公司2016年版,第54—55页。

起算,21年覆盆之冤,只因2005年另案被告人王书金自认聂案真凶,才以"疑案"名义得以昭雪。即便真凶自认且原有定罪证据有诸多缺失与疑点,申冤仍然历经11年。一个讳莫如深的司法惯例是,如果不是事先已下定决心改判,就不可能通过再审审查一关,不可能开启再审审理。实践中,让原一审、二审法院纠正错误,会遇到几乎是无法抗拒的阻力。聂案便是如此,以至于最高人民法院作出(2016)最高法刑申188号再审决定,以提审方式由最高院第二巡回法庭依照第二审程序进行审理。聂案再审需要解决的问题是:其一,由于聂树斌也曾自认真凶,形成一案两凶,需要去掉一个,换言之,两凶可能同时为假,但不可能同时为真;其二,聂案跨1996年、2012年刑诉法两次重大修改,遵循什么原则来决定新旧程序法的适用;其三,由于聂树斌已被执行死刑,死刑二审一律开庭的法律规定还要不要执行;其四,聂案到底是疑案还是冤案,必须给社会公众一个交代。

上述第一个问题涉及再审范围是否包括王书金案,换言之,法院再审的任务是确定给聂树斌定罪的证据是否充分,还是要一并解决王书金是否真凶?后一个问题的解决,有赖于检察院指控在先,而对控辩诉讼角色最具颠覆效果的是,在河北两级法院的审判中,就王书金是聂案真凶的自认,控方说"不是他干的",辩方说"就是他干的"。再者,提审制度设计的一个天然缺陷就是没有主动的控诉,而就聂案而言,至少到最高院作出提审决定时止,检察院的确尚未起诉王书金是聂案真凶,且王书金案已在最高院死刑核准程序中,一、二审法院都没有涉及聂案的事实认定,如何不告而理?即便以最高裁判机关身份,要求最高检支持提审公诉,审理结果也有一定风险,万一不能认定王书金乃聂案真凶,对聂案解决不仅毫无帮助,还会使整个审判陷入困境,因为无法排除第三人为真凶的可能性。不过,换一个思路,王书金的供述对聂案而言属有利的新证据,但王书金在本案提审中并非被告人,而是证人,不存在不告而理的问题。而合议庭最终选择了比较稳妥的办法,以"王书金案不属于本案审理范围"回应了社会关切。

关于第二个问题,即适用新旧哪个程序法的利弊权衡。最高人民法院于1997年发布《关于适用刑法时间效力规定若干问题的解释》,明确规定:"按照审判监督程序重新审判的案件,适用行为时的法律。"事实上,司法解释中的这一规定即便只针对刑法而言,也有悖从旧兼从轻原则,显见是为了预防想象中的"翻案风"。刑法所言"本法施行以前,依照当时的法律已经作出的生效判决,继续有效",是指无错案件,对确有错误并符合再审前提的,依然应当改判并在重审中适用有利被告原则,包括适用非法证据排除规则。既然决定适用新法,第三个问题就容易解决了,"如果控辩双方对事实、证据有异议,可能影响定罪量刑的",二审案件应当开庭审理。聂案为依二审程序审理之提审,且涉及死刑,依法应当开庭审理,只是鉴于聂树斌已被执行死刑,为避免缺席审判,第二巡回法庭才最终决定不开庭审理,变通为在法庭上公开的、充分的集体听取各方意见的方式。第四个问题,根据《刑事诉讼法》的规定,疑案乃不能认定有罪的不确定状态,冤案乃能够确认无罪的确定状态。聂案事过境迁,证据存在瑕疵甚至欠缺,比如聂树斌被抓获后最初5天的供述缺失,可能证明聂树斌不在现场的考勤表丢失。但原审卷宗中也确有证明聂树斌有罪的证据,比如尸检报告、自行车、花上衣等客观证据以及有罪供述的主观证据,合议庭最终决定按疑罪从无原则处理。[1]

然而,有一种案件很特别,它只需被害人控诉,外加各种手段取得的被告人供述,基本无需任何客观证据就可以定罪,定罪过程当然相当复杂艰难,可一旦定罪,想要翻案会比登天还难。这就是性犯罪案件。在众多性犯罪实例中,性侵儿童尤其是少女,乃最黑暗的一章。一旦发生,瞬间就不再是单纯的刑事案件,而是夹杂着公众愤怒、媒体炒作、相关组织的非理性诉求,就连本应时刻坚持理性至上的法官和检察官,也很难不被情绪支配摆布,以至于这类冤案的申诉,较之其他案件显得难上加难。2004年5月初,德国汉诺威地方法院宣告,38岁的电车公司员工拉尔夫和54岁的货车司机卡尔海因茨,因共同性侵卡尔海因茨的女儿珍妮弗而构成犯罪。珍妮弗指控他们于2001年1月到5月间,时年她才14岁,对她进行轮流性侵,其间还伴有烟头烫后背、尖刀划皮肤、拳打脚踢等暴行。珍妮弗在庭上作证时声泪俱下,用潜藏在人类灵魂深处的情感,进行最可信的无声控诉,见者莫不切齿动容,闻者无不扼腕道中。审判长在宣判时也似乎怒不可遏,说自己"担任法官数十年,从未见过如此丧心病狂者"。就在汉诺威地方法院审理此案过程中,珍妮弗又将性侵控诉推进一步,她说

---

[1] 参见胡云腾:《聂树斌案再审:由来、问题与意义》,载《中国法学》2017年第4期。

在长达近10年的时间里,她父亲卡尔海因茨经常带她去和其他同事玩性游戏,也是说的活灵活现。于是,检察官指挥警方就此重启侦查,直到法院对最初指控宣判时,重启的侦查依然毫无头绪。

真正使检察机关生疑的,是珍妮弗讲的第三个故事。她说从8岁开始,就经常被父亲带到一家叫"女孩戒指"的场所,和其他小女孩一起被迫拍摄色情录影,还多次遭到强奸,很多小女孩因吃下迷药而显得非常听话。珍妮弗的描述细节生动,连参与者的名字都能准确说出,仿佛事情的发生就在眼前。检察机关差不多将汉诺威翻了个底朝天,也没发现"女孩戒指"的蛛丝马迹。珍妮弗说出的那些名字,在户籍所、网络或者电话簿上都搜索不到。珍妮弗的陈述也一再改变,比如她曾说自己的贞操是14岁时被夺去的,但是按照后来的说法,应该在8岁左右就失身了。检察官没有将"女孩戒指"的案卷及时告知法院,而是藏在抽屉的最底层。居然没有被毁掉,也算一个司法奇迹。由于这一案卷内容太过离奇,虽尘封已久,但终究成为翻案的引擎。2008年1月10日,当卡尔海因茨因第二个指控再次出庭受审时,有人将这份案卷从抽屉最底层拿出来。检察官将案号改成2001年4月,就像自始就写上去的。庭审时,检察官提交了这份案卷,建议审判长暂停本案的审理。检察官的意思其实是,包括2004年的案子在内,珍妮弗所有的陈述都是信口雌黄,无中生有。珍妮弗的父亲以及拉尔夫很快就被无罪释放。法官表示,根据当前的认知,根本不该对他们提起公诉。

为什么珍妮弗要平白无故陷害生父,还要不断连累其他人?许多有分量的刑事专家和心理学家坚信,如果不是亲身受害,一个女孩子根本不可能说出那些细节。真相是,珍妮弗患有严重的精神障碍疾病,导致她不断指控身边的人,而且故事编得头头是道,讲述时声情并茂,催人泪下,不能自已。如果说疾病是不可抗力,患者难以自持,这些都情有可原,可为何司法健全和法官优质的德国,居然会被一个小女孩耍得团团转?这才是妥当而关键的提问。刑事司法究竟哪里出了故障,让一个个编造的故事蒙混过关,最终陷人于罪?应当注意到,性侵案件最能激起人类本能的正义感,或者直白点说,就是替弱者中的弱者伸张正义的欲望。且不说民众,即便是多年训练有素的法官,也难以从这种情感束缚中挣脱出来。珍妮弗案再审时,柏林知名的心理学教授汉斯路德维希·科吕博曾表达过自己的困惑,他认为,汉诺威地方法院的判决书相当情绪化,内容极不寻常,肯定是受到了珍妮弗的影响。眼泪成为支撑事实真相的最佳佐证。哪个说谎的人会如此发自内心地痛哭呢?由于情绪影响,本案在上诉至德国联邦最高法院时,虽然法官已经获悉珍妮弗有边缘人格障碍,辩护律师也说这是严重的疾病,但最高法院却依然认为,这种症状无碍证言的可信度。

德国最高法院曾经宣示,法院在认定证言的真实性时,应当遵循"零假设规则",即,为了保护被告人,任何不利于被告人的证言都必须先假定为不真实,直到除了该证言为真外,再无其他解释可能。这个比喻的初始目的是为了让陪审员和公众容易理解证据规则。虽然这种"假定式"表达与无罪推定略有差别[1],但如果这种假定得到证实,冤案还是有望避免。遗憾的是,在珍妮弗的眼泪面前,这条零假设规则瞬间就崩溃了。在其他解释与珍妮弗的眼泪之间,法官选择了眼泪。自由心证原则也可能被滥用,为此,理论与实务都给自由心证设置了诸多限制,比如审判笔录的证明力、理论法则与经验法则、自白须有补强证据,等等,但是这些限制却不是万无一失的。珍妮弗编造的故事与流下的眼泪,突破了重重关卡,快马加鞭地来到法官的良心面前,任其自由心证。帮助本案成功平反的律师约翰·许文不无嘲讽地说:"我相信我相信的,这才是自由心证的本质。"在刑事诉讼中,很容易出现所谓"假电影现象",也就是说,为了确保判决上诉到最高法院时不被撤销,法官在判决书中完全不提那些对被告人有利的证据,而只将虚构的事实与合理的判决理由提交上去。这样一来,呈现在上诉审法官面前的,就是完全不同于真相的另一事实。虽然开启再审需要新证据或新事实,但实际上,这些所谓新事证在原审时就已经知道了。

以珍妮弗为代表的性侵案,之所以经常误判,最重要的根源可能并非来自司法,而是来自社会,亦即我们会替每个女孩子感到恐惧。不论事情究竟是真是假,只要听到性侵,人们就会联想到那些令人发指的作案场景、女孩无助的目光以及行为人邪恶的面孔。当这些情景浮现于脑海时,还有谁不想挺身而出将犯罪者绳之以法?那些提醒他们冷静一下的人,

---

[1] 参见本书第八章第三节有关"假定与推定"区别的讨论。

或者那些与他们意见有所不同的人，经常被归类为犯罪帮凶——既然不同意我们，就肯定同意犯罪者；既然同意犯罪者，就八九不离十也是个犯罪者！这俨然变成了卡尔·施米特式的区分敌友的政治问题，而不再是一个应当交由司法裁决的法律问题。在这种选边站的氛围中，若还认为法官、检察官、警官能够冷静面对，未免太过自欺欺人。但问题是，正义是否真的永远站在弱者一边，或者说弱者自带正义，而且自带真实？"指控本来就是假的"，这种当头棒喝令人无法接受，因为许多人的道义感被彻底颠覆。德国刑事司法以精致、细腻、思辨著称，可即便如此，冤案也在所难免，在感性与理性的角力中，占上风的永远是感性。约翰·许文律师曾愤怒地指出："预断的倾向如此强烈，而无罪推定原则却如此不受欢迎。"[1]

好在德国的法律救济途径颇为完备，翻案虽有难度，但却不至于危害到申诉者的人身安全。正义，在每一次冤案纠正中呈现出来，也只有在这种自我否定中，司法才能不断向前发展。无独有偶，另一件少女性侵案发生在法国。有个14岁的女孩子，控告她父母的一个朋友几个月以来多次与她发生性关系。医生的检查也证明她确实失去了童贞。在这种情况下，被怀疑的无辜者没有别的办法，只能强烈地申辩自己无罪。可要知道，真正的罪犯也会以无辜者的气势去否认自己的罪行。无论如何，只要女孩子坚持自己的控告，并且通过调查证明这个女孩子曾几次与她控告的那个男人单独在一起，那个男人的这种否认就是无足轻重的。因为这种男女私事是在隐蔽的情况下发生的，没有其他证人可以再向法官提供证明，法官的判决只好建立在女孩的声明上。对这样的控告，究竟该怎么办？法官、医生和教育工作者都曾经对这一问题发生兴趣。许多已经发表的著作在有一点上是一致的，即确认儿童或少年们精神状态的证明要十分谨慎，特别是在有关性的问题上。一位上诉法院的院长在他的著作中写道："说孩童口里无诈言，往往是说他们能当众透露一些父母不爱讲的生活琐事。但是要知道，孩子们撒谎像喘气儿一样自然。"

"在实际工作中，面对一个稚气的小姑娘，听她细声细气儿地讲述男

---

[1] 邓卓行：《当正义陷入错误：反思儿童性侵案中的正义感——〈法官的被害人〉阅读札记》，载《中国法律评论》2018年2月11日公众号。

人是怎样达到了他的目的,然后又嘱咐她不要告诉妈妈。确实,这种情形常使不少法官和陪审员十分感慨。……当然,许多被刑事法庭以这种罪行提起诉讼的人,其实是确有其罪的,他们还是竭力否认自己的罪行。他们知道自己要被判重刑,想用激烈的争辩去抵消小姑娘的陈述,以躲避对自己的处罚。一些不幸被无理怀疑的人,却没有办法为自己辩解,只能为自己喊冤。常常有这样的事:一个狡诈的犯罪者,可能比一个笨拙的无罪的人给法官留下更好的印象。因此,我坚信在这类案件中常常出现错案。法官们对这一点是了解的,他们对申诉人细致地进行询问,足可以证明他们的审理是严肃认真、一丝不苟的。……当然,对这类案件的审讯即使是不公开进行,法官也同样会十分谨慎。直到现在,仍不允许任何外人旁听这类庭审,法官们厌恶苛求那些受害人去讲述细节。他们首先考虑的是孩童的精神健康,认为强迫孩子再去叙述所遭受的侮辱,会激起儿童情感上新的冲动和刺激。但我不能不说,以此换取对一个无辜者判刑监禁,损伤他的名誉,其代价也太大了!"[1]

2008年,黑龙江省五大连池市兴安乡龙山村少女汤某秋(化名汤兰兰),将父亲、母亲、祖父以及叔父、姑父、姨父、老师、村主任、乡邻等十数人告到公安机关,控诉一众人等从她6岁开始在长达七八年的时间里,对她实施了强奸、轮奸、强迫卖淫等行为,侦查机关共抓捕16人。其中,汤兰兰的祖父死于侦查阶段。2009年8月,案件由黑河市检察院起诉,9月,由黑河市中院进行了首次不公开审理,12月,黑河市检察院以事实证据发生变化为由申请撤回起诉,黑河市中院裁定准许撤回起诉。但2010年6月28日,黑河市检察院重新提起公诉,经黑河市中院两次延期审理,最终,包括汤兰兰父母在内的共11名被告人于2010年10月20日被判处无期徒刑、5年至15年有期徒刑,2012年10月26日黑龙江省高院裁定驳回上诉维持原判。自此,11名被告人及其家属开始了漫长的申诉历程。2018年7月27日,黑龙江省高院宣布驳回申诉通知书[2],至此,有5人刑满释放,仍有6人在监狱服刑。申诉可谓告一段落,但该案带来的理论

---

〔1〕〔法〕勒内·弗洛里奥:《错案》,赵淑美、张洪竹译,法律出版社2013年版,第10页、第17页。

〔2〕参见黑龙江省高级人民法院(2018)黑刑申17号驳回申诉通知书。

和实践问题,才刚刚引起学界和实务界重视。的确,该案非同寻常,甚至有悖人伦。但也正是这些疑难的、边缘的案件,才真正考验我们的法治、学养和勇气。

从刑事再审程序角度要关心的不再是汤兰兰案的实际对错,而是只就驳回申诉通知书的内容作出是否具备再审理由的学理分析。从非法证据、新事证确实性、新规性和显著性等方面,检验申诉理据,评论驳回得失,既肯定黑龙江省高院恪尽职守,也指出驳回申诉存在一些问题。值得肯定之处主要有如下方面:其一,证据合法性意识已近潜移默化,不经意间便体现在字里行间,比如通知书中两次提到搜查扣押,一次是在汤家扣押影碟机,一次是从嫌疑人衣服口袋里提取诊断报告,都有见证人在场,尤其关于提取诊断书的一个自然段中3次强调"依法提取"。其二,正确把握了再审审查与庭审定罪在举证责任、证明标准方面的不同点,再审不再由控方举证,而转由申诉人举证,证明程度虽不要求排除合理怀疑,但也必须具备优势证据,才有望正式开启再审。其三,合理说明了汤兰兰母亲(下称"汤母")不是因为刑讯逼供而"跳楼",而是因为得知女儿不想见她而愤然翻越看守所二楼下楼楼梯扶手到一楼楼梯上。其四,合理解释了为何汤兰兰父亲掉落的一颗牙齿不能证明系讯问人员拳击其面部所致。其五,合理解释了宫颈外口横裂不能说明一定做过流产。其六,合理解释了因记忆差误而致汤兰兰陈述前后有所不一,不影响本案认定。其七,正确回避了再审审查期间汤兰兰的精神鉴定问题,而是直接认可庭审时精神正常鉴定意见,因为即使证明现在汤兰兰有精神疾病,也不能将其延伸至10年前。

当然,驳回申诉通知书反映的问题也不少,以下大致按照通知书的顺序渐次述及。首先是关于申诉审查的逻辑顺序。合议庭多次询问被害人并制作同步录音,是非常必要的,但不应列于驳回理由之首,特别是不应再引述被害人对自己不幸遭遇的感受,因为毕竟申诉请求的目的正是要推翻指控,申诉理由才是审查的首要重点。其次是关于如何把握证据相关性。证据不是罗列越多越好,而是要手持一把奥卡姆剃刀,将非关要旨的信息资料剔除掉。比如,申诉人能否说清被害人为什么要诬告陷害他们,与是否遭到诬告陷害没有相关性;再如,调查讯问本案11名原审被告人,询问除已故或因病无法接受调查以外的侦查人员及检察人员,调查询问证人、实地踏查案发村、汤家居住过的房屋,都是必要的、相关的,但走访调查被害人曾经就读的学校校长、教师及被害人家所在村党支部书记、村民委员会主任及村民,调查询问与被害人同时在李某云家寄宿的同学、羁押各原审被告人的看守所工作人员、同期同监羁押人员,向监狱调查了解各原审被告人的服刑表现,则是非必要的,甚至是不相关的。甚至可以说,被害人处女膜是否破裂,是否有陈旧性裂痕,是否宫颈糜烂,都不是本案指控的直接证据,更不是定罪证据。

关于申诉所提被害人给她表姑刘某英打电话,以不告发刘某英的丈夫、弟弟强奸为条件,向刘某英索要人民币3 000元。驳回申诉通知书的看法是,被害人给刘某英打电话索要钱款属实,但其在打电话之前已经向侦查机关举报被刘某英之弟强奸,并始终坚称被其夫、其弟强奸,不能以被害人打此电话否定各原审被告人实施犯罪。通知书在这一争点上的结论是对的,但结论正确不一定意味着方法正确,或者说,重点不是打电话不能证明什么,而是应该通过什么方法来否定其证明力。打电话这一事证,是否在一、二审中经过法庭调查,是否经过控辩双方质证,尤其是辩方的当面诘问,才是问题的核心。再者,既然先行举报了刘某英之弟,又坚称表姑父也强奸过她,那为何这二人却不在11名被告人中?这涉及举报实与不实,不应简单回避。如前文所述,以德国坚持的有疑唯利既判力的再审启动原则观之,这个电话形成的合理怀疑确实不足以启动汤兰兰案再审。但以日本自白鸟事件之后的标准看,这个电话不仅构成新证据,确实形成了合理怀疑,而且罪疑唯轻之铁则"于再审申请程序亦有其适用"。

关于被害人祖父在羁押期间死亡及其身体上四处外伤是否刑讯逼供所致。通知书中的漏洞在于,在羁押期间没有遭到殴打,无法确认入看守所之前的情况,对此,通知书做了准确的表述:"没有证据证实其身体上四处外伤是侦查人员刑讯逼供所致。"但入所体检的问题在于,它只能证明物理性刑讯,无法否定不留外伤的刑讯和不让睡觉、冻饿等变相刑讯。再者,通知书也提到,被告人等往往是被提出看守所在别处讯问的。不难理解,因为恐惧招致报复,往往不敢及时指控刑讯者,而供述笔录均有签名、捺印,也不是供述自愿性的有效证据。总之,"本次审查,本院就原审中是否存在刑讯逼供问题进行了重点调查核实,没有发现各原审被告的有罪供述系刑讯逼供、引供、诱供形成的事实和证据"。的确不能苛求法官,他们的调查也只能止步于"没有发现"。

关于申诉所提原审判决认定 2003 年两起犯罪中播放黄色录像的机器来源不明的问题。驳回通知书经查认为,2008 年 10 月 29 日,侦查人员在汤家扣押影碟机一台和名为《强迫曝光》的影碟一张。购买影碟机的收据及销售影碟机者的证言证实,汤家购买影碟机的时间为 2004 年 1 月 15 日,而不是 2003 年。但汤兰兰父亲供述,2000 年第一次强奸女儿时是因为在家看了黄色录像,被害人始终陈述其父等人强奸她时在其家观看黄色录像。这就有了一个重要的模糊之处,在汤家看黄色录像与边看录像边强奸,或者看了黄色录像后随即实施强奸行为性质是截然不同的两回事。另外,黄色影碟到底是哪一个?《强迫曝光》的影碟到底有没有,最后去哪里了?是哪个版本?大致的画面内容是什么?其实都很重要,因为同名的黄色录像有两部,一部是 1995 年的台湾地区的电影,讲同性恋的,不大可能是在汤家播放并引起纵欲的那种题材。另一部的内容则从未有人提及,所以,现在看来,影碟机是不是借的并不重要,重要的是谁也说不清看的内容是什么,却清楚记得一个同性恋题材的黄色录像的名字。

关于被害人有没有被绑在一根柱子上强奸,其实是比有没有被强奸更好查明的,但确定汤家室内有没有柱子,首先需要明确什么是柱子。从情境判断,应当是情色片中那种可以将人绑缚其上并且不妨碍欺凌奸入的柱子,这也应当是被害人及被告人在控诉和供认中语义所指的意象,比如"室内的柱子上""厢房有一根柱子"等表述,就是这种意思。但"厢房在门边有一根抱门的柱子",这个表述中的"柱子"的含义、功能、外形就很不相同了,在没有当年现场勘查笔录及照片,"没有显示汤家住过的两所房屋有独立的柱子"的情况下,合议庭到汤家住过的房屋实地查看,发现"间壁墙中有竖立的原木直顶房梁,门框固定在竖立的原木上",这是不是原审案卷及庭审中意指的"柱子",就不宜轻下结论。不能说虽然没有"独立的柱子,但不足以否定有可绑人的柱子"。再者,柱子绑人这个想法从哪里来的?当初是汤家人想出来的,还是来自什么人的指点,或者受到什么黄色视频的启发,解开这一系列疑问是有意义的,有助于确定其真实性,比如扣押的黄色影碟《强迫曝光》中是否有这个场景,涉事人等是否看过其他黄色视频?

关于梁某权 2008 年以前外出打工，没有作案时间的理由，没有得到再审审查合议庭的认可。这可以理解，因为申诉审查不同于庭审，庭审应当采取排除合理怀疑的证明标准作有利被告的解释，也就是，如果不能排除不在现场的证据，就相当于没有排除合理怀疑，不能得出不利被告的解释，不能说无法绝对确定不在现场，就一定是在现场。既然梁某权提出多个村民为自己"2008 年以前外出打工，一般是每年正月走，年底回来"作证，就不能因为村民又说"不清楚其打工期间是否回过家"，反而得出"梁某权有作案时间就一定作案了"的结论。即使对其他被告人不需要，对梁某权也需要有更具体、更确实的作案时间方面的指控证据。如果这个逻辑在原一、二审中搞错了，那么，本次审查可否因"各证人均称记不清梁某权外出打工的具体时间"，"不能证实认定梁某权参与的两起犯罪发生时，梁某权没在案发地兴龙村"，就否定这一申诉理由，是值得研究的重要问题。需要附带指出的问题是，原一、二审及这次申诉审查过程中，都没有否定传闻证据的有效性，而是大量采用，比如证人李某云、王某朝听被害人讲述被强奸的证言，7 位证人在看守所分别与纪某才、梁某权同监羁押时曾听纪某才说过与被害人发生过性关系的证言，依照传闻证据规则都是不能采用的，除非证人接受被告方的当庭质证。而这一切恰恰需要开庭审理才能解决。

最后，真正具有"罗生门"意味的，甚至让再审审查合议庭放弃探明的案件细节是两份结论相反的彩超诊断报告。驳回通知书认为，现有证据能够证实在汤母衣袋内提取的证明被害人汤兰兰怀孕的彩色超声诊断报告是变造的，但汤母否认曾拿过报告，故报告是由谁变造的、变造的目的现已无法查清，亦无法查明汤母向多人传播被害人汤兰兰怀孕的目的。现无证据证实被害人汤兰兰曾怀孕，且被害人汤兰兰是否怀孕不影响对本案事实的认定。这个结论不仅有风险，而且有违再审理由审查的目的。总体而言，刑事诉讼的目的是发现或者还原真相，再审申诉往往就是为了澄清原审的模糊之处，接受申诉的法院既有责任澄清续有争议的案件事实，更有义务为有相当证据显示可能蒙冤的人洗脱冤情。如果在对再审理由进行审查过程中无力澄清某些事项，那恰恰应当是决定再审的根据，而不应当是驳回申诉的理由。开庭之后，罗生门式的疑惑可能依然无法消除，但事经庭审，赋予了被告人申辩、防御的权利,就比较容易释疑息讼,对社会关切也是一番交代,所以,还是应当转换思路,不能总是认为,接受再审就一定要改判,而是应当先予接受,然后交由新一次的庭审来确定改判与否。坦率地说,驳回申诉通知书的结论不见得不对,但若是开庭审理,经过庭审调查再得出结论,一定更有说服力。

根据驳回申诉通知书所载,侦查人员从被害人母亲衣服口袋里提取过一张龙镇农场职工医院编号为1413的彩超诊断报告,显示的检查时间为2008年3月31日,病人为"王某某",检查医生为姚某燕,检查结果为"子宫内有胎儿症状"。被害人寄宿家庭女房东李某云证实,因被害人称其身体不适,就带她到龙镇农场职工医院以"王某某"的化名做过彩超,检查结果显示没有怀孕,时间是2008年3月31日。因某种原因,李某云将该彩超报告给了汤母,日期是2008年10月3日。也就在同一天,被害人自书检举信,并于同年10月27日报案。侦查人员将从汤母衣服口袋提取的彩超诊断报告给李某云辨认,李某云称该报告不是她给汤母的那份,将报告交给诊断医生姚某燕辨认,姚某燕证实该报告不是她制作的。侦查机关在龙镇农场职工医院调取了编号为1413的原始电子档案,显示信息与李某云所说一致。两份彩色超声诊断报告列明的日期、患者、年龄、检查序号、检查医生、超声诊断图像完全相同,但检查结论截然相反,一份为"子宫内有胎儿症状",另一份为"子宫未见异常"。经向其他彩超医生咨询,两份报告诊断图像相同,图像显示子宫正常,无妊娠声像。据此可以肯定,从汤母衣服口袋提取的报告应是根据原始彩色超声诊断报告变造的。

汤母在原审始终供述,李某云给过她一张彩超报告,本次审查,汤母又称没有从李某云处拿过彩超报告,也就没有向审查者解释给她的原因。汤母原审始终供述称,2008年"十一"放假前,听女儿说怀了李某云丈夫王某朝的孩子,而本次审查汤母又称听女儿说怀了父亲的孩子,并当场告诉丈夫女儿怀了他的孩子。被害人自报案到本次审查始终否认自己怀过孕,可其父等6人均证实听说被害人怀孕,且均为直接或间接听汤母所说。作为未满14周岁被害人的母亲,在听说女儿怀孕后,不但不隐瞒,反而向多人传播;作为被害人的父亲,听妻子说亲生女儿怀了他的孩子,表现漠然,两人既不找被害人核实,也不问孩子到底是谁的,也不去报警,行为不合常理。叙述至此,再审审查合议庭放弃了继续深究的努力,对于何以有两份诊断报告,李某云是否给过汤母一份,为什么给,汤母为什么现在否认,谁变造的,为什么变造等问题,合议庭认为都不影响本案定性,也不是启动再审的充分理由。应当说,这听起来的确匪夷所思,但这扇"罗生门"如果能够打开,还是有助于解决许多疑惑的,比如,彩超诊断做于2008年3月31日,是2008年10月3日汤母与李某云矛盾爆发前半年有余,期间发生了什么?谁带汤兰兰去做的检查?李某云、王某朝夫妇有没有滥用信任地位?[1]如果不是李某云给的诊断,汤母怎么会知道有这么一次检查?被检查人化名"王某某",这个王某某是不是汤兰兰?有没有想到让检查医生做一次照片辨认,确认王某某与汤兰兰是同一人?

对比前述聂树斌案,审查原审卷宗、复查卷宗、赴案发地核实证据,询问原办案人员,咨询专家,约谈申诉人及其代理人,等等,都是由再审合议庭进行的[2],而汤兰兰案的上述工作是由再审审查合议庭完成的。两种合议庭在做同样事情,一个基于无罪推定由控方负责举证,采排除合理怀疑的定罪标准;一个基于维护裁判确定力由申诉方负责举证,采无罪的优势证据标准;但真正导致处置结果不同的理由在于,一个想改,一个不想改。正如王敏远教授所言,聂树斌案得以再审并纠错,原因甚多,主要包括三个方面:一是社会普遍且持续关注,既有亲属的不懈努力,也有法律界、新闻界、学术界的诸多介入;二是人们关于司法的观念进步,既有对冤错认识的不断提升,更有对纠错价值的重新认识;三是本轮司法改革带来的契机,最显著的影响是最高院巡回法庭的设置,使地方上难以纠错的案件得以异地乃至拔高纠正。聂树斌案所提供的样本显示,纠正冤错,并不一定借助死者复活、真凶落网,正如即使不能认定王书金是聂树斌案真凶,也未妨碍纠错。另外,通过异地复查,异地再审,由律师全面介入并充分阅卷,可以成为其他案件纠错的范例。[3]

应当说,汤兰兰案也受到社会强烈关注,央视也作过报道,但与聂树

---

〔1〕 在英国,滥用信任地位是一种可起诉的犯罪。Richard Card and Jack English, *Police Law*, Oxford University Press, 2015, pp.785–786.

〔2〕 参见最高人民法院(2016)最高法刑再3号刑事判决书。

〔3〕 参见陈光中、陈卫东、王敏远:《聂树斌案三人谈》,载卞建林主编:《中国诉讼法判解》(第11卷),中国人民公安大学出版社2018年版,第36—37页。

斌案不同的是,舆论处于撕裂状态。一部分人认为,汤兰兰自幼受害,且侵害她的亲属都禽兽不如,决不能让这些禽兽翻案,二次伤害汤兰兰;另一部分人则认为,此事几乎世所仅有,尤其爷爷、奶奶涉嫌,不合常理,且从汤兰兰被录音的"敲诈"电话听来,其用语、态度、心情都很不寻常,应当允许申诉并开启再审。黑龙江省高院现在的做法,似乎是被夹在两种舆情之中,况且汤兰兰案被告人一再声称被刑讯,这也无形中给再审带来压力和顾忌。因此,将这个难题交给最高院,像聂树斌案一样由某个巡回法庭提审,不失为一个可期待的解决方案。庭审不一定能够推开罗生门,但罗生门需要庭审,庭审是人类创造的迄今最不坏的纠纷和疑难解决方式。两份诊断书形成的罗生门,很好地诠释了程序的意义。首先,诉讼渠道本身应当是畅通的,如果像卡夫卡的《法的门前》所训谕的,求见法的人总是被守门人挡在法的门前,那么法就只是一个遥远的符号。其次,两份诊断书最终的真相是什么,都是社会可以承受的,某种程度上说实体真实并不重要,重要的是如何获得实体真实。获得真相的程序不通畅或者不正当,才是社会不能承受的。最后,正当程序是获得真相并赋予真相公信力的妥善方式,围绕两份诊断书的所有谜团,通过一次庭审,要求检查医生等人出庭,接受控辩双方的质询诘问,澄清真相难道不是有可能的吗?

参考文献

1. 白建军:《公正底线——刑事司法公正性实证研究》,北京大学出版社 2008 年版。
2. 北岛:《时间的玫瑰》,牛津大学出版社 2005 年版。
3. 蔡墩铭、朱石炎编著:《刑事诉讼法》,五南图书出版公司 1984 年版。
4. 蔡震荣:《警察职权行使法概论》,元照出版公司 2004 年版。
5. 曹鸿兰:《刑事诉讼行为之基础理论》,载陈朴生主编:《刑事诉讼法论文选辑》,五南图书出版公司 1984 年版。
6. 陈光中、陈卫东、王敏远:《聂树斌案三人谈》,载卞建林主编:《中国诉讼法判解》(第 11 卷),中国人民公安大学出版社 2018 年版。
7. 陈朴生:《刑事诉讼法论》,正中书局 1970 年版。
8. 陈朴生主编:《刑事诉讼法论文选辑》,五南图书出版公司 1984 年版。
9. 陈朴生:《刑事诉讼法实务》,海天印刷有限公司 1999 年版。
10. 陈朴生:《刑事证据法》,三民书局 1979 年版。
11. 陈瑞华:《从"流水作业"走向"以裁判为中心"——对中国刑事司法改革的一种思考》,载《法学》2000 年第 3 期。
12. 陈瑞华:《看得见的正义》(第三版),法律出版社 2019 年版。
13. 陈瑞华:《刑事辩护的艺术》,北京大学出版社 2018

年版。

14. 陈瑞华:《刑事审判原理论》,北京大学出版社1997年版。

15. 陈瑞华:《刑事证据法学》,北京大学出版社2012年版。

16. 陈兴良:《检警一体:诉讼结构的重塑与司法体制的改革》,载《中国律师》1998年第11期。

17. 陈兴良编:《人民法院刑事指导案例裁判要旨集成》,北京大学出版社2013年版。

18. 陈卫东:《羁押必要性审查制度试点研究报告》,载《法学研究》2018年第2期。

19. 陈运财:《当事人一方所为之秘密录音》,载日本刑事法学研究会主编:《日本刑事判例研究(一)侦查篇》,元照出版公司2012年版。

20. 陈运财:《诱捕侦查》,载日本刑事法学研究会主编:《日本刑事判例研究(一)侦查篇》,元照出版公司2012年版。

21. 陈重业辑注:《古代判词三百篇》,上海古籍出版社2009年版。

22. 褚剑鸿:《刑事诉讼法论》(上下册),台北商务印书馆1987年版。

23. 邓子滨:《斑马线上的中国》(第三版),法律出版社2016年版。

24. 邓子滨:《〈法学研究〉三十年:刑法学》,载《法学研究》2008年第8期。

25. 邓子滨:《冤案的偶然与必然》,载《中外法学》2015年第3期。

26. 邓子滨:《中国实质刑法观批判》(第二版),法律出版社2017年版。

27. 刁荣华:《刑事诉讼法释论》(上下册),汉苑出版社1977年版。

28. 樊崇义主编、肖胜喜副主编:《刑事诉讼法学研究综述与评价》,中国政法大学出版社1991年版。

29. 冯军:《评〈最高人民法院再审刘涌案刑事判决书〉——兼评从刘涌案中表现出的种种法治乱象》,载陈兴良主编:《刑事法评论》(第14卷),中国政法大学出版社2004年版。

30. 冯军:《刑法问题的规范理解》,北京大学出版社2009年版。

31. 傅美惠:《卧底侦查之刑事法与公法问题研究》,元照出版公司2001年版。

32. 高铭暄:《中华人民共和国刑法的孕育诞生和发展完善》,北京大学出版社 2012 年版。

33. 胡有望:《被告人上诉引起的重审不得加重被告人刑罚》,载《法学杂志》1985 年第 1 期。

34. 胡云腾:《聂树斌案再审:由来、问题与意义》,载《中国法学》2017 年第 4 期。

35. 黄朝义:《无罪推定:论刑事诉讼程序之运作》,五南图书出版公司 2001 年版。

36. 黄朝义:《刑事诉讼法——制度篇》,元照出版公司 2002 年版。

37. 黄东熊:《刑事诉讼法研究》,三民书局 1981 年版。

38. 黄东熊:《刑事诉讼法论》,三民书局 1991 年版。

39. 黄翰义:《程序正义之理念》(一)、(二)、(三),元照出版公司 2010 年版。

40. 黄翰义:《程序正义之理念》(四),元照出版公司 2016 年版。

41. 黄源盛:《民国初期近代刑事诉讼的生成与开展——大理院关于刑事诉讼程序判决笺释(1912—1914 年)》,载《政大法学评论》1999 年第 61 期。

42. 季卫东:《法治秩序的建构》,商务印书馆 2014 年版。

43. 柯耀程:《刑事诉讼目的与"无罪推定原则"》,载柯耀程:《刑事诉讼之运作》,五南图书出版公司 1997 年版。

44. 劳东燕:《罪刑法定本土化的法治叙事》,北京大学出版社 2010 年版。

45. 黎敏:《西方检察制度史研究》,清华大学出版社 2010 年版。

46. 李昌珂译:《德国刑事诉讼法典》,中国政法大学出版社 1998 年版。

47. 李荣耕:《评析 2015 年的再审新制》,载罗秉成、李荣耕主编:《刑事再审与救济无辜》,元照出版公司 2016 年版。

48. 李荣耕:《再审程序的再省思》,载罗秉成、李荣耕主编:《刑事再审与救济无辜》,元照出版公司 2016 年版。

49. 李荣耕:《再审新制于近一年来的实务运作探讨》,载罗秉成、李荣耕主编:《刑事再审与救济无辜》,元照出版公司 2016 年版。

50. 李圣隆:《论刑事诉讼法上不利益变更禁止之原则》,载陈朴生主编:《刑事诉讼法论文选辑》,五南图书出版公司 1984 年版。

51. 李义冠:《美国刑事审判制度》,法律出版社 1999 年版。

52. 连孟琦译:《德国刑事诉讼法》,元照出版公司 2016 年版。

53. 梁恒昌:《新刑事诉讼法论》,三民书局 1983 年版。

54. 林辉煌:《论证据排除:美国法之理论与实务》,元照出版公司 2006 年版。

55. 林辉煌:《日本法上的任意同行与逮捕》,载日本刑事法学研究会主编:《日本刑事判例研究(一)侦查篇》,元照出版公司 2012 年版。

56. 林俊益:《程序正义与诉讼经济》,元照出版公司 2000 年版。

57. 林俊益:《刑事诉讼法概论》(上),新学林出版公司 2011 年版。

58. 林山田:《刑事程序法》,五南图书出版公司 2004 年版。

59. 林山田:《刑事诉讼程序之基本原则》,载陈朴生主编:《刑事诉讼法论文选辑》,五南图书出版公司 1984 年版。

60. 林裕顺:《任意侦查·半推半就——强制与任意处分之区别》,载日本刑事法学研究会主编:《日本刑事判例研究(一)侦查篇》,元照出版公司 2012 年版。

61. 林钰雄:《干预处分与刑事证据》,北京大学出版社 2010 年版。

62. 林钰雄:《检察官论》,学林文化事业有限公司 1999 年版。

63. 林钰雄:《新刑法总则》,元照出版公司 2016 年版。

64. 林钰雄:《刑事诉讼法》(上下册),元照出版公司 2015 年版。

65. 林朝荣编著:《检察制度民主化之研究》,文笙书局 2007 年版。

66. 林准主编:《诉讼法案例选编》,法律出版社 1994 年版。

67. 刘绍猷:《刑事再审之理论》,载陈朴生主编:《刑事诉讼法论文选辑》,五南图书出版公司 1984 年版。

68. 龙宗智:《检察机关内部机构及功能设置研究》,载《法学家》2018 年第 1 期。

69. 龙宗智:《刑事庭审制度研究》,中国政法大学出版社 2001 年版。

70. 罗荣:《彻底批判"有利被告"的谬论——对"试论刑事诉讼中的被告人"一文的检查》,载《法学》1958 年第 3 期。

71. 梅汝璈:《远东国际军事法庭》,法律出版社、人民法院出版社 2005 年版。

72. 闵春雷:《论审查逮捕程序的诉讼化》,载《法制与社会发展》2016

年第 3 期。

73. 倪徵𣋉：《淡泊从容莅海牙》（增订版），北京大学出版社 2015 年版。

74. 瞿同祖：《中国法律与中国社会》，商务印书馆 2010 年版。

75. 宋冰编：《程序、正义与现代化——外国法学家在华演讲录》，中国政法大学出版社 1998 年版。

76. 宋英辉等：《刑事诉讼原理》（第三版），北京大学出版社 2014 年版。

77. 苏满丽：《对汽车的路检盘问》，载日本刑事法学研究会主编：《日本刑事判例研究（一）侦查篇》，元照出版公司 2012 年版。

78. 孙家红编校：《伯力城审判——沉默半个世纪的证言》，九州出版社 2015 年版。

79. 田文昌、陈瑞华：《刑事辩护的中国经验》（增订本），北京大学出版社 2013 年版。

80. 王钢：《出于营救目的的酷刑与正当防卫——战后德国最具争议之刑法问题评析》，载《清华法学》2010 年第 2 期。

81. 王国枢主编：《刑事诉讼法概要》，北京大学出版社 1981 年版。

82. 王国枢主编、陈一云副主编：《刑事诉讼法学》，北京大学出版社 1989 年版。

83. 王乃彦：《论"刑事诉讼法"第 420 条第 1 项第 6 款之规范旨趣——以新证据之"确实性"以及"综合判断"为中心》，载罗秉成、李荣耕主编：《刑事再审与救济无辜》，元照出版公司 2016 年版。

84. 王以真主编：《外国刑事诉讼法学》，北京大学出版社 1994 年版。

85. 王兆鹏：《辩护权与诘问权》，元照出版公司 2007 年版。

86. 王兆鹏：《当事人进行主义之刑事诉讼》，元照出版公司 2004 年版。

87. 王兆鹏：《路检、盘查与人权》，翰芦图书出版公司 2001 年版。

88. 王兆鹏：《美国刑事诉讼法》（第二版），北京大学出版社 2014 年版。

89. 王兆鹏：《对症下药或旧酒新瓶——评检察官专责全程到庭计划》，载《月旦法学杂志》2000 年第 11 期（总第 66 期）。

90. 王兆鹏：《新"刑诉"·新思维》，元照出版公司 2005 年版。

91. 王兆鹏：《刑事诉讼法》（上册），元照出版公司 2015 年版。

92. 王兆鹏：《刑事诉讼讲义》，元照出版公司 2009 年版。

93. 王兆鹏:《一事不再理》,元照出版公司 2008 年版。

94. 翁玉荣:《实用刑事诉讼法》(下),元照出版公司 2002 年版。

95. 吴灿:《与谈意见——修正刑事再审新证据之解释与适用》,载罗秉成、李荣耕主编:《刑事再审与救济无辜》,元照出版公司 2016 年版。

96. 吴思:《隐蔽的秩序:拆解历史弈局》,海南出版社 2004 年版。

97. 徐朝阳著、王云五编:《中国诉讼法溯源》,商务印书馆 1933 年版。

98. 徐益初:《论上诉不加刑原则》,载《法学研究》1985 年第 4 期。

99. 许恒达:《"实体真实发现主义"之知识形构与概念考古——以中世纪至现代初期之德国刑事程序发展史为中心》,载《政大法学评论》2008 年第 101 期。

100. 许宗力:《法与国家权力》,月旦出版社 1998 年版。

101. 杨文革:《刑事诉讼法上的类推解释》,载《法学研究》2014 年第 2 期。

102. 杨忠民:《什么是最好的辩护?》,法律出版社 2009 年版。

103. 余定宇:《寻找法律的印迹——从独角神兽到"六法全书"》,北京大学出版社 2010 年版。

104. 余先予、何勤华、蔡东丽:《东京审判:正义与邪恶之法律较量》(第三版),商务印书馆 2015 年版。

105. 余振华:《刑法总论》(修订二版),三民书局 2013 年版。

106. 张建国:《中国法系的形成与发达》,北京大学出版社 1997 年版。

107. 张建伟:《刑事诉讼法通义》(第二版),北京大学出版社 2016 年版。

108. 张军、姜伟、田文昌:《新控辩审三人谈》,北京大学出版社 2014 年版。

109. 张丽卿:《刑事诉讼法理论与运用》,五南图书出版公司 2007 年版。

110. 张明楷:《刑法格言的展开》(第三版),北京大学出版社 2013 年版。

111. 张明楷:《刑法学》(第五版)(上、下),法律出版社 2016 年版。

112. 张明伟:《传闻例外》,元照出版公司 2016 年版。

113. 张汝东:《批判在审判实践中的旧法观点与有利被告论——从两个案件谈起》,载《政法研究》1958 年第 4 期。

114. 张子培:《刑事诉讼法》,人民法院出版社 1990 年版。

115. 中国刑事诉讼法修订及人权保护项目课题组编:《刑事诉讼中若干权利问题立法建议与论证》,中国民主法制出版社 2007 年版。

116. 朱采真:《刑事诉讼法新论》,世界书局 1929 年版。

117. 朱石炎:《论再审原因之增修》,载罗秉成、李荣耕主编:《刑事再审与救济无辜》,元照出版公司 2016 年版。

118. 朱石炎:《刑事诉讼法论》,三民书局 2010 年版。

119. 朱孝清:《对检察官中立性几个问题的看法》,载《人民检察》2016 年第 2 期。

120.《史记·五帝本纪》。

121.《资治通鉴》卷十五,汉纪七;卷二十五,汉纪十七。

122.（唐）长孙无忌等撰:《唐律疏议》,刘俊文点校,中华书局 1983 年版。

123.（明）无名氏编撰、顾宏义校注:《包公案》,三民书局 2008 年版。

124.（清）王先慎集解:《韩非子》,姜俊俊校点,上海古籍出版社 2015 年版。

125.（清）沈家本:《历代刑法考》,邓经元、骈宇骞点校,中华书局 1985 年版。

126.《创世记》。

127.《撒母耳记下》。

128. 最高人民法院(2003)刑提字第 5 号再审刘涌案刑事判决书。

129. 最高人民法院(2016)最高法刑再 2 号刑事判决书。

130. 最高人民法院(2016)最高法刑再 3 号刑事判决书。

131. 北京市海淀区人民法院(2015)海刑初字第 512 号刑事判决书。

132. 北京市第一中级人民法院(2016)京 01 刑终 592 号刑事裁定书。

133. 云南省昆明市中级人民法院(1998)昆刑初字第 394 号刑事判决书。

134. 黑龙江省高级人民法院(2018)黑刑申 17 号驳回申诉通知书。

135.〔爱尔兰〕凯利:《西方法律思想简史》,王笑红译,法律出版社 2002 年版。

136.〔奥〕茨威格:《昨日的世界——一个欧洲人的回忆》,徐友敬等译,上海译文出版社 2018 年版。

137.〔比〕范·卡内冈:《英国普通法的诞生》,李红海译,商务印书馆 2017 年版。

138.〔德〕卡尔·施米特:《宪法学说》(修订译本),刘锋译,上海人民出版社 2016 年版。

139.〔德〕茨威格特、〔德〕克茨:《比较法总论》,潘汉典等译,法律出版社 2003 年版。

140.〔德〕恩格斯:《家庭、私有制和国家的起源》,载《马克思恩格斯选集》(第四卷),人民出版社 1972 年版。

141.〔德〕费希特:《自然法权基础》,谢地坤、程志民译,商务印书馆 2004 年版。

142.〔德〕费尔巴哈:《德国刑法教科书》(第十四版),徐久生译,中国方正出版社 2010 年版。

143.〔德〕弗里乔夫·哈弗特:《正义女神的天平:2000 年来的法历史教科书》,蔡震荣等译,元照出版公司 2009 年版。

144.〔德〕哈贝马斯:《在事实与规范之间》,童世骏译,生活·读书·新知三联书店 2014 年版。

145.〔德〕汉斯·约阿希姆·施奈德:《犯罪学》,吴鑫涛、马君玉译,中国人民公安大学出版社 1990 年版。

146.〔德〕赫尔穆特·查致格:《国际刑法与欧洲刑法》,王士帆译,元照出版公司 2014 年版。

147.〔德〕黑格尔:《法哲学原理》,邓安庆译,人民出版社 2016 年版。

148.〔德〕黑格尔:《精神现象学》,先刚译,人民出版社 2013 年版。

149.〔德〕罗克辛:《德国刑法学总论》(第 2 卷),王世洲等译,法律出版社 2013 年版。

150.〔德〕罗克辛:《德国刑事诉讼法》,吴丽琪译,三民书局 1998 年版。

151.〔德〕罗克辛:《德国最高法院判例:刑法总论》,何庆仁、蔡桂生译,中国人民大学出版社 2012 年版。

152.〔德〕马克思:《1848 年至 1850 年的法兰西阶级斗争》,载《马克思恩格斯全集》(第一卷),人民出版社 1995 年版。

153.〔德〕普珀:《法学思维小学堂》,蔡圣伟译,北京大学出版社 2011年版。

154.〔德〕齐佩利乌斯:《法哲学》(第六版),金振豹译,北京大学出版社 2013 年版。

155.〔德〕施图肯贝格:《无罪推定的规范内容》,刘家汝译,载赵秉志、宋英辉主编:《当代德国刑事法研究》(第 1 卷),法律出版社 2017 年版。

156.〔德〕施图肯贝格:《在刑事诉讼中探寻实体真实》,宗玉琨译,载赵秉志、宋英辉主编:《当代德国刑事法研究》(第 2 卷),法律出版社 2017 年版。

157.〔德〕汤玛斯·达恩史戴特:《法官的被害人》,郑惠芬译,卫城出版 2016 年版。

158.〔德〕耶林:《为权利而斗争》,郑永流译,法律出版社 2007 年版。

159.〔德〕英戈·穆勒:《恐怖的法官——纳粹时期的司法》,王勇译,中国政法大学出版社 2000 年版。

160.〔俄〕亚历山大·索尔仁尼琴:《古拉格群岛》,田大畏、陈汉章译,群众出版社 2010 年版。

161.〔俄〕亚历山大·雅科夫列夫:《公正审判与我们——30 年代的教训》,载陈启能主编:《苏联大清洗内幕》,社会科学文献出版社 1988 年版。

162.〔法〕贝尔纳·布洛克:《法国刑事诉讼法》,罗结珍译,中国政法大学出版社 2009 年版。

163.〔法〕卡斯东·斯特法尼等:《法国刑事诉讼法精义》(上册),罗结珍译,中国政法大学出版社 1998 年版。

164.〔法〕科耶夫:《法权现象学纲要》,邱立波译,华东师范大学出版社 2011 年版。

165.〔法〕勒内·弗洛里奥:《错案》,赵淑美、张洪竹译,法律出版社 2013 年版。

166.〔法〕孟德斯鸠:《论法的精神》(上册),张雁深译,商务印书馆 1961 年版。

167.〔法〕孟德斯鸠:《论法的精神》(下册),张雁深译,商务印书馆

1963年版。

168.〔法〕托克维尔:《论美国的民主》(上卷),董果良译,商务印书馆1997年版。

169.〔法〕托克维尔:《旧制度与大革命》,冯棠译,商务印书馆1994年版。

170.〔美〕阿纳斯塔普罗:《美国1787年〈宪法〉讲疏》,赵雪纲译,华夏出版社2012年版。

171.〔美〕艾伦·德肖维茨:《法律创世记:从圣经故事寻找法律的起源》,林为正译,法律出版社2011年版。

172.〔美〕艾伦·德肖维茨:《你的权利从哪里来?》,黄煜文译,北京大学出版社2014年版。

173.〔美〕艾伦·德肖维茨:《最好的辩护》,唐交东译,法律出版社1994年版。

174.〔美〕安德鲁·考夫曼:《卡多佐》,张守东译,法律出版社2001年版。

175.〔美〕保罗·伯格曼、迈克尔·艾斯默:《影像中的正义:从电影故事看美国法律文化》,朱靖江译,海南出版社2003年版。

176.〔美〕保罗·埃克曼:《说谎:揭穿商业、政治与婚姻中的骗局》,邓伯宸译,生活·读书·新知三联书店2008年版。

177.〔美〕本杰明·卡特·黑特:《质问希特勒》,何远译,北京大学出版社2014年版。

178.〔美〕彼得·德恩里科、邓子滨编著:《法的门前》,北京大学出版社2012年版。

179.〔美〕博西格诺等:《法律之门》(第八版),邓子滨译,华夏出版社2017年版。

180.〔美〕布莱恩·肯尼迪:《证人询问的技巧》,郭乃嘉译,元照出版公司2002年版。

181.〔美〕戴维·J.博登海默:《公正的审判:美国历史上刑事被告的权利》,杨明成、赖静译,商务印书馆2009年版。

182.〔美〕富勒:《法律的道德性》,郑戈译,商务印书馆2005年版。

183.〔美〕哈伯特·L.帕克:《刑事制裁的界限》,梁根林等译,法律出版社 2008 年版。

184.〔美〕霍华德·鲍:《宪政与自由:铁面大法官胡果·L. 布莱克》,王保军译,法律出版社 2004 年版。

185.〔美〕霍勒斯·弗里兰·贾德森:《大背叛:科学中的欺诈》,张铁梅、徐国强译,生活·读书·新知三联书店 2011 年版。

186.〔美〕杰弗瑞·A. 西格尔等:《美国司法体系中的最高法院》,刘哲玮、杨微波译,北京大学出版社 2011 年版。

187.〔美〕琼·比斯丘皮克:《大法官奥康纳传》,方鹏、吕亚萍译,上海三联书店 2011 年版。

188.〔美〕科林·埃文斯:《证据:历史上最具争议的法医学案例》,毕小青译,生活·读书·新知三联书店 2007 年版。

189.〔美〕柯特勒:《美国八大冤假错案》,刘末译、刘绪贻校,商务印书馆 1997 年版。

190.〔美〕拉里·劳丹:《错案的哲学:刑事诉讼认识论》,李昌盛译,北京大学出版社 2015 年版。

191.〔美〕理查德·波斯纳:《并非自杀契约》,苏力译,北京大学出版社 2010 年版。

192.〔美〕米尔建·R. 达马斯卡:《漂移的证据法》,李学军等译,中国政法大学出版社 2003 年版。

193.〔美〕庞德:《法律史解释》,邓正来译,商务印书馆 2017 年版。

194.〔美〕庞德:《通过法律的社会控制》,沈宗灵译,商务印书馆 2010 年版。

195.〔美〕齐奥科斯基:《正义之镜:法律危机的文学省思》,李晟译,北京大学出版社 2011 年版。

196.〔美〕斯东:《苏格拉底的审判》,董乐山译,生活·读书·新知三联书店 1998 年版。

197.〔美〕威廉·德威尔:《美国的陪审团》,王凯译,华夏出版社 2009 年版。

198.〔美〕亚瑟·拜斯特:《证据法入门:美国证据法评释及实例解说》,蔡秋明、蔡兆诚、郭乃嘉译,元照出版公司 2002 年版。

199.〔美〕虞平、郭志媛编译:《争鸣与思辨:刑事诉讼模式经典论文选译》,北京大学出版社 2013 年版。

200.〔美〕约翰·亨利·梅利曼:《大陆法系》,顾培东、禄正平译,法律出版社 2004 年版。

201.〔挪威〕托马斯·马蒂森:《受审判的监狱》,胡菀如译,北京大学出版社 2014 年版。

202.〔日〕川出敏裕、金光旭:《刑事政策》,钱叶六等译,中国政法大学出版社 2016 年版。

203.〔日〕大出良知等编著:《刑事辩护》,日本刑事法学研究会译,元照出版公司 2008 年版。

204.〔日〕大谷实:《刑事政策学》,黎宏译,中国人民大学出版社 2009 年版。

205.〔日〕丰岛直通:《刑事诉讼法新论》,东京大学出版会 1910 年版。

206.〔日〕冈田朝太郎等:《检察制度》,蒋士宜编纂,中国政法大学出版社 2002 年版。

207.〔日〕谷口安平:《程序的正义与诉讼》,王亚新、刘荣军译,中国政法大学出版社 2002 年版。

208.〔日〕谷井阳子:《为何要诉"冤"——明代告状的类型》,何东译,载周东平、朱腾主编:《法律史译评》,北京大学出版社 2013 年版。

209.〔日〕户谷由麻:《东京审判:第二次世界大战后对法与正义的追求》,赵玉蕙译,上海交通大学出版社 2016 年版。

210.〔日〕芥川龙之介:《罗生门》,林少华译,上海译文出版社 2010 年版。

211.〔日〕平野龙一:《刑事诉讼法》,有斐阁 1958 年版。

212.〔日〕上田宽、〔日〕小田博:《新开展的苏维埃司法制度——苏联检察院组织法》,沈重译,载《法律时报》1980 年第 7 期。

213.〔日〕松尾浩也:《日本刑事诉讼法》,丁相顺译,中国人民大学出版社 2005 年版。

214.〔日〕松尾浩也:《刑事诉讼の原理》,东京大学出版会 1974 年版。

215.〔日〕松尾浩也:《刑事诉讼法讲演集》,有斐阁 2004 年版。

216.〔日〕田口守一:《刑事诉讼的目的》(增补版),张凌、于秀峰译,中国政法大学出版社 2011 年版。

217.〔日〕田口守一:《刑事诉讼法》,刘迪等译,法律出版社 2000 年版。

218.〔日〕田口守一:《刑事诉讼法》(第五版),张凌、于秀峰译,中国政法大学出版社 2010 年版。

219.〔日〕小野清一郎:《犯罪构成要件理论》,王泰译,中国人民公安大学出版社 1991 年版。

220.〔日〕盐野宏:《行政救济法》,杨建顺译,北京大学出版社 2008 年版。

221.〔日〕佐伯仁志:《制裁论》,丁胜明译,北京大学出版社 2018 年版。

222.〔苏〕蒂里切夫等编著:《苏维埃刑事诉讼》,张仲麟等译,法律出版社 1984 年版。

223.〔苏〕科瓦略夫:《古代罗马史》,王以铸译,生活·读书·新知三联书店 1957 年版。

224.〔苏〕帕弗里谢夫、拉金斯基:《论苏联检察机关法》,陈森译,载《苏维埃国家与法》1980 年第 4 期。

225.〔苏〕切里佐夫:《苏维埃刑事诉讼》,中国人民大学刑法教研室译,法律出版社 1956 年版。

226.〔苏〕亚历山大·奥尔洛夫:《震惊世界的莫斯科三次大审判》,彭卓吾译,红旗出版社 1993 年版。

227.〔以色列〕尤瓦尔·赫拉利:《未来简史》,林俊宏译,中信出版集团 2017 年版。

228.〔意〕贝卡里亚:《论犯罪与刑罚》,黄风译,中国大百科全书出版社 1993 年版。

229.〔意〕恩里科·菲利:《犯罪社会学》,郭建安译,商务印书馆 2017 年版。

230.〔英〕阿蒂亚:《法律与现代社会》,范悦等译,辽宁教育出版社、牛津大学出版社 1998 年版。

231.〔英〕安东尼·吉登斯:《民族—国家与暴力》,胡宗泽、赵力涛译,生活·读书·新知三联书店 1998 年版。

232.〔英〕鲍桑葵:《关于国家的哲学理论》,汪淑钧译,商务印书馆

1995 年版。

233.〔英〕卡尔·波普尔:《开放社会及其敌人》(第1卷),陆衡等译,中国社会科学出版社1999年版。

234.〔英〕丹宁勋爵:《法律的正当程序》,李克强等译,龚祥瑞校,群众出版社1984年版。

235.〔英〕菲利蒲·约翰·斯特德:《英国警察》,何家弘、刘刚译,群众出版社1989年版。

236.〔英〕约翰·斯普莱克:《英国刑事诉讼程序》(第九版),徐美君、杨立涛译,中国人民大学出版社2006年版。

237.〔英〕梅因:《古代法》,沈景一译,商务印书馆1959年版。

238.〔英〕密尔松:《普通法的历史基础》,李显冬等译,中国大百科全书出版社1999年版。

239.〔英〕乔纳森·赫林:《刑法》(第三版)(英文影印本),法律出版社2003年版。

240.〔英〕泰勒:《奥威尔传》,吴远恒等译,文汇出版社2007年版。

241. Alan M. Dershowitz, *Reasonable Doubts*, Simon & Schuster, p.166 (1996).

242. Alan Scheflin, "Jury Nullification: The Right to Say No," Southern California Law Review, Vol. 45, No. 167(1972).

243. Blackstone, *Commentaries on the Laws of England* (1765), 2 B1, Com, c. 27.

244. Carlton Bailey, *Criminal Procedure: Model Problems and Outstanding Answers*, Oxford University Press, 2015.

245. Charles P. Curtis, "The Ethics of Advocacy," 4 *Stanford Law Review* 3 (1931).

246. Cliff Roberson, *Introduction to Criminal Justice*, Copperhouse Publishing Company, 1994.

247. Daniel E. Hall, *Criminal Law and Procedure*, Delmar Cengage Learning, 2011.

248. David Goodman, "Friendly Fire: A Military Lawyer Battles the Commission," *Amnesty Now*, Summer 2004, Vol. 30, No 2.

249. Donald A. Dripps, *About Guilt and Innocence*, Greenwood Publishing Group, 2003.

250. E. Watson, *The Trial of Adolph Beck* 250 (1924).

251. F. Inbau & J. Reid, *Criminal Interrogation and Confessions* 60-61 2d ed. 1967.

252. Foster, "Social Work, the Law, and Social Action," in *Social Casework*, July (1964).

253. George P. Fletcher, *Basic Concepts of Criminal Law*, Oxford University Press, 1998.

254. Herbert Packer, *Two models of the Criminal Process*, 113 U. PA. L. REV. 1 (1964).

255. Howard Abadinsky and L. Thomas Winfree, Jr. *Crime and Justice*, 2nd ed., New York: Nelson-Hall, 1992.

256. Jeremy Bentham, *A Rationale of Judicial Evidence*, bk. 9, ch. 3, 490. 1827.

257. John Bonsignore, "Law as a Hard Science," *ALSA Forum* (December, 1977), Vol. 2, No. 3.

258. John H. Langbein, *Historical Foundations of the Law of Evidence*, 96 Colum. L. Rev. 1169-70 (1996).

259. John M. Scheb & John M. Scheb II, *Criminal Law and Procedure*, Wadsworth Cengage Learning, 2011.

260. John Maxcy Zane, *The Story of Law*, Indianapolis: Liberty Fund, 1998.

261. Joshua Dressler, *Cases and Materials on Criminal Law*, Second Edition, West Group, St. Paul, Minn., 1999.

262. Judith Resnick, 23. *Judges' Journal*, 8-11 (Winter 1984).

263. Karl N. Llewellyn, *The Common Law Tradition*, Little, Brown, 1960.

264. Klotter & Kanovitz, *Constitutional Law for Police*, The W. H. Anderson Company, 1968.

265. LaFave & Israel, *Criminal Procedure*, Thomson Reuters, 2009.

266. Lawrence M. Friedman, *A History of American Law*, 2nd ed., Simon & Schuster, 1985.

267. Louis N. Schulze Jr. Of Trayvon Martin, George Zimmerman, and Legal Expressivism: Why Massachusetts Should Stand its Ground on "Stand Your Ground", 47 *New England Law Review on Remand* 34 (2012).

268. Monroe H. Freedman, *Lawyer's Ethics in an Adversary System Indianapolis*, Bobbs-Merrill, 1975.

269. Orvill C. Snyder, "The District Attorney's Hardest Task," *Journal of Criminal Law and Criminology* (1931–1951), Vol. 30, No. 2 (Jul.–Agu., 1939).

270. Otis H. Stephenes, *The Supreme Court and Confessions of Guilty*, The University of Tennessee Press Knoxville, Tennessee, 1973.

271. Paul Cassell, "Miranda's Social Costs: An Empirical Reaaessment", 90 Nw. U. L. Rev. 387 (1996).

272. Peter Hungerford-Welch, *Criminal Litigation and Sentencing*, Cavendish Publishing Limited, 2004.

273. Richard Card and Jack English, P*olice Law*, Oxford University Press, 2015.

274. Robert H. Bork, *The Tempting of America*, A Touchstone Book Published by Simon & Schuster, 1990.

275. Robert Reiner, *The Politics of the Police*, Fourth Edition, Oxford: Oxford University Press, 2010.

276. Rolando V. Del. Carmen, *Criminal Procedure Law and Practice*, Wadsworth, Cengage Learning, 2010.

277. Ronald Bacigal, *Criminal Law and Procedure: An Overview*, Delmar, Cengage Learning, 2009.

278. Roxin, *Strafrecht Allgemeiner Teil Band II*, 2003, § 25, Rdn 198.

279. Roy Grutman and Bill Thomas, *Lawyers and Thieves: Experiences of a Trial Lawyer*, Simon & Schuster, 1990.

280. Rudolf Rengier, *Strafrecht Allgemeiner Teil*, 9. Aufl., 2017.

281. Rufus Choate, "The Position and Functions of the American Bar, as

an Element of Conservation in the State," Address delivered before the Harvard Law School (1845).

282. Steve Russell, "The New Outlawry and Foucault's Panoptic Nightmare," *American Journal of Criminal Justice*, Vol. XVII, No. 1 (1992).

283. Tom Bingham, *The Rule of Law*, Penguin Books, 2011.

284. Walter P. Signorelli, *Criminal Law, Procedure, and Evidence*, CRC Press, Taylor & Francis Group, 2011.

285. Wessels/Beulke/Satzger, *Strafrecht Allgemeiner Teil: Die Straftat und ihr Aufbau*, 46Aufl., 2016.

286. Winer, *Pagano Case Points Finger at Lineups*, Nat' I L. J., Sept. 10, 1979, at 1, col. 4.

287. Aguilar v. Texas, 378 U.S. 108 (1964).

288. Alcota v. Texas, 355 U.S. 28 (1957).

289. Arizona v. Evans, 514 U.S. 1 (1995).

290. Ashe v. Swenson, 397 U.S. 436 (1970).

291. Atwater v. City of Lago Vista, ET AL., 532 U.S. 318 (2001).

292. Ballew v. Georgia, v. 435 U.S. 223 (1978).

293. Barker v. Wingo, 407 U.S. 514 (1972).

294. Betts v. Brady, 316 U.S. 455 (1942).

295. Boyd v. United States, 116 U.S. 616 (1886).

296. Brady v. Maryland, 373 U.S. 83 (1963).

297. Brinegar v. United States, 338 U.S. 160, 182-183 (1949).

298. Brown v. Illinois, 422 U.S. 590 (1975).

299. Brown v. Texas, 443 U.S. 47 (1979).

300. Brown v. United States, 356 U.S. 148 (1958).

301. Burch v. Louisiana, 441 U.S. 130 (1979).

302. Carella v. California, 491 U.S. 263 (1989).

303. Chaplinsky v. New Hampshire, 315 U.S. 568 (1942).

304. Chapman v. California, 386 U.S. 18 (1967).

305. City of Chicago v. Morales, 527 U.S. 41 (1999).

306. Coates v. Cincinnati, 402 U.S. 611 (1971).

307. Colorado v. Spring, 479 U. S. 546 (1987).
308. Commonwealth v. Hammer, 494 A. 2d 1054, 1060 (Pa. 1985).
309. Commonwealth v. Webster, 59 Mass. 295, 320 (1850).
310. Crawford v. Washington, 541 U. S. 36 (2004).
311. Culombe v. Ct., 367 U. S. 568, 581, 582 (1961).
312. Dred Scott v. Sandford, 60 U. S. 393 (1857).
313. Duncan v. Louisiana, 391 U. S. 145 (1968).
314. Counselman v. Hitchcock, 142 U. S. 547 (1892).
315. Darden v. Wainwright, 477 U. S. 168 (1986).
316. Davis v. Mississippi, 394 U. S. 721 (1969).
317. Davis v. United States, 512 U. S. 452 (1994).
318. Delaware v. Prouse, 440 U. S. 648 (1979).
319. Dennis v. United States, 341 U. S. 494 (1951).
320. Davis v. Washington, 547 U. S. 813 (2006).
321. Dingus v. Commonwealth, 153 Va. 846, 149 S. E. 414 (1929).
322. Douglas v. California, 372 U. S. 353, (1963).
323. Earl v. State, 904 P. 2d 1029 (1995).
324. Epperly v. Commonwealth, Supreme Court of Virginia, 224 Va. 214, 294 S. E. 2d 882 (1982).
325. Escobedo v. Illinois, 378 U. S. 478 (1964).
326. Evitts v. Lucey, 469 U. S. 387 (1985).
327. Fahy v. Connecticut, 375 U. S. 85 (1963).
328. Fay v. Noia, 372 U. S. 391 (1963).
329. Frazier v. Cupp, 394 U. S. 731 (1969).
330. Georgia v. Randolph, 547 U. S. 208 (2006).
331. Grady v. Corbin, 495 U. S. 508 (1990).
332. Gideon v. Wainwright, 372 U. S. 335 (1963).
333. Goldman v. United States 316 U. S. 129 (1942).
334. Green v. United States, 355 U. S. 199, 204 (1957).
335. Griffin v. California, 380 U. S. 609 (1965).
336. Harris v. Commonwealth, 533 S. E. 2d 18 (Va. 2000).

337. Harris v. New York, 401 U. S. 222 (1971).
338. Herring v. New York, 422 U. S. 853 (1975).
339. Hoffman v. United States, 341 U. S. 479 (1951).
340. Illinois v. Rodriguez, 497 U. S. 177 (1990).
341. Indianapolis v. Edmond, 531 U. S. 32 (2000).
342. In re Oliver, 333 U. S. 257 (1948).
343. In re Winship, 397 U. S. 358 (1970), J. Harlan, Concurrence.
344. Irvine v. California, 347 U. S. 132 (1954).
345. Jackson v. Virginia, 443 U. S. 307 (1979).
346. Johnson v. Louisiana, 406 U. S. 356 (1972).
347. Johnson v. United States, 333 U. S. 436 (1948).
348. Johnson v. United States, 520 U. S. 461 (1997).
349. Johnson v. Zerbst, 304 U. S. 458 (1938).
350. Jones v. United States, 362 U. S. 257 (1960).
351. Katz v. United States, 389 U. S. 347 (1967).
352. Kentucky v. Stincer, 482 U. S. 730 (1987).
353. Kepner v. United States, 195 U. S. 100 (1904).
354. Kirby v. Illinois, 406 U. S. 682 (1972).
355. Klopfer v. North Carolina, 386 U. S. 213 (1967).
356. Korematsu v. United States, 323 U. S. 214 (1944).
357. Korematsu v. United States, 584 F. Supp. 1406 (N. D. Cal. 1984).
358. Kyles v. Whitley, 514 U. S. 419 (1995).
359. Kyllo v. United States, 533 U. S. 27 (2001).
360. Lambert v. California, 335 U. S. 225 (1957).
361. Latimore v. Sielaff, 561 F. 2d 691 (7th Cir. 1977).
362. Lockhart v. Fretwell, 506 U. S. 364 (1993).
363. Malinski v. New York, 324 U. S. 401, 414 (1945) (separate opinion).
364. Malloy v. Hogan, 378 U. S. 1, (1964).
365. Manson v. Brathwaite, 432 U. S. 98 (1977).
366. Mapp v. Ohio, 367 U. S. 643 (1961).
367. Martinez v. Court of Appeal, 528 U. S. 152 (2000).

368. Mayberry v. Pennsylvania, 400 U.S. 455 (1971).

369. McKane v. Durston, 153 U.S. 684 (1894).

370. Michigan Department of State Police v. Sitz, 496 U.S. 444 (1990).

371. Michigan v. Mosley, 423 U.S. 96 (1975).

372. Michigan v. Tucker, 417 U.S. 433 (1974).

373. Miranda v. Arizona, 384 U.S. 436, 460 (1966).

374. Mooney v. Holohan, 294 U.S. 103 (1935).

375. M. T. v. State, 677 So. 2d 1223, 1229 (Ala. Crim. App. 1995).

376. Nardone v. United States, 302 U.S. 379 (1937).

377. Nardone v. United States, 308 U.S. 338 (1939).

378. Neil v. Biggers, 409 U.S. 188 (1972).

379. New York v. Quarles, 467 U.S. 649 (1984).

380. Nix v. Williams, 467 U.S. 431 (1984).

381. North Carolina v. Alford, 400 U.S. 25 (1970).

382. North Carolina v. Pearce, 395 U.S. 711 (1969).

383. Ohio v. Roberts, 448 U.S 56 (1980).

384. Olmstead v. United States, 277 U.S. 438 (1928).

385. Palko v. Connecticut, 302 U.S. 319 (1937).

386. Patterson v. New York, 432 U.S. 197 (1977).

387. People v. Collins, 68 Cal. 2d 319, 438 P. 2d 33 (1968).

388. People v. Feldman, 296 N.Y. 127 (1947).

389. Powell v. Alabama, 287 U.S. 45 (1932).

390. Rakas v. Illinois, 439 U.S. 128 (1978).

391. Rhode Island v. Innis, 446 U.S. 291 (1980).

392. Rochin v. California, 342 U.S. 165 (1952).

393. Rodrigues v. Hawaii, 469 U.S. 1079 (1984).

394. Sacher v. United States, 343 U.S. 717 (1952).

395. Sandstrom v. Montana, 442 U.S. 510 (1979).

396. Schenk v. United States, 249 U.S. 47 (1919).

397. Shauqhnessy v. United States, 345 U.S. 206 (1953).

398. Sibron v. New York, 392 U.S. 40 (1968).

399. Silverman v. United States 365 U. S. 505 (1961).
400. Silverthorne Lumber Co. v. United States, 251 U. S. 385 (1920).
401. Smith v. Hooey, 393 U. S. 374 (1969).
402. Snyder v. Massachusetts, 291 U. S. 97 (1934).
403. Spruill v. Commonwealth, 222 Va. 475, 271 S. E. 2d 419 (1980).
404. State v. Banks, 499 So. 2d 894 (Fla. App. 1986).
405. State v. Cayward, 552 So. 2d 971 (Fla. App. 1989).
406. State v. Hodges, 695 S. W. 2d 171 (Tenn. 1985).
407. State v. Jenkins, 445 S. E. 2d 622 (N. C. App. 1994).
408. State v. New, 640 S. E. 2d 871 (S. C. 2007).
409. State v. Norfolk, 381 N. W. 2d 120 (Neb. 1986).
410. State v. Patton, 826 A. 2d 783 (N. J. Super 2005).
411. Stovall v. Denno, 388 U. S. 293 (1967).
412. Strickland v. Washington, 466 U. S. 668 (1984).
413. Strickler v. Greene, 527 U. S. 263 (1999).
414. Taylor v. Kentucky, 436 U. S. 478 (1978).
415. Tennessee v. Garner, 471 U. S. 1 (1985).
416. Terry v. Ohio, 392 U. S. 1 (1968).
417. Trial of William Penn, 6 How. St. Trials 951 (1670).
418. Tumey v. Ohio, 273 U. S. 510 (1927).
419. United States v. Agurs, 427 U. S. 97 (1976).
420. United States, v. Akpi, 26 4th Cir. F. 3d 24 (1994).
421. United States v. Bagley, 473 U. S. 667 (1985).
422. United States v. Balsys, 524 U. S. 666 (1998).
423. United States v. Cortez, 449 U. S. 621 (1981).
424. United States v. Cronic, 466 U. S. 648 (1984).
425. United States v. Gagnon, 470 U. S. 522 (1985).
426. United States. v. Garsson, 291 F. 646, 649 (S. D. N. Y. 1923).
427. United States v. Jeffers, 342 U. S. 48 (1951).
428. United States v. Jones, 132 S. Ct. 945 (2012).
429. United States v. Koon, 34 F. 3d 1416 (9th Cir. 1994).

430. United States v. Moylan, 417 F. 2d 1002, 1009 (4th Cir. 1969).
431. United States v. Olano, 507 U. S. 725 (1993).
432. United States v. Patane, 543 U. S. 630 (2004).
433. United States v. Procter & Gamble Co., 356 U. S. 677 (1958).
434. State v. Robbins, 5 S. W. 3d 51 (Alaska 1999).
435. United States v. Robinson, 485 U. S. 25 (1988).
436. United States v. Sacher, 182 F. 2d 416, 423 (2d Cir. 1950).
437. United States v. Saunder, 943 4th Cir. F. 2d 388 (1991).
438. United States v. Scheffer, 523 U. S. 303 (1998).
439. United States v. Scott, 437 U. S. 82 (1978).
440. United States v. Toscanino, 500 F. 2d 267 (2d Cir. 1974).
441. United States v. Valenzuela-Bernal, 458 U. S. 858 (1982).
442. Victor v. Nebraska, 511 U. S. 1 (1994).
443. Weeks v. United States, 232 U. S. 383 (1914).
444. Williams v. Florida, 399 U. S. 78 (1970).
445. Williams v. New York, 337 U. S. 241 (1949).
446. Wilson v. United States, 149 U. S. 60 (1893).
447. Wisconsin v. Dubose, 205 WI 126 (2005).
448. Wolf v. Colorado, 338 U. S. 25 (1949).
449. Wong Sun v. United States, 371 U. S. 471 (1963).
450. Wood v. Georgia, 370 U. S. 82 (1962).
451. Zedner v. United States, 547 U. S. 489 (2006).

关键词索引

B

保释 88,229,342
被告人权利 26,185,211
被害人 105,135,207
笔录 51,68,98
辩护 21,25,41
辩护律师 21,22,56
不告不理 104,137,232
不利益变更禁止 494

C

裁定 38,92,98
传闻证据 79,117,220

D

对抗制 41,55,62

F

法官 15,21,61
法律救济 77,154,228

G

告诉 50,106,107
告知 7,58,67
公诉 15,61,98
管辖 37,54,146
国家追诉 103,105,108

J

羁押 34,37,66
检察官 53,62,68
鉴定 89,112,132
交互诘问 80,183,455
警察 27,59,82
纠问 36,37,49
拘捕 61,81,106
卷证不并送 183,440,452
决疑 42,47

K

勘验 88,112,132
扣押 81,171,174

L

路检 325,346,348
罗生门 131,281,523

M

米兰达警告　127，397，399
目的　32，38，242

P

盘查　274，332，346
判决　41，65，110
陪审团　27，86，94

Q

起诉　8，95，108
强制措施　130，175，319

R

人身检查　323，345，381

S

上诉　38，112，174
上诉不加刑　111，154，227
审级　146，152，494
审判　13，52，453
双重危险　39，81，240
搜查　26，77，81
诉讼标的　92，232，236
诉讼模式　41，182，202
诉讼行为　56，116，226
诉讼要件　107，131，226

T

听审　41，88，448
庭审　7，52，100

通讯监察　141，324，359

W

无罪推定　37，102，128

X

询问　58，99，394
讯问　31，112，190

Y

一事不再理　92，104，172

Z

再审　92，172，230
侦查　8，15，26
真相　6，12，213
正当程序　23，37，59
证据　8，23，61
证据开示　440，448，450
证据能力　114，116，255
证据排除　61，256，266
证明　36，86，113
证明标准　90，160，204
证明力　123，255，266
证明责任　86，279，305
证人　25，58，115
直接言词　68，104，116
质证　68，91，112
自白　123，126，190
自由心证　41，104，122
罪疑唯轻　36，104，127
尊严　24，33，38

后记:如果没有那阵风
——《罗生门》"庭审笔录"评议

>密林中,一个强盗在午睡,忽然刮起一阵风,带来女人的气息,吹起女人的面纱。如果没有那阵风,武士夫妻可能安然走过。

法科学生一定要看看《罗生门》。这部影片由日本电影大师黑泽明执导,1951年获奥斯卡最佳外语片奖。从此,"罗生门"一词经过发散与凝结,生成一种特定涵义:一个过去的事件,根据不同当事人的各自表述,呈现为不同版本的故事。不过,真相并不是完全消失在历史中,否则也不称其为罗生门;真相只是不再唯一,它可能像刑事诉讼,在有罪与无罪间择一存在,也可能像两个影院同时放映同一部影片,并行存在,还可能像薛定谔的猫,方生方死,方死方生,既存在,又不存在。

影片《罗生门》取材于新思潮派作家芥川龙之介的短篇小说《密林中》,原作以几个人对同一案件的不同证词或告白,于扑朔迷离中凸显人性的机微,虚实相生,玄机四伏,但又各自符合逻辑,能够自圆其说。《罗生门》则是芥川龙之介的另一短篇小说,是其步入文学殿堂的成名作。译者林少华评价说:"它以风雨不透的布局将人推向生死抉择的极限,从而展示了'恶'的无可回避,展示了善恶之念转换的轻而易举,展示了人之自私本质的丑陋,第一次传递出作者对人的理解,对人的无奈与绝望。"[1]

　　黑泽明只是借用小说《罗生门》的名字讲述《密林中》的故事,许多人因此将小说《罗生门》揭示的"沉郁而悲凉"的人性恶主题,直接套用于对影片《罗生门》的理解,这种解读实际上限缩了黑泽明的恢弘境界与复调结构。影片《罗生门》可被视为一份独特的庭审笔录,记录了被告人、被害人和证人的当庭陈述,以及庭外讲述。因此,不应认为"每个人都在撒谎",如果每个人讲的都是假话,那就根本不可能还原真相。只有假定每个人都说了真话,或者至少部分人说了真话,才有可能澄清待证事实,或者在无力澄清时作出某种结论。

　　在诉讼程序中对案件事实的重构,非常类似考古,不应对掌握历史真相有过分的甚至绝对的自信,应当根据不断挖掘出的证据,像拼图游戏一样逐步还原历史中的一个场面或者一段过程。不过,正如儿童预先知道要拼什么就更容易完成拼图,对一座古墓事先的了解程度,会影响对古墓出土文物的一系列判断,继而影响如何拼接泥土中的碎片以及拼接到何种程度。其间还要时刻小心,不让假碎片掺杂进来,影响历史拼图的样貌。与刑事程序相比,考古既不必遵守法定期限,也不必遵守非法证据排除规则,许多事情变简单了。

　　黑泽明的影片对芥川龙之介的小说进行了两处重要修正:一是将砍柴人从犯罪现场的发现者升格为主要犯罪过程的目击者,独立叙述了一个故事版本;二是没有让女人穷凶极恶地亲手杀夫。细小的修正包括强盗的腰刀变为宝剑,等等。小说和影片可以看作两次开庭笔录,有重叠一致,也有抵触歧异。隐没于历史中的真相,只能靠当事人的回忆表述,但刑事诉讼中最为特别的是,对哪些人可以参与回忆,有一套限制规则,对相互印证或者相互抵牾的说法,也有一套处置规则。接近真相,是在规则约束下小心翼翼进行的,实在无法确定真相,也会依某种规则给出结论。

　　小说、戏剧里可以有矛盾的情节与多样的结局,而在刑事审判后,结论只能是唯一的,要么有罪,要么无罪,二者必居其一,即便是辩诉交易,也是以认罪为前提的。罗生门式待证事实,以证人证词为基础,而证人的

---

[1] 〔日〕芥川龙之介:《罗生门》,林少华译,上海译文出版社2010年版,译者序。

脑海中,认知的事实常与他对事实的诠释交结在一起。[1] 对法科人士思维而言,是一种特殊考验,因为法科教育特别强调将事实与对事实的解释区分开来。再者,《罗生门》中"不存在犯罪"的结论,也是非法科人士不易接受的。加之《罗生门》展示的多个事件版本都是给定的,不能当场诘问,更不能重新开庭,存疑之处是否作有利被告的解释,端赖证据规则的确立与运用。

小说有强盗多襄丸、女人真砂子和武士三个故事版本,影片增加了砍柴人的目击过程。值得注意的是,在影片中,当某一证人或当事人作证时,其他证人,尤其是砍柴人和行脚僧一直在场,这在实际的庭审中是要极力避免的,因为听到他人作证后,证人可能修正自己的记忆或表述,以迎合他人或者故意表现得与众不同。所以砍柴人在听完所有当事人的表述后,完整甚至完美编造所谓目击过程的可能性大大增加,也因此,影片正确地将其讲述的故事版本置于"法庭"之外,而让砍柴人在纠察使面前只讲自己是如何发现犯罪现场的。

砍柴人最先发现了死尸,也就有条件取得犯罪现场的遗留物,女人用以防身、用以刺杀强盗、武士用以自杀的那柄名贵短刀,可能就在他手上,因而砍柴人的证词会千方百计避免人们将他与短刀联系在一起。砍柴人说在走向犯罪现场途中,先后捡拾了三样东西:一副女人戴的面纱斗笠、一顶被践踏过的武士帽和一团被刀割断的绳子。武士帽被践踏说明发生过打斗,面纱斗笠证明女人确实是在武士被绑后才匆忙赶到现场的。最重要的还是这团被割断的绳子,它是事件发展的重要线索。不割断绳子,就没有决斗,也不可能自杀。

行脚僧向纠察使讲述了在山科驿道上碰到男子和骑马的女子,从证据角度看似乎不甚重要,但这段巧遇是强盗与女人及其丈夫巧遇的对称铺垫,也是不同巧遇暗喻不同因果的伏笔。行脚僧的叙事有许多细节值得玩味,他是一名僧人,也是一个男人,本能地先注意到女人,注意到女人头上斗笠罩着面纱,特别说到看不清脸孔,这说明他想看清女人长什么样子,却只看到大约是绛红色的衣裙。尔后,僧人才注意到男子身上带着刀

---

[1] 参见〔美〕布莱恩·肯尼迪:《证人询问的技巧》,郭乃嘉译,元照出版公司2002年版,第285页。

和弓箭,黑漆箭筒里插着二十多支箭也记得一清二楚,就是没有记住武士的脸,因为僧人对男人的脸不感兴趣。

影片画面生动表现了僧人遇到女人时的场景:僧人站在山路左侧,女人的坐骑从他右侧经过,而且女人面朝右,侧骑于马上,加之面纱斗笠,当然看不到她的脸。而强盗多襄丸遇见真砂子的场景却是:他躺卧在山路右侧一棵树下,半梦半醒地打发着炎热的夏午。女人侧骑马,正好朝向多襄丸。多襄丸自下而上,先看到女人的脚,李白所谓"屐上足如霜,不著鸦头袜"。就在这一瞬间,"正巧有一阵风吹起了女人斗笠上的面纱",多襄丸一晃儿瞥见了她的脸,这阵风随后改变了所有在场者的命运。

多襄丸好像在自言自语:"一晃儿——的确是一晃儿,之后就再也看不见了。或许因为这个缘故,女子的面孔看上去竟如女菩萨一般。就在这一瞬之间,我定下决心:即使杀死男子也要把女子弄到手。我想我是看到女神了。"芥川龙之介笔下,多襄丸根本不像一个淫邪之辈,他对这一次路遇的回忆,让人穿越到"剪影的你轮廓太好看,凝住眼泪才敢细看。忘掉天地,仿佛也想不起自己"的一唱三叹。多襄丸与真砂子,恶与美的相互收获。在一片无主之地,在一套丛林规则之下,其实并没有发生什么匪夷所思的事情。一切都那么突然,又那么自然。

倒是武士被横刀夺爱后的反应,让人想起丛林之外的所谓文明,[1]而人一旦偶然走入丛林,就会受到丛林规则的宰治。在多襄丸看来,"杀一个人并不像你们想得那么严重,反正要抢女人就必然要杀男人",就连真砂子也认可"男人只有靠剑才能让女人属于他"。人类走出丛林不一定意味着走出野蛮。多襄丸对纠察使说:"只是我杀时用的是腰刀,你们则不用刀,用的是权力,是金钱,有时甚至只随便用个漂亮的借口便取了人命。血固然不流,人也活得神气活现,但同样是杀。从罪孽轻重来看,真说不清是你们严重还是我严重,彼此彼此。"

丛林规则奉行最小损害原则,所以多襄丸才说"要是不杀男人而能夺得女人,当然也没什么不好"。而文明世界往往奉行暴力威慑原则,不时

---

〔1〕 "与文明时代相适应并随着它而彻底确立了自己的统治地位的家庭形式是一夫一妻制、男子对妇女的统治,以及作为社会经济单位的个体家庭。"〔德〕恩格斯:《家庭、私有制和国家的起源》,载《马克思恩格斯选集》(第四卷),人民出版社1972年版,第172页。

出现过度的、滥用的暴力。小说和影片都没有回避多襄丸当时的心情,本想尽可能不杀男人而夺得女人,而之所以未能两全其美,正是由于丛林外的文明世界的影响。武士自带的文明世界赋予他的身份感,没有在被多襄丸追拦时牵马载妻尽快离开,而是对无因至前的财宝诱惑延颈企踵。贪欲、自大以及对妻子的冷漠无情,共同注定了武士的命运,可谓名副其实的自取灭亡。

多襄丸成功地将夫妻二人分而治之。如果女人一直跟随,多襄丸偷袭武士就不会得手。或许两个男人都同意,女人的装束不便于丛林行进,就将女人留在驿道旁不远处一个水塘边。多襄丸趁武士朝着"埋财宝的地方"拼命奔走时,从后面突袭,将武士按倒制服。其实,武士不是输在体力上,而是输在贪痴与自恃。当然,多襄丸作为江湖大盗,极其狡诈,他在带路时,一直手握出鞘之剑,造成武士紧张,到了可以下手的地方,多襄丸反而让武士看到自己还剑入鞘,从而麻痹对手。在武士想来,再次拔剑一定会有声响,却从未想过自己会被什么人徒手制服。

的确,在不造成昏迷与重伤情况下将武士用绳子捆绑起来,只能说多襄丸的运气不错。也只有让武士被束缚但又保持清醒,后续的故事情节才能展开。"收拾好男的,这回轮到女的。"多襄丸返回等在水塘边的女人那里,看到女人百无聊赖,玉手弄水。女人听到响动,猛然回头,撩起面纱与多襄丸对视。如果是单纯的性占有,那么现在多襄丸就可以得手,但他没有,而是突然"妒忌那个男人,并且突然恨起他来"。于是产生一个淫邪念头,他要让女人看到武士丈夫被绑树上的可怜样子,并且要当着丈夫的面强占妻子。

影片用一个长镜头,表现女人牵着多襄丸的手在奔跑。年轻,擅跑,她才十九岁。骤然来到被缚丈夫面前,女人的惊恐可想而知,但谁都不会想到,武士这样被妻子看到,比随后看到妻子被辱更为羞愧难当,以至于不想让妻子成为他生命中耻辱瞬间的见证人。武士在其妻贞操被夺后,不仅不给予同情,还讥刺她为什么不反抗到底或者自杀以明志,这可能正是他不良人性的本能表达。女人其实是拼死抵抗了的,她抽出短刀向多襄丸"没头没脑只管刺杀"。由于事发突然便失于算计,如果假意就范,短刀偷袭,则必有胜算。

性情刚烈的女人的反抗,刺激了多襄丸的征服欲,反抗越激烈,征服越彻底。对女人而言,占有才能征服;对强盗而言,征服才能占有。多襄丸说自己"刀也没拔就把短刀打落。再厉害的女人,没了器物也只能乖乖就擒。于是,我就在没要男方性命的情况下和女方成就了好事"。在小说中,短刀是被打落的;但在影片中,是女人在最后一刻自己放手的。当女人被多襄丸强搂入怀,开始野蛮而固执地亲吻时,镜头细致交待了女人的右手慢慢松开短刀,然后搂向多襄丸,有力地抓住男人的背部。反抗结束了,剩下的是女人的服从。

根据多襄丸的说法,他的目的已经达成,是时候离开了。可女人突然发疯似地扑倒在他身前,左手抱住多襄丸的右腿,右手抓住多襄丸的腰带,断断续续地叫着,上气不接下气。原来她是在说:"是你死还是我丈夫死,两个得死一个。失身给两个男人,对我比死还难受。不管谁死,反正我跟剩下的一个。"伴随这些话的,是一张抬头仰望他的女人的脸,尤其是"她那一瞬间着火似的眼神"。芥川龙之介称多襄丸此时的心情为"沉郁的激动":"我同那女人对视时,立即打定主意:哪怕五雷轰顶也要收这女人为妻。"

芥川龙之介笔下,这已不是龌龊的色欲,而是多襄丸的动机转换。他没有采用小人式杀法,而是割断武士身上的绳子,叫武士提刀对杀,平等决斗。女人要"两个得死一个",武士的绑缚尚未解除,生杀大权握于多襄丸之手。女人内心明白,刚刚发生的一切是令丈夫极其羞愤的,如果跟随丈夫回家,则双方无法相互面对,不可能再有正常的夫妻生活,自己将永远蜷缩在羞惭煎熬中。而跟随多襄丸去生活,还有机会赢得他的欢心。对丈夫而言,妻子失身于人是一种残缺;对多襄丸而言,夺人妻为己妻是一种获取。因此,追随多襄丸是一种理性选择。

真砂子在纠察使面前,丝毫不见刚烈的影子,只是楚楚可怜的痛哭。她叙述自己被玷污之后,"那个男人骄傲地宣布他就是大名鼎鼎的多襄丸"。这一指认,既与多襄丸划清了界限,确认自己是单纯的被害人,也隐含着为丈夫失手落败的开脱,充满对丈夫的同情,没有因事件的起因而责怪他。但也因此,武士的无情被反衬出来。真砂子在爬向丈夫身边的过程中,发觉丈夫眼里闪动的,不是愤怒和悲伤,而是一种鄙视的冷光。影片给出真砂子惊愕的表情特写,"即使是现在,当我想起他的眼神,我的血液都会冷凝在血管里"。

真砂子苦苦哀求,"不要这样看我,太残酷了。打我,杀我,就是不要这样看我!"然后又是哀恸嚎哭,镜头表现她还曾偷眼看丈夫是否因她的痛哭而回心转意。彻底失望后,真砂子想起短刀。她从草地上拿起短刀,回来割断绳子,将短刀递给丈夫,要他杀死她,马上杀。丈夫没有伸手接刀,而是继续投以更加鄙夷的目光。真砂子说自己在这种鄙夷目光下昏迷过去,再次醒来后,四处张望,然后是震惊。她看到短刀在死去丈夫的胸口插着。就此,影片不仅让真砂子否认了亲手杀夫,也回避了死亡过程目击者的身份。

真砂子说看见短刀插在丈夫胸口上,其中包含了太多的细节。武士死于短刀而不是长剑,说明凶手不是多襄丸,而如果多襄丸先已离开现场,真砂子又昏迷过去,那么这只能解释为武士是自杀的。可武士此时没有任何理由自杀,根据他此前与妻子的目光交流,他完全可以先杀妻泄愤,再找强盗寻仇,或者在妻子清醒时自杀谢罪,至少不会死得如此不明不白。如果这中间还有矛盾之处,那说明不排除妻子杀夫的可能性,影片对小说的改编,难免有不严丝合缝之处。不过,如果是女人杀夫,那么割断的绳子又如何解释?

武士双手自由时,又在那种心情下,不太可能接受女人杀死他。女人先杀夫,再割断绳子伪造现场的可能性不大。断绳与谋杀、自杀之间的关联,需要事后细致推演判断,事前很难预留这种推理线索,除非是阿加莎·克里斯蒂在写小说。一定要伪造现场,把尸体浅埋,敷以杂草,岂不容易想到?如果短刀还在,说明砍柴人尚未到场,或者到场了,先看到强盗离开,女人昏迷,继而看到武士自杀,那么,他可能救助女人,也可能拿了短刀迅速离开,就是不太可能等待女人苏醒,因为他不知道女人是否会苏醒以及何时苏醒。

武士死于短刀,是影片抹去怒杀亲夫一节后不可消除的矛盾。原著中,真砂子看到丈夫眼神中的鄙视与憎恶,"当时我心里的滋味,真不知如何表达——羞愧?伤心?气恼?我摇摇晃晃地站起身来,跑到丈夫身边。'跟你说,事情已到了这个地步,你我已不能再一起生活了。我已决心一死。但是你也要一起死。你已亲眼看到我受辱。我不能把你一个人留下。'我勉强说完了这番话,丈夫还是深恶痛绝似地盯着我。我直觉得肝胆欲裂,好在短刀就掉在脚下。我举起短刀……几乎梦游似地把短刀噗一声扎进丈夫的胸口"。

看来,还是芥川龙之介小说中女人杀夫的情节比较可信。"我一边吞声哭泣,一边解开尸体上的绳子。"据此,割断的绳子就不存在了,而且合乎情理,女人若要杀武士,就不会先给他松绑。断绳一节的确是影片剧本的神来之笔,但杀夫之后解开绳子是对死者的尊重,割断绳子需要刀具,真砂子不太可能为了割断绳子而将短刀从丈夫胸口拔出。单从解开绳子这一细节看,即使杀死武士,也没有让人感觉到所谓"女人之恶",反而是更加值得同情。或许,对真砂子的指责主要缘于武士的亡灵借巫婆之口向纠察使说出的一切。

"强盗糟蹋了妻子,就势坐在那里对妻子花言巧语。而妻子并没有哭,只是凄然坐在落竹叶上,一动不动地盯着膝头。看样子被强盗的话打动了。我忌妒得身子扭来扭去。强盗仍在得意地摇动三寸不烂之舌,最后竟说出这样的话来:'一旦失身于人,怕也很难与丈夫言归于好。与其跟那种丈夫,还不如当我的老婆。我刚才之所以胡来,无非是因为觉得你可爱。'"这里出现了芥川龙之介所有小说中最不可思议的一段:"给强盗如此一说,妻子痴迷地抬起脸来。我还从没见妻子像当时那么漂亮过。"

影片则给出女人侧面的一帧美丽的特写,她与多襄丸的对视。巫婆替武士说出令观众心神不宁的场面:"她凝望着强盗,看上去如此美丽。"三船敏郎与京町子,两位表演艺术家,在各自扮演的坏男人和坏女人角色中留下最美的一瞬凝望。就像《乱世佳人》中的费雯·丽与克拉克·盖博,在坏男人和坏女人的角色中留下最美的一瞬痴吻。一个男人和一个女人,一次凄美的对望。武士与真砂子的婚姻生活究竟怎样,小说和影片都没有交待,但可以肯定,武士此时刻骨铭心地感觉到,妻子从未像现在这样将灵与肉一起交托给他。

这是两个男人的战争,武士又一次失败,他的嫉恨需要排解,就必须找到妻子的可恶之处,并且让他人也认同这种可恶,于是他发起对妻子的指控。可这漂亮的妻子当着五花大绑的丈夫是怎么回答强盗的呢?妻子抬头直视强盗,边说边凑近他的脸,热切而坚定地说,"好吧,无论哪里,带我去你想去的地方〔1〕 当她神思恍惚地被强盗拉着往树林外走时,突

---

〔1〕 在"我心则降,我心则说"后,女人可能异常决绝地"鼎新革故"。历史中,率军出征特洛伊的迈锡尼国王阿伽门农,他的王后与他的堂弟暗通款曲后,竟共谋杀夫弑君;小说里,潘金莲委身西门庆后,毒杀了丈夫武大郎。

然脸色大变,指着树下的我发疯似的叫道:'杀死他!他活着我就不可能和你在一起!'接连叫了好几遍。'杀死他!'这句话至今仍像狂风一样把我头朝下卷入漆黑的深谷"。

《罗生门》最喜采用的电影海报,就是女人在叫"杀死他"的同时,委身靠住多襄丸的脊背,葱白的指尖紧嵌着男人的臂膀,怨毒的眼光从强盗肩头射向武士,不断重复着"求你杀了他"。强盗没有答应,真砂子见势不妙,趁机逃入密林中。强盗离开前,一刀割断武士身上的绳子。武士感到万籁俱寂,好像听到自己的哭声。妻子失落的短刀在他眼前闪光。武士拿在手上,猛地刺进自己的胸膛。"这时,有人蹑手蹑脚来到我身边,用看不见的手轻轻拔去我胸口的短刀。我的口腔随之再次涌满血浆。之后,我便永远沉入黑暗。"

如果拔刀的是砍柴人,那么故事可以完美结束了。芥川龙之介的原著也的确就此打住,因为所有能够想到的主题,到此都已全面展开。可黑泽明却偏偏在影片中添加了大段场景,让砍柴人目击由女人挑起的一场决斗。近七十年来,人们对影片的褒扬,很大程度上归功于大师黑泽明对原著情节的增补,不仅让杰作更加流光溢彩,让女主角京町子有机会一展绝代风华,而且使影片不再因多襄丸自述太过丰富而显得头重脚轻。让两个男人自相残杀,对女人来说其实并不那么容易,决不是拿刀割开绑绳,然后趴在地上继续哭泣那么简单。

女人深知,她的失身,对丈夫来说是"玷污",对多襄丸而言是"得到"。但当她听到多襄丸感慨"女人啊,天生是软弱的",突然怒骂男人才是真正软弱的。她对丈夫是一种怒斥:"你,要是够个丈夫,为什么不去杀这个男人,然后再要我自杀,这也算个真正的男人。"而她对多襄丸则是收服其心:"多襄丸,你也不是个真男人。当我听说,得到我的人是多襄丸,我就不哭了。我原本已对现在的生活感到厌倦,还指望你把我拯救出来。女人爱的是充满激情之爱的男人,男人只有靠剑才能让女人属于他。"

小说和电影都可以留下悬疑,让读者和观众自行填补真相的空白,允许多个真相共存。而刑事程序则不然,必须在有罪或无罪之间得出唯一结论。就影片《罗生门》而言,武士虽已非正常死亡,但他可能死于自杀,也可能死于他杀;他杀可能是非法杀人,也可能是合法决斗;杀人者可能是多襄丸,也可能是真砂子。小说和影片都不是以破案为目的,甚至有意避免倾向性结论，而是尽量将几个版本的故事平均用力展开。可在这里，必须有一个结论，有一个依循一定前提得出的"评议结论"。

从《包公案》之类的明清小说可以看到，刀伤勘验并不是非常复杂的技术。但在影片《罗生门》中，短刀消失了，给伤口与凶器的比对增加了一点难度，但却不妨碍通过尸检验证武士是死于短刀还是长剑。一旦确定武士死于短刀，他就只能死于自杀或者妻子的杀害，而与多襄丸无关。不过，绳子既已先被割断，未被束缚的武士不会甘心死于他所厌恨的女人之手。小说中，女人就是先用短刀杀人，再解开绳子的。根据武士贪、嗔、痴的本性，自杀的可能性很小。而即便实在无法排除武士自杀的可能性，根据疑利被告的原则，也不能认定女人杀夫。

如果勘验出武士死于长剑，那么割断的绳子首先否定了多襄丸不经决斗而直接杀死武士的可能性。而根据砍柴人最初的证言，犯罪现场草地杂沓，武士帽也被践踏，印证了决斗的确发生过。在决斗盛行的年代，决斗都是合法的，无论由谁促成了决斗，都不负故意杀人之责。但在影片中，真砂子要多襄丸杀死武士时，武士尚被捆缚，她并不知道多襄丸会采取决斗的方式，因此真砂子属于教唆未遂。此外，影片《罗生门》中再无任何犯罪。至于强奸，多襄丸与真砂子的证言相互抵消了，武士虽在场，但女人的顺从方式是他观察不到的。

威廉·道格拉斯曾说，事实总是难以捉摸，并且通常有两副面孔。对一个人似乎意味着有罪的事实，对另一个人可能就没有这种暗示。每一次刑事追诉都要跨越危险的地界，因为澄清指控是非常困难的，所以有罪对所有人都不是什么稀罕事儿。人的命运太脆弱，一阵风就可以改变它，但单纯面对命运的不幸，人至少还可以挣扎，武士虽落下风，但还可能有机会与强盗再决雌雄。而人在国家权力面前就不一样，想象一下克格勃深夜敲开一扇门，屋里的人全无还手之力，甚至毫无抵抗之念。如果没有程序法的保护，被国家追诉的个人，只如梦幻泡影，只能万念俱灰。

邓子滨
北京市朝阳区康泉小区寓所
2019 年 1 月 5 日